· 献给孔伟 ·

藩镇与唐代政治

The Provinces and Tang Dynasty Politics

孟彦弘——著

凤凰出版社

图书在版编目（CIP）数据

藩镇与唐代政治 / 孟彦弘著. -- 南京 : 凤凰出版社, 2025. 8. -- ISBN 978-7-5506-4607-0

Ⅰ. K242.07

中国国家版本馆CIP数据核字第2025GG3676号

书　　名	藩镇与唐代政治
著　　者	孟彦弘
责任编辑	张永堃　汪允普　王淳航
装帧设计	陈贵子
责任监制	程明娇
出版发行	凤凰出版社(原江苏古籍出版社) 发行部电话025-83223462
出版社地址	江苏省南京市中央路165号,邮编:210009
照　　排	南京凯建文化发展有限公司
印　　刷	江苏凤凰新华印务集团有限公司 中国江苏南京经济技术开发区尧新大道399号,邮编:210038
开　　本	890毫米×1240毫米　1/32
印　　张	22.25
字　　数	496千字
版　　次	2025年8月第1版
印　　次	2025年8月第1次印刷
标准书号	ISBN 978-7-5506-4607-0
定　　价	88.00元

(本书凡印装错误可向承印厂调换,电话:025-68037411)

目　录

引　言

唐代的藩镇问题，无论是就唐史而言，还是就唐史的研究史而言，都是一个老问题。就研究而言，似乎没有哪个问题、哪个观点或哪个提法，是完全没有人说过的；区别，大概是从哪个角度、用什么事例或史事，用什么逻辑、怎样勾勒线索，如何进行解说。解说，其实就是如何认识、如何叙述。

因此，我想简单地交代一下本书各篇之间的逻辑关系。这其实也是我对唐代藩镇问题的认识逻辑，权作引言。至于学术史的回顾，在书中具体问题的讨论中具体来谈，不在此费词。

从兵制演变的角度来看，藩镇是随着府兵制的被废弃而出现的。最初，它只是取代府兵制而逐渐建立的一种新兵制——节度使兵制，后来则演变成有固定防区、进而又成为统管属州（郡）的具有行政区划功能的实体。

军队长期驻防于一地，且军属可以随军，产生地著乃至地方化的倾向，几乎无法避免；安史之乱的发生，使这种可能变成现实，并进而形成了一股特殊的社会政治集团——地方军人集团。变化的起因，是府兵不适应新的边防形势的要求，官府不得不对兵制进行变革，但这个变革的过程，并不是预先设计好了方案，照着“顶层设计”来进行，而是为适应形势、应对问题而一步一步变化的，结果更不是在改变的过程中便已预料到了的。

安史之乱的发生，从安禄山久任的角度来说，是难以避免的；但是从兵制演变和当时社会政治的情况来看，这又是一个偶发事件。这一偶发事件一旦发生，它所产生的后果和影响不仅是巨大的，而且是不可逆转的。首先，在平定安史之乱的过程中，战争的胶着，以及为平定叛乱而组建的藩镇及其力量的增强，使其中一些藩镇对朝廷表现出了游离、跋扈乃至自立的倾向。如果不能及时加强对他们的控制，李唐的一统政治局面就可能崩溃；而要实现对他们的控制，就必须平定安史之乱，至少要尽快结束与安史的长期征战。事实上，李唐王朝未能彻底平定这场叛乱，而是以"河朔故事"为前提，结束了双方公开的军事对抗——安史余部在其控制区内自行任命官吏、不上缴赋税，对朝廷是一种割据或半割据的状态，是高度自治。

河朔的割据，使中央不得不在其周边屯驻重兵，以遏制其扩张。这批藩镇是在与安史的作战中组建、发展、壮大的。他们在成立伊始就是以地方军队的面貌出现的，加之地处河朔周围，这些地方军人集团对"河朔故事"耳濡目染，颇欲效法，从而产生了"河朔化"的倾向。他们所追求的"河朔化"已不再是安史之乱结束时的所谓"父死子继"或"兄终弟及"，而是地方军人集团对地方政事的介入、干预乃至控制；他们要建立的是军政府，要实行的是军人政治，并享受其特权。我们是从这个角度来分析、讨论唐后期淄青、淮西、汴宋、泽潞、徐州的"河朔化"的。也只有从这个意义上，我们似乎才能更好地认识和理解这些藩镇出现的所谓骄兵问题。

面对这一未曾遇到过的局面，如何控制藩镇，便成为朝廷迫切需要解决的问题——朝廷如果能有效控制藩镇，藩镇就能为朝廷所用，藩卫朝廷；否则，它就会游离甚至跋扈于朝廷。

朝廷经过几次与藩镇的对抗，特别是德宗用兵河北的失败，逐渐形成和明确了要对藩镇进行区别对待的政策，即“放弃河北、控制其余”。河朔也在与朝廷的对抗过程中，找到了他们彼此之间、他们与朝廷之间的政治、军事平衡点。

从纵向来说，通过近六十年的努力，到宪宗末年，朝廷终于控制了河朔之外的、一度曾公开与中央对抗的藩镇。这一局面基本维持到黄巢事变前。“从动荡到稳定”，就是探究这六十年的藩镇格局——如何从安史之乱引发的动荡，到最大限度地重新恢复秩序。

代宗的当务之急，是在安史之乱后把形势稳定下来。德宗即位，则在代宗朝形势已趋于稳定的基础上，力图通过征讨，解决河北的问题。但在建中年间用兵河北失败并引发局势动荡，而朝廷又缺乏足够的军事实力予以平定的情况下，不得不采取一种柔性的政治控制方式，这就是德宗对藩镇的所谓“姑息”。德宗朝如不能把局势稳定下来，也许就没有机会让宪宗平定淮西和淄青。

宪宗上台后，经过小心的试探，在平定西川、夏绥、镇海，特别是顺利平定西川刘辟后，朝廷终于走出了德宗建中用兵失败的阴霾，恢复了对藩镇加强控制的信心。朝廷与藩镇之间的关系，是种博弈，是在不断的试探、拉扯中逐渐变化的，并不是天纵英主，宪宗一上台就扭转“姑息”、单方面收紧政策、提高藩镇的忠诚门槛，进而实现了中兴。这期间，宪宗也曾几次用兵河北，但都“无疾而终”，河北仍然不可能得到解决；实现对淮西、淄青的平定，正是以执行“放弃河北”的藩镇政策为前提的。淄青的解决，更是天时、地利、人和所致，其中最关键的一个因素，就是其时魏博田弘正对朝廷的认同与配合。经过代、德、宪三朝，实现了从动荡到稳定，这并不存在一个陡然的政策转向。

从横向来说，平定淮西、淄青之后，除河北之外，不再有能与朝廷公然进行对抗的藩镇。至此，我们说，唐朝藩镇格局基本稳定了；也可以说，藩镇问题基本解决了——河朔三镇，在朝廷看来，已不属于“问题”的范畴了。

军队地方化，以及在平定安史之乱中所组建的都是地方军队，使朝廷不得不组建一支自己可以独立指挥的“中央军队”，神策军就是在这一背景下由一支地方军队而实现“中央化”的。但神策军需要有相当的人员数量和军事实力，才能在朝廷的军事行动中发挥作用，才能收到威慑或遏制藩镇之效。这就使神策军不能再像从前的禁卫亲军那样，只驻守京师或皇城，只承担保卫京城和皇宫的任务。于是，神策军有相当的规模，部署在京师周边；驻守在地方，却又要避免前此已出现的军队地方化倾向，使之永葆“中央军”的性质，成为一道难题。经过反复，终于确立了由宦官来统领这支军队的制度。换言之，把这支重新组建的“中央军队”交由宦官统领，就是为了避免它的“地方化”，防止它变为地方部队。

军队地方化或地方藩镇军队的发展，形成了地方军人集团这一新兴政治势力。他们力图建立军政府，实现军人政治，保障其特权。他们希望把节度使变成自己的“代言人”。他们的势力越强，节度使“代言人”的色彩就越浓，逐杀节帅、拥立节帅的兵变就越频繁。节度使要实现对藩镇军队的控制，至少要保证自己身家性命的安全，就需要遏制地方军人势力的过分膨胀，于是我们看到了军人势力较强的藩镇，一再发生节度使借机诛杀、驱逐跋扈骄兵的事件。这就形成了“朝廷—节度使—军人集团”之间相互依存、相互矛盾、相互制约的关系。

在这个关系中，宦官充任的藩镇监军的作用，或隐或现，非常微妙。监军代表的，不是以宰相为主的中央朝廷（政府），而是皇帝。他的职责或作用，监督节度使自不待言，更重要的，其实是代表皇帝，直接与军人进行沟通。或者说，是军人希望通过监军，直接向皇帝表达自己的愿望和诉求。可以说，任命宦官为藩镇监军，是顺应或因应“朝廷—节度使—军人集团”这一新的权力关系或结构而出现的。

同时，藩镇地方军人集团的形成、军人政治的出现，不可避免地映射到朝廷所组建的这支“中央直属部队”神策军身上。唐后期掌握这支军队的宦官介入甚至把持了皇位继承，就是军人政治在朝廷的表现。这支部队如果由军将统领，必然出现改朝换代。这是要将这支军队最终制度性地交由宦官统领的另一个原因。

从控制的角度来说，一方面，藩镇军力强，可为其跋扈提供武力基础；另一方面，有些地区的藩镇实力必须得到充实和加强，朝廷才能使之发挥作为军队的作用。分布于河北周围、运河沿线的拥兵藩镇，就是这样的性质。这些藩镇一旦失控，就阻断了东南地区与中央的联结，不仅东南地区的财赋不能运至长安，使长安失去了财力基础，而且东南地区在这种情况下，也会闭境自守，这实际上意味着中央朝廷对全国的失控。另一方面，这些地区的藩镇出现了“河朔化”的倾向，中央对他们的控制成为现实的需要——如果中央不加强控制，他们就会摆脱中央，实现“河朔化”。于是，我们看到，朝廷在不同的形势下，根据不同的情况，通过军事打击、政治控制等手段，不断加强对它们的控制，遏制其“河朔化”；这些藩镇内部的节度使与以牙兵为代表的地方军人集团之间的矛盾与冲突，为中央增强控制提供了有利的条件。

就控制方式而言，对河北三镇，是军事遏制；对河北周围及运河沿线藩镇，是军事控制；对江淮则是政治控制。当然，从横向看，并不是每一地区都存在所谓"控制问题"，也就不存在刻意的所谓控制方式；从纵向看，控制及控制方式，也是随形势的变化而变化，如宪宗平定淮西、淄青之后的六十年，江淮地区就基本不再存在所谓控制问题，朝廷也没有再刻意去"控制"。

除了为明了藩镇起源而讨论唐前期的兵制演变以外，本书讨论的，主要是从安史之乱至元和平定淮西、淄青这大约六十五年的藩镇问题，即李唐王朝如何从动荡走向秩序恢复。希望这本小书能有助于读者对唐代的藩镇概貌有一个较为全面而准确的把握和理解。

第一章　唐前期的兵制与边防

——唐代藩镇的起源

唐前期的兵制一直是个非常吸引人注意的问题。学者们对此进行了深入的探讨，并取得了许多成果，特别是浜口重国①、唐长孺②、谷霁光③、菊池英夫④、张国刚⑤、孙继民⑥等先生的研究有更多精辟之见。我们在前人研究的基础上，对唐前期兵制变化作一系统的勾勒，并对其变化的原因作些探究，可以明了府兵制的崩坏以及藩镇的起源。

---

① 浜口重国《府兵制度より新兵制へ》(1930)，《秦汉隋唐史の研究》。

② 唐长孺《唐书兵志笺正》(1957)；《唐代军事制度之演变》(1948)，《山居存稿续编》；《魏晋南北朝隋唐史三论》(1992)第三编第三章；《敦煌所出郿县判集中所见的唐代防丁》，《山居存稿》(1989)；《吐鲁番文书中所见的西州府兵》(1990)。

③ 谷霁光《府兵制度考释》(1962)。

④ 菊池英夫《唐代兵募の性格と名称とについて》(1956)、《节度使制确立前における"军"制度の展开》(1961)、《节度使制确立以前における"军"制度の展开(续编)》(1962)、《西域出土文书を通じてみたる唐玄宗时代における府兵制の运用(上)(下)》(1969及1970)。

⑤ 张国刚《唐代政治制度研究论集》(1994)所收有关兵制数文。

⑥ 孙继民《唐代行军制度研究》(1995)。

一、唐初的兵制

隋末李渊在太原起兵以后，建立大将军府，仿春秋诸侯三军之制，命李建成为左领大都督，领左三统军；李世民为右领大都督，领右三统军；李元吉统中军，留守太原①。进入关中后，东征西讨，军队不断扩充②，军队的组织体制也随之变化③。在平定直接威胁关中的陇右薛氏，关中形势基本稳定后，武德二年(619)七月，李唐对军队进行了初步整顿。攻下长安时，即以太原的元从义军三万人设置了禁军④，此时

---

① 《大唐创业起居注》卷一，13页。参《旧唐书》卷一《高祖纪》，3页；《新唐书》卷一《高祖纪》，4页；《新唐书》卷五〇《兵志》，1324页；《旧唐书》卷六四《隐太子建成传》，2414页。《旧唐书》卷五七《刘文静传附赵文恪传》"义师之举，授右三统军"(2296页)，同上《李思行传》"高祖将举义兵，令赴京城观觇动静，及还，具论机变，深称旨，授左三统军"(2297页)，同上《李高迁传》"及擒高君雅、王威等，高迁有功焉，授右三统军"(2297页)，同上《许世绪传》"义兵起，授右一府司马"(2298页)。《旧唐书》卷五八《长孙顺德传》"义兵起，拜统军"(2308页)，同上《殷峤传》，峤在围攻长安时，"与统军刘弘基率兵六万屯长安故城"(2311页)。这些记载都是实行此制之实例。统军是实际的领兵官。另外，还有马军，如罗君副即任"长枪马军副总管"(《唐代墓志汇编》贞观058号，46页)，而未言属何军。

② 李渊起兵时，有兵三万，另有突厥援兵五百余人(《旧唐书》卷一《高祖纪》，3页；《大唐创业起居注》卷一，14页；卷二，30页)。围攻长安时，众至二十万(《旧唐书》卷一，4页；《大唐创业起居注》卷二，36页；《新唐书·兵志》，1324页)。

③ 《旧唐书》卷五八《刘弘基传》"师至河东，弘基以兵千人先济河，进下冯翊，为渭北道大使，得便宜从事，以殷开山为副"(2309—2310页)，同上《殷峤传》"太宗为渭北道元帅，引为长史"(2311页)。同书卷一《高祖纪》义宁二年正月，"世子建成为抚宁大将军、东讨元帅，太宗为副，总兵七万，徇地东都"(5页)。武德元年八月，世民又以元帅名义西征薛仁杲(7页)。《新唐书·百官志四下》外官条注"及定京师，置左右元帅、太原道行军元帅、西讨元帅，皆亲王领之"(1308页)即是对上述具体事例的概括。也可见李氏父子刚刚率兵进入关中，其领兵体制已发生了变化。

④ 关于元从禁军，《新唐书·兵志》系于"已定天下"(1330页)之后，《玉海》(转下页)

又将元从义军以外的关中军队分作两部分，一小部分归秦王府统领①，绝大部分则分作十二军，驻屯于关中的十二道②。十二军的军事组织和编制采用了府兵制的组织形式，军下设骠骑、车骑府以统兵③。

这时的十二军是否即已兵民合一呢？《新唐书·兵志》记载军下有坊，坊主有检查户口、劝课农桑之责（1325页），《通典》卷二八《将军总叙》（782页）、《唐会要》卷七二《京城诸军》（1529页）亦载各军将有督察耕战之事。谷霁光认为这是“军事初定后又使一部分军队转入耕战兼顾，并逐渐地著，粗具府兵之雏形”④。但是，《置十二军诏》说得很清楚：“今虽关塞宁谧，荒裔肃清，伊洛犹芜，江湖尚梗。役车未息，戎马载驰，武备之方，尤宜精练。所以各因部校，序其统属。”⑤《唐会要》《通典》也说，高祖以天下未定，举关中之众以定四方，乃置十二军；武德六年，天下初定，罢十二军；八年，因突厥寇掠，复置十二军。可见，武德二年的初置、八年的复置，都是军事形势紧张的结果，是为了便于大规

(接上页)卷一三八引《邺侯家传》云“义宁元年，初下京师，为右骁卫将军主之”(2571页)，所系时间以《家传》为是。

① 参谷霁光《府兵制度考释》(1962)，131页。《旧唐书》卷六八《尉迟敬德传》，武德三年敬德降唐，太宗引为“右一府统军”(2495页)，《唐代墓志汇编》贞观058号罗君副“转秦王府左一统军、左四府右车骑将军”(46页)，是其实例。

② 见《唐代诏敕目录》武德二年七月壬申《修武备诏》所列史料，6页。参唐长孺《唐书兵志笺正》(1957)，5—6页。

③ 《新唐书·兵志》：“武德初，始置军府，以骠骑、车骑两将军府领之。”(1324页)参唐长孺《唐书兵志笺正》(1957)，6—7页。

④ 谷霁光《府兵制度考释》(1962)，129—130页。

⑤ 《唐大诏令集》卷一〇七，552页。参《全唐文》卷一《修武备诏》，25页；《册府元龟》卷一二四《帝王部·修武备》“武德二年七月壬申”条，1489页。所谓“关塞宁谧，荒裔肃清”并非实录，而是讳言唐尚称臣于突厥一事。参陈寅恪《论唐高祖称臣于突厥事》(1951)，《寒柳堂集》，97—108页；吕思勉《吕思勉读史札记》(1982)“唐高祖称臣于突厥”，992页。

模的用兵，而不是由军事形势缓和所致。相反，武德六年取消十二军，乃是由于刘黑闼被平定，全国形势已基本稳定之故。这种情况足以说明作为关中主力部队的十二军不可能是兵民合一的预备兵制。十二军分屯十二道，也不是军队之地著，充其量不过是属屯防区性质，一旦战事需要，则予以调防。比如，按十二军驻屯规定，泾州道是天纪军，宜州道是天节军，但罗艺在任天节军将时，便率本军镇守泾州①。据《通鉴》所载，罗艺是武德六年二月入朝，八年五月复置十二军，六月丙子出屯华亭县。该县原属安定郡(泾州)，义宁二年(618)虽分置陇州，但此地一定属天纪军屯辖区。贞观元年(627)正月辛丑，罗艺据泾州反②。他率兵屯驻此地长达一年半，这也可以佐证武德八年恢复的十二军并非兵民合一的预备兵，因为这一兵制不利于长期屯防。况且，如果武德二年设置的十二军就是兵民合一之制，那还有何必要在武德六年形势基本稳定后取消它呢？而事实上，贞观以后所实行的兵制正是兵民合一之制。

如果此时的十二军是职业兵，为何还设有坊主以检查户口、劝课农桑呢？谷霁光认为驻屯部队中包括有军户③，唐长孺也认为这一情况说明“此十二军者正西魏北周十二大将军之遗意也”④。但西魏北周的府兵前后也有变化，虽然北魏初年在其部落制影响下的军士具有的特殊地位到北魏后期已一落千丈，但经过魏末的镇兵起事，他们又成

---

① 《旧唐书》卷五六《罗艺传》，2279 页。

② 《通鉴》卷一九〇，武德六年二月，5965 页；卷一九一，武德八年六月，5995 页；卷一九二，贞观元年正月，6032 页。

③ 谷霁光《府兵制度考释》(1962)，130 页。

④ 唐长孺《唐书兵志笺正》(1957)，8—9 页。

为拥有特殊社会地位的军人集团，并拥有依附民户。经过整顿，在大统十六年（550）以后，府兵体系得以确立，其兵民分籍则是沿自魏晋以来的士家制度[①]——这既可以养兵，又可保护其既得利益。但在与东魏、北齐的长年征战中，府兵伤亡惨重，不得不在北周武帝时大事扩充，一般百姓亦须入伍，且在部队中所占比例逐渐增大[②]，这些新入伍的士兵不再拥有依附民户，此后的兵民分籍的目的更明确地体现在通过世袭为兵而保证兵源。隋文帝在兵民合籍的诏书中所说的"魏末丧乱，军人权置坊府，南征北伐，居处无定，家无完堵，地罕包桑"[③]，指的就是军队扩充、不再有依附民户之后的情况，说明已不能再检查户口、劝课农桑了，而军人自己在当时也根本不可能有余暇兼顾耕作[④]。所以，坊主劝课农桑之事仅存在于北周武帝未大规模扩充军队之前的几十年中。至于在隋末各地起事时，兵民合籍实施已近三十年，李渊父子的军队也大多是"诸起义以相属与降群盗"[⑤]，他们既不可能有依附民户，军士本人又都处在戎马倥偬之际而根本无暇耕种。所以关于十二军下坊主"劝课农桑""督察耕战"不过是后人照抄前代的官样文章或理想之制，正如《宋刑统》中有均田制的规定一样，不足为据[⑥]。

---

① 参唐长孺《晋书赵至传中所见的曹魏士家制度》，《魏晋南北朝史论丛》（1955），30—36 页；《魏周府兵制度辨疑》"府兵组织系统之建立"一节，同上书，258—266 页。

② 参谷霁光《府兵制度考释》（1962），66—68 页。

③ 《通鉴》卷一七七，开皇十年五月，5529 页。参《隋书》卷二《高祖纪下》，34—35 页；《北史》卷一一《隋本纪上》，416 页。

④ 参陈寅恪《隋唐制度渊源略论稿》六《兵制》（1937），124—134 页。

⑤ 《新唐书》卷五〇《兵志》，1324 页。

⑥ 《宋刑统》卷一二"卖口分及永业田"条及卷一三"占盗侵夺公私田"条，200—203 页。另参同书所附刘承幹《宋重详定刑统校勘记》一文，513—550 页。

上述是关中的军制①。在其他地区，对那些降附者，则就地安置，割州县以宠禄之②；在边要之地则设总管府以统数州之兵，武德七年改名为都督府③。这是屯驻部队。在打仗时，则设立元帅、行台尚书省、行军总管以指挥军队④。

十二军下辖骠骑、车骑府⑤，这些军府及十二军与十二卫的关系怎样呢？有关的史籍中没有对武德年间的这一制度作详细的记载，只有在一些墓志所涉及的官衔上透露出一些情况。《乙速孤墓志》称“父晟，皇朝上开府右武侯右廿府左车骑将军，转骠骑将军”⑥，《罗君副墓志》称他在唐初曾“授左勋卫四府中郎将，又转右卫右翊卫一府中郎将”⑦，

---

① 除元从禁军、十二军以外，秦王、齐王二府也统领有军队。《旧唐书》卷四二《职官志一》(1810页)、《通鉴》卷一八九武德四年十月(5937页)均有记载。谷霁光《府兵制度考释》(1962)也有叙述(131页)。《唐代墓志汇编》贞观058号《罗君副墓志》便是一实例(46页)。但均属王府卫士性质，数量有限。

② 《通鉴》卷一九二，贞观元年正月，6033页。《旧唐书》卷三八《地理志一》，1384页。

③ 《通鉴》卷一八五，武德元年六月，5795页；《新唐书·食货志下》，1315页；《通典》卷二二“行台省”，611页，卷三二“都督”，894页；《唐会要》卷六八“都督府”，1411页，卷六九“都督刺史已下杂录”，1435页。《旧唐书》卷一《高祖纪》武德元年六月“诸州总管加号使持节”，7页。另《通鉴》胡注将总管改为都督府系于武德四年十月，5937页；卷一九〇，武德七年二月戊午有“改大总管为大都督”(5977页)，似乎总管与大总管的改称不在同时。

④ 《通鉴》卷一八九，武德四年七月“是时，诸道有事则置行台尚书省，无事则罢之”，5926页。《通典》卷三二“都督”载“复有行军大总管者，盖有征伐则置于所征之道，以督军事”，894页。关于元帅，见上引《旧唐书》卷一《高祖纪》(5、7页)、卷五八《殷峤传》(2311页)以及《新唐书·百官志四下》(1308页)。

⑤ 参唐长孺《唐书兵志笺正》(1957)，6页。

⑥ 《金石萃编》卷六一，叶4。志文在叙述其父历官后，又叙述他自己“以义宁之始，乃奉见于泾阳”云云，可知其父历官亦在唐初。

⑦ 《唐代墓志汇编》贞观058号，46页。据《旧唐书》卷四二《职官志一》，武德七年曾将亲卫、勋卫骠骑、车骑将军改为中郎将(1784页)，故知此历官在武德时。

《李楚才墓志》称他“义宁二年授车骑将军，累加开府。武德五年迁右卫二十四府右车骑将军，仍于邛州镇守……六年转仲山府左列”[①]。从这三方墓志可以看出：第一，军府以数字表示，与后来以地名表示者不同。第二，武德六年取消十二军后，才以地名表示军府，但李楚才的官衔虽是仲山府左列[②]，镇守地却在邛州。仲山府在关内道，邛州则远在剑南，从墓志下文称“南州旧俗淫”以及武德七年用兵等事来看，其镇守地确在巴蜀。可见其镇守地与官衔所系完全是两回事。此前之某府某卫也同样仅是官衔而已，并不表示军府与中央诸卫存在着事实上的统属关系。十二军的军将也大多带有诸卫将军的官衔，同样不是表示它统属于诸卫。换言之，军府统于十二军，十二军直属于中央。诸卫将军以及军府的骠骑、车骑将军或中郎将不过是其官衔。

进一步整顿兵制，以府隶卫、兵民合一则是在贞观初。武德年间，关中的部队与关中以外的部队在统属上并不一致，后者大多属权置，所谓“隋末丧乱，豪杰并起，拥众据地，自相雄长；唐兴，相帅来归，上皇（指高祖）为之割置州县以宠禄之”，便是指的这种情况；有鉴于此，贞观元年二月，下令并省州县，取消了许多这样的州县[③]。对其所属之兵众虽未明言，但不久（当年四月）中央即“发诸道简点使”到各地拣点府兵[④]。可知在并省州县的同时，也对其所统兵众进行了彻底改编，具体办法就是将他们纳入府兵统领的系统中。在这次整顿中，还将兵制恢

---

① 《原州百泉县令李君神道碑》，《文苑英华》卷九二九，4889 页。

② 劳经原以为“列疑当作别，又下脱将字”，《唐折冲府考》卷二，《二十五史补编》7607 页。

③ 《通鉴》卷一九二，贞观元年正月、二月，6033 页。

④ 《唐会要》卷七八“诸使杂录上”，1700 页。

复成了隋代亦民亦兵之制。所以，在全国范围内将军府归于中央十二卫、军人由职业兵变为亦兵亦民之预备兵，是在贞观元年二月至四月的这次整顿中完成的。目前所见到的最早的以地名府而隶于诸卫的材料也是在贞观二年。《许洛仁碑》云："贞观二年除右卫原城府统军。"①《李汪墓志》称："贞观二年授右武卫九嵕府别将。"②这两个实例都是在兵制调整后的第二年，且是目前所见最早的以地名府而隶于诸卫的情况，可见绝非偶然。贞观十年，又将统军、别将改为折冲都尉、果毅都尉，军府统名为折冲府③。

经过贞观初年的整顿，全国兵制统一成为亦兵亦民、隶于诸卫的预备兵制，其常备兵则是中央的宿卫军和镇戍防人。宿卫军是由部分折冲府轮番派来的府兵组成，约有七八万人④；防人则是驻守于边要之地的军事力量，并以驻屯人数的多少不等而有镇、戍之别⑤，共有七万多人，由府兵和百姓充，但可能优先拣点府兵⑥。此外，在战时要临时

① 《金石萃编》卷五四，叶1。

② 《唐代墓志汇编》龙朔027号，355页。

③ 《新唐书》卷五〇《兵志》，1325页；《通典》卷二九"折冲府"，809—810页；《唐会要》卷七二"府兵"，1537页。

④ 岑仲勉《隋唐史·唐史》(1957)第二十二节，226页。张国刚《唐代府兵渊源与番役》(1989)认为有一部分折冲府隶属地方州，不必到中央上番，见《唐代政治制度研究论集》，12—24页。

⑤ "防人"是当时的法定名称，专指到镇、戍服役者，见《唐律疏议》第235、237、239、458各条。《新唐书》卷四九下《百官志四下》载有镇、戍等级、数目及防人数量(1320页)。《通典》卷一七二《州郡典二·序目》载镇、戍数目(4483页)，与《新唐书》所载不合，或前后数目有所变化。

⑥ 参唐长孺《吐鲁番文书中所见的西州府兵》(1990)第三节，64—96页。充当防人的百姓称作防丁，参唐长孺《敦煌所出郿县判集中所见的唐代防丁》，《山居存稿》(1989)，399—410页；认为防人中有兵募，407页。张国刚《唐代防丁制度考述》(1991)也认为防丁不限于镇戍，军镇中也有(《唐代政治制度研究论集》，78—84页)。(转下页)

以府兵制的组织体制组建行军，战事结束即予解散。府兵是行军中的中坚力量，但在数量上以召募的百姓（即兵募）为多①，这从《文苑英华》所收《露布》中即可看出②。折冲府由中央诸卫统辖，上番宿卫之府兵也由诸卫统领；战时行军则由中央临时命人以行军总管、大总管、元帅等名义统领③；镇戍即由都督府统领。都督府由总管府变化而来，武德元年，以“天下未定，凡边要之州，皆置总管府，以统数州之兵”④，具有军区的性质。在贞观初，唐太宗整顿兵制时，虽然将各地武装力量归入了府兵系列，但边要之地客观上又需要防守，于是将由总管府改称的都督府也进行了调整。其所统之众由军队改为防人，按规定，防人是负担军事任务的“役”而不是“兵”⑤，但它起的是常备兵的作用，所以我们认为防人是府兵系统之外的军事系统。镇戍并非每州都有，每一镇戍的防人又都有限，这就要求加以相对的集中，都督府就是在此情况下被保留了下来。所谓都督府统州，便是指统领所属州的镇戍，即《新唐书·百官志》所称“都督掌督诸州兵马、甲械、城隍、镇戍、粮禀，总判府事”（1315页）。当然也有个别镇戍属州统领，《唐律疏议》诸监临

（接上页）但均未作深论，故此处认为“防丁”也是专称。

① 兵募是其通称，也称作征人、募兵、募人等。参菊池英夫《唐代兵募の性格と名称とについて》（1956）、唐耕耦《唐代前期的兵募》（1981）、张国刚《关于唐代兵募制度的几个问题》（1988，《唐代政治制度研究论集》，29—53页）。虽然兵募有较强的强制性，但毕竟是政府出资，其强制性是作为国家机器的核心力量军队的本质决定的，特别是在战时。就集兵的方式而言，它与健儿并无区别。作为募兵制十分典型的宋代，也存在着强制募集的情况，参王曾瑜《宋代兵制初探》（1983），207—210页。

② 参菊池英夫《节度使制确立以前における“军”制度の展开（续编）》（1962）。

③ 参孙继民《唐代的行军统帅》（1991），206—215页。

④ 《通鉴》卷一八五，武德元年六月，5795页。

⑤ 参唐长孺《敦煌所出郿县判集中所见的唐代防丁》，《山居存稿》（1989）；张国刚《唐代防丁制度考述》（1991），《唐代政治制度研究论集》。

官司条疏议曰:“其有府及镇戍隶州者,亦为统属之限。”[1]可知折冲府、镇戍隶属于州乃是特例,通例则是折冲府隶属于诸卫,镇戍隶属于都督府。但为什么《旧唐书·职官志》《大唐六典》将都督府、州的职掌一并叙述,表示其间并无不同呢?我以为在撰成《大唐六典》的开元末年(738),防人的作用已逐渐为镇兵和团结兵所取代,都督府和州的区别已不明了,《旧唐书·职官志》取材于《大唐六典》,故亦如此。而《新唐书》多方综合,故可辨析其异。另外,唐初的两件史实也可证明都督府不同于州。第一,贞观元年二月合并州县,调整行政区划时,如二者无实质不同,则必会合二为一;其二,从都督府的分布来看,边疆地区一概置府,并大抵两层环绕,内地军事重地亦置之[2],且与《新唐书·地理志》所载之镇戍分布大体吻合,说明它不同于州而具有军事意义。

总之,武德年间的府兵是职业兵,太宗贞观元年整顿兵制后才变为预备兵。在亦兵亦民的府兵制状态下,唐之常备兵共有十四五万,其中一半宿卫京师,一半驻屯于边要之地。

二、边地屯兵及其统领体系的变化

李唐在统一中原后,对周边进行了一系列的征服战争。在这个过程中,贞观十四年灭高昌后设置的安西都护府是唐廷设置的第一个都护府。据《旧唐书·职官志三》都护府条,“都护之职,掌抚慰诸蕃,辑

---

① 《唐律疏议》卷二二,第318条,403—404页。
② 严耕望《括地志序略都督府管州考》(1969),《严耕望史学论文选》,178页。

宁外寇，觇候奸谲，征讨携贰”（1922 页），可知它是为控制诸蕃而设立的。但是，在此之前的贞观四年，唐破北突厥后并未设置；而在此之后的贞观十八年、廿一年，两次用兵高丽后，也没有设置。这说明都护府并不仅仅是一个抚慰周边少数部族的机构，而且还另有其特别的意义。

灭高昌设立都护府的同时，还设兵千余镇守其地，且归安西都护府统领[①]。它既是都护府设立的最早记载，又是唐在用兵后留兵镇守的最早的明确记载，二者相合，绝非偶然。这说明在某地设立都护府就意味着在该地设兵镇守。所以，在设都护府后的贞观后期，任都护期限最长的郭孝恪，曾先后两次率兵西征焉耆、龟兹[②]，可见其实力和作用。另外，从下面都护府设置的背景及其作用上，也可以证实这一看法。

唐对周边第一次大规模用兵，是贞观四年击溃北突厥，但唐并未在当地设都护府，而仅以其降附部落设羁縻都督府和州。这就使碛北薛延陀在失去突厥的威胁后，并没有受到取而代之的唐廷的压力，从而得到了一个发展的机会。不久，便恃其强盛，屡扰唐境，并在贞观十九年乘太宗亲征高丽之机大肆南下，而唐却是“边境阙备”[③]。其实在太宗东征时，对薛延陀就不无顾虑，虽然他对以助战为名前来觇视的薛延陀使者说：“语尔可汗：今我父子东征高丽，汝能为寇，宜亟来！”[④]

---

① 参《贞观政要》卷九“安边第三十六”，278 页（此条承吴玉贵先生告知）。《唐会要》卷九五“高昌”，2016 页。

② 《旧唐书》卷八三《郭孝恪传》，2274 页。参吴玉贵《唐代安西都护府史略》及附录二《安西都护年表》（1987），76—135 页。

③ 《唐会要》卷九六“薛延陀”，2045 页。

④ 《通鉴》卷一九八，贞观十九年八月，6227 页。

似乎是胸有成竹。事实上，太宗东征时，“使右领军大将军执失思力将突厥屯夏州之北以备薛延陀”[①]，此外并无其他安排，可知其依仗的主要是突厥部族而非唐兵。而在此之前，面对薛延陀的屡屡侵扰，太宗谓侍臣曰：“薛延陀屈强，今御之有二策，苟非发兵殄灭之，则与之婚姻以抚之。”[②]可见破北突厥后并未在当地设兵镇守。幸好太宗其时已退兵高丽，途中急忙派人发近边各州兵镇守要地才起到威慑作用[③]。所以，在第二年就出兵彻底击溃了薛延陀，原为其所控制之回纥、拔野古、仆固等部遣使归命[④]。次年正月，唐以其降附诸部置都督府、州，四月，设燕然都护府以统之，并在回纥之南、突厥之北设置邮驿，开通了“参天可汗道”[⑤]。可以说，燕然都护府的设置是针对此前未设都护、控制不力的状况而借鉴安西都护府的方法所采取的举措，它意味着唐在北方也开始设兵镇守。“参天可汗道”得以开通也正因于此。分析一下唐廷对此次用兵后和贞观四年用兵后的处置所持态度的不同，也可说明此点。

《唐会要》卷九四“突厥沙陀”云：

> 回纥等十一姓各遣使归命，乞置官司。（2011 页）

---

① 《通鉴》卷一九八，贞观十九年十二月，6232 页。

② 《唐会要》卷九四“沙陀突厥”，2009—2010 页。

③ 参《通鉴》卷一九八，贞观十九年十二月，6232—6233 页。

④ 《通鉴》卷一九八，贞观二十年六月、七月、八月，6236—6239 页。《唐会要》卷九四“沙陀突厥”系于贞观二十一年，2010—2011 页。此从《通鉴》。

⑤ 《唐会要》卷七三“安北都护府”，1557—1558 页。参《通鉴》卷一九八，贞观二十一年正月、四月，6244、6246 页。

唐廷在为此事而下的诏书中也说：

> 其契苾车苾侯斤及铁勒诸姓、回纥胡禄俟利发等，总统百余万户，散处北漠，远遣使人，委身内属，请同编列，并为郡县。[①]

房玄龄在言及此事时，亦称“铁勒慕义，请置州县”[②]。诏书与房氏《谏表》中都述及突厥破亡之事，而突厥破亡后唐廷即以府、州处之，但诏书和《谏表》都没有强调对突厥的处置而强调了契苾、铁勒诸部此时的请求同编列、置州县之事。所谓的同编列、置州县实即设府、州。同一性质的两件事，在不同的文件中却同时对其中的同一件事给予了较高的重视，这一定有其根据和原因。铁勒、回纥诸部分置府州后数月即设立了燕然都护府，突厥降附后却未置。而都护府的设立就意味着设兵镇守，也就意味着对该地的实际控制。这便是对此二事态度不同的原因。

从都护府设置后的客观作用来看，贞观初平北突厥后不置都护府，是由于唐取代它而成为东亚霸主，太宗也应诸蕃酋长之请而称“天可汗”，成为其共主，自以为已可完全控制北边之故。十年后，灭高昌便设都护府留兵镇守，是由于其时西突厥尚未降附，它是唐廷经营西域的巨大障碍，日后经营西域，安西都护府起了很大作用[③]。贞观十八

---

① 《破契苾幸灵州诏》，《唐大诏令集》卷七九，450 页。参《全唐文》卷八，96 页；《册府元龟》卷一二《帝王部 · 告功》，134 页；《唐会要》卷九四“沙陀突厥”，2011 页；《通鉴》卷一九八，贞观二十年八月，6239 页。

② 《唐会要》卷九五“高句丽”，2021 页；《旧唐书》卷六六《房玄龄传》，2464 页；《谏伐高丽表》，《全唐文》卷一三七，1383 页。

③ 《旧唐书》卷八三《郭孝恪传》，2774 页。参吴玉贵《唐代安西都护府史略》(1987)。

年、二十一年两次用兵高丽后未置都护府，一则是由于未彻底占其本土，二则是由于高丽并未对唐构成威胁，房玄龄《谏伐高丽表》可以为证。事实上也没有高丽侵扰唐境的记载。这说明不设都护府便意味着未设兵镇守①。

也正是鉴于破突厥后未设兵镇守而使薛延陀坐大的教训，在此后的贞观廿二年奚、契丹要求内附时，除例行以其部落设羁縻府、州外，还在营州设置了东夷校尉官以统之②。次年，改为东夷都护以镇抚松漠、饶乐之地③。

当时应负边防之责的是边地都督府所统领的防人系统，但平高昌后所设安西都护府统领镇兵已逾千人，日后平高丽设安东都护府，所统镇兵达二万人④，武则天时收复四镇，镇兵更达三万人之多⑤。而镇戍中之上镇不过五百人，显然不能满足屯防边地所需之兵力，况且防人尚属劳役性质。在此情况下，唐廷就不能不改弦更张，都护府便逐渐取代边地都督府，成为镇防边地的主要力量。当然，以边地都督府统领羁縻府州的情况仍然存在⑥，如灵州都督府即为一例⑦，但其数量及作用已极有限，有些都督府就明确地被都护府所取代了，如《唐会

① 至于菊池英夫《节度使制确立前における"军"制度の展开》(1961)曾举出墨离军、玉门军、赤水军皆置于武德年间，其实这些军与此处所言之"军"并无直接的渊源关系，详下。

② 《册府元龟》卷九七七《外臣部·降附》，11480页；《通鉴》卷一九九，贞观二十二年十一月，6263页。《唐会要》卷七三"营州都督府"有错简。

③ 《唐会要》卷七三"营州都督府"，1565页。

④ 《旧唐书》卷八三《薛仁贵传》，2782页。

⑤ 《旧唐书》卷一九八《西戎·龟兹国传》，5304页。

⑥ 《唐会要》将边防之都督府、都护府列在卷七三，而将其他的府尹、都督、刺史列在卷六八、六九，亦是此意。

⑦ 《唐会要》卷七三"灵州都督府"，1559—1560页。

要》卷七三“安北都护府”所载定襄、云中二都督府的演变情况及“安南都护府”所载其渊源即可说明。

高宗即位后，又进一步拓展并加强了对边地的控制。在北方，增置了瀚海都护府。龙朔三年（663）将燕然都护府北迁至回纥部所在地，易名为瀚海都护府；原瀚海都护府东迁至云中，易名为云中都护府（后又改称为单于都护府），瀚海统碛北，云中统碛南①。在西北，安西都护府在显庆三年（658）征服西突厥后迁至龟兹，并加强了兵力②。东向于显庆五年灭百济，总章元年（668）九月平高丽，置安东都护府于平壤，领兵二万镇守其地③。

都护府所统镇兵的编制未见明确记载，或许就是称作军、镇、守捉，如安西都护府下辖之安西四镇。所谓“唐初，兵之戍边者，大曰军，小曰守捉，曰城，曰镇”④，或即指此。

以在边地全面建立都护府为标志，唐廷完成了它对边防体制第一次的调整。然而不过十年，边防形势的陡然恶化，使这一体制又受到

---

① 参谭其骧《唐北陲二都护府建置沿革与治所迁徙》，《长水集》（1987），下册263—277页。

② 参吴玉贵《唐代安西都护府史略》（1987）。

③ 《唐会要》卷七三“安东都护府”，1562页；卷九五“高句丽”，2024—2025页。《旧唐书》卷一九九上《东夷·高丽百济传》，5327页、5331页。《通鉴》卷二〇〇，显庆五年八月，6321页；龙朔元年三月，6323页；卷二〇一总章元年十月、十二月，6356—6357页。

④ 《新唐书》卷五〇《兵志》，1328页。唐长孺《唐书兵志笺正》（1957）卷二云“按军及守捉，设置稍后，其将领称使”（33页），后于何时，未予明言。《新唐书·兵志》则在此下详列防区，末云“此自武德至天宝以前边防之制”（1329页），不知天宝前边防之制有个变化过程，此乃第一次调整，即取代镇戍的都护府阶段。此阶段尚无所谓“道”（军防区）。《唐律疏议》卷二八第458条“诸防人向防及在防未满而亡者”，小注云“镇人亦同”，可知防人与镇人在法律上即为两种人。前者由镇戍统领，属于“役”的性质；后者则由都护府统领，明确为军队性质。

了威胁。其导火线便是崛起于青藏高原的吐蕃，在灭吐谷浑后，直接威胁到了唐朝陇右、剑南之地的安全。在调露元年(679)，即唐军大败于吐蕃之后的第二年，突厥阿史德温傅、奉职二部反，立泥孰匐为可汗，“二十四州并叛应之”；永隆元年(680)，突厥又迎颉利从兄子阿史那伏念于夏州，欲渡河北走，立之为可汗，“诸部落复响应之”[①]。虽然突厥的这两次旨在摆脱唐廷控制的行动被镇压下去了，然而两年后，即永淳二年(683)，阿史那骨咄禄再次反叛，终于成功地摆脱了唐廷的控制，自立为可汗，并开始侵扰唐北方边地[②]。武周万岁通天年间(696)，契丹、奚又相继反唐，与突厥相表里，侵扰唐境[③]。此后唐廷设置于高句丽本土的安东都护也被迫撤回辽东[④]。这一系列事变之间有着内在的联系和影响：突厥复兴是在吐蕃兴起并威胁唐廷的背景下取得成功的；奚、契丹的叛唐又是在突厥已复兴的情况下发生的。这标志着东亚形势的一次根本转变，李唐作为诸蕃共主的时代结束了！面对这一形势，李唐不得不再一次对边防之制进行调整。此次调整便起始于对付吐蕃。

吐蕃在尽并吐谷浑之地、攻陷安西四镇后，唐廷曾派行军攻讨，但

---

① 《旧唐书》卷一九四上，5166页。参《通鉴》卷二〇二，调露元年十月，6392页。后一事《通鉴》系于开耀元年(681)正月(6400页)裴行俭军还后。但行俭军还在永隆元年(680)三月(6394页)，或《通鉴》以为其不可能当年即还，故系于次年正月？或别有所据。《唐会要》卷九四“北突厥”亦系于开耀元年(原文作“七”，乃“元”之误)，2004页。《旧唐书》所载突厥迎阿史那伏念一事为《通鉴》《唐会要》所未载，或迎伏念在永隆元年，到次年才称可汗，《通鉴》《唐会要》仅载其称可汗之时，故有此出入？

② 《旧唐书》卷一九四上《突厥传上》，5167页；《唐会要》卷九四“北突厥”，2004页。

③ 《旧唐书》卷一九九下《北狄・契丹传》和《奚传》，5350、5354页。《新唐书》卷二一九《北狄・契丹传》和《奚传》，6168、6174页；《唐会要》卷九六“契丹”(2033页)、“奚”(2036页)。以上以《新唐书》所载为最详尽。

④ 《唐会要》卷七三“安东都护府”，1562页。

大败而归。仪凤二年(677)八月，又命刘仁轨以“洮河道行军镇守大使”的身份经营吐蕃①。“行军”是临时组建的征伐部队，“镇守”则是表明与行军相反的屯防性质。从仁轨所带官衔中可以看出，他所统领的部队是临时组建的行军②，却担负着屯防的任务。所以张文瓘在上奏中说“比为吐蕃犯边，兵屯于境”③，径以屯防目之。次年，在与吐蕃相争败绩后，唐廷专门讨论了对付吐蕃的“绥御之策”④，鉴于吐蕃势力颇盛，加之自然条件的限制，唐处于“近讨则徒损兵威，深入则未穷巢穴”的两难处境⑤。为此，唐廷决定采取屯兵防守的防御战略。这标志着唐廷对外战略由攻到守的根本转变。于是，命黑齿常之以“河源军使”的身份率兵镇御⑥，其官衔中已不再有“行军”字样。

《邺侯家传》中对刘仁轨率兵屯防于吐蕃之境给予了很高的重视，称“时出征，多不逾时，远不经岁而能克捷，高宗始以刘仁轨为洮河镇守使，以图吐蕃，于是始屯军于境而师老厌战矣”⑦。事实上，刘仁轨在洮河并非为屯防，而是为了准备攻打吐蕃，所以唐廷曾两次大

---

① 《旧唐书》卷八四《刘仁轨传》，2795页。

② 《通鉴》卷二〇二，仪凤二年(677)八月命刘仁轨镇洮河军(6384页)，同年十二月二十七日颁布《令举猛士以击吐蕃敕》(《唐代诏敕目录》，84页)。《通鉴》仪凤三年正月癸未派人分往河南、河北募勇士，而此之前的丙子日，命李敬玄代仁轨，同年九月唐军败绩于青海之上(6384—6385页)，可见唐廷这两次募兵都是为了攻打吐蕃。《旧唐书》卷一九六上关于此事之记载恐有错简(5223页末3行)。

③ 《旧唐书》卷八五《张文瓘传》，2815—2816页。

④ 《旧唐书》卷一九六上《吐蕃传》，5224页。《册府元龟》卷九九一《外臣部·备御四》仪凤三年条所记尤详(11643页)。参王小甫《唐 吐蕃 大食政治关系史》，45页。

⑤ 《旧唐书》卷一九六上《吐蕃传》所引郭正一言，5224页。

⑥ 《旧唐书》卷一九六上《吐蕃传》，5224页。《旧唐书》卷一〇九《黑齿常之传》，3295页。

⑦ 《玉海》卷一三八“兵制”所引，2570页。

规模募兵[①]。仪凤三年(678),双方爆发了一场大的决战。再者,都护府所统之兵已是"屯兵于境"的性质,如设安西都护府,留兵千余镇守;设安东都护府,留兵二万镇守。特别是后者,所留镇兵主要就是从征行军中留下来的(详见下节)。所以,无论是屯军一事的性质,还是屯军中士兵的来源,"屯军于境"绝不始于刘仁轨。但《邺侯家传》的这一看法虽不无偏颇之处,却自有其根据在。上已述及,都护府已几乎取代边地都督府而成为统领屯防部队的重要机构,然而此时面对吐蕃的侵扰,无论是刘仁轨率行军镇守以图吐蕃,还是中央已决定采取防御战略并命黑齿常之镇守,都没有按惯例设都护府以统镇兵,而是以"军使"的名义统率镇守,并直属于中央。这就意味着在原来的都护府的边防体系之外又另设专门的军队以负防边之责,这也就是《邺侯家传》对刘仁轨"屯军于境"一事格外重视,并以之为兵制改变的一个标志的原因[②]。正由于此,《旧唐书》才会在《吐蕃传》中叙至天宝末年时,插入了一段看似与上下文并无因果关系的关于边防体系变化的综述:

> 于是岁调山东丁男为戍卒,缯帛为军资,有屯田以资糗粮,牧使以娩羊马。大军万人,小军千人,烽戍逻卒,万里相继,以却于强敌。陇右鄯州为节度,河西凉州为节度,安西、北庭亦置节度;关内则于灵州置朔方节度;又有受降城、单于都护庭为之藩卫。(5236 页)

---

① 仪凤二年(677)十二月二十七日颁布《令举猛士以击吐蕃敕》(《唐代诏敕目录》,84 页);仪凤三年正月癸未派人分往河南、河北募勇士(《通鉴》卷二〇二,6384 页)。这两次募兵都是为了攻打吐蕃。

② 参唐长孺《唐代军事制度之演变》(1948);唐先生指出此条材料"亦即军区制度始创之日也,诚可谓知言"(《山居存稿续编》,340 页),但未予详论。

它表明作者认为日后新的边防体系——节度使体系，直接渊源于迫于吐蕃威胁而在边地以“军”为独立的单位直属于中央的体制①。

由于边地形势的变化，原有的边防兵力不足以担负边防的任务，所以都督府所统领的、具有劳役性质的防人被都护府所统领的镇兵所取代，而且其兵力越来越多。都护府是军政合一的实体，它所统领的镇兵主要不是用于征讨，而是唐廷对边地部族实行羁縻控制的武力基础。吐蕃兴起以后，边防形势发生了根本性的逆转，都护府所统镇兵不足以应付边事，于是又设立单纯的军事机构，专司军事，专职防守，更有效地发挥军队的职能。并且随着军事形势的要求，不断增置，进而逐渐形成了彼此配合的军区，即节度使防区。其编制除“军”之外，还有城、镇、守捉，都护府也逐渐纳入了这一统领系统中。这一边防体系在天宝初年最后得以确立②。

这里有两点要加以说明。第一，唐前期的边防体系经历了三个阶段、两次调整，即都督—都护—节度使。这一变化一方面是着眼于其在边防上所起的实际作用而言的；另一方面，其变化又需要一个过程，后一体系起主要边防作用时，也不排除前一机构仍然存在，并发挥一定的作用，虽然它所起到的只是补充作用而已。例如，都护府普遍设

---

① 菊池英夫《节度使制确立前における“军”制度の展开》(1961)曾举出墨离军、玉门军、赤水军皆置于武德年间。这些军与此处所言之“军”并无直接的渊源关系。第一，其所置时间在贞观全面整顿兵制之前，应属临时性质，故除墨离军外，玉门、赤水二军均无在贞观前期(628—640)仍为“军”的记载。至于都护府设置之后又出现，则是受统于都护府。第二，墨离军的记载或在此时期，但从所列的三条史料看，此军(大)使皆为沙陀部族首领担任，其性质与设兵镇守之“军”的性质不同。

② 参《通鉴》卷二一五，天宝元年正月，6847—6851 页；《旧唐书》卷三八《地理志一》，1385—1389 页；《唐会要》卷七八“节度使”，1686—1692 页。

立后，灵州都督府仍起作用；设立“军”以防边后，安西、北庭二都护府仍发挥着作用。但它们最终纳入新的节度使体系中。第二，行军为镇军取代有一个过程。在都督府、都护府以及设立镇军的初期，其作用偏重于“守”，若有重大军事任务，仍需中央下令组建行军来完成。

三、府兵的募兵化及军队成分的变化

在以都督府为主要镇防机构的时代，防人由府兵和百姓充任。平高昌设立第一个都护府时，所遣千余镇兵，据魏徵所言“遣办衣资，离别亲戚”，褚遂良所称“去者资装，自须营办，既费菽粟，倾其机杼”，可知派去镇守者多为府兵[①]。显庆五年，“苏定方既平百济，留郎将刘仁愿于百济府城镇守”[②]。次年，百济起兵反唐。龙朔三年(663)九月再平之，“孙仁师与刘仁愿振旅而还，诏留仁轨勒兵镇守”[③]。麟德元年(664)十月，刘仁愿代替仁轨镇守时说：“吾前还海西，大遭谗谤，云吾

① 《唐会要》卷九五“高昌”，2016—2017页；参《贞观政要》卷九“安边第三十六”，278页。褚遂良《谏戍高昌疏》，《全唐文》卷一四九，1509页；参《旧唐书》卷八〇《褚遂良传》，2736页。有人以为魏徵、褚遂良所言并不能证明所派去者必为府兵，但我们只要与专讲募兵的刘仁轨所上《陈破百济军事表》(《全唐文》卷一五八，参《旧唐书》卷八四《刘仁轨传》)相对照，便可佐证此处所讲乃府兵。仁轨问兵募为何如此单露时，募兵答道，“发家来日，唯遣作一年装束”，似乎与上引魏、褚二人所言遣办衣资并无不同，但当仁轨勘责兵募衣裳单露、不堪过冬时，便“给大军还日所留衣裳，且得一冬充事”。这些“所留衣裳”绝非自办；倘若系自办，其还军之时，绝不会将衣裳留下。可见兵募所谓“发家来日，唯遣作一年装束”并非指自办，而是“行赐”(见下)。至于“行赐”为何即可留下，姑可不论，但与上述魏、褚所言自办资装不同。自办资装者必府兵无疑。

② 《旧唐书》卷八四《刘仁轨传》，2790页。《通鉴》卷二〇〇，龙朔元年三月，6323页。

③ 《旧唐书》卷八四《刘仁轨传》，2792页。《册府元龟》卷四〇五《将帅部·识略四》，4818页；《通鉴》卷二〇一，龙朔三年九月，6338页。

多留兵众，谋据海东，几不免祸。”[①]可知显庆五年第一次平百济后所留镇兵不会太少。况且唐平百济是为了进一步经略高丽，仁轨在镇守百济期间上表朝廷时说：“陛下再兴兵马，平定百济，留兵镇守，经略高丽。”[②]而总章元年(668)十月平高丽，置安东都护府时，“以右威卫大将军薛仁贵检校安东都护，总兵二万人以镇抚之”[③]。因此，镇守百济、经营高丽之兵也不会比这少。

这些镇兵中，主要是“行军”征讨结束后留下来的一部分征行兵。我们前已述及，在作为预备兵的府兵制状态下，征行时既要调集府兵，又要召募百姓；而在数量上，后者更多。具体而言，平百济的第二年，即龙朔元年正月，“募河南北、淮南六十七州兵，得四万四千余人，诣平壤、镂方行营”[④]。可知派去经营高丽的军队正是以兵募为主的。刘仁轨在率兵镇守百济期间曾上表朝廷，为其所统士兵争取破百济后的官勋[⑤]，表中通篇谈到的仅仅是募兵，更可证明此时镇兵中已主要是募兵了。

刘仁轨在其所上表中，以与兵募问答的方式谈到了兵募情况在显庆五年前后的巨大变化。为什么这种变化会如此具体、确切地定在显庆五年呢？第一，当时出现了镇兵年限延长的情况，这一点在下文详

---

① 《通鉴》卷二〇一，麟德元年十月，6342 页。

② 《旧唐书》卷八四《刘仁轨传》，2793—2794 页。参《全唐文》卷一五八刘仁轨《陈破百济军事表》，1622—1623 页。再平百济时，仁轨亦曾云：“主上欲灭高丽，故先诛百济，留兵守之，制其心腹。”(《通鉴》卷二〇〇，龙朔二年七月，6329 页；参《旧唐书·刘仁轨传》，2791 页。)

③ 《通鉴》卷二〇一，总章元年十月，6357 页；参《旧唐书》卷八三《薛仁贵传》，2782 页。

④ 《通鉴》卷二〇〇，龙朔元年正月，6323 页。

⑤ 参《旧唐书》卷八四《刘仁轨传》，2793 页。

述;第二,虽然都护府统领镇兵的边防体系已普遍建立,但所统镇兵都没有灭百济后所留镇的兵力多,朝廷见留镇的兵力如此之多,便不再兑现战前的承诺。刘仁轨上表即以此为背景,魏元忠的上疏也是以此为分界[①]。所以朝臣对统领镇兵的大将刘仁愿颇多猜疑,认为他留镇如此多的兵力是要"谋据海东",而这种对统兵镇将的猜忌在唐初尚是首次。因此,显庆五年平百济、留兵镇守一事具有转折点的性质:就其兵力而言,它是留镇兵力最多的一次;就留镇士兵身份而言,不再是以府兵为主,而是以募兵为主,可以说,它是以募兵作为镇防兵主力的开始。此后,麟德元年,于昆明之弄栋州置姚州都督府,遣去镇守者乃兵募[②];仪凤二年、三年屯军对付吐蕃时,也是以募兵为主[③]。

镇兵的屯防时限未见明确记载,但防人上防的期限,照规定是一年[④],镇兵的期限很可能就参照了这一规定,所以在第一次留兵镇守于高昌时,便是"岁遣千余人,远事屯戍"[⑤]。麟德元年置姚州都督,也是

---

① 《册府元龟》卷九九一《外臣部·备御四》,11644 页。

② 《唐会要》卷七三"姚州都督府",1576 页。《旧唐书》卷九一《张柬之传》,2939 页。

③ 仪凤二年(677)十二月二十七日《令举猛士以击吐蕃敕》(《唐代诏敕目录》,84 页),三年正月癸未派人分往河南、河北募勇士(《通鉴》卷二〇二,6384 页)。另,仪凤三年正月丙子还"令益州长史李孝逸、巂州都督拓王奉等发剑南、山南兵募以防御之",则更明确地说屯防者乃兵募(《旧唐书》卷一九六上《吐蕃传上》,5223 页。系年据《通鉴》卷二〇二,6384 页。二书所载为同一事,《旧唐书》有错简,《通鉴》则以"兵"易"兵募")。仪凤三年九月朝廷讨论对付吐蕃之政策时,郭正一云:"臣望少发兵募,且遣备边,明立烽候,勿令侵掠。"(《册府元龟》卷九九一《外臣部·备御四》,11643 页。)

④ 《唐律疏议》卷一六,第 239 条"遣番代违限"条引"军防令"云:"防人番代,皆十月一日交代。"(312 页。)

⑤ 褚遂良语,见《旧唐书》卷八〇《褚遂良传》,2736 页;参《贞观政要》卷九《安边第三十六》,278 页。《唐会要》卷九五"高昌"引魏徵语作"数年一易,往来交替"(2016 页;参《贞观政要》卷九,278 页),或是谏者为加强语气而渲染此事,或实际情况已有突破规定者。参唐长孺《魏晋南北朝隋唐史三论》(1992),417 页。

“每年差兵募五百人镇守”[①]。开元二年十月的《罢亲征吐蕃诏》中还是说，“比来缘边镇军，每年更代”[②]。《旧唐书·职官志二》中说，“凡诸军镇使、副使已上，皆四年一替；总管已下，二年一替；押官随兵交替”[③]，都可证明在制度上至迟在开元初都是以一年为期的。但事实上却有延长镇兵年限的做法，刘仁轨在率兵镇守百济期间所上表中已有“问：‘见在兵募，旧留镇五年，尚得支济”云云[④]，说明到这时已出现将镇兵留至三年的情况，但兵募按规定仍作镇守一年的准备，可见其时正处在一年期限被破坏的时期。虽然延期几成惯例，但毕竟是违反制度的，直至开元五年中央明确对镇守期限进行了调整。是年正月，颁布诏令：“碛西诸镇……其镇兵宜以四年为限……其诸军镇兵，近日递加年限者，各依旧以三年、二年为限，仍并不得延留。其情愿留镇者，即

---

① 《唐会要》卷七三“姚州都督府”，1576 页。参《旧唐书》卷九一《张柬之传》，2939 页。

② 《册府元龟》卷一二四《帝王部·征讨》，1490 页；卷一四二《帝王部·弭兵》，1724 页。《全唐文》卷二六《练兵诏》，302 页；卷三四《罢亲征吐蕃敕》，375 页。此数诏内容略同，疑为同一诏书的不同节文。

③ 《旧唐书》卷四三，1835 页。《唐六典》卷五作“总管已上，六年一替”（159 页）有误，《旧唐书》所载是。据《通鉴》卷二〇一，麟德元年十月载刘仁愿将兵渡海以代仁轨所带旧镇之兵时，仁轨言：“今收获未毕，而军吏与士卒一时代去，军将又归。夷人新服，众心未安，必将生变。不如且留旧兵，渐令收获，办具资粮，节级遣还。军将且留镇抚，未可还也。”（6341—6342 页）可证《旧唐书》《唐六典》所载军将与士兵镇守时限确不相同，军将较士兵为长。所谓“随兵交替”之时限，从上下文意可知为一年。

④ 《旧唐书》卷八四《刘仁轨传》，2794 页。“五年”，误，应作“三年”。因为直至开元五年，才明令碛西镇兵以路远为由延至四年，其他有关镇兵年限的记载中亦多是二三年（见下文）。参以表中上下文意，“发家来日，唯遣作一年装束，自从离家，已经二年”，如镇守五年为是，则作一年之装束与五年之规定相差亦过悬殊。只可理解为当时已有留镇三年之事实，但法令规定仍为一年，故士兵作一年装束，但在镇守地已历二年，衣资已尽，故无力按当时几成之惯例支济至三年。另《旧唐书》句读有误，原文作：臣又问：“见在兵募，旧留镇五年”，应改作：臣又问见在兵募：“旧留镇五年……”。

稍加赐物。"[①]将镇兵延期之惯例制度化、合法化,规定碛西诸镇镇兵四年一易,其他地方的镇兵则以二年或三年为限。

但镇兵中虽以兵募为主,毕竟留镇时也会有府兵,随着镇兵屯防年限的延长,便出现了镇兵中府兵与募兵待遇不同的问题。府兵具有身份性,可不负担国家的租庸调杂徭等义务,但要自备资装[②],这就要保证府兵有一定的时间从事农作,倘若要延长其从役时间,则要以免其数次宿卫或上番作为补偿[③]。募兵则是由国家临时召募,政府除供应资装武器外,还要"去给行赐,还给程粮"[④]。根据对百姓劳役过期的免复规定[⑤],可以推知征行镇守之募兵也可免其本人从军期间的租庸调杂徭。短时间的征行镇守,府兵与募兵的上述差别尚无大妨,但若长期镇守则不同,因为府兵从役时间过长虽可免番,但至多只可免三番,倘若其镇守时间为一年,则正好可免其下年的上番[⑥]。这正是规定

---

① 《镇兵以四年为限诏》,《唐大诏令集》卷一〇七,533页;《册府元龟》卷一三五《帝王部·愍征役》,系于是年五月,1628页;参《全唐文》卷二七《量减镇兵年限诏》,310页。

② 参谷霁光《府兵制度考释》(1962),192—197页;孙继民《吐鲁番文书中所见唐代府兵装备》(1990),104—142页。后文尤可补文献之不足。另外,府兵之免复仅止一身而不及其家,《唐会要》卷七二"府兵"载"初置以成丁而入,六十出役,其家不免征徭"(1538页);《玉海》卷一三八引《邺侯家传》"免其身租庸调"(2569页);《通典》卷二九"折冲府"略同(810页);《通鉴》卷二一二,开元十年九月,6753页。

③ 参谷霁光《府兵制度考释》(1962),169页。

④ 《册府元龟》卷一三五《帝王部·愍征役》引开元十四年六月诏,1629页。参菊池英夫《唐代兵募の性格と名称とについて》(1956)第二节Ⅳ;张国刚《关于唐代兵募制度的几个问题》(1988),《唐代政治制度研究论集》,39—44页。

⑤ 《唐会要》卷八三"租税上":"凡丁,岁役二旬……有事而加役者,旬有五日免其调,三旬则租调俱免,通正役不过五十日。"(1813页)

⑥ 参谷霁光《府兵制度考释》(1962),169页。

防人上防为一年，镇兵镇守时间也据此而为一年的原因[①]。换言之，只有屯防一年，府兵与募兵的差别才无大妨。但据上引史料可知，事实上其镇守一年的规定并未被严格执行。在这种情况下，募兵自然可按其征行镇守之时间从官府领取募值，而府兵超出一年后即无番可免，解决这一问题的唯一办法就是对超出一年以上的府兵，政府也要像对募兵那样出资酬之。如是，则镇兵中府兵的募兵化就成为必然。这一过程是伴随着镇兵主力由府兵转变为募兵的完成而完成的。当然，我们也不能否认仍有按期放还的镇兵的存在；在这种情况下，派去充当镇兵的府兵便不必募兵化。至于宿卫府兵的募兵化或为募兵取代，则要迟至开元中期，即开元十一年才完成。

镇兵的身份和待遇问题虽然解决了，然而，新的问题又接踵而至。镇兵的镇守时间由一年一易逐渐延至二三年一易，乃至四年一易，但毕竟仍需放还，而后再募取百姓前去镇守，这就出现了两个问题：第一，往来更替，路途遥远；第二，士兵训练不精。随着屯防之地的增多，问题也就越来越严重。这其实是同一个问题的两个方面，即一个更为根本的问题：军队战斗力问题。我们看到的反映这个问题的材料出现在中宗及玄宗初年，政府为此在神龙元年(705)和开元二年(714)所采取的措施，是先取侧近人充当镇兵[②]，并强调对军士进行训练[③]。但是并未收到预期的效果，所以在开元二年十月所下的诏书中，除继续强

---

① 唐初防人和镇兵均以府兵为主，显庆五年以后镇兵才以兵募为主，故此前所规定的镇守时间要以府兵的情况为标准。

② 《中宗即位赦》，《唐大诏令集》卷二，7 页；参《兴复神龙开创制》，《文苑英华》卷四六三，2364 页。

③ 《册府元龟》卷一二四《帝王部・修武备》，1489 页，参《全唐文》卷二六《宴劳勇士诏》，301—302 页。此二事参唐长孺《魏晋南北朝隋唐史三论》(1992)，420—421 页。

调要就近募兵外，还同时采取了一项更为根本的措施，那便是规定了“战兵别简为队伍，专令教练，不得辄有使役”[①]。即在镇兵中挑选一部分人作为战兵，专门训练[②]。开元五年，又将镇兵延期的惯例予以制度化和合法化[③]。这实际上是要通过延长镇守年限来进一步解决军队因按期放还而导致的战斗力低下的问题。至此，设立战兵和延长镇守年限成为政府解决军队战斗力问题的两项主要措施。

如果开元二年十月的《罢亲征吐蕃诏》中关于设立战兵的规定还可能具有地域性，即针对的是西北军镇，那么开元八年八月的诏书便可说明此举具有普遍性，而且还突破了在镇兵中挑选战兵的限制，开始从百姓中专门募人充任战兵。此诏称：

> 不教人战，是谓弃之。宜差使于两京及诸州，且拣取十万人，务求灼然骁勇，不须限以蕃汉，皆放蕃（番?）役差科，唯令围（团?）伍教练……应须集期，及有蠲免，所司明为条制，别作优异法奏闻。[④]

我们所以判定此诏是关于从百姓中募取战兵的规定，是因为《册府元

① 《册府元龟》卷一二四《帝王部·修武备》，1490页，参《全唐文》卷二六《练兵诏》，302—303页。

② 《通典》卷一四八《立军》引《李靖兵法》，行军中已别有战兵，3792—3793页。参孙继民《跋〈唐垂拱四年（公元688年）队佐张玄泰牒为通当队队陪事〉》（1990），463—479页。

③ 《唐大诏令集》卷一〇七《镇兵以四年为限诏》，533页；《册府元龟》卷一三五《帝王部·愍征役》，系于是年五月，1628页；参《全唐文》卷二七《量减镇兵年限诏》，310页。

④ 《册府元龟》卷一二四《帝王部·修武备》，1490页。参《唐会要》卷二六“讲武”，586页；《全唐文》卷二八《命两京及诸州简兵诏》，318页。

龟》在引述此诏后，立刻接着叙述，“仍敕幽州刺史邵宠于幽、易两州，选二万灼然骁勇者，充幽州经略军健儿，不得杂使，租庸资课并放免”。此敕与上引诏书有内在的联系，它实际上是上引诏书的具体实施。这两万“灼然骁勇者”经过训练后[①]，要被派往幽州经略军服役；联系到上举开元二年诏书，可知他们绝不会充当普通镇兵，而是要任镇兵中的战兵。这条史料也是战兵被明确称作“健儿”的最早记载。此外，我们从诏书中所称“应须集期，及有蠲免，所司明为条制，别作优异法奏闻”，可知这些专门召募的战兵将会有其特别的待遇。

战兵的镇守期限，直到开元十六年才有了明确规定：“使健儿长镇，何以克堪！可分为五番，每一年放一番洗沐。”[②]至此，被称作“健儿”的镇兵中的战兵已长镇不归，成为终身的职业兵，只享受休假式的轮休了。它标志着镇兵中的部分军人（战兵）的职业化的完成。《唐六典》卷五“天下诸军有健儿”条注称：“旧[③]，健儿在军皆有年限，更来往，颇为劳弊。”(156 页)就是指此前的健儿在镇守时仍有年限的情况。换言之，在开元十六年以前，战兵虽别简队伍，单独编制，但与非战兵一样，也有一定的镇守时间，尽管在事实上已远远超出。此时战兵以外的其他镇兵仍称兵募，还是年满放还。

这里需对《玉海》卷一三八所引《邺侯家传》的一条材料予以解释。其称：“其戍边者，旧制三年而代。后以劳于途路，乃募能更住三年者，

① 如颁布此敕时，他们已正式从军服役，则不必再说“租庸资课并放免”，因为一经应募为兵，则此待遇即应当享受。所以重复强调，说明这批人被募集后，尚在训练中，并不属正式从军。

② 《册府元龟》卷一三五《帝王部·愍征役》，1629 页。参《全唐文》卷三〇《放诸军兵募更番洗沐诏》，336 页。

③ 指相对于开元二十五年。但并非指开元二十五年以前，而是开元十六年以前。

赐物二十段，谓之召募。遂命诸军皆募，谓之健儿。”(2570 页)只要出资募人入伍便是召募，它是区别于征发的一种集兵方式，并不是因更住三年才可名召募。况且，镇兵的延留从未明确规定以三年为一单元，实际情况也并非如此。“健儿”也并非指应募更住三年者。我认为此条材料所反映的是战兵的情况，即在开元十六年以前，战兵镇守时间已超出非战兵的一倍，长达五六年之久。十六年所规定的战兵休假以五年为一周期，即据此而定。镇兵中作为战兵的健儿终身化以后，政府便不断地增募健儿，代替征行人或兵募，这就是所谓的“遂命诸军皆募，谓之健儿”。如开元二十三年正月《藉田赦》中就令募取健儿以代替父母已七十岁以上的征行人①。

鉴于战兵的职业化及其在数量和质量上已逐渐成为边地镇军中的主力和中坚，政府便在开元二十五年五月对各地镇兵进行了彻底的改革，令各道节帅确定本道兵力，“取丁壮情愿充健儿长任边军者”充当镇兵。即将镇兵中的非战兵也按战兵的方式予以召募。同时，为避免往来劳弊，又采取了给田地屋宅、家口听至军州等措施②。这使他们在职业化的同时又地著化了。第二年正月的《亲祀东郊德音》中，有就此事所发表的声明：

> 别遣召募，以实边军，锡其厚赏，便令长住。今诸军所召，人数尚足，在于中夏，自可罢兵……自今已后，诸军兵健，并宜停遣，

---

① 《文苑英华》卷四六二，2355—2356 页；《全唐文》卷二八七，2918 页。

② 《册府元龟》卷一二四《帝王部·修武备》，1491 页；参《全唐文》卷三一，345 页。《唐六典》卷五有“其家口情愿同去者，听至军州”一句，157 页。

其见镇兵，并一切放还。[①]

说明从制度上，镇兵已完全都变成了终身的职业兵，即镇兵全部职业化了！另据本年七月的《册太子赦》："至如碛西行人，途路遥远，往复劳弊，颇异诸军。其中愿长往（住？）者，已别有处分。讫年镇向满，应令放还，未到之间，稍宜优假，其家内诸色差科，并宜放免。"[②]可知那些愿意长驻边军、已成为终身镇兵者，自可依开元二十五年五月诏令执行，这便是所谓"已别有处分"。而那些不愿长住、理应予以放还者，由于路途遥远，在其他各地召募来的职业兵尚未抵达以代替他们之前，不得不再继续镇守，为此，政府答应免其"家内诸色差科"。可见此项改革虽在开元二十六年正月已正式宣布结束，但事实上因各地情况各异而有延至七月尚未完成者。

这里需对"健儿"略加考辨。唐长孺、张国刚等对唐前期的"健儿"都作过论述[③]。虽有关材料很少，大体不出唐先生所引述的范围，但对这些材料似可别作解释，此处就略作补充。"健儿"这一名词有从泛指到专称的变化过程，它是伴随着上述战兵的出现、终身职业兵制的确立而逐渐成为具有特定内容的专称——终身职业兵并有其特别待遇。"健儿"在历史上首先是作为泛称出现，形容兵士骁勇[④]。在唐代官方

① 《唐大诏令集》卷七三，408 页；参《册府元龟》卷一三五《帝王部・愍征役》，1630 页。文中"兵健"和"见镇兵"是泛指镇兵中的非战兵。

② 《唐大诏令集》卷二九，104 页。

③ 唐长孺《魏晋南北朝隋唐史三论》（1992），420—425 页；张国刚《唐代健儿制度考》（1990），《唐代政治制度研究论集》，55 页。

④ 参张国刚《唐代健儿制度考》（1990）所引《能改斋漫录》《三国志》《旧唐书》等材料，《唐代政治制度研究论集》，56 页。

的正式文件中出现“健儿”，目前所见到的最早的材料是景龙四年(710)五月的《命吕休璟等北伐制》[①]，制文作“骁勇健儿”“兵募健儿”。此后，开元二年八月《命李延昌等屯兵秦州制》云：“宜取朔方后军兵，及前年朝堂应募健儿等，总十万人，群牧马四万匹，于秦州成兰渭等州界，逐便屯集教练。”[②]开元三年四月《命薛讷等讨吐蕃敕》称：“其同华等兵，及精骑健儿并鞍马等，依三月十五日制，仍令远探，量事续遣。”[③]上述三条诏敕中出现的“健儿”，第一、三条与骑兵有关，第二条与“屯集教练”有关，据此可知，是鉴于“健儿”一词的词义而用它来表示一部分战斗力较强的部队，绝非专指日后的那种终身职业兵。可能正是由于这一点，在开元八年普遍设立战兵时，便将战兵明确地称作了“健儿”[④]。战兵在镇兵中有单独的编制，这使“健儿”一词也因此而具有了相对固定的指示对象——战兵，所以在此后开元十六年十二月[⑤]、开元二十年至二十五年间的某一年的两道有关兵制的诏书中[⑥]，都将兵募与健儿并举，即分别指组成镇兵的非战兵和战兵两部分人，《唐六典》卷五所谓“天下诸军有健儿”(156页)，指的也是镇兵中的战兵。但由于此后政府逐渐增募战兵，使它成为镇兵的中坚和主力，所以有时也用已相对固定的称呼战兵的名称“健儿”来称呼所有镇兵，如开元二十年

---

① 《文苑英华》卷四五九，2335页；《唐大诏令集》卷一三〇，705页。

② 《全唐文》卷二一，244页；参《册府元龟》卷九九二，11650页，“健儿”作“捷儿”。

③ 《全唐文》卷二六，305页；参《册府元龟》卷一一九，1428页。

④ 《册府元龟》卷一二四《帝王部·修武备》，1490页。

⑤ 《册府元龟》卷一三五《帝王部·愍征役》，1629页。

⑥ 《册府元龟》卷一三五，1629页。原作“二年”，《册府元龟》乃编年逐次排列，前条为十六年，后条为二十六年正月；《宋本册府元龟》作“二十年”。《唐代诏敕目录》系于二十年(189页)，唐长孺《魏晋南北朝隋唐史三论》(1992)系于二十二年(423页)，均未知何据。

十一月二日的《后土赦书》中有“诸军健儿、别敕行人各赐勋一转”①，将健儿与行人对称，它表示的就是全部镇兵。至开元二十五年，各地镇军都变成终身职业兵后，“健儿”才名副其实地成为镇兵的名称，但毕竟还属惯称。直到大历十二年(777)中书门下的状奏中称：“兵士量险隘召募，谓之健儿，给春冬衣并家口粮。”②这才将惯称法律化，正式成为军队的专称，但在制度上却不再具有作为惯称时的“终身性”的内涵了。

另外，仪凤二年十二月二十七日诏，于关内、河东召募“有膂力雄果者”为猛士③。三年正月二十五日又在河南、河北召募猛士④。此“猛士”并非日后之“健儿”。参以《通鉴》《旧唐书·吐蕃传上》，可知这两次募兵是为了出击吐蕃。三年九月，唐蕃战于青海之上，可知此次募兵是为征行。另据《旧唐书·高宗纪下》仪凤二年十二月乙卯条，“敕关内、河东诸州召募勇敢，以讨吐蕃”(103页)，直以“勇敢”目之。《旧唐书·吐蕃传上》载三年正月还发剑南、山南兵募，更可证所谓“猛士”是指兵募。开元二年八月，玄宗“以河陇之故，命有司大募壮勇士从军”⑤，十月三日为亲征吐蕃，又“召募勇夫、壮士、拔萃、逸群者”⑥，这两次募兵也为征讨吐蕃，但不久即因薛讷败吐蕃而停止亲征。从八月二十六日宴劳勇士诏中可知，八月召募的一批人要送往陇右训练；

---

① 《文苑英华》卷四二四，2151页；参张说《曲江集》，512页。

② 《唐会要》卷七八“诸使杂录上”，1702页。据此奏状所颁之诏，见《通鉴》卷二二五，大历十二年五月，7245—7246页。

③ 《册府元龟》卷九九一，11643页；参《唐大诏令集》卷一〇二《求猛士诏》，520页。

④ 《册府元龟》卷一二四，1489页；参《唐会要》卷七八“诸使杂录上”，1700页。

⑤ 《册府元龟》卷一二四《帝王部·修武备》，1489页。

⑥ 《册府元龟》卷一一八，1407页；参《全唐文》卷三四《召募兵勇敕》，374页。

十月三日的诏书中说“行回之日，简入羽林，自余之人，取为长行”，可知打算将十月召募的人在征行结束后充任禁军。可见玄宗召募的这些壮勇士、勇夫、壮士、拔萃、逸群不过是兵募的一种称号而已。上述中宗、玄宗的几次以各种名称召募的士兵，其实与从前在征讨时临时募集的行人或兵募并无不同，与日后作为专称的“健儿”无渊源关系。

总之，显庆五年以后，镇兵已基本上都成为募兵，但镇守有一定时限，年满放还，虽然延留镇兵已成惯例。到开元初年，政府在镇兵中另设战兵，其镇守期限比一般镇兵更长，终于在开元中期变为长期镇守，只是每隔数年轮休一次，这部分军人被称作“健儿”，是终身的职业兵。此后，政府不断增募这种职业兵，以取代有一定时限的镇兵。到开元末年，完成了这一替代的过程。由于他们是终身的职业兵，其待遇就与有一定时限的镇兵不同，但在开元二十五年以前，除轮休的规定外，未见其他明确规定。开元二十五年彻底改革兵制时，规定：“每年加常例给赐，兼给永年优复；其家口情愿同去者，听至军州，各给田地、屋宅。”①到大历十二年则明确规定“给春冬衣并家口粮”，即国家需负担其家属的口粮了。

需要指出的是，虽然镇兵逐渐成了长驻的终身兵，但因战争不断，征行也一直未断。此外，还常常在新的地方设兵镇守，所以“行人”“征行人”以及“兵募”也还是经常出现，如天宝三载（744）十二月《亲祭九宫坛大赦天下敕》称：“诸军行人，远为边扞，修短之分，虽有定期，从役而终，良深轸念。”“自今已后，应差行人，家无兼丁，不在取限。”②八载

---

① 《唐六典》卷五，157 页；参《册府元龟》卷一二四，1491 页。

② 《唐大诏令集》卷七四，417 页；参《文苑英华》卷四二五，2152 页。

《册尊号敕》称："征镇之役，其来自久……其百姓有频经征镇者，已后差点之次，不在取限。"[①]防丁、屯丁之役也未因此而结束，如天宝十载《南郊赦文》称："京兆府及三辅郡，百役殷繁，自今以后，应差防丁、屯丁，宜令所由支出别郡。"[②]所谓"在于中夏，自能罢兵，既无金革之事，足保农桑之业"，不过是官方的愿望，并非实际情况，但这与兵制本身便无关了。

四、府兵制的废弃

府兵具有身份性，一经拣点，至老终身为兵，除自备资装外，不必再负担国家的租庸调杂徭等义务，其任务主要有三项：宿卫京师、征行、镇守边要之地。但随着镇兵主力由府兵而变为募兵、镇兵中府兵的募兵化以及前此已经完成的都督府作用的降低，其镇守的任务已不重要，乃至于无形中消失。随着边地镇兵的增加，边地的军事任务主要由镇兵来完成，特别是在开元八年至十六年间，镇兵中战兵的出现及其终身化，解决了"兵不识将，将不识兵"的缺陷和士兵训练不精的问题，军队战斗力得到很大提高，这就意味着征行已成为镇守的补充，退居于次要地位。这样，府兵的任务便仅余宿卫一项了。但并非所有府兵都要番上宿卫，它仅限于关内、河东、河南等地的府兵[③]，这就出现一种矛盾：府兵要超期服役，则会募兵化；若按规定服役，则其作用及任务已大为降低和减少，且颇具地域性。而府兵又是种身份，即使不

① 《唐大诏令集》卷九，54 页。

② 《唐大诏令集》卷六八，381 页。

③ 张国刚《唐代府兵渊源与番役》(1989)，《唐代政治制度研究论集》，12—24 页。

服役，也不必负担国家的其他义务，这就等于国家白白地复除了一部分人理应承担的租赋杂徭。鉴于此，政府在对边兵进行调整已具雏形时，对府兵制本身也开始了调整。

先天二年(713)正月下诏称：

> 往者计户充军，使二十一入募，六十出军，多惮劬劳，咸欲避匿，不有厘革，将何致理。应令天下卫士，取年二十五已上者充，十五年即放出，频经征镇者，十年放出。自今后，羽林飞骑，并于卫士中简补。①

一方面，将府兵的年限减到十年至十五年，换言之，其他时间就与普通百姓一样，如不服役，则需要承担租赋徭役；另一方面，又令北衙禁军要先在府兵中简补，这就是要尽量扩大府兵的服役人数。开元六年又将折冲府的府兵由三年一拣点延至六年一拣点，进一步减少在籍府兵②。开元八年二月壬子敕，“以役莫重于军府，一为卫士，六十乃免，宜促其岁限，使百姓更迭为之”③。再次强调要缩短府兵的身份年限。到开元十一年，在张说的建议下，将宿卫京师的府兵也募兵化，即所谓“募士宿卫”④，这标志着政府对府兵制的彻底放弃。

---

① 《唐会要》卷七二“京城诸军”，1531 页；卷七八“诸使杂录上”，1700 页(“二十一”入募作“二十二”入募，误)。参《册府元龟》卷一二四，1489 页；《全唐文》卷一九《简补羽林飞骑诰》，226 页。

② 《新唐书》卷五〇《兵志》，1326 页。《唐会要》卷七二“府兵”作“每年一拣点”(1538 页)，从前后变化的轨迹来看，恐误。

③ 《通鉴》卷二一二，6740 页。

④ 《新唐书》卷五〇《兵志》，1326 页；《旧唐书》卷九七《张说传》，3053 页。(转下页)

旧史大多将府兵的废弃归因于府兵逃散、宿卫不给，而这又是由于府兵负担过重所致，如《通典》杜佑自注，称："初置，以成丁而入，六十出役，其家不免征徭，遂渐逃散，年月渐久，逃死者不补。"[①]《唐会要》称："河北之地，人逐渐逃散，年月渐久，逃死者不补，三辅渐寡弱，宿卫之数不给。"[②]近人也有据此而立论者。但府兵负担最重是在边地大规模屯兵之前，而在这一阶段并未见到政府针对制度本身作出过反应，相反，据谷霁光研究，开元初年的折冲府多达633个，人数至68万之众[③]。虽然作者称此数为崩溃时之数目，但633个府、68万之众毕竟是事实，这说明府兵在高宗、武后时因役重而逃亡略尽的看法靠不住。情况果真如此严重，也不会拖延至开元初年才有各种针对府兵的举措，而这些举措又都与维护府兵制相左。况且，负担过重可以采取措施减轻其负担，而不是废弃此制度。事实上，政府也采取过这样的措施，如规定父子兄弟为卫士者不并遣之；若祖父母、父母老疾无兼丁，免其征行及番上[④]。如《册府元龟》卷一三五《帝王部·愍征役》所载开元十二年九月、十三年正月、十六年三月各条（1628—1629页），《唐大诏令集》卷六八开元十一年的《南郊赦文》（380页）、卷七九的《北都巡狩制》（453页），《文苑英华》卷四二四开元十三年的《东封赦》（2149页）、卷四六二开元二十三年的《藉田赦》（2355—2356页）等，都涉及对征行人的

（接上页）《册府元龟》卷一二四（1490页）、《唐会要》卷七二"府兵"（1538页）、《通鉴》卷二一二开元十一年十一月（6757页），都记载了在京兆、蒲、同、华州简兵的诏书，虽未明言是募人宿卫，但实即一事。

① 《通典》卷二九"折冲府"，870页。

② 《唐会要》卷七二"府兵"，1538页。

③ 谷霁光《府兵制度考释》（1962），142—152页。

④ 《唐六典》卷五，156页；《旧唐书》卷四三《职官志三》，1834页。

优恤。如果通过种种措施仍不能使此制度得以维持，那么就是这种制度本身存在问题。另外，对府兵制的改革，在当时并未遭到强烈反对，反对之声是后人将府兵制度理想化之后发出的。《新唐书·兵志》可能意识到了这一说法难以说通，于是就说："自高宗、武后时，天下久不用兵，府兵之法寖坏，番役更代多不以时，卫士稍稍亡匿，至是益耗散，宿卫不能给。"(1326页)将宿卫不给归于高宗、武后久不用兵，显然不对，因为当时正是边地形势恶化之际。

其实，根据上引史料，我们可以得出这样的结论：所谓府兵制的崩坏，是在由政府供养的镇兵担负起主要的军事任务之后，作为预备兵的府兵就失去了它存在的价值；但它又具有身份性，可终身免除其他义务。于是，政府便开始有意识地减少府兵，其具体方法便是以府兵负担过重为借口，缩短府兵身份的时间，同时又延长府兵拣点的周期，逃死者亦不予补充。至开元十一年张说建策："请一切罢之，别召募强壮，令其宿卫。"[①]府兵制就这样消失了！换言之，身份性的府兵是被政府在调整兵制的过程中逐渐主动放弃的。传统观点认为均田制是府兵制实行的基础，均田制一旦破坏，必然会导致府兵制的崩溃。但是，在政府放弃府兵制的开元十一年前后，从吐鲁番出土文书中可以看出，作为狭乡的西州仍然较好地实施着均田制。换言之，在均田制还没有破坏到不能维持府兵制时，府兵制便被放弃了。从这个意义上说，唐朝府兵制的破坏，与均田制无关。

虽然都督府所统领的防人为镇兵所取代，边地镇兵也在显庆五年

---

① 《旧唐书》卷九七《张说传》，3053页。参《新唐书》卷五〇《兵志》，1326页；《册府元龟》卷一二四，1490页；《唐会要》卷七二"府兵"，1298页。

以后基本上已全部成为募兵，但在开元十一年正式废弃府兵制之前，折冲府在军事行动中仍然起着作用，当然其作用与从前相比已不可同日而语，至多不过是补充，或者仅属地方治安性质而已。西州蒲昌府在开元二年的情况可为例证①。

五、余 论

我们从边地形势的变化入手，来考察唐前期兵制变化的过程及其原因，是由军队的主要职能是它的对外职能这一本质决定的。身份性亦民亦兵的府兵是种预备兵制，只有在战事能够速战速决的背景下才能维持，所以有人用两线作战说、战争胶着说来解释府兵制的破坏。然而这不过是表现的形式，最根本的是这种兵制使军队的主要职能不能得到充分、有效的发挥。因为周边部族对中原王朝的臣服是暂时的，更多的是双方的对峙乃至征战，这就决定了兵民合一的府兵制也必然是暂时的。

唐前期的军人分为三种：(1) 预备兵；(2) 常备兵(宿卫和屯防)；(3) 战时兵(行军)②。区区十四五万常备兵根本不足以应付边事，这使兵制不得不进行变革。唐前期的兵制变化，是从以下几个方面表现出来的：第一，在边防体制上，是都督府—都护府—节度使。第二，在

---

① 参菊池英夫《西域出土文书を通じてみたる唐玄宗时代における府兵制の运用(上下)》(1961—1962)，日比野丈夫《唐代蒲昌府文书の研究》(1963)、《新获の唐代蒲昌府文书について》(1973)，唐长孺《吐鲁番文书中所见的西州府兵》(1990)。

② 参菊池英夫《节度使制确立前における“军”制度の展开(续编)》(1962)第二节“唐前期の诸兵种”，张国刚《唐代兵制研究・前言》(1988)中有唐代兵员构成表。上述分类与此处略异。

集兵方式上，是从征兵到募兵。府兵及防人是征，其他兵员则为募。当然，由于作为国家机器的军队所具有的特殊性质，无论是征还是募，都具有强制性。第三，在士兵身份或职业化方面，是兵民合一的预备兵(府兵)变为不完全的职业兵(兵募)，再变为完全的职业兵(健儿)。如果仅从其中的某一个方面出发来概括唐前期的兵制演变，无疑都是偏颇的。但上述变化都是围绕着“军队职业化”这一中心展开的；而在当时的历史条件下，军队的职业化又是通过士兵的终身化来实现的。

前人曾对唐前期的兵制变化作过概括①。在实行兵民合一以后，所谓“府兵制”的内涵大致有四端：(一) 征兵制；(二) 兵民合一的预备兵制；(三) 表示一种军队的组织和编制方式；(四) 遇有战事，它无力独自完成军事任务，需要以别种方式组建军队与之配合。经过上述一系列的变化而建立起来的新兵制，也具有相应的四项内容：(一) 募兵制；(二) 职业兵；(三) 表示一种新的军队组织和编制形式；(四) 当时的军队(健儿)已是承担军事任务的主力，并存的如团结兵等则是民兵性质。具有此四项内容的新兵制，我们称为“节度使兵制”。在界定明确后，将唐前期的兵制变化概括为“由府兵制变为节度使兵制”，可能更为清晰。

唐代处在古代中国社会由前期向后期的转变时期，兵制的变化也从一个侧面反映了这种转变。秦汉魏晋南北朝的兵制，从总体上看，具有力役和私兵的性质，为此，兵制的职业化和国家化便是兵制变化的趋向。唐前期的兵制变化，实际上就是对秦汉以来兵制演变的最后

---

① 参浜口重国《府兵制度より新兵制へ》(1930)、赵吕甫《唐代初期的屯防军制》(1957)。

完成，这一过程之所以持续如此之久，与当时的社会状况密不可分，它使兵制的演变颇多反覆，从统兵将领的官称——都督、总管、节度使——的变迁上可以窥见一斑。它们在开始使用时都是动词，表示对军队临时性的指挥、统辖，然而当逐渐持续并固定化，乃至军队也开始职业化时，它们又会逐渐职官化，并进而文官化。在这种情况下，便用新的名称来表示对军队的统领。于是，都督文官化后出现了总管；总管渐至固定化后，便以行军总管表示对军队的统领；以屯军取代征行，又用节度来表示对军队的统领，到宋代，节度使又渐趋文官化了。军队演变的反覆也很明显。汉初的材官是力役，武帝后募兵，使军队职业化了，但到东汉末、三国时期，军队的私兵色彩甚浓；曹魏、西晋又使军队国家化，但东晋则又有私兵化的倾向。北魏由游牧部族建立，由平时为民、战时为兵，逐渐变为国家的职业兵，然而经过魏末大乱后，建立的由“六(柱国)家共备”的府兵制以及其后士兵改从军将之姓的规定，都昭示出军队的私兵色彩；北周武帝时，逐渐国家化，然而隋朝一统后，却实行兵民合一之制，又使之成为非职业兵。这些在当时的具体、特定的历史条件下发生的逆转毕竟不是主流，而从另一方面看，这些逆转也正说明兵制正在不断地向相反的方向演变。兵制就是在这种反覆中演变的。

军队在唐前期完成其职业化、国家化以后，又出现了与此前迥然不同的新问题。第一，政府面临着怎样控制职业军队的问题。安史之乱、藩镇跋扈乃至割据，宋初有关军队的一系列措施等都是这一问题的反映；中央与地方的行政体制由此前的横向型变成此后的纵向型，也与此密切相关。第二，虽然是正规职业军，但不能避免军队武备废弛。宋代禁军为屯驻大兵取代，明朝“军”之废弛而“兵”的作用日巨，清朝经制兵（八旗、绿营）为勇营军所取代，皆非偶然，必有更深层的原因。这或许与当时历史条件下军队的职业化方式——士兵的终身化——有某种必然的联系。但不管怎样，此前与此后的军队所出现的问题是截然不同了。

总之，唐代用终身化、地著化的方式最后完成了汉魏以来军队的职业化和国家化的过程，但地著化的弊端很快便显露了出来，那就是为军队的地方化乃至与中央对抗提供了条件，到宋代这一问题才得以解决。然而，却又因此而出现了新的问题！军队问题的彻底解决，则有待于政治体制的根本变革了。

第二章　论唐代军队的地方化

——军队性质的变化与藩镇问题的出现

府兵崩坏之后、安史之乱发生以前，唐朝的军队大致包括禁军、边军、地方武装（如团结兵）等。前两种虽任务有别，但都是职业兵，后一种则具有民兵性质；其中边军是国家武装的主力。在平定安史之乱的过程中，军队的性质发生了变化，原中央军队转变成为地方军队，这就是所谓的“军队地方化”。平叛过程中刚刚组建的军队，则在地方化的趋势下，组建之初即已具有了浓厚的地方色彩。

“军队地方化”经历了地著倾向、地著和地方化三个阶段。军费供给制度、军队组织制度、军队与地方的关系以及兵员的来源等，是关乎军队性质最为重要的几个因素。它们的变化，从不同侧面反映了军队性质的变化。因此，食出界粮的出现及其制度化、行营的普遍化和制度化以及军政合一的地方体制的建立，显示了军队性质的变化过程；同时，它们的最终确立，又成为军队地方化完成的制度体现。这一转变，开端于节度使兵制的形成，完成于两税三分的确立。

随着军队地方化的完成，军队成为由当地人组成的驻守于当地并由当地赋税供养的地方军队。同时，士兵的终身化、职业化，使军人成为地方上的一个独特社会群体，即地方军人集团；他们成为地方政治的参与者甚至控制者。这决定了唐后期的藩镇问题最终不能得到解决。

所谓“藩镇问题”，是指藩镇的跋扈乃至反叛以及士兵的哗变，前者主要是藩镇针对中央的行为，后者是军人针对藩镇节度使的行为。“中央—节度使—地方军人集团”之间的矛盾和相互依存的关系，成为我们理解藩镇问题的关键。

安史之乱前后军队性质的变化及原因，必须通过对这一变化过程的仔细考订和勾勒才能得到系统论证。唐后期的“骄兵”问题，虽为人所熟知，但对出现这一问题的原因及影响，尚可作进一步探索。至于食出界粮、行营，以往的研究注重的是其本身的内涵，对其政治意义则多未措意[①]；对藩镇军政合一的内涵及其建立过程，也少有系统论证，且各种记载多有歧异，以致对其认识也多似是而非。本章拟以“军队地方化”和“地方军人集团”为中心，对相关问题进行详细考辨，以期加深对藩镇问题的认识。

一、军队的地著与行营的普遍化、制度化

府兵制被节度使兵制取代的过程，也是军人的职业化过程。政府出资养兵、军人长期乃至终身驻守于边地，标志着军队彻底摆脱了兵民合一的力役色彩而完全职业化了。但是，军队职业化的同时，士兵也终身化了。为了解决士兵因与其家口分居两地而有往来更番之累，开元二十五年(737)，政府下令，允许甚至鼓励士兵家口随至其驻守

---

① 末田修一《唐代藩镇の出界粮について》(1964)叙述了德宗以后的出界粮情况，但未对此制出现的时间及其意义进行讨论。关于行营本身的相关制度，参张国刚《唐代藩镇行营制度》(1994)，《唐代政治制度研究论集》。

处，并给予田地屋宅。这成为节度使兵制最终确立的标志①。

职业士兵的终身化及其家口的随军，使他们形成了一个相对独立的社会群体。

节度使兵制的形成过程，也是军队驻防体系的形成过程。新的驻防体系至迟在天宝元年（742）最后确立。在这一驻防体系下，各节度使的军事负责范围是大致固定的，其下属的军、镇、守捉的驻扎地点也基本上是固定的②。

军人的终身化、职业化以及军人家口的随军，加上军队驻防地的大致固定化，使军队出现了地著的倾向。

在一定的军事格局之下，军事要地大体上本是固定的；只有当总的军事形势发生变化时，它才会发生相应的变化，而不可能随时随地都在变化。从这个意义上说，安史之乱前，军队驻防地的大体固定是无可非议的；相反，北宋初年的更戍法反倒造成了兵不识将、将不识兵的结果，有悖于军队职能的发挥。

从节度使兵制确立、边地驻防体系大致固定，直到安史之乱发生，其间军事征讨甚多，不乏越出各自防区而远征的事例，最典型者，即距京师最远的安西、北庭节度使在安史之乱爆发后，奉调入援，同时其家

① 详参第一章《唐前期的兵制与边防》。

② 关于这些节度使的最集中的记载，见《唐六典》卷五“郎中员外郎”（157—158页），《通典》卷一七二《州郡・序目下》（4479—4483页），《元和郡县图志》卷四灵州、卷一三太原府、卷三一成都府和广州、卷三七桂州、卷三九鄯州、卷四〇凉州，《唐会要》卷七八“节度使”（1686—1693页），《旧唐书・地理志一》（1385—1389页），《通鉴》卷二一五，天宝元年正月（6847—6851页）。《新唐书・地理志》也记载有节度使所统领的一些军、镇、守捉等的设立时间和地点。

属也随军而来[①]。这一方面说明军人与其家口在军事上的整体性，同时也说明并未因此而影响其越出驻防范围而远征。我们尚未看到安史之乱以前军队以越出防区为由额外需索甚至拒绝远征的记载。相反，军队在征讨中彼此配合、屡建奇勋的记载却史不绝书。正因为职业军队在战争中所起的积极作用要远远超过此前兵民合一的府兵，在安史叛乱发生时，才会出现“天下承平日久，人不知战，闻其兵起，朝廷震惊”的情况[②]。在平定安史之乱的过程中，情况却发生了巨大变化。在军队地著的背景下，固定驻守于一地的军队，在奉调时，要组建“行营”，事罢仍要归回原地。于是，军队由地著倾向变成了地著。相对于本军而言的“行营”的普遍化和制度化，就反映了这一过程。

安史之乱以前，虽已有“行营”，但尚未普遍化、制度化。如天宝六载高仙芝受命征讨小勃律，史载：

> 小勃律国王为吐蕃所招，妻以公主，西北二十余国皆为吐蕃所制，贡献不通。后节度使田仁琬、盖嘉运并灵詧累讨之，不捷，玄宗特敕仙芝以马步万人为行营节度使往讨之。[③]

其时高仙芝为安西副都护、都知兵马使[④]。因为前此几次用兵都未能

---

① 他们在参加相州之战时，将其辎重委于河内，由段秀实负责管理。作战失利后，“段秀实帅将士妻子及公私辎重自野戍渡河，待命于河清之南岸”（《通鉴》卷二二一，7077页）。

② 《旧唐书》卷二〇〇上《安禄山传》，5370页。

③ 《旧唐书》卷一〇四《高仙芝传》，3203页。参《通鉴》卷二一五，天宝六载十二月，6884—6886页。

④ 《通鉴》卷二一五，天宝六载“节度使夫蒙灵詧屡荐至安西副都护、都知兵（转下页）

成功，此次用兵，为表示对高仙芝的宠信，玄宗才特别下令任命他为“行营节度使”。此处的“行营节度使”是玄宗“特敕”成立的，说明派军出征而称行营，其长官称行营节度使，是特殊情况下的权宜之计。也可能正是因为他的衔中有“节度使”，所以在讨伐成功后，他未经过节度使夫蒙灵詧而悬奏捷书，使夫蒙灵詧为此而大怒①。

安史之乱发生，玄宗命西北边军入援。在《亲征安禄山诏》中，说“其河西、陇右、朔方，除先发蕃汉将士及守军郡城堡之外，自余马步军将兵健等，一切并赴行营”②。这说明“行营”确是相对于本军而言的。派往东都阻击叛军的封常清受挫失利后，“玄宗闻常清败，削其官爵，令白衣于仙芝军效力”，不久即与仙芝一同被处死。他在临死的上表中也言及此事：“中使骆奉仙至，奉宣口敕，恕臣万死之罪，收臣一朝之效，令臣却赴陕州，随高仙芝行营。”③所谓“仙芝行营”，是类似“行辕”式的泛称，而不是相对本军而言的专称，故在此后的作战中，这些军队并未被称作“行营”。同样是“行营”，其内涵却不尽相同，说明相对于本军而言的“行营”尚未成为专称。

行营从泛称成为专称，并成为一种制度，发生在平定安史之乱的过程中。

至德二载（757）九月，官军开始全面对安史叛军进行反攻。十月，郭子仪率军收复两京。十二月，郭子仪在东都、李光弼在太原，经营河

（接上页）马使，充四镇节度副使”（6884 页），《旧唐书》本传“开元末，为安西副都护、四镇都知兵马使”（3203 页）。

① 见《旧唐书》卷一〇四《高仙芝传》，3205 页。

② 《唐大诏令集》卷一〇九，626 页。

③ 《旧唐书》卷一〇四《封常清传》，3209—3210 页。

北，客观上形成了郭子仪主持的南线和李光弼主持的西线的两线夹攻河北的战略格局。至此，战事告一段落，它结束了以往那种救急式的被动战局，中央得以主动部署战事；是年对节度使防区的大规模调整，即其表现之一①。行营开始普遍化和制度化，就是在这一背景下发生的。

《通鉴》乾元元年（758）三月“镇西、北庭行营节度使李嗣业屯河内”，胡三省注云“行营节度使始此”②。“行营节度使”之称并不“始此”；《通鉴》在记载高仙芝讨小勃律事时，就明确说仙芝的职衔为“制以仙芝为行营节度使”。对此，胡三省不会不知。合理的解释是，三省注此条的根据并不是以偶然的事例为准，而是有制度上的依据，即从制度上规定行营设节度使是以此为始的。换言之，高仙芝出征时所称“行营节度使”只是个偶然的事例，是不得援以为例的；而任命李嗣业为“行营节度使”的事例却被规定为“故事”，具有制度的意义，胡三省正是根据这一制度性的规定来作此注的③。因此，乾元元年对镇西北

---

① 《通鉴》卷二二〇，至德二载末，7051 页。

② 《通鉴》卷二二〇，7053 页。《旧唐书》卷一〇九《李嗣业传》，在至德二载九月官军反攻，收复长安时，“嗣业时为镇西、北庭支度行营节度使，为前军，朔方右行营节度使郭子仪为中军，关内行营节度王思礼为后军”（3299 页），三支军队皆称行营。但《通鉴》卷二二〇至德二载九月（7033 页），《旧唐书》卷一〇《肃宗纪》至德二载九月（247 页）、卷一二〇《郭子仪传》（3451 页）、卷一一〇《王思礼传》（3313 页）等，在记载此事时，均未言及“行营”。《旧唐书》较多地保存了史料原貌，所用词汇改动不多，而《新唐书》对史料原文多所改动，故此处只检核了《旧唐书》的记载而未考虑《新唐书》的相关记载。命广平王率军收复两京的诏敕原文尚未找到，目前《旧唐书》卷一〇九《李嗣业传》关于各军称行营事尚属孤证，故此处采用《通鉴》及胡注的记载。

③ 《唐会要》卷五四“中书省”载景龙三年八月九日敕：“应酬功赏赐，须依格式，格式无文，然后比例。其制敕不言自今已后及永为常式者，不得攀引为例。”（1087 页）可知事例分作偶然之举与制度化事例（可攀引为例）两种。

庭行营节度使的任命，说明今后只要设立行营，则其长官即为行营节度使。“行营”设节度使成为一种制度。

起初并非所有离开本军作战的军队都称行营，它有一个普遍化的过程。

郭子仪在河南（南线）经营河北时，《通鉴》卷二二〇乾元元年八月丁巳载，“子仪诣行营”（7060页），这是指他返回东都经营河北，“行营”指他在河南所统领的各部。但是年九月九节度使围相州时，除北庭称行营外，只有鲁炅所率者称“淮西、襄阳节度行营”①，并非所有军队都称“行营”②。

相州之战后，称“诸军各还本镇”③。不久，朝廷再次调整防御格局，“以子仪为东都畿、山南东道、河南诸道行营元帅”，所带职衔中有“行营”，但其他相关的记载中却均无此二字④，说明至此各镇军队出征，虽与本镇相对称，但尚未皆称行营。然而不久，李光弼取代郭子仪时，其职衔为“知节度行营事”，已确定了“行营”入衔之制。“行营”入

---

① 《旧唐书》卷一一四《鲁炅传》，3363页。

② 参加相州之战的还有回纥，战败后“回纥骨啜特勒、帝德等十五人自相州奔还西京，上宴之于紫宸殿，赏赐有差。庚寅，骨啜特勒等辞还行营”（《通鉴》卷二二一，乾元二年三月，7072页）。此处所谓“行营”即指他们所统领的部落兵，而不是相对其回纥本部而言，即仍是一种泛称。这是当时“行营”尚未成为相对于本军而言的专称的旁证。

③ 《旧唐书》卷一二〇《郭子仪传》，3453页；《通鉴》作“诸节度各溃归本镇”，7069页。

④ 《旧唐书》卷一二〇《郭子仪传》，3453页。《唐大诏令集》卷五九收有任命制文《郭子仪东京畿山东河南诸道元帅制》，其职衔是“东京畿及山南东道并河南诸道元帅，仍权知东京留守”（316页。按，所标时间作乾元元年三月三日，误。此事发生于相州之败后，《通鉴》所系年月是）。制文中的职衔中无“行营”二字。《全唐文》卷四二《命郭子仪充东京畿等道元帅诏》（469页）、《册府元龟》卷二二九（1430页）、《通鉴》卷二二一乾元二年三月（7073页）同；《唐会要》卷七八“元帅”作“东畿山东河南诸道节度防御兵马元帅”（1683—1684页）。

衔之制，标志着行营的设立成为一种制度，即离开本镇作战的军队，都称“行营”；于是，行营的设置得以普遍化。

行营的普遍化和制度化，反映了军队地著的普遍化和制度化。它发生并完成于平定安史之乱的过程中，并非偶然。安史之乱变起突然，两京不守，朝廷依靠的主要是朔方军，中央政府又与朔方军同处一地，所以无本镇、行营之分。入援的边军，主要是安西、北庭和河西。河西与朔方情况相似，只有安西、北庭因离其本军过远而设行营；其他节度使都是“当贼冲者”[①]，是为保卫当地而设置，当然也无本镇与行营之分。收复两京、叛军退守河北，中央得以主动调整军事部署，这才大量出现了拥有重兵而又不当贼冲的节镇。围攻相州，调集节镇军队北上，才使离开本军作战成为较为普遍的情况，所以在讲到诸军败退时说“诸军各还本镇”，特别点出了“本镇”。在败后防守东都时，从郭子仪的职衔上可以看出，他所统领的军队不再是具体的节度使，而是某一个或几个行政区划范围内的节度使（东都畿、山南东、河南），说明军队“本镇”观念的确立。李光弼代替子仪主持南线，其职衔是“知节度行营事”[②]。郭、李职权相同而职衔不同（其间相距时间甚短），说明“行营”制度化、普遍化的确立，正是在此时。

安史之乱以前，各节度使虽也有各自相对固定的驻防区，已有地著倾向，但奉调作战，组建行营尚属特例。而在平定安史之乱中，“行营”得以普遍化和制度化，说明军队由地著倾向变为地著；而当贼冲者

① 《通鉴》卷二一七，天宝十四载十一月“诸郡当贼冲者，始置防御使”，6937页。

② 《旧唐书》卷一一〇《李光弼传》，3306页。参《通鉴》卷二二一，乾元二年七月，7078页。《唐大诏令集》卷五九收有任命制文，作《李光弼副知行营事制》，其职衔有“仍与天下兵马元帅赵王係副知节度行营事”，时间标明是“乾元二年七月”，316页。

所设置的节镇，本身就是当地的军队。此后，军人视地著为常态，多次兵变，均由军队移镇所致。

镇西、北庭行营在安史乱起时，奉命至内地参加平叛。这支军队先后转战多处，是平叛战争中的一支有实力的军队。大历三年（768），迫于吐蕃压力，朝廷将这支军队由邠州调至泾州，将驻于河中的朔方军调动至邠州，但这两支军队都因此而生事。《通鉴》大历三年十一月条载：

> 初，四镇、北庭兵远赴中原之难，久羁旅，数迁徙，四镇历汴、虢、凤翔，北庭历怀、绛、鄜然后至邠，颇积劳弊。及徙泾州，众皆怨诽。刀斧兵马使王童之谋作乱，期以辛酉旦警严而发。①

大历四年六月辛酉：

> 郭子仪自河中迁于邠州，其精兵皆自随，余兵使裨将将之，分守河中、灵州。军士久家河中，颇不乐徙，往往自邠逃归；行军司马严郢领留府，悉捕得，诛其渠帅，众心乃定。②

建中元年（780），朝廷欲调驻守于泾州的这支军队至原州，“泾之将士怒曰：‘吾属为国家西门之屏，十余年矣。始居邠州，甫营耕桑，有地著之安。徙屯泾州，披荆榛，立军府；坐席未暖，又投之塞外。吾属何罪而至

---

① 《通鉴》卷二二四，7205 页。参《新唐书》卷一五三《段秀实传》（4850 页）、《旧唐书》卷一二八《段秀实传》（3585 页）。

② 《通鉴》卷二二四，7208 页。参《新唐书》卷一四五《严郢传》，4728 页。

此乎!’”①

军队的性质,要求它随时接受调遣。安史之乱前的军队,虽也有相对固定的防区,但可随时奉命出界作战;安史乱起,远在千里之外的镇西、北庭及河西等军镇均受命入中原平叛即是显例。但在数年之后,同一支军队却出现军士“久家”某地、不乐调动的情况,说明军队地著的确立,并具有了浓厚的地方色彩。但在制度上得到确立,即完全变成地方军队,则要到实施两税三分之时:军政合一体制建立,使军人驻守之地与行政统领之地合二为一,其军费也由当地供给。

二、食出界粮:军费供给制度的演变

节度使兵制取代府兵制后,其军费完全由中央负责供给,直到安史之乱爆发。

安史乱起,中央一方面调集边地军队入援,一方面又令“诸郡当贼冲者,始置防御使”,同时还先后派人到东都、泽潞等地组织军队,抗击叛军的南下。从安史乱起到潼关失守,军费供给开始发生局部变化。

中央命当贼冲者置防御使的命令,主要针对的是河北、河南、河东三道。河北道,颜真卿、颜杲卿兄弟相继起兵,该地区实际已成为沦陷区,颜氏兄弟等起兵后的一切事务,均由自理,至多不过是假中央之名号而已。河南、河东道的情况则不同。在东都陷落以前,中央曾分别派人到东都和泽潞召募兵马,其军粮供给仍由中央政府控制。东都失

① 《通鉴》卷二二六,建中元年二月,7278 页。

守，双方对峙潼关期间，河南道的抵抗已类于河北道，但守卫潼关的军费由中央供给。

但是，至德元载六月，双方举行潼关决战，官军一战而败，玄宗被迫西走，京师失陷。在此危急时刻，又发生了马嵬之变，太子与玄宗分裂。中央对形势处于失控状态，地方对中央情况也一无所知。直到玄宗到普安下达制书并传达到各地，各地才得知中央情况。《通鉴》记载此事说："先是四方闻潼关失守，莫知上所之，及是制下，始知乘舆所在。"[①]也就是在这道诏书中，玄宗在已有的节度使之上，把全国分成几个更大的军事统领区域"路"，并提到了军费的供给办法和"路"的节度都使的职权范围：

> 应须兵马、甲仗、器械、粮赐等，并于本路自供。其诸路本节度、采访、防御等使虢王等，并依前充使。[②]

明确说明各路军需自供。这是中央在当时对形势半失控状态下的不得已的权宜之策。揆诸当时事实，无论是在剑南的唐玄宗，还是刚刚在灵武即位称帝的唐肃宗，都无力像原来那样，由中央负责供给各地军队的军需，而只能由军队自谋供给；即使不颁布这道诏书，军队也只能是自供。唐肃宗即位后也确未发布过改变军需自供的诏令。

所谓自供，幸运者，可以开仓取资，如号称天下北库的清河仓，自

① 《通鉴》卷二一八，至德元载七月，6984页。参《旧唐书·玄宗纪下》，234页。
② 《唐大诏令集》卷三六"命三王制"，155页。参贾至《玄宗幸普安郡制》，《文苑英华》卷四六二（2351页）、《全唐文》卷三六六（3719—3720页）。

然为河北起事者所资用[①];而张巡、许远守雍丘、睢阳,鲁炅守滍水、南阳等,便没有如此幸运。其中,只有在朔方的军队,其供给是由中央来筹措的。——太子李亨在马嵬之变后,到朔方自立为帝,并通过河北而传达到各地[②]。他们借中央之名开辟了汉水—洋州运输线,并得到了江淮租赋的支持[③]。

朝廷将叛军压回河北,与河北叛军的对峙局面确立之后,直到实施两税法,其间中央并未改变过军费自供的办法,所以杨炎在要求实施两税法的奏疏中说:

> 迨至德之后,天下兵起……军国之用,仰给于度支、转运二使,四方大镇,又自给于节度、团练使;赋敛之司,增数而莫相统摄。于是纲目大坏,朝廷不能覆诸使,诸使不能覆诸州。……有重兵处,皆厚自奉养,正赋所入无几。[④]

---

① 参《通鉴》卷二一七,至德元载三月,6957—6958页。

② 《通鉴》卷二一八,至德元载七月,当颜真卿得知李亨即位后"以蜡丸达表于灵武。以真卿为工部尚书兼御史大夫,依前河北招讨、采访、处置使,并致赦书,亦以蜡丸达之。真卿颁下河北诸郡,又遣人颁于河南、江、淮。由是诸道始知上即位于灵武",6991页。

③ 参张弓《唐朝仓廪制度初探》(1986)第二章第二节第三小节"以襄州为枢纽的江汉漕路",33—35页。另,代宗广德初,郭子仪自商州进收京师,置"粮料使"以负责军队的供给(参胡三省注,见《通鉴》,建中四年八月,7350页),这说明子仪所部由中央供给。

④ 《唐会要》卷八三"租税上",1819页。两唐书《杨炎传》也有记载,但它们是以编纂者的口气来叙述的,只有《唐会要》明确说明这是杨炎的奏疏。关于两税法的条文,王永兴《隋唐五代经济史料汇编校注》(1987)进行了罗列、比勘(706—726页)。这个概括是杨炎要求实施两税时作出的,其可信程度如何呢?首先,从安史之乱到实施两税三分法,其间相距不过二十几年,杨炎对这期间的追述和概括不会因不谙情由而姑妄言之。其次,从赋税改革所实施的具体措施来看,它所确立的赋税三分的征(转下页)

将“军国之用”与“四方大镇”或“有重兵处”分别看待。“军国之用”是指中央的开支，它是由度支、转运二使征敛并运输至京师者；“四方大镇”“有重兵处”则由军队长官节度使或团练使自行征敛，自我供给。

玄宗在普安所下的制书对军费自供这一既有事实不得不予以承认，并使之合法化。但军队在向地方索取和支用上“厚自奉养”的随意性，决定了这一办法只能是特定环境下的权宜之计，不能施之长久。对地方财政收支的改革势在必行。

建中元年(780)，唐政府对赋税制度进行了改革，放弃了租庸调，实行两税法；同时，在财政收支上也作了相应的调整，实行上供、送使、留州的“财政三分制”①。三分的前提是“量出制入”，即以州为单位，先确定州的财政总收入，根据州的支出，确定其中“留州”的部分；再根据节度使的支出，确定“送使”的部分；余下者，便全部“上贡”，即上缴中央。而“送使”即归入节度使的那部分，其支出主要是军费。这就使军费供给由权宜之计而变为一项制度，并使之更有保障，从而结束了军费“自供”的局面②。

然而，“财政三分”的意义绝不仅仅在于税收分配原则的变化。在国家的全部财政收入中，中央已经把方镇军队所需军费划给了方镇。

(接上页)收程序和分配原则，针对的正是“四方大镇，又自给于节度、团练使”，“有重兵处，皆厚自奉养”的情况。当然，杨炎为了强调他所主张的赋税改革的必要性，也可能故意夸大了当时财政混乱和困难程度，如“正赋所入无几”的概括，但他对军需由军队自供的概括，应无夸大或不实。

① 《新唐书》卷五二《食货志二》明确提出“分天下之赋以为三，一曰上供，二曰送使，三曰留州”，但将时间系于宪宗时(1359页)。实则在实施两税法时即已三分，见谭英华《两唐书食货志校读记》(1988)，145页。

② 参陈明光《唐代财政史新编》(1991)第八章、第九章；张国刚《唐代藩镇研究》(1987)11《唐代藩镇财政收入与分配》。

在调动他们出境作战时，却要再另行供给"出界粮"。此事最早是在建中四年攻讨李希烈时被提及：

> 是时，诸道讨贼，兵在外者，度支给出界粮。每军以台省官一人为粮料使，主供亿。士卒出境，则给酒肉。一卒出境，兼三人之费。将士利之，逾境而屯。①

为支付这一供应，中央政府不得不增加税收科目。可见，"出界粮"的数额十分庞大，与军队出征时政府所给的奖赏性支出迥然不同。同时，这笔支出并不是骄兵悍将恃力而索，而是一种制度②。但此制并非始于此时。《通鉴》记载此事称：

> 旧制，诸道军出境，皆仰给度支；上优恤士卒，每出境，加给酒肉，本道粮仍给其家，一人兼三人之给，故将士利之。③

此次不过是沿习旧制而已。这个"旧制"不可能在两税三分以前出现，因为在军队向地方索取随意性很大的"自供"状态下，没有这种必要。两税三分的分配原则，不是比例，而是定额，收入的总额也是定额；它

---

① 《新唐书》卷五二《食货志二》，1353 页。

② 《食货志》记载的是有关经济的典章制度或具有制度意义的事例。显然，《新唐书》的编纂者是将"食出界粮"当作一项制度来看待的。其他文献对此事的记载更为明确，见前谭英华《两唐书食货志校读记》(1988)所引。《通鉴》所谓"仰给度支"(7346 页)，就是指经费由中央财政拨付；《册府元龟》所谓"以台省官一人司其供亿"(5786 页)，说明具体的支出，也是由中央政府负责，诸道节度使并不插手。

③ 《通鉴》卷二二八，建中四年六月，7346 页。

一定是在这个定额和程序确定之后出现的①。其次，三分的定额既是中央与方镇、州共同协商确定，何以会在这一商定的定额之外，再予以支出呢？可见，双方所商定的“送使”额中的养兵费用主要限于平时，而在战时，则需由中央另行拨付。战时费用当然会高于平时，但同样发生战争，何以不出境即不必由中央支付呢？况且这部分支出（即“一卒出境，兼三人之费”），并非战争费用，而是士兵的个人供给（“士卒出境，则给酒肉”）。军人的个人供给，作为军队平时的开支，国家已经支付；但如果要调他们越出本防区作战，国家便要另外再拨付军费。因此，两税三分的意义，在于它规定了当地的军队由当地的赋税收入来供养。在这一前提下，才有“食出界粮”的出现。它是在确定“送使”定额时，中央与方镇讨价还价的结果，中央要尽量减少“送使”的定额，以便通过财政来加强对方镇的控制；方镇则在定额之外，尽量将军费支出转由中央支付。而其本质，又不仅仅是税收分配和费用支出方的变化，而是使国家与军队的关系，变成了中央与地方的关系，进而使军队与地方产生了密不可分的关系，使所谓的“地方”中增加了军队这一因素，而“军队”也成为地方的军队。

所谓“当地的军队”，不仅要“军队地著”，而且其“地著”的范围同时又成为行政区划的范围。这个范围的确立，就是藩镇军政合一体制的确立。

---

① 对两税法，人们重视的是赋税征收标准和内容的变化，即由以人丁为本的租庸调，变成了以资产为准的以地户税为主要内容的两税；重视的是三分定额的确定，却没有注意到在确定“送使”的定额时，所附加的关于“出界粮”的规定。因此，在有关两税法的记载中，缺少了这项附加内容，因此也就都不再能言及其渊源。

三、藩镇体制的变化：从军政分离到军政合一

藩镇体制由军政分离到军政合一的演变过程，是军队地方化过程的反映；军政合一体制的确立，是军队地方化的制度化和合法化，是军队地方化的完成。

（一）安史之乱前后藩镇与州郡的关系

安史乱后的藩镇是军政合一的体制，已成学界共识。但这一体制是安史乱前藩镇体制的继续，还是安史乱后才形成？清人赵翼就认为后者是前者的继续：

> 景云二年，以贺拔延嗣为凉州都督、河西节度使，节度使之官由此始。然犹第统兵，而州郡自有按察等使司其殿最。至开元中，朔方、陇右、河东、河西诸镇，皆置节度使，每以数州为一镇，节度使即统此数州，州刺史尽为其所属，故节度多有兼按察使、安抚使、支度使者。既有其土地，又有其人民，又有其甲兵，又有其财赋，于是方镇之势日强。……推原祸始，皆由于节度使掌兵民之权故也。[①]

---

① 《廿二史札记》卷二〇“唐节度使之祸”，《廿二史札记校证》，429—430页。赵翼的这一认识，主要是受《新唐书·兵志》的影响。《兵志》认为有土地、有人民、有甲兵、有财赋的情况出现于“府兵法坏而方镇盛”时，1328页。《唐会要》卷七八“节度使·山南东道节度使”，景云二年正月二十九日敕：“诸节度除缘兵马外，不得别理百姓诉讼事。”（1695页）

所谓“节度使掌兵民之权”，就是指藩镇是军政合一的体制。他认为，这一体制在开元年间即已形成。

在有关安史之乱以前节度使设置的记载中，《唐六典》成书最早，其时边地藩镇虽只有八个，但天宝元年的十节度使就是在此基础上分出、增置的。关于它们与地方的关系，此书认为：“若诸州在节度内者，皆受节度焉。”似乎明确规定了州统属于节度使。但是随后又说：“其福州经略使、登州平海军，则不在节度之内。”[①]福州、登州所属之地，并没有设立节度使，本无所谓受不受节度使的统领。所以，“不在节度之内”，只能理解成它们不在节度使的防御体系之内，而不是说与节度使是否存在统属关系。“诸州在节度内者，皆受节度焉”，与福州经略使、登州平海军并列，说明编撰者想要说明的只是在节度使防御体系内，节度使与其所属的军队或军事性州郡之间的关系，而不应是节度使与一般州郡的关系；否则，就应当将节度使统领的州与不属节度使统领的州并列。《通鉴》记载当时各边地节度使的分布地区时，除安西节度所统四镇之兵即屯驻于此四镇，以及岭南五府经略所统二军四府外，其他节镇都说统某某军镇守捉，“屯……州之境”，如：

> 河西节度……屯凉、肃、瓜、沙、会五州之境，治凉州。
> 朔方节度……屯灵、夏、丰三州之境，治灵州。[②]

军队屯驻在上述各州的区域内，是个地域或空间概念，而不是统属关

① 《唐六典》卷五，158页。
② 《通鉴》卷二一五，天宝元年正月，6847—6851页。其他节度使的表述均如此。

系。但在此前记载该节度使的设立时，表述却又有所不同，仍以河西、朔方为例：

置河西节度、支度、营田等使，领凉、甘、肃、伊、瓜、沙、西七州，治凉州。①

置朔方节度使，领单于都护府，夏、盐等六州，定远、丰安二军，三受降城。②

“领……州”，又可以被理解成这些州与该节度使之间存在统属关系。《通鉴考异》曾对唐后期的方镇设置时间、所领州郡分合等情况进行过大量考证，但其所引材料主要以《新唐书·方镇表》为主。如果对《新唐书·方镇表》的记载有疑问，则再以其他材料予以辨正。由此可知，《通鉴》对方镇设置时间、所统领州郡的记载，其史源主要是《新唐书·方镇表》。《新唐书·方镇表》是以时系地，即列表以明其所统州郡的分合增减。两税三分制实施以后，方镇与州郡确实存在着统领关系，这种旨在说明其所统州郡的分合增减的表述方式当然是正确的，但是，此前——特别是安史之乱以前，情况并非如此。编纂者并没有想到要用不同的表述方式来区分二者的不同，而《方镇表》中绝大部分内容属于唐后期，这也使编纂者不易认识到在表述上有将此二者进行区分的必要性。司马光等在编修《通鉴》时，没有充分认识到《新唐书·方镇表》在表述上的不当，故在叙述各方镇设置之初的情况时，笼

① 《通鉴》卷二一〇，景云元年十二月，6660页。
② 《通鉴》卷二一二，开元九年十二月，6749页。

统地沿用了《新唐书·方镇表》的表述方式。但他对安史之乱前后方镇与州郡关系的不同，有明确的认识，所以在天宝元年正月总述方镇定制时，明确使用了“屯……之境”，准确地表达了这一关系。

这一点，也可从当时任命节度使的职衔中得到证明①。

安史之乱以前，如《李林甫兼朔方军节度使制》：“可兼安北副大都护、持节朔方节度、关内支度、营田、盐池、押诸蕃部落副大使知节度事、六城水运节度管内军郡、采访处置等使。”②《陇右河西节度使哥舒翰西平郡王制》中所列哥氏职衔作：“……持节充陇右河西节度、支度、营田、长行、转运、九姓等副大使知节度事、赤水军使……”③职衔中涉及的只是负责管理的事务和统领的军镇，未及其与州郡的关系。而安史之乱以后的节度使，其职衔中则明确说明了它所统领的州郡，如《授徐商崔璵节度使制》：

> 河中晋绛慈隰等州节度观察处置等使……兼河中尹……徐商……可检校户部尚书、兼襄州刺史、御史大夫，充山南东道节度

---

① 在时间上，我们以正式设置节度使为准；在材料的使用上，传记、墓志及叙述文字都可能对人物的职衔有所增删乃至改动，任命诏敕或题记则较为原始，所以我们就尽可能使用这类材料来作说明。《文苑英华》卷四五二至四五八“翰林制诏·节镇”中集中收录了任命节度使的原始诏命，虽然其中不无删减，但仍可从总体反映其全貌。另《唐大诏令集》及《全唐文》中也有收录，只是不如《文苑英华》所收较为集中。《册府元龟》卷一一九、一二〇“选将”门及卷一二二、一二三“征讨”门中也有集中记载，但《册府元龟》重在记事，对职衔多所删削。

② 《唐大诏令集》卷五二，275页。时在开元二十四年十一月。

③ 《唐大诏令集》卷六〇，323页。时在天宝十二载七月。另同书卷五二《李林甫兼河西节度使制》：“可兼充河西节度、经略、支度、营田、长行、转运、九姓等使，节度赤水军事，仍判凉州事。”（274页），时在开元二十六年五月。“节度赤水军事”原作“节度事赤水军”，据《全唐文》卷三一〇改。

管内观察处置等使。①

其时许多节度使都有军号，如汴宋节度使号宣武；对这些有军号的方镇，节帅的职衔中也开列了其统领的州郡，如《授韩弘宣武军节度使制》：

可守司徒、兼侍中、使持节汴州诸军事兼汴州刺史、充宣武军节度副大使知节度事、管内支度、营田、汴宋亳(亳)颍州等观察处置等使。②

敦煌莫高窟供养人题记中，张议潮的职衔作“河西一十一州节度管内观察处置等使……”③。

但是，安史之乱以后的节度使职衔中也有未及其所统州郡者，如上举张议潮的职衔，在莫高窟的题记中也有作“河西节度使、检校司空、兼御史大夫张议潮”者(第156窟，74页)。归义军的另一位节度使索勋的职衔在题记中也有两种，一作“敕归义军节度管内观察处置押蕃落等使、银青光禄大夫、□□检校右散骑常侍、兼□(御)史大夫”(第9窟，6页)，一作“敕归义军节度、沙瓜伊西等州管内观察处置押番落营田等使、守定远将军、检校吏部尚书、兼御史大夫……”(第196窟，87页)。

这大体可分为三种情况：(一) 前者只是后者的简化，如上举张议

① 《文苑英华》卷四五三，2299—2300页。吴廷燮《唐方镇年表》将徐商任河中帅系于大中八年，转镇襄州系于大中十年，460页。

② 《文苑英华》卷四五二，2293页。

③ 《敦煌莫高窟供养人题记》，第94窟，31页。

潮、索勋之例;(二)方镇名称一仍安史乱前者,如剑南,虽情况已不同,但职衔仍旧①;(三)方镇名称使用了区划名称,如山南、淮南等,其职衔中有的未列所统领的州郡②,当然其中也有可视作职衔之简化者。

从大量节度使的任命诏书中所见职衔,唐后期都带有其所统之州郡,而且有相当多的方镇直接以其所统州郡来称呼,如陈许节度、易定节度、郑滑节度等③。这与唐前期的节度使职衔迥然不同。

安史乱前的节度使衔中也有系地者,如:

朔方节度使,开元九年十月六日敕,朔方行军大总管宜准诸道例,改为朔方节度使。其经略定远、丰安军、西中受降城、单于,丰、胜、灵、夏、盐、银、匡、长安、乐等州并受节度。④

---

① 如《授李尚隐户部尚书益州长史剑南节度采访使制》:"可守户部尚书、兼益州大都督府长史、持节剑南节度营田副大使兼节度采访处置使。"(《文苑英华》卷四五二,2291页)

② 《授郑涯山南东道节度使制》"充山南东道节度使管内观察处置等使"(《文苑英华》卷四五三,2298页),但在《授李愬山南节度使制》中,其职衔作"充山南节度管内度支营田、襄邓唐随复郢均房等州观察处置等使"(《文苑英华》卷四五二,2295页),便点出了所统州郡。《授杜亚淮南节度使制》"充淮南节度观察处置等使"(《文苑英华》卷四五四,2303页)。

③ 从吴廷燮《唐方镇年表》所列节镇名称即可看出这一总体情况。举例而言,如《授李执方陈许节度使、卢弘宣易定节度使制》:"执方可检校吏部尚书兼御史大夫充陈许节度使,弘宣可检校户部尚书充易定节度使。"(《文苑英华》卷四四五,2314页)在此制书中提及李执方原任易定节帅,其职衔作"义武军易定节度使"(2313页),在有军号的情况下,也标出了所统州郡。《授薛平郑滑节度使制》"可检校工部尚书御史大夫、郑滑颍等州节度使·观察处置等使"(《文苑英华》卷四五四,2309页)。

④ 《唐会要》卷七八"节度使",1686页。"开元九年"原文作"开元元年",岑仲勉《通鉴隋唐纪比事质疑》"置朔方节度使"(176—177页)、《唐史余沈》卷二"朔方节度使之初置"(93页)已作辨正。《唐会要》此处所列州郡、军镇城等亦有歧误,参此二书所作辨正。另,《唐会要》卷七八"节度使"对安史之乱前的节度使的记载中,只有(转下页)

《王晙朔方道行军总管制》中也说"可持节充朔方道行军大总管，仍兼安北大都护，丰安、定远、三城等军及侧近州军宜依旧例并受晙节制"[①]。《李林甫兼朔方军节度使制》："可兼安北大都护、持节朔方节度、关内支度、营田、盐池、押诸蕃部落副大使知节度事、六城水运节度管内军郡、采访处置等使。"[②]王晙之任是在开元二年(714)二月；是年四月，为防范北方游牧部族南下侵扰，玄宗命灵武道行军副大总管张知运"宜令先持节赴军，简行处置，并缘边州军兵马等，亦委知运，量事均融"，同时还命他"与幽州刺史、摄御史中丞强修计议，便宜支备"[③]。

王晙、张知运所统是行军，而非镇军，以当时之制，并无属州。所谓"侧近军州"也就是上引《唐会要》中所列的州。"侧近州军宜依旧例并受晙节制""缘边州军兵马等亦委知运量事均融"，是指在作战时要在军事上予以配合，而不是始终存在着统属关系。如果他们与地方州郡存在着固定的行政上的统属关系，那就不必每次都特别强调"缘边州军兵马"或"侧近州军"受其节制，因此，这只能理解成是战时的临时性举措。安史之乱以后的节度使职衔中，已不再有这类字眼，其原因就在于方镇已有行政辖区，与州郡已建立了固定的行政隶属关系，故不再需要特别指令它们受其节制。

河东节度使名称的变化，也可说明这一点：

(接上页)这一处(朔方节度使)记载了它统领有州郡，其他各节度使都只有对军镇守捉的统领，未及州郡；此恐是疏忽所致。这与上举《通鉴》的笼统记载，大致出于同样原因。

① 《唐大诏令集》卷五九，315页。时在开元二年二月五日。

② 《唐大诏令集》卷五二，275页。

③ 《册府元龟》卷一一九，1428页。参《全唐文》卷三四《命张知运持节赴军敕》，373—374页。

> 河东节度使，开元十一年以前称天兵军节度，其年三月四日改为太原已北诸军节度，至十八年十二月，宋之悌除河东节度，已后遂为定额。[①]

从开元十一年至开元十八年，都称作“太原已北诸军节度”，明确说明其所统领者是“诸军”；如果还统领有地方州郡，显然不能用“太原已北”这一方位词来表示其准确的行政区划。

关于缘边或侧近州军受节度使节制的问题，《通典・州郡典二・序目下》，河东节度使所统者中，有定襄郡、雁门郡、楼烦郡；剑南节度使所统者中有交川郡、卢山郡、江源郡、洪源郡、云南郡、归诚郡。这些郡下，杜佑都注出了所管兵数[②]。而范阳节度使所统的恒阳军、北平军、高阳军、唐兴军、横海军，《唐六典》《唐会要》载此五军由“本州刺史为使”[③]。当然这些军队可能是地方部队，如团结兵等。州郡之所以列入节度使统领，是因为它们有兵；而范阳所统的五军，虽有军名，其军使却由本州刺史出任。这说明是否归节度使统领，是以其是否拥兵为准，即有兵则归其所统，否则即不统。这同时也可佐证，所谓“统领”是军事行为，而不是行政行为。另外，边地设有大量羁縻州，它们虽有

---

① 《唐会要》卷七八“节度使”，1687 页。《通鉴》卷二一二，开元十一年二月己巳条记此事云：“罢天兵、大武等军，以大同军为太原以北节度使，领太原、辽、石、岚、汾、代、忻、朔、蔚、云十州。”（6755 页）上面已说明，《通鉴》所谓“领……州”是笼统地沿用了《新唐书・方镇表》不恰当的表述方法。

② 参《旧唐书・地理志》，《元和郡县图志》卷一三“太原府”、卷三一“成都府”，《新唐书・兵志》。其中记载不无纰缪或欠妥之处，见唐长孺《唐书兵志笺正》（1957）所作考订。

③ 《唐六典》卷五“兵部郎中 员外郎”，158 页；《唐会要》卷七八“节度使”，1691 页。

军名，实际上是游牧部族，唐朝对它们的统治和管理，一方面给他们有相当大的自主权，同时又向他们征兵，随唐军出战，具有很强的军事性。再有，在边地的军事要地，设立了一些军事性的州，如神策军，是由哥舒翰在天宝十三载七月设置，“以前年收黄河九曲，请分其地置洮阳郡，内置军焉。以成如璆为太守，充神策军使”[①]。此郡即所谓“军郡”，而不是一般的州郡[②]。这些当然都要归节度使统领。所谓由节度使节制者，大体不出这个范围。

总之，在有关节度使统领州郡的问题上，除《新唐书·方镇表》外，《唐六典》、《通典》、《唐会要》、两《唐书·地理志》、《通鉴》等史籍对唐前期的方镇，记载的都是它们对军、镇、守捉、城等军事组织的统领，而不是说它们对州郡的统领。

从制度的演变来看，节度使是军事性使职，州郡是原来的官职系统；二者是并列、平行的，各自向中央相应的机构负责，其间虽有联系，但并非统属关系。唐前期的兵制演变可以说明这一点[③]。方镇的出现是兵制演变的结果，而在这个演变过程中，并未涉及军队与地方的关系问题。在当时人看来，这本来就是泾渭分明的，故不必画蛇添足，作出制度性的规定，所以我们在关于节度使的记载中，便不可能见到关

---

① 《唐会要》卷七八“节度使·陇右节度使”，1689页。这是神策军设置的最早也最为详细的记载，《通鉴》卷二二一，上元元年七月追述神策之设时，胡三省即引此以为据（7096页）。参《通鉴》卷二一七，天宝十三载七月条及胡注（6927页）。

② 李锦绣《“城傍”与大唐帝国》（1995）认为“侧近军州”就是城傍（《唐代制度史略论稿》，264—265页）。按，如果城傍是专称，那么在唐廷的正式公文（原文）中，似乎应称此专称，而不应以其他词汇来代指。因此，“侧近军州”之军州，既包括“城傍”，但也包括上举所谓军事性质的州郡，不应将此二者完全等同起来。

③ 参本书第一章《唐前期的兵制与边防》。

于二者关系的制度性的规定。节度使也统领有一些州郡，同时他一般还兼任治所州的长官，其属下将领有时也兼任驻地的地方长官。至于由当地刺史担任的军使，恐怕只受军事指挥，而在行政上节度使无权干涉。

安史之乱以前，常常干预地方行政事务的是对地方有监督之权的采访使①。节度使与采访使的关系，会直接影响到我们对节度使与州郡关系的认识。

杜佑在作《通典》时即认为："初节度与采访各置一人，天宝中始一人兼领之。"(895页)《新唐书·方镇表》中也有类似的实例，如"朔方节度兼关内道采访处置使"②，"幽州节度使兼河北采访处置使"③，"剑南节度兼山南西道采访处置使，号山剑西道"④。但我们从郁贤皓《唐刺史考》、吴廷燮《唐方镇年表》以及相关的任命诏敕所提供的材料来看，杜佑的总结失之偏颇。从总体上说，直至安史之乱，节度使有兼任采访使的事例，特别是剑南、关中二采访使，多由剑南、朔方二节度使兼任，但在节度使与采访使可能一一对应的河北、河东两道，幽州节度使、河东节度使(由太原以北诸军节度使改称)兼任河北、河东采访使，不仅不像上举两道具有通例性质，而且兼任的事例也并不多见。至于河西、陇右、安西、北庭，同在陇右道，却很少见到这些节度使兼任本道

---

① 《唐会要》卷七八"采访处置使"，载天宝九载三月敕："本置采访使，令举大纲。若大小必由一人，岂能兼理数郡！自今已后，采访使但察善恶，举其大纲，自余郡务所有奏请，并委郡守，不须干及。"(1681页)

② 《新唐书》卷六四《方镇表一》，"朔方"开元二十二年，1763页。同书同卷至德元载"别置关内节度使以代采访使，徙治安化郡"，1766页。

③ 《新唐书》卷六六《方镇表三》，"幽州"开元二十年，1835页。

④ 《新唐书》卷六七《方镇表四》，"剑南"开元二十二年，1866页。

采访使的事例。

在节度使兼任采访使的情况下，所领之州表示的是采访的范围，而与节度使无关。如开元二十年“以幽州节度使兼河北采访处置使增领卫、相、洺、贝、冀、魏、深、赵、恒、定、邢、德、博、棣、营、鄚十六州”①。其所领之州，是由于兼任河北采访使，与幽州节度使无关②。

安史乱前的节度使，只有兼任采访使时，才具有对地方州郡的监督权；但这种兼任并非通例，也不普遍。节度使与州郡之间并无法定的隶属关系。从当时的政治形势来看，到开元后期，随着军队的职业化，在节度使的人选和任用上，朝廷不仅不再鼓励“出将入相”，而且有意识地加强了对军将的控制；从军事制度上看，军队的职业化也同时需要军将的职业化，府兵制时代文武不分的状况正在改变③。制度和政治形势两个方面，都说明当时的节度使不会拥有对州郡的统领权。同时，中央对节度使另有监督者，即监军使，其监督的主要是军事而非行政。

（二）藩镇军政合一体制的建立：从财赋供给关系到行政隶属关系

方镇对州郡的统领关系，是在平定安史之乱的过程中建立起来的。

---

① 《通鉴》卷二一三，6799页。

② 《通鉴》卷二一三，开元二十年条置十五道采访使，胡注列出各道治所后称“其后有以边镇节度领采访使者，则关中道固不拘京官，而诸道采访使治所亦难概拘以定所”（6804页），其着眼点在于采访使治所的变更。岑仲勉《唐史余沈》卷二“置十道采访使”也以关内、江西采访使为例，说明采访使的治所前后有变。但是，采访使治所的变更是一回事，是否由节度使兼任又是另一回事；三省此注易给人以边镇节度使领采访使为通例的误解。

③ 参孟彦弘《唐前期的太子问题及其政治后果——兼论安史叛乱的因果》（1995）。

从安史乱起到实施两税法，其间军队资费是由方镇自供。所谓自供，主要是从地方索取，但其索取应有一定的范围规定。这一范围与方镇统领州郡之制的确立有着密切的关系。我们尚未见到有关这个问题的制度性的记载，但安西、北庭行营的情况，却可以说明方镇对州郡的统领关系的确立过程。

安史之乱发生，安西、北庭的边军奉调入援。这支入援军队在内地长期作战，并成立了镇西北庭行营，由行营节度使统领。第一任行营节度使李嗣业，是在乾元元年三月任命，其时屯驻于河内[①]。同年六月，又任命李嗣业为怀州刺史。《通鉴》卷二二〇："以开府仪同三司李嗣业为怀州刺史，充镇西、北庭行营节度使。"胡注：

李嗣业以镇西、北庭兵屯怀州，就用为刺史，征调以给军。(7056页)

李嗣业充使是在是年三月，六月又被任命为当地州刺史。此条最具价值之处是胡注。镇西、北庭之兵千里勤王，长期在内地作战，与其本军已基本断绝了联系；在军费自供的情况下，他们如何自供呢？这条胡注正给我们提供了他们自供的方法，即他们驻屯所在之地，唐廷便任命行营统帅为该地的地方长官，以便他们能以当地的财赋来实现自我供给。这就是胡注所谓"用为刺史，征调以给军"的含义。

是年九月，这支军队受命围攻相州安庆绪。次年(乾元二年)三

---

① 《通鉴》卷二二〇，乾元元年三月"镇西、北庭节度使李嗣业屯河内"，胡注："行营节度使始此"(7053页)。"行营节度使"并不始此，见本章第一节，但这条可说明李嗣业是镇西、北庭行营的第一任行营节度使。

月，李嗣业阵亡，兵马使荔非元礼代领其众。其间，作为行营留后的段秀实，以怀州长史的身份驻扎在怀州，负责该军供给。《通鉴》“初，嗣业表段秀实为怀州长史，知留后事”，胡注：

> 李嗣业以镇西、北庭兵屯怀州，会师攻邺，以段秀实知留后事。时诸军屯戍日久，财竭粮尽，秀实独运刍粟，募兵市马以奉镇西行营，相继于道。①

乾元二年三月，官军与安庆绪、史思明等叛军决战于相州，因参战的回纥兵失利奔散而导致官军失控，全线溃散。段秀实得知后，“帅将士妻子及公私辎重自野戍渡河，待命于河清之南岸。荔非元礼至而军焉”②。此后，该军先后屯驻过陕州、翼城、邠宁等地。其间，白孝德、马璘先后继任行营节度使。在吐蕃对长安威胁日甚之时，宰相元载于大历三年十一月提出对军队驻防之地进行调整。《通鉴》载此事云：

> 元载以吐蕃连岁入寇，马璘以四镇兵屯邠宁，力不能拒，而郭子仪以朔方重兵镇河中，深居腹中无事之地，乃与子仪及诸将议，徙璘镇泾州，而使子仪以朔方兵镇邠州，曰：“若以边土荒残，军费

① 《通鉴》卷二二一，乾元二年正月，7068页。参《新唐书》卷一五三《段秀实传》，4848页。《旧唐书》卷一二八《段秀实传》称：“安庆绪奔邺，嗣业与诸军围之，安西辎重委于河内。乃奏秀实为怀州长史，知军州，加节度留后。”（3584页）据此，则朝廷命李嗣业任怀州刺史，仅因其辎重在河内，与《通鉴》所载略有出入。倘如此，就会影响到我们对上述“自供”的理解。但日后此军的移镇及其统领州郡的情况，证明我们的理解不错。

② 《通鉴》卷二二一，乾元二年三月，7070页。

不给，则以内地租税及运金帛以助之。”诸将皆以为然。十二月，己酉，徙马璘为泾原节度使，以邠、宁、庆三州隶朔方。①

两年以后的大历五年四月，“泾原节度使马璘屡诉本镇荒残，无以赡军，上讽李抱玉以郑颍二州让之；乙巳，以璘兼郑颍节度使”②。其时李抱玉以陈郑颍亳节帅，驻屯于凤翔，以备吐蕃入寇。马璘屡诉本镇荒残在意料之中，因移镇之初朝廷已有承诺。抱玉将其所统领的郑颍二州让给马璘，则此二州之赋税即归泾原马璘所有。他调任行营都虞候、泾州刺史段秀实为此二州留后，负责管理此二州③。朝廷承诺“以内地租税及运金帛以助之”；金帛固然需“运”，但内地租税也需“运”，何以只强调“运”金帛？——“内地租税”指将内地州郡划归其所属，租税收入归其使用，不必由中央负责“运”；“金帛”才是由中央来负责支出并运送的。此处只强调金帛之运送，并非表述不当，而是说明了这一承诺所具有的两种含义。

宝应元年(762)十月，中央在准备调集军队对史朝义部进行全面反攻时，仆固怀恩率朔方军驻屯于绛州，《通鉴》卷二二二载：“加朔方节度使仆固怀恩同平章事兼绛州刺史，领诸军节度行营以副适。”胡注：“时朔方军屯绛州，故以怀恩领刺史。”(7132页)其目的正与上举李嗣业事相同，可见此制并非个案，在当时军费自供的情形下，是具有制

---

① 《通鉴》卷二二四，7203—7204页。参《旧唐书·郭子仪传》，3464页。

② 《通鉴》卷二二四，7214页。

③ 《旧唐书》卷一二八《段秀实传》：“既至其理所(指马璘四镇、北庭行营兵迁至泾州——引者)，人烟夐绝，兵无廪食。朝廷忧之，遂诏璘遥管郑颍二州，以赡泾原军，俾秀实为留后，二州甚理。”(3585页)

度意义的举措。

河阳三城节度使的情况也是如此。所谓河阳三城，是指连接横跨黄河浮桥的三座城[①]；河阳三城节度使的治所在怀州，所统之地主要是此三城，但三城是军事驻守之地，没有赋税收入；要实现自供，就必须有可出赋税之地。于是，中央将属河南道的五县所出赋税归河阳三城节度使，作为其军需供给的来源；而这五县的行政隶属关系，仍归河南府[②]。

总之，方镇统州郡的确切含义，是这些州郡的租税要供给该军镇使用。军队移屯于某地，该地即归该军镇统领，以此地所出租税供给该军军需。因此，在任命节度使时，都要明确说明方镇所统领的州郡，其目的正是要说明他们军费自供的范围[③]。

藩镇与州郡的政治关系，至少在安史之乱期间，尚未建立严格的

---

① 参严耕望《洛阳太原驿道》(1970)，《唐代交通图考》第一卷篇肆，131—137页。

② 《旧唐书》卷三八《地理志一》"孟州"载："及雍王平贼，留观军容使鱼朝恩守河阳，乃以河南府之河阳、河清、济源、温四县租税入河阳三城使，河南尹但总领其县额；寻又以汜水军赋隶之。"又引会昌三年九月中书门下奏："河阳五县，自艰难已来，割属河阳三城使。其租赋色役，尽归河阳，河南尹但总管名额而已。"(1425—1426页)参《元和郡县图志》卷五，"河南道·河阳县"及李吉甫按语，144页。

③ 据《新唐书·方镇表》及《通鉴》，可知这一时期的方镇所统州郡变化很大，分合无常。胡三省注释《通鉴》本极重视地理，对此变化自然十分留意，常引用其他材料来辨正《新唐书·方镇表》所系地的正误，但往往虽排比众说而无从断定。他认为造成这一现象的原因是："盖兵兴之际，分命节帅以扼险要，其所统之增减离合，随时制宜耳。"(《通鉴》，7060页)不能说他的看法不对，但当时方镇所统州郡即其军费供给之地，而非其军事或行政辖区。随着战事的变化，军队也在不断改变驻地，其军费供给地也因之而不断变化，上举李嗣业、仆固怀恩二例即可说明。这与安史之乱结束，中央与河北对峙局面确定后的情况不同。《新唐书·方镇表》的编纂者及胡三省都未能认识到这种不同，而将日后有相对固定辖区的方镇，与主要是军费供给之地的州郡混为一谈，才导致了这种误解。

行政隶属关系。

唐玄宗在《幸普安制》中命永王璘任山南东道、岭南、黔中、江南西道四道节度都使，镇江陵。至德元载十二月，他起兵时，“吴郡太守兼江南东路采访使李希言平牒璘，诘其擅引兵东下之意”，胡注“方镇位任等夷者，平牒”[①]。但我们从上引《幸普安制》中可知，都使位任在原节度使之上，权限也更大，不能说“位任等夷”。《旧唐书》卷一〇七《李璘传》载此事“璘虽有窥江左之心，而未露其事。吴郡采访使李希言乃平牒璘，大署其名，璘遂激怒”云云（3265 页），似是因平牒而致永王兴兵。所谓永王璘之变，实是受玄宗之命以经营江东；而李希言则是奉肃宗为正统，不仅不听命于作为都使的永王璘，而且遏制永王，致其兴兵攻讨。“平牒”云云，反映了当时都使与州郡间尚未建立起严格的隶属关系。

肃宗上元二年（761）四月剑南段子璋反。《旧唐书·李巨传》，时巨“贬为遂州刺史。属剑南东川节度兵马使、梓州刺史段子璋反，以众袭节度使李奂于绵州，路经遂州，巨苍黄修属郡礼迎之，为子璋所杀”[②]。遂州属东川，段子璋本官是梓州刺史，但也是东川节度使的兵马使。如遂州与东川节度使间存在统属关系，李巨以属郡礼迎之，并

① 《通鉴》卷二一九，至德元载十二月，7009 页。

② 《旧唐书》卷一一二，3347 页。《通鉴》卷一一二上元二年四月“梓州刺史段子璋反”（7113 页），《旧唐书》卷一〇《肃宗纪》同（262 页）。《旧唐书》卷一一一《高适传》“剑南自玄宗还京后，于梓、益二州各置一节度”（3329 页），校勘记：“‘梓’字各本原作‘绵’，《廿二史考异》卷五九：‘案至德二载，置东川节度，治梓州，绵当为梓字之讹。’今据本书卷四一《地理志》改。”（《钱大昕全集》，3333 页）复检《旧唐书》卷四一《地理志四》“梓州”，称“乾元后，分蜀为东、西川，梓州恒为东川节度使治所”（1671 页）。可见，段子璋并非仅是梓州刺史，《通鉴》《旧唐书·肃宗纪》所载不完整。

不为大过;《旧唐书》本传的表述,是为了说明李巨本非属郡而以属郡礼迎之,结果还是难免被杀。但事出仓皇,李巨之所以能想到以属郡礼迎之,又说明当时在事实上确实存在着方镇与州郡间的控制与被控制的不平等关系。

赋税所出的多少,直接影响到其军需的供给程度,因此方镇也不可能不对其行政进行干预。我们从这一时期州刺史的任用情况来看,许多刺史是由方镇节帅奏授,而且仍多在方镇幕府任职。这反映了方镇对所统州郡的控制程度相当严重。从当时针对刺史的一些制度性规定,我们也可看出。如:

> 大历十二年五月十日敕,诸州刺史替代及别追,皆降鱼书,然后离任。无事不得辄追赴使及出境。刺史有阙,使司不行差摄,但令上佐知州事。

> 贞元三年十月敕,刺史停务则降鱼书。先是,此制自广德已后,多不施行。又节将怙权,刺史悉由其令,鱼书皆废。①

① 《唐会要》卷六九“都督刺史以下杂录”,1437页。前一条又见《通鉴》卷二二五,大历十二年五月,“又令诸使非军事要急,无得擅召刺史及停其职务,差人权摄”(7245页)。《唐会要》卷七八“采访处置使”:“大历十二年五月,中书门下奏,开元末置诸采访使,许其专停刺史务,废置由己。请自今已后,刺史有犯赃等色,本道但具状闻奏,不得辄追赴使及专擅停务,差人权摄;其刺史亦不得辄诣使出界。未先闻奏,皆按常刑。”(1681页)可能五月的敕文,就是根据这一上奏而作出的。即使与此奏无关,此奏所反映的“辄追赴使及专擅停务,差人权摄”等亦是事实。此奏及敕文虽标明是针对采访使而言,但从此处所引贞元三年十月敕文中所言广德以后“节将怙权,刺史悉由其令”,可知这类情况也发生于节度使的身上。

自广德以后，不仅州刺史的任命受到了方镇的干预（刺史有阙，使司即行差摄），而且对现任刺史，平时要求他们“悉由其令”，有事即可“辄追赴使”，甚至令其出境。朝廷下令阻止这些行为，其目的也正是限制方镇对州刺史的控制。可见，节度使对州县的控制或干预，虽是既成事实，却非制度使然；节度使对州县的控制尚未合法化和制度化。

两税法的实施，使安史乱后出现的方镇对州郡的控制，由习惯变为合法，由财政关系变为行政隶属关系；方镇节度使例兼当道采访处置使，最终确立了方镇、州、县的地方三级体制。军队的驻地，不再仅仅像安史之乱以前那样是个驻防范围，而且也是一个行政管辖范围，屯驻之地变成了统领之地。于是，军队变成了由当地人组成的驻守于当地并由当地赋税收入供养的地方军队。

四、后论：地方军人集团与藩镇问题

安史之乱发生后，藩镇问题凸显了出来。因其对唐代社会政治的巨大影响，自宋代以来，即已成为人们认识唐史，特别是唐后期历史的一个焦点。宋人对唐代藩镇的看法，以《新唐书·兵志》所概括的“府兵法坏而方镇盛，武夫悍将虽无事时，据要险，专方面，既有其土地，又有其人民，又有其甲兵，又有其财赋，以布列天下。然则方镇不得不强，京师不得不弱，故曰措置之势使然者，以此也”最具代表，也最有影响。所以，人们长期将唐后期的藩镇视作一个整体，以“藩镇割据”来概括藩镇问题。吴廷燮在作《唐方镇年表》和《唐方镇年表考证》时，认识到方镇之间存在着很大差异，这种差异主要缘自其是否拥兵和拥兵多少。这已接触到了藩镇问题的本质，但他没有对此进行详细而严密的论证，仍不脱传统史学札记或史评的窠臼。王寿南以中央与藩镇关系为线索，对此进行了系统的讨论，指出并非所有藩镇、在任何时间都对中央跋扈，即藩镇之跋扈具有时间性和地域性，这就打破了“藩镇割据”的笼统概括①。张国刚将藩镇分作河朔、中原、边地、东南四种类型，实际上是对王氏藩镇跋扈地域性的坐实和深化，使我们对藩镇的认识更为具体而深入②。因此，我们不再用“藩镇割据”来概括，而直接称之为“藩镇问题”。此处所谓“藩镇问题”，内涵有三点：一是藩镇与中央的对抗（藩镇与中央的关系），二是藩镇内部的兵变（军人与节度使的关系），三是藩镇林立的格局（欲“销兵”而不得）。

上述对方镇的认识，是以其与中央的关系为主线来展开的，而这种关系又是以是否拥兵、是否拥重兵为基础。这的确是我们认识唐代藩镇问题最为重要的角度。但是，中央与藩镇的关系，或藩镇对中央的态度，不过是中央能否控制藩镇的表现。中央能控制，藩镇就对中央恭顺；无力控制，则跋扈。同时，藩镇拥兵少就容易为中央控制，拥兵多则不易。为何藩镇拥兵即不易控制呢？唐前期的藩镇亦拥重兵，却并未出现控制问题。可见，其中的关键不仅仅在于藩镇是否拥有军队，而且还在于其所拥有的是怎样的军队。仍旧从军队作用的角度来讨论，不足以解决问题；军队作用的发挥，是由军队的性质决定的。因此，军队性质的变化——军队地方化——才是这一问题的关键所在。

（一）军队地方化与地方军人集团的形成

军队的地方化，使军队成为地方军队，形成了地方军人集团；他们

① 参王寿南《唐代藩镇与中央关系之研究》(1969)。

② 参张国刚《唐代藩镇研究》5《唐代藩镇的类型分析》(1983)。

成为地方政治的控制者。最负盛名的魏博牙兵的组成及其在政治中的作用,便反映了军队性质变化后的情况:

> 魏之牙中军者,自至德中,田承嗣盗据相、魏、澶、博、卫、贝等六州,召募军中子弟置之部下,遂以为号。皆丰给厚赐,不胜骄宠。年代寖远,父子相袭,亲党胶固。其凶戾者强买豪夺,逾法犯令,长吏不能禁。变易主帅,有同儿戏……优奖小不如意,则举族被害。[①]

这种情况,并不限于魏博一地,也不限于牙军本身,而是许多藩镇一般军队中的普遍情况。军队的地方化,使当地人成为军队的主要甚至惟一的兵源;他们终身为兵,甚至"父子相袭",不可避免地会在当地形成一种盘根错节的势力,这股势力就是所谓的"地方军人集团";表现在政治上,就是所谓的"骄兵"问题[②]。

唐人已经意识到这股势力的存在及其在政治上的危害,他们认为通过"销兵"可以从根本上解决这一问题,于是"销兵"在穆宗时一度成为国策[③]。近人不仅认识到了骄兵与藩镇问题的关系,而且试图从经

---

① 《旧唐书》卷一八一《罗威传》,4692 页。

② 《廿二史札记》卷二〇"方镇骄兵"罗列汴州、泽潞、徐州、兴元等地牙兵之骄横(431—432 页)。另,镇海有"随身挽强",见《旧唐书》卷一一二《李锜传》(3341 页)。参堀敏一《藩镇亲军的权力构造》(1960)。

③ 所谓"销兵"是指裁撤兵员。陈寅恪《唐代政治史述论稿·中篇》(1943)提出用兵与销兵是当时党争两派对藩镇的不同态度和对策(106—107 页)。但与用兵相对的是不用兵,不用兵并不等于一定要销兵。之所以提出"销兵"而不仅仅是不用兵,说明时人已认识到地方军人集团的问题。它针对的是地方军人集团,而不仅仅是对藩镇用兵与否的态度。

济角度来理解它。但似乎还有更深刻的原因存在①。

军队的地方化及地方军人集团的形成，使军人成为地方的一个特殊群体，产生了自己特殊的地方性政治、经济利益。他们通过维持军队的地方化，通过对地方政治的干预乃至控制，最大限度地满足其利益并使之得到保障。换言之，唐后期地方军人集团的确立，保证了他们对经济利益攫夺的实现；军费开支地方化不过是军队地方化在财政制度上的体现。即使国家可以安置军人及其家属，以保障其生活，他们也不会轻易离军；即使国家付出的养兵费再高出许多，他们仍然会尽可能地干预乃至控制地方政治。“地方军队”这一性质不改变，“地方军人集团”仍然存在，则士兵对经济的攫取、对政治的干预就不会结束——这才是兵之不可去的根本原因！

他们对地方政治进行控制的最主要方式，就是对节度使人选的干预和控制。于是，我们看到，唐后期藩镇节帅在许多方面都要受制于

① 对造成“藩镇问题”的原因，学术界曾经有过讨论。其中，从士兵的经济生活和经济利益着眼进行的讨论最具启发。较早注意骄兵与“藩镇割据”之间关系的是胡如雷，其《唐五代时期的骄兵与藩镇》(1963)认为唐五代职业兵之所以会反对节度使或为节度使用来反对中央，其原因在于国家供给的是士兵本人，其家口不在供给之列(见其《隋唐五代社会经济史论稿》)。这种认识，要比其同时代人从“庄园经济”等着眼所进行的分析合理得多。但士兵家口实际上也可得到供给，参张国刚《唐代健儿制度考》(1990)第三节“健儿的待遇与家口粮问题”，《唐代政治制度研究论集》。杨志玖也认为由破产农民和无业游民充任的职业雇佣兵是“藩镇割据”的社会基础，是军士支配藩镇而不是相反，见《试论唐代藩镇割据的社会基础》(1980)，《陋室文存》。张国刚又进一步进行了论证，认为士兵之所以要“割据”，是为了与中央瓜分财政收入，与军费开支地方化密切相关，见《唐代藩镇研究》4《唐代藩镇割据的社会基础》(1982)、6《唐代藩镇的动乱特点》(1983)。按，由破产农民和无业游民来组成军队，并非只有唐朝，而对经济利益的追求(瓜分财政)，更是通例；为什么唐后期的军人可以实现其对政治的控制和对经济的瓜分呢？——这才是问题的关键。

地方军人集团，被逐乃至被杀之事屡见不鲜。中央在任命节帅时常常需向本军将士征求意见，甚至将士直接推举节帅人选而要求或要挟中央予以任命。中央对藩镇的控制一旦得到加强，该集团对地方政治的干预和控制就一定会遭到削弱乃至剥夺。因此，地方军人集团与中央争夺对地方的控制权，成为藩镇游离于中央甚至公开对抗中央的最根本原因。这也就是兵之所以骄的根本原因！可以说，杀帅、逐帅，对抗中央，既是他们维护其既得利益的手段，也是军队地方化的表现。他们要实现对经济利益的攫取，便需以拥有政治地位和权力为前提。

地方军人集团不仅威胁着中央对地方的控制，同时也威胁着节帅对军队的控制；为此，组建和强化牙兵，成为节帅加强控制军队的手段。关于牙兵的出现，《通鉴》称：

> （魏博田）承嗣举管内户口，壮者皆籍为兵，惟使老弱者耕稼，数年间有众十万；又选其骁健者万人自卫，谓之牙兵。①

安史乱前，藩镇中已有牙兵②，但只是军队统帅的亲兵，主要是对军队统帅尽护卫之责，尚未成为军队的核心。到此时魏博设“牙兵”时，其

① 《通鉴》卷二二二，广德元年六月，7144页。

② 《旧唐书》卷一〇四《哥舒翰传》，翰投军河西，“节度使王忠嗣补为衙将”（3212页）。《通鉴》卷二一七，至德元载正月，濮阳客尚衡起兵讨禄山，“以郡人王栖曜为衙前总管”（6051页）。虽是民间起兵，但其设官分职，恐要照当时官方职位来设。《通鉴考异》在叙述至德元载对安史叛军的抵抗时，曾引杜牧《张保皋传》《幸蜀记》。这两部书中曾言及“牙门都将”（《通鉴》，6953页）、“衙前总管”（《通鉴》，6967页）。但安史乱前的军将很少从衙将迁升者，这与安史乱后的情况迥然不同，说明当时衙军在军队中的地位尚不重要。

作用发生了陡变。面对军队的地方化，节帅有意强化牙兵，使之逐渐成为军中的主力和精锐。这虽然会增强节帅对军队的控制力，但牙兵毕竟是地方军人集团的组成部分；随着其地位和作用的增强，他们终究会成为地方军人集团的核心和代表。事实也正是如此。除河北外，唐后期牙兵势力最强的有宣武、徐州、镇海、泽潞、山南等藩镇，其势力之形成，大致与军队地方化同时；军队的地方化程度越高，牙兵的势力也越强。同时，军队的主要将领也多从牙兵中选拔。于是，中央通过控制节帅以控制地方，节帅通过控制牙兵以控制军队，牙兵通过对节帅的干预乃至控制以保证他们对地方政治的干预和控制；"中央—节帅—以牙兵为中心的地方军人集团"之间的矛盾关系，成为我们认识唐后期藩镇问题的切入点。

（二）地方军人集团与军政合一体制

人们长期将《新唐书·兵志》所概括的"既有其土地，又有其人民，又有其甲兵，又有其财赋"作为解释唐后期藩镇问题的依据。这一概括意在强调藩镇是军政合一的体制，其具体表现，就是节度使与采访使的合二为一。

安史之乱以前，采访使在控制州郡方面已有相当的权力：

> 本置采访使，令举大纲。若大小必由一人，岂能兼理数郡！自今已后，采访使但察访善恶，举其大纲，自余郡务所有奏请，并委郡守，不须干及。①

① 《唐会要》卷七八"采访处置使"所载天宝九载三月敕，1681页。

安史之乱以后，随着方镇对州郡统领的制度化、合法化，其权力的发挥有了制度的保证，似乎藩镇对地方的控制，就是因为拥有了采访权。然而，这种认识并不准确。

唐后期的藩镇都拥有采访权，但对中央的态度截然不同。对拥兵甚少的观察使类藩镇而言[①]，他们拥有对州郡的采访权，充其量不过成为一级行政实体，不过是原来监督地方的采访使的“地方政权化”，并未因此而导致中央与地方关系的本质变化；拥重兵的节度使藩镇却不然。就采访权而言，拥兵藩镇对地方的控制是在战争中逐渐建立起来的，而不是人为的对制度的设定；相反，观察使类不拥兵的藩镇，其具有采访权之制才是人为的设定。因此，藩镇是否拥有采访权，并不是其跋扈与否的关键。换言之，藩镇与中央的关系，并不取决于它是否拥有对州郡的行政控制权，而取决于是否拥兵。拥兵藩镇即使没有采访权，他们也一样会恃武力而干涉乃至直接控制地方州郡，这种干涉乃至控制是超出了上述制度范围的武力行为。韦皋在西川任节帅长达二十一年，《通鉴》在记载其死讯时，对他在蜀二十一年作总结道：“皋在蜀二十一年，重加赋敛，丰贡献以结主恩，厚给赐以抚士卒，士卒婚嫁死丧，皆供其资费，以是得久安其位而士卒乐为之用，服南诏，摧

---

① 吴廷燮已认识到藩镇之间的区别在于其拥兵的多少，它表现在藩镇的名号上，就是节度使和观察使的差别（《唐方镇年表考证·旧序》）。岑仲勉不以为然，在《隋唐史·唐史》（1957）第二十八节“藩镇之祸”，说“节度使名位，不过比观察稍隆重，实际无大殊异，故如鄂岳一镇，时而观察，时而节度，废置无常”（284页）。按，节度与观察，总的来说，区别甚明；“时而观察，时而节度”是指介于二者之间的藩镇。这些藩镇多处于中原防遏河北之藩镇与江淮财赋藩镇之间，随军事形势的变化，其军事作用也有所变化，故其名号亦有此变化。不能因此而否认节度与观察间的区别。因此，我们仍大致将藩镇分为两类，一类是拥重兵的节度使类藩镇，一类是未拥重兵的观察使类藩镇。

吐蕃。幕僚岁久官崇者则为刺史，已复还幕府，终不使还朝，恐泄其所为故也。”[①]李锜在镇海节度使任上举兵反叛时，“室五剑，分授管内镇将，令杀刺史。于是常州刺史颜防用客李云谋，矫制传檄于苏、杭、湖、睦等州，遂杀其镇将李深；湖州辛秘亦杀其镇将赵惟忠；而苏州刺史李素为镇将姚志安所系，钉于船舷，生致于锜，未至而锜败，得免”[②]。他们之所以能对州县进行控制，关键是他们拥有武力。李锜派镇将控制刺史之事，说明方镇所统军队驻扎于各州；这是他控制州郡的武力基础[③]。

与中央的对抗，当然要有武力为基础。从现象上看，拥兵，成为唐后期藩镇跋扈乃至游离于中央控制之外的惟一条件。但军队与中央的对抗并非普遍和必然的现象。仅以唐朝为例，唐前期的藩镇即未能控制地方，跋扈中央。唐后期出现这种拥兵即可对抗中央的局面，在于其所拥之兵性质的变化。军队的地方化以及因此而产生的地方军人集团，才是唐朝的藩镇问题最终不可能得到彻底解决的根

① 《通鉴》卷二三六，永贞元年八月，7620 页。参《旧唐书》卷一四〇《韦皋传》，3827 页。

② 《旧唐书》卷一一二《李锜传》，3341 页。参《通鉴》卷二三七，元和二年十月：“先是，(李)锜选腹心五人为所部五州镇将，姚志安处苏州，李深处常州，赵惟忠处湖州，丘自昌处杭州，高肃处睦州，各有兵数千，伺察刺史动静。至是，锜各使杀其刺史。”(7640—7641 页)

③ 他在任润州刺史兼盐铁使时，即“增置兵额，选善弓矢者聚之一营，名曰‘挽硬随身’；以胡、奚杂类虬髯者为一将，名曰‘蕃落健儿’”(《旧唐书》卷一一二《李锜传》，3341 页)。此后朝廷设镇海军，以之为节帅时，他所豢养的“挽硬随身”“蕃落健儿”一定是随之赴任的；这些人又成了他的武力核心。关于方镇对州之控制，可参日野开三郎《唐代藩镇の跋扈と镇将》(1939—1940)第四章及《支那中世纪の军阀》(1942)第二章，均见其《东洋史学论集》第一卷；王寿南《唐代藩镇与中央关系之研究》(1969)第三章。

本原因。可以说，军政合一体制的确立是军队地方化的结果。如果没有军队的地方化，军政合一的地方体制就不太可能建立；即使建立了，也未必能导致地方与中央的对抗，也未必能导致军人集团与地方军政长官的对抗。反过来说，即使可以实现军政分离，只要地方军人集团存在，他们对地方政治的渗透、干预乃至对地方权力的攘夺就不可避免。

河北的割据，它所依靠的正是地方军人集团。可以说，河朔是军队地方化及地方军人集团在政治上作用表现得最为突出的地区。河北地区的割据政权成为完全的军人政府，军人政治使军人获得了前所未有的政治利益和经济利益，地方军人集团是这一局面的维持者。其他地区的地方军人集团在政治上的作用，虽逊于河北，但其本质则相同。因此，河北成为其他地方军人集团的效法对象，"河朔化"成为他们不甚明确的政治目标①。

五代十国的割据，其武力基础是已经地方化了的军队；但是，相对于在这一基础之上建立起来的小朝廷而言，这些军队便成为中央军队。通过这些小朝廷之间的兼并战争，原来地方化的军队完成了中央化的历程。五代十国割据的政治意义，也正在于此。

藩镇在唐后期确已成为一级行政实体，但从行政的角度看，其作用的发挥是有限的。在没有重兵的地区，观察使的职权更多地表现在对州的监察上，即其采访使的性质要高过其军队统帅的性质，其监察职责要高于军事职责。在节度使类方镇中，其军事职能又要高于行政

---

① "河朔化"是指像河朔那样父死子继，割据于中央。河朔地区的这一政治格局的确立，是中央与安史余部达成并执行"河朔故事"的结果。关于这一问题，将在第三章和第六章中详述。

职能。对前者而言，“监府”高于政府；对后者而言，“军府”高于“政府”。裴垍在对州与藩镇的关系进行改革以后，削弱了藩镇在财政上对州的控制力，其“监府”的性质更为明显①。在日常事务的处理中，州仍然是中央与地方联系的直接而基本的一级行政。也就是说，地方的行政日常事务，需申报者，由县申报至州；如州有权力解决则直接解决，如无权解决则通过方镇以上报中央。州向中央申报的文书要经过藩镇，而中央又几次三番强调不必如此，说明从行政事务的处理而言，不必上报方镇；但由于观察使类方镇有采访权，节度使类方镇不仅有采访权，而且有军队为后盾，它们具有对州郡的控制力，因此州郡又不得不通过方镇而上报中央。从行政角度来看，方镇更像中央的派出机构。事实上，藩镇虽然对州郡长官的人选多所干预，但对其日常行政事务，并不过多参与。“监府”或“军府”向“政府”的过渡，大致而言，始于五代十国割据时期，而完成于宋代。

历史的演变是通过具体的史事来进行的。如果没有安史之乱，军队会不会地方化？如果没有河北的割据，会不会造成如此严重的后果？——所谓“藩镇问题”主要是从中央与藩镇的关系来着眼的。唐后期的藩镇问题，不能统而论之。如果没有军队或军队很少的观察使

---

①　裴氏的这条规定只是针对观察使而未包括节度使。《旧唐书》卷一四八《裴垍传》称“其诸州送使额，悉变为上供，故江淮稍息肩”（3991—3992 页），可知其立法本意是要限制江淮财赋所出之区，方镇对州郡的取索；但在客观上，确也削弱了这些地区方镇对州的控制力。至于节度使，其养军费用颇高，加之所辖之地多为战略要地，屡经兵火，经济情况远非江淮可比。即使这一规定施之于此地，其实际收效恐非显著。参《唐会要》卷八三“租税上”（1823 页）、《通鉴》卷二三七元和三年九月（7654—7655 页）；陈明光《唐代财政史新编》第九章第一节，233—239 页。另，参日野开三郎《藩镇体制と直属州》（1961）、郑炳俊《唐后半期の地方行政体系——特に州の直达・直下を中心として》（1992）；郑氏文主要探讨的是支郡与观察使的关系。

类方镇,则无所谓军队地方化,也就基本不会出现所谓“藩镇问题”。出现这一问题的,主要是拥兵的节度使类藩镇。可见,军队地方化具有地区性,它主要发生在原来的边地藩镇和在平叛中组建的地方军队。因此,唐后期的藩镇可主要分成拥重兵者与拥兵甚少者两类;与此相关,我们可以将已经割据的河朔以外的藩镇分作拥重兵的节度使类藩镇和拥兵甚少的观察使类藩镇。“藩镇问题”大体说来只存在于前一类藩镇中。从表象上看,河朔的割据,其周围不得不布兵;边地的形势,也不得不布兵。似乎这些地区的兵可去,则藩镇问题便可以得到解决。其实,“布兵”不过是个地域问题,一个国家不可能没有军队,一旦军队的性质已经发生了变化,无论其分布于何地,它对社会政治所起的作用和影响都是一样的。当然,假如安史之乱被彻底平定,则内地不会出现地方化的军队,那么它对当时社会政治的影响就会比扩展于内地要小得多。假如不发生安史之乱,边军的地著倾向发展到一定程度,中央也可能会在它造成恶果之前,有机会予以解决,而不至于使其进一步地方化。府兵制向节度使兵制的演变,为军队的地著乃至地方化提供了条件,但并非必然导致地著或地方化。我们既不能视“发生的都是必然的”,也不能因历史变化是具体的而否认其间存在着“必然性”;这种“必然性”应当被理解成“条件性”。因此,历史的演变不是简单的因果,而是在某种条件下的许多种可能中的一种。

补　论

(一) 军人集团:父子兄弟承袭为兵

随着军队的地方化,当地人成为军队的主要甚至惟一的兵源。他们终身为兵,甚至父子相袭,成为世袭职业军人。军队出现空额,朝廷也明确要求优先点检军人子弟补阙,如长庆三年(823)三月《叙用勋旧武臣德音》,对天宝兵制变化之后的军队实际情形作了概括:

> 自天宝已后,屯兵七十余年,皆成父子之军,不习农桑之业,一朝罢归陇亩,顿绝衣粮……应天下节度、都团练防御经略等军,所置兵数,各委本道据守旧额,以度定数,不得辄有减省。其有逃亡病死及过犯解退,当时拣择有武力艺能者添补……官健有死王事者,三周年不得停本分衣粮,如有父兄子弟,试其武艺,堪在军中承名请衣粮者,先须收补。①

此后如会昌二年(842)四月《册尊号赦》,重申此意:

> 边戍御捍戎夷士卒,衣粮最为切事。如闻逃亡浸广,营垒多虚,又供给公私,皆率官健,妻孥困乏,不免饥寒。委本道节度使

① 《文苑英华》卷四三七,2212页。《唐大诏令集》卷六五收录此德音,末署长庆二年三月一日(363页),误;详见《唐代诏敕目录》所列诸出处,455页。

> 与监军使躬亲点阅，据逃死欠阙人数，便取军中少壮有武艺子弟填替。①

会昌四年平定泽潞刘稹后，在《平潞州德音》中又说：

> 其行营将士阵殁者，先已有敕，便令子弟填替。如无子弟，三年不停衣粮。②

朝廷认识到并承认了这种父子相袭为军人的现实③，而且有意在维护，因为在他们看来，这已成为养家糊口的特殊职业，如不能维持其生活稳定，极易生出事端。藩镇也确实是在自觉践行这一原则。如元和十五年(820)田弘正由魏博移镇成德，李愬出任魏博节度使，“下令抡材于辕门，取大将家翘秀者为子弟军，列于诸校之上”④。

其实，召军将子弟入军，很早即如此。如代肃上元元年(760)，元

---

① 《文苑英华》卷四二三，2144 页。此赦见于多处，如《唐大诏令集》即仅录赦文起首，赦的具体内容未录，详参《唐代诏敕目录》所列，505 页。

② 《唐大诏令集》卷一二五，672 页。末署会昌四年九月十八日，《唐代诏敕目录》系于会昌四年八月十八日(512 页)，是。

③ 参王赛时《论唐朝藩镇军队的三级构成》(1986)，124 页；《唐朝军队结构的变化与骄兵悍将的形成》(1988)强调了职业军人的问题，“最终形成了唐代社会中的一个特殊的寄生阶层——骄兵悍将”，58 页。按，唐代史料中另有一类颇似地方团结兵的“子弟”，与上引诸条确系军人父兄子弟之“子弟”并非同一性质。关于前一类子弟，参张泽咸《唐五代赋役史草》(1986)第五章“兵役”中之“城傍、子弟”目，432—434 页；张国刚《唐代团结兵问题辨析》(1996)，45—47 页；又见其《关于唐代团结兵史料的辨析——兼谈唐代的子弟与乡兵》(1997)，247—249 页。

④ 刘禹锡《史孝章神道碑》，《刘禹锡集》卷三，36 页；此文作于开成四年，见《刘禹锡全集编年校注》卷一九，1255 页。

结入山南东道来瑱幕，在唐邓汝蔡间招缉义军以抗安史①，给来瑱上《请给将士父母粮状》：

> 当军将二千人，父随子者四人，母随子者二十八人。
>
> 以前件如前。将士父母等皆因丧乱，不知所归。在于军中，为日亦久……今军中有父母者，皆共分衣食，先其父母。寒馁日甚，未尝有辞。其将士父母等伏望各量事给其衣食。②

《请收养孤弱状》：

> 当军孤弱小儿都七十六人（张季秀等三十九人，无父母。周国良等三十七人，有父兄在军）。
>
> 以前件状如前。小儿等无父母者，乡国沦陷，亲戚俱亡……有父兄者，其父兄自经艰难，久从征戍……乞令诸将有孤儿投军者，许收驱使。有孤弱子弟者，许令存养。③

军人家属随军，请官府给其衣粮；诸将孤儿投军，则予召募（许收驱使）。

德宗时调集兵马围攻河朔及淮西，在泾师之变前夕，陆贽上《论关

---

① 颜真卿《颜鲁公集》卷五《元结表墓碑铭》，叶 10b；《新唐书》卷一四三《元结传》，4684 页。后书将元结“募义士于唐邓汝蔡”系于“为山南西道节度参谋”时，恐误，因此数州属山南东道。参孙望《元次山年谱》（1957）乾元三年、上元元年（760）年条，《孙望选集》380—384 页；《元结评传》（1960），《孙望选集》，608—609 页。戴伟华《唐方镇文职僚佐考（修订本）》（2007）山南东、西道均未及元结。

② 《元次山集》卷七，101 页。

③ 《元次山集》卷七，102 页。

中事宜状》，其中说到“所遣神策六军士马，及点召节将子弟东行应援者”[①]。《通鉴》卷二二八建中四年八月引用，作“所遣神策六军李晟等及节将子弟，悉可追还”(7350页)，具体为“李晟等及节将子弟”。随后，又记载九月“神策将刘德信、宣武将唐汉臣与淮宁将李克诚战，败于沪涧。时李勉遣汉臣将兵万人救襄城，上遣德信帅诸将家应募者三千人助之”云云(7351页)。十月，又称“汝、郑应援使刘德信将子弟军在汝州”(7366页)。《册府元龟》卷四五三《将帅部·怯懦》，“刘德信，德宗朝为神策应援、淮西招讨使，讨李希烈。德信统招召子弟，军戍阳翟。德信以贼接近，不敢至，率众赴汝州。其后阳翟、河阳皆陷。”(5734页)

此事原委，《旧唐书》卷一四五《李希烈传》载：“神策军使白志贞又献策谋，令尝为节度、都团练使者各出家僮部曲一人及马，令刘德信总之讨希烈。”(3944页)《旧唐书》卷一三五《白志贞传》载：“建中四年，李希烈陷汝州，命志贞为京城召募使。时尚父子仪婿端王傅吴仲孺家财巨万，以国家召募有急，惧不自安，乃上表请以子弟率奴客从军，德宗嘉之，超授五品官。由是志贞请令节度、观察、团练等使并尝为是官者，令家出子弟甲马从军，亦与其男官。”(3719页)无论是“令节度、观察、团练等使并尝为是官者，令家出子弟甲马从军”，还是“子弟率奴客从军”，都是要求节度、观察、团练使的子弟、家僮从军。这与上引代宗时元结状中所称“诸将有孤儿投军者，许收驱使”的逻辑是一样的，无论是出于抚恤优先，还是出于义务率先，都是鼓励或要求甚至强迫军将子弟从军。在这一逻辑的驱使下，军人世袭的可能和比例，都会大

① 《陆贽集》卷一一，350页。

为提高。军将间的相互通婚等①，强化了地方军人集团的认同，同时也强化了社会对他们作为一个群体的特殊性观感和认知②。形成军人的"亲党胶固"，乃势所必然③。更进一步，便是军人集团对藩镇事务的介入、干预乃至把持，甚至形成军人政治。节度使与军人集团之间的紧张关系，在一定意义上，只是这一问题的外化形式。

---

① 农耕定居时代，婚姻半径有一个大致的范围。通婚大多会本着"门当户对"的原则，当地的"婚姻圈"就会呈现出相对固定的态势，因此，军将间的通婚，就成为一种极正常的现象。作为当地特殊的群体，军将有意无意，会进一步利用婚姻结成更为紧密的联系，并反过来强化群体认同，增加他们对当地社会政治的影响力。学界利用墓志等传记资料，对这一现象作过不少个案研究，如金滢坤《论中晚唐河朔藩镇割据与联姻的关系——以义武军节度使陈君赏墓志铭为中心》(2006)"一、藩镇内部的联姻"(2006)；张天虹《中晚唐五代的河朔藩镇与社会流动》第五章第三节"'北走河朔'士人的婚姻与家庭"(2011)，以《李仲昌墓志》为例，指出时任洺州司仓参军与洺州司兵郑叔向的联姻，228—230页；周鼎《井邑无衣冠：地方视野下的唐代精英与社会》(2024)第五章第一节"地方精英的军将化"，举出"这类寄身藩镇、使府的地方精英，在任职上往往呈家族化倾向……他们彼此家族间也维系着婚姻关系"，154—155页。

② 谷川道雄《关于河朔三镇藩帅的继承》(1988)第三节，谈到藩帅和军人都是父子相袭，"军人是个自立的集团……不但藩帅本身有父子相袭的倾向，连官健这个职业也都是世代相袭……官健在生活上的特权待遇，为特殊范围内的人所独占，'父子相袭'意味着这种特权将由父子相传下去的意思……当时的藩镇社会，就是这种利益关系结合起来的集团，其情形，正是所谓的'亲党胶固'。就这点看来，其间并不曾有什么身份制存在。军人与其家属，因共同的利害，而相互结合在一起，这样的集团，若要给它一个名称的话，大概也只能称之为'伙伴集团'"，910—911页。按，主题虽是河朔三镇，但所谈作为一个社会群体的"军人集团"，却普遍存在于各个拥兵藩镇。至于所谓"特权"，在我们看来，是军人集团介入藩镇事务，是军人政治的表现，详参第六章。另，文章强调"伙伴集团"，针对的是其时日本学界用"身份制"来解释藩镇牙兵的论点。

③ 德宗建中用兵，泾师之变后出逃奉天，李怀光勤王，又谋变。《通鉴》卷二三一，贞元元年五月："韩游瓌请兵于浑瑊，共取朝邑；李怀光将阎晏欲争之，士卒指邠军曰：'彼非吾父兄，则吾子弟(胡注：朔方军分屯河中、邠州，故云然。时韩游瓌将邠军以讨李怀光)，奈何以白刃相向乎！'语甚嚣。"(7452页)

节度使一旦长期执掌一方节镇，培植起足够的势力，就可能对军人集团进行清算，作出“反噬”[①]。元和五年(810)朝廷设计擒泽潞节度使卢从史，得到了时任泽潞都知兵马使乌重胤的支持和配合，以致宪宗拟任命乌重胤继任泽潞节帅。这遭到了时任职翰林学士李绛的反对：

今重允(胤)驱逐从史，忽领旌旄，两河闻知，必生怨望，谓陛下密以官爵诱其将校，逐其主帅。人情虽惬，国体已伤。[②]

担心河北“谓陛下密以官爵诱其校校，逐其主帅”，指出的就是节度使与部将之间存在的这种紧张关系。双方矛盾发展到极端的事例，就是魏博罗绍威之杀牙兵。河北以外的拥兵藩镇中，这一矛盾也是存在的，只是程度不等而已。朝廷也有意无意在利用这一矛盾，加强对藩镇的渗透和控制。如宝应元年(762)为对付来瑱，密敕其行军司马裴茙为襄邓等州防御使，以代来瑱，后因未成功，裴氏被赐死[③]。再如建中二年(781)八月李希烈攻入襄州、灭梁崇义之后，朝廷即任命李承为襄州刺史、山南东道节度观察使，《旧唐书》卷一一五《李承传》：

初，希烈虽归蔡州，留将校等于襄州守当时所掠得财帛什物

① 详参第六章“藩镇的‘河朔化’与朝廷的遏制”所举诸例。

② 《李相国论事集》卷三《泽潞节度使》，22页。

③ 这一过程见《通鉴》卷二二二，宝应元年建辰月(7121页)，五月、六月(7128—7129页)。参《旧唐书》卷一一四《来瑱传》，3366—3367页；同卷《裴茙传》，3363—3364页。

> 等，后使襄、汉，往来不绝。承亦使腹心臧叔雅往来许、蔡，厚结希烈腹心周曾、王玢、姚憺等。及曾等谋杀希烈，以众归朝，多承首建谋也。（3379—3380页）

在朝廷与淮西的争斗中，身为淮西吴少诚懿亲、任淮西判官的杨元卿即被朝廷策反，结交淮西判官苏肇、大将侯惟清等，为朝廷通风报信，被研究者视作“淮西间谍战”①。

节度使与军将之间的这种张力，使节度使不得不想方设法、处心积虑加强对军将的控制②。宪宗元和七年(812)魏博田季安卒，李吉甫着意进讨，李绛不同意用兵，称：

> 凡河南河北叛涣之地，事体大同，惧部下诸将有权，恐得便图己，各令均管兵马，不令偏在一人，使力敌权均，为变不得。③

不仅将兵马分由不同人统领，派军队驻屯各处，还常常以其家属为人质。如淄青，“大将持兵镇于外者，皆质其妻子；或谋归款于朝，事泄，其家无少长皆杀之。以故能劫其众，父子兄弟相传焉”④。高彦昭归

① 黄楼《〈杨元卿墓志〉再考释——唐宪宗元和初淮西试析》，《碑志与唐代政治史论稿》(2017)。

② 参陈长征《论唐代中后期藩镇内部的军事集权》(2004)。

③ 《李相国论事集》卷五《论魏博》，40页。参《通鉴》卷二三八，元和七年八月，7692—7693页。元和四年三月成德王士真死，其子承宗继袭，宪宗用兵攻讨；时任成德内院兵马使的张遵对王承宗说“某亦恐诸将人人异图”(《张遵夫妇墓志》，《唐代墓志汇编续集》太和032号，95页)；此前的德宗建中年间，张孝忠控制的易定就是在节度使李宝臣死、王士真祖父王武俊兵变控制成德后，脱离了成德，自立为镇。

④ 《旧唐书》卷一二四《李师道传》，3538页。

附朝廷,家即被屠,"当建中二年,父彦昭以濮阳归天子。前此逆贼质妹妹与其母、兄,而使彦昭守濮阳。及彦昭以城归,妹妹与其母、兄皆死"①。

这一事例强调的是"将",其实"兵"亦如此。如长庆元年(821)八月,幽州兵变,朱克融囚系张弘靖,瀛莫军将即起响应,"瀛莫将士家属多在幽州"是最为重要的原因②。变相以将士为人质,不仅仅是河朔,而是拥兵藩镇一个普遍的做法。

武宗会昌四年(844)闰七月,朝廷用兵泽潞时,刘稹腹心将高文端降,向朝廷汇报了泽潞的相关情况,称"都头王钊将万兵戍洺州……钊自是疑惧……但钊及士卒家属皆在潞州"③。王钊所将镇戍洺州的军队,主要是来自潞州的军人,故"士卒家属皆在潞州"④。

不仅对"人",对军械的管控也极严密。

德宗贞元十六年(800)五月徐泗濠节帅张建封卒,"建封卒,判官郑通诚权知留后事,通诚惧军士谋乱,适遇浙西兵迁镇,通诚欲引入州城为援。事泄,三军怒,五六千人斫甲仗库取戈甲,执带环绕衙城,请

---

① 李翱《高愍女碑》,《李翱文集校注》卷一二,185页;《新唐书》卷二〇五《列女传》:"高愍女名妹妹,父彦昭事李正己。及(李)纳拒命,质其妻子,使守濮阳。建中二年,挈城归河南都统刘玄佐,纳屠其家。"(5825页)

② 《通鉴》卷二四二,长庆元年八月,"瀛莫将士家属多在幽州,壬申,莫州都虞候张良佐潜引朱克融兵入城,刺史吴晖不知所在"(7797页);"丙子(十三日),瀛州军乱,执观察使卢士玫及监军僚佐送幽州,囚于客馆"(7798页)。

③ 《通鉴》卷二四八,会昌四年闰七月,8004—8005页。李德裕《续得高文端贼中事宜四状》,其中之一即此事,称"长桥贼都头王钊约将一万兵,今在洺州城内……本是潞州子弟"云云,《李德裕文集校笺》卷一七,331—332页。

④ 参孙继民、张士忠《唐大中四年申岸撰墓志文考释》(2006),孙继民主编《河北新发现石刻题记与隋唐史研究》,77—82页;杜立晖2007年完成的硕士学位论文《新出墓志所见唐昭义军的几个问题》第三节,认为这是昭义军人的"异地服役"。

愔为留后”[①]。

十七年六月，朔方邠宁庆节度使杨朝晟率兵防秋于宁州，病重，命宁州刺史刘南金知军事。他死后，朝廷命李朝寀为节度使、刘南金为副使。都虞候史经挑动军将抵制李朝寀。于是，军士夜造刘南金，欲奉以为帅，称“弓刀皆为官所收，惟军事府尚有甲兵，欲因以集事”[②]。

敬宗宝历元年(825)八月泽潞节帅刘悟病死，其子从谏拟继袭，朝廷讨论此事，李绛建议迅速任命新的节度使，调刘从谏移镇；他对泽潞形势的分析是：

> 若欲多分兵马守境，则事须给付器械，将校等既得器械，又已有正节度使，岂肯更为从谏腹心？若欲少分兵马，则不足抗拒新使之人。事宜物理，昭然可知。……况又闻山东官健，已不许自畜刀兵，足明军心，殊未得一。[③]

《通鉴》卷二四三宝历元年十一月撮引此文时，关于器械刀兵，仅引“臣闻从谏已禁山东三州军士不许自畜兵刀，足明群心殊未得一”(7846 页)。

天祐三年(906)魏博罗绍威与朱温密谋，诛杀牙兵时，正月庚午，“绍威潜遣人入库断弓弦、甲襻。是夕，绍威帅其奴客数百，与嗣勋合

---

① 《旧唐书》卷一四〇《张愔传》，3832 页。

② 《通鉴》卷二三六，7595—7596 页。

③ 《册府元龟》卷四七七《台省部·谋画》，5702—5703 页。《全唐文》卷六四五《论刘从谏求为留后疏》似据《册府元龟》录，《李相国论事集·遗文》又据《全唐文》录。

击牙军，牙军欲战而弓甲皆不可用，遂阖营殪之”①。

“弓刀皆为官所收”“斫甲仗库取戈甲”，罗绍威提前派人将武器库中的弓弦割断，等等，则武器平时存放于甲仗库中②，军士并不随身携带。贞元十年，宣武军节度使李万荣以防秋的名义，派遣的都是他所猜忌的前任节帅刘士宁的亲兵，引发兵变，“万荣分兵击之，叛卒兵械少，战不胜，乃劫转运财货及居人而溃，杀伤千余人”③——他们拿不到足够的兵械，也许本就是“惯例”。

在军人政治的背景下，节度使的神经高度紧绷，对地方社会的控制，也几乎到了变态的程度。《通鉴》卷二四八，会昌五年（845）正月，秘书监卢弘宣为义武（易定）节度使，“河北之法，军中偶语者斩；弘宣至，除其法”。胡三省注：“河北诸帅防其下相与聚谋以图己，故严军中偶语之法，以刚制之。”（8013—8014页）④

（二）中央军队的重建与宦官专兵

中国古代史上，宦官专权的情况屡有发生，其中尤以汉、唐、明三代最为严重，而唐代的情况更为特殊。唐末朱温诛灭宦官后，司马光对唐代宦官专权的形成过程及其原因，作了一长篇评述：

---

① 《通鉴》卷二六五，8657页。

② 贾志刚《唐代军费研究》（2006）第四章“唐代甲仗库及相关问题考察”，对甲仗库职能等多有讨论，特别是第一节关于“释器而安”的讨论，引罗绍威之例，称“魏博牙军在平时与甲仗分离的现实制度，这反映出中唐以后藩镇军队中士兵和器械是分离的”，86页。

③ 《旧唐书》卷一四五《刘士宁传》，3933—3934页。参《通鉴》卷二三四，贞元十年四月，7553—7554页。

④ 参《新唐书》卷一九七《卢弘宣传》，“河朔故法，偶语军中则死，弘宣始除之”，5632页。

东汉之衰，宦官最名骄横，然皆假人主之权，依凭城社，以浊乱天下，未有能劫天子如制婴儿，废置在手，东西出其意，使天子畏之若乘虎狼而挟蛇虺如唐世者也。所以然者非他，汉不握兵，唐握兵故也。①

清人赵翼继踵其后，也表达了大致相同的见解：

东汉及前明宦官之祸烈矣，然犹窃主权以肆虐天下，至唐则宦官之权反在人主之上，立君、弑君、废君，有同儿戏，实古来未有之变也。推原祸始，总由于使之掌禁兵、管枢密，所谓倒持太阿，而授之以柄，及其势已成，虽有英君察相，亦无如之何矣。②

后来的学者，或者是从兵制的角度探讨为宦官所控制的神策军，或者是从官制的角度探讨内诸使司，或者是从政治史的角度研究宦官专权及其与其他政治事件如朋党之争等的关系。但是，对唐代的宦官何以会掌握禁军兵柄这一最为关键的问题却少有探讨；即使有所探讨，也大多强调的是安史乱后，皇帝出于对诸将猜忌，以及对作为皇室家奴的宦官的信任。这大致没有越出司马光的认识。他说：

德宗初立，颇振纲纪，宦官稍绌。而返自兴元，猜忌诸将，以李晟、浑瑊为不可信，悉夺其兵，而以窦文场、霍仙鸣为中尉，使典

① 《通鉴》卷二六三，天复三年正月，8596 页。
② 《廿二史札记校证》卷二〇“唐代宦官之祸”条，424 页。此条内容大致本于司马光之论，发明无多。但后人对唐代宦官专权的认识，大多受此条影响。

宿卫，自是太阿之柄，落其掌握矣。（8597 页）

认为宦官典领禁军，始自兴元，源于德宗之猜忌诸将[①]。这种认识有一定道理，但也有值得讨论的地方。首先，宦官所掌之兵，是指神策军。神策军由边兵而变为禁军，并日渐强大，至迟完成于鱼朝恩控制该军之时。鱼朝恩之被处死，是在大历五年（770）；距德宗之将神策军付与宦官专掌，有近十五年时间。其次，安史之乱发生后，李唐皇室对握兵之将即已十分猜忌。这在平定安史叛乱的过程中，已经暴露无遗。为此而采取的种种措施，甚至成为影响平叛顺利进行的一个重要因素（详第三章），到德宗将神策军付与宦官[②]，更是长达近三十年之久。从神策军变为禁军以及神策军力量日渐壮大，从李唐皇室在安史之乱发生后始终对统兵将领的猜忌，从宦官始终所具有的皇室家奴的身份以及神策军正是由一位宦官完成了它的禁军化过程，这都昭示着这支军队似乎应该始终，或者尽快由宦官统领。但事实上不尽然。其间或许还有更为重要的内容值得我们深入探究。

在安史之乱以前，李唐的常备军队大致分为两个部分，一部分是边兵，驻守于边要之地。这部分军队无论是其统领系统，还是军人本身，都曾有过一个变化的过程；到天宝初，基本定型为由节度使统领的职业兵。另一部分军队则承担戍守京师的任务。这部分军队依其统领系统，又分作两部分：一部分是由南衙十六卫负责统领，主要负责守

① 《新唐书》卷二〇七《宦者列传·序》也称“德宗惩艾（朱）泚贼，故以左右神策、天威等军委宦者主之”（5856 页）。王寿南《唐代宦官权势之研究》（1971）称“德宗还京，颇忌宿将，于是罢武将统后，而以宦官代之”（54 页）。

② 最近关于这一问题的讨论，见张照阳《论贞元时期宦官与神策军的结合》（2021）。

卫京城；另一部分则是所谓北衙诸军，直接归皇帝指挥，负责护卫宫城，属于皇帝的禁卫军。无论是镇守边地的、由节度使统领的边兵，还是驻守于京师的军队，在当时人看来，都是唐王朝的中央军队；唐王朝也完全能够控制它们。

然而，随着边兵的职业化，士兵家属也被鼓励随军长驻，于是，边兵逐渐出现了地著化的倾向。安史之乱爆发后，在内地设立的节镇，军队的驻守区域大致固定并渐渐与行政区域合一，其军费也基本由其所控制的地区承担，军人当然也主要由当地人充任。这样，军队就变成了由当地人充任、由当地赋税供养的地方军队。换言之，原本属于中央的军队地方化了。

原来驻守于京师的军队，在安史攻陷潼关后占领长安之际，除一部分随玄宗父子逃离长安外，自然不复存在。安史之乱结束，李唐皇室重返长安后，面对时时跋扈的地方军队，面对来自吐蕃的直接威胁，唐廷不得不组建一支强大的足以守卫京师的军队。在军队地方化的背景下，这支军队在事实上也同时具有了"中央军队"的性质——由中央直接统领，或者说，只直接接受中央的指令。这支军队就是神策军。经过代宗朝的着力经营，这支军队在德宗用兵、宪宗平藩中，都发挥了重要作用。朝廷将它视作控制藩镇的武力基础[①]。

如果以宦官乃家奴，故受皇帝非常信任来作解，则在两千年的帝制期间，宦官掌兵之事何以只出现于唐朝呢？宦官因受皇帝信任而干

---

① 有关神策军研究的基础性成果，可参齐勇锋《说神策军》(1983)；何永成《唐代神策军研究——兼论神策军与中晚唐政局》(1990)；张国刚《唐代的神策军》，见其《唐代政治制度研究论集(1994)；等等。最近有关神策军对唐朝政治影响的研究，可参黄楼《神策军与中晚唐宦官政治(增订本)》(2019)。

政甚至干预军权之事，时或发生，但像唐朝这样，将宦官统兵制度化，却是仅见。因此，唐朝宦官专兵的深层原因是军队的地方化；朝廷将禁军交由宦官统领，是为了阻止禁军的地方化，是为了使这支新组建的由中央直接统领、指挥的军队永葆"中央军队"的性质。所以，神策军，不仅是要变成由中央或朝廷直接统领的军队，而且要变成完全顺从于皇帝、忠诚于皇帝个人的武装。只有将这支军队的直接统领权交给皇帝个人的私家奴仆，才能达到这一目的，也才能维持它不会变质。即使驻屯于京城之外的神策军，它的待遇也要高于驻屯于同一地区、承担着同样任务的藩镇军队①；如此明目张胆的"不公"，就是要有意通过这样公开、高调的"宣誓"，表明它的"特殊身份"，目的就是要防止这支军队因久屯地方而像藩镇军队那样"地方化"。

派宦官长驻藩镇，是为了加强皇室对军队的控制；监军使与其说

---

① 陈寅恪《论李怀光之叛》(1937)称"李晟所统之神策军者，当时中央政府直辖之禁军也，李怀光所统之朔方军者，别一系统之军队也，两者禀赐之额既相差若此，复同驻咸阳一隅之地，同战朱泚一党之人，而望别一系统之军队其士卒不以是而不平，其将领不因之而变叛，岂不难哉！岂不难哉！……怀光之所以能激变军心，与之同叛者，必别有一涉及全军共同利害之事实，足以供其发动，不止其个人与卢杞之关系而已。故神策军与朔方军禀赐之不均要为此大事变之一主因"，《金明馆丛稿二编》，280 页；此文系年，据《陈寅恪先生编年事辑(增订本)》，116 页。张国刚《唐代藩镇研究》3《肃代之际的政治军事形势与藩镇割据局面形成的关系》(1982)分析肃代之际藩镇割据局面形成的原因时，举出"西北藩镇与神策军无论在政治隶属关系上，还是在经济关系上，都有很深的矛盾"，认为这是原因之一；同时引用陈寅恪此文，称"可谓一针见血"(58 页)。按，陈寅恪之论，大概受到了当时国民党中央军队与地方军队之间存在巨大差别这一现实的启发。李怀光之叛的原因，是否以此为主因，或者李怀光起兵谋变，是否需要这样的"供其发动"的借口，还可以再作研究(这一差别一直存在，即使这一地区的兵变，也多不以此为由)，神策军待遇与其他军队不同，这倒是一个实例。关于神策军的实际待遇，参李锦绣《唐代财政史稿》(2001)下卷第二编第四节"3. 神策军费"。

是代表朝廷，不如说是代表皇帝[①]，它扮演的是皇帝的私人全权代表的角色——在皇帝家天下的政治背景下，家奴身份的宦官是皇帝的代表。宦官监军，是皇帝控制军队的有力方式，也成为领兵之将取信于皇帝的方式；于是，它又成为军将服从皇室的政治象征[②]。

皇帝，具有双重身份，既有"家"的一面，又代表着"国"。祭祀有家国之分，赋税收入有家国之别，但在安史之乱以后、军队地方化的背景下，军队的控制上，却是家国不分。而且是有意通过强化军队对皇帝个人服从、忠诚的色彩，来达到加强控制的目的。对朝廷或中央直接统领的神策军，这一点就更为突出。"禁军"，本是指警卫皇城的军队；但经过唐后期的演变，到了宋朝，由朝廷或中央直接掌控的军队，便称为"禁军"了。

---

① 大历五年三月，代宗诛鱼朝恩之后，"加刘希暹、王驾鹤御史中丞，以慰安北军之心。丙戌，赦京畿系囚，命尽释朝恩党与，且曰'北军将士，皆朕爪牙，并宜仍旧。朕今亲御禁旅，勿有忧惧'"，《通鉴》卷二二四，7212—7213页。叶炜《唐代"批答"述论——以地方官所获"批答"为中心》(2010)，讨论了唐后期皇帝与藩镇长官之间的关系，称"批答构成了皇帝与藩镇长官之间的个别联系。而藩镇长官所获批答、特别是政务性批答的增多，显示出皇帝与藩镇长官之间的个别联系的作用在提高，成为皇帝直接干预地方政务的手段之一"(98页)。按，所谓"个别联系"，实质是指皇帝与节度使的个人之间的关系(这与清朝皇帝的朱批奏折，异曲同工)。换言之，所谓皇帝对藩镇节度使之间的批答，就是皇帝个人与节度使个人之间的关系；是用个人之间的关系，来实现朝廷对藩镇的控制。这与监军使代表皇帝个人，本质是相同的。

② 傅乐成《唐代宦官与藩镇的关系》(1963)称"此辈监军，与居中用事之宦官，遥通声息，极为皇帝所信赖。然此种制度，始终无效果可言，反予宦官以勾结藩镇之机会……若干不肖之武人，遂利用其贪冒，与之相结……唐室用宦官以制藩镇，而藩镇之祸愈演愈烈，良由此也"，见其《汉唐史论集》，192页。将藩镇问题归因于宦官，仿佛是有了宦官监军才出现了藩镇问题。《唐代夷夏观念之演变》(1962)认为宦官揽权、出任监军、入统禁旅，体现了"唐室之猜忌武人"的观念(同上书，214页)，似未达一间。这样的认识，更似于史论。

唐前期控制禁军的将领，为何没有出现废立由己的局面？为何安史之乱以后，会反客为主？——因为军队的性质发生了变化。此前仅仅是禁卫军，政治影响力十分有限；此后，则成为中央军队，势力扩大。其次，安史之乱以后，安史余部所控制的河朔三镇以及出现"河朔化"的拥兵藩镇，出现了"军人政治"的格局；军队在政治生活中，由工具而成为主角，这影响到了各个方面。宦官典兵之后，也会向这个方向发展。地方是军人集团影响甚至操纵控制了对节度使的任用，中央则是典兵宦官操纵着皇位的继承；内诸使司，是由典兵而干政的象征，这与藩镇属僚对州县日常政事的渗透、介入、干预是同一性质。上引赵翼《廿二史札记》卷二〇"唐代宦官之祸"条，称："至唐则宦官之权反在人主之上，立君、弑君、废君，有同儿戏……推原祸始，总由于使之掌禁兵、管枢密。"——如果不让宦官"掌禁兵"，而将这支军队交由朝臣统领，结果只有一个，即改朝换代；而宦官"管枢密"则是军人政治在中央的变相表现①。

从政治的角度来看，只有将神策军交给宦官，才能保持李唐朝廷姓"李"。从军事体制的角度来看，皇帝私兵的存在，大概源自北朝的传统。此后的辽、金、元、清，都有皇帝的私兵；皇帝所在的部落，演变成为

---

① 宁可《宋代重文轻武风气的形成》(1981)，在谈唐中叶以后的文武分途的背景时，称"军队的上层，也逐渐形成地主阶级中的特殊集团。在地方上，割据一方的藩镇的权力，实际上常由一批族姻盘结，结合牢固的武人集团所把持。置帅逐将，往往要由他们决定。……在中央，主要武力——神策军为出身低微的宦官所掌握，也形成一个特殊的武装集团，实际上把持了中央政权。这些武人集团和以门第科举进用的文臣集团社会身份判然不同。"(《宁可史学论集》，635页)虽未能将"割据一方的藩镇"与其他藩镇区别开来，对其中"割据一方的藩镇"武人集团"把持藩镇的权力"以及宦官专兵的实质的揭示却是准确的。

禁卫军。

上引司马光议论中，还将李唐之亡与宦官之诛联系起来，并与汉代的情况进行了对比。指出："袁绍行之于前而董卓弱汉，崔昌遐袭之于后而朱氏篡唐，虽快一时之忿而国随以亡。是犹恶衣之垢而焚之，患木之蠹而伐之，其为害岂不益多哉！"(8599 页)其实，李唐皇室是先为朱温所控制，然后才有宦官被诛之举。或者说，朱温是为了更彻底、更全面地控制李唐皇室，才诛灭宦官；即使不诛宦官，李唐皇室也已成了朱温的掌中之物。这个背景下的诛宦官，政治的象征意义远远超过了它的实际作用。

在当日朝廷对地方控制乏力的情况下，唐王朝必将瓦解。宦官无后，于是养子甚盛。养子在当时也只是一种政治象征，是一种政治派别的象征。

第三章 “河朔故事”与安史之乱的结束

——河朔“自治”的成立

广德元年(763),以安史余部张忠志(后赐名李宝臣)、薛嵩、李怀仙、田承嗣的归顺为标志,持续了八年之久的安史战乱终于结束。张、薛、李、田四人分别被任命为成德军节度使、相卫等州(后改昭义)节度使、幽州节度使、魏博等州节度使①,分别成为安史余部所控制的河北四个节镇的第一任节度使。他们物故的时间先后是:李怀仙,大历三年(768);薛嵩,大历八年;田承嗣,大历十三年;李宝臣,建中二年(781)。李怀仙是被其部下朱希彩所杀,不属正常死亡;其继任者是通过兵变而夺权。薛嵩死后,在继任的原则上,出现了所谓“河朔故事”。《旧唐书》卷一二四《薛平传》:

> (薛)嵩子平,年十二,为磁州刺史。嵩卒,军吏欲用河北故事,胁平知留后务,平伪许之,让于叔父崿,一夕以丧归。(3526 页)②

薛嵩既然是第一个正常死亡者,而其部下却要援引“故事”为据,拥立

---

① 《旧唐书》卷一一《代宗纪》,宝应二年闰正月,271 页。

② 参《通鉴》卷二二四,大历八年正月,7219 页。《通鉴》仅称将士胁薛平为帅,薛平让其叔父,夜奉其父丧归乡里,未言河北故事。

其子继位，可知在薛嵩死前即已存在着这样一种“故事”。《旧唐书》卷一四二《李宝臣传》：

> （李宝臣）与薛嵩、田承嗣、李正己、梁崇义等连结姻娅，互为表里，意在以土地传付子孙，不禀朝旨，自补官吏，不输王赋。（3866 页）

李宝臣、薛嵩、田承嗣共同勾结，对抗朝廷，其目的在于“以土地传子孙”，即父死子继[①]。于此更可知所谓“河北故事”，其实质是要“自补官吏，不输王赋”，即高度自治。元和年间，宰相李吉甫在谈到代宗时河北藩镇的情况也正可说明这一点。他说：“臣伏见代宗朝滑州节度使令狐彰临终上表，悉以土地、兵甲籍上朝廷，遣诸子随表归阙。代宗以彰遗表宣示百僚，当时在位者闻之，无不感叹……臣每感彰同时河朔诸镇，付子传孙，无不燻灼数代；唯彰忠义感激，奉国忘家，遣子入朝，以土地归于先帝。”[②]

“河北故事”的确立，不仅影响了中央与河北地区的关系，而且影响了唐后期中央对藩镇控制的国策的确立和变化。

安史余部在史朝义被杀、接受中央任命后不久，能在短短的十年之间，通过攻守同盟，又完全控制了河北，以土地传子孙。这说明当初河北并未被彻底平定。安史之乱变起突然，唐廷未能很快平定，这是

---

① 《旧唐书》卷一四二《王承宗传》：“河朔三镇自置副大使，以嫡长为之。”（3878 页），可谓父死子继已然“制度化”。相关讨论，可参冯金忠《唐代河北藩镇研究》（2012）第二章《唐代河北藩镇储帅制度》。

② 《旧唐书》卷一二四《令狐通传》，3531—3532 页。令狐彰死于大历八年二月，与薛嵩之死仅隔一月，见《旧唐书》卷一一《代宗纪》，301 页。

可以理解的，但在持续了八年之后，唐廷以全国之力仍然未能予以彻底平定，而到了唐末，朱全忠以宣武军的力量征服了魏博、成德，五代后唐李存勖占领了河北。根本原因就是整个形势已发生了很大的变化。《旧唐书》和《通鉴》等旧史将此归因于在平叛中手握重兵的仆固怀恩的养贼自重，实在是乱找替罪羊。对肃代间的史事，学界多所关注，对其大势如玄肃二元格局，或具体问题如永王璘之变、仆固怀恩叛走等，都有不少研究。本章则拟具体分析安史之乱中唐廷和叛军之间的力量对比，以及安史之乱对当时的政治格局所造成的影响，来认识唐廷举全国之力而终未能平定安史叛乱的症结所在。换言之，通过对双方攻伐的细致勾勒，说明“河朔故事”何以会出现，又是如何确定的。

一、安史之乱期间唐廷与安史的力量对比

安史起兵后，基本是从南北两个战线上向唐廷进攻。北线是从范阳西进河东，争夺大同军，进而威胁朔方；此后则是从井陉入河东，围攻太原。南线是南下占东都后，西向攻打关中；同时沿运河南下，想切断运河，进而威胁江淮。南线是其主力所在。

天宝十四载(755)十一月甲子(初七日)，安禄山起兵于范阳，他所率领的都是已经职业化的边军，且有边地少数部族参与[1]。唐朝廷在

① 《旧唐书》卷九《玄宗纪下》，天宝十四载十一月丙寅“范阳节度使安禄山率蕃、汉之兵十余万，自幽州南向诣阙”(230页)。《通鉴》卷二一七，天宝十四载十一月甲子“禄山发所部兵及同罗、奚、契丹、室韦凡十五万众，号二十万，反于范阳”(6934页)。史称当时安禄山专制河东、范阳、平卢三道，但许多处置仍需“奏请”，参孟彦弘《唐前期的太子问题及其政治后果——兼论安史叛乱的因果》(1995)；且从他起兵之时即派人以计至太原劫持留守杨光翙来看，他并没有真正控制河东；平卢节度使虽(转下页)

确认安禄山已经起兵后，在十一月庚午（十三日），派毕思琛到东京、程千里到河东，“各简募数万人，随便团结以拒之”[①]；壬申（十五日），派封常清“诣东京募兵，旬日，得六万人；乃断河阳桥，为守御之备”[②]；十二月丙戌（初一），“高仙芝将飞骑、彍骑及新募兵[③]、边兵在京师者合五万人，发长安。上遣宦者监门将军边令诚监其军，屯于陕”[④]。同时，朝廷还命令“诸郡当贼冲者，始置防御使”以抵抗安史南下。但这些军队大多是临时召募组建的，战斗力当然不能与安禄山所率的职业兵相比，因此安史在南下过程中，势如破竹，基本没有遭到有力的抵抗。

上述安排反映了唐廷要以保卫东京为中心，组织抵抗（河北久为安禄山所控制，且因系内地，无兵可用，无力抵抗安史南下，自在情理

（接上页）受其统辖，不久即起兵对抗安史，屡战不利，方由海路到了河北淄青。其根基主要是在范阳。参冯金忠《唐代河北藩镇研究》第一章（2002）关于幽州、卢龙所谓“二元体制”的讨论。另，《通典·州郡典二·序目下》，平卢节度使“管兵三万七千五百人，马五千五百匹”（4481页），范阳节度使“管兵九万一千人，马六千五百匹”（4481页）。

① 《通鉴》卷二一七，6935页。

② 《通鉴》卷二一七，6936页。《旧唐书》卷九《玄宗纪下》，天宝十四载十一月甲戌，“以（封）常清为范阳、平卢节度使、兼御史大夫，令募兵三万以御逆胡”（230页）。《旧唐书》卷一〇四《封常清传》：“常清乘驿赴东京召募，旬日得兵六万，皆庸保市井之流。乃斫断河阳桥，于东京为固守之备。”（3209页）《通鉴》卷二一七，天宝十四载十二月载封常清与叛军战于武牢时，称“封常清所募兵皆白徒，未更训练”（6939页）。

③ 在此前的天宝十四载十一月丁丑（廿日）曾在京师募兵，《通鉴》卷二一七：“出内府钱帛，于京师募兵十一万，号曰天武军，旬日而集，皆市井子弟也。”（6936页）

④ 《通鉴》卷二一七，6937页。《旧唐书》卷一〇四《高仙芝传》：“命仙芝领飞骑、彍骑及朔方、河西、陇右应赴京兵马，并召募关辅五万人，继封常清出潼关进讨。”（3206页）《通鉴》将朝廷命朔方、河西、陇右等边兵前来勤王之举系于天宝十四载十二月壬辰（初七）；是日，玄宗下制亲征（6938页）。但直到双方对峙于潼关时，“朝廷征兵诸道，皆未至，关中凶惧”（6940页）。但仙芝出征时，已有边军入援京师。

之中；所以河北境内的抵抗，可姑且不论）。据《通鉴》卷二一七[①]，天宝十四载十二月丙戌（初一），安禄山从灵昌渡河，庚寅（初五）占陈留，癸巳（初八）占荥阳，并与前来抵抗的封常清相遇于虎牢。但常清连战连败，丁酉（十二日），安史占东都。封常清败退至陕郡，与高仙芝会合后，二人决定退兵至潼关，借潼关之险，阻击安史西进长安。癸卯（十八日），玄宗斩高、封二人，起用哥舒翰，“将兵八万以讨禄山……并仙芝旧卒，号二十万，军于潼关”[②]；与此同时，“禄山方谋称帝，留东京不进，故朝廷得为之备，兵亦稍集”[③]。至此，唐廷在安史的打击下，屡战屡败的被动局面才得以扭转。

双方在潼关对峙了半年，直到第二年（至德元载，756）六月庚寅（初九）双方举行决战。在这半年之中，形势对唐廷十分有利。

安禄山在攻打潼关的同时，派出军队沿运河沿线向南进攻，想切断这条唐廷的财赋补给线，却遭到了张巡、许远的有力抗击。河北颜真卿等起兵抗击安史，朔方军也从井陉进入了河北，直接威胁到了安史的后方，为此，安禄山派史思明经营河北，官军在河北战场上一度受挫。但是，至德元载五月，朔方军大败史思明，官军在河北战场上重新

---

① 《旧唐书》和《新唐书》的“列传”在记事系时方面，比较笼统，且失误较多；“本纪”的系时也与《通鉴》系时多有歧异。此处以《通鉴》系时为准，是考虑到司马光等人在编纂《通鉴》时，曾根据大量史料对史事发生的时间、经过等进行过较为严密的排比、考订，史事系时因此而较为可信和准确。

② 《通鉴》卷二一七，6943 页。据《考异》，此处所载哥舒翰所领兵数，是通过对《肃宗实录》《安禄山事迹》《玄宗实录》等相关史料所载进行考辨得出的。《旧唐书》卷一〇四《哥舒翰传》（3213 页）所载同。

③ 《通鉴》卷二一七，6940 页。所谓“兵亦稍集”是针对禄山占东都、陕郡，官军退至潼关，“是时，朝廷征兵诸道，皆未至，关中凶惧”（6940 页）而言的。《旧唐书》卷二〇〇上《安禄山传》：“（天宝）十五年正月，贼窃号燕国，立年圣武。”（5371 页）

占据主动后,“河北十余郡皆杀贼守将而降。渔阳路再绝,贼往来者皆轻骑窃过,多为官军所获,将士家在渔阳者无不摇心”①,安史相当被动,“禄山议弃洛阳,走归范阳,计未决”②。

就在这时,朝廷决定命哥舒翰与叛军在潼关进行决战。这一决定显然是不明智的,也确实遭到了哥舒翰、郭子仪、李光弼等统兵将领的反对。但朝廷一意孤行,结果一战而败,潼关失守,长安自然暴露在叛军的攻打之下,玄宗不得不放弃长安,流亡剑南。潼关决战成为这场战争的一个转折点。对此,《旧唐书》的《杨国忠传》《哥舒翰传》都认为这是由于杨国忠为防范哥舒翰对付自己而力劝玄宗决战。《通鉴》虽未明言其原因,但所作叙述大致以此为据。

这种认识欠妥。即使从杨国忠个人利益来说,他也一定是以为官军有实力打败叛军,才会劝玄宗下令出战,否则官军大败,哥舒翰固然会因此而失势,乃至被杀,但其后果却是长安不守,这对杨国忠并不是好事。如果决战得胜,哥舒翰的声望和势力会更大,对自己也非益事。

---

① 《通鉴》卷二一八,至德元载五月,6964—6965 页。参《安禄山事迹》卷中、《旧唐书》卷二〇〇上《安禄山传》。河北的局面曾出现过反复。安史南下占东都后不久,颜真卿、杲卿兄弟相继起兵,“于是河北诸郡响应,凡十七郡皆归朝廷,兵合二十余万;其附禄山者,唯范阳、卢龙、密云、渔阳、汲、邺六郡而已”(《通鉴》卷二一七,6946 页)。次年(至德元载)正月,禄山派史思明等经营河北,杲卿被执,“邺、广平、巨鹿、赵、上谷、博陵、文安、魏、信都等郡复为贼守”(同上书,6952 页),官军与安史进入相持拉锯状态。到了四、五月,郭子仪、李光弼大败史思明,局面才得以根本扭转。

② 《通鉴》卷二一八,至德元载五月,6965 页。《旧唐书》卷二〇〇上《安禄山传》:“(至德元载)六月,李光弼、郭子仪出土门路,大破贼众于常山郡东嘉山,河北诸郡归降者十余。禄山窘急,图欲却投范阳。”(5371 页)《通鉴》还记载安禄山为此大骂高尚、严庄,其中讲到当时的格局:“今守潼关,数月不能进,北路已绝,诸军四合,吾所有者止汴、郑数州而已。”(6965 页)参《旧唐书》卷二〇〇上《高尚传》,5375 页。其史源可能是《安禄山事迹》卷中。

杨国忠可能是支持决战的，但不是为了对付哥舒翰，而是因为安禄山是以诛他的名义起兵的，朝臣中不少人认为是他败坏朝纲，激怒禄山的。如果能尽快打败叛军，平息叛乱，对维护他在朝中的地位是有利的。更为重要的是，作出进行决战的决定，反映的是朝廷对当时战争形势的判断，特别是对双方力量对比的判断。安史已经势如破竹，占了东都，正威胁着长安，在此生死攸关的时刻，决战与否关系着朝廷的命运，朝廷上下不会视作儿戏。这种形势，决非某个人所能左右——认为有足够的力量能够打败叛军，已成为当时朝廷决策层的共识；在他们眼里，这不是冒险一战，即使不能说是稳操胜券，至少也是十拿九稳。

这一共识的形成，直接源于他们对作战双方力量对比的评估。

在叛乱之初，一方面事出突然，朝廷有些措手不及；同时，朝廷前后派往东京阻击叛军的毕思琛、封常清所率领的军队主力是通过临时召募集结而成，因此官军在对付久经战阵的安禄山所部边军时，屡战屡败就在意料之中。高仙芝所部虽已有边兵，但面对挟连战连胜之势的叛军，要想有效地遏制其西进，恐非易事；因此他接受与叛军作过战的封常清的建议，主动退据潼关，在我们今天看来，也是惟一的上策。然而，在退据潼关不久，封、高二人即被朝廷处死，显然朝廷对他们屡战屡败、一退千里的“战绩”非常不满；在朝廷看来，他们是有能力有效地遏制住叛军的。这让我们想起朝廷证实安禄山已起兵反叛时，杨国忠认为：“今反者独禄山耳，将士皆不欲也。不过旬日，必传首诣行在。”①如果他的乐观是因无知而过于盲目，那么久经战阵的封常清也表现出了乐观。时任安西节度使的封常清正好入朝，玄宗问他讨贼方

---

① 《通鉴》卷二一七，天宝十四载十一月，6935 页。

略，他说："事有逆顺，势有奇变，臣请走马赴东京，开府库，募骁勇，挑马箠渡河，计日取逆胡之首悬于阙下。"[①]这话并不只是为了讨好玄宗，也确实表现他对叛军力量的估计，因此他在与叛军接触，屡战屡败之后，才会劝高仙芝退据潼关；当他在被处死时，曾上表玄宗，表中主旨就是想说明叛军势力之盛，远非他当初的估计："臣死之后，望陛下不轻此贼，无忘臣言，则冀社稷复安。"他将此视作自己的"尸谏"[②]，《通鉴》在记载此事后，特别作说明道："时朝议皆以为禄山狂悖，不日授首，故常清云然。"[③]可见，当时朝廷对安史始终没有给予足够的重视。而面对安史有力的攻势，朝廷居然以未能有效抗击安史而处死了封、高二人，这更表明他们对叛军实力的低估。

哥舒翰所率领的军队中，奉命勤王的边兵在其所率兵中已占有不少。朝廷投入的军队，无论是数量还是质量，与封常清所部相比，都已有很大变化。同时又有潼关之险，于是出现了对峙局面。对峙局面的出现以及这一局面持续了半年之久，与叛乱初起时相比，这确实反映了作战双方的力量对比发生了一定程度的变化，这成为促使朝廷对叛军力量进一步予以低估的一个重要的客观因素。

潼关之战，官军大败，长安不守，形势陡然恶化。"于是贼势大炽，西胁汧、陇，南侵江、汉，北割河东之半。"[④]不仅中断了朝廷与地方的联系[⑤]，而且还发生了马嵬之变（六月丙申十四日），太子李亨趁势脱离了

---

① 《旧唐书》卷一〇四《封常清传》，3209页。参《通鉴》卷二一七，天宝十四载十一月，6935—6936页。

② 《旧唐书》卷一〇四《封常清传》，3210页。

③ 《通鉴》卷二一七，天宝十四载十二月，6942页。

④ 《通鉴》卷二一八，至德元载六月，6980页。

⑤ 直到七月丁卯十五日玄宗在普安下达制书，各地方知朝廷的情况。《通鉴》（转下页）

玄宗，并于七月甲子（十二日）于灵武即位称帝。在这种背景之下，叛军并没有进一步西攻太子李亨或追击玄宗。对此，旧史多归于叛军贪求财货，声色是欲，胸无大志①。八月，当京城豪杰不断起事，打击叛军时，开始出现了“自京畿、鄜、坊至于岐、陇皆附之，至是西门之外率为敌垒，贼兵力所及者，南不出武关，北不过云阳，西不过武功”的局面②。所谓豪杰起事云云，不过是民间零散的反抗活动，他们是激于叛军以收集原库物为名而对民间大肆搜括所进行的自发的反抗活动，但对关中的安史部众构成了不小的威胁。

潼关对峙，整个战局对安史非常不利，以至于安禄想弃东京而返河北。但在攻破潼关，占领长安之后两个多月，就在所谓“豪杰”的打击下，叛军只能坚守以长安为中心的几个点，从战争格局上看，再一次出现了安史与唐廷之间的胶着状态：安史无力继续西进，只能以守为主，而官军也无力很快组织反击（唐廷的大规模反击要到了一年以后才进行）③。可见，潼关之战虽然使唐廷由主动而变得非常被动，但并

（接上页）卷二一八，至德元载七月丁卯：“先是四方闻潼关失守，莫知上之所之，及是制下，始知乘舆所在。”（6984 页）《旧唐书》卷九《玄宗纪下》，天宝十五载七月：“初，京师陷贼，车驾仓皇出幸，人未知所向，众心震骇，及闻是诏，远近相庆，咸思效忠于兴复。”（81 页）

① 《安禄山事迹》作者认为这是因为“其将皆勇而无谋，日纵酒高会，唯声色财货是嗜，不复萌西进之心，故肃宗得乘其弊，盖天所命也”（38 页）。《通鉴》卷二一八，至德元载六月：“安禄山不意上遽西幸，遣使止崔乾祐兵留潼关，凡十日，乃遣孙孝哲将兵入长安……然贼将皆粗猛无远略，既克长安，以为得志，日夜纵酒，专以声色宝贿为事，无复西出之意，故上得安行入蜀，太子北行亦无追迫之患。”（6980 页）

② 《通鉴》卷二一八，至德元载，6995 页。

③ 即至德二载（757）九月的大规模反攻。此次反攻，收复了两京，将叛军压回到了河北地区。此前，在至德元载（756）十月，房琯曾主动要求率兵出击，收复两京，结果大败。房琯是唐玄宗派给肃宗当宰相的，这是玄宗与肃宗父子争夺对时局（转下页）

没有从根本上改变双方的态势。安史占长安后，之所以没有继续西进，并不是像旧史所说的，仅仅是他们缺乏政治远见，而是因为他们已没有再拉长战线、进一步西进的实力。

安禄山占东都后，即派兵“东巡”，遭到了张巡、许远的顽强抵抗。双方前后在雍丘、宁陵、睢阳等地发生了激烈的争夺战，这些都是运河沿线的要地。可见，所谓“东巡”就是沿运河向东南挺进。双方的战略意图都是争夺运河，进而控制江淮。张巡坚守睢阳，直到至德二载(757)十月癸丑(初九)陷落。而在是年九月庚子(廿五日)，肃宗开始进行大规模反击，癸卯(廿八日)收复西京，十月壬戌(十八日)收复东都，乙丑(廿一日)围攻睢阳的尹子奇被陈留人所杀，举郡降唐①。从以上日期来看，张巡的抵抗对唐王朝的意义十分重大；如果没有他们的抵抗，叛军即可长驱直下，威胁江淮。张巡有如此大的功劳，但在叙功时却受到指责，“议者或罪张巡以守睢阳不去，与其食人，曷若全人。其友人李翰为之作传，表上之……众议由是始息”②。但是，抵抗叛军与坚守睢阳并不完全是一回事，睢阳不是保卫运河或江淮的最后一道防线；而此前张巡就是在先后放弃雍丘、宁陵之后才坚守睢阳的。《通鉴》对此已有认识，虽然叙述了张巡、许远坚守睢阳的理由：“尹子奇久围睢阳，城中食尽，议弃城东走，张巡、许远谋，以为：‘睢阳，江、淮之保障，若弃之去，贼必乘胜长驱，是无江、淮也。’”但司马光对此仍有不

(接上页)控制的反映，所以，房琯此次出击，并没有得到肃宗真正的支持。在肃宗朝看来，这时进行反击，时机并不成熟。事实上，肃宗组织的反击要推迟到近一年之后才举行。当然，房琯的这次反击也起到了对叛军力量进行试探的作用。

① 以上系日见《通鉴》卷二二〇。

② 《通鉴》卷二二〇，至德二载十二月，7046—7047页。

解,于是在《通鉴考异》中又作了一个说明:

> 唐人皆以全江、淮为巡、远功。按睢阳虽当江、淮之路,城既被围,贼若欲取江、淮,绕出其外,睢阳岂能障之哉!盖巡善用兵,贼畏巡为后患,不灭巡则不敢越过其南耳。①

所谓唐人以全江、淮为许远、张巡之功,当然是指上引李翰为张巡的申诉;又用张巡善用兵来解释为什么叛军没有绕过睢阳而南下。这个解释恐嫌迂曲。尹子奇等只围攻睢阳而不绕出其外,继续南下,是因为他没有这样的实力;张巡等坚守睢阳而没有像从前放弃雍丘、宁陵,弃睢阳东撤而再选另一要地阻击,是因为他们认为自己有力量阻击叛军于睢阳一地。这实际表明双方陷入了僵持状态,即在睢阳出现了对峙局面,叛军已无力进一步南下,张巡等也只能以守城为主,无力出击。与此同时,叛军在南阳受到鲁炅的阻击,在南阳与襄阳一线双方也陷入胶着状态,史称“时贼欲南侵江、汉,赖炅扼其冲要,南夏得全”②。在河东,叛军围攻太原,遭到李光弼的有力抵抗,双方也陷入僵持。

---

① 《通鉴》卷二二〇,至德二载十月,7038 页。

② 《通鉴》卷二一九,至德二载五月,7024—7025 页;《旧唐书》卷一一四《鲁炅传》,3362—3363 页。鲁炅与叛军展开拉锯战是在鲁山、叶县、方城,这是洛阳、河阳三城等南下通往南阳、荆州的要地;此地失守,则南阳、荆襄即会受到威胁,详参王文楚《历史时期南阳盆地与中原地区间的交通发展》(1964),见其《古代交通地理丛考》;严耕望《洛阳郑汴南通汉东淮上诸道》(1987),《唐代交通图考》第六卷篇伍陆,特别是 1892—1899 页。

叛军在攻打睢阳、南阳、太原时，虽也曾先后增兵，但与经营河北相比，投入的力量却有很大差距。安禄山南下之后，河北颜真卿、颜杲卿兄弟就相继起兵。为此，安禄山派史思明回兵，很快即予以平息；而当时还有郭子仪、李光弼所率朔方军的参与。此后，河北始终被牢牢控制在安史手中。

从安史占长安而安禄山并没有进入长安[①]，而是“搜捕百官、宦者、宫女等，每获数百人，辄以兵卫送洛阳”[②]；攻占两京后所掠得的财货珍宝，也悉输范阳[③]；以及叛军在攻打睢阳、南阳、太原所能投入的力量和先后均出现僵持等情况来看，安史无力、也不认为自己有实力彻底灭唐；他们的起兵南下，攻克两京，与其说是与唐争天下，不如说是以攻为守，将西京、东京以及河南、河东，视作控制河北的屏障，其根本目的是要割据河北[④]。所以在官军的攻打之下，他们可以主动放弃河南，却不放弃河北。

在安史占领长安近一年半之后，至德二载（757）九月，唐军发动反击，收复两京，把安史压回到了河北。但河北仍为安庆绪和史思明所

---

① 《通鉴考异》针对《新唐书·安禄山传》所载禄山至长安事，称：“遍检诸书，禄山自反后未尝至长安。”（《通鉴》卷二一八，至德元载六月，6979 页。）

② 《通鉴》卷二一八，至德元载六月，6980 页。

③ 《旧唐书》卷二〇〇上《史思明传》：“自禄山陷两京，常以骆驼运两京御府珍宝于范阳，不知纪极。”（5378 页）《通鉴》卷二一九，至德二载二月：“先是安禄山得两京，珍货悉输范阳。”（7019 页）

④ 近来以森安孝夫为代表的日本学者以欧亚大陆的广阔背景为视角，提出应重新评价“安史之乱”；概观性的论说，可参森安孝夫《丝绸之路与唐帝国》第七章“回鹘的登场与安史之乱”，特别是 301—307 页。本书为叙述的方便，站在唐朝的角度，使用了诸如“平叛”“叛军”这样的表述，只是为行文的方便，并不表示这是笔者的价值判断。

控制①。于是，朝廷命郭子仪在东都②、李光弼在太原③，共同经营河北。第二年（乾元元年，758）九月，又组织九节度使围攻安庆绪于相州。史思明也乘机南下，攻占魏州，并于乾元二年（759）正月在魏州筑坛，自称大圣燕王。三月，双方决战，官军溃败。史思明吞并安庆绪，于四月自称大燕皇帝。九月，史思明分兵四路南下，这是安史部众第二次大规模南下。

相州之战后，李光弼接替郭子仪，全面负责阻击叛军。面对乘胜南下的叛军，李光弼主动撤出东都，十月，在河阳进行阻击，大败之，有效阻止了叛军的西进，出现了双方对峙的局面，直到上元二年（761）二月，双方进行邙山决战。

邙山之战与潼关之战有惊人的相似之处，都是双方陷入对峙，叛军为打破僵局而故设疑兵，朝廷不顾统兵将领的反对而贸然决定进行决战的④。这都反映出朝廷对双方力量对比的估计。

---

① 《通鉴》卷二二〇，至德元载十月，安庆绪撤至河北邺郡后，“旬日间，蔡希德自上党，田承嗣自颍川，武令珣自南阳，各帅所部兵归之。又召募河北诸郡人，众至六万，军声复振”，7043页；参《旧唐书》卷二〇〇上《安庆绪传》，5372页。史思明虽名义上归唐，实际不过是借此与安庆绪公开决裂；从李光弼对其手下将领的策反可以看出，唐廷也并不认为史思明降唐对自己控制河北有任何实际意义。《通鉴考异》引《蓟门纪乱》载：“思明既杀乌承恩，不称国家正朔，亦不受庆绪指麾，境内但称某月而已。”（《通鉴》卷二二一，乾元二年四月，7075页。）可见在光弼策反其部将以前，史思明即未受朝廷控制；此后则更是公开与李唐朝廷决裂。

② 《通鉴》卷二二〇，至德二载十一月唐军收复两京后，郭子仪等来京受勋（7044页）。十二月“郭子仪还东都，经营河北”（7049页）。参《旧唐书》卷一二〇《郭子仪传》，3452页。

③ 李光弼在乾元元年八月入朝以前，一直在太原。他主持了对史思明之将乌承恩的策反工作，详情见《旧唐书》卷二〇〇上《史思明传》（5379页）、《通鉴》卷二二〇乾元元年六月（7057页）。

④ 邙山之战详见《通鉴》卷二二二，上元二年二月，7105—7106页。另参《旧（转下页）

史思明的南下，与安禄山的南下相比，其力量已大不如前；对唐廷而言，这已不再是突然袭击，其阻击的力度也因而大大增强。但是，在大乱之余，朝廷也没有占到绝对的上风。围攻相州长达半年，期间军队供给一再发生困难，而史思明对付官军所用的关键一招就是干扰官军的供给[①]。面对叛军的南下，李光弼认为必须放弃东都，但没有采纳退至陕州、恃潼关之险以阻击叛军的意见，而是在河阳组织反击[②]。河阳之战的胜利，确实有效地阻止了叛军的进一步西进。即使在邙山之战失败，牵制叛军西进的河阳、怀州等地失陷后，叛军也并未能因此从根本上打破对峙局面；双方仍然胶着于陕州。可以说，从郭、李二人经营河北、围攻相州，至河阳之战、邙山之战，都反映出双方的力量呈现着势均力敌的态势。

双方对峙于陕州之时，叛军不得不以东都为中心向四周蚕食，如派兵攻打淮西、兖郓、陈许、曹州、泽州等，但都受到了有效的阻击[③]。鉴于叛军西向受阻而向四周蚕食的情况，邙山之战后，唐廷加强了对

(接上页)唐书》卷一一〇《李光弼传》，3310页。《旧唐书》卷一〇《肃宗纪》称战败后，河阳、怀州陷落，京师为此戒严，260页。

① 如《通鉴》卷二二一，乾元二年二月："时天下饥馑，转饷者南自江、淮，西自并、汾，舟车相继。思明多遣壮士窃官军装号，督趣运者，责其稽缓，妄杀戮人，远者骇惧；舟车所聚，则密纵火焚之；往复聚散，自相辨识，而官军逻捕不能察也。由是诸军乏食，人思自溃。"(7069页)

② 《旧唐书》卷一一〇《李光弼传》，3307—3309页。参《通鉴》卷二二一，乾元二年九月，7082页。

③ 《通鉴》卷二二一，上元元年十一月："史思明遣其将田承嗣将兵五千徇淮西，王同芝将兵三千人徇陈，许敬江将二千人徇兖郓，薛鄂将五千人徇曹州。"(7099—7100页)《通鉴》卷二二二，上元二年四月："乙亥，青密节度使尚衡破史朝义兵，斩首五千余级。丁丑，兖郓节度使能元皓破史朝义兵。"(7113页)宝应元年建辰月："史朝义遣兵围李抱玉于泽州，(郭)子仪发定国军救之，乃去。"(7121页)

这些地区节度使的统一协调。上元二年八月，命李光弼为河南副元帅，都统河南、淮南东西、山南东、荆南、江南西、浙江东西八道行营节度使，出镇临淮[①]，以李若幽为镇西、北庭、兴平、陈郑等节度行营及河中节度使，镇绛州，以代李光弼[②]。这样，就在事实上形成了以陕州为中心的西线和以临淮为中心的南线。

上元二年三月，史朝义杀史思明，即皇帝位。叛军内部再次出现分裂。

宝应元年(762)十月，朝廷组织反击，将史朝义等压回河北；同时与已经分裂的其他叛军各部达成协议，即所谓“河朔故事”，结束了长达八年的安史之乱。

从安禄山起兵，到以史朝义被杀为标志的安史之乱结束，其间安史部众曾两次大规模南下，唐廷也倾全力组织过两次大规模的反击，但这两次反击都只是将叛军赶出河南、压回河北，而没有从根本上彻底消灭叛军、平定叛乱。从朝廷这两次反击所选择的时机、回纥军队的作用等几个方面，我们都可以看出唐廷并没有彻底消灭叛军的力量。

唐军在反攻前，安史内部都因父子相残而产生分裂。第一次是安庆绪杀安禄山。安禄山被杀后，史思明奉命从围攻太原的前线退回范阳，安庆绪则坐镇东都。唐军反攻时，安庆绪首当其冲。在他连战连

---

① 《通鉴》卷二二二，上元二年五月，7114 页。《旧唐书》卷一〇《肃宗纪》，上元二年五月作“充河南副元帅，都统河南、淮南、山南东道五道行营节度，镇临淮”，261 页；《旧唐书》卷一一〇《李光弼传》作“充河南、淮南、山南东道、荆南等副元帅……出镇临淮”，3310 页。

② 《通鉴》卷二二二，上元二年八月，胡注称李若幽的这一任命是“代李光弼”，7115 页。

败，不得不退回河北、坚守相州，并在随后受到唐军围攻的关键时刻，史思明却用武力收编从河南退回河北的军队，并将安庆绪派来的使者予以囚禁，向唐表示归顺①，公开与安庆绪决裂②，安史部众也因此而分裂成两大系统。史思明能在如此关键的时刻做到这一点，说明在此之前，他就早有准备；很可能在得到安禄山被杀的确信后，他就利用已控制的范阳为基础，开始自营门户了。这一转折点，就是安禄山之死③。史思明被杀所导致的内部分裂则更为直接和明显：

> （史）朝义即皇帝位，改元显圣。密使人至范阳，敕散骑常侍张通儒等杀朝清及朝清母辛氏并不附己者数十人。其党自相攻击，战城中数月，死者数千人，范阳乃定。……时洛阳四面数百里，州、县皆为丘墟，而朝义所部节度使皆安禄山旧将，与思明等夷，朝义召之，多不至，略相羁縻而已，不能得其用。④

叛军的分裂成为其与唐廷力量对比发生变化的重要契机。

在唐军反攻当中，曾经“借兵外夷”。所谓“外夷”主要是回纥部落。

---

① 《旧唐书》卷二〇〇上《史思明传》：“安庆绪为王师所败，投邺郡。其下蕃、汉兵三万人，初不知所从，思明击杀三千人，然后降之。”（5378 页）参《通鉴》卷二二〇，至德二载十二月，7047—7048 页。

② 《旧唐书》卷二〇〇上《史思明传》，5378—5379 页。

③ 《旧唐书》卷二〇〇上《史思明传》，思明判官耿仁智劝他归唐时说：“大夫久事禄山，禄山兵权若此，谁敢不服。如大夫比者，逼于凶威耳，固亦无罪。”（5378 页）《通鉴》卷二二〇，至德二载十二月记载此事，作“大夫所以尽力于安氏者，迫于凶威耳”（7047 页）。可见，安禄山之死，对史思明自立门户起了很大的作用。换句话说，禄山之死，使其内部的分裂成为可能。

④ 《通鉴》卷二二二，上元二年四月，7108—7112 页。参《旧唐书》卷二〇〇上《史朝义传》，5382 页。

回纥在平叛中所起的作用，也可说明唐廷与叛军之间的力量对比。

关于回纥的作用，陈寅恪曾以战后为支付回纥马价而给唐廷带来的沉重财政负担，推论回纥在平定安史之乱中所起的重要作用①。这一推论可谓卓识，但事后的待遇与事前的作用，毕竟会有差距。因此，我们有必要从平定安史之乱的过程，探讨回纥实际所起的作用。

长安陷落，太子李亨即位灵武后，最大的任务就是积蓄力量，准备反攻。他所依靠的主力是朔方军，所以当郭子仪率领在河北作战的朔方军回到灵武后，史称“人有兴复之望矣”②。同时还向河西、安西及西域诸国征兵③。下面，我们就以《通鉴》系时为准，具体看一下肃宗的经营。

至德元载（756）七月，颜真卿将肃宗即位灵武之事，命人传达于河南、江淮。八月，江淮贡物自襄阳取上津至扶风。九月，借兵回纥。在

---

① 陈寅恪《唐代政治史述论稿》（1943）下篇，154—156页；引《新唐书·兵志》“乾元后，回纥恃功，岁入马取缯”，同书《食货志》“回纥有助收西京功，代宗厚遇之，与中国婚姻，岁送马十万匹，酬以缣帛百余万匹。而中国财力屈竭，岁负马价”。关于唐朝与回纥绢马贸易的情形以及相关研究成果，参李锦绣《唐代财政史稿》下卷（2001）第二编第一章第四节之“回纥马价”目，787—796页。森安孝夫利用《九姓回鹘可汗碑》粟特文与汉文的对读以及吐鲁番出土的回鹘语材料，对李唐借兵回纥的过程作了勾勒，通俗性的介绍，可参其《丝绸之路与唐帝国》（2007），290—301页；相关学术论著，参该书末所引参考文献。吴玉贵《回鹘“天亲可汗以上子孙”入唐考》（2019）利用其时新发现的汉文、鲁尼文双语回鹘《葛啜王子墓志》勾勒了从回鹘入援唐朝时的“兄弟之国”演变为德宗时期的“父子之国”的历程，见其《西暨流沙：隋唐突厥西域历史研究》。

② 《通鉴》卷二一八，至德元载七月，6990页。《旧唐书》卷一二〇《郭子仪传》：“时朝廷初立，兵众寡弱，虽得牧马，军容缺然。及子仪、光弼全师赴行在，军声遂振，兴复之势，民有望焉。”（3450页）

③ 《通鉴》卷二一八，至德元载七月：“上命河西节度副使李嗣业将兵五千赴行在……上又征兵于安西；行军司马李栖筠发精兵七千人，励以忠义而遣之。”（6987页）九月“又发拔汗那兵，且使转谕城郭诸国，许以厚赏，使从安西兵入援”（6998页）。

这种情况下①，肃宗于戊辰（十五日）离开灵武，丙子（廿三日）至顺化，十月癸未（初三日）至彭原。至德二载正月，当安西、北庭及拔汗那、大食诸国兵至凉州、鄯州时，肃宗于甲子（十五日）到了保定郡（泾州）。二月戊子（初十），肃宗到凤翔；不久，陇右、河西、西域之兵会集于此，江淮庸调也运抵洋川。显然是要准备进行反攻②。己丑（十一日）郭子仪收复河东郡，庚子（廿二日）攻破潼关，但为安庆绪救兵所败，死伤惨重，退保河东。四月，郭子仪任天下兵马副元帅，率兵赴凤翔，正式开始反攻。五月，郭子仪率官军与叛军决战于长安城西，结果，官军败绩，退保武功，中外戒严。此次反击宣告失败。

在组织反攻以前的至德元载九月，史载“上虽用朔方之众，欲借兵于外夷以张军势”，命仆固怀恩等至回纥请兵③。但此次请兵，主要是为了解除河曲地区六胡州、同罗等对朔方的威胁，而没有参与此次唐军反攻长安的行动④。

---

① 《通鉴》卷二一八，至德元载九月载李泌劝肃宗说：“且幸彭原，俟西北兵将至，进幸扶风以应之；于时庸调亦集，可以赡军。”(6998页)关于赋调，第五琦在彭原见肃宗，建议以江淮租庸市轻货，沿江、汉运于洋川，再陆运至扶风。肃宗又命第五琦为山南等五道度支使。第五琦又变革盐法，保障了供给，见《通鉴》卷二一九，至德元载十月，7001—7002页；《旧唐书》卷四九《食货志下》，2116页。赋调的征收运输，为满足反攻所需供给提供了保障。

② 《旧唐书》卷一二〇《郭子仪传》，至德二年三月，郭子仪攻潼关，崔乾祐败走；收复河东。“子仪遂收陕郡永丰仓。自是潼、陕之间无复寇钞。是月，安禄山死，朝廷欲图大举，诏子仪还凤翔。……五月，诏子仪帅师趋京城……”(3451页)此处系时多误，如禄山死于是年正月而非三月。但它明确记载命子仪至凤翔就是为了进行反攻。

③ 《通鉴》卷二一八，6998页。参《旧唐书》卷一二一《仆固怀恩传》，3478页。

④ 《通鉴》卷二一八，至德元载七月：“阿史那从礼帅五千骑，窃厩马二千匹逃归朔方，谋邀结诸胡，盗据边地。上遣使宣慰之，降者甚众。”(6986页)但到了九月，“阿史那从礼说诱九姓府、六胡州诸胡数万众，聚于经略军北，将寇朔方”，虽载郭（转下页）

直到九月,回纥发兵南下助唐①,这才再一次发动反击。在香积寺、曲沃等决战中,回纥骑兵都起了至关重要的作用②。此后,又参加了对相州的围攻③。

关于相州之战,《通鉴》的记载是,当两军殊死作战时,“大风忽起,

(接上页)子仪到天德军进讨,并破同罗,但实际并未能彻底解决这一问题(6997—6998页)。九月,仆固怀恩与承寀至回纥,十一月戊午,“回纥至带汗谷,与郭子仪军合;辛酉,与同罗及叛胡战于榆林河北,大破之,斩首三万,捕虏一万,河曲皆平。子仪还军洛交”(7007页)。《旧唐书》卷一二〇《郭子仪传》,至德元年十一月,“贼将阿史那从礼以同罗、仆骨五千骑出塞,诱河曲九府、六胡州部落数万,欲迫行在。子仪与回纥首领葛逻支往击败之,斩获数万,河曲平定”(3451页)。所指是同一件事情。这次请来的回纥兵,没有参与唐军反攻长安的行动。在举行反攻的前夕,即至德二载二月,《通鉴》卷二一九记载了李泌的反攻方案:“李泌请遣安西及西域之众,如前策并塞东北,自归、檀南取范阳。”为肃宗所拒绝。李泌说:“今所恃者,皆西北守塞及诸胡之兵。”(7018页)李泌所说的“安西及西域之众”“西北守塞及诸胡之兵”都是指上举肃宗征发的安西、北庭及拔汗那、大食诸国兵,而不包括回纥兵。

① 《通鉴》卷二二〇,至德二载九月:“郭子仪以回纥兵精,劝上益征其兵以击贼。怀仁可汗遣其子叶护及将军帝德等将精兵四千余人来至凤翔……日给其军羊二百口,牛二十头,米四十斛。”(7032—7033页)

② 香积寺之战是唐军反攻中的第一场关键性战斗。在战斗中,“贼伏精骑于陈东,欲袭官军之后,侦者知之,朔方左厢兵马使仆固怀恩引回纥就击之,翦灭殆尽,贼由是气索”(《通鉴》卷二二〇,至德二载九月,7033页)。叛军退出西京后,又在陕州之西布陈,其时“并旧兵步骑犹十五万”。这是双方展开的第二场大规模的战斗。就在郭子仪部不利的时候,“回纥自南山袭其背,于黄埃中发十余矢。贼惊顾曰:‘回纥至矣!’遂溃。官军与回纥夹击之,贼大败,僵尸蔽野”(同上书,至德二载十月,7040页)。《旧唐书》卷一九五《回纥传》也有详细叙述(5199页),但因该传主要是叙述回纥的情况,不反映作战的全局,不易让人明了回纥在整个战局中的作用,故引《通鉴》所述。参史念海《关中的历史军事地理》(1987)所附“唐代郭子仪军与安禄山军香积寺之战图”,《河山集(四集)》,241页;图上时间标示有误,575年应作757年。

③ 《旧唐书》卷一九五《回纥传》:“乾元二年,回纥骨啜特勤等率众从郭子仪与九节度于相州城下战,不利。三月壬子,回纥王子骨啜特勤及宰相帝德等十五人自相州奔于西京。”(5201页)《通鉴》卷二二一,乾元二年三月甲申:“回纥骨啜特勒、帝德等十五人自相州奔还西京。”(7072页)

吹沙拔木，天地昼晦，咫尺不相辨，两军大惊，官军溃而南，贼溃而北，弃甲仗辎重委积于路”①。但是，两军溃败后，叛军很快得到了整顿，控制了局面；而官军则“各溃归本镇”，鲁炅因其所率军队在溃退过程中过分剽掠而自杀，李光弼则退至河阳，“将谋城守”。可见，此次决战失利，官军的溃散程度和狼狈状况，远比叛军为甚。天气条件对双方都是一样的，何以对官军的影响大大超过对叛军的影响？关于此次决战官军溃散的原因，《旧唐书》卷一一四《鲁炅传》透露了相关信息：

> (乾元)二年六月六日，贼将史思明自范阳来救(安庆绪)，战于安阳河北，王师不利，炅中流矢奔退。时诸节度以回纥战败，因而退散，尽弃军粮器械，所过虏掠，炅兵士剽夺尤盛，人因惊怨。五日，至新郑县，闻郭子仪已整众屯谷水，李光弼还太原，炅忧惧，仰药而卒。(3363 页)

与安史的作战中，回纥援军一直占据着举足轻重的地位。因此，回纥的溃退，直接导致了官军的全线溃散②。至于鲁炅之自杀，绝非仅因其

① 《通鉴》卷二二一，乾元二年三月，7069 页。参《旧唐书》卷一二〇《郭子仪传》，3453 页；《旧唐书》卷一一〇《李光弼传》，3306 页。

② 相州之战，旧史多载不立统帅(如《旧唐书》卷一二〇《郭子仪传》，3453 页)。胡三省认为这是官军溃败的主要原因(胡注称：“诸军并行，步骑数十万，而不置元帅，号令不一，所以有安阳之败。”见《通鉴》卷二二〇，乾元元年九月，7061 页)。但是，我们从《通鉴》所载的作战过程中可知，鱼朝恩确是总帅，在大的决策上，是由鱼朝恩来决定的。如史思明南下救援安庆绪，至魏州时，李光弼提出要与朔方军一同进击史思明，但这一方案遭到了鱼朝恩的否决。胡三省说：“使用光弼之计，安有滏水之溃乎！”(《通鉴》卷二二一，乾元二年正月，7067 页。)可见，围攻相州的战役并非没有统一指挥。

属众剽掠尤盛，而是在决战时，他因中流矢首先溃退，导致了回纥兵的溃退，进而导致了全军溃散。在局面稳定，他得知此情形后，才畏罪自杀。否则，全军都已溃散，而且在溃散中都进行了剽掠[①]，何至于因程度不同，而只有鲁炅一人自杀呢！

其时，回纥已成为漠北霸主，而中原则处在唐廷与史思明父子对峙的时期，因此唐廷与史氏双方都想结好回纥：

> 宝应元年(762)，代宗初即位，以史朝义尚在河洛，遣中使刘清潭征兵于回纥，又修旧好。其秋，清潭入回纥庭，回纥已为史朝义所诱，云唐家天子频有大丧，国乱无主，请发兵来收府库，可汗乃领众而南，已八月矣。[②]

此事虽在肃宗死、代宗即位以及唐廷请兵回纥时才提及，但这不过是史书叙述的一般体例；它一定发生在此前。此时之请兵回纥，已不再像前一次那样仅仅是出于军事目的，利用其兵力，而成为像唐初称臣突厥那样，具有了政治意义。也就是说，对唐廷而言，此时回纥的权重已大大加强了。当然，在这种背景下，其军事上的作用就更为突显；这突出表现在回纥的态度已能决定唐廷与叛军的进退，而不必等到进行

---

① 《旧唐书》卷一一〇《李光弼传》：“属大风晦冥，诸将引众而退，所在剽掠，唯光弼所部不散。”(3306 页)《通鉴》卷二二一，乾元二年三月，讲到诸军溃散时说：“士卒所过剽掠，吏不能止，旬日方定。惟李光弼、王思礼整勒部伍，全军以归。”(7070 页)可见，在溃散中剽掠者非仅鲁炅部而已。

② 《旧唐书》卷一九五《回纥传》，5202 页。参《通鉴》卷二二二，宝应元年九月，7131 页。

军事决战之时[①]。因此,此次战事结束后,回纥的掠夺、倨傲就比上次反攻时的情形要严重得多[②]。回纥在此后相当长的时期,影响甚至左右着唐廷在东亚的政治地位和政治作用[③]。

二、安史叛乱期间的唐廷政局

(一) 玄宗、肃宗父子对全国控制权的争夺

安史叛乱不仅在军事上直接打击了唐廷,而且还诱发和导致了一系列更为严重的政治后果,最直接的就是朝廷对握兵将领的猜忌和握兵之将对唐廷的离心;而对唐廷最为不利的,就是马嵬事变后出现的玄宗、肃宗“二元政治”。这些因素大大弱化了唐廷与安史作战的实力,促成了“河朔胡事”的出现。

陈寅恪较早就注意到了唐代太子地位不稳的现象[④]。太子地位的不稳,反映的正是皇帝与太子之间微妙的政治关系,有时甚至会酿成

---

① 《通鉴》卷二二二,宝应元年十月,官军开始反攻时,“史朝义闻官军将至,谋于诸将。阿史那承庆曰:‘唐若独与汉兵来,宜悉众与战;若与回纥俱来,其锋不可当,宜退守河阳以避之’”(7134 页)。虽然史朝义不从,但从这次整个反攻的过程来看,没有体现出上次反攻时出现的回纥军队的军事作用。所以《旧唐书》卷一九五《回纥传》在记载回纥在此次反攻中的作用时,也只是简单地说:“(仆固)怀恩与回纥右杀为先锋,及诸节度同攻贼,破之,史朝义率残寇而走。”(5203 页)

② 回纥刚到,就大肆侮辱太子;在选择反攻路线时,又一再刁难;至于掠夺之甚,则更为少见。见《旧唐书》卷一九五《回纥传》(5203—5204 页)及《通鉴》卷二二二宝应元年九月、十月(7131—7135 页)。

③ 参陈寅恪《唐代政治史述论稿》(1943)“下篇”,130—132 页。

④ 参陈寅恪《唐代政治史述论稿》(1943)“中篇”,59—70 页。

直接的政治矛盾和冲突。唐玄宗与太子的政治关系曾经非常紧张，酿成了很大的政治风波[①]；后来成为唐肃宗的李亨在这场风波后被立为太子，史称：“及立上为太子，林甫惧不利己，乃起韦坚、柳勣之狱，上几危者数四。后又杨国忠依倚妃家，恣为亵秽，惧上英武，潜谋不利，为患久之。”[②]李林甫、杨国忠之对付太子李亨，实际上得到了唐玄宗的默许甚至支持[③]。潼关之战失败（至德元载，756），唐玄宗仓皇逃离长安。在这种混乱的政治形势下，太子李亨利用朝臣，特别是统率禁军的陈玄礼对杨国忠的不满，并以诛杨国忠的名义发动的兵变，脱离了玄宗的控制，为自己另立门户提供了条件。他以民众拥留，不克随玄宗南下为由而脱离玄宗时，特别派自己的儿子李俶给玄宗报告；这实在有派作人质之意。而玄宗不仅未留下李俶，“又使送东宫内人于太子”，承认了太子的另立门户。从父子双方对此事的处理，以及政变最重要的主持人陈玄礼随玄宗南下且日后并未在肃宗朝得到重用，我更倾向于马嵬兵变是一起突发性的事变，而不是一起有预谋、有组织的政变[④]；它反映了当时一般人对杨国忠的态度以及对天宝政局的认

---

① 玄宗废太子瑛及寿王、鄂王，并赐死。参《旧唐书》卷一〇七《玄宗诸子传》，《通鉴》卷二一四开元二十五年四月（6828—6829页）。《通鉴》卷二一四，开元二十六年：“（玄宗）自念春秋浸高，三子同日诛死，继嗣未定，常忽忽不乐，寝膳为之减。”（6832页）

② 《旧唐书》卷一〇《肃宗纪》，240页。

③ 关于唐玄宗时的太子问题，可参孟彦弘《唐前期的太子问题及其政治后果》（1995）、任士英《唐代玄宗肃宗之际的中枢政局》（2003）第二至四篇。特别是后者，从体制的变化对玄宗朝的太子问题作了探究。

④ 关于马嵬之变，许多学者进行过研究，大致有三种意见：第一种意见认为谋主是高力士，如黄永年《说马嵬驿杨妃之死的真相》（1982），《文史存稿》；第二种意见认为是陈玄礼与李辅国通谋于太子，如王吉林《君相之间——唐代宰相与政治》第六章（1989）第二节；第三种意见认为兵变主谋是太子，如唐华全《也谈马嵬驿兵（转下页）

识——杨是导致天宝年间政治乱局，特别是安史之乱的罪魁祸首。《通鉴》即曾总结称："是时，天下以杨国忠骄纵召乱，莫不切齿。"①

太子脱离玄宗的控制后，只能到西北谋求发展——玄宗要翻越秦岭，南下赴巴蜀；潼关失守，河南已成为战区。在这种情况下，太子从马嵬驿出发，可选之地，惟有西北②。玄宗得知太子滞留不行后，说"西

（接上页）变的历史真相》(1997)、任士英《唐代玄宗肃宗之际的中枢政局》(2003)第五篇第四节"马嵬之变"。按，六月辛卯(初九)，潼关失守，及暮，平安火不至，玄宗始惧。壬辰(初十)，与宰相杨国忠商议。癸巳(十一日)，集百官商议。甲午(十二日)玄宗下制欲亲征，移仗北内，是夕整比六军。乙未(十三日)黎明，出奔。丙申(十四日)至马嵬，发生兵变。丁酉(十五日)发马嵬。己亥(十七日)至岐山。潼关失守，是朝廷始料未及的，离开长安，更是未曾准备(这一点，王吉林已指出，209页)，否则就不会逼令哥舒翰出战。潼关失守后，朝廷大乱，人心惶惶，往何处逃亡是大家面临的首要大事；在这种情况下，无论是太子，还是高力士，还会筹划、密谋诛杀杨国忠？十三日离开长安，十四日到马嵬，随之发生兵变；在途中的一两天时间，所到之处，地方官员逃亡，连饭食都无法得到供应，还有余暇密谋此事？如果在潼关决战前即已密谋此事，则何时发动(其时并不知道有逃亡这样的大好时机)？在不出现逃亡的情况下，密谋诛杨国忠，无异于是发动针对唐玄宗的政变；无论是太子还是高力士，恐怕都不会贸然发动这样的政变。这也正是有人劝哥舒翰拥兵诛国忠，哥舒翰说："如此，乃翰反，非禄山也。"(《通鉴》卷二一八，6966页；另参《旧唐书》卷一一〇《王思礼传》，3312页。以上系日据《通鉴》。)因此，我认为在潼关决战前，不可能有策划诛杀杨国忠的密谋；潼关失守后，又无暇进行这样的密谋。王吉林说陈玄礼迫不及待发动，"达成太子与玄宗分离的目的"，而且还允许太子分兵北上(210—211页)，令人殊难理解。无论此事"真相"如何，太子李亨确是利用了这一事变而得以脱离了玄宗的控制。他这种脱离是主动的，而不是被动的；其原因即在于长期因玄宗对太子的猜忌而导致的太子地位的不稳，否则他也不会在大敌当前，形势危急，自己都不清楚自己要走向何方的情况下，主动脱离玄宗，以图另立门户。

① 《通鉴》卷二一八，至德元年五月，6965页。

② 在潼关决战以前，玄宗已经考虑到如果长安不守，他将撤至剑南。《旧唐书》卷一〇六《杨国忠传》："自禄山兵起，国忠以身领剑南节制，乃布置腹心于梁、益间，以图自全之计。"(3246页)天宝年间，杨国忠是一人之下万人之上，有唐玄宗对杨贵妃的宠信，才有他的势力，所以他为自己图谋的后路，也是为玄宗图谋的后路。（转下页）

北诸胡，吾抚之素厚，汝必得其用”①，也是因为料到太子只有往西北一条路。但当时的合法皇帝是唐玄宗，西北诸镇是不是会接纳太子，并与他共同另立门户呢？对军将而言，拥立太子为帝，自己当然是元勋功臣；但万一玄宗日后得以复辟，则他们就会进退失据，十分狼狈。而太子所部十分有限②，又不能不倚靠某一部边兵的力量作为自己的依

（接上页）马嵬事变后，随从将士对今后的去向质疑，“军士或言河、陇，或言灵武、太原，或言还京为便。韦谔曰：‘还京，须有捍贼之备，兵马未集，恐非万全，不如且幸扶风，徐图所向。’上询于众，咸以为然……（六月）戊戌，次扶风县。己亥，次扶风郡。军士各怀去就，咸出丑言，陈玄礼不能制。会益州贡春彩十万匹，上悉命置于庭，召诸将谕之……又曰：‘朕须幸蜀，路险狭，人若多往，恐难供承。今有此彩，卿等即宜分取，各图去就。朕自有子弟中官相随，便与卿等诀别。’……自此悖乱之言稍息。”（《旧唐书》卷九《玄宗纪下》，232—233页）马嵬兵变才使将士获得了就去就发表意见的机会。韦鄂之言，不过是在应付（《旧唐书》卷一〇八《韦见素传》，“上意在剑南，虑违士心，无所言”，3276页）。到扶风后，玄宗才趁春彩到来之机，公开宣布了自己去剑南的计划；这个计划是他从长安出发时就已制定好了的，这也说明上引《旧唐书》卷一〇六《杨国忠传》中所说的杨国忠的“自全之计”实际就是玄宗的退路（《安禄山事迹》卷下，作者自注直接说“议銮驾所诣，上意欲幸蜀中”，而高力士的意见则是全面分析了太原、朔方、西凉、剑南四地的情况，认为只能去剑南，“上然之，即日幸蜀”，36页）。揆诸当时情势，这不太可能发生在马嵬事变之时，而只能发生在扶风时。就在将士对去就发表意见之时，玄宗派高力士前去对脱离自己控制的太子宣口敕说：“汝好去！百姓属望，慎勿违之。莫以吾为意。且西戎北狄，吾尝厚之，今国步艰难，必得其用，汝其勉之！”（《旧唐书》卷一〇《肃宗纪》，240页）这一记载可能是为了把肃宗打扮成合理的继位者（得到了玄宗的允许），但透露出玄宗没有留在西北以图恢复的打算。玄宗已有经山南幸蜀的既定计划，河南是战区、河东是前线，太子在当时的形势下，惟一可供他选择的就是到西北。玄宗向他所说的“西戎北狄”云云，也是在暗示他只能留在西北，而不要想染指剑南这一关中的后院。

① 《通鉴》卷二一八，至德元载六月，6976页。

② 《旧唐书》卷一〇《肃宗纪》载，玄宗得知太子离去时，命人将其内人及服御之物送去，并“留后军厩马从上”（《旧唐书》卷一八四《宦官·李辅国传》则直接记载说“辅国献计太子，请分玄宗麾下兵”，4759页）。太子到渭水时，又与从潼关败退下来的官军相遇，双方以为是敌军，发生战斗。渡过渭水后，“时从上惟广平、建宁二王及四军将士，才二千人”（240—241页）。

托，比如，建宁王认为“殿下宜购募豪杰，暂往河西，收拾戎马，点集防边将卒，不下十万人，光弼、子仪，全军河朔，谋为兴复，计之上也”①。但我们从太子北上的行军路线和时间上看，情况并非如此，从中更可见他当时处境的尴尬。

马嵬事变后，太子虽然只能往西北，但并无具体的目的地，所以《通鉴》称“太子既留，莫知所适”②。当然，他们很希望能得到朔方军的支持，所以一路所选择的都是既可西去、亦可北上的路线。

马嵬驿在京兆兴平县③，处在北上和西去两条道路的交会处。六月丙申（十四日）发生马嵬兵变。丁酉（十五日）玄宗离开马嵬是西去，戊戌（十六日）到扶风县，己亥（十七日）至扶风郡，公开宣布前往剑南④；而太子在同一天离开马嵬北上，经奉天、永寿，戊戌（十六日）到达新平郡（邠州），己亥（十七日）到安定郡（泾州），庚子（十八日）到乌氏驿（驿属宁州彭原，彭原太守迎驾，募兵四百余人），辛丑（十九日）抵原州平凉郡，收阅监牧公私马得数万匹。

乌氏驿是两条路的分界，西线可经原州到凉州，虽亦可到灵武，但略需绕远；如明确要到朔方，则必选择东线⑤，东线可直达灵武。到原

---

① 《旧唐书》卷一一六《肃宗诸子传·承天皇帝倓传》，3384页。

② 《通鉴》卷二一八，至德元载六月，6977页。

③ 《通鉴》卷二一八，至德元载六月，胡注：“金人《疆域图》：马嵬驿，在京兆兴平县。”（6973页）

④ 《旧唐书》卷一〇《玄宗纪下》，六月戊戌（十六日）到扶风县，己亥（十七日）到扶风郡（233页）。

⑤ 相关交通路线，参严耕望《长安西北通灵州驿道及灵州四达交通线》（1972）及“图六 唐代关内道交通图”，《唐代交通图考》第一卷篇陆；《长安西通安西驿道上：长安西通凉州两驿道》（1971）及“唐代长安西通陇右河西道、河湟青海地区交通网络图”，《唐代交通图考》第二卷篇拾壹。对其中的一些考证，辛德勇《隋唐时期长安附近的陆路交通》（1988）有订正，见《古代交通与地理研究》。

州平凉郡后，若再继续往西，则只能到凉州鄯善郡。于是，太子在此地停留长达近二十天，与此前连日北上的行军速度迥然不同，故史称“上在平凉，数日之间未知所适”①。他在此地停留的主要目的就是为了等待西北军镇，特别是朔方军对他的反应；上引建宁王所谓“暂往河西，收拾戎马，点集防边将卒”只是泛指往西北；之所以也特别点出朔方军，是因为在他们来看，能得到朔方军的支持是最好的，因为朔方军不仅兵力较强，而且距离京师也最近，是收复京师最理想的基地②。如果朔方军不予接纳，他们也只好再继续西进。在接到朔方留后杜鸿渐的迎奉、向灵武进发途中，史书特别记载了一段“传奇”：

> 上初发平凉，有彩云浮空，白鹤前引，出军之后，有黄龙自上所憩屋腾空而去。上行至丰宁南，见黄河天堑之固，欲整军北渡，以保丰宁，忽大风飞沙，跬步之间，不辨人物，及回军趋灵武，风沙顿止，天地廓清。③

这个神话无非是要证明肃宗去灵武的选择是正确的。但这也从侧面反映出，除到灵武投奔朔方军之外，他也实在别无它途。同时，这也反证建宁王的建议是当时大家共同的认识，而不是事后的附会。这更可

---

① 《旧唐书》卷一〇《肃宗纪》(241 页)，又《旧唐书》一〇八《杜鸿渐传》也载“肃宗北幸，至平凉，未知所适”(3282 页)。

② 黄永年《唐肃宗即位前的政治地位和肃代两朝中枢政局》(1983)，认为这一史料系出于事后附会或行文疏失，不可信据(《文史存稿》,236 页)。按，这可能有事后的理想化的粉饰，但反映的也确是当时的实际情形。

③ 《旧唐书》卷一〇《肃宗纪》,241 页。

以说明，从平凉向灵武进发的途中，太子的被动和尴尬[①]。

终于，朔方留后杜鸿渐“草笺具陈兵马招集之势，录军资、器械、仓储、库物之数”，令时任关内盐池判官的李唐宗室李涵赍赴平凉[②]。之所以在十多天之后，朔方才作出反应，除了他们作出选择需要时间进行考虑、讨论，最主要的原因可能是朔方节度使郭子仪正率朔方主力远在河北与安史作战，杜鸿渐以留后的身份向太子奉笺，一定要得到郭子仪的同意。

七月辛酉（初九）在朔方军的奉迎下，太子一行才抵达灵武[③]。而在两天后的七月十二日，太子即正式称帝。朔方之所以在犹豫之后而最终决定迎奉太子至灵武，就是以能够另立朝廷为前提的。称帝如此仓促，一方面，说明了太子及其拥立者需要尽快以名正言顺的方式与

---

① 《通鉴》卷二一八，至德元载六月，广平王俶建议往朔方，称“今河西、陇右之众皆败降贼，父兄子弟多在贼中，或生异图。朔方道近，士马全盛，裴冕衣冠名族，必无贰心”云（6977页）；《旧唐书》卷一八四《宦官·李辅国传》称“（请太子）北趋朔方，以图兴复”（4759页）。这只能反映出太子所部想得到朔方的支持，去朔方是他们北上的最佳选择（“朔方道近，士马全盛”），是所谓“上计”。但这条上计能否实现，则要看朔方军对太子的态度。所以不能把这些记载视作太子北上之初即已决意要到朔方的证据。

② 《旧唐书》卷一〇八《杜鸿渐传》，3282页。此传详细记载了朔方军内部对太子态度的讨论：“肃宗北幸，至平凉，未知所适。鸿渐与六城水运使魏少游、节度判官崔漪、支度判官卢简金、关内盐池判官李涵谋曰：‘今胡羯乱常，二京陷没，主上南幸于巴蜀，皇太子理兵于平凉。然平凉散地，非聚兵之处，必欲制胜，非朔方不可。若奉殿下，旬日之间，西收河、陇，回纥方强，与国通好，北征劲骑，南集诸城，大兵一举，可复二京。雪社稷之耻，上报明主，下安苍生，亦臣子之用心，国家之大计也。’”（3282页）《通鉴》卷二一八，至德元载六月也记载了这一讨论，但“然平凉散地”之前的一句未录。而这一句正是说明他们在玄宗与太子之间所作选择的原因。从日后的情况来看，肃宗的确得到了抵抗叛军诸部将的支持，比如肃宗即帝位这一对肃宗来说最为重要的消息，就是在河北坚持抵抗的颜真卿派人传达到河南、江淮的（《通鉴》卷二一八，至德元载七月，6990页）。

③ 《旧唐书》卷一〇《肃宗纪》，242页。

玄宗争夺法统;另一方面,恐怕也是为了平息朔方内部的争议,让大家不得不以肃宗为正统,以防夜长梦多。

太子到灵武称帝后,马上就派人到安西,以抗击叛军为名向其征兵。这一方面是要看他们对新朝的态度;同时,抗击叛军、收复两京是他们所不易拒绝的,而一旦他们发兵,则在客观上就等于承认了肃宗的合法地位,这可以说是肃宗在强迫他们接受新朝建立这一事实。果然,当征兵安西时,节度副使“(李)嗣业与节度使梁宰谋,且缓师以观变”。所谓“缓师以观变”,观的并不是叛军与唐廷的对抗情况,而是玄宗与肃宗的关系会怎样发展,但最终还是在段秀实的督促下,发兵五千前来。所以到第二次征兵时,安西态度就更为积极,“行军司马李栖筠发精兵七千,励以忠义而遣之”①。这支军队此后在平定安史之乱的作战中,以“安西北庭行营”的名义,立下了赫赫战功②。而王思礼的选择,却是弃太子而追随玄宗。

---

① 《通鉴》卷二一八,至德元载七月,6987 页。《通鉴》此处作“上命河西节度副使李嗣业将兵五千赴行在……上又征安兵于安西;行军司马李栖筠发精兵七千人,励以忠义而遣之。”点校本将“河西”下标以专名号,似乎是指河西节度使。《考异》称:“《段秀实别传》曰:‘诏嗣业将安西五万众赴行在。’今从《旧传》。”《旧唐书》卷一二八《段秀实传》云:“肃宗即位于灵武,征安西兵节度使梁宰,宰潜怀异图。秀实谓嗣业曰:‘岂有天子告急,臣下晏然,信浮妄之说,岂明公之意耶?’”(3584 页)也作“安西”,不作“河西”;只是兵数作“步骑五千”,不作“五万”。可见《考异》说“从《旧传》”,是指兵马数而不是指安西与河西的差异。《旧唐书》卷一〇九《李嗣业传》也作安西(3299 页)。此处“河西”是安西的泛称,《旧唐书》卷一〇四《高仙芝传》,其父“初从河西军,累劳至四镇十将、诸卫将军”(3203 页)。此处两次从安西征兵,除四镇兵外,也包括了北庭兵,所以日后李嗣业所部称“安西北庭行营”,是平叛劲旅之一。所谓“信浮妄之说”,正是有关肃宗即位,与玄宗呈对峙局面一事。所谓“天子告急”云云,正说明如果派兵前去,则等于表明自己承认了肃宗的法统。

② 参薛宗正《论安西、北庭行营建置述略》(1993)、刘玉峰《论安西北庭行营军》(1997)等。

王思礼随哥舒翰守潼关。潼关失守，于十三日在金城县赶上玄宗，受命为河西、陇右节度使，即令赴镇。他行至平凉，闻河西诸胡乱，还，诣行在①。其时太子李亨正在平凉，但王思礼奔玄宗，而未留在平凉。

《通鉴》随之记载了玄宗任命河西兵马使周泌为河西节度使、陇右兵马使彭元耀为陇右节度使。但《肃宗实录》也有对此二人任命的记载。为此，《考异》特予辨析：

> 《肃宗实录》："即位之日，以泌为河西、耀为陇右节度使。"或者玄宗已命以二镇，二人至灵武见肃宗，又加新命乎？（6979 页）

也许，王思礼赴行在，玄宗立刻有此任命，故《通鉴》系于思礼赴行在之后。肃宗即位灵武的当日，除任命中央官员之外，其他的任命，就是：

> 河西兵马使周佖为河西节度使，陇右兵马使彭元晖为陇右节度使，前蒲州刺史吕崇贲为关内节度使兼顺化郡太守。以陈仓县令薛景仙为扶风太守，以陇右节度使郭英乂为天水郡太守。②

对西北地方官员的调整，就是要以关内、河西乃至陇右为根据地，收复两京。也许玄宗对周泌、彭元耀的任命，因当时的实际情况而未必

---

① 受命河西陇右节帅事，《通鉴》系于至德元载六月乙未（十三日），6973 页；到平凉而返赴玄宗行在事，系于六月丙午（廿四日）与戊申（廿六日）之间，6979 页。

② 《旧唐书》卷一〇《肃宗纪》，243 页。彭元晖，《通鉴》作彭元耀；周佖，《通鉴》作周泌。

会很快到达被任命者的手中。但玄宗明知太子西北之行是要自立门户，却在见到王思礼后马上对河西、陇右的节度使予以重新任命，而肃宗即位后，也立刻于即位当天对河西、陇右的节度使予以任命，这反映了父子对西北控制权的争夺。如果说，李亨的任命，是为了将关陇作为基地以图恢复，那么玄宗的任命，就主要是为了牵制乃至控制李亨。

太子留下来是为了脱离玄宗的控制，寻求自立门户的机会；而他以抵抗叛军、收复两京相号召，就为他达到这一目的提供了有利的条件。可以说，玄宗幸蜀决定了北方抵抗诸部的态度倾向于留在西北的太子。太子的即位称帝，不仅形成了两个政治中心，更重要的是开始了双方对政局控制权的争夺——玄宗不仅没有因此而完全放弃对皇帝权力的维持，相反他采取了一系列措施，对肃宗朝廷进行干预，并加强对江淮及其以南地区的控制，以削弱肃宗对全局的控制；当然这也就会直接影响李唐对安史的反击。

关于安史之乱期间，李唐在客观上存在着以玄宗、肃宗父子为代表的两个政治中心，前贤已多有论述①。我们想在这一认识的基础上，进一步讨论，这两个政治中心并存的局面对当时政局所产生的影响；同时，事实上双方的争夺虽然是以肃宗的胜利而告终，但作为对历史的研究和认识，我们有必要具体勾勒出他最终实现对政局全面控制的过程，特别是要认识到其中最为重要的关节点。

---

① 贾二强《唐永王璘起兵事发微》(1991)已指出玄宗与肃宗的矛盾和斗争，冈野诚《论唐玄宗奔蜀之途径》(1993)则明确指出了玄宗与肃宗的南北对立，任士英《唐肃宗时期中央政治的二元格局》(1996)着重强调了在这一政治格局中玄宗的权力以及这一格局对肃宗收复两京的方案选择的影响。

玄宗到扶风，公布幸蜀的计划，此后经陈仓、散关、益昌、普安、巴西郡，到达剑南。七月甲子（十二日）至普安郡，丁卯（十五日）下达《幸普安郡制》，将全国分作四大作战区，太子李亨统领其中的一区。这四个区中，西北被分作二个区，太子统朔方、河东，丰王统河西、陇右、安西、北庭，这显然是为了分散、削弱太子在西北的力量。其他两个区，一个是由盛王琦统领的江南东路、淮南、河南，一个是由永王璘统领的山南东路、黔中、江南西路等。十分凑巧的是，玄宗到达普安郡的日子，正好是肃宗即位称帝的日子；三天以后，玄宗以自己的法统为名义颁布这道诏书，正是潼关失守以后各地接到的第一道诏书，所谓"初，京师陷贼，车驾仓皇出幸，人未知所向，众心震骇。及闻是诏，远近相庆，咸思效忠于兴复"[1]。其实，这一道诏书是对此前相关安排的再次确认和调整；在此前的六月，玄宗即曾先后分别任命过盛王、丰王和永王以地区性节度大使[2]。换言之，自太子脱离其控制而北上之后，玄宗就预感到太子会自立门户；而他所进行的一系列的任命，旨在牵制太子。六月对盛王、丰王的任命，并未付诸实施，说明他对自己的安排有过一个酝酿甚至犹豫的过程。终于他在七月到普安后再次颁布了诏书。这道诏书与此前的前后分别任命不同，是同时任命了包括太子在内的四位王，将全国分作四大区，使其各主一区。这表明他对太子的牵制由谋划而变成了行动。

---

① 《旧唐书》卷九《玄宗纪下》，234 页。参《通鉴》卷二一八，至德元载七月，6983—6984 页。诏书全文分别见《唐大诏令集》卷三六（题作"命三王制"）、《文苑英华》卷四六二等。

② 参冈野诚《论唐玄宗奔蜀之途径》（1993）第二节"永王璘之乱及其记录的改窜"，1109 页。

据《通鉴》，肃宗即位的当月（七月），颜真卿即派人向河南、江淮传达了肃宗即位于灵武的消息，“由是诸道始知上即位于灵武，徇国之心益坚矣”①。而八月癸未（初二），玄宗在蜀发布诏书，说自己虽然到了蜀，但“仍令太子诸王蒐兵重镇，诛夷凶丑，以谢昊穹”，并大赦天下②，仍以法统自居。到了癸巳（十二日），灵武使者才到蜀中，“始知皇太子即位”。丁酉（十六日）“上用灵武册称上皇，诏称诰。己亥（十八日），上皇临轩册肃宗，命宰臣韦见素、房琯使灵武”③。

灵武使者到蜀的时间比江淮得到肃宗即位消息的时间还要晚。这一方面是由于以口耳相传来散布消息比正式传达公文要来得快，更重要的恐怕是肃宗朝廷想先通过非正式的方式，让各方得知他在主持平叛工作，并已即位称帝，造成一种既定事实之后，再正式通告玄宗。在七月底江淮得知肃宗即位消息的同时，蜀中也一定得到了这一消息，于是在八月初玄宗颁布大赦诏，表明自己是正统，虽然远离抵抗前

---

① 《通鉴》卷二一八系此事于至德元载七月末，可见至迟是在七月底以前，6990 页。颜真卿接到肃宗七月十二日即位敕，即给玄宗上贺表，他派脚力人和招讨判官二人先后至灵武，“奉皇帝七月十二日敕，伏承陛下命皇太子践祚改元，皇帝上陛下尊号曰上皇天帝”，实际就是要向玄宗公开宣示其支持肃宗，《皇帝即位贺上皇表》，《颜鲁公文集》卷二，叶 1。

② 《唐大诏令集》卷七九、《册府元龟》卷八六均收录此赦（《全唐文》卷四〇《幸蜀郡大赦文》据《册府元龟》卷八六录）。《旧唐书》卷一一一《房琯传》曾记载贺兰进明对肃宗说：“（房）琯昨于南朝为圣皇制置天下，乃以永王为江南节度，颍王为剑南节度，盛王为淮南节度，制云‘命元子北略朔方，命诸王分守重镇’。且太子出为抚军，入曰监国，琯乃以枝庶悉领大藩，皇储反居边鄙，此虽于圣皇似忠，于陛下非忠也。”（3322 页）此虽属事后挑拨之言，但当时的局面确实如此；也正因为此，肃宗才感到了真切的刺激。

③ 《旧唐书》卷九《玄宗纪下》，234 页。《通鉴》卷二一八，至德载八月癸未条《考异》曰：“《玄宗实录》《旧纪》皆云‘八月、癸未朔’，《肃宗实录》、《唐历》、《长历》皆云‘壬午朔’，今从之。”（6992 页）。

线，但所有的抵抗活动都是在自己的安排下进行的，与他在普安所下制书有异曲同工之妙。胡三省在《通鉴》是年八月癸巳“灵武使者至蜀”条下，作注称：“七月甲子即位，至是凡三十日，使者方至蜀。”(6993页)这大概不仅仅是为了表达对肃宗即位后一个月使者方抵蜀的不解吧。

“上(玄宗)用灵武册，称上皇，诏称诰”，肃宗派人送来的是将玄宗册封为上皇的“册封”，这已没有任何商量余地，与公开逼宫无异。面对西北、河南、江淮等地区已广泛接受肃宗即位这一事实，同时又面临着平定叛乱的任务，玄宗也不得不接受这一事实。但他并不甘心只做一个名义上的太上皇，这在他的册命中表露无遗。册命中除命太子即皇帝位，自己称诰、称太上皇外，特别明确规定了自己与新皇帝的权力分配：

> 且天下兵权，制在中夏，朕处巴蜀，应卒则难，其四海军郡，先奏取皇帝进止，仍奏朕知。皇帝处分讫，仍量事奏报。寇难未定，朕实同忧，诰、制所行，须相知悉。皇帝未至长安已来，其有与此便近、去皇帝路远，奏报难通之处，朕且以诰旨随事处置，仍令所司奏报皇帝。待克复上京已后，朕将凝神静虑，偃息大庭。①

自己之所以要同意肃宗即位，是因为“天下兵权，制在中夏”，自己远在巴蜀，不能迅速作出裁断。于是规定：(一)军事大权，先上奏皇帝，同

① 《唐大诏令集》卷三〇《明皇令肃宗即位诏》，117页。《旧唐书》卷九《玄宗纪下》作“册命”(234页)，《全唐文》卷三三题作“命皇太子即皇帝位诏”(372页)。似应以作“册命”为是。《全唐文》乃据《册府元龟》卷一一录，而《册府元龟》系摘录。

时也要奏知自己[①];(二)不仅如此,即使是皇帝已经裁决的事情,也要“量事奏报”自己,同时还找出一个堂皇的理由,“寇难未定,朕实同忧”,故皇帝下的“制”与自己下的“诰”要彼此知会;(三)对距西北的皇帝较远而离蜀中较近的地区,自己可以用“诰旨”随事处置,当然自己也会将处置结果知会皇帝。同时还派房琯、韦见素、崔涣等人到肃宗朝廷出任宰相,可见他不只是想在肃宗“处分”后“奏朕知”,而是要直接干预乃至控制肃宗的决策。

肃宗对这样的安排当然不会认可。他首先就是将玄宗派给自己的宰相一个一个加以处理,到次年即至德二载(757)三月,以韦见素罢相为标志,“上皇所命宰臣无知政事者”[②],将玄宗的势力完全排除出了自己的朝廷。玄宗对肃宗朝廷控制虽以失败告终,但是,他们父子对地域控制的争夺却在加剧。

以朔方军为核心的西北地区和河东地区,玄宗已很难染指,而对剑南东西川,肃宗也无能为力;因此,对江淮的经营、对河南平叛工作的渗透,就成为双方对全国政局控制权进行争夺的核心目标。玄宗居蜀,在长江上游,而江南是未经兵火之地,基本没有与叛军直接对抗,这都为玄宗争夺对江南的控制提供了有利条件。同时,这一地区的财

① 册命中“其四海军郡,先奏取皇帝进止”,《册府元龟》卷一一(117页)、《全唐文》作“四海军权”。联系上文有“天下兵权,制在中夏”,故以作“四海军权”为宜;如此,则玄宗在此册命中所出让的权力,主要限于军权。

② 《旧唐书》卷一〇八《韦见素传》,3277—3278页。关于肃宗清理玄宗所派宰相的过程,可参黄永年《唐肃宗即位前的政治地位和肃代两朝中枢政局》(1983)第三部分,《文史存稿》,237—243页。王吉林《君相之间》第六章(1989)第三节,认为玄宗对肃宗另立门户是无可奈何,而且因自己已非皇帝,故将身边的四个宰相中的三位派赴灵武,协助肃宗,“直接表示对肃宗的支持”(214页),未免过于善意了。

赋，又是肃宗朝廷得以维持并能用兵平叛的经济生命线。玄宗规定的与肃宗权力分配的第三点，就已表明了自己要利用地理之便，控制江南，大有与肃宗分割势力范围的意味。所谓永王璘的叛乱，其实就是双方对这一地区进行争夺的公开化和尖锐化①。

唐玄宗在普安郡下达的诏书中，命随行的永王璘出镇江陵。“璘七月至襄阳，九月至江陵，召募士将数万人，恣情补署。江淮租赋，山积于江陵，破用巨亿。”他的目的地是江陵，但从襄阳至江陵用了近两个月时间，而当时的长江沿线并无战事。他用如此之长的时间，恐怕就是在做种种工作，以图全面控制襄阳至江陵一线。十二月，永王“擅领舟师东下，甲仗五千人趋广陵”。这实际上就是以他此前的工作为基础，张大声势，先声夺人，以进一步控制沿江、直至广陵。

永王的一系列行动，当然不会不引起肃宗的高度注意。“肃宗闻之，诏令归觐于蜀，璘不从命。”②同时，设置淮南节度使，以高适为使，设置淮南西道节度使，以来瑱为使，令其与江东节度使韦陟共图之③，

① 参《旧唐书》卷一〇七《玄宗诸子·永王璘传》、《旧唐书》卷九二《韦陟传》、《通鉴》卷二一九至德二载二月（7019—7020页）。贾二强《唐永王璘起兵事发微》（1991）已指出这一事变是玄宗与肃宗争夺对江淮控制斗争的结果。此处仅就双方所争夺的江陵一地在当时的政治、军事地位略作补充。

② 《旧唐书》卷一〇七《玄宗诸子·永王璘传》，3264—3265页。肃宗之所以能明确要求永王归觐于蜀，是因为在至德元载八月二十一日，玄宗发布《停颍王等节度诰》，这道诰针对的是前此他在普安郡发布的制书中所作的安排。对这一诰书认识，学界存在分歧。贾二强《唐永王璘起兵事发微》（1991）认为是假的；任士英《唐代玄宗肃宗之际的中枢政局》（2003）认为是真的，说明玄宗确实仍有权力（276—279页）。笔者倾向于认为这一道诰书是真的，玄宗发表此诰的目的是想对肃宗作出一种姿态，而留下李岘未至之前、永王先不必离开这样一个余地，则是寄希望于永王能尽快真正控制江南。

③ 《通鉴》卷二一九，至德元载十二月，7007—7008页。

形成对永王的三面包围之势。永王首先与淮南采访使李成式、江南东道采访使李希言所部在长江沿线的扬州、润州等地发生冲突，并杀死润州丹阳郡太守以徇，江左大骇。但在肃宗的围剿之下，次年（至德二载）二月，终于兵败被杀。

玄宗在普安郡下达的诏书中，下令在节度使之上建立“都使”，实际上是把全国分成四个战区，其中西北和北方设两个，但这一地区已为太子所控制。南方设置两个，永王璘为山南东道、岭南、黔中、江南西道节度都使，镇江陵；盛王琦领江南东路、淮南、河南节度都使，镇广陵。江陵地处南北交通大动脉之一的中点[①]，又是以长江为干线的东西交通的中点，既可北上中原，又可西入蜀中、东下江南，地理位置非常重要；对入蜀后的玄宗来说，此地是他出蜀的一个门户。扬州广陵郡比江陵更为重要，它是南北运河的中转点，是江南财赋向北运输的一个重要关口[②]；控制此地，不仅可以控制江南，而且可以切断供给两京的财赋来源。换言之，控制住这两个战略要地，就可以与蜀中连成一线，彼此呼应，控制江南，进而影响中原。

太子利用马嵬事变，脱离玄宗的控制而北上，其目的显然是要自立门户；玄宗的这一安排，显然是要与太子争夺对江南的控制，江陵和广陵是控制江南极其重要的战略要地。

---

① 参严耕望《荆襄驿道与大堤艳曲》(1978)，《唐代交通图考》第四卷篇贰捌。

② 参全汉昇《唐宋时代扬州经济景况的繁荣与衰落》(1944)，《中国经济史论丛》；全氏《唐宋帝国与运河》(1944)，特别是51页，《中国经济史研究》；史念海《唐代扬州和长江下游的经济地区》(1982)，特别是第二、三两节，《唐代历史地理研究》；张弓《唐朝仓廪制度初探》(1986)，36—37页。另参唐宋运河考察队编《运河访古》(1985)所收马正林《唐宋运河述论》、陈桥驿《浙东运河的变迁》以及潘镛、王永谦《隋唐运河与中晚唐漕运》等。

在大敌当前的形势下，太子以抵抗叛军、恢复两京为号召，使南下入蜀、离开战争前线的玄宗不可能与之公开决裂。他要遏制太子、控制江南，又不能过分刺激太子，因此他虽然想同时控制江陵和广陵，但并没有让永王和盛王同时都赴任，而只是命永王马上赴任；在人选上，也颇有深意，“璘数岁失母，肃宗收养，夜自抱眠之”[①]。他选择了与太子关系非常密切的永王来出面控制江陵。

永王出镇江陵是受玄宗任命，其引军东下是否也是受玄宗指使呢？盛王的广陵之任虽未成行，但控制广陵在玄宗的整个部署上占有重要地位。同时，我们从肃宗围剿永王的过程中，也的确可以看到玄宗的身影。《旧唐书》卷一〇七《玄宗诸子·永王璘传》：

> （至德元载）十二月，擅领舟师东下，甲仗五千人趋广陵，以季广琛、浑惟明、高仙琦为将……璘虽有窥江左之心，而未露其事。吴郡采访使李希言乃平牒璘，大署其名，璘遂激怒……乃使浑惟明取希言，季广琛趣广陵攻采访李成式。璘进至当涂，希言在丹阳，令元景曜、阎敬之等以兵拒之，身走吴郡，李成式使将李承庆拒之。先是，肃宗以璘不受命，先使中官啖廷瑶、段乔福招讨之。中官至广陵，成式括得马数百匹。时河北招讨判官、司虞郎中李铣在广陵，瑶等结铣为兄弟，求之将兵。（3264—3265 页）[②]

永王率兵东下，趋广陵，已成事实，何以会“虽有窥江左之心，而未露其

① 《旧唐书》卷一〇七《玄宗诸子·永王璘传》，3264 页；《唐会要》卷五“诸王杂录·永王璘”，71 页。

② 参《唐会要》卷五“诸王杂录·永王璘”，71 页。

事”，受了李希言的刺激才生“窥江左之心”？所谓广陵采访使，即淮南道采访使，治广陵。永王东下趋广陵，当然会与之发生冲突。但吴郡采访使即江南东道采访使，治苏州吴郡，何以会在这个时候恰恰到了广陵附近，并平牒永王呢？参与围攻永王的还有韦陟、来瑱、高适等。《旧唐书》卷九二《韦陟传》：

> 因与淮南节度使高适、淮西节度使来瑱等同至安州。陟谓适、瑱曰：“今中原未复，江淮动摇，人心安危，实在兹日。若不齐盟质信，以示四方，令知三帅协心，万里同力，则难以集事矣。”陟推瑱为地主，乃为载书，登坛誓众……陟等辞旨慷慨，血泪俱下，三军感激，莫不陨泣。（2960页）

他们受肃宗之命，围剿永王，本应是光明正大的，却要举行仪式，“齐盟质信”，以便令人“知三帅协心，万里同力”。如果不公开登坛誓众，则易滋生误会；则此误会是什么呢？韦陟做的另一件工作是招抚季广琛。季氏本是永王部下，在双方对峙的关键时刻，率兵离开永王，到广陵。永王得知后，派人追赶，季广琛曰：“我感王恩，是以不能决战，逃而归国。若逼我，我则不择地而回战矣。”[①]韦陟得知这一消息，立即予以招怀，“陟以季广琛从永王下江，非其本意，惧罪出奔，未有所适，乃有表请拜广琛为丹阳太守、兼御史中丞、缘江防御使，以安反侧”；后韦陟受命至行在，临行前，“陟以广琛虽承恩命，犹且迟回，恐后变生，祸

---

① 《旧唐书》卷一〇七《玄宗诸子·永王璘传》，3265页；参《通鉴》卷二一九，至德元载二月，7019—7020页。

贻于陟,欲往招慰,然后赴征……陟驰至历阳,见广琛,且宣恩旨,劳徕行赏,陟自以私马数匹赐之,安其疑惧,即日便赴行在”①。双方都在争取季氏,但从季氏“迟回”的态度中,表明他并没有因为离开永王而“归国”,而是更想处中立。讨伐永王的“(李)希言将元景曜及(李)成式将李神庆并以其众迎降于璘”②。季广琛、元景曜等人的行为与韦陟等公开誓众的行为都说明一个事实,那就是当时的许多人对永王东下以及韦陟等人围攻永王持犹疑态度,而这一态度又说明永王的东下绝不像史书中所记载的那样是心怀异志,想割据江左,至少说明他的东下,在当时人看来,是具有相当合法性的行为。换句话说,永王东下是秉承玄宗之命的行为,而非擅自东下。

江陵“财赋山积”,而永王在此“恣情补署”“破用巨亿”云云,正是在为经营广陵做准备。玄宗虽然退位为太上皇,但仍力图控制政治。于是,他派永王率兵东下,经营广陵。肃宗当然知道江陵、广陵二地对他北方朝廷的意义——他收复两京的军事行动,不仅依赖江淮财赋的支持;即使是平定叛乱以后,“蜀中—江陵—广陵”连成一线,就可控制北方的经济命脉,届时,玄宗就有可能恃此而逼迫肃宗退位而自己复辟,至少可以维持南北对峙的格局。于是,肃宗特别派出对自己绝对忠心,同时在政治上更能代表自己的宦官来到江淮,争取当地官员能站在他的一边。

面对玄宗、肃宗父子并立的局面,江淮的官员也不得不表态③。一

① 《旧唐书》卷九二《韦陟传》,2960—2691页。

② 《旧唐书》卷一〇七《玄宗诸子·永王璘传》,3265页。

③ 其实,需要表明政治立场的不止是江淮官员,在蜀中的朝官也有“选边站队”的,如高适,本在哥舒翰幕中,潼关失守,他到了蜀中,被玄宗任命为谏议大夫;他(转下页)

部分人是站在肃宗一边，如李岘，身为永王副使、江陵长史，在得到肃宗令永王归觐蜀中的命令而永王拒不执行时，自己便独自逃往肃宗行在①。但大部分江淮地方官员则表现出无所适从。肃宗派来的宦官到了广陵，淮南采访使李成式给予了配合（“括得马数百匹”）；为了争取当时在江陵的李铣的支持（铣麾下有骑卒一百八十人），宦官啖廷瑶特意与之结为兄弟，竭尽拉拢之能事。江南东道采访使李希言从吴郡来到广陵，表明了他站在肃宗一边的政治立场。李希言之“平牒”永王，正是以肃宗为正统，诘责奉玄宗之命东下的永王。鉴于淮南、江南东道已站到了肃宗一方，永王只能以武力解决，这就是旧史称永王得到希言平牒而兴兵攻打二李的背景。派往阻击永王的二李部将则站到永王和玄宗一边，而季广琛则想采取中立；李希言派人率兵前去阻击永王，而自己却在两军对垒之时，回到了吴郡，这未尝不是想为自己留条后路。面对这种格局，受肃宗之命从三面围攻永王的韦陟、高适、来瑱三人，只能通过“誓众”的仪式，公开他们的政治立场，一方面使他们自己不能有改变政治立场的机会，同时也想用他们联合而形成的武力，促使当地的握兵之将如季广琛等，能从犹疑、中立中决然站在肃宗一方。

（接上页）反对玄宗任命永王璘，《旧唐书》卷一一一《高适传》称“及是永王叛，肃宗闻其论谏有素，召而谋之。适因陈江东利害，永王必败。上奇其对，以适兼御史大夫、扬州大都督府长史，淮南节度使。诏与江东节度来瑱率本部兵平江淮之乱，会于安州。师将渡而永王败，乃招季广琛于历阳”（3329页）。关于高适在天宝年间的“政治表现”，如歌颂李林甫、杨国忠等，参傅璇琮《高适年谱中的几个问题》，《唐代诗人丛考》，164—167页。

① 《通鉴》卷二一九，至德元载十一月，7007页。李岘是在长沙太守的任上被玄宗在普安任命为永王副使、江陵长史的。《旧唐书》卷一一二《李岘传》未载李岘的这一履历，想必是想隐起玄宗、肃宗围绕永王经营江陵、广陵所爆发的公开冲突。

从目前所见的史料记载中，玄宗在整个事件中都始终未公开露面。永王是他的儿子，并且是受他的任命出镇江陵的。如果永王在江陵的所作所为确实不当，玄宗应当表明自己的态度；肃宗勒令永王归蜀朝觐，实际就是在逼迫玄宗表态，但玄宗终未表态。随之，永王率兵东下，肃宗部署围剿，玄宗仍未见表态。永王败走，途中被江西防御使皇甫侁所杀，《旧唐书·永王璘传》称“肃宗以璘爱弟，隐而不言”（3266页），《通鉴》则称“上曰‘侁既生得吾弟，何不送之于蜀而擅杀之邪！’遂废侁不用”[1]。旧史中之所以不见玄宗的态度，可能是玄宗见肃宗大动干戈，围剿永王，已知肃宗对他进一步控制江南不能予以容忍；在这种情况下，自己的表态毫无用处，只能使自己更为尴尬，或者他当时有所表态，但在后来修国史时被删削殆尽。我们将《通鉴》对此事的记载与《旧唐书》的《永王璘传》《韦陟传》相比较，凡是能说明玄宗、肃宗矛盾冲突之处，如肃宗派宦官到江淮招讨永王、韦陟等三人誓众、韦陟招慰季广琛及季氏犹疑等，都未予采录，想也是为尊者讳吧。

永王很快在围攻中失败了，江陵、广陵这两个战略要地因此而为肃宗所控制。这在实际上已经宣告了玄宗这一政治核心的垮台。

玄、肃父子对河南的争夺则采取了较为和缓的渗透方式。河南道是李唐与叛军进行征战的地区。面对叛军，为了共同的目标，他们父子不能在这一地区发生直接的冲突；同时，肃宗作为平叛工作的直接主持者，这一地区即使是包袱，他也不能甩掉（正是因为战事的存在，肃宗朝廷的存在才成为合理）；但也正是这个因素，不仅使肃宗对这一地区的控制变得更为有利和合理，而且在事实上他对这一地区的控制非常有

① 《通鉴》卷二一九，至德二载二月，7020页。

力。尽管如此，玄宗也在对该地区进行渗透。在普安制中，这一地区也列入都使所统领的范围；日后则对这一地区的军将人选多有影响。

除了对地域的控制，还有对人事任命的合法性的争夺。

在永王起兵的同时，至德元载（756）十一月，肃宗命崔涣宣慰江南，兼知选事①。至德二载八月，崔涣在江南选补，伪滥者众，罢为余杭太守、江东采访防御使②。所谓伪滥，恐是秉承肃宗之命，安排人事，而受到了玄宗的抵制。

在人事任命上，也常常出现重复任命。比如，第五琦奉贺兰进明命，进蜀奏事时，提出“方今用兵，财赋为急，财赋所产，江、淮居多，乞假臣一职，可使军无乏用”。玄宗大喜，任命其为监察御史、江淮租庸使③。十月，第五琦至彭原，“请以江、淮租庸市轻货，溯江、汉而上至洋川，令汉中王瑀陆运至扶风以助军；上从之。寻加琦山南等五道度支使”④。此前第五琦已有玄宗任命的江淮租庸使的头衔，就是要在江淮收集租庸以供军；此后不久到彭原，又被肃宗任命为山南等五道度支使。山南等五道，应含江淮，因为当时他可以收集财赋的只有江淮地区。在同一地区做同样的工作，却前后有两次任命，颇令人费解——这或许只能解释成玄宗、肃宗在争夺对江淮财赋的控制权，虽然江淮财赋是同时送达灵武和蜀中的⑤。

---

① 《通鉴》卷二一九，7007 页。《通鉴》原作“十二月”，点校本引章钰校，称应作“十一月”。

② 《通鉴》卷二一九，7028—7029 页。

③ 《通鉴》卷二一八，至德元载八月，6992 页。

④ 《通鉴》卷二一九，至德元载十月，7001—7002 页。

⑤ 《通鉴》卷二一八，至德元载八月，“江、淮奏请贡献之蜀、之灵武者，皆自襄阳取上津路抵扶风，道路无壅，皆薛景仙之功也”，6995 页。

一些没有实质意义的重复任命，就更是父子对正统的争夺了，如至德元载十月，以李峘为剑南节度使，《通鉴考异》："《肃宗实录》，明年正月甲寅，以峘为剑南节度使。盖峘已受上皇命，而肃宗申命之也。"①

随着唐军的反攻和安史再次被压回河北，如何安置曾经是政治核心，而今虽然已成一个政治标志却仍具一定政治能量的"太上皇"，这一问题就摆在了肃宗面前。

至德二载(757)九月刚刚收复西京，肃宗便派人到蜀奉迎玄宗。第一次他派宦官啖廷瑶入蜀，表中称请上皇东归，自己回东宫修臣子之礼。此事告知李泌后，李泌建议马上以群臣名义草贺表，"言自马嵬请留，灵武劝进，及今成功，圣上思恋晨昏，请速还京以就孝养之意"②。再次命使奉表入蜀。玄宗接到此二表后。史称：

> 成都使还，上皇诰曰："当与我剑南一道自奉，不复来矣。"上忧惧，不知所为。后使者至，言："上皇初得上请归东宫表，彷徨不能食，欲不归；及群臣表至，乃大喜，命食作乐，下诰定行日。"上召李泌告之曰："皆卿力也！"③

---

① 《通鉴》卷二一九，7003页。李峘是"入计京师，属禄山之乱，玄宗幸蜀，峘奔赴行在"(《旧唐书》卷一一二《李峘传》，3342页)；其弟李岘，任永王璘副使，却在脱离永王后，投奔肃宗。如果说李峘是事出仓促，"别无选择"或选择余地不大，那李岘就是"自主选择"了。倘作诛心之论，此事颇有兄弟在玄宗、肃宗父子两边押注之趣。

② 《通鉴》卷二二〇，至德二载九月，7035页。

③ 《通鉴》卷二二〇，至德二载十月，7041页。胡三省在"成都使还"下注称"此还者，啖庭瑶也"，在"后使者至"注称"此奉群臣贺表中使继还也"。《旧唐书》卷九《玄宗纪下》只说："(至德二载)十月，肃宗遣中使啖廷瑶入蜀奉迎。丁卯，上皇发蜀郡。"(234页)

《通鉴》所载，无非是要表彰李泌对辅助肃宗的作用。但这些事实表明，肃宗置玄宗于两难，显然是不想让玄宗回来。李泌深知将玄宗置于蜀中对肃宗的威胁，所以建议要让玄宗回来，以便控制①。仅有群臣的贺表恐怕未必能打动玄宗，其中可能肃宗还采取了其他措施，迫使玄宗回京，也未可知。但随后即派韦见素入蜀奉迎，一方面因韦氏深为玄宗所信任，曾被派给肃宗任宰相，可以多少打消一些玄宗的顾虑；同时也寓催促之意②。

十二月丙午，玄宗至咸阳，肃宗前往亲迎。但在十一月丙申玄宗至凤翔时，玄宗即命从兵六百人，悉以甲兵输郡库，而肃宗发精骑三千奉迎。这恐怕是双方在此前就已谈好了缴械与接管的方式，它标志着玄宗彻底放弃了权力，完成了父子间的权力交接。十二月甲子，玄宗将传国宝授与肃宗，不过只是个仪式而已。

然而，玄宗虽然回到了长安，但他对剑南的影响仍然存在。他与肃宗父子间的隔阂和猜忌也并没有因为权力之间彻底交接而完全消

① 上引贾二强、任士英两文，认为肃宗之所以没有听从李泌缓收两京而先派回纥兵直捣范阳，以从根本上铲平河北叛军的建议，是因为肃宗想尽快收复两京以迎玄宗回京，以结束二元政治的格局。按，肃宗的反攻计划与是否迎接玄宗回长安关系不大。从唐廷与叛军的力量对比可以看出，唐廷当时无力从根本上铲除叛军；收复两京后，发生的吐蕃入寇、握兵将帅跋扈之事，使唐廷无法再用兵与河朔持久作战，这也反证即使采纳了李泌的意见，也不可能真正彻底平定叛乱。当时已经形成了南北两个政治权力核心；收复两京，是迎回玄宗的极好借口，但如何保证玄宗会听从肃宗的安排而回京呢？难道玄宗不知道回京意味着什么吗？退一步说，即使肃宗采取先收复两京的战略，其本心是为了能尽快迎回玄宗以全面控制政局，那也是歪打正着，巧合而已。因此，将二元政局以及永王璘事件视作唐廷未能完全平定安史之乱的重要原因，恐怕是言过其实了。

② 《通鉴》卷二二〇，至德二载十月，7041 页。《旧唐书》卷九二《韦见素传》系于十一月，3278 页。

除。《旧唐书》卷一八四《宦官·李辅国传》：

> 上皇自蜀还京，居兴庆宫，肃宗自夹城中起居。上皇时召伶官奏乐，持盈公主往来宫中，辅国常阴候其隙而间之。上元元年，上皇尝登长庆楼，与公主语，剑南奏事官过朝谒，上皇令公主及如仙媛作主人。辅国起微贱，贵达日近，不为上皇左右所礼，虑恩顾或衰，乃潜画奇谋以自固。因持盈待客，乃奏云："南内有异谋。"矫诏移上皇居西内，送持盈于玉真观，高力士等皆坐流窜。(4760 页)[①]

辅国侍奉的是肃宗，不会因"不为上皇左右所礼"便恐玄宗对他"恩顾或衰"；此处之"恩顾或衰"只能是指肃宗对他的态度，而不会是玄宗对他的态度。与此相关，"画奇谋以自固"也是自固于肃宗而非自固于玄宗。他移玄宗于西内便可自固于肃宗，则此事即使不是秉承肃宗之旨，也至少是迎合了肃宗之意。而移宫一事的出现，直接原因是玄宗与往日旧臣，特别是与剑南官员有联系，而居中负联络之责的是持盈公主。玄宗是否另有图谋，我们不敢肯定，但肃宗对玄宗的这些举动不会掉以轻心，则是一定的。移宫之事发生在上元元年(760)七月，是年九月甲午，"置南都于荆州，以荆州为江陵府，仍置永平军团练兵三千人，以扼吴、蜀之冲"[②]。所谓"扼吴、蜀之冲"，针对的显然是玄宗在蜀地的势力和影响；从此也可以看出，移宫之事并非空穴来风。此事在玄宗回都后，距永王之平已多有岁月，或许因玄宗在蜀犹有势力？

---

① 参《旧唐书》卷九《玄宗纪下》，81 页；《通鉴》卷二二一，上元元年六月、七月，7093—7094 页。

② 《通鉴》卷二二一，7096 页。参《旧唐书》卷一八五下《良吏下·吕諲传》，4824 页。

上引《旧唐书·李辅国传》称剑南有人来京，还觐谒玄宗，为此将玄宗移于大内。移宫之事仍然是父子猜忌乃至斗争的继续。移宫后，彻底断绝了玄宗与外界朝臣的联系，第二年玄宗便郁郁而死。对一个长期拥有权力的人来说，失去权力的打击实在是很大的，况且还被人采取种种措施予以防范和限制呢！

永王事变平息的当年（757）九月，肃宗组织了大规模的对叛军的反击，收复了两京，将叛军压回河北；年底，玄宗回到长安。虽然两个政治核心并存的局面影响了肃宗的平叛，但一方面它有时间性，另一方面从总体上看，李唐与叛军的关系，仍然主要是由双方的力量对比决定的。而在随后出现的吐蕃对唐廷的威胁、握兵将帅的跋扈以及朝廷对他们的防范，成为牵制唐廷与叛军作战，并最终导致以“河朔故事”为前提，结束与安史武力对抗的重要因素。

从政治斗争的角度看，肃宗到灵武，是要摆脱玄宗的控制而另立门户，从而形成了灵武与剑南两个政治中心；但从唐廷平叛的角度来看，正是因为肃宗在灵武的自立门户，才使以朔方军为核心的唐廷西北军队，全力投入平叛。否则，在安史的打击下，玄宗奔蜀，唐廷会极大地削弱乃至失去对西北的控制，从而有可能出现南北分裂的局面。所以唐军将安史压回河北，肃宗返回长安后，曾对郭子仪说：“吾之家国，实由卿再造。”这是肃宗对朔方军平叛所作的高度评价，同时也说明肃宗在灵武另立中央对最终结束安史之乱起了至关重要的作用。

（二）平叛中的新兴军将及其与朝廷的关系

安史之乱可以分作两个大的阶段，第一阶段是从安禄山起兵到安庆绪被官军压回河北，第二阶段是从史思明率兵再次南下，到史朝义被官军追杀，安史余部接受唐廷任命、安史之乱结束。在第一阶段，玄、肃父子二元对立的政治格局是影响肃宗朝廷平叛的主要因素；第二阶段，吐蕃的威胁则成为影响唐廷平叛的关键因素，而安史之乱的发生造成朝廷对将帅的猜忌和防范，长期战争又导致握兵将帅对朝廷离心力的增强——这内外两方面，促使朝廷要尽快结束战争。安史的内讧以及由此导致的分裂，不仅削弱了他们作为整体的力量，而且多个政治势力的并存也需要彼此之间的平衡，因此他们也无力再进行长期征伐。双方的力量对比，仍然是上述政治选择的一个大前提。

安史之乱的发生，导致唐廷对握兵之将的“信任危机”。如上所述，肃宗平叛主要依靠的力量是朔方军。先后全面主持平叛工作的是朔方军将领郭子仪、李光弼和仆固怀恩。但他们的政治生命与其所做出的贡献却相差甚远。作为朔方军首脑的郭子仪，在太子与玄宗之间，他是拥立太子即位为帝的元勋；同时，在平叛中，他也当然成为最有实力的重要将领，以至于在官军收复两京、将叛军逼回河北后，肃宗对郭子仪说出了“虽吾之家国，实由卿再造”这样的话①。但是，当肃宗刚刚得到玄宗承认，在西北与叛军对峙之时，他就问自己深所信任的李泌：“今郭子仪、李光弼已为宰相，若克两京，平四海，则无官以赏之，奈何?”②对郭、李平叛成功后官高不赏的忧虑之心已跃然纸上，隐藏在忧虑背后的则是对郭、李的猜忌。安史退回河北后，朝廷组织九节度使围攻安庆绪于相州；在这场大规模的围攻战中，“帝以子仪、光弼俱是元勋，难相统属”为由，命宦官鱼朝恩以观军容宣慰处置使的名义主

① 《旧唐书》卷一二〇《郭子仪传》，3452页；参《通鉴》卷二二〇，至德二载十一月，7044页。

② 《通鉴》卷二一九，至德二载正月，7013页。

持围攻事宜[①]。这已经有防范乃至架空郭、李二人之意。相州之战失败后，朝廷便以战败为由，解除了郭子仪的兵权。此后虽有史思明的第二次南下，虽有西北边事的吃紧，朝野也有“天下未平，不宜置郭子仪于散地”的呼声[②]，虽然在吐蕃入侵京师之时，郭子仪有临难救驾之功，但他的政治生命已经结束，朝廷再也没有委之以重任。

郭子仪被解除兵权后，李光弼取而代之。史思明起兵南下后的平叛工作主要是由李光弼主持的。河阳之战后，叛军被遏制在陕州以西，虽然随之而来的邙山之战，官军大败，但双方对峙于陕州的局势并未因此而改变。这次用兵是朝廷决策失误，但朝廷利用这次战败之机，调李光弼出镇临淮。李光弼当然知道这对他意味着什么——他出镇临淮所指挥的军队都是在平定安史叛乱过程中刚刚组建起来的军队，其数量、实力都远不能与以朔方军为主力的西线军队相比；当官军再次将叛军压回河北，以安史叛将接受朝廷任命为标志结束安史之乱后，朝廷对来瑱和仆固怀恩的处置，更使他认识到这不仅是剥夺了他对官军主力的指挥和控制，而且表明朝廷对他的猜忌。于是，当吐蕃入侵京师，朝廷征召他入朝勤王时，他迁延不至；吐蕃退走后，朝廷任命他为东都留守，以察其去就，“光弼伺知之，辞以久待敕不至，且归徐州，欲收江淮租赋以自给”——李光弼明知朝廷的用意是“察其去就”而拒绝任命，无异于公开表明了自己对朝廷的不信任。朝廷也因此将

---

① 《旧唐书》卷一二〇《郭子仪传》，3452 页。参《旧唐书》卷一八四《宦官·鱼朝恩传》(4763 页)、《通鉴》卷二二〇乾元元年九月(7061 页)。胡三省将“不立统帅”理解成“号令不一”，即没有统一指挥，并认为这是相州之战失败的关键原因；其实鱼朝恩无统帅之名而有统帅之实。

② 《通鉴》卷二二一，上元元年九月，7096—7097 页。《旧唐书》卷一二〇《郭子仪传》：“言事者以子仪有社稷大功，今残孽未除，不宜置之散地，肃宗深然之。”(3454 页)

其在河中的母亲接到京师，任命其弟光进与李辅国同掌禁军，并将这些安排秘密向光弼作了通报；这一方面是想借此显示朝廷对光弼的信任，另一方面也是寓牵制甚至要挟之意。李光弼就这样在防范和被防范中客死徐州①。

与郭、李二人相比，仆固怀恩的结局则更惨。仆固是在光弼被调离主战场之后，接替李光弼主持军事。他与回纥有姻亲关系，而回纥在平叛中的作用越来越重要，这就注定了他受到的猜忌要比郭、李更甚。安史叛将刚刚接受朝廷任命，仆固怀恩受命护送回纥北还时，朝廷就对他采取了一系列防范措施，迫使仆固怀恩不得不率部北逃。

当然，对郭、李、仆固三人的遭遇，旧史往往归于小人的谗孽，如郭子仪是鱼朝恩的防忌，李光弼则是与程元振不协，而仆固怀恩更直接被视作有贰心。然而，我们从上述一系列的史实可以看出，这反映出的并不是个别的偶然的现象，而是一种政治格局②。可以对此作出旁

---

① 《旧唐书》卷一一〇《李光弼传》，3311页。参《通鉴》卷二二三，广德元年二月(7163—7164页)、七月(7166页)。胡三省对朝廷针对李光弼的举措，称“皆所以怀来光弼”；对光弼之客死徐州，说“史言李光弼不能以功名自终”。这哪里是李光弼单方面的责任呢？其实郭子仪对自己的被猜忌也是十分明白的，《通鉴》卷二二五大历十年八月，郭子仪奏一县官而朝廷不报，子仪对僚佐说：“自兵兴以来，方镇武臣多跋扈，凡有所求，朝廷常委曲从之；此无他，乃疑之也。”(7231页)

② 黄寿成《唐肃宗时河东朔方兵变事探索》(2004)讨论宝应元年(762)河东、朔方兵变，指出上元二年(761)“唐肃宗鉴于安史之乱的教训，为防止藩镇将帅跋扈”，相继派了一些中央文武官员到各地任节度使，撤换了一些边将出身的节度使；认为这是引发兵变的原因，78—79页。高瀬奈津子《安史の乱后における河东节度使の动向——“张奉璋墓志”と“承天军城记”を中心に》(2007)，据《张奉璋墓志》和《承天军城记》，讨论了安史乱后朝廷对朔方、河东藩镇的猜忌。王炳文《从胡地到戎墟：安史之乱与河北胡化问题研究》第七章(2014)，在高濑奈津子文及贾志刚《唐代河东承天军史实寻踪——以五份碑志资料为中心》(2009)等基础上，对《张奉璋墓志》《承天军城记》涉及的时间又作了辨析，207—212页。王炳文将墓志“永泰元年，属仆固扇逆，(转下页)

证的，还有朝廷对节度使防区的处置。安史之乱发生后，内地开始设置方镇，但我们从《新唐书·方镇表》和《通鉴》的记载可以看出，方镇的辖区有越来越小的趋势，而将方镇划小的时机都是在战事缓解或有根本好转之时，如官军收复两京、安庆绪被压回河北后，朝廷就对方镇进行了大规模的调整；即使像朔方军这样在平叛中立下汗马功劳的军镇，日后也被分解成几个节镇。方镇的划小，削弱了单个方镇的力量，却加强了方镇间的牵制力量，即使发生叛乱，其影响也将大大弱化。

对握兵将帅的猜忌、对方镇的分解，都反映出鉴于安史之乱，朝廷要加强对方镇及其将帅控制的国策。但是，持续的战争会为将帅跋扈乃至叛乱提供更大的政治空间，而叛乱迟迟不能平定，也增加了方镇对朝廷的离心力。事实上，在平定安史之乱期间，将帅跋扈乃至叛乱屡有发生，甚至在河北之外的地区出现了割据的苗头；这些力量都是在平定安史叛乱过程中成长起来的。

安史之乱以前，方镇兵变几乎从未发生；在平定安史之乱的过程中，兵变开始频繁发生。即以《通鉴》所载，重要的至少有以下数起：

至德二载(757)七月，蜀郡兵郭千仞等反(7027页)；

乾元二年(759)八月，襄州将康楚元、张嘉延作乱(7080页)；

上元元年(760)四月，襄州将张维瑾、曹玠杀节度使，据州反

(接上页)晋人恟惧。东连涂水，南跨介山并乐平数城，欲为应接。公乃分奇兵、绝粮道，冒死格战，苦彼一军，唇齿俱亡，首属不救”，解释为“利用承天军的地理优势，扼死了仆固怀恩与成德方面的联系”(212页)，恐不能成立。就字面而言，绝粮道、格战，是阻止乐平数城响应仆固(乐平郡即辽州)。仆固如与河朔“暗通”，则在此前入河北接受安史部众表示归降时即可以，何必要等到由河北进入河东，才“暗通”呢？以此证成仆固反叛，恐难成立。

(7091 页);

上元元年十一月,淮南发生刘展之乱(7097 页);

上元二年四月,梓州刺史段子璋反(7113 页);

宝应元年(762)建卯月,河东军乱,杀节度使邓景山,屯于绛州的朔方等诸道行营兵、屯于翼城的镇西北庭行营兵作乱,分别杀行营都统李国贞、行营节度使荔非元礼(7119—7120 页);

宝应元年七月,剑南兵马使徐知道反,拒朝廷任命的严武赴节度使之任(7130 页)。

这些仅是《通鉴》所记载的影响较大的、发生在平定安史之乱期间的兵变。这些兵变,轻者想要挟朝廷任命他们所拥立的军将出任节度使(如朔方等诸道行营兵变是要求朝廷任命郭子仪为节帅,翼城的镇西北庭行营兵变后直接拥白孝德为帅,朝廷因而授之),重者则通过兵变而控制节镇(如襄州康楚元、张维瑾先后之乱,剑南徐知道之反),甚至称王称帝(如段子璋自称梁王,改元黄龙,署置百官,俨然要另立朝廷)。至于节镇将领用非兵变的方式干预朝廷对节帅任命,则几乎成为"正常现象"。乾元元年(758)十二月平卢节度使王志玄死后,关于其继任的人选,《通鉴》载:

上遣中使往抚将士,且就察军中所欲立者,授以旌节。高丽人李怀玉为裨将,杀玄志之子,推侯希逸为平卢军使……节度使由军士废立自此始。①

① 《通鉴》卷二二〇,7064 页。《旧唐书》卷一二四《李正己传》亦载此事(转下页)

一些拥重兵的军镇节度使也因此而自营家门，如来瑱之经营山南东道①，平卢李怀玉（即李正己）日后也完全控制了淄青平卢；这两个地区都因此与安史叛将相勾结，一度实现了“河朔化”②。朝廷利用“重复任命”的方式迫使握兵将领来瑱、刘展离任，更说明朝廷对地方控制力的降低。

刘展任宋州刺史，刚愎自用，为其节度使所不喜。上元元年（760）节度使王仲昇通过中使上表，要求除掉刘展；中使邢延恩认为“展方握强兵，宜以计去之。请除展江淮都统，代李峘，俟其释兵赴镇，中道执之，此一夫力耳”。但这一任命引起刘展的怀疑，他要求先得到印节，再离开宋州而赴新任。“展得印节，乃上表谢恩，牒追江、淮亲旧，置之

（接上页）（3534页），但未言此事为同类事件的开端。安史之乱以前，就有节度命为阻止他人接替自己而继续留任，让部下上奏挽留，如朝廷命高仙芝代安思顺为河西节度使时，“思顺讽群胡割耳剺面请留己，制复留思顺于河西”（《通鉴》卷二一六，天宝十载正月，6904页），但其性质与王玄志死后事不同。对王玄志继任者的这种处置方式，司马光特别不以为然，他附了一大段“臣光曰”，对此进行严厉批评，认为这是开了一个很不好的头；可见《通鉴》此处“节度使由军士废立自此始”的判断并非率尔操觚。

① 来瑱受命入朝时，“命诸将分戍诸州”。后来氏遭贬而被杀，“戍者皆奔归襄阳”，彼此发生火并，梁崇义被推为帅，朝廷不得不予以承认，见《通鉴》卷二二二，广德元年三月，7142页；参《旧唐书》卷一二一《梁崇义传》，3489—3490页。

② 《通鉴》卷二二三，永泰元年七月：“时成德节度使李宝臣、魏博节度使田承嗣、相卫节度使薛嵩、卢龙节度使李怀仙，收安、史余党，各拥劲卒数万，治兵完城，自署文武将吏，不供贡赋，与山南东道节度使梁崇义及（李）正己皆结为婚姻，互相表里。朝廷专事姑息，不能复制，虽名藩臣，羁縻而已。”胡注：“史因李正己逐侯希逸，究言藩镇之横。”（7176页）《通鉴》卷二二五，大历十二年十二月又讲到李正己、田承嗣、李宝臣、梁崇义“相与根据蟠结，虽奉事朝廷而不用其法令，官爵、甲兵、租赋、刑杀皆自专之……以是虽在中国名藩臣，而实如蛮貊异域焉”（7250页）。参《旧唐书》卷一二一《梁崇义传》（3490页）、卷一二四《李正己传》（3535页）、卷一四二《李宝臣传》（3866页）。直到唐宪宗用兵，淮蔡、平卢、淄青才被彻底平定。

心膂，三道官属遣使迎贺，申图籍，相望于道，展悉举宋州兵七千趣广陵。延恩知展已得其情，还奔广陵，与李峘、邓景山发兵拒之，移檄州县，言展反。展亦移檄言峘反，州县莫知所从。”刘展大败李铣、邓景山等，占广陵、润、升、宣、苏、湖、常、濠、楚、舒、和、滁、庐等州，江淮大扰。邓景山不得不请平卢将领田神功南下，才平定刘展①。田氏纵兵“大掠居人资产，鞭笞发掘略尽，商胡大食、波斯等商旅死者数千人”②。“安、史之乱，乱兵不及江、淮，至是，其民始罹荼毒矣。”③江淮受到很大破坏。无独有偶，对付来瑱也用了同样的方法。

朝廷征召时任山南东道节度使的来瑱入朝，来瑱讽将士上表留己。朝廷虽然应允，但将商、金、均、房四州从其所辖区中分出，别置观察使，使他只领六州。其行军司马裴茙密表来氏倔强难制，请以兵袭取。朝廷同意，于是在宝应元年（762）建辰月（三月）命来瑱出任淮西、河南十六州节度使，“外示宠任，实欲图之”，密敕裴氏为襄邓等州防御使，以代来瑱。来瑱得到调防命令，仍令部将上表留已，五月壬寅，朝廷复命其为山南东道节帅。六月，裴茙得到密敕后，以来瑱不受朝命受代，兴兵攻讨来瑱。来瑱取敕及告身示之，裴茙惊惑；来瑱大败裴

① 刘展之乱的过程，《通鉴》卷二二一，上元元年十一、十二月，有详细记载，7097—7102页。李碧妍《从“刘展之乱”看唐肃宗的江淮政策》（2010），从肃宗猜忌手握兵权的地方将领、遏制地方军事力量的角度，对此事件进行了解说；此据其《危机与重构：唐帝国及其地方诸侯》（2015）第四章第二节“刘展之乱的真相”（433—448页），但如何区分地方军队之间的不同呢？比如作者推测任命颜真卿为浙西节度使是为对付刘展，但浙西所领江宁军，是否也属地方部队呢（作者也称之为郡军）？

② 《旧唐书》卷一一〇《邓景山传》，3313页；参《旧唐书》卷一二四《田神功传》，3533页。

③ 《通鉴》卷二二二，上元二年正月，7104页。

茂，擒送京师。“朝旨务安汉南，乃归咎于茂”[1]，裴氏被赐死[2]。来瑱虽在当年八月入朝谢罪，后仍被处死，但他在入朝之时，“命诸将分戍诸州”，显然是为自己返任留下的伏笔。

刘展、来瑱事件，都是由朝廷防范手握重兵的将领而激发的。朝廷征召或调防刘、来二人所用的手段如此不高明，说明朝廷对方镇节帅或拥兵刺史的控制力很低，所以才会出此下策。从地域来看，上述的兵变除征讨安史叛乱的诸道行营兵驻扎在河东外，大多数的叛乱或对抗朝廷的事件都发生在剑南、淮南和山南，剑南是关中的后院，淮南、山南地处叛军直接威胁或业已占领的河南道的南部，实际上是防范叛军南下的第二道防线（第一道防线是河南道的官军）。其中宋州在运河沿线，是阻遏叛军南下的要塞；襄州更是南北、东西的交通枢纽，在安史之乱期间，运河一度堵塞，江南租庸转由汉水北上，此地又是新运线的中转点。这种军事地理位置，使这两地拥有重兵成为必要。然而，长期的战争，为拥有重兵的将领的跋扈提供了可能。在平定安史之乱期间，唐廷重兵置于西北，中隔为叛军所骚扰或占据的河南道，从地缘政治上看，这在客观上会减弱朝廷对河南道之南的山南、江淮的控制力。

剑南、襄州频频出现的兵变以及刘展、来瑱事件的发生，说明朝廷对剑南、山南、江淮的控制力已大为减弱。战争的持续，只会使这一趋势更为明显、更加严重。

---

① 《旧唐书》卷一一四《裴茙传》，3364 页。

② 这一过程见《通鉴》卷二二二，宝应元年建辰月（7121 页），五月、六月（7128—7129 页）。参《旧唐书》卷一一四《来瑱传》，3366—3367 页；《旧唐书》卷一一四《裴茙传》，3363—3364 页。

（三）吐蕃威胁对唐廷平叛的影响

安史之乱发生后，中央曾先后几次从西北边地调集军队入援平叛，这就削弱了防守边地的力量；而与此同时，吐蕃与回纥的力量却在不断增强。回纥对唐廷虽然不恭，但还没有与唐廷公开为敌；吐蕃则不然，他们从青藏高原下来，北向蚕食西域；而这一行动又是以先控制河西走廊、切断西域与中原的交通干线为开端。《通鉴》卷二二三，广德元年七月：

吐蕃入大震关，陷兰、廓、河、鄯、洮、岷、秦、成、渭等州，尽取河西、陇右之地。唐自武德以来，开拓边境，地连西域，皆置都督、府、州、县。开元中，置朔方、陇右、河西、安西、北庭诸节度使以统之……及安禄山反，边兵精锐者皆征发入援，谓之行营，所留兵单弱，胡虏稍蚕食之；数年间，西北数十州相继沦没，自凤翔以西，邠州以北，皆为左衽矣。

胡三省注：

兰、廓、秦、渭等州，即河西、陇右之地也，先已为吐蕃所陷，史因其入大震关而备言之。（7146页）

《通鉴》在此处因大震关之失而概言安史之乱发生后吐蕃对唐廷之地的攻占，是为是年十月吐蕃攻占长安张本。西域在吐蕃入占长安以后，还在吐蕃的压力下，长期为唐坚守[①]；而在此之前，连接西域与中原的河西走廊却已先为吐蕃所占。具体而言，至德二载(757)，吐蕃陷威戎、神威、定戎、宣威、制胜、金天、天成等军，石堡城、百谷城、雕窠城[②]；至德二载十月，陷西平郡[③]；宝应元年(762)，陷临、洮、秦、成、渭等州[④]。《旧唐书·地理志三》“安西大都护府”条曾概述说：

> 至德后，河西、陇右戍兵皆征集，收复两京。上元元年，河西军镇多为吐蕃所陷。(1647页)

也就是说，在安史之乱结束之前，吐蕃不仅已经切断了中原与西域的交通要道河西走廊，而且使长安直接暴露在他们的攻打之下[⑤]，李唐朝廷的存亡为此而受到了严重威胁。与此同时，党项在吐蕃的诱使下，也不断侵扰长安西北[⑥]。吐蕃还从剑南进攻，就在广德元年(763)，

---

① 参王小甫《唐、吐蕃、大食政治关系史》第五章第一节“安史乱后的西域形势及唐军的坚守”。

② 《通鉴》卷二一九，7011页。据胡注，可知这些军城皆属陇右节度使属，位置在今青海湖以西的大通河以及洮河、黄河沿线。

③ 《通鉴》卷二二〇，7038页。西平郡即鄯州，陇右节度使治所。此地的失守，标志着陇右节度使所镇守的以今青海西宁、乐都、贵德等为中心的地区已为吐蕃所有。

④ 《旧唐书》卷一一《代宗纪》，271页。以上是今洮河、渭水沿线的临潭、岷县、陇西、天水以及礼县地区。

⑤ 相关地理形势，史念海《关中的历史军事地理》(1987)曾有述及，特别是所附“唐代吐蕃进攻关中及长安图”更为直观，《河山集(四集)》，213—216页。

⑥ 据《通鉴》所载，在安史之乱期间，党项有以下几次较大规模的侵扰：乾元元年(758)九月，招讨党项使王仲昇斩党项酋长(7060页)，可知为对付党项，唐廷专门设置了招讨党项使；上元元年(760)正月，党项等羌吞噬边鄙，将逼京师(7090页)；上元元年六月、十一月(7092页)、十二月(7097页)党项寇泾、陇等地；上元二年二月(7105页)、五月(7113页)、六月(7114页)寇凤州、宝鸡、好畤等地；宝应元年(762)(转下页)

“陷松、维、保三州及云山新筑二城……于是剑南西山诸州亦入于吐蕃矣”①。

吐蕃攻打河西军镇、剑南西山诸州的过程，以及党项的配合侵扰，正是唐廷与安史叛军交战的时候；在这样的背景下，唐廷不得不尽快结束与安史的战争，以便应付吐蕃的威胁——就在与安史停战的当年，发生了吐蕃攻入长安之事；吐蕃对唐廷威胁的严重程度于此可见一斑。同时，安史本身的力量以及史朝义杀死其父史思明之后，叛军内部出现的大分裂，也使双方结束公开的武力对抗成为可能。双方的这种态度从官军以攻杀史朝义为名而进军河北的过程表现了出来。

三、朝廷进军河北与“河朔故事”的确立

上元二年(761)三月，史朝义杀死其父史思明，“诸节度使皆禄山旧将，与思明等夷，朝义征召不至”。已呈分裂之势。第二年即宝应元年(762)十月，唐廷组织全面反攻。面对官军的攻势，安史各部对官军的态度出现分歧。在河南的叛军，其实力无法与反攻的官军、回纥军相抗衡，但他们又无法随史朝义退回河北，因控制河北的李怀仙、张忠志、薛嵩、田承嗣四人不会轻易让出地盘给这些残兵败将，除非他们寄人篱下，被河北各部收编。因此，摆在他们面前的只有三条路：一是抗

(接上页)三月寇奉天(7122 页)。《旧唐书》卷一九八《西戎·党项羌传》：“自至德已后，常为吐蕃所诱，密以官告授之，使为侦道，故时或侵叛，寻亦底宁。”(5292 页)虽然“寻亦底宁”，但当时配合吐蕃，侵扰唐廷，同样给唐廷造成了很大威胁。相关概况，可参周伟洲《早期党项史研究》(2004)第三章“三 唐安史之乱后党项第二次大迁徙”，54—62 页。

① 《通鉴》卷二二三，7158—7159 页。

击官军而被消灭,二是退回河北而被收编,三是投降唐廷。守卫汴州的张献诚就是在这种背景下,选择了降唐①。

官军收复河南后,也面临着是否继续渡河收复河北的问题。当初官军反攻,收复两京,将叛军清出河南、压回河北后,曾继续“经营河北”,派九节度合围安庆绪于相州,结果不仅未能彻底解决河北问题,反而在相州之战败后,导致了史思明第二次南下;但如果不继续北上,又有一个如何结束与安史战争的问题。而事实上,唐廷面对内忧外患的格局,也在不断地调整对安史叛军的政策。从叛军方面来看,史思明被杀后,控制河北的李、张、薛、田四部完全有力量摆脱史朝义的控制而自立门户,事实上,他们已经瓜分了河北,因此他们各自都想尽量保持自己的实力;在这种情况下,面对官军的北上,他们不得不作出选择,或者是继续奉史朝义为主,对抗官军,或者是与唐廷讲和,保存实力②。这一格局决定了唐廷与安史余部的关系以及所谓安史之乱“平定”的方式。

唐廷对安史叛军的政策在不断改变。这个问题,学者已作过讨论③,此处则将其置于双方力量对比以及整个形势的变化、安史叛乱如何“结束”这一背景下再作些梳理,以见其渐次放宽乃至越来越宽的轨迹。

---

① 《旧唐书》卷一二二《张献诚传》,3497 页;《通鉴》卷二二二,宝应元年十月,7135 页。

② 王炳文《从胡地到戎墟》第六章(2019)以“孤立史燕与媾和中兴”为小节标题,称“史燕的地方节帅主动与唐廷达成默契,将孤立并终结史燕的统治作为双方的共同目标”(183 页),并引及 Edwin G. Pulleyblank(蒲立本)、Charles A. Peterson(彼得森)文(184—185 页),可参看。

③ 参仇鹿鸣《长安与河北之间:中晚唐的政治与文化》第二章(2018)第三节“唐廷处置‘贰臣’政策的形成与转变”,54—67 页。

肃宗在收复两京后的至德二载(757)十二月颁布《收复两京大赦》,称:“其逆人能自投降,率众款附及杀获逆人,其以郡县军城降者,并如超赏。应与安禄山同谋反逆枝党,及李林甫、王鉷、杨国忠等一房,并不在免限。”①十二月二十七日,诛受贼伪官的陈希烈、达奚珣等人②。“安禄山同谋反逆枝党”不在免限,对出任伪职的原朝廷官员也都予以深究,严惩不贷。不久对相州安庆绪的围攻,可以说是对这一政策的具体执行。乾元元年(758)四月仍然强调“反逆枝党”不得原免③;六月,即开始放宽,“其两京官应被贼逼授伪官、三司所推问未了者,一切放免。其贼中守本官,至冬方选,曾受驱驰,既宽刑典,免其贬降,并至来冬放选……量事轻重注拟。其已贬官者,续有处分”④。八月,针对“往以衣冠之伍,受职贼廷,量其轻重,俾申贬黜”的情况,又颁布《受贼伪官令均平改拟诏》:“令中书门下类例三司先所贬官,各据科目,均平改拟。仍审勘前后制敕,应合沾恩,并速处分。准制合量移人,亦令吏部速比类闻奏。”⑤这是对因在贼中任职而已遭贬谪者,予以从宽处置。十月以“余寇未殄,有胁在贼中未归顺者,一切不以为罪。其有受贼节制,能以兵降者,酬其封爵”⑥,放宽了对降贼官员

① 《唐大诏令集》卷一二三,658页。《通鉴》卷二二〇系于至德二载十二月戊午,7045页。

② 《唐大诏令集》卷一二六《处置受贼伪官陈希烈等诏》,679—680页;参《册府元龟》卷一五二(1846—1847页)、《通鉴》卷二二〇至德二载十二月(7049页)。

③ 《唐大诏令集》卷六九《乾元元年南郊赦》,383页。

④ 《原免两京被贼逼授伪官诏》,《唐大唐诏令集》卷一二一,644页;参《册府元龟》卷四一(468页)。

⑤ 《唐大诏令集》卷一二一,644页。《全唐文》卷四三《加恩处分流贬官员诏》据《册府元龟》卷六四录。

⑥ 《立成王为皇太子德音》,《唐大诏令集》卷二九,104页;参《全唐文》卷四四(486页,据《册府元龟》卷八七录)、《册府元龟》卷一六四(1983页)。

的处分①。

当史思明率兵再次南下，双方大战于河阳，对峙于陕州之时，乾元二年(759)闰四月，改元为上元；在《改元上元赦》中，称：“其与逆贼元谋及胁从受驱使，惧法来降，并潜藏不出者，已频处分，但能归顺舍罪，除元恶之外，一无所问。其史思明必能改图，束手来款，亦当洗其瑕衅，议以勋封。”②对主谋叛乱者，即所谓“元恶”，还是要追究；如果史思明“束手来款”，可考虑“洗其瑕衅，议以勋封”，当然这不可能。但是在上元二年(761)正月《以春令减降囚徒德音》中，开始发生变化：

比缘寇盗之内，干戈胁从，白刃临头，胡宁忍决，所有陷于凶

---

① 《通鉴》卷二二〇，至德二载十二月，记载处置降附官员后，又及此事之后果：“安禄山所署河南尹张万顷独以在贼中能保庇百姓，不坐。顷之，有自贼中来者，言‘唐群臣从安庆绪在邺者，闻广平王赦陈希烈等，皆自悼，恨失身贼庭；及闻希烈等诛，乃止。’上甚悔之。”(7050页)《旧唐书》卷五〇《刑法志》借拔魏州归国的萧华之口“河北官闻国家宣诏，放陈希烈等胁从官一切不问，各令复位，闻者悔归国之晚、举措自失。及后闻希烈等死，皆相贺得计，无敢归者。于是河北将吏人人益坚，大兵不解”；称“州县之内，多是贬降人。肃宗复闻三司多滥，尝悔云：‘朕为三司所误，深恨之。’及弥留之际，以元载为相，乃诏天下流降人等一切放归”(2152页)。《旧唐书》卷一八五下《良吏下·吕諲传》：“十月，克复两京，诏諲与三司官详定陷贼官陈希烈已下数百人罪戾轻重。諲用法太深，君子薄之。”(4824页)朝廷官员对这种处置也有不同意见。第二年六月戊午敕：“两京陷贼官，三司推究未毕者皆释之；贬、降者续处分。”(《通鉴》卷二二〇，乾元元年六月，7056页。)对此前的处置已在着手纠正。陆贽《请释赵贵先罪状》亦言及此事，称“曩者羯胡乱华，染污士吏，肃宗兴复，累降赦书，罪止渠魁，余所不问。河朔遗孽，既闻德泽之弘被，且幸胁污之见原，人人皆自怨尤，各悔归国之晚。及乎三司按罪，继用严科，未降之流，复喜得计”，《陆贽集》卷一六，512页。按，陆贽所谓“肃宗兴复，累降赦书，罪止渠魁”并非起始即如此，所言略有夸张。

② 《唐大诏令集》卷四，22页。

> 党，苟免者多。前后诏书，频已该及。其史思明将士及伪署官属等，有束身归顺，并率众来降，官爵如初，一无所问，以城邑等降者，仍别加封爵，余凶党之流，亦同此例。天实临照，朕无食言。①

其中分作三类人：一类是那些陷贼而接受伪任者，“前后诏书，频已该及”，一再申明要对他们宽大处理；第二类是叛军将领，无论是“束身归顺”，还是“率众来降”，都“官爵如初，一无所问”；第三类是“余凶党之流”，除上述两部人，这一部分实际上是以前诏书中屡屡言及绝不宽贷的“元恶”，即主谋叛乱者，而现在对他们则是“亦同此例”，即与胁从者同例。这时虽然官军在河阳之战中取得了胜利，但并未改变对峙局面，战事已陷入胶着状态。同时，整个形势对唐廷都很不利，特别是上元元年十一月至上元二年正月发生的刘展之乱，使唐廷赋税之区江淮出现大的动荡；而平定刘展后，形势并未因此而得到扭转，“田神功平刘展后，逗留于扬府，尚衡、殷仲卿相攻于兖、郓，来瑱旅拒于襄阳，朝廷患之”②。叛军占据河南越久，朝廷对江淮的控制也就越感吃力。况且吐蕃的威胁也已渐严重。这道诏书表明朝廷已准备通过放宽对叛军的处置政策以尽快结束战争。“天实临照，朕无食言”，赌咒发誓，急迫之情跃然纸上。如果此处所谓“余凶党之流”所指所显含混，那么在上元二年九月的《去上元年号赦》中，表达得就十分清楚了：

> 其史朝义若能翻然改图，背逆归顺，罪无所问，加以勋封。③

---

① 《唐大诏令集》卷八四，481 页；参《册府元龟》卷一六四，1983 页。

② 《旧唐书》卷一一〇《李光弼传》，3310 页。

③ 《唐大诏令集》卷四，23 页。

明确指出叛军首脑史朝义只要“背逆归顺”，即不再追究。这与《改元上元赦》中要求其父史思明“束身归款”已有本质不同，即史朝义不必“束身归款”，只要表示“归顺”即可。但在其后的《元年建卯月南郊赦》中，又有变化：

> 其反逆造伪头首，谋杀、故杀并十恶死罪，官吏及典正犯赃贿，为蠹既深，在法难容，并不在赦限。其史朝义已下胁从将士及受伪官等弃逆归顺，因事立功，封赏之外，余无所问。①

代宗在宝应元年（762）建巳月（四月）的《即位赦》中，也说：

> 逆贼史朝义已下，有能投降及率众归附者，当超与封赏。②

这个变化，是因朝廷已得到回纥的支持，准备大举反击；同时史思明被杀之后，叛军的分裂趋势日渐显著，于是唐廷调整政策，重在于分化瓦解，区别对待：对史朝义不再强调其归顺，而对其将领则只要“弃逆归顺，因事立功，封赏之外，余无所问”；代宗即位赦中则更进一步优待，只要归顺，即超与封赏，不强调是否因事立功，而将史朝义则明确划出界外。所谓归顺，就是表示接受李唐正朔；所谓超与封赏，就是对归顺叛军维持现状。这一政策的第一个实践对象，就是张忠志。

据《通鉴》，官军在宝应元年（762）十月戊辰（二十三日）发动反攻，

---

① 《唐大诏令集》卷六九，384 页。

② 《唐大诏令集》卷二，9 页。

乙亥（三十日）与史朝义决战于洛阳北郊，大败朝义，收复东京。十一月，史朝义由濮州北渡黄河，退入河北魏州界，守魏州的田承嗣派出援军，但为官军败于魏州昌乐东，“于是邺郡节度使薛嵩以相、卫、洺、邢四州降于陈郑、泽潞节度使李抱玉，恒阳节度使张忠志以赵、恒、深、定、易五州降于河东节度使辛云京”（7135—7136 页）。十一月丁酉（二十二日），朝廷正式任命张忠志为成德节度使，统恒、定、深、赵、易五州，赐姓名为李宝臣。薛嵩的任命也不应比这晚。至少，我们可以确定在此之前，河北四人中的薛、张二人已降唐。

史朝义败于昌乐后，退至贝州，与官军先后在贝州临清、宋州下博，再战再败，退至莫州。广德元年（763）正月，史朝义在屡败之余，田承嗣劝其至幽州发兵来援；朝义从之，但他刚离开，田承嗣即降官军[①]。于是仆固玚等帅众三万追之，朝义败走。时范阳节度使李怀仙已通过中使骆奉仙降唐[②]，朝义至范阳，不得入，东奔广阳，广阳不受，欲奔奚、契丹，为李怀仙追兵及之，被迫自杀[③]。怀仙献其首，仆固怀恩与诸军皆还。甲辰（三十日）朝义首至京师。

控制河北的四个人中，薛嵩曾一度阻击官军李抱玉部，但其所据

---

① 见《通鉴》卷二二二，宝应元年十一月、广德元年正月，7135—7139 页。《旧唐书》卷一二一《仆固怀恩传》称田承嗣在史朝义被李怀仙追杀后才降唐（3480—3481 页）。

② 《通鉴》卷二二二广德元年正月（7139 页）、《旧唐书》卷一二一《仆固怀恩传》（3481 页）。

③ 河北的交通线路，可以大致反映河朔诸镇的军事地理，参严耕望《太行东麓南北走廊驿道》，《唐代交通图考》第五卷（1986）篇肆伍；《河北平原南北交通两道》，同上书篇肆捌，以及所附“图二十一 唐代河阳以东黄河津渡·河北平原交通合图”。王文楚《唐代洛阳至魏州幽州驿路考》，见其《古代交通地理丛考》（1996）；所附驿路图，见 204 页。李孝聪《论唐代后期华北三个区域中心城市的形成》（1992），对定州（日后易定节度使治所）、镇州（成德节度使治所）、魏州（魏博节度使治所）成为“中心城市”作了讨论，有利于我们更好地理解河朔三镇中的成德、魏博，见其《中国城市的历史空间》。

卫州失守后，即降唐[①]；扼守河东通往河北的要道井陉的恒阳节度使张忠志(李宝臣)不战而降，迎河东节度使辛云京部入河北[②]；史朝义退回河北后，因在田承嗣辖区，田承嗣不得不暂作配合；李怀仙不战而降，并追杀朝义。因此，除田承嗣所部参与了与官军的战斗，薛嵩失守卫州外，其他三部均未与官军进行过实质性的作战，实力丝毫未受削弱。叛军各部之所以面对官军的进攻而表现出这样的态度，就在于他们在名合实分的情况下，都想保存实力，张忠志的态度表现得最为充分：

> 宝应元年，王师入井陉，将平河朔，武俊谓宝臣曰：“以寡敌众，以曲遇直，战则离，守则溃，锐师远斗，庸可御乎?”宝臣遂彻警备，以恒、定、深、赵、易五州归国，与王师协力，东袭遗寇。宝臣除恒、定等州节度使，以武俊构谋，奏兼御史中丞，充本军先锋兵马使。[③]

他处在河北与河东的要塞，是保护河北的屏障，如果遏制官军入井陉，

---

① 《通鉴》卷二二二，宝应元年十一月：“朝义自濮州北渡河，怀恩进攻滑州，拔之，追败朝义于卫州。”(7135页)史朝义在濮州渡河后，率田承嗣部来拒官军，仆固玚破之，并乘胜追击至昌乐东。田承嗣守魏州，昌乐在魏州境，地处濮州之北、魏州之南。可见，史朝义从濮州渡河北上，并没有折到西南的卫州阻击官军。引处所谓“追败朝义于卫州”，误(其史源系《旧唐书》卷一二一《仆固怀恩传》，3481页)。其时卫州为薛嵩所据，不久薛嵩即以相、卫等四州向李抱玉部投降。李抱玉在官军收复东京的反攻中，由河阳进攻东都；在收复东京后，他即率军向河北卫州方向进攻，疑卫州系李抱玉部所克。《旧唐书》卷一二一《仆固怀恩传》载官军在魏州昌乐大败叛军后，田承嗣降唐(3481页)。

② 《旧唐书》卷一四二《王武俊传》，3871—3872页；《通鉴》卷二二二，宝应元年十一月，7136页。

③ 《旧唐书》卷一四二《王武俊传》，3871—3872页。《旧唐书》卷一四二《李宝臣传》：“及思明败，不受朝义之命，乃开土门路以内王师。”(3865页)参《通鉴》卷二二二，宝应元年十一月，7136页。

则一定会与官军发生恶战。但是，这场战斗并不只是为了他自己，很大程度上是为了占据河北的其他安史余部；他没有必要为维护别部的安全而牺牲自己的实力。如果在河北的四部中，只有他一部降唐，则日后河北一旦被官军真正平定，他的“现状”也不会维持多久。相关史料都记载了与张忠志同时降唐的还有田承嗣。其次，他在实力没有受到任何损失的情况下即降唐，一定是得到了唐廷的某种承诺。张忠志在降唐后，唐廷在宝应元年(762)十一月丁酉(二十二日)正式任命张忠志为成德节度使；在此前的十一月辛巳(初六)，唐廷下令：“东京及河南、北受伪官者，一切不问。”胡注：“为青、冀、魏、幽各据所有州县以传世张本。”[1]这道诏书不过是重复此前除史朝义部一切不予追究的政策，并无什么新内容；这个时候重申旧义，主要就是为招降张忠志、田承嗣；胡三省的看法可谓入木三分，点出了其意义所在。

唐廷在反攻、收复东都的过程中，所使用的主力就是仆固怀恩父子所率领的官军和回纥部落；在进入河北以后，仆固父子所部的官军主力主要是在追击史朝义，这正是在执行唐廷对史朝义之外均不予追究的政策；这也是李怀仙能在官军到达以前，即向唐廷表示归降的关键原因[2]。在这个背景之下，田承嗣之降就成了题中应有之义，而

---

① 《通鉴》卷二二二，7136页。

② 学界对唐廷与叛军军事实力的对比有不同的评估，这又直接导致了对安史之乱究竟是“平定”还是“结束”的不同认定。如陈翔《再论安史之乱的平定与河北藩镇重建》(2010)即认为“随着战争形势的进一步发展，唐朝军队与安史叛军在兵力数量、战斗力方面发生了急剧的变化……战争尾声阶段……唐朝军队无论是在兵力数量上还是在战斗力上皆远胜安史叛军”(70—71页)，朝廷担心仆固怀恩与河北勾结，才同意叛将分帅河北的要求(72—73页)。从以上双方攻战的过程，我们很难同意这样的评估。

唐廷并未因其连连抗击官军而予以惩处，也是为取信于河北而不得不然。

史朝义从十一月退回河北，到次年正月被杀，其间不过三个月；用短短三个月时间，在安史叛军实力并未受到根本性打击以前，就能“平定”河北，根本原因就在于朝廷对史朝义之外其他安史叛将的政策，即“逆贼史朝义已下，有能投降及率众归附者，当超与封赏”。这个约定，就是日后所称的“河朔故事”；而这个约定的具体内容，就是自署官吏、不上赋税、以土地传子孙，至于“皆赐铁券，誓以不死”反属其次了[①]。事实上，直到宝应二年（七月改元广德，763）五月丁卯（廿五日），才正式划定河北及淄青、泽潞的管辖区域：“制分河北诸州：以幽、莫、妫、檀、平、蓟为幽州管；恒、定、赵、深、易为成德军管；相、贝、邢、洺为相州管；魏、博、德为魏州管；沧、棣、冀、瀛为青淄管；怀、卫、河阳为泽潞管。”[②]这标志着安史之乱的正式结束。

---

① 《旧唐书》卷一四二《李宝臣传》，3866 页。

② 《通鉴》卷二二二，7143 页。张国刚《唐代藩镇研究》3《肃代之际的政治军事形势与藩镇割据局面形成的关系》（1982），称“唐廷通过‘分而帅之’的做法，大大缩小了各镇的势力地盘，较之当年安禄山独擅三镇和史思明乾元投降时授以整个河北节度使的情况，已不可同日而语”（52—53 页）。秦中亮《地域空间与政治博弈：中晚唐河朔政区变迁刍议》（2022）“一、安史乱后河朔政区的重新界定及唐廷与河朔的博弈”，认为这是朝廷“对河朔政区的重新界定”（43 页），“在权力重新分配的过程中，李宝臣、薛嵩、田承嗣所控制的属州数量相当，这就彰显了唐廷意欲制衡的政治构思”“广德元年（763）河朔政区的再划分可以说充满了政治谋略与眼光”（44 页）等。按，安史余部分割河朔，并不是李唐朝廷“分而帅之”，“对河朔政区的重新界定”，而是对他们各自实际所占地区的承认。我们从仆固率军进入河北“受降”的过程，就可以知道，即使李唐朝廷有“政治构思”“政治谋略与眼光”，也很难实现，因为朝廷并没有真正消灭安史余部的有生力量，没有真正平定安史之乱，没有真正控制安史余部所控制的河朔地区。所谓“制分”，只是对安史余部实际占领的地区予以承认而已，并非朝廷出于战略考虑而加以重新划分。

总之，河北安史余部对唐廷的所谓“投降”，实际上并不是战败而降，而是在保存实力、维持现状的条件下，奉唐正朔而已；这并不意味着唐廷对它们有实际的控制力①。

这里还需再稍事解说的，便是所谓仆固怀恩之叛的问题②。

参与进军河北的李抱玉、辛云京、骆奉仙在事后向朝廷密报，怀疑仆固怀恩欲养贼自重。《旧唐书》卷一二四《薛嵩传》：

> 广德元年，东都平，时皇太子为天下兵马元帅，遣仆固怀恩东收河朔。嵩为贼守相州，闻贼朝义兵溃，王师至，嵩惶惑迎拜于怀恩马前，怀恩释之，令守旧职，时怀恩二心已萌。（3525页）

---

① 杨志玖《隋唐五代史纲要》（1957）即曾明确指出“唐朝虽然平定了安史的叛乱，但并没有彻底消灭安史的余部的势力……主要的还是因安史余部力量还相当大，使唐不得不和他们妥协，只要他们投降就算了”（88页）。只是囿于教科书，没有进行充分论证。毛汉光《魏博二百年史论》（1979）谈及仆固怀恩接受安史余部之降，虽称“仆固怀恩之私心容或有之”，但也分析说“以当时唐室的军力财力，若不接受贼降将之条件，是否可顺利平定河北，恐无必胜之把握”（《中国中古政治史论》，331页）。所谓“条件”，即指“河朔故事”；以此条件为前提，实际就不宜称“平定”。仇鹿鸣《长安与河北之间》（2018）第八章第四节，强调了河朔三镇有一个复杂的形成过程，“是乱平后十余年中一系列政治博弈及各种偶然因素叠加的产物”（337页）。他似乎是从两个方面来说明的，一是领地辖区的变动，二是举汴州刺史张献诚为例（他本与李怀仙、李宝臣无二，汴州最终成为顺地）。但河朔地区基本为安史余部所控制，张献诚归唐，一方面有他个人的政治选择，另一方面也是因为他脱离了河朔。换句话说，安史余部所控制的河朔地区，唐廷并没有能通过战争，实现真正的控制，这是“河朔故事”得以成立的根本原因。如果唐朝军队真正消灭了安史余部的有生力量，真正实现了对河朔地区的控制，自然就不会有所谓“河朔故事”出现的可能了。

② 关于仆固怀恩叛走事，学界研究甚多，指出了朝廷猜忌、军镇军将的矛盾、民族间区隔与认同等因素在其中的作用，等等。相关研究成果的综述，可参王炳文《从胡地到戎墟》（2014）第七章“蕃部弃儿与河东公敌——仆固怀恩叛乱新探”篇首，186—189页。

《旧唐书》卷一四一《田承嗣传》:

> 代宗遣朔方节度使仆固怀恩引回纥军讨平河朔。帝以二凶继乱,郡邑伤残,务在禁暴戢兵,屡行赦宥,凡为安、史诖误者,一切不问。时怀恩阴图不轨,虑贼平宠衰,欲留贼将为援,乃奏承嗣及李怀仙、张忠志、薛嵩等四人分帅河北诸郡。(3837 页)

《旧唐书》卷一四三《李怀仙传》:

> 宝应元年,元帅雍王统回纥诸兵收复东都,朝义渡河北走,乃令副元帅仆固怀恩率兵追之。时群凶瓦解,国威方振,贼党闻怀恩至,望风纳款……属怀恩私欲树党以固兵权,乃保荐怀仙可用;代宗复授……幽州卢龙等军节度使,与贼将薛嵩、田承嗣、张忠志等分河朔而帅之。(3895 页)

《通鉴》叙述史朝义在河北连战连败之后,说:

> 于是邺郡节度使薛嵩以相、卫、洺、邢四州降于陈郑、泽潞节度使李抱玉,恒阳节度使张忠志以赵、恒、深、定、易五州降于河东节度使辛云京。……抱玉等已进军入其营,按其部伍,嵩等皆受代;居无何,仆固怀恩皆令复位。(7135—7136 页)

史朝义自杀,传首京师后,朝廷于是年闰正月癸亥任命薛嵩、田承嗣、李怀仙为节度使。《通鉴》又对河北的这一状况进行了概括,称:

> 时河北诸州皆已降，嵩等迎仆固怀恩，拜于马首，乞行间自效；怀恩亦恐贼平宠衰，故奏留嵩等及李宝臣分帅河北，自为党援。朝廷亦厌苦兵革，苟冀无事，因而授之。

胡三省注称："河北藩镇，自此强傲不可制矣。"(7141页)似乎河北未能彻底平定，仆固要负相当的责任。关于这一点，黄永年、王寿南曾先后著文辨析，否定了李抱玉等怀疑的仆固"有贰心"，指出河北叛军实力尚强，唐廷本无实力真正予以彻底平定[①]。其实，无论是安史之乱的全过程，还是仆固率军进入河北的过程，都反映出河北的这一格局，是由双方力量的对比决定的。

所谓"群凶瓦解，国威方振，贼党闻怀恩至，望风纳款"，我们只能读作安史余部确是向唐廷表示了归降，但这种归降是有条件的。张忠志、薛嵩绝不会在其实力未受到根本打击的情况下，即俯首让抱玉等"进军入其营，按其部伍"，并自愿"受代"。史书出现这样的记载，很重要的原因是日后仆固怀恩逃往回纥，以果推因，认为此前仆固即已有贰心。其次，官军反攻时，以雍王适为兵马元帅，仆固怀恩领诸军以副适；实际是仆固以雍王副职的身份，主持反攻事宜[②]。收复东京后，对河北的进军，更是以仆固为帅，即上引《旧唐书·李怀仙传》所谓"元帅

---

① 黄永年《论安史之乱的平定和河北藩镇的重建》(1981)，《文史存稿》；王寿南《论仆固怀恩之叛》(1993)。傅乐成《唐代夷夏观念之演变》(1962)已提出"怀恩之受降，不过秉代宗之诏命。代宗之所以优容降将，一则因此辈兵力尚强，一时不易征服；又以回纥在中国多为不法，欲战争早日结束，遣返回国。……观夫怀恩之叛，只与回纥、吐蕃勾结，河北藩镇，并无一兵一卒以响应者，亦可知其事之诬矣"，《汉唐史论集》，219页。

② 《通鉴》卷二二二，宝应元年十月，7132页；参《旧唐书》卷一二一《仆固怀恩传》，3480页。

雍王统回纥诸兵收复东都，朝义渡河北走，乃令副元帅仆固怀恩率兵追之”,《旧唐书·田承嗣传》“代宗遣朔方节度使仆固怀恩引回纥军讨平河朔”。李抱玉、辛云京、骆奉仙对当时河北的实际情况并非不了解，但是，他们对叛军余部的具体处置，都是直接奉仆固怀恩之命来完成的。比如，接受薛嵩之降的，除李抱玉外，还有高辅成、尚文悊；而高、尚所部是直接由仆固统领的朔方部队[①]。这使他们对仆固难免会有疑忌。同时，他们看到仆固与回纥关系至密，担心仆固会恃回纥之力而对朝廷不利；事实上，仆固与朝廷之间隔阂的直接起因，就是仆固在护送回纥北归经过河东时，时任河东节帅的辛云京采取了种种防范措施[②],引起了仆固的不满，以致上表朝廷，要求诛杀辛、骆。朝廷“两无所问”,优诏和解；貌似无所偏袒，实则反映了朝廷对仆固确有疑忌。随之，就发生了吐蕃入侵、占领长安的变故。代宗仓皇出逃到陕，而所召诸道兵，又多所不至。太常博士柳伉上疏，就曾指出：“自九月二十八日闻有警急，十月一日下诏征兵，至今凡四十日矣，天下兵一人不至。”[③]在这样危难的关头，颜真卿曾主动要求去说谕仆固怀恩入朝，但未被允许，于此可见代宗对仆固的不信任。相反，吐蕃退去，代宗回京后，却旧话重提，要颜真卿去宣慰朔方行营，说谕仆固入朝。但颜真卿

---

① 《旧唐书》卷一二一《仆固怀恩传》:“相州伪节度薛嵩以相、卫州、洺、邢、赵降于李抱玉、高辅成、尚文悊。”(3481 页)

② 刘永强、张剑光《从河东镇的政治处境论辛云京与仆固怀恩之乱》(2019)解释了辛云京何以会疑忌仆固怀恩；当然，这不能说明仆固是否确有养贼自固乃至谋反之心。

③ 柳伉《请诛程元振疏》,《唐文粹》卷二八，叶 14a。《通鉴》卷二二三系此疏于广德元年十月，也说：“上发诏征诸道兵，李光弼等皆忌元振居中，莫有至者，中外咸切齿而莫敢发言。”(7155 页)李光弼确未勤王，见前述。

拒绝了，他说："陛下在陕，臣往，以忠义责之，使之赴难，彼犹有可来之理；今陛下还宫，彼进不成勤王，退不能释众，召之，庸肯至乎！且言怀恩反者，独辛云京、骆奉仙、李抱玉、鱼朝恩四人耳，自余群臣皆言其枉。"①可见当时不少人并不认为仆固怀恩有反心。仆固在受到猜疑后，曾上书自伐其功，其中有"六罪"即六大功，第五条是："陛下委臣副元帅之权，令臣指麾河北。其新附节度使，皆握强兵，臣之抚绥，悉安反侧，州县既定，赋税以时。"②强调的是他对已经降唐的安史余部的安抚，而没有说河北之降是他的功劳；如果他存心养贼自重，会这样公开宣扬吗？

仆固确无反叛之心，但是在当时朝廷对握兵之将格外猜忌的氛围下，他对入朝再三犹豫是可以理解的。李光弼可以选择最后客死徐州而不回朝，而仆固怀恩却只有两条路：或者走，或者入朝。因为他是朔方军统帅，朝廷不会让他控制这支军队；而一旦任命新的统帅，那就等于逼他出走。他无一隅可供独守。事实也确实如此。朝廷任命在朔方军有相当影响力的郭子仪为帅，留给仆固的只有一条路，那就是远走回纥。所以直到仆固死，朝廷也从未公开宣称仆固怀恩曾举兵反叛③。他是当时朝廷猜忌、防范握兵之将的牺牲品，是军将之间彼此疑忌的牺牲品，同时也是他作为平叛功臣、寓跋扈于意气的牺牲品。

---

① 《通鉴》卷二二三，广德二年正月，7159—7160页。

② 《旧唐书》卷一二一《仆固怀恩传》，3485页。

③ 敦煌文书也有记述、赞扬仆固怀恩功绩的《文范》(P. 2044v)，详见荣新江《归义军史研究——唐宋时代敦煌历史考索》第四章第一节，170—175页；他认为"至少这一部分写成于德宗(780—805年在位)以后……至于写本抄写年代，则应较晚"(171页)。

四、结 语

安史之乱发生后，李唐朝廷就失去了对河朔地区的控制。实际上，所谓安史之乱的平定，就是以朝廷承认其“独立”为前提的①；河朔之人自视可不受朝廷的控制，也是援此为据的，这就是所谓的“河朔故事”。

“河朔故事”就是李唐朝廷与河朔叛军约定的安史余部可在其控

---

① 张国刚在《唐代藩镇研究》“引言——唐代藩镇的历史真相”(1986)，曾提问“为什么安史降将安堵河北如故”，他的解释，一是“朝廷与前线平叛将领的矛盾……大大牵制了唐朝的平叛力量”，二是“中央皇权与宦官及宰相的矛盾……几乎终代宗之世，宫廷内部的权力争斗一直未已”，三是“唐王朝在肘腋之地与吐蕃、党项的矛盾”；最后总结道“正是由于政治、军事斗争重心的转移，安史首领相继去世后，其旧部才被‘悉原其罪，一切不问’。他们也就在这种情况下‘招还散亡，治城邑甲兵’”(20—22 页)。按，所谓旧部被“悉原其罪，一切不问”，实质就是安史之乱并没有被朝廷彻底平定；根本原因，还是双方的实力对比。如果安史之乱不是“结束”而是“平定”，那就没有“安堵河北”这一问题了。“安史首领”与“安史降将”，实际是同一拨人；名为“降将”，实际并未真“降”，而是在朝廷承认他们对河北仍旧控制的前提下，中止了与朝廷公开的武力对抗。崔瑞德编《剑桥中国隋唐史(589—906)》(1979)第八章“中唐和晚唐的宫廷和地方”(C. A. 彼得森撰)，指出“叛乱是在没有任何最后的和决定性胜利的情况下结束的……政府与其说是镇压叛乱，倒不如说通过妥协的解决办法来结束叛乱”，482—483 页。所谓“妥协的解决办法”，在我们看来就是达成了“河朔故事”。张达志《磁州增置与“山东三州”之关联——以唐代宗朝为中心》(2013)，作为主题研究的背景，称“朝廷收复河北只是名义上的事情，武力征服仅限于相、卫、魏等州，并未实现对河北全境有效的军事占领”(235 页)。其实，至少相、魏没有被官军真正“征服”实现控制，否则，就是官军又将此“出让”给了薛嵩和田承嗣。终唐之世，安史余部所控制地区，属地的分合或隶属关系的变化，无一不是战事争夺的结果，都不是朝廷颁布诏令所作的调整或设置(朝廷介入，也是依靠武力，如薛嵩死，参与瓜分相卫，争得洺州)。

制区“高度自治”：节度使可父死子继，或由地方军人集团拥立①；辖区内州县地方长官均由节度使任命而朝廷不予干涉②；安史余部则承认李唐朝廷为中央政府，不再进行公开的武力对抗。

所谓“故事”，原是指约定俗成的典制，汉代已然。揆诸当日的实际政治运作，不可能像现代，双方签订正式的合约或条约③。充其量只是盟誓而已，甚至连盟誓都没有举行，还没有到像唐与吐蕃那样“甥舅之国”关系的程度——这就是一个特殊的“中央与地方”关系的约定。朝廷日后也曾试图通过武力，实现对河朔的真正控制；河朔也曾想出兵南下，挑战朝廷，但双方均因力所不逮而作罢。经过几次较量，终于最后形成了朝廷只承认河朔“独立”而全力打击其他跋扈藩镇的国策，而河朔亦仅保境而不再兴兵。这是朝廷与河朔双方力量对比和当时政治形势的反映和要求。

武宗会昌年间，泽潞刘从谏死，其子刘稹拟继袭。朝廷主政的李

---

① 参谷川道雄《关于河朔三镇藩帅的继承》(1988)。父死子继，是安史之乱结束时所着力强调的一点，其实质是河北节帅由其自行决定，不受中央干涉。究其实际情形，河北节帅起初确多是父死子继，后来却常有军将“篡夺”节帅位置的事情发生。但无论是父死子继，还是外姓军将篡夺，都是河北藩镇内部的事情，朝廷无力过问。因此，河北自立于朝廷控制之外的实质，终唐之世，未能改变。

② 《旧唐书》卷一四二《王士真传》：“士真佐父(指王武俊)立功，备历艰苦，得位之后，恬然守善，虽自补属吏，赋不上供，然岁贡货财，名为进奉者，亦数十万，比幽、魏二镇，最为承顺。”(3877页)“自补属吏”为其常态，也是其自治之本质表现之一。贞元五年二月程怀直置景州，请朝廷任命景州刺史，朝廷遂任命徐申为景州刺史(《通鉴》卷二三三，7517页)。对此，李翱《徐申行状》：“河北之俗，刺史阙，其帅辄以其僚属将校自为之，不请有年矣。”(《李翱文集校注》卷一一，175页)权德舆《徐申墓志》：“自兵兴四十年，山东诸侯，率强大骄蹇，郡二千石多自命于辕门。”(《权德舆诗文集》卷二四，356页)说的也是河朔自补属吏事。

③ 徐志卿《唐故事为“不成文法”说质疑》(2009)，认为唐代的“故事”包含了法令制度。按，这是从法制史的角度来看的，“河朔故事”，是一种现实政治的约定。

德裕力主出兵。用兵期间，朝廷明确强调，“河朔自艰难以来，列圣许其传袭，已成故事，与泽潞不同”[①]；河朔亦予以配合和支持。事后，《通鉴》曾对其间朝廷对河北的处置作过一段总结：

> 自用兵以来，河北三镇每遣使至京师，李德裕常面谕之曰：“河朔兵力虽强，不能自立，须借朝廷官爵威命以安军情。归语汝使：与其使大将邀宣慰敕使以求官爵，何如自奋忠义，立功立事，结知明主，使恩出朝廷，不亦荣乎！且以耳目所及者言之，李载义在幽州，为国家尽忠平沧景，及为军中所逐，不失作节度使，后镇太原，位至宰相。杨志诚遣大将遮敕使马求官，及为军中所逐，朝廷竟不赦其罪。此二人祸福足以观矣。”……由是三镇不敢有异志。[②]

所谓“河朔兵力虽强，不能自立，须借朝廷官爵威命以安军情”，并非强调中央的力量足以影响河朔藩镇的稳定（从河北屡屡起兵，公然与中央进行武力对抗，即可说明此点不成立）；所举李载义、杨志诚之例，意在指明，中央如不及时表明态度，河朔地方军人集团内部即有可能生变，极易发生“为军中所逐”之事——军队地方化之后，产生了以牙兵为代表的地方军人集团，形成了“朝廷—节帅—地方军人集团”之间彼此矛盾、牵制的复杂关系，制约着朝廷与藩镇的关系[③]。

---

① 《通鉴》卷二四七，会昌三年四月，7980页。

② 《通鉴》卷二四八，会昌四年八月，8010页。

③ 堀敏一《藩镇亲卫军的权力结构》(1960)就是从节帅与亲兵之间的紧张关系来解释李德裕的话的，同时也用它来解释何以强藩未能完全摆脱唐朝的控制而（转下页）

即使这样，李德裕这话毕竟是对河北藩镇说的，难免有自夸的成分。此前不久，会昌元年(841)，幽州连续发生了几次兵变。是年九月，杀节度使史元忠，推陈行泰主留务；陈行泰派监军傔，携军将表，来朝廷请授行泰节钺；不久，闰九月又发生兵变，杀陈行泰，立牙将张绛；很快，幽州雄武军使张仲武起兵攻讨张绛，同时即派吴仲舒来朝，“请以本军讨之”。关于张仲武事成的可能性，时任宰相的李德裕对吴仲舒进行了详细询问，然后向武宗汇报，称“行泰、绛皆使大将上表，胁朝廷，邀节钺，故不可与。今仲武先自发兵为朝廷讨乱，与之则似有名”，于是，以仲武为留后。在处理这些连环兵变时，《通鉴》又引了李德裕的话“河朔事势，臣所熟谙。比来朝廷遣使赐诏常太速，故军情遂固。若置之数月不问，必自生变”云云①。学者引用这处记载，认为河朔对朝廷有依附性，甚至有学者以此来证明河朔权力的合法性来源于朝廷的承认②。

(接上页)独立(597—602页)。谷川道雄《关于河朔三镇藩帅的继承》(1988)，称“河朔的藩帅……一方面是‘伙伴集团’(指军人——引者)中的一员，一方面是朝廷的使臣，具有这两面矛盾性格的藩帅，在现实中，也就不能不摇摆于军人与朝廷之间了”(912页)。我们认为，河朔藩帅并不需要朝廷的“加持”，我们是从建中用兵后，朝廷与河朔三镇都意识到，需维持朝廷与河朔三镇、河朔三镇彼此间的均衡这一角度来进行解读的，详第四章。

① 《通鉴》卷二四六，会昌元年九月、闰九月、十月，7954—7956页。

② 张国刚《唐代藩镇研究》5《唐代藩镇的类型分析》(1983)，在讨论河朔割据型藩镇时，强调称“如果我们把前述河朔型藩镇企图摆脱中央集权的政治倾向称为游离性的话，那么，它们在实际上表现出来的这种不否定中央统治的特点则可称之为依附性了”(88页)。如果说，此前用“割据”所概括的河朔与朝廷的关系，易予人以“对立”之感的话，张氏所举的诸如官员流动、河朔士子应举进士、两税法在河北实施等，的确有益于我们纠正这一刻板认识。但用“依附性”来概括这种关系，似乎又易引起其他误会，比如仇鹿鸣《长安与河北之间》第四章(2013)，引李德裕语，称“此言道出了中晚唐河北藩镇对中央既抗拒又依赖的矛盾心态……具体到每一任节度使个人，其统治地方的权力合法性却又源于中央的授予”(165页)；第七章(2012)又引昭宗晚(转下页)

我想，这是夸大了朝廷的作用[①]。

顺利实现父死子继（如成德王廷凑之后的王氏历任），或者军将已经拥立者，中央授予旌节，只是走一个“承认”的过场。李德裕说，要等局势稳定之后，再授旌节，否则，他们换了人，朝廷仍不得不承认，以致陷于被动。这个承认只是面子上的事，完全谈不上权威，更与所谓合法性没有关系。《通鉴》所载李德裕的话，见于他的《论幽州事宜状》；此状追述朱克融以来幽州的表现，称：

> 自朱克融留连中使，不受赐衣，继以杨志诚累遣将吏上表，邀求官爵，自此悖慢之气，与镇、魏不同。今若便与留务，实为朝廷之耻。伏望且逗留旬月，便候事宜。克恭傔回日，伏望不赐诏书，庶全事体。[②]

“朱克融留连中使，不受赐衣”，是指宝历二年（826）朱克融因不满朝廷所赐“三军时服”而羞辱朝廷[③]。《旧唐书》卷一七〇《裴度传》详细记述

（接上页）期刘仁恭所谓“旄节吾自可为，要假长安本色”的话，“窥见唐廷的正式承认是节帅统治合法性的根基所在。以此而论，河北藩镇对于唐廷亦存在着深刻的依附性”（265页）。其实，在建中用兵之后，李唐朝廷与河朔藩镇之间的政治关系，是“互不否认”；河北对李唐朝廷，既不“依附”也不“依赖”。所以，本章副题选用了“自治”一词。

① 张天虹《唐朝的“官爵威命”与河朔藩镇》（2022）对学界这些认识有详细征引（冯金忠、仇鹿鸣、李鸿宾等相关论著）和评述（在实际的政治生活中，它具有“双刃剑”和“边际积极效应”，充其量，是朝廷的“软实力”），可参看。

② 《李德裕文集校笺》卷一三，230—231页。校笺者认为此状即《通鉴》所本。

③ 《旧唐书》卷一八〇《朱克融传》：“宝历二年，遣使送方镇及三军时服，克融怒所赐疏弱，执中使以闻。上特优容，别命中使宣谕，仍改赐衣物……又上言无衣，拟于朝廷请三十万端匹，以备一岁所费，不然则三军不安。”（4673—4674页）另参《通鉴》卷二四三，宝历二年三月，7849页。

了此事原委及朝廷的应对：

> 幽州朱克融执留赐春衣使杨文端，奏称衣段疏薄；又奏今岁三军春衣不足，拟于度支请给一季春衣，约三十万端匹……上忧其不逊，问宰臣曰："克融所奏，如何处分？我欲遣一重臣往宣慰，便索春衣使，可乎？"度对曰："克融家本凶族，无故又行凌悖，必将灭亡，陛下不足为虑……今亦不须遣使宣慰，亦不要索所留敕使，但更缓旬日已来，与一诏云：'闻中官到彼稍失去就，待到，我当有处分。所赐卿春衣，有司制造不谨，我甚要知之，已令科处。'……'又所言三军春衣，自是本道常事。比来朝廷或有事赐与，皆缘征发，须是优恩，若寻常则无此例。我固不惜二三十万端匹，只是事体不可独与范阳。卿宜知悉。'只如此处分即得，陛下更不要介意。"上从之，遂进诏草，至皆如度所料。(4428—4429 页)

把这两件事放在一起对比，我们就可以知道，避免"朝廷之耻"，"庶全事体"，才是李德裕所要强调的实质所在。

此前，元和五年(810)，朝廷曾设计擒泽潞卢从史；其中的关键，是得到了时任泽潞都知兵马使乌重胤的配合。事成后，朝廷拟命乌重胤继任泽潞节帅，遭到李绛的反对。他说：

> 今重允(胤)驱逐从史，忽领旌旄，两河闻知，必生怨望，谓陛下密以官爵诱其将校，逐其主帅。人情虽惬，国体已伤。①

① 《李相国论事集》卷三《泽潞节度使》，22 页。

李绛用两河会对朝廷产生“干涉内政、改变政权”的疑虑来说服宪宗，宪宗也听从了李绛的建议，没有任命乌重胤继任泽潞节帅，这说明朝廷“以官爵诱其将校，逐其主帅”是一个客观存在的可能的政治选项。宪宗时，朝廷是在尽力避免两河藩镇产生这样的联想和猜疑。到了武宗时，朝廷也不会公然用“须借朝廷官爵威命以安军情”来威慑河北，虽然其时已平定了淮西和淄青（事实上，不久即“河北再叛”了）。所以，李德裕的这些话，不能用以说明河朔对朝廷的依附性。经过建中用兵，河北不再以武力公然挑衅李唐朝廷，但也谈不上对朝廷“依附”，朝廷更谈不上有所谓“合法性”——他们就是靠武力公然与李唐对抗了八年，之后又恃其武力控制着当地，迫使李唐朝廷承认“河朔故事”，方才结束了公开的武力冲突。这样的权力，还需要李唐的承认或“授予”吗[①]？如果不能得到朝廷的“承认”或“加持”乃至“授权”，河朔藩镇节帅就无法顺利继袭并稳定局面，李唐朝廷下一纸讨伐诏书，不就可以解决河朔问题了吗？何至于直到唐亡，始终也未能真正实现对河朔三镇的控制呢？事实上，朝廷屡屡出兵河北，结果都是不了了之。因此，李唐朝廷与河朔三镇，充其量是合作，是配合，是共存；“依附”都谈不上，遑论所谓“合法性”了。

旧史将安史之乱没有被彻底平定，归因于率军进入河北地区的仆

---

① 余英时《“君尊臣卑”下的君权与相权》（1976）中说，“君权的取得以至保持主要都仰赖武力”，“君权是从枪杆子里出来的”，“君权的传统中是以‘力’为核心的”，等等，见其《历史与思想》，64—65 页。对河朔三镇节度使来说，他们名义上奉李唐朝廷正朔，实际则父死子继、自署官吏、不上供赋，实行的是“高度自治”，无“君”之名，却有“君”之实（是其治下这一方之君）。他们的统治，正是靠武力得来，恃武力维持的。至少从隋朝以来，得位者已基本不关注所谓的“合法性”问题了，参孟彦弘《隋朝的禅让·统一与所谓“正统论”——从史事看思想》（2022）。

固怀恩的养贼自重。我们从官军进入河北的过程可以看出，叛军的有生力量并没有被消灭；双方只是在某种条件下的罢战，仆固怀恩是以遵守这一条件为前提，才得以如此迅速、顺利地进入河北，并接受安史余部“投降”。仆固日后出走回纥，与他处置河北之间，没有关系。

学界围绕“河朔故事”进行了充分的讨论。关于它成立的时间，也有多种说法，比如有学者认为“河朔故事”成立于德宗建中用兵失败之后①；有学者认为是到穆宗长庆河北再叛才得以确立②；有学者认为始于德宗建中失败，确定于穆宗长庆河北再叛③；有学者则举上引李德裕的话，认为在武宗时才最终确立④。在我看来，这是将“河朔故事”与此

---

① 如王炳文《从胡地到戎墟》(2020)转述 Jonathan Mirsky 的意见，14 页及该页注②；冯金忠《唐代河北藩镇研究》(2012)第二章(21—22 页)与第十二章(195—197 页)，及其《庙堂与故园之间：李德裕河朔政策的再审视》(2020，181 页)；胡平《未完成的中兴：中唐前期的长安政局》(2018)第五章第三节之“一、承认藩镇的自治与世袭”，278—280 页。秦中亮《胙土封邦：河朔故事形成史论》(2020)区分所谓“作为事实的父死子继与作为制度的河朔故事”，认为“从德宗朝以降河朔故事已经成为唐廷与藩镇共同遵守的法则”，180 页。向传君《唐代河北三镇储帅制度的演变考略》(2024)称“河北三镇建立初期……朝廷政策并未允许节度使世袭……唐德宗选择妥协并形成默认河北藩镇割据和世袭的政策”，168—169 页。

② 如仇鹿鸣《长安与河北之间》第七章(2012)，称“自穆宗以后，魏博与唐廷之间基本形成了以共同承认‘河朔故事’为基础的稳定关系。这一中唐以来形成的奉唐天子为正朔，各个藩镇依据朝廷控制力强弱拥有不同地位的政治格局，经过黄巢起兵的冲击后，已趋于瓦解”(264 页)。按，不知“穆宗以后”与“中唐以来”是否为同义语；如果不是，则“中唐”是否更早一些？参其第六章(2017)称“至长庆初，以唐廷承认‘河朔故事’为前提，朝廷与河朔藩镇建立新的政治默契”云(258 页)。

③ 李佳哲《唐代“河朔故事”的文本起源、历史内涵及确立过程——以韩愈〈魏博节度观察使沂国公先庙碑铭〉为线索》(2022)，认为河朔故事“开启的时间是在德宗建中平叛失败以后……经过宪宗、穆宗两朝的波动和调整，最终在穆宗长庆年间藩镇复叛之后确定下来”，129 页。

④ 如李碧妍《危机与重构》(2015)第三章，称“由武宗时代最终确立下来的‘河朔故事’传统……以唐廷承认藩镇帅位继袭为核心的‘河朔故事’，并非安史之结(转下页)

后逐渐形成的“放弃河北、控制其余”的藩镇政策,混为一谈了。如果在仆固怀恩代表朝廷进入河北时,没有与安史余部达成这一“故事”,保障安史余部对其实际控制地区的“自治”,安史余部在仍保有相当军事实力的情况下,会俯首听命吗?没有“河朔故事”,安史之乱就不会以这样的方式结束。换言之,这是结束安史之乱的前提;没有这一“故事”的达成,朝廷就不会如此轻易“平定”河北。因此,“河朔故事”不是安史之乱结束后逐渐形成的——如果说有一个形成、确立的过程,这个过程就是朝廷为尽快结束战争而不断宣布放宽对安史叛军处置的过程;安史之乱结束,就是这个过程的终点,而不是起点。

事实上,安史余部在其控制区域内实现了“自治”。双方断断续续打了八年之久,都已有些“精疲力竭”了,而史朝义被杀、安史部众分裂,朝廷受到的来自吐蕃的威胁也呈“迫在眉睫”之势,这成为双方结束军事冲突、“实现停火”的直接动因。总之,安史之乱不是“平定”,而是“结束”;结束的条件,就是“河朔故事”。

“河朔故事”在当时的主要内容,就是安史余部在其实际控制的区域实行“自治”,其政治形式,则是时人所接受和理解的“父死子继”。李绛在建中四年(783)泾师之变发生前,上《论两河及淮西利害状》,称:

(接上页)束后不久就已奠定的一个传统”,“唐廷的退出河北……在主观上,唐廷也已经不想再去干涉河朔了……9 世纪后的士人逐渐意识到,河朔藩镇至晚在大历末年即已形成‘意在自保,势无他图’的心态”(360—361 页);相关叙述,见 358—363 页。这是不是说,安史之乱结束时(763),朝廷已不想管河朔了;到了大历末年(779 年是大历的最后一年),士人已认识到了河朔也不想侵扰李唐;于是,到了武宗(即位于 840 年)时,确立了“河朔故事”?

> 自胡羯称乱，首起蓟门，中兴已来，未暇芟荡，因其降将，即而抚之，朝廷置河朔于度外，殆三十年，非一朝一夕之所急也。[①]

以陆贽的身份，他在给德宗所上之状中，对河朔现状的认识和评估不会信口开河。状中所谓“中兴”即指收复两京、结束战乱；他明确说，虽然“中兴”了，但朝廷实际并没有真正控制河朔，是将其“置于度外”的。所谓“三十年”，是约数，是从安史之乱发生的 755 年，即“胡羯称乱，首起蓟门”起算的。那时起，就被陆贽视作“朝廷置河朔于度外”了。这一局面的维持和进一步的演变，则发展成为军人政治。

---

① 《陆贽集》卷一一，325 页。

第四章　“姑息”与“用兵”

——朝廷藩镇政策的确立及其实施

杜牧曾著《守论》，批评代宗、德宗对藩镇的态度。他说：

> 今之议者咸曰：“夫倔强之徒，吾以良将劲兵以为衔策，高位美爵充饱其肠，安而不挠，外而不拘，亦犹豢扰虎狼而不拂其心，则忿气不萌。此大历、贞元所以守邦也，亦何必疾战焚煎吾民，然后以为快也。”愚曰：大历、贞元之间，适以此为祸也。当是之时，有城数十，千百卒夫，则朝廷待之，贷以法故，于是乎阔视大言，自树一家，破制削法，角为尊奢。天子养威而不问，有司守恬而不呵。……是以赵、魏、燕、齐，卓起大倡，梁、蔡、吴、蜀，蹑而和之。其余混澒轩嚣，欲相效者，往往而是。……呜呼，大历、贞元守邦之术，永戒之哉。①

杜牧的批评是否有道理，暂置不论；他的批评本身就说明，安史之乱虽然结束了，但这是以实行所谓的“河朔故事”为前提的；更为棘手的是，在平叛过程中，一批新军阀“成长”起来。如何应对这些握兵之将，成

---

① 《樊川文集》卷五，93—94页。参黄清连《杜牧论藩镇与军事》(1998)。

为李唐朝廷必须面对的问题。同时也说明,唐人对朝廷的藩镇政策有不同的认识。

所谓藩镇政策,实质便是李唐朝廷如何认识安史乱后出现的这一新的政治问题,以及探求解决之道。认识是逐渐明确的,政策又是随着认识的明确而逐步得到贯彻的。概括言之,政策的核心便是"放弃河北、控制其余";制定和实施的过程,则是经历了代、德、宪三朝,在与藩镇控制与反控制的不断争斗中逐步明晰并最终得到了贯彻。换言之,朝廷对藩镇政策的探求,开始于安史之乱的结束,完成于宪宗平藩。在这个过程中,一些关键性的事件促成了政策的制定和实施,并曾出现反复。

关于这个问题,学界也曾有过讨论①。我们拟就这一政策的制定过程,以及在这个过程中起到关键作用的事件略加勾勒,以期加深理解唐后期的藩镇格局。

一、"来瑱事件"与代宗朝对藩镇态度的变化

王夫之曾说:"唐藩镇之抗不受代、图不轨者,盖自瑱始。"②何以来瑱会成为一位标志性的人物呢?其"抗不受代、图不轨",又能说明什么呢?

代宗即位后不久,安史之乱结束,但政局仍极为动荡,此即被史家概括为藩镇跋扈的局面。《通鉴》对安史之乱结束时的藩镇情况和代

---

① 如辻正博《唐朝の对藩镇政策について——河南"顺地"化のプロセス》(1987)。
② 《读通鉴论》卷二三"代宗"条,808 页。

宗末年的藩镇情势都作了描述。代宗永泰元年(765)七月：

时成德节度使李宝臣，魏博节度使田承嗣，相卫节度使薛嵩，卢龙节度使李怀仙，收安、史余党，各拥劲卒数万，治兵完城，自署文武将吏，不供贡赋，与山南东道节度使梁崇义及(李)正己皆结为婚姻，互相表里。朝廷专事姑息，不能复制，虽名藩臣，羁縻而已。①

大历十二年(777)，谈到李灵曜叛乱之后几个强藩辖区的变化时，又说到田承嗣、李宝臣、李正己、梁崇义的情况：

相与根据蟠结，虽奉事朝廷而不用其法令，官爵、甲兵、租赋、刑杀皆自专之，上宽仁，一听其所为。朝廷或完一城，增一兵，辄有怨言，以为猜贰，常为之罢役；而自于境内筑垒、缮兵无虚日。以是虽在中国名藩臣，而实如蛮貊异域焉。②

---

① 《通鉴》卷二二三，永泰元年七月，7175页。胡三省注：“史因李正己逐侯希逸，究言藩镇之横。”参《旧唐书》卷一四一《田承嗣传》(3838页)、《旧唐书》卷一四三《李怀仙传》(3895—3896页)。《田承嗣传》称“代宗以黎元久罹寇虐，姑务优容”(3838页)，《李怀仙传》称“朝廷初集，姑务怀安，以是不能制”(3896页)，这可能是《通鉴》此处系年的主要依据。另《旧唐书》卷一二四《薛嵩传》称安史之乱结束时“时多事之后，姑欲安人”(3525页)。

② 《通鉴》卷二二五，大历十二年末，7249—7250页。参《旧唐书》卷一二四《李正己传》(3535页)、《旧唐书》卷一二一《梁崇义传》(3490页)。《李正己传》所言是攻打薛嵩和李灵曜之后的情况，而《梁崇义传》则是综述梁氏控制山南期间的情况，故《通鉴》系时大致据此而定。

参以《旧唐书》相关列传所述，可知旧史多将代宗视作对藩镇行姑息之政，并寓责于述。但代宗并不是一个生于承平、不谙世事的人。马嵬事变后，他随肃宗北上灵武，参与了平定安史之乱的全过程，而且因其太子的身份而屡屡陷入上层权力斗争的漩涡；就是他的即位，也是宫廷政变的产物。以这样的政治经历，我们很难相信他即位后会成为一个不谙世事的政治人物。事实上，他对藩镇仍然继续执行着肃宗时的政策。这从他对来瑱等人的态度以及仆固怀恩、郭子仪、李光弼、令狐彰等将帅对朝廷的态度即可看出。

来瑱就是在平定安史之乱的长期征战中"成长"起来的新军阀中颇具代表性的一位。

安史之乱爆发后，玄宗下令西北边军组建行军，入援勤王。伊西、北庭行军就是在这个背景下来到内地的，来瑱就是这支军队的行军司马。不久，玄宗令朝臣举荐智谋果决、才堪统众者各一人，来瑱为人所荐，被任命为颍川太守（并未赴任）[①]。此后他率兵在颍川、南阳一带，配合鲁炅抵击叛军南下。其间发生了永王璘事变。来瑱受肃宗之命，出任刚刚组建的淮南西道节度使，以对付永王。至德二载（757）十月，唐廷对安史叛军展开全面反攻，来瑱与鲁炅等在嗣虢王李巨的率领下，北上收复河南、河东失地。此后他受命回朝任官。相州之战，官军失利，史思明率兵第二次南下。乾元二年（759）三月，来瑱受命出任陕州刺史、陕虢华节度使，遏制叛军西进。乾元二年八月至十一月，襄州将康楚元、张嘉延作乱；次年（上元元年，760）襄州军将张维瑾等又杀节度使，起兵为乱。来瑱受命为山南节度使，前往襄州弹压。宝应元

① 《唐刺史考全编》（2000）所系来瑱颍川太守的时间，误。

年(762)三月，肃宗召来瑱赴京师，来瑱命属下军将上表请求他留任，得逞。荆南、淮西两节度使及往来中使称来瑱布恩惠，恐久难制。肃宗将其所领的商、金、均、房四州分出，别置观察使，即使用分割节镇的老办法来遏制来瑱的势力。行军司马裴茙请起兵袭击来瑱，朝廷即任命来瑱为淮西、河南节度使，外示尊宠，实夺其权；密敕裴茙接替来瑱的职位。来瑱故技重施，要求留任。其时代宗刚刚即位，仍旧使用肃宗的策略，一面答应其留任，同时暗中命裴茙图之。双方兵戎相见，裴茙兵败被擒，被来瑱送往京师；这无疑有向朝廷挑战的味道。当时安史之乱尚未结束，“朝旨务安汉南，乃归咎于茙”①，将他长流费州，并在蓝田驿赐死，一则杀人灭口，一则安抚来瑱。八月，来瑱入朝谢罪。史称代宗对他颇宠幸，只是由于程元振居中挑拨，代宗才于广德元年(763)正月将他处死②。

来瑱几次拒命回朝，但在打败裴茙后不久自动入朝谢罪。他在“入朝谢罪”之前，分兵戍守各地：

> 瑱之入朝也，命诸将分戍诸州，瑱死，戍者皆奔归襄阳。行军司马庞充将兵二千赴河南，至汝州，闻瑱死，引兵还袭襄州；左兵马使李昭拒之，充奔房州。(梁)崇义自邓州引戍兵归……(众)遂推崇义为帅。崇义……以其状闻，上不能讨。(广德元年)三月甲辰，以崇义为襄州刺史、山南东道节度留后。崇义奏改葬瑱，为之

---

① 《旧唐书》卷一一四《裴茙传》，3364 页。

② 以上有关来瑱的系年记事，见《通鉴》及《旧唐书》卷一一四《来瑱传》。

立祠，不居瑱听事及正堂。①

他已全面控制了山南，以为即使入朝，朝廷不仅不会处治他，而且不得不放他回来，否则山南将失控。事实上，他虽然被处死，朝廷也终未能重新真正控制山南；直到建中年间朝廷才得以再次控制山南。

来瑱苦心经营山南，确有跋扈之心。他拒命之时，正值安史之乱期间，朝廷虽采取诸如调防、分割其所领属州等种种措施以遏制其力量的膨胀，甚至利用其行军司马裴茙请诛来瑱之机，兵戎相见，但仍竭力避免将控制与反控制的矛盾公开化。裴茙的结局就是这一底线的体现。来瑱入朝之时，仍是如此，所以才有种种宠任。然而，随着不久之后安史之乱的结束，朝廷对他的态度也发生了变化。他不仅成为代宗即位后遇到的第一个拥兵而不听命受代者，而且成为安史之乱结束后朝廷面对的第一个跋扈镇将。王夫之所谓"唐藩镇之抗不受代、图不轨者，盖自瑱始"，指的正是安史之乱结束后的情况。对来瑱态度的前后变化及其最终结局，都说明代宗对藩镇态度的变化。这是来瑱始料不及的。对来瑱的处置，也因此具有了某种象征意义。

是年七月以后，吐蕃频频入寇，年底，竟然攻占长安，代宗被迫出逃。就在这个关键时刻，包括李光弼在内的许多藩镇节帅采取观望态度，而未积极勤王。柳伉《请诛程元振疏》曾指明了这一情况：

自九月二十八日闻有警急，十月一日下诏征兵，至今凡四十

---

① 《通鉴》卷二二二，广德元年三月，7142 页。参《旧唐书》卷一二一《梁崇义传》，3489—3490 页。

日矣,天下兵一人不至。何故?此四海之心叛陛下也。[1]

时人将此归咎于程元振对元勋军将的防范,柳伉也正是从这个角度上疏的。《通鉴》在讲到来瑱之死后,更是直接说“由是藩镇皆切齿于元振”,胡三省注:“为诸镇忌程元振、不敢勤王张本。”[2]

来瑱之死之所以会激起拥兵将领如此大的反应,就是因为这已不是代宗对来瑱一个人的态度。从郭子仪、李光弼、仆固怀恩、令狐彰等人的遭遇,以及他们对朝廷的态度上,我们可以看出,这反映的是代宗在继续执行此前肃宗对握兵将领猜忌、防范的控制政策。比如郭子仪。他在安史之乱第一阶段后已被解除兵柄,置于散地。代宗即位后,他曾将肃宗给他的诏敕悉数上奏代宗,并为此而写了长篇奏疏,以表明自己始终忠于王室。虽然旧史将此归咎于程元振,但他进一步受到猜忌、防范乃至挤压却是事实[3]。再如镇守滑州的令狐彰。他虽然是从安史叛军中投降唐廷的,而且其子令狐建娶的是李宝臣的女儿,但他不仅在平定安史叛乱的作战中立下汗马之功,而且在安史之乱结

① 《唐文粹》卷二八,叶 14a。《通鉴》卷二二三,广德元年十月在叙述程元振“诸将有大功者,元振皆忌疾欲害之。吐蕃入寇,元振不以时奏,致上狼狈出幸。上发诏征诸道兵,李光弼等皆忌元振居中,莫有至者”(7155 页),为此柳伉特上此疏。但与《唐文粹》所载疏文对照,知司马光只是编辑大意,而非录原文。

② 《通鉴》卷二二二,广德元年正月,7138 页。《旧唐书》卷一八四《宦官·程元振传》:“来瑱名将,裴冕元勋,二人既被诬陷,天下方镇皆解体。”(4762 页)《通鉴》卷二二二,广德元年六月:“同华节度使李怀让为程元振所谮,恐惧,自杀。”(7144 页)按,常衮所撰《李怀让墓志》(《文苑英华》卷九五一,5001—5002 页)未言其为程谮而自杀。

③ 《旧唐书》卷一二〇《郭子仪传》:“代宗即位,内官程元振用事,自矜定策之功,忌嫉宿将。”(3454 页)仆固怀恩在“平定”安史叛乱,回军汾州,上奏中称“子仪先已被猜,臣今又遭毁黩”,《旧唐书》卷一二一《仆固怀恩传》,3486 页。

束后，“岁奉王税及修贡献，未尝暂阙”，在派兵防秋时，所用资费自理，而不像其他藩镇那样，以出境为名，由中央供给。他在安史之乱结束后未再入朝，以致旧史认为“（李正己）与田承嗣、令狐彰、薛嵩、李宝臣、梁崇义更相影响”①。但他在大历八年临死前上表朝廷，要求中央派人来接替他的任职，并令其子回朝；此后的事实也正是如此。这显然与父死子继的“河朔故事”相悖，说明他并无割据之心。他在上表中将自己的不回朝归咎于鱼朝恩，不过是借口，因为鱼朝恩死于大历五年。他的这种矛盾的表现，说明他不回朝是由当时朝廷对握兵之将的总的态度所致，与李光弼的情形完全一样②。

仆固怀恩的遭遇以及来瑱之死，都使握兵之将意识到，随着安史之乱的结束，朝廷对他们的遏制乃至打击的程度正在进一步升级。这不能不使他们高度警觉，兔死狐悲之感尚在其次。双方的举措，彼此都十分明白。这当然不可能不引起握兵将帅的反弹。这一反弹不仅表现为像李光弼、令狐彰那样的消极的“避祸”，而且更表现为在唐廷最需要他们出力勤王时，他们采取了抵抗态度——很难想象，如果不是吐蕃入寇，下一个被朝廷惩治的会轮到谁。面对这样的局面，握兵将帅的观望也实在是可以理解的。柳伉就在他的上疏中，明确指出：“自朝义东灭、回纥北归，陛下以为智力所能、神明所赞，委权近贵、失意元勋。日引月长，浸成大祸。”他要求代宗下罪己诏，并且要点出：“若天下勋臣知予自新，许予改过，即召募将士来赴朝廷。若以为旧恶未悛，修身有阙，则帝王大器，敢妨圣贤，听天下所往也。”这充分显示

① 《旧唐书》卷一二四《李正己传》，3535 页。

② 《旧唐书》卷一二四《令狐彰传》及所附其子《令狐建传》，3528—3531 页。

出在吐蕃来犯之时，诸将不出兵勤王的事实以及这一事件所说明的诸将对朝廷的不满。

至于程元振，不过是他们抗拒朝廷的一个借口。我们当然不排除程元振个人的动机和态度，但从安史乱起之后朝廷对统兵将领的态度，可以看出这反映的绝不仅仅是程元振个人的行为，就像鱼朝恩一样，充其量他不过是执行了朝廷一贯的政策——在吐蕃入犯之际，他还着意隐瞒，可知他确实是代宗遏制乃至打击军将这一政策的支持者和执行者，即使这与他个人的动机相合；他的结局，也像裴茙一样，不过是政治的牺牲品。

面对军将的这种反弹，代宗不得不调整对藩镇的政策，以避免酿成公开的武装对抗。即便如此，这种调整也不是从一个极端走向另一个极端；在可能的情况下，代宗仍然对藩镇有所动作[①]。第一，对关键地区的藩镇仍不惜试图以武力控制，如用兵攻讨同华周智光、汴宋李灵曜，甚至欲利用河北内部的矛盾用兵成德。第二，采取了一些较为温和的措施以削弱藩镇的力量。如大历二年(767)二月敕：“皇五等已上亲，不许与军将婚姻；驸马郡主婿，不许与军将交游。”其目的就是要贬低军将的社会、政治地位。大历十年正月，诏诸军：“其官健逃亡，非承正制敕，不得辄召募。”[②]限制藩镇随意召募兵马、扩充实力。至大历末、建中初，中央就对各镇兵马进行了定编[③]。第三，有意识地积蓄力量，其中最为重要的措施，就是发展禁军力量，酝酿财政改革。

---

① 参樊文礼《安史之乱以后的藩镇形势和唐代宗朝的藩镇政策》(1995)。

② 《唐会要》卷七二“军杂录”，1540 页；参《通鉴》卷二二五，7228 页。

③ 大历十二年五月，“定诸州兵，皆有常数”，并通过确定俸禄而确定了编制，见《通鉴》卷二二五，7245 页。参《唐会要》卷七八“诸使杂录上”，1702 页。

在平定安史之乱的过程中，一些新兴藩镇利用平叛之机，不仅发展壮大了自己的势力，而且还利用中央因与叛军的长期胶着而导致的政治影响力、控制力减弱之机，也对中央跋扈乃至公然对抗。战争持续得越久，中央的政治控制力和影响力就会越小。这正是中央要尽快结束与安史叛军的军事对抗的原因之一。安史之乱结束以后，摆在中央面前的首要任务就是要稳定局面，尽力恢复自己的政治影响力。这时的中央根本没有组织对跋扈藩镇进行大举讨伐的实力；它不可能在努力结束与安史叛军的军事对抗之后，很快便与其他跋扈藩镇兵戎相见。于是，我们看到了中央对藩镇的格外宽容，也就是我们在史书中看到的代宗对藩镇的所谓的"姑息"。事实上，代宗对藩镇也并非一味姑息，如对梁崇义的打击以及参与对相卫瓜分的争夺等。即在有机可乘的情况下，仍然想加强对河北的控制。特别是瓜分相卫，得到磁、邢二州，后又得洺州，对中央遏制河北的战略意义甚大。其实，所谓姑息，实际上是在安史之乱结束后，中央与拥兵藩镇之间进行"磨合"的方式——双方都在相互摸底、彼此适应，并在摸底与适应中，通过彼此都能接受的"相处之道"，建立起一种游离与控制之间的合理的张力。这是一种安史之乱以前的中央与军将之间未曾有过的关系。

对代宗的政策全面予以改变的，是德宗。

二、建中用兵：中央与河北关系的确立以及中央藩镇政策的形成

促使唐廷尽快"结束"安史之乱的一个重要原因，是吐蕃的威胁。德宗即位以后，唐蕃开始和好，双方频遣使者，商议订盟之事，并要划

定疆界。建中年间吐蕃并未大规模侵扰唐廷，这为唐廷继续解决藩镇问题提供了有利的条件。同时，在军队地方化的同时，中央也竭力重新建立一支中央军队，其方式是将某支地方军队中央化。这就是神策军的兴起及其壮大的背景[①]。代宗末、德宗初的几次较大的军事行动，都是以神策军为主力。如大历十四年(779)吐蕃寇剑南，命李晟将神策兵救之[②]。平定刘文喜时，也发禁兵二千以助之[③]。作为禁军，神策军是当时有别于藩镇军队、朝廷能够直接控制的军队。时人对它也非常重视，如陆贽曾言：“先皇帝还自陕郛，惩艾往事，稍益禁卫，渐修边防。是时关中有朔方、泾原、陇右三帅，以捍西戎；河东有太原全军，以控北虏……今朔方、太原之众远在山东，神策六军之兵继出关外，傥有贼臣啖寇，黠虏窥边，伺隙乘虚，微犯亭障，此愚臣所窃为忧者也。”[④]段秀实也因“见禁兵寡少，不足以备非常”，乃上疏曰：“窃观禁兵不精，其数全少，卒有患难，将何待之！”[⑤]而建中元年(780)的财税收入改革，也为用兵提供了财政支持。在这种情况下，德宗开始积极准备，用兵藩镇。而所谓用兵藩镇，其目的就是要解决藩镇问题。在上引陆贽建中

---

① 关于神策军的基本概况，可参齐勇锋《说神策军》(1983)；何永成《唐代神策军研究——兼论神策军与中晚唐政局》(1990)；张国刚《唐代的神策军》，《唐代政治制度研究论集》(1994)，等等。

② 《旧唐书》卷一三三《李晟传》：“德宗即位，吐蕃寇剑南，时节度使崔宁朝京师，三川震恐，乃诏晟将神策兵救之。”3662 页。参《通鉴》卷二二六，大历十四年十月，7270—7271 页。按，杨炎建议留崔宁而“发朱泚所领范阳兵数千人，杂禁兵往击之，何忧不克！因而得内亲兵于其腹中，蜀将必不敢动”(《通鉴》，7271 页)，可见时人认为神策军在控制藩镇时所能起到的巨大作用。当然，这都是以神策军的强大为前提的。

③ 参《通鉴》卷二二六，建中元年四月，7279 页。

④ 陆贽《论关中事宜状》，《陆贽集》卷一一，341—345 页。

⑤ 《旧唐书》卷一二八《段秀实传》，3587 页。

四年泾师之变以前，给德宗所上的《论关中事宜状》中，描述了朝廷的用兵情况：

> 往岁为天下所患，咸谓除之则可致升平者，李正己、李宝臣、梁崇义、田悦是也。往岁为国家所信，咸谓任之则可除祸乱者，朱滔、李希烈是也。既而正己死，李纳继之；宝臣死，惟岳继之；崇义卒，希烈叛；惟岳戮，朱滔携。然则往岁之所患者，四去其三矣，而患竟不衰；往岁所信者，今则自叛矣，而[余]又难保。①

可见当时德宗对藩镇并没有"区别对待"。换言之，他尚未明确认识到河北诸镇与河北以外藩镇之间的质的区别。他是要从根本上、全面解决安史之乱爆发后所出现的藩镇问题。而用兵藩镇，又正好是从河朔开刀，针对的正是所谓的"河朔故事"②。

建中二年正月，成德节度使李宝臣死。按照"河朔故事"以及薛嵩的先例，"应当"听任其子李惟岳继位。但是，德宗并没有遵从其父代宗当年处理薛嵩、田承嗣后事那样的原则；他不许李惟岳袭位。这

---

① 《陆贽集》卷一一，345—347页。参《通鉴》卷二二八，建中四年八月，7349页。

② 德宗在建中元年，曾想利用额定两税之机，减少河北兵员，见《旧唐书》卷一二七《洪经纶传》(3579页)、《旧唐书》卷一四一《田悦传》(3841页)、《通鉴》卷二二六建中元年二月(7277页)。据《唐会要》卷七八，此时遣黜陟使分巡天下，是为定两税。河北本在中央控制之外，即使定两税额度，他们也不会上贡中央。因此，我认为洪经纶此举，是受德宗指令，目的就是要减少河北兵员。当然，这只是中央的企图，不可能收效。如果趁河朔节帅死而拒绝其子继袭为"借题发挥"，此举则是"主动出击"。时人将日后田悦与中央的对抗，归于洪氏昧于时机的处置，或称之为"冒昧遣散军队"(《陈寅恪读书札记·旧唐书新唐书之部》，111页)，未指出德宗之意就是要彻底解决河北问题。

表明，中央要改变河北这种以土地传子孙的割据状态，即要改变“河朔故事”。

德宗在拒绝李惟岳袭位的同时，就开始进行用兵的准备。鉴于河南是中央遏制河朔南下的前线，德宗首先加强了汴宋、河阳等地的军力。建中二年正月丙子，“分宋、亳、颍别为节度使，以宋州刺史刘洽为之；以泗州隶淮南；又以东都留守路嗣恭为怀、郑、汝、陕四州、河阳三城节度使。旬日，又以永平节度使李勉都统洽、嗣恭二道，仍割郑州隶之，选尝为将者为诸州刺史，以备正己等”①。二月，又调京西防秋兵万二千人戍关东②。同时又增筑汴州城郭。这表明，朝廷不仅不允许李惟岳袭位，而且准备用武力解决河北问题。

河北诸镇对朝廷针对河北的一系列举措所作出的反应也略有不同。这一方面表明他们之间存在着矛盾，同时也表明他们对朝廷欲以武力彻底解决以河北为中心的藩镇问题的决心认识不足，而这又恰恰是由当初朝廷与他们订立的“河朔故事”的协议导致的。

从河北诸镇之间的关系来看，魏博田承嗣恃其实力，在大历十一年(776)汴宋李灵曜自为留后，欲效河北藩镇时，河北三镇中只有田承嗣公然出兵，攻打滑州，以声援李灵曜；在朝廷加兵进讨时，他还击败

---

① 《通鉴》卷二二六，建中二年正月，7295—7296页。

② 《旧唐书》卷一四四《阳惠元传》，参《通鉴》卷二二六，建中二年二月，7298页。《唐大诏令集》卷一〇七《发兵屯守诸镇诏》：“近闻曹濮数州，加兵籍马，采听飞语，容纳奸谋，交质往来，邀结外援，虽各在封略，言备寇攘，而汴郊士庶颇闻惊扰……是以分命节制及集诸军于汴宋怀郑之间，使其屯守。”(556页)即为此而颁诏(但文末署建中元年)。《全唐文》卷五〇据《册府元龟》卷六四录(系年作建中三年二月)，拟题“令曹濮等州休兵诏”，正与事实相悖。《唐代诏敕目录》据《册府元龟》系于建中三年二月(332页)。应系于建中二年二月。

淄青李正己之兵[①]。还曾囚禁李正己派来的使者[②]，又因小事而与成德交恶，全然不把他们放在眼中[③]。幽州与成德、魏博之间则又显得颇为游离和隔膜。大历七年，幽州节度使朱希彩被杀，朱泚在其主衙内兵马使的弟弟朱滔的支持下继任节帅。大历八年，朱泚派朱滔率兵到京师防秋；九年朱泚入朝，朱滔继任节帅。朱氏兄弟与朝廷关系颇为和谐，朝廷也没有利用他们前后入朝之机采取不利于他们的行动[④]。加之幽州地处东北，西有成德，南有魏博，隔断了它与朝廷在地理上的直接联系。即使在河北与中央对抗的大背景下，幽州也显得较为安全。同时，在河北第一代节帅中，李怀仙死得最早，是被其部将朱希彩所杀，而希彩也是被其部下所杀。这种节帅易位的方式不仅未涉及河北与中央达成的"河朔故事"，而且在本质上是与"以土地传子孙"的原则相左的，为其他河北藩镇所不喜。朱氏兄弟任节度使后，向中央表示恭顺，始则派兵防秋，继而又亲自入朝；朝廷对朱氏兄弟也宠遇有加。这与成德、魏博的跋扈形成了鲜明的对比。

幽州与成德的矛盾尤为明显和突出。成德李宝臣自为符瑞，听信妖人谶语，自信必得天位。这反映了他扩充实力、号令一方，甚至有称

---

① 参《旧唐书》卷一三一《李勉传》，3635 页；《旧唐书》卷一四一《田承嗣传》，3840 页；《通鉴》卷二二五，大历十一年七月、十月，7238—7239 页。

② 《通鉴》卷二二五，大历十年十月："初，李正已遣使至魏州，承嗣囚之。"（7233 页）

③ 《旧唐书》卷一四二《李宝臣传》："初，宝臣、正己皆为承嗣所易。"宝臣弟宝正娶承嗣女为妻，一次在魏州与承嗣子击球，因马惊而误触死其子，承嗣杖杀宝正，"由是交恶"（3866 页）。《通鉴》卷二二五，系于大历十年三月（7230 页）。这样的事件而用这样的处理方法，说明了两镇并不认为需要格外维护、保持其间的关系。另，《旧唐书》卷一四一《张孝忠传》："田承嗣之寇冀州也，宝臣俾孝忠以精骑数千御之……（承嗣）乃焚营宵遁。"（3855 页）魏博曾有出兵攻打成德之意。

④ 《旧唐书》卷一四三《朱滔传》、《旧唐书》卷二〇〇下《朱泚传》。

帝的野心[1]。而成德扩张，或北上取幽州，或东南攻魏博。若取后者，即使能有所获，也会因夹在幽州、魏博之间而不易守住。北上攻打幽州，则可与成德所属连成一片，从而北靠幽蓟，南向蚕食而无顾此失彼、两面作战之虞。幽州欲扩张，只有南下，而南下的首当之敌就是成德。所以，成德、魏博都把对方看作自己战略扩张的假想敌，互相觊觎。

大历十年四月朝廷打击田承嗣，以及在打击田承嗣的过程中，成德、幽州的举措及其前后变化，都充分说明了当时河北诸镇间的关系。

朝廷看到魏博田承嗣与成德李宝臣、淄青李正己交恶后，决定打击田承嗣，“时朱滔方恭顺，与宝臣及河东节度使薛兼训攻其北，正己与淮西节度使李忠臣等攻其南”[2]。除河东节度使之外，其他参与讨伐的节镇大都游离于朝廷的完全控制。因此，整个讨伐过程和结果都很具戏剧性。在大兵压境的情况下，田承嗣一反过去对淄青李正己的倨傲，“遣使尽籍境内户口、甲兵、谷帛之数以与之”，并将先前囚禁的李正己的使者放回，临行时“立使者于庭，南向，拜而授书；又图正己之像，焚香事之”。正己悦，按兵不进，河南诸道兵皆不敢进[3]。解除后顾之忧后，田承嗣“知范阳宝臣乡里，心常欲之，因刻石作谶云‘二帝同功势万全，将田为侣入幽燕’，密令瘗宝臣境内，使望气者言彼有王气，宝臣掘而得之”。同时又表示愿随他攻打范阳，“并以沧州归

① 《旧唐书》卷一四二《李宝臣传》：“宝臣名位既高，自擅一方，专贮异志。妖人伪为谶语，言宝臣终有天位。”(3868 页)

② 《通鉴》卷二二五，大历十年四月，7230—7231 页。

③ 《通鉴》卷二二五，大历十年十月，7233 页。

公”。于是，李宝臣突袭了朱滔[①]。朝廷对田承嗣的打击最终因此而不了了之。

如此戏剧性的过程，不仅说明了河北诸镇间存在着矛盾，而且更可以说明他们都想利用一切机会，扩充自己的势力，以充当盟主，乃至图谋吞并对方。薛嵩死后，相卫即被瓜分。田承嗣将其治下的户口、甲兵、谷帛之数呈给李正己，正是利用了这一象征意义，表明自己愿臣服正己。而他轻而易举地、戏剧化地调动李宝臣北攻幽州，利用的正是李宝臣一直想吞并幽州的野心。朱氏兄弟对朝廷表示恭顺，也主要是因为他们与河北其他节镇之间存在着隔膜。河北诸镇之间的这种情势，决定了他们最初对德宗打击成德李惟岳的态度。

对朝廷反对李惟岳袭位一事，魏博田悦的反应最为强烈，“上章保荐，请赐（惟岳）旌节”[②]。在遭到拒绝后，便与成德联合起来，公开反抗朝廷。田悦如此不惜血本，支持李惟岳，并不仅仅是因为大历十四年他继任时曾得到过惟岳之父李宝臣的支持；更重要的是，他是“河朔故事”的受益者和实践者，他清楚地认识到，他必须维护父死子继、以土地传子孙的这一原则。他在朝廷大军压境，因出战不利而动员部将时说：

> 悦借伯父余业，久与卿等同事，今即败丧相继，不敢图全。然悦所以坚拒天诛者，特以淄青、恒冀二大人在日，为悦保荐于先

---

① 《通鉴》卷二二五，大历十年十月，7234页。参《旧唐书》卷一四二《李宝臣传》“（田承嗣）知范阳宝臣故里，生长其间，心常欲得之，乃勒石为谶”云云（3867页），用以迎合宝臣的心理。这说明宝臣是有北攻幽州的企图的。

② 《旧唐书》卷一四二《李惟岳传》，3868页。

朝，方获承袭。今二帅云亡，子弟求袭，悦既不能报效，以至兴师。[1]

他将维护父死子继作为动员部将与朝廷作战的理由，可见当时河朔将士也都认同这一原则，并认为在河朔地区这一原则应得到维护，也就是说，这不是某一个节镇的原则，而是河朔诸镇共同的原则。

淄青平卢李正己是在平定安史之乱的过程中“成长”起来的。他在中央对地方藩镇控制力渐弱之际，发展起来。大历十年围攻魏博，从魏博辖区中取得德州，将自己势力伸入河北后，更是竭力与河北勾结，力图使平卢“河朔化”，即以土地传子孙、不输王赋、自命官吏。此次围攻魏博，并不表明他听命于朝廷，而是为了遏制魏博，同时扩大自己的势力。

幽州当然也不会放弃这样一个削弱成德、扩充自己的机会，况且大历十年还曾受到过成德的突袭，而这一突袭的最终目的又是要吞并幽州。在此后战事胶着、田悦游说幽州反对朝廷时，说：“闻司徒（指朱滔）离幽州日，有诏得惟岳郡县，使隶本镇。”[2]也就是说，幽州南下攻成德，攻占的土地即归幽州所有。此虽系田悦之辞，未必可信，但此前就已有薛嵩死后其辖地被瓜分，以及大历十一年平汴州李灵曜时即允许各镇将攻得之地据为己有的事例；何况河北实际处于半独立状态，迥非汴州可比，因此，幽州欲借机吞并成德，并非不切实际。当然，还有更为重要的一点。大历十年对田承嗣的围攻，主持者是朝廷，但整个

① 《旧唐书》卷一四一《田悦传》，3842 页。建中三年八月，淄青李正己死，其子李纳要求袭位。

② 《旧唐书》卷一四一《田悦传》，3843 页。

战局的主动权却完全是被河北诸镇掌握着，他们的向背决定了整个攻伐的结果。平定汴州李灵曜之后，其辖地是被参与攻伐的节镇瓜分了。这使河朔认定朝廷根本不可能有解决河北问题的实力和计划；即使成德失败而被瓜分，朝廷势力也不可能进入河北。

其时力量强大而桀骜难驯者尚有淮西和山南东道二镇。德宗根据此二镇力量强弱之不同而采取了不同的对策。对力量较强的李希烈重在安抚——将他由留后而正式任命为节帅，又改淮西节度为淮宁军以宠之[①]，而对“地最褊，兵最少，法令最理，礼貌最恭”的山南东道梁崇义则先逼其反，然后利用李希烈加以攻伐。

战事经过大致如下：

建中二年(781)五月，魏博田悦率兵围攻临洺，平卢李正己派兵扼守徐州的甬桥、涡口，梁崇义阻兵襄阳，江淮至长安的运路为之断绝。八月李正己死后，其子李纳要求袭位，德宗不许，这更坚定了淄青支持河朔的决心。朝廷动员了大量军队投入战斗，旧史概括说：“时内自关中，西暨蜀、汉，南尽江、淮、闽、越，北至太原，所在出兵。”[②]可见德宗发动的是一场全面的对藩镇的战争，他要从根本上全面、彻底地解决藩镇问题。

是年十月，平卢属下徐州刺史李洧归朝，朝廷派兵救援；这无疑有利于朝廷对运河的控制。建中三年二月，河北局面发生变化。成德属将张孝忠、康日知先后归附，王武俊发动兵变，杀死李惟岳，向朝廷投降；魏博田悦被昭义、河东军围困于魏州；平卢淄青李纳被朔方、宣武、

---

① 参《旧唐书》卷一四五《李希烈传》，3942 页。

② 《通鉴》卷二二七，建中二年六月，7302 页。

神策军围困于濮州。史称:“时河北略定,惟魏州未下;河南诸军攻李纳于濮州,纳势日蹙。朝廷谓天下不日可平。”①似乎朝廷已控制了河北。于是,对河北的政治版图进行了重新划分。首先是分割成德,即张孝忠为易定沧三州节度使、王武俊为恒冀都团练使观察使、康日知为深赵都团练观察使;将原属淄青的德、棣划归朱滔,命他退兵。朱滔要求将他已攻占的深州划归自己,朝廷不许。朝廷又命王武俊以粮三千石给朱滔,马五百匹给马燧。

张孝忠从成德分割出去,是对既成事实的认定,因为在李宝臣时代,孝忠已对成德呈游离之势②。康日知与王武俊先后降唐,却各自为政,说明了朝廷有意要分割成德。史称:“朝廷既以定州属张孝忠,深州属康日知,武俊怒失赵、定二州。”③王武俊以杀李惟岳之功,认为应保持成德的完整,所谓“怒失赵、定”,实际就是“怒失宝臣故地”④。按照惯例,朱滔在攻伐成德的过程中,控制了深州,即应将深州归入其统辖,但德宗不许。而划归朱滔的德、棣是属淄青,朱氏虽一度控制,但很快即易手(此二州与幽州之间还隔着沧州),最终为王武俊所控制⑤。

---

① 《通鉴》卷二二七,建中三年二月,7319 页。

② 《旧唐书》卷一四一《张孝忠传》:“宝臣疑忌大将,杀李献诚等四五人,使召孝忠,孝忠惧不往。宝臣使孝忠弟孝节召焉,孝忠命孝节复命曰:‘诸将无状,连颈受戮,孝忠惧死不敢往,亦不敢叛,犹公之不觐于朝,虑祸而已,无他志也。’”(3855 页)其时张孝忠控制的是易州。后李惟岳所属定州刺史通过孝忠而降唐,张孝忠又控制了定州(同上,3856 页)。

③ 《旧唐书》卷一四二《王武俊传》,3873 页。

④ 《旧唐书》卷一四三《朱滔传》,3897 页。

⑤ 《通鉴》卷二二七,建中三年三月,“李纳之初反也,其所署德州刺史李西华备守甚严,都虞候李士真密毁西华于纳,纳召西华还府,以士真代之。士真又以诈召棣州刺史李长卿,长卿过德州,士真劫之,与同归国。夏四月戊午,以士真、长卿为二州刺史。士真求援于朱滔,滔已有异志,遣大将军李济时将三千人声言助士真守德州,(转下页)

故胡三省说："朱滔讨李惟岳，再战再胜，及瓜分成德巡属以赏降将，尺寸之地，滔不预焉；又欲使之取德、棣，此左氏所以知桓王之失郑也！"①朝廷不想使幽州的力量得到加强，虽然朱滔对朝廷表现出恭顺，且在攻伐成德时立下了功劳。而命王武俊为其他方镇提供粮、马，说明朝廷对成德乃至河北还会有更进一步的行动。这清晰地显示出了朝廷的意图，是要彻底解决河北问题。

至此，河北也终于清楚地意识到，德宗的这次用兵，与代宗时的讨伐田承嗣截然不同。王武俊首先作出反应，"以为朝廷不欲使故人为节度使，魏博既下，必取恒冀，故分其粮马以弱之，疑，未肯奉诏"②。被围攻的田悦立刻派人游说朱滔：

> 今上英武独断，有秦皇、汉武之才，诛夷豪杰，欲扫除河朔，不令子孙嗣袭。……如马燧、抱真等破魏博后，朝廷必以儒德大臣以镇之，则燕、赵之危可翘足而待也。③

虽为游说之辞，却说明他们已充分认识到德宗此次用兵，不同于代宗——他要结束维持了二十年的"河朔故事"，从而彻底解决河北问

（接上页）且召士真诣深州议军事，至则留之，使济时领州事（胡注：德宗以德、棣与朱滔，滔卒以诈力得之，不知又以为王武俊之资也）"，7321页。胡注所谓"又以为王武俊之资"，指兴元元年朱滔败于贝州（《通鉴》卷二三一，7431—7432页），棣州刺史赵镐以州降王武俊，但不久赵镐即以州降淄青李纳；十二月李纳以棣州归王武俊（参《通鉴》卷二三三，7520—7522页）。

① 《通鉴》卷二二七，建中三年二月，7319页。

② 《通鉴》卷二二七，建中三年二月，7319页。分裂成德事，参《旧唐书》卷一四一《张孝忠传》，3856页。

③ 《旧唐书》卷一四一《田悦传》，3843页。

题。于是，朱滔、王武俊、田悦、李纳联合起来，对抗朝廷。十一月，朱滔称冀王，田悦称魏王，王武俊称赵王，李纳称齐王，推朱滔为盟主。朝廷与河朔的战争陷入僵局。

朝廷与河朔的对峙，激发了淮西李希烈的野心。十一月，他出兵北上，徙镇许州，目的当然是要争夺对汴宋这一区域的控制，并切断唐王朝的经济动脉运河——从日后他公然称帝来看，他的政治野心不可谓不大。他派人与李纳相约，谋共袭汴州，“由是东南转输者皆不敢由汴渠，自蔡水而上”[①]。十二月，李希烈自称天下都元帅、太尉、建兴王。朱滔、王武俊南下救援田悦，与官军对峙日久，渐已困弊，于是极力劝李希烈称帝，欲以此来打破僵局，瓦解唐廷对河北的围攻。

李希烈起兵，阻断了漕运，威胁东都。建中四年正月起，朝廷陆续将京师附近的军队，调去攻打李希烈，同时又对河南的官军作了一系列调整。当时整个局势大致是，神策、永平、宣武、淮南、浙西、荆南、江泗、沔鄂、湖南、黔中、剑南、岭南诸军分列淮宁四周，对付李希烈；河东、泽潞、河阳、朔方诸军征战河朔。可以说，朝廷已将能够动员的一切力量都动员起来去参加这场全面的、大规模的平叛战争了。

就在建中四年八月调动泾原兵前往襄城参与攻打李希烈时，这支军队在经过京师时以赏赐不厚发动了兵变，并拥时在京师的朱滔之兄朱泚为帝。这就是“泾师兵变”。德宗出逃奉天，围攻河朔的唐军被迫回撤勤王，从而结束了这场旨在彻底解决藩镇问题的全面战争[②]。

无论这次兵变的细节如何，从当时整个战争来看，它是一个偶发

---

① 《通鉴》卷二二七，7337 页。

② 关于这场兵变，黄永年《“泾师之变”发微》（见其《文史探微》）曾作过细致的研究，可参看。

事件。德宗也是这样认识的：

上与陆贽语及乱故，深自克责。贽曰："致今日之患，皆群臣之罪也。"上曰："此亦天命，非由人事。"①

但以这一偶发事件为转折点，引发的一系列事件，却又最终导致了中央对藩镇政策的转变以及中央与河朔关系的变化。

首先，朝廷对河北某一藩镇用兵的最终结果，仍然要视河北其他方镇的态度而定；他们配合，则可以取得"成果"，他们不配合，中央即陷入被动，甚至一无所获。一个偶发事件而导致的全盘皆输，就充分说明了这一点。这使唐廷认识到，自己其实没有力量彻底解决藩镇问题。当陆贽听到上引德宗将泾师之变以后所面临的尴尬局面归于天命时，他马上从当时政治伦理的角度大加发挥，予以反驳。但从他日后几次三番劝德宗下罪己诏，而且要求"悔过之意不得不深，引咎之辞不得不尽"②，以及下罪己诏后，各地藩镇纷纷勤王等事实来看，在他这套政治伦理的说辞之下，实际所要表述的是，德宗需改变其藩镇政策，以收拾人心；所要收拾的人心，其实主要就是方镇军将。贾隐林也曾讲过类似的话："陛下性太急，不能容物，若此性未改，虽朱泚败亡，忧未艾也！"③所谓"不能容物"，主要还是针对握兵军将，特别是那些对中央有一定离心力的方镇军将。总之，是要劝他放弃咄咄逼人的全面解决藩镇问题的政策，消除河朔及有河朔化倾向的方镇军将的危机感。

① 《通鉴》卷二二八，建中四年十月，7364页。
② 《通鉴》卷二二九，建中四年末，7390页。
③ 《通鉴》卷二二九，建中四年十一月，7376页。

而促使德宗最终决定改变藩镇政策的事件,是李怀光之叛。

兴元元年(784)正月赦天下,次年德宗回到长安,李抱真入朝,说:“山东宣布赦书,士卒皆感泣。”[①]德宗此赦的本质,即在于承认“河朔故事”,并将建中用兵的责任都归于己:

> 李希烈、田悦、王武俊、李纳等,有以忠劳任膺将相,有以勋旧继守藩维。朕抚驭乖方,信诚不著,致令疑惧,不自保安,兵兴累年,海内骚扰,皆由上失其道而下罹其灾。[②]

所谓“山东宣布赦书,士卒皆感泣”,说明围攻河朔的朝廷军将也并不认为可以消灭河北。“兵兴累年,海内骚扰”,他们也已十分厌战了。当然战事一停,百姓负担亦可减轻,赦书中即明确说“其垫陌及税间架竹木茶漆榷铁等诸色名目,悉宜停罢”,但这尚在其次。

其次,“泾师之变”以后的一系列事件,又促使河朔内部的关系发生了变化,从而影响到他们对朝廷的态度。

在朝廷与河朔的征战中,成德、魏博的力量受到削弱,特别是成德的分裂,使其实力大受影响。在这场战争中惟一没有受到削弱的,就是幽州节镇。所以在他们联合抵抗朝廷时,四人虽皆称王,但朱滔被推为盟主,称“孤”,其他三人称“寡人”[③]。朱泚称帝后,与其弟朱滔书曰:“三秦之地,指日克平;大河之北,委卿除殄,当与卿会于洛阳。”朱

---

① 《通鉴》卷二二九,兴元元年正月,7392 页。

② 《奉天改兴元元年赦》,《唐大诏令集》卷五,27 页。

③ 《旧唐书》卷一四一《田悦传》,3844—3845 页。

滔得书，“宣示军府，移牒诸道，以自夸大”①。在官兵回兵勤王以及诸道各归本镇的情况下，朱氏兄弟南北呼应，彼此应援，力量显得更为强盛，甚至想要全面控制河北。这使成德、魏博受到了很大压力，从而打破了他们之间为抵抗官军而结成的联盟关系。

建中四年十二月，朝廷秘密与魏博、成德接触，以求联合对付朱氏兄弟。不久，朱滔率兵南下，攻击唐廷。为此，他派人要求田悦发兵参战。田悦召集谋士商讨对策，许士则分析当时的形势说：

> 彼引幽陵、回纥十万之兵屯于郊坰，大王出迎，则成擒矣。彼囚大王，兼魏国之兵，南向渡河，与关中相应，天下其孰能当之！

王武俊闻知朱滔派人到了田悦处，也急忙派谋士田秀驰见田悦，游说田悦：

> 今天子方在隐忧，以德绥我，我曹何得不悔过而归之邪！舍九叶天子不事而事滔乎！且泚未称帝之时，滔与我曹比肩为王，固已轻我曹矣。况使之南平汴、洛，与泚连衡，吾属皆为虏矣！②

① 《通鉴》卷二二八，建中四年十月，7362 页。《旧唐书》卷一四二《王武俊传》：“时朱泚伪册滔为皇太弟，滔率幽、檀劲卒，诱回纥二千骑，已围贝州数十日，将绝白马津，南盗洛都，与泚合势。”（3875 页）

② 《通鉴》卷二二九，建中四年十二月，7387 页。《旧唐书》卷一四二《王武俊传》记载了贾林对王武俊的游说，也是以朱滔有吞并成德之意来立论的。辩士之言未必实录，但被游说者之所以能听从，也正是鉴于他们感到来自朱氏兄弟的切实压力。《旧唐书》卷一四三《朱滔传》：“兴元初，田悦、王武俊以朱泚据京师，滔兵强盛，首尾相应，田悦常谓武俊曰：‘朱滔心险，不可堤防。’遂相率归顺。”（3897 页）

共同的利害关系，使成德、魏博与朝廷联合起来共同对付朱氏兄弟。

总之，朱泚的称帝，使中央不可能与之妥协；而朱氏兄弟的力量之强，又使河朔藩镇对之深怀戒心。这又最终促使朝廷与成德、魏博、淄青联合起来抗击朱氏兄弟。

兴元元年正月改元赦书颁布后，田悦、王武俊、李纳取消王号，表示归附中央。朱滔按其原计划率兵南下，田悦因拒绝出兵随之南下而遭到朱滔攻打。三月，魏博兵变，田绪杀死田悦。其时朱滔正围攻贝州、魏州。贾林劝王武俊出兵打击朱滔，救援魏博：

> 朱滔此行，欲先平魏博，更逢田悦被害，人心不安，旬日不救，魏、贝必下，滔益数万。张孝忠见魏、贝已拔，必臣朱滔。三道连衡，兼统回纥，长驱至此，家族可得免乎？常山不守，则昭义退保山西，河朔地尽入滔。①

五月，在王武俊与昭义节帅李抱真的联合攻击下，朱滔败归幽州。关中的官军也乘势加紧围攻朱泚。朱泚逃出长安，途中被杀。六月德宗返回长安。

此次用兵藩镇的失败，对唐廷的藩镇政策产生了很大的影响。直接的影响，是在随后的贞元年间，唐廷由此前的以武力平定为主转变为以政治控制为主，这就是所谓“上不欲生代节度使，常自择行军司马

---

① 《旧唐书》卷一四二《王武俊传》，3875 页。参《通鉴》卷二三〇，兴元元年四月，7426—7427 页。

以为储帅”①，或“德宗中岁，每命节制，必令采访本军为其所归者”②。正是这一时期政治控制的具体方案。深远的影响，则是使朝廷对当时的藩镇局面有了一个清醒的认识，即不可能很快改变河北的半割据现状。于是，朝廷不得不调整自己对藩镇的政策，使之更为理性和务实——建中年间用兵的直接原因是不许河朔世袭，而贞元年间河朔三镇节帅物故后，朝廷一律承认了他们父死子继的现状，即承认了“河朔故事”：

贞元元年(785)，朱滔卒，军人推刘怦为帅。居位三月，九月刘怦死，“军人习河朔旧事，请济代父为帅，朝廷姑务便安，因而从之”③。

贞元四年，沧州横海节度使程日华卒，“(其子)怀直习河朔事，父卒，自知留后事”④。

贞元八年，李纳死，“军中以(其子李)师古代其位而上请，朝廷因而授之”⑤。

贞元十二年四月，田悦卒，军人推其子季安袭位。

贞元十七年，王武俊卒，其子王士真袭位。

---

① 《通鉴》卷二三五，贞元十二年八月，7574页。

② 《旧唐书》卷一三二《卢从史传》，3652页。杜牧《上宣州高大夫书》言及宪宗朝中央对藩镇“命节度使出朝廷，不由兵士”，注曰：“(宪宗)自此不用贞元故事以行军副使大将军为节度使。”(《樊川文集》卷一二，181页。)

③ 《旧唐书》卷一四三《刘济传》，3900页。

④ 《旧唐书》卷一四三《程怀直传》，3905页。按，程日华原为张孝忠将，建中用兵成德，孝忠以易定归顺，同时朝廷又将沧州划归孝忠。孝忠命程日华往接收。后沧州独立为镇，名横海。怀直袭位，又置景州。李全略为节帅时，又有棣州。

⑤ 《旧唐书》卷一二四《李师古传》，3537页。

“贞元中，朝廷优容藩镇方甚，两河擅自继袭者，尤骄蹇不奉法”①，指的正是这种情况。“河朔三镇自置副大使，以嫡长为之”②，是河北实施“河朔故事”的具体方式。总之，在用兵河北失败后，朝廷不得正视“河朔故事”。

这场战争也使河朔认识到，他们之间要保持力量均衡，否则，可能会被对方吞并（薛嵩死后，相卫被瓜分即其显例）。而要做到这一点，有一个重要的前提，就是不能与朝廷公开进行武力对抗。与此相关，就是相对于唐朝廷而言，河北的“认同感”加强了。他们极力要保持河北诸镇对朝廷态度的一致性。因此，在日后魏博田弘正归顺、张茂昭举家入朝之时，河北其他藩镇都以“河北故事”为辞，百端劝阻。

张茂昭是张孝忠之子。孝忠原系成德李宝臣的部将，后游离于宝臣的控制，在德宗用兵河北时，脱离成德，独立为镇，名为义武（易定）。贞元七年，张孝忠死，其子茂昭袭位。元和五年（810）九月，张茂昭请求举族还朝。但这一举动遭到了河北其他藩镇的反对。史称：“自安、史之乱，两河藩帅多阻命自固，父死子代；唯茂昭表请举族还朝，邻藩累遣游客间说。”③无独有偶，元和七年秋，魏博田季安死后，军将兵变，拥田兴（后赐名弘正）为帅。田兴（弘正）则向朝廷归顺。“自弘正归国，幽、恒、郓、蔡有齿寒之惧，屡遣客间说，多方诱阻，而弘正终始不移其操。”④张茂昭、田兴（弘正）的举动，实属特例。这反映出个人在特定

---

① 《旧唐书》卷一四三《刘怦传》，3900 页。

② 《旧唐书》卷一四二《王承宗传》，3878 页。

③ 《旧唐书》卷一四一《张茂昭传》，3859 页。李绛《李相国论事集》卷三《张茂昭事》：“伏以茂昭举家朝觐，河北都无此例。虽本情自任不得，在外体殊可嘉称。”（23 页）参《全唐文》卷六四六，6541 页。

④ 《旧唐书》卷一四一《田弘正传》，3850 页。《通鉴》卷二三九，元和九年（转下页）

环境下的作用。但个人的作用究竟又受到整个社会环境的制约。日后当田弘正被调往成德，魏博军将史宪诚发动了兵变，控制了魏博；而田弘正到成德后不久，成德兵变，王廷凑被拥为节帅。这两个节镇又都恢复到了从前的状态。这一点，我们将在下面再详细分析。

河北的士兵也在经过多年与中央的征战后，只想保持现状，而不愿南下与中央进行武力对抗。建中三年(782)四月，朱滔因不满朝廷的处置而欲起兵南下，至魏州救援被朝廷围攻的田悦时，就遭到了士兵的反对。他们说："幽州之人，自安、史之反，从而南者无一人得还，今其遗人痛入骨髓。况太尉、司徒皆受国宠荣，将士亦各蒙官勋，诚且愿保目前，不敢复有侥冀。"①王武俊在批评德宗用兵藩镇时，说："天子固不专务杀人以安天下。今山东大兵者五，比战胜，骨尽暴野，虽胜与谁守?"②虽然针对的对象不同，但表达的是同样的厌战情绪。

兴元元年(784)正月的改元大赦中，朝廷为集中力量对付朱氏兄弟，特别是发生于肘腋之下的朱泚叛乱(兴元赦书中甚至替朱滔开脱，以求集中对付朱泚)，李希烈也在赦免之列，但李希烈非但不去王号，甚至进而称帝。即便如此，在朱泚被平定后，朝廷对李希烈也采取了守势，未再主动进剿③。两年后的贞元二年(786)四月，李希烈的部将陈仙奇发动兵变，杀死希烈，表示归顺朝廷。此后，德宗一朝基本没有再大规模地用兵于藩镇。

(接上页)十一月，又载李师道遣使谓宣武节帅韩弘言："我世与田氏约相保援，今(田)兴非田氏族，又首变两河事，亦公之所恶也！"(7697页)

① 《通鉴》卷二二七，建中三年四月，7322页。

② 《旧唐书》卷一四二《王武俊传》，3874页。

③ 《诛李怀光后原宥河中将吏并招谕淮西诏》："诸道应与淮西接连，宜各守封境，非彼侵轶，不须进讨。"《陆贽集》卷三，97—98页。

有一段重要的史料屡为人所使用，即李德裕在会昌用兵泽潞时所言：“河朔兵力虽强，不能自立，须借朝廷官爵威命以安军情。”[①]这反映的正是中央与河北、河北三镇之间的关系。即，中央与河北在总体上处于对峙状态。中央欲解决河北问题，需以河北内部的矛盾乃至分立为前提，以便各个击破。河北三镇之间又存在着相互吞并和彼此防范的关系；一旦某一节镇力量强大，则它们之间的均衡就会被打破，而这一均势只有在与中央的公开武力对抗中才能实现。因此，经过建中用兵，中央与河北都明确地认识到了这一点，河北三镇间均衡的维持，必须以河北与中央均衡的维持为前提，而这正是“河朔故事”政治意义之所在。所谓“河朔兵力虽强，不能自立，须借朝廷官爵威命以安军情”，正是这样一种政治关系的写照。

三、宪宗朝的用兵藩镇：中央藩镇政策的确立及其实施

宪宗即位后，藩镇问题仍然是当时朝廷面临的一个主要问题。刚刚即位的宪宗就像当初刚刚即位的德宗一样，又开始积极谋划对藩镇的讨伐。他成功地平定了西川的刘闢和浙西镇海的李锜之后[②]，除去了笼罩着朝廷的因德宗用兵失败而惮于用兵的阴影[③]。但他与德宗不

---

① 《通鉴》卷二四八，会昌四年八月，8010 页。按，张国刚曾据此以分析藩镇动乱的特点，见《唐代藩镇研究》6《唐代蕃镇的动乱特点》(1983)，110—111 页。

② 参陆扬《从西川和浙西事件论元和政治格局的形成》(2002)。

③ 《新唐书》卷一九七《韦丹传》(5629—5630 页)、《旧唐书》卷一四七《杜黄裳传》(3973—3974 页)。参《通鉴》卷二三六，永贞元年十二月(7623—7624 页)；卷二三七，元和元年正月(7626—7627 页)。《通鉴》元和元年正月，“上欲讨闢而重于(转下页)

同的是，这时他对藩镇的征讨具有明显的试探性、选择性。

在用兵西川的过程中发生了两件事。一是元和元年(806)闰六月，淄青平卢李师古死，李师道袭位；二是九月夏绥杨惠琳自为留后，欲邀节钺[①]。朝廷对性质相同的这两件事所采取的态度却截然不同。对杨惠琳加兵进讨，对李师道则以用兵西川而姑息之。淄青虽非河北，却是河朔化程度最深、与河北关系至为密切的藩镇。这种避难就易的态度，体现了德宗用兵之后朝廷所形成的有区别地对待藩镇的政策。

德宗时期，在用兵河北失败之后，中央不得不放弃河北；而在宪宗此后的用兵中，放弃河北已成为朝臣处理藩镇问题的共识，说明"放弃河北、控制其余"真正成为朝廷处理藩镇问题的理性选择。

元和四年三月，成德王士真死，其子承宗即位，"朝廷伺其变，累月不问"[②]。这是中央欲改变"河朔故事"的信号，所谓"上欲革河北诸镇世袭之弊"[③]。朝廷为此展开了讨论，时为翰林学士的李绛在《论镇州事宜》中说：

> 奉宣："今因镇州事势，朝廷欲自除人，如何？"
>
> 学士奏曰："臣等伏以河北专有土地，父子相承，每思此事，常所愤叹。自闻士真亡没，夙夜思量，诚愿别议除人，以去久弊。然

(接上页)用兵"，胡注："谓以用兵为重事，不敢轻试也。"(7626页)

① 永贞元年(805)八月夏绥韩全义入朝，以其甥杨惠琳为留后；十月，朝廷任命李演继任。次年(元和元年)三月，杨惠琳公开拒绝从命。

② 《旧唐书》卷一四二《王承宗传》，3878页。

③ 《通鉴》卷二三七，元和四年四月，7659页。

以朝廷法制初立，须慎事机，度其万全，方可处置。伏以自武俊父子相承，至今四十余年，军镇人情惯习以久，兼闻士真有子，久领兵权，今别除人，深恐未可。况范阳、魏博、易定、淄青皆是父子相承，实同流类，镇州若有革易，此辈必不自安。”①

明确表示，不宜破坏“河朔故事”。鉴于此，宪宗又调整了思路。李绛在《上镇州事》中说：

奉密宣：“今欲与承宗留后，便割镇州管内德、棣两州别置一镇。又欲令人谕承宗，遣依师道例送两税。卿等商量如何者?”

学士奏曰：“臣等窃以镇州专有土地四十余年，军镇人情久已附著。今若别议割隶，即成不安，军情又阻。……况邻近数处情状皆同，料其中心亦忧分割，若潜计会，必有拒违。……臣细思量，必难割隶。”②

认为这种变相削弱其势力的做法，在河朔也不可能行得通③。当时幽州刘济、魏博田季安患疾，宪宗再次征询翰林学士的意见。李绛在《又

① 李绛《李相国论事集》卷三，18页。《通鉴》卷二三七，系于元和四年四月，7659页。
② 李绛《李相国论事集》卷三，19页。《通鉴》卷二三八，系于元和四年七月，7663页。
③ 事实上，德棣并未能如朝廷所愿，从成德分出。《通鉴》卷二三八，是年九月任命王承宗继任节度使的同时，任命薛昌朝为保信军节度使、德棣二州观察使。薛昌朝是安史之将薛嵩之子、王氏之婿，即便如此，朝廷的任命状未到，王承宗已派人至德州将昌朝执至真定，并予囚禁。《考异》据《实录》对李绛关于此事上奏所涉及的时间作了辨析(7665页)。讨伐王承宗，最后不了了之。《旧唐书》卷一四二《王承宗传》：“宰臣商量，请行赦宥，乃全以六郡付之。承宗送薛昌朝入朝，授以右武卫将军。”(3880页)

上镇州事》中说：

> 密奉进旨："今刘济、季安皆有疾患，忽有故者，不可尽如镇州例，皆与其子。今欲乘此便，镇州别除人，如不可，即议用兵，议者皆以此为然。恐卿不细知彼事情，宜审商量奏来，勿错误者。"
>
> 学士奏曰："臣等再三思度，敢不详审。伏以镇州人心固结，难即改移，邻境事同，必相扶会……自陛下临御天下，诸州连帅，频见军功，言事者不计始终，喜功者轻议讨伐。今镇州事势与刘闢、李锜不同，何者？剑南、淛(浙)西，本非反侧之地，刘闢、李锜，暴生狂逆之心，唯以财货诱人，人心本无结固。又四面皆是国家兵镇，事与河北不同……(镇州)外则结连势广，内则胶固岁深，以此用兵，必为不可。其刘济、季安，虽有疾患，至于事体，与镇州略同。"①

宪宗想乘河朔三镇节帅患病之机，废止"河朔故事"，而李绛等则明确指出河北的情况与其他地区的藩镇有本质不同。

对淮西的态度，正可与此形成鲜明对比。淮西是在平定安史之乱的过程中形成的强藩，来瑱、李忠臣、李希烈等先后任节帅，游离于中央。李希烈甚至公然称帝。贞元二年(786)，部将陈仙奇杀死希烈，虽名为归顺，实则并不受朝廷的有效节制。不久，陈仙奇又为其部将吴少诚所杀。元和四年(809)十一月，吴少诚死，其部将吴少阳杀死少诚

---

① 李绛《李相国论事集》卷三，19—20页。《全唐文》卷六四六作《论镇州事宜状》，6539页。《通鉴》卷二三八，系于元和四年七月，7663页。

之子，自为留后。就在吴少诚病重期间，李绛主动上《镇州淮西事宜》：

> 臣等前后陈奏，缕尽利害机宜，伏冀圣恩备赐详览。今闻少诚病甚，计必不取，则淮西事势与河北不同，须别除人，今正得便，何者？淮西不与诸贼邻接，四面尽是国家镇兵，势力孤危，援助悬绝，重立赏罚，必易指麾。若万一不从，则可议征罚。镇兵足用，事力自丰，臣所以愿舍镇冀难致之谋，就申蔡易成之计。[①]

李绛对淮西和成德截然不同的态度，反映的是贞元以后形成的朝廷对藩镇的政策。

当然，在朝廷看来，“河朔故事”的存在是它永远的耻辱，是对它的政治权威的一种持续的挑战。所以李绛在上奏中也说“河北专有土地，父子相承，每思此事，常所恨叹”。但政治理想毕竟不同于政治现实[②]。元和四年十月，宪宗为了政治理想而发起的对王承宗的战争，到

---

① 《李相国论事集》卷四，25 页。《全唐文》卷六四六收有李绛《论河北三镇及淮西事宜状》，所言较此为详细。《全唐文》卷六四五、六四六收李绛文，比文渊阁四库全书本《李相国论事集》少了很多，颇疑流传的李绛文至少有两个本子，所收不仅篇章多少不同，同一篇章或许内容也有差异。以此文而论，《李相国论事集》可能是草稿（李绛为此事曾一再上奏，所谓“前后陈奏，缕尽利害机宜”，但前后不同的奏疏，其内容似应各有侧重，不应只是详略之异）。《通鉴》卷二三八，元和四年七月所收系节文（7664 页），前半部分与《全唐文》所收同，末尾则与《论事集》所收相同。又，舍河北而图淮西，并非李绛为说服宪宗放弃河北的借口或“权宜之计”。元和九年吴少阳病重，李绛劝宪宗同意回鹘的求婚而对付淮西，“淮西吴少阳垂死，可乘其便……无北顾忧，可南事淮右”（《新唐书》卷二一七上，6127 页。《李相国论事集·遗文》之“论回鹘请昏”乃据《历代名臣奏议》卷三四一录，4437 页）。

② 白居易在《请罢兵第三状（请罢恒州兵马事宜）》中，即批评宪宗“岂得以小忿而忘国家大计？岂得以小耻而忘宗社远图？”《白居易集》卷五九，1254 页。

次年七月，以王承宗上表谢罪而告终[①]。

元和七年秋，魏博节帅田季安死，其子怀谏年幼。"宰臣李吉甫上言，须事讨伐，以惩宿弊"，李绛仍然反对用兵河北[②]。

德宗即位，谋划用兵之初，针对的也是河北，但似乎没有人特别提出河北与其他藩镇不同这一认识。在朝廷与河北全面开战后，也没有人提出这一点。这说明，当时人将此次平定河北视作当然。换言之，朝廷的目的在一开始就是要解决河北问题，他们将此视作平定安史之乱的继续。而在宪宗时，虽然也有人在朝廷成功地用武力平定跋扈藩镇之后，提出进一步用兵河北的主张，而且这一主张得到了宪宗的支持，但在决策层中，还是有像李绛这样的重臣，对藩镇形势有着清醒的认识。这再次说明，在德宗用兵失败之后，朝廷的"放弃河北、控制其余"的藩镇政策已经大致形成共识。

魏博田季安得知朝廷讨伐王承宗后，马上聚其徒曰："师不跨河二十五年矣，今一旦越魏伐赵；赵虏，魏亦虏矣，计为之奈何？"[③]后来虽然魏博和幽州都派兵出战，但实际上只是装装样子而已。朝廷对此也十分清楚。翰林学士白居易曾一再要求罢兵。元和五年三月上《请罢兵第二状》：

---

① 宪宗曾有对河北用兵之心，参卢向前《卢从史出兵山东与唐宪宗用兵河朔三镇之关系》(2007)。按，宪宗的这一行为，只能视作他的"理想"，而不宜视作朝廷的藩镇政策。即使如卢向前所认为的，当时朝廷有主战派与反战派，但主战与反战，主要针对的是河朔；对河朔之外的其他藩镇，如若跋扈，则用兵是主流意见。这也反映出"放弃河北、控制其余"已基本成为共识。

② 李绛《李相国论事集》卷五《论魏博》，39—43 页。参《通鉴》卷二三八，元和七年八月，7692—7694 页。按，李绛《论魏博》并非奏状等文章，乃叙事之体，似由编者从史书中摘出(此亦符合编者蒋偕的"史官"身份)。

③ 《通鉴》卷二三八，元和四年末，7668—7669 页。

> 右缘讨伐恒州事宜，前者已具奏闻。此事至大至切，臣不合一奏便休，伏愿圣聪，再赐详省。臣以河北事体，本不合用兵；既已用兵，亦希万一，所以人意或望成功。今看事势，保必无望。①

“河北事体，本不合用兵”，所指与李绛一样，即河北与其他藩镇有质的不同。随后他分析罢兵的原因时，特别强调河北诸镇名为出兵而实则观望，即“今看情状，似相计会，各收一县，便不进军”，朝廷“所费滋多”，“终须罢兵，何如早罢”，认为这是用百姓脂膏“资助河北诸侯，转令富贵强大”。六月，他又上《请罢兵第三状》，再三强调河北诸镇不足恃：

> （李）师道令收棣州，至今竟未奉诏。至于表章词意，近者亦甚乖宜。（田）季安等心元不可测，与贼计会，各收一空县而已，相顾拱手便休……（刘济）有功无功，进退获利……与承宗本末之势同也。②

整个战事的情况，也证实了白居易对河北的认识。

朝廷对河北的攻伐没有取得任何成果。这是必然的。此外，这一举动还导致错失了一次平定淮西的机会——宪宗为了讨伐王承宗而

① 《白居易集》卷五九《请罢兵第二状（请罢恒州兵事宜）》（五月十日时），1251页。此状《通鉴》系于元和五年三月，《通鉴考异》以为应作四月，顾学颉亦认为应系于是年四月（《白居易集》，1252页）。《白居易集笺校》卷五九，据《通鉴》，认为该状题注“五”为“三”之误，应系于三月（3366页）。今暂从《通鉴》系三月。

② 《白居易集》卷五九《请罢兵第三状（请罢恒州兵马事宜）》（六月十五日进），1253页。

姑息淮西，同意吴少阳为留后，并于次年正式任命他为淮西节度使。

元和九年闰八月，吴少阳死，其子元济秘不发丧，自领军务。宰臣李吉甫认为："淮西非如河北，四无党援，国家常宿数十万兵以备之，劳费不可支也。失今不取，后难图矣。"①元和十年正月，朝廷开始正式攻讨吴元济。吉甫病故（元和九年十月）后，宰臣武元衡主持用兵②。十年六月，武元衡被害③，裴度入相，主持平定淮蔡事宜，上言："淮西，腹心之疾，不得不除；且朝廷业已讨之，两河藩镇跋扈者，将视此为高下，不可中止。"④

武元衡的被杀，朝廷怀疑是成德王承宗所为，于是在田弘正等鼓动下，宪宗再次欲用兵河朔⑤。河北战场上又出现了元和四年讨伐王承宗时彼此观望的情形，给中央财政带来了很大压力⑥。其间，宰臣张

① 《通鉴》卷二三九，元和九年九月，7706页。《旧唐书》卷一四八《李吉甫传》："吉甫以为淮西内地，不同河朔，且四境无党援，国家常宿数十万兵以为守御，宜因时而取之。颇叶上旨，始为经度淮西之谋。"（3996页）

② 《旧唐书》卷一五八《武元衡传》："上方征讨淮、蔡，悉以机务委之。"（4160页）

③ 《通鉴》卷二三九，元和十年六月，7713页。《旧唐书》卷一五八《武元衡传》作"九年"（4161页），误。

④ 《通鉴》卷二三九，元和十年六月，7714页。

⑤ 据《通鉴》卷二三九，宪宗起初也不想两线作战，七月只是绝王承宗朝贡，"攻讨之期，更俟后命"（7715页），但魏博田弘正主动出兵，屡为承宗所败，"弘正忿，表请击之，上不许。表十上，乃听至贝州"（7719页）。十一月，"诏发振武兵二千，会义武军以讨王承宗"（7720页），开始配合田弘正，用兵于河北。十一年正月，幽州节度使刘总奏败成德兵；于是，"制削王承宗官爵，命河东、幽州、义武、横海、魏博、昭义六道进讨"（7721页），开始与王承宗全面开战。

⑥ 《通鉴》卷二三九，元和十一年八月，"诸军讨王承宗者互相观望"（7724页）。《通鉴》卷二四〇，元和十二年五月："六镇讨王承宗者兵十余万，回环数千里，既无统帅，又相去远，期约难壹，由是历二年无功，千里馈运，牛驴死者什四五。刘总既得武强，引兵出境才五里，留屯不进，月给度支钱十五万缗。"（7734页）

弘靖[1]、韦贯之[2]，以及李逢吉等朝臣多人[3]，一再建议放弃讨伐王承宗，而专力于淮西。终于，元和十二年五月，正式停止了对河北的攻讨。

宪宗虽然两次对河北用兵，但都是小规模的，没有能达到德宗时的规模。朝廷重臣都主张将河北与其他藩镇区别对待。元和十年第二次讨伐王承宗，宪宗更是被田弘正一步步“诱导”的；朝臣都说先专力于淮西，淮西平则再用兵河朔，没有人提出相反的意见，即先平河北，然后再用兵淮西；而且在淮西平定之后，没有再提出用兵河朔。可以说，宪宗的用兵，使朝廷“放弃河北、控制其余”的国策更为巩固和明确了。此后，终唐之世，再不见有大规模用兵于河北之举了。

元和十二年十月，李愬雪夜入蔡州，擒吴元济，平定了淮蔡。

元和十三年五月，朝廷着手讨伐淄青。十四年二月，在官军的压力下，淄青都知兵马使刘悟发动兵变，杀死李师道父子，表示归顺。朝廷立刻命杨于陵将淄青分作三道，并调任刘悟为义成节帅。至此，淄青完全为朝廷所控制。淄青之所以能被彻底平定，与此时魏博田弘正对朝廷的恭顺有极大关系。魏博是连接淄青与河朔之地。淄青的河朔化，要得到河北的支持，首先就要得到魏博的支持。魏博支持中央，则割断了淄青与河北的联系，使淄青由原来与河北遥相呼应、连为一体，变成了像淮西那样“四面皆是国家兵镇”“四无党援”的形势。政治

---

① 《旧唐书》卷一二九《张弘靖传》：“以为戎事并兴，鲜有济者，不若并攻元济，待淮西平，然后悉师河朔。”(3611 页)参《通鉴》卷二三九，元和十年末，7720 页。

② 《旧唐书》卷一五八《韦贯之传》：“贯之请释镇以养威，攻蔡以专力。”(4174 页)参《通鉴》卷二三九，元和十一年正月，7721 页。

③ 《通鉴》卷二四〇，元和十二年五月，7734 页。

地理的这一变化，是淄青得以被平定的主要原因。当然，淄青的情况本与河北有异，它是在平定安史之乱的过程中得以壮大，并逐渐“河朔化”的。

讨伐淮蔡，前后用了整整三年时间。在这个过程中，官军也曾屡屡败北，但是，朝廷的主流意见，是要彻底平定淮蔡。这一态度以及最后的结果，又从正面证明了朝廷“放弃河北、控制其余”的国策业已得到确立，并且得到了很好的执行①。

至此，藩镇格局终唐之世没有根本变化。换言之，元和用兵藩镇，一方面使藩镇的格局得以定型，另一方面也使朝廷的藩镇政策得到确立和贯彻。唐武宗时的用兵泽潞，不过是对这一格局的维护和对这一国策的继续执行。

宝历元年(825)八月，泽潞节度使刘悟暴卒，其子刘从谏请求袭位。“议者多言上党内镇，与河朔异，不可许。”李绛为此上疏详细分析了泽潞的情况②。朝廷虽然最后同意了刘从谏的要求，但“上党内镇，与河朔异”显系共识；李绛上疏所分析的，也主要是处置刘从谏的具体

---

① 《旧唐书》卷一五《宪宗纪下》，元和十一年“八月壬寅，以宰臣韦贯之为吏部侍郎，罢知政事。贯之以淮西、河北两处用兵，劳于供饷，请缓承宗而专讨元济，与裴度争论上前故也”(457页)。参《册府》卷三三三引元和十一年八月壬寅罢相制之后，有“时贯之以蔡镇未平，天下劳于馈饷，虑或水旱乘之，则力屈难振，屡请缓承宗而专讨元济，由是与裴度争是非于帝前。时专任度以戎事，故罢贯之，以望其功成”(3535页)。按，《旧唐书·韦贯之传》无此叙事，《通鉴》记韦贯之罢相，亦无此句。裴度力主用兵平淮西，但也不同意同时用兵成德。《通鉴》卷二四〇，元和十二年五月停止用兵河北时，“李逢吉及朝士多言宜并力先取淮西，俟淮西平，乘其胜势，回取恒冀，如拾芥耳”云云(7734页)。

② 《通鉴》卷二四三，宝历元年十一月，7845—7846页。《册府元龟》卷四七七，5702—5703页；参《全唐文》卷六四五，6533—6534页；李绛《李相国论事集·遗文》之《论刘从谏求为留后疏》拟题疑据《全唐文》。

方法。刘从谏的继袭,并不是靠武力威胁而得逞;朝廷对此事的处置失当[①],从某种程度上说,是朝廷并不认为刘从谏的继袭会导致泽潞游离于中央的控制。当然,刘从谏的继袭,也说明泽潞始终存在“河朔化”的倾向。

会昌三年(843)四月,刘从谏死,其子刘稹欲袭位,朝廷不允,用兵攻讨。主持伐叛的宰臣李德裕强调的也是:“泽潞事体与河朔三镇不同。河朔习乱已久,人心难化,是故累朝以来,置之度外。”“河朔自艰难以来,列圣许其传袭,已成故事,与泽潞不同。”[②]当时朝廷还受到回鹘的威胁,有朝臣以“边境犹须警备,复讨泽潞,国力不支”,主张姑息刘稹,但这也不是对朝廷藩镇政策的反对。总之,没有人认为,泽潞与河北相同,当然也没有人认为可以讨伐河朔。在李德裕的主持下,次年八月,泽潞平定。

朝廷不仅在处置藩镇问题时秉持“放弃河北、控制其余”的国策,而且在攻讨河北以外的藩镇时,为了解除河北的忧虑,朝廷往往明确将此意传达给河北。比如用兵淮西时,韩愈上《论淮西事宜状》:

> 淄青、恒冀两道,与蔡州气类略同。今闻讨伐元济,人情必

---

① 《旧唐书》卷一六四《李绛传》:“时宰相李逢吉、王守澄已受从谏赂,俱请以从谏留后,不能用绛言。”(4290 页)。《旧唐书》卷一六一《刘悟传》:“(刘悟)遗表请以其子从谏继缵戎事。敬宗下大臣议。仆射李绛以泽潞内地,与三镇事理不同,不可许。宗相李逢吉、中尉王守澄受其赂,曲为奏请。”(4231 页)参《通鉴》卷二四三,宝历元年十一月,《考异》引《实录》“从谏以金币赂当权者”,并称《旧唐书·刘从谏传》所载李逢吉、王守澄受从谏贿事“事有无难明,今不取”,7846 页。

② 《通鉴》卷二四七,会昌三年四月,7980 页;参《旧唐书》卷一七四《李德裕传》,4525 页。关于泽潞节镇的发展历程,参张正田《“中原”边缘——唐代昭义军研究》(2007)。

> 有救助之意……宜特下诏云……淄青、恒州、范阳等道，祖父各有功业，相承命节，年岁已久，朕必不利其土地，轻有改易，各宜自安。①

在会昌年间攻讨泽潞刘稹时，朝廷派李回至河北，表达的也是同样的意思：

> （李）回喻以朝旨，言泽潞密迩王畿，不同河北，自艰难已来，唯魏、镇两藩，列圣皆许袭，而（刘）稹无功，欲效河朔故事，理即太悖。②

可见，“河朔故事”不仅仅体现着朝廷与河北的政治关系，而且还会影响朝廷对河北之外的藩镇的控制。可以说，“河朔故事”的执行，直接关涉朝廷对藩镇的控制。只有双方都能充分认识遵守“河朔故事”的必要性，才能使它真正起到它应起的政治作用。

总之，“河朔故事”，是代宗为了结束长达八年的中央与安史的公开武装对抗而提出的权宜之计；德宗用兵的失败，才使朝廷真正用理性的眼光来认识“河朔故事”，从而制定自己务实的藩镇政策。经过宪宗的

---

① 《韩昌黎文集校注》卷八，374 页。

② 《旧唐书》卷一七三《李回传》，4502 页。《新唐书》卷一八〇《李德裕传》载德裕与武宗言：“如令魏、镇不与，则破矣。夫三镇世嗣，列圣许之。请使近臣明告以‘泽潞命帅，不得视三镇，今朕欲诛稹，其各以兵会’。”（5337 页）参《通鉴》卷二四七，会昌三年四月，7980—7981 页。另参李德裕《赐何重顺诏》“泽潞一镇，与卿事体不同”（《李德裕文集校笺》卷六，101 页）。

用兵，这一政策得到了确认和执行[①]。李德裕所谓“河朔习乱已久，人心难化，是故累朝以来，置之度外”，是“河朔故事”的政治实质。

四、“河北再叛”辨析

元和十五年（820）十月，成德王承宗死，其弟承元被军将拥立袭位。但承元上表，请朝廷命帅[②]。于是，十一月，朝廷命魏博田弘正移镇成德，王承元南下滑州，出任义成节帅。李愬任魏博节帅。与此同时，幽州节帅刘总请求朝廷将幽州一分为三，并建议朝廷任命三镇节帅[③]。于是，长庆元年（821）四月，朝廷任命的张弘靖至幽州上任。在朝廷看来，这是自安史之乱爆发以后，朝廷终于重新控制了河北。四月甲午（廿三日），“以张弘靖入幽州，受朝贺。中书门下奏燕、蓟八州平，准礼宜告陵庙，从之”[④]。

然而，河北的平定，只是昙花一现，仅仅维持了两个半月。是年七月十日，幽州军乱，囚张弘靖；二十八日，成德军乱，杀田弘正。八月，

① 樊文礼《试论唐河朔三镇内外矛盾的发展演变》（1983），以河朔与朝廷的矛盾转变为河朔内部的矛盾为线索，认为穆宗长庆所谓河朔再叛后，朝廷公开承认河朔割据的事实，是这一矛盾变化的转折点。

② 《李（潘）墓志铭并序》，言王承元、刘总归顺朝廷事，《唐代墓志汇编》开成050号，2206页；杨瞻（《唐代墓志汇编》宝历017号）、刘逸（《唐代墓志汇编》太和007号）等亦参与其事，详参牟发松《墓志资料中的河北藩镇形象新探——以〈崔氏合祔墓志〉所见成德镇为中心》（2008），334—337页。

③ 《通鉴》卷二四一，长庆元年六月：“初，刘总奏分所属为三道，以幽、涿、营为一道，请除张弘靖为节度使；平、蓟、妫、檀为一道，请除平卢节度使薛平为节度使；瀛、莫为一道，请除权知京兆尹卢士玫为观察使。”（7792页）

④ 《旧唐书》卷一六《穆宗纪》，489页。

朝廷命田弘正子田布任魏博节帅；次年正月，田布自杀，史宪诚控制魏博。至此，河北又完全恢复到原来的状态，史称"河北再叛"。

对所谓"河北再叛"的原因，旧史有多种认识和解释。对幽州兵变，认为朝廷没有听从刘总的意见分作三道；没有及时处理刘总推荐至阙下的军中宿将，特别是朱克融，以致他们日后返回幽州，成为发动叛乱的主要人物；张弘靖不识大体，发安禄山之墓，其属下又以反虏视幽州士卒等①。对成德的兵变，认为朝廷没有同意田弘正欲率魏博亲兵赴任的要求，以致给成德兵变成功提供了条件②。而在朝廷的处置失当者中，还有关于销兵一项。

这些因素当然都有一定的影响，但最本质的因素，是朝廷根本就没有真正控制河北。河北三镇的易帅，只是在刘总、王承元个人因素的作用下，出现的特殊情况。河北并未因易帅而发生任何实质性的变化③。

刘总是在杀死其父兄后，才得以继位幽州节帅的。"总弑逆后，每见父兄为祟，甚惨惧，乃于官署后置数百僧，厚给衣食，令昼夜乞恩谢罪。每公退，则憩于道场，若入他室，则凶惕不敢寐。晚年恐悸尤甚，

---

① 《旧唐书》卷一二九《张弘靖传》，3611—3612 页。《通鉴》卷二四一，长庆元年六月："是时上方酣宴，不留意天下之务，崔植、杜元颖无远略，不知安危大体。"（7792—7793 页）参《旧唐书》卷一六《穆宗纪》、卷一八〇《朱克融传》等。

② 《旧唐书》卷一四一《田弘正传》，3851 页。

③ 吕思勉《隋唐五代史》(1959)第七章第四节针对旧史的种种说法，作了极中肯的分析（参 362—364 页），认为"欲削平之，固非恃实力不可。此在河北，自远较淮西为难。使宪宗而处建中、长庆之时，亦必无以善其后"（373 页）；又说，"宪宗之用兵，实无以异于德宗及穆宗，其成败不同，亦时会为之耳。且宪宗实未能全服河北，幸而早死，遂成竖子之名，设迟之一二年……亦未必不情见势绌也"（370 页。又一处 361 页说"河朔三镇至兹全服矣"，则显系表述不准确）。指出河北本未全服，为的论；宪宗用兵无异于德宗，则是未意识到朝廷对藩镇的国策正在调整、确立这一问题。

故请落发为僧，冀以脱祸，乃以判官张皋为留后。”[①]我们从唐廷官修史书中看一下他最后的日子。

长庆元年二月己卯（十二日），他奏请去位落发为僧，又请分割幽州所管郡县为三道。三月癸丑（十七日），以刘总为天平军节帅，命张弘靖为幽州节帅，“从刘总所奏故也”。乙卯（十九日），以卢士玫为瀛莫都团练使，“从刘总奏析置也”。丁巳（廿一日），特颁《处分幽州德音》。甲子（廿八日），“刘总请以私第为佛寺，乃遣中使赐寺额曰报恩。幽州奏刘总坚请为僧，又赐以僧衣，赐号大觉。总是夜遁去，幽州人不知所之”。四月庚午（初四），“易定奏刘总已为僧，三月二十七日卒于当道界”[②]。于此可见，朝廷是在配合他对幽州的处置，而不是相反，虽然这一处置对朝廷是有利的。更为重要的是，这一处置并没有从根本上改变幽州的现状。

王承元的离镇，也只是出于他个人归顺朝廷的愿望。他是在其兄王承宗死后，受到成德军将的拥立：

> 元和十五年冬，承宗卒……时参谋崔燧密与握兵者谋，乃以祖母凉国夫人之命，告亲兵及诸将，使拜承元……（承元）密疏请帅，天子嘉之……邻镇以两河近事讽之，承元不听，诸将亦悔……牙将李寂等十数人固留承元，斩寂等，军中始定。[③]

他在控制成德之后，一意归朝，这为朝廷任命新的节帅莅任提供了条件。

① 《旧唐书》卷一四三《刘总传》，3902页。
② 《旧唐书》卷一六《穆宗纪》，486—488页。
③ 《旧唐书》卷一四二《王承元传》，3883页。

成德军将之拥立王承元，是秉承“河朔故事”的原则；他们以及邻镇对承元请求朝廷派人接任成德节帅的反对，也正是要维护“河朔故事”。而幽州军将对刘总的处置也并不满意。刘总在离去时，“军中世怀其惠，拥留不得进。总杀首谋者十人，以节付张皋，夜间道去”①。他的“暴卒”，似乎也透露出些微玄机。

总之，河朔三镇的易帅，是在十分偶然的个人因素的影响下实现的，并不是以河朔三镇的现状得到根本改变为前提实现的（至少河北军队的构成并没有任何改变）。我们从随之而相继发生的河朔三镇的兵变，可以看出，在个人因素的作用下而实现的易帅，不可能使河朔的社会政治环境得以改变。

幽州、成德兵变发生后，朝廷命田弘正之子田布出任魏博节帅，以攻讨成德。田弘正任魏博节帅近十年之久，而在此前田季安为节帅时（贞元十二年至元和七年），他就是魏博的牙内兵马使，其祖父田延恽是田承嗣的季父，其父田廷玠在田悦为节帅时出任节度副大使。田弘正为节帅时，其子田布曾掌魏博亲兵。田氏与魏博的渊源不可谓不深，在魏博的势力不可谓不大。他移镇成德时，曾说“新与镇人战伐，有父兄之怨”②。田布入魏，又极尽笼络魏博军将之能事③。即便如此，他在率兵攻讨成德时，遭到了魏博军将的反对：

---

① 《新唐书》卷二一二《刘总传》，5976 页。

② 《旧唐书》卷一四一《田弘正传》，3851 页。

③ 《旧唐书》卷一四一《田布传》：“其禄俸月入百万，一无所取，又籍魏中旧产，无巨细计钱十余万贯，皆出之以颁军士。”（3852 页）对旧将老者兄事之（《通鉴》卷二四二，长庆元年八月，7798 页）。

会诸将复议兴师，而将卒益倨，咸曰：“尚书能行河朔旧事，则死生以之；若使复战，皆不能也。”①

田布因此而自杀。史称军将的态度是受魏博中军都知兵马使史宪诚的策动。不过，史宪诚也一定要有一个足以动众的理由——以田氏在魏博的势力，史宪诚即使有野心，也极难用兵变这种方式对付田布。事实上，田布并不是被士兵囚禁或杀害的。史宪诚正是“以河朔旧事动其人心”②。穆宗览田布遗表而骇叹，也许是他未能料及以田氏在魏博如此深厚的根基却最终未能继其父任而控制魏博，并继续维持其与朝廷的关系。当田布被起复为魏博节帅，固辞不获而上任时，即与其妻子宾客诀曰：“吾不还矣！”③也许是田氏因深谙魏博情况而预知其结果吧。

田弘正在控制魏博近十年之久的时间内，并未能从根本上改变魏博的社会政治环境；他的归正，只是表明他个人对朝廷的政治态度而已，并没有改变魏博军将对朝廷的政治态度。他控制魏博十年做不到的事情，在移镇成德后的几个月的短时期内当然更不可能做到；他作为河朔军将做不到的事，作为朝廷派来的张弘靖、卢士玫也不可能在幽州、瀛莫做得到。因此，幽州、成德的兵变，实在是必然会发生的。

如果田弘正不归顺，如果在刘总决意离去时王承宗未死，如果被

① 《旧唐书》卷一四一《田布传》，3853页。参《通鉴》卷二四二，长庆二年正月，7807页。

② 《旧唐书》卷一八一《史宪诚传》，4686页。

③ 《通鉴》卷二四二，长庆元年八月，7798页。

成德军将选中拥立的不是王承元，都不会同时出现河朔三镇的易帅。如果不是他们这三个人具体的个人原因，也不会出现由朝廷来任命河朔节帅的事情。而河北的再叛，又充分说明了个人作用的有限——个别人不可能从根本上改变社会政治的整体环境。

五、“长庆销兵”：朝廷对其藩镇政策的调整设想

安史之乱以后，除安史余部割据河北之外，许多藩镇与朝廷实质上处于游离甚至半割据状态。宪宗元和年间用兵藩镇的实质性进步，就是朝廷对这些藩镇实现了完全控制。这在朝廷与藩镇的关系史上，是一个本质性的变化。因此，平淄青之后，《通鉴》称：“自广德以来，垂六十年，藩镇跋扈河南、北三十余州，自除官吏，不供贡赋，至是尽遵朝廷约束。”[①]在这一情况下，朝廷积极准备调整对藩镇的政策。

元和十四年三月，乌重胤上奏，要求改变节帅与所属州县的关系[②]。朝廷利用这个机会，于四月作出规定，着重限制藩镇对州县的军事控制：

> 诸道节度、都团练、防御、经略等使所管支郡，除本军州外，别置镇遏、守捉、兵马者，并合属刺史。如刺史带本州团练、防御、镇遏等使，其兵马额便隶此使。如无别使，即属军事。其有边于豀

---

① 《通鉴》卷二四一，元和十四年二月，7765页。

② 《通鉴》卷二四一，元和十四年三月，7768页；参《旧唐书》卷一六一《乌重胤传》，4223页。

洞连接蕃蛮之处，特建城镇，不关州郡者，不在此限。①

《唐会要》在此条之下注曰：“自艰难以来，天下有军，诸军之权尤重。至是，遂分属于所管州郡焉。”各地藩镇都按照这一诏令，对所属支郡的军事控制体制进行了调整。比如是年八月浙东观察使薛戎奏：

淮敕：“诸道所管支郡，别置镇遏、守捉、兵马者，宜并属刺史。其边于溪洞，接连蛮夷之处，特建城镇者，则不在此限。”今当道望海镇，去明州七十余里，俯临大海，东与新罗、日本诸蕃接界，请据文不属明州。②

朝廷许之。穆宗即位后，又下令逐年减少各地藩镇的兵额，这就是所谓的“长庆销兵”。

旧史记载中，大多没有这一政策实施的明确时间，只是泛指“平定河南”或“两河廓定”。如《旧唐书》卷一六《穆宗纪》：

先是，平定河南，及王承元去镇州，宰臣萧俛等不顾远图，乃献销兵之议，请密诏天下军镇，每年限百人内破八人逃死。（486页）

《旧唐书》卷一七二《萧俛传》：

---

① 《旧唐书》卷一五《宪宗纪下》，467—468页；参《唐会要》卷七八“诸使杂录上”，1705页。

② 《唐会要》卷七八“诸使杂录上”，1705—1706页。

（穆宗）即位之始，两河廓定，四鄙无虞。而俛与段文昌屡献太平之策，以为兵以静乱，时已治矣，不宜黩武，劝穆宗休兵偃武。又以兵不可顿去，请密诏天下军镇有兵处，每年百人之中，限八人逃死，谓之“消兵”。帝既荒纵，不能深料，遂诏天下，如其策而行之。（4477—4478页）

《通鉴》卷二四二，长庆二年二月：

上之初即位也，两河略定，萧俛、段文昌以为“天下已太平，渐宜消兵，请密诏天下军镇有兵处，每岁百人之中限八人逃、死”。上方荒宴，不以国事为意，遂可其奏。（7808页）

但是，穆宗即位于元和十五年正月，十一月成德王承元离镇，田弘正移镇成德；次年三月刘总死，张弘靖入幽州。所谓两河廓定，似乎至少应当到元和十五年末。但是，长庆元年二月，天平军节度使马总上奏：“当道见管军士三万三千五百人，从去年正月已后，情愿居农者放，逃亡者不捕。”[①]他是从元和十五年正月为清理军队员额的起始日期的。或许在穆宗即位之初，便开始实施这一政策了。

穆宗实行的“消兵”，实际上是对宪宗改变藩镇与其支郡关系政策的延续，是在新的中央与藩镇关系的格局下，开始对其藩镇政策进行调整。具体而言，由原来侧重于通过军事征讨而进行的控制，转变为通过削减军队编制而从根本上实现政治控制；从原来具有浓厚地域色

① 《旧唐书》卷一六《穆宗纪》，486页。

彩的分类控制，改变为全面的制度性的控制。

元和十四年六月，朝廷命胡证充使至京西北巡边[①]。在《遣胡证巡边诏》中称：

> 自顷东夏有虞，近郊多垒，沙朔之外，翦为寇戎……今妖氛可息，思欲肃关陇之右地，制昆吾于盛秋，而虑师无见粮，卒有虚籍……至于问戍役之勤，详山泽之要，稽军实之名数，计馈饷之盈虚，宿弊有未除，众情有未达，兵机虏态，一以上闻，冀在此行。[②]

命胡证出巡，整顿西北边军，正是以朝廷实现了对内地藩镇的有效控制为前提的。换言之，在除河北之外的内地藩镇问题基本解决之后，朝廷欲将其军事重点重新放到西北。由此我们推测，穆宗实行的“销兵”恐怕不会包括京西北。

从宪宗改变藩镇与支郡的关系，到胡证出使京西北边镇，再到穆宗的销兵，体现了在新形势下，中央对藩镇政策的调整。新的政策，显然比原来的政策更为积极和主动。遗憾的是，这一政策还没有见到成效，就被河北的再叛所打断。

关于长庆销兵，陈寅恪有另一解释：

> 当宪宗之世，主持用兵者，宰相中有李吉甫武元衡裴度诸人，宦官中则有吐突承璀。然宦官亦有朋党，与士大夫相似。其弑宪

---

① 《旧唐书》卷一五《宪宗纪》，468 页；参《册府元龟》卷一三六，1649 页。

② 《唐大诏令集》卷一〇七，557 页。

> 宗立穆宗及杀吐突承璀之诸宦官,世号为"元和逆党"……故"消兵"之说,为"元和逆党"及长庆初得志于朝之士大夫所主持。[①]

中央对藩镇政策,有一个形成、演变的过程,绝不仅仅是用兵与姑息这样简单的两极对立。政治上的分党分派,与其政策的变化也不都会一一对应。而销兵政策的执行不到两年,绝不会起到像旧史记载的那么大的作用[②]。河北虽然实现了易帅,但并不意味着中央对河北实现了真正的控制。朝廷对此也并非一无所知,杨元卿就曾反对易置魏、镇节帅[③]。河北再叛,使朝廷对河北的处置又恢复到先前清醒和务实的政策,即虽然经过元和用兵,中央与藩镇关系出现了新的格局,但这一新格局并不会影响"河朔故事"的执行。其次,经过宪宗的多年用兵,出现了人情厌战、财政不支的局面。即使在河北再叛之后,一些藩镇

① 陈寅恪《元白诗笺证稿》(1950)第三章"连昌宫词",74页;参《唐代政治史述论稿》(1943)"中篇",97—98、106—108页。

② 吕思勉《隋唐五代史》(1959)对此作过辨析(364页),可参看。陈寅恪《唐代政治述论稿》(1943)认为销兵在当时产生了很大影响,并作了解释:"盖当时河朔为胡化区域,其兵卒皆善战之人,既被裁遣,'合而为盗',遂为朱克融、王廷凑所利用,而中央政府征募之人自然不能与河朔健儿为敌也。"(107页)按,这是以士兵战斗力来立论,与是否被裁遣是两个问题。王寿南《唐代藩镇与中央关系之研究》(1969)第五章"唐末藩镇之本质与其跋扈之态度",称:"从穆宗朝至懿宗朝的五十多年间,黄河以南的河南、关内、淮南、山南、江南、剑南、岭南诸道藩镇,对中央态度全属恭顺,无一跋扈叛逆者(参阅表三),此一时期中,藩镇兵力薄弱,是为原因之一"云(259页),将此视作"藩镇兵力薄弱"的原因,但该节此前即已引长庆二年三月诏"应天下诸军,各委本道据守旧额,不得辄有减省",已明令终止了销兵的措施;对此,他的解释一是藩镇再行补充的军队,已不是能作战的兵将,"而是商贾胥吏",二是认为销兵"仍在暗中进行"(258页)——相隔不过一两年,销了兵将,补充的就成了商贾胥吏?

③ 《旧唐书》卷一六一《杨元卿传》,4229页;参《通鉴》卷二四二,长庆元年八月,7797页。

也相继出现了兵变的情况，宪宗用兵后所奠定的藩镇格局并未因此而有实质改变。因此，我们不能将朝廷对河北的处置，视为对宪宗朝藩镇政策的反动，恰恰相反，它是对德、宪两朝形成、确立的藩镇政策的确认和执行。再其次，从上举朝廷平定河南北之后的一系列针对藩镇的政策来看，长庆销兵也是宪宗末年试图在新形势下对藩镇政策进行调整的一部分，而不是相反。

其实，类似的认识，此前即已出现。如在安史之乱结束后不久，独孤及就上《谏表》，称：

> 臣一昨陈奏请减江淮、山南等诸道兵马以赡国用，陛下不以臣言为愚妄，许当施行。然及今，竟未有沛然之诏，臣窃迟之。今天下惟朔方、陇西有吐蕃、仆固之虞，邠、泾、凤翔等兵足当之矣。自此而往，东泊海、南至番禺、西尽巴蜀，万里无鼠窃之盗，已积岁矣，而兵不为之解。[①]

其时形势远非“万里无鼠窃之盗”，独孤及只是本着文人的立场，从减轻百姓负担的角度，提出了要去兵之见。但这反映了当时人的一种认识。类似的措施，唐廷以前也曾采用。如大历十年，诏诸军“其官健逃亡，非承正制敕，不得辄相召募”[②]。大历十二年，诏“自都团练使外，悉罢诸州团练守捉使”[③]。建中二年，德宗亦曾欲利用定两税税额之机，

① 独孤及《毗陵集》卷四，28 页；《通鉴》卷二二三将此系于永泰元年三月，7173 页。

② 《唐会要》卷七二“军杂录”，1540 页；参《通鉴》卷二二五，大历十年正月，7229 页。

③ 《通鉴》卷二二五，大历十二年五月，7245 页。参《唐会要》卷七八“诸使杂录上”，1702 页。

使河北减少兵员①。而减削藩镇对所属支郡兵马的控制，也不始于此时。如元和六年八月敕："荆南是赋税之地，与关右诸镇及河南河北有重兵处，体例不同。节度使之外，不合更置军额。"十月诏："其诸道都团练使，足修武备，以静一方。而别置军额，因加吏禄，亦既虚设，颇为浮费……润州镇海军、宣州采石军、越州义胜军、洪州南昌军、福州静海军等使额，并宜停。"②两相对照，可知十月诏中的"别置军额"就是指藩镇所辖支郡所置之兵马。这两道诏令，实已开始通过减少支郡所设兵马，来限制藩镇的军事实力。在某些藩镇对中央表示出恭顺后，中央减少其周围驻兵的事例，此前即已出现。如田弘正归正后，元和九年闰八月，宰相李吉甫以为"汝州捍蔽东都，河阳宿兵，本以制魏博，今弘正归顺，则河阳为内镇，不应屯重兵以示猜阻。辛酉，以河阳节度使乌重胤为汝州刺史，充河阳、怀、汝节度使，徙理汝州"③。此事发生于宪宗时，提出此建议的是陈寅恪认为属于主张用兵的李吉甫——在形势发生变化后，提出了这样减少驻兵的主张，并付诸实施。可见，这样的认识，在朝廷是一贯的，并不始于穆宗时。

总之，穆宗对藩镇的政策，是对宪宗末年政策的继续；同时，这一始于宪宗末年的对藩镇政策的调整，也是唐廷在形势好转时所采取的传统的调整措施。穆宗的这一举措，在党争日炽之时，可能会被人误解或有意曲解，但这是党争者眼中的历史，而不是历史事实本身。

---

① 《旧唐书》卷一二七《洪经纶传》，3579 页；《旧唐书》卷一四一《田悦传》，3841 页。参《通鉴》卷二二六，建中元年二月"命黜陟使十一人分巡天下"，7277 页。

② 两道诏敕，分见《唐会要》卷七八"节度使"，1694、1695 页。

③ 《通鉴》卷二三九，元和九年闰八月，7705—7706 页。

六、结 语

安史之乱是一起偶发的事件，但这一事件的结果却是河北的长期割据，终唐之世未能解决。一个偶然的因素导致的结果，会成为在此后的历史变化中必然起作用的因素。这有些像偶然引发的变异基因，又会成为遗传给下一代的正常基因。这也许是历史的偶然性与必然性相互作用的一种表现形式。

代宗“结束”了安史之乱，并对藩镇采取所谓的“姑息”态度。德宗即位，马上预备对藩镇用兵。用兵失败后，贞元年间又对藩镇“姑息”。宪宗即位后，又马上想对藩镇用兵。德宗和宪宗在用兵之初，都是先对一些力量较小、朝廷易于处理的所谓跋扈藩镇初试牛刀；一旦成功，即谋划大规模用兵，以图解决藩镇问题①。这一方式，说明朝廷对藩镇还没有形成或确立一种国策；直到德宗和宪宗的两次大规模的用兵，才在这一过程中逐渐形成了朝廷对藩镇的政策。

具体而言，代宗是在当时的形势下，不得不尽快结束安史之乱。至于结束之后该如何对待奉唐正朔而实则自治的河朔藩镇，如何控制在平定安史之乱的过程中成长起来的有实力的藩镇，特别是河朔周围拥有强兵且对中央表现出相当游离的藩镇，当时的朝廷还没有时间、

① 陆扬《从西川和浙西事件论元和政治格局的形成》(2002)对宪宗元和初年的用兵西川、浙西，平定刘闢和李锜进行了分析，认为中央与这两个藩镇的战争是基于政治价值观或理念的变化和差异。换言之，此前被视作常态之举，宪宗认为不可接受，要兴兵讨伐。这种认识差异的实质，是宪宗要改变贞元时期对藩镇的政策，而这两个被“选中”讨伐的藩镇，正是作出政策改变时所进行的试探。按，我们分析德宗即位之初对泾原刘文喜的讨伐，也正是如此。在代宗时，这样的事件很多而未有讨伐。

精力来考虑，也不可能马上“无中生有”制定出一个较为明确、适当的政策。这也正是旧史对代宗一朝在藩镇问题上多所指责的原因。

德宗即位，力图改变这一状况，于是对藩镇发起了全面的战争，其目的是要毕其功于一役，彻底解决藩镇问题；而要彻底解决这一问题，就必须先结束河朔对朝廷的割据状态。这实质是对平定安史之乱的继续。安史之乱结束后，河朔诸镇间也充满了矛盾，甚至有彼此吞并之意；朝廷也在竭力利用这种矛盾。德宗用兵的失败，使朝廷意识到，自己根本没有力量来解决河朔的割据问题。在战争中，河朔藩镇间力量对比的变化，以及因此而导致的他们与朝廷关系的变化，使他们也认识到，他们之间需要保持力量均衡；而这种均衡的保持，又与他们作为一个整体要与中央保持力量的均衡密切相关。至此，“河朔故事”才由特殊背景下的约定，变成双方自觉遵守、维护的共识。于是，“放弃河北、控制其余”逐渐成为朝廷较为明确的藩镇政策，这一政策通过宪宗用兵而最后确定。需要强调的是，从地理角度来看，河北与河北之外的藩镇，是并列关系，即中央只力图控制河北之外的藩镇；但从控制的政治效果来看，这二者之间又有内在的联系，即在当时的背景下，只有“放弃河北”，才能更顺利地实现“控制其余”。这是“河朔故事”从权宜之计演变为朝廷国策的根本原因。

当然，朝廷在对河朔之外的藩镇控制得到加强后，总还想再用兵河朔。但这只是一种理想，而没有成为朝廷理性和务实的藩镇政策的一部分。所以，宪宗、武宗在用兵藩镇取得重大或较大成果时，也想乘胜用兵河朔，但这不仅事实上以失败告终，而且这一举动也遭到了朝臣的反对。这或许就是基于共识而形成的“政策”的力量。

补 论

(一) 关于“放弃河北、控制其余”的国策

平定朱泚，德宗回到长安；贞元元年(785)八月，李怀光问题已解决。这时，德宗使人问陆贽：“河中既平，复有何事所宜区处?”为此，陆贽上《收复河中后请罢兵状》，起首照例引出“奉宣圣旨”：

> 昨日钦溆奉宣圣旨，示臣马燧、浑瑊等奏平怀光收河东状，兼令臣商量，须作何处置，令钦溆奏来者。

德宗实际所问的，是对李怀光被杀如何善后；陆贽却非常担心德宗会在平定李怀光之后即时用兵淮西——李希烈退回了蔡州，但并没有去帝号。因此便“借题发挥”，通篇力劝德宗不要用兵淮西：“臣窃惧谄谀希旨之徒、险躁生事之辈，幸凶丑覆亡之会，揣英主削平之心，必将竞效甘言，诱开利欲，谓王师所向莫敌，谓余孽指顾可平，请回蒲坂之戈，复起淮沂之役”[①]。随后颁布的《诛李怀光后原宥河中将吏并招谕淮西诏》，重点一是对平定李怀光的善后事宜(即原宥河中将吏)，二是表明对淮西的态度(诏谕淮西)，明确称“诸道应与淮西接连，宜且各守封境，非被侵轶，不须进讨”[②]。这标志着德宗朝对藩镇攻伐之策的转变。

---

① 《陆贽集》卷一六，520—532 页。参《通鉴》卷二三二，贞元元年八月，7463—7465 页。

② 此诏即由陆贽起草，见《陆贽集》卷三，89—98 页；引语见 97—98 页。参(转下页)

贞元二年四月，淮西陈仙奇鸩杀李希烈，即授陈仙奇为淮西节帅，“应淮西管内将士、官吏、百姓等，顷迫凶威，遂从胁制，既诛元恶，俱是平人，除李希烈一家，其余并准前后赦敕原放，更无所问”①。

贞元年间宣武军发生了两起军乱，并引发了易帅。对此，李绛的处理意见，突出地反映出他对藩镇力主“区别对待”的原则。

贞元八年(792)，刘玄佐卒，将佐匿丧，称疾请代。德宗遣使往军中征询意见，问可否任命陕虢观察使吴凑继任；监军孟介、行军司马卢瑗皆以为便。然而，就在吴凑上任途中，军将发动了兵变，拥立玄佐之子刘士宁继任。时任宰相的窦参认为宣武军将挟淄青李纳以邀命，若不许，则与李纳相勾结，于是正式任命刘士宁继任节帅。

次年十二月，宣武都知兵马使李万荣趁刘士宁出外狩猎之机，发动兵变，逐驱士宁。德宗就此事询问宰相陆贽，陆贽上《议汴州逐刘士宁状》：

> 梁、宋之间，地当要害，镇压齐、鲁，控引江、淮，得其人则安则强，失其人则危则弱。……望且选一朝臣，驰往宣劳，更淹旬日，

(接上页)《唐代の散文作品》9680号，除列出陆贽别集，还列举了《唐大诏令集》卷一二四(按，应作卷一二一)。《唐代诏敕目录》列出了《册府元龟》《旧唐书》等多个出处，但漏列陆贽别集和《全唐文》；系日为己卯，343页。《通鉴》卷二三二，贞元元年八月，7465—7466页。随后，贞元元年十一月颁布《冬至大祀大赦制》(《陆贽集》卷二)，称：“李希烈僭逆不道，诚所难容，朕悯念苍生，务息征讨，频有诏命，许其自新，若能归降，依前敕待以不死。淮西管内将士、官吏、百姓等，一切原宥，与之如初。先有官封，亦皆复旧。”(54页)

① 《诛李希烈后原宥淮西将士并授陈仙奇节度诏》，《陆贽集》卷三，103页；《唐大诏令集》卷一二一，684页。

徐察事情。见情而后图之,则冀免有差失。[①]

主张不要急于承认李万荣,先派人去观察一下情况,再作决定。言外之意,是以拖待变,希望在“更淹旬日”之中,宣武能有其他变化,即不支持李万荣的军将会有举动,届时朝廷即可借机控制宣武。但德宗认为“万荣安抚有功,闻亦忠义,甚得众心,若更淹迟,却恐事不稳便”,主张授予李万荣节度使;为此,陆贽又上《请不与李万荣汴州节度使状》:

刘士宁穷凶极暴,众所不容。李万荣因人之心,闭城拒逐,为国除害,亦有可嘉;诚宜星夜上闻,请择节将。今所陈奏,颇涉张皇,但露徼求之情,殊无退让之礼。据兹鄙躁,殊异纯良。又闻本是滑人,偏厚当州将士,与之相得才止三千,诸营之兵,已甚怀怨。据此颇僻,亦非将材。且邀君而力取其位,不忠;逐帅而谋代其权,不义。犯此二者,而加之非材,得志骄盈,不悖则败……上下猜贰,何能久安?……及玄佐殂没,朝廷命吴凑代之,士宁凶顽,辄敢眦睚。素非得众,且甚不材,缓之旬时,必自离沮,随机制驭,指顾可平。陛下念深黎元,姑务容养,适使奸徒得计,庸竖作狂……今若又授万荣,则与士宁何异?……昨者所逐士宁,盖起于仓卒,诸郡守将,固非连谋,一城师人,亦未协志……陛下但于文武群臣之内,选一和惠宽敏,素为军旅所爱信者,命为节度,仍降优诏,慰劳彼军。奖万荣以抚定之功,别加宠任;褒将士以辑睦之义,厚赐资装。众知保安,人且怀惠,舍此助乱,更将何求?揆

① 《陆贽集》卷二〇,645页。

> 其大情，理必宁息。万荣纵欲跋扈，势何能为？三军既自离心，列城又不为援，缘其迫逐主帅，诸道必复憎嫌，迩无所亲，远无所与，不劳天讨，必自歼夷。[1]

这次上状中，他还通过详论田神功、刘玄佐以来宣武的情况，说明宣武的重要以及朝廷应加强控制，主张不能允许军将通过兵变来攫取节帅的任命。

对李万荣一事的态度，反映了陆贽区别对待河北与非河北的原则。对河北之外，特别是像既遏制河北，又保障运路的汴宋宣武，朝廷是应该加强控制的。这个态度，似乎与他在贞元元年所上《收河中后请罢兵状》相矛盾——他担心德宗在解决李怀光之叛后，继续用兵淮西李希烈。我想，这或许应归因于时移势易。那时是连年征战、久拖不绝，在德宗先后逃至奉天、梁州的窘迫背景下，首要的任务是结束战事，恢复秩序并进而重拾朝廷的威信；现在则是形势已经稳定了七八年之后，而且他也并非主张出兵攻讨，而是要利用宣武内部的矛盾，来阻止军将通过兵变攫取节帅之位。

其实，刘士宁的情况与李万荣不尽相同。刘士宁毕竟是刘玄佐之子，刘玄佐在镇多年，培植了自己的势力；兵变的主要力量，是"玄佐之婿及亲兵"，即可说明。在这期间，刘士宁派人到河朔幽州刘济、成德王武俊、魏博田绪处，寻求支持；但河北三镇以其未得朝廷之命，羁留了使者[2]。说明了河北无意与朝廷发生冲突。

---

① 《陆贽集》卷二〇，647—653页。

② 《旧唐书》卷一四五《刘士宁传》，3932—3933页。《通鉴》卷二三四，贞元八年四月，7528—7529页。关于刘士宁遣使河北事，《实录》亦有记载，见《通鉴考异》所引。

刘士宁即任距为李万荣所逐，不过两年的时间；这至少说明刘士宁与李万荣两股势力之间存在着矛盾，所以陆贽才力主以拖待变；事实上，数月之后的贞元十年四月，宣武即发生兵变。李万荣镇压了兵变，并将此事主谋归之于刘士宁，但宋州刺史刘逸准却半公开与之对抗，收留了逃往该地的参与兵变的亲兵①。换句话说，陆贽虽然在奏状中提到了一年半前就不应该允许刘士宁继任，但这也不过是为了论证他当下不许李万荣通过兵变继袭节帅，并非有理有据、认真分析当年刘士宁的继任情形。总之，陆贽反对李万荣继任，主张加强对宣武的控制，本质上显示的是对河北藩镇与非河北藩镇要区别对待的原则。

建中四年(783)，当朝廷与河朔及淮西战事陷入胶着状态时，德宗问计于陆贽：“缘两河寇贼未殄，又淮西凶党攻逼襄城，卿识古知今，合有良策，宜具陈利害封进者。”于是，陆贽上了名为《论两河及淮西利害状》：

> 臣谓幽、燕、恒、魏之寇，势缓而祸轻；汝、洛、荥、汴之虞，势急而祸重……何以言其然也？自胡羯称乱，首起蓟门，中兴已来，未暇芟荡，因其降将，即而抚之，朝廷置河朔于度外，殆三十年，非一朝一夕之所急也。……希烈忍于伤残，果于吞噬据蔡、许富全之地，益邓、襄卤获之资，意殊无厌，兵且未衄，东寇则转输将阻，北窥则都城或惊。此臣所谓汝、洛、荥、汴之虞，势急而祸重。……上党、盟津之步卒，当今之练卒也，悉此强劲，委之山东，势分于将多，财屈于兵广，以攻则旷岁不进，以守则数倍有余，各怀顾瞻，递

① 《通鉴》卷二三四，贞元十年四月，7553—7554页。

欲推倚。此臣所谓缓者宜图之以计，今失于屯戍太多。①

称“朝廷置河朔于度外，殆三十年，非一朝一夕之所急”，已经点出不能将河北与淮西等量齐观。区别对待之策，呼之欲出。

元和四年(809)三月，成德王士真死，同时幽州刘济、魏博田季安患疾，宪宗想乘机废止“河朔故事”，即“欲革河北诸镇世袭之弊”。就此询问李绛意见，李绛先后上《论镇州事宜》《又上镇州事》，表示反对。但同年十一月，淮西吴少诚死；在他病重期间，李绛主动上《镇州淮西事宜》，主张攻讨淮西。这反映了在贞元以后已经形成了朝廷对藩镇的政策②。这一点从权德舆对泽潞节帅卢从史是否应予起复的态度上也可以得到证明。

与王士真死大致同时，泽潞节度使卢从史之父卢虔也死了。“昭义节度使卢从史遭父丧，朝廷久未起复；从史惧，因承璀说上，请发本军讨承宗。壬辰(十七日)，起复从史左金吾大将军，余如故。”③但在此前的两天，即四月十五日，权德舆上《昭义事宜状》，称：

卢虔以文学至大官，殁于阙下。以从史之贤，自可全儒家丧

---

① 《陆贽集》卷一一，325—329页。《旧唐书》卷一二《德宗纪上》，建中四年八月丁未(初二)李希烈率众三万攻哥舒曜于襄城(337页)，即其事。《通鉴》将此状系于建中四年八月(7348页)。《新唐书》卷一五九《陆贽传》，“会马燧讨贼河北久不决，请济师；李希烈寇襄城。诏问策安出”，贽言云云，即此状。“帝不纳。后泾师急变，贽言皆效”(4912—4913页)。《旧唐书》本传未及此事。

② 王朝中《李绛藩镇对策》(1993)，对李绛的几次奏议有分析，但他认为把藩镇分作不同类型，“李绛是第一人，也是迄于当时的惟一一人”(46页)，显然没有把李绛的奏议放到安史乱后朝廷对藩镇政策确定的过程中来考察。

③ 《通鉴》卷二三七，元和四年四月，7660页。

纪之仪，弘圣朝孝理之道；以从史非贤，则连衡非人，煽结为患，贻朝廷忧，恐自此始。且成德事体，与昭义不同。众情以为许成德之请则可，许昭义之请则不可。以恒冀习俗颇久，倘类相因，含垢推恩，制之以渐，故上党内地，未尝因循，失之毫厘，利害相万。①

可见对是否起复卢从史，朝廷曾有过讨论。最后，决定起复。但权德舆提的是反对意见，反对的理由，是认为泽潞与河北不同——可以允许成德王承宗继袭，但不应允许卢从史久任。

宝历二年(826)横海李全略死，其子李同捷谋继袭。太和元年(827)朝廷下令攻伐。其时成德王廷凑阴以兵及盐粮助李同捷，太和二年七月，命百官讨论如何处置，《旧唐书》卷一六五《殷侑传》：

文宗初即位，沧州李同捷叛，而王廷凑助逆，欲加兵镇州，诏五品已上都省集议。时上锐于破贼，宰臣莫敢异议，独侑以廷凑再乱河朔，方徇诏怀，虽附凶徒，未甚彰露，宜且含容，专讨同捷。其疏末云："伏愿以宗社安危为大计，以善师攻心为神武，以含垢安人为远图，以网漏吞舟为至诚。"文宗虽不纳，深所嘉之。(4321页)②

---

① 《权德舆诗文集》卷四七，752页。系时，据《山东行营以臣愚见所见条件于后》所引此奏，称“臣自去年四月十五日上奏(即指此奏)”云，755页。

② 参《通鉴》卷二四三，太和二年七月：“七月甲辰，诏中书集百官议其事。宰相以下莫敢违，卫尉卿殷侑独以为廷凑虽附凶徒，事未甚露，宜且含容，专讨同捷。己巳，下诏罪廷凑。”(7859页)《旧唐书》卷一七上《文宗上》具体记载了参加讨论的官员范围：“(七月)甲辰，诏宰臣集三署四品已上常参官，议讨王廷凑可否。”(529页，漏书“七月”。)

横海本是从成德分出的，但殷侑明确提出，横海与河朔三镇不同，一方面强调不能用兵成德，另一方面又强调专讨横海，其实质就是强调应执行维持河朔三镇的现状而控制其他藩镇的国策。在平定李同捷之后不久，六月“诏镇州四面行营各归本道休息，但务保境，勿相往来”；八月正式赦免了成德王廷凑[1]。事实上，这执行的正是“放弃河北”的国策。

但放弃，并非不再设防。唐武宗会昌年间平定泽潞后，镇州王元逵将昭义属城无礼于己的“凶恶头首”二十余人枭首。李德裕得知后，即上《论尧山县状》，称“伏以寇孽既平，尽是国家城镇。控制河朔，须存垒垣，岂可更令元逵穷兵攻取？望中使赐城内将士敕书招携，各令安堵。仍赐元逵诏，便令抽兵归本道”[2]——虽然在平定泽潞刘稹的过程中，河朔藩镇对朝廷颇为配合，但并未因此改变朝廷对河北的认定；河朔仍需要“控制”，而泽潞则是“控制河朔”的垒垣。

这项国策是逐渐形成并成为朝廷共识的。我们在上面已引用了当时朝臣，特别是朝廷决策核心如翰林学士、宰相等的看法。这反映的，是朝廷在相当范围内讨论后的共识——每次遇到重大事变，朝廷都会召集一定级别以上的群臣讨论[3]。如元和四年四月，宪宗欲借成德王士真死，“革河北诸镇世袭之弊”，但遭到朝臣的反对，“由是议久不决”[4]，说明确是有过“议”的过程。《旧唐书》卷一四八《裴垍传》所载

① 《通鉴》卷二四四，7864、7866页。

② 《李德裕文集校笺》卷一六，309页；参《通鉴》卷二四八，会昌四年九月，8011页。

③ 关于在国是决策中的一般情形，可参谢元鲁《唐代中央政权决策研究（增订本）》（1992），特别是第二章“决策层次与方式的变迁”。

④ 《通鉴》卷二三七，7659页。

最能反映“议”的过程：

王士真死，其子承宗以河北故事请代父为帅。宪宗意速于太平，且频荡寇孽，谓其地可取。吐突承璀恃恩，谋挠垍权，遂伺君意，请自征讨。卢从史阴苞逆节，内与承宗相结约，而外请兴师，以图厚利。垍一一陈其不可。（3991页）

时为宰相的裴垍“一一陈其不可”，可见持“议”者你来我往、往复辩难的过程。从时为翰林学士的李绛“奉密旨”而数次上状，也可以看出宪宗在决策时征求、听取朝臣意见的过程：

奉宣：“今因镇州事势，朝廷欲自除人，如何？”

密奉进旨，“今刘济、季安皆有疾患，忽有故者，不可尽如镇州例，皆与其子。今欲乘此便，镇州别除人，如不可，即议用兵。议者皆以此为然。恐卿不细知彼事情，宜审商量奏来，勿错误”者。

奉密宣：“今欲与承宗留后，便割镇州管内德棣两州，别置一镇。又欲令人谕承宗，遣依师道例送两税，卿等商量如何者。”①

宪宗频繁、密集地向翰林学士征求意见。李绛的意见，就是要对河北

---

① 《李相国论事集》卷三，18—20页。分别拟名为《论镇州事宜》（18页）、《又上镇州事》（19—20页）、《上镇州事》（19页）。《通鉴》卷二三七元和四年四月（7659页）、卷二三八元和四年七月（7663页）引用。将“刘济、田季安皆有疾”云云，系于七月，似不确；应与“今因镇州事势，朝廷欲自除人”同时（四月）。

“区别对待”，是“放弃河北、控制其余”这一控制藩镇政策的支持者和论证者。它之所以能成为国策，就是因为这是在朝廷进行一次次讨论、辩难之后形成的共识[①]。宪宗朝以后，面对重大事变时，也常常“集议”。这些讨论，反映了这并非少数人的意见，虽然我们在讨论这一政策的形成过程中，征引的只是某人的上奏。

如长庆二年(822)七月，汴宋兵变，逐李愿，推都押牙李㝏为留后，“乙巳，诏三省官与宰相议汴州事，皆以为宜如河北故事，授李㝏节。李逢吉曰：‘河北之事，盖非获已。今若并汴州弃之，则是江、淮以南皆非国家有也。’……议未决，会宋、亳、颍三州各上奏，请别命帅。上大喜，以逢吉议为然，遣中使诣三州宣慰”[②]。“皆以为宜如河北故事”，是指此前不久的所谓“河北再叛”后的处置，并不是说，在汴宋实行“河朔故事”，即父死子继、军人自治。三年后的敬宗宝历元年(825)八月，泽潞节度使刘悟暴卒，其子刘从谏以刘悟遗表求知留后，“敬宗下大臣议。仆射李绛以泽潞内地，与三镇事理不同，不可许”[③]。此事最终的处置，是采用了李逢吉、王守澄的意见，承认了刘从谏的继袭，但确实是经过了朝廷的公开讨论。

汴宋亦如泽潞，属“内镇”，与河朔情况不同。虽然在实际的处置上，对汴宋，朝廷调动武宁、忠武等方镇军队加以攻讨，不久汴宋都知

---

① 宪宗朝君臣对用兵藩镇的廷议和讨论过程，可参李殷《议兵之争所见唐宪宗朝藩镇政策的形成》(2022)。

② 《通鉴》卷二四二，7819—7820页。

③ 《旧唐书》卷一六一《刘悟传》，4231页。参《通鉴》卷二四三，7844—7846页。李绛所上《论刘从谏求为留后疏》，见《李相国论事集·遗文》(疑据《历代名臣奏议》卷二三六录)，1—2页；《通鉴》所载乃节录；参《全唐文》卷六四五(《唐代の散文作品》12627号)，6533—6534页。

兵马使李质即擒杀李齐，而泽潞，却是“时李逢吉、王守澄计议已定，竟不用绛等谋”，以从谏为昭义留后①。对这两起事变的处置，在朝廷起主导作用的，都是李逢吉，但处置结果迥异，这说明，在朝廷看来，允许刘从谏继袭，不会影响朝廷对泽潞的控制。

又如，朝廷攻讨李同捷时，如何处置成德王廷凑帮助李同捷，太和二年(828)七月即“诏五品以上都省议”，这就是上引《旧唐书》卷一六五《殷侑传》所载：“文宗初即位，沧州李同捷叛，而王廷凑助逆，欲加兵镇州，诏五品已上都省集议。时上锐于破贼，宰臣莫敢异议，独侑以廷凑再乱河朔，方徇诏怀，虽附凶徒，未甚彰露，宜且含容，专讨同捷。”“时上锐于破贼，宰臣莫敢异议”，反映的也是以宰臣为首的朝臣对这一国策的共识。

会昌三年(843)四月，泽潞刘从谏死，其子刘稹欲袭位，宰相李德裕上《论昭义三军请刘稹勾当军务状》，称“固须广询庭议，以尽群情。臣等商量，望令两省及尚书省、御史台，并文官四品以上、武官三品以上，于尚书省集议奏闻”②。虽然集议的结论，是“以昆戎未殄，塞上用兵，不宜中原生事，潞府请以亲王遥领，令稹权知兵马事，以俟边上罢兵”③，但这项处置意见，是将泽潞与当时的回鹘扰边相比，并不是将河北与非河北相比。此后不久，朝廷决定用兵泽潞，时任黄州刺史的杜

① 《通鉴》卷二四三，宝历元年十二月，7846 页。《实录》《旧唐书·刘从谏传》称李逢吉、王守澄是受了刘从谏之贿，方允其继袭，《通鉴考异》卷二〇称“事有无难明，今不取”，779 页。

② 《李德裕文集校笺》卷一五，278 页。参《通鉴》卷二四七，会昌三年四月，7980 页。

③ 《旧唐书》卷一八上《武宗纪上》，595 页。

牧上书李德裕，称“今者上党之叛，复与淮西不同”①，支持朝廷用兵，但是，我们也看到，几乎每次用兵藩镇时，无论是代宗、德宗还是宪宗，总是想终结“河朔故事”，彻底解决河北问题。这似乎成了帝王的政治执念，成了他们自我认定和标榜的最重要的“政治遗产”。但是，“放弃河北、控制其余”，与其说是认知、观念和国策，不如说是现实。在情结、幻象、事实的缠斗中，他们都不得不面对现实，最终，都不得不放弃这样的执念和追求。——不管承认不承认，朝廷没有能力来解决。

（二）所谓“河朔再叛”：朝廷对河朔三镇实现过真正的控制吗？

刘总将幽州一分为三、成德王承元入朝、田弘正移镇成德，多被旧史视作元和中兴的顶峰，也被现代学者视作河北藩镇重归王化的表现②，

---

① 《樊川文集》卷一一，《杜牧集系年校注》，818页。《通鉴》卷二四七会昌三年四月引及，7982页。傅璇琮《李德裕年谱》认为此文应系于是年七月前后，378页。

② 张国刚《唐代藩镇研究（三版）》（2023）第十五章，称“所谓‘元和中兴’，完全不能用来形容对于西川、浙西藩镇的胜利，而主要是指对于河北三镇的胜利，一扫安史之乱以来河北之地王师不入的状态”（240页）。三版新增入的这一章，可以视作近来学界认为宪宗元和末年对河北实现控制这一说法的代表（讨论穆宗长庆年间的种种处置不当、导致河北再叛，是以此前宪宗元和末实现了对河北的真正控制为前提的）；另，这一章似为一讲演稿，与其他各章颇不协调，于学界已有的相关成果亦多未涉及，与作者已有的认识也时有捍格，如称元和中兴“主要是指对于河北三镇的胜利，一扫安史之乱以来河北之地王师不入的状态”（240页），似乎没有穆宗长庆“朝廷错误的销兵政策”、如果没有“新任命的节度使处事失宜”（244页），河北的问题就能彻底解决；但我认为，该书第六章，河北割据的“长期存续”更能反映河北的本质。又如，元和以后，“对河朔藩镇，朝廷以‘河朔故事’试图不予控制，河朔藩镇就衰落了”（250页）；朝廷放弃控制，河朔藩镇便衰落了，这样的论断似乎有些信口开河。新近论著，如吴晓丰《从寇境到王化》（2024）也说“宪宗平定淄青，标志着安史之乱后六十余年间‘两河号为反侧之俗’的局面结束，河朔藩镇皆重归王化，宪宗元和中兴的伟业至此达到顶点”（567页）。

所以在成德兵乱杀田弘正、幽州兵变囚张弘靖，被当成河北“再失”，归咎于当时朝廷的处置失当。但我们认为，这是幻象。河北刘总、王承元表示归附，并不意味着朝廷真正实现了对河朔的控制。

魏博田弘正归顺朝廷十数年，当他移镇成德遇害后，朝廷任命其子田布入魏博，结果一事无成，最终自杀——田氏经营魏博，不可谓不久，根基不可谓不牢，但田布再入魏博，以为田弘正报仇为辞，仍无能为力[①]。这说明田弘正的归顺，并不意味着朝廷就对魏博实现了真正的控制。田弘正的归附、王承元的归朝，都只能被视作偶然、例外，并没有真正改变魏博、成德的军人政治的本质。

刘总将幽州一分为三，幽涿营为一道[②]，卢弘靖为节帅；朱克融兵

---

① 李树桐《论唐代的魏博镇》(1985)称“这次河北复陷，其关键仍在魏博。因为假设魏博镇的李愬不病，仍如以前平淮西时的攻取力量，则成德在中央与魏博双方夹击之下，势难负隅抗命……倘若魏博、成德两镇叛乱熄灭，则卢龙一镇，亦无能为了”(524页)，可谓想象之词。王承元的归朝，背后也有多人的推动，详参牟发松《墓志资料中的河北藩镇形象新探——以〈崔氏合祔墓志〉所见成德镇为中心》(初刊2008)，334—337页。

② 张达志《唐代后期藩镇与州之关系》(2011)认为营州为羁縻性质(154页)。曾成2015年完成的博士学位论文《唐代幽营地域的族群与政治——以唐与奚、契丹的互动中心》第四章第四节“安史之乱后营州故地的归属”，认为“唐后期的营州可能已然侨置于平州境内了”(129页)；对刘总三分方案中营州与幽涿为一道，解释为“将营州视为无实土的侨置州”(131页)。森部豊《唐代前半期羁縻州、蕃兵、军制纪要——以营州为例》(2022)“一、唐代营州的沿革”，安史之乱后，“幽州之地被纳入从唐朝取得半独立体制的幽州、卢龙节度使的管辖范围，营州也应当隶属其下。因此，正史等编纂史料中几乎见不到唐后期营州的状况”(133页)。按，关于安史乱后营州的详细情形，似乎尚难说清；我倾向于曾成的推测，大概不会另有深意(胡三省有所谓“必有说”云)。陈磊《唐长庆元年幽州的军变：从史料撰写的层面看》(2012)，梳理史料，认为幽州的军变乃哗变，与陈寅恪所谓“胡化”无关。

变后囚弘靖。瀛莫为一道，卢士玫为节帅；二州兵变，亦由朱克融控制[①]——长庆元年四月甲午（廿三日）张弘靖入幽州，七月十日，幽州军乱，囚张弘靖，朱克融控制幽州。八月壬申（初九），莫州都虞候引朱克融入城；丙子（十三日）瀛州军乱，执瀛莫观察使卢士玫送幽州[②]。田弘正移镇成德，不能真正控制成德；田布入魏博，也未能真正控制魏博，难道朝廷“空降”的与河朔毫无渊源的张弘靖、卢士玫入幽州、瀛州，就能在短时间内真正控制幽、瀛吗？

魏博史宪诚的遭遇，也可以为我们理解这一问题提供参考。

田弘正被害，时任魏博牙将的史宪诚被拥立为节帅。史宪诚任魏博节度使八年之后，太和三年（829）四月沧景李同捷被平定后不久，他表示愿归顺朝廷，《旧唐书》卷一八一《史宪诚传》的叙述是：

> 乃遣子孝章入觐，又飞章愿以所管奉命，上嘉之，乃加侍中，

---

① 平蓟妫檀为一道，请除平卢节度使薛平出任节帅，但实际并没有单独分出，《旧唐书》卷一四三《刘总传》：“穆宗且欲速得范阳……但欲重弘靖所授，而未能省其使局，惟瀛、漠两州许置观察使，其他郡县悉命弘靖统之。”（3903页）秦中亮《“再失河朔”发微》（2024）称朝廷没有听从刘总三分幽州的建议而只是二分，“保存了幽州的大部分实力”（156页），并引李碧妍《危机与重构：唐帝国及其地方诸侯》（2015）所言“刘总的分理方式其实暗含着制约三镇各自统治效力的意味”。我们复检李书，此出注释，该注称“南面的瀛、莫二州被划为一镇；中心的幽、涿二州则与地域上并相连的营州划为一镇；而地理环境存在一定差异的平、蓟、妫、檀四州则又被划为一镇”，然后便是秦文引用的这一句（1印本349页注③，2印本343页注①）。我想，这只是刘总的愿望。事实上，虽未依刘总的意见一分为三，瀛莫是照其意见分出单独立镇的，但幽州兵变发生，瀛莫几乎立刻分别响应朱克融。平蓟妫檀即使分出，大概率也会如此。在不能实现真正控制的大前提下，一分为三还是为二，只是形式，并不能实际发挥“制约三镇各自统治效力”的预期和作用，当然也就谈不上一分为二是“保存了幽州的大部分实力”。

② 《通鉴》卷二四二，7797—7798页。

移镇河中。宪诚素怀向背,不能以忠诚感激其众,未及出城,大和三年六月二十六日夜,为军众所害。(4686 页)

据《通鉴》,任命史宪诚为河中节度使时,分相卫澶三州,以其子史孝章为节度使;“史宪诚竭府库以治行。甲戌,军乱,杀宪诚,奉牙内都知兵马使灵武何进滔知留后……八月,壬子,以进滔为魏博节度使,复以相、卫、澶三州归之”(7864—7865 页)。这次兵变,并不是军人蓄谋已久,而是临时生变,《旧唐书》卷一八一《何进滔传》:“太和三年,军众害史宪诚,连声而呼曰:‘得衙内都知兵马使何端公知留后,即三军安矣。’推而立之。”(4687 页)

导致军人对史宪诚不满的直接原因,是其“竭府库以治行”;我想,将魏博一分为二,另立相卫澶为一镇,可能也是一个原因。事实上,史孝章未及到镇,史宪诚即遇害[①];相卫澶实际并未被分出。

史宪诚听命朝廷,同意调任义成的同时,朝廷本想把相卫澶从魏博分出,命史宪诚之子史孝章任节度使,但并未成功。魏博兵变阻止了朝廷的这一企图。这与刘总拟将幽州一分为三,很快即因幽州兵变而流产,情景何其相似! 因此,我们认为,虽有刘总的归顺、配合,幽州一分为三的计划根本没有得到落实的机会(事实上,很快,刘总就死于落发离开的途中)[②]。不旋踵而兵变发生,幽州藩镇一如既往,仍然是幽州

① 《旧唐书》卷一八一《史孝章传》,4687 页。孝章原名唐,《通鉴》卷二四四,太和三年五月,“摄魏博副使史唐奏改名孝章”(7864 页)。史孝章的政治立场是心向王室,史宪诚之“飞章愿以所管奉命”,愿意调任河中,与其子孝章的政治立场和屡加劝谏分不开。

② 刘总对幽州的一分为三,与易定、横海脱成德,情况完全不同。关于易定、横海的情况,详见第六章的讨论。

镇。张天虹强调，所谓幽州恭顺，是以河朔故事为前提，深中肯綮[1]。

如果史宪诚不向朝廷表示归附，并接受调任河中节度使，这场兵变可能就不会发生。史宪诚接受调任，被兵变军士杀死，说明魏博军人不接受由朝廷主导的节度使调任。史宪诚是他们拥立的；现在他们又杀了史宪诚，拥立了何进滔。由此而反观田弘正以及田弘正离开、其子田布继任却无法率领军人攻讨成德而最终自杀，在在说明，魏博的命运，始终掌握在魏博军将手中——当年田弘正归降朝廷，有人提出先给“留后”的名义，然后再予正授；李绛反对，明白反问：“度朝廷气力，坐制魏博，得否?”[2]对双方的力量对比以及朝廷是否能有效控制，时人是有清醒认识的。

总之，所谓穆宗长庆的“河北再叛”或“再失河朔”，就是旧史的一个伪命题，只是一个“说法”；所谓元和中兴，只是平定了淮西和淄青，对河北，根本没有实现真正的控制[3]。所以，对河北而言，谈不上“再叛”；对朝廷而言，谈不上“再失”[4]。事实上，朝廷以幽州朱克融没有杀害张弘

---

① 张天虹《也释唐幽州卢龙节度使刘济的“最务恭顺”》(2017)。

② 李绛《李相国论事集》卷五《论魏博》，42页。《通鉴》叙述此事，所据史料与李绛《论魏博》系出同源（或为《实录》）。

③ 杨西云《长庆销兵平议》(1985)、《唐中后期中央对藩镇斗争政策——从元和用兵到长庆销兵》(1996)指出元和用兵，并没有从根本上改变河朔三镇节帅“握重兵、掌财赋土地的情况”（前文153页，后文12页），但同时又认为是穆宗朝臣处置不当致其再叛——难道不杀田弘正、不拘张弘靖、不逼死田布，就意味着河北没有“叛”?

④ 王寿南《唐代藩镇与中央关系之研究》(1969)第八章第一节“三、穆宗时中央策略之错误与河北之复失”，称“穆宗即位，两年之中，河北复失，从此河北三镇再未归顺中央。穆宗复失河北，一方面由于中央财力匮竭，同时也因为皇帝之‘荒纵不法，执政非其人，制御乘方，河朔复乱’”云(377页)。但在该书第四章《藩镇武力之强大与其对中央之态度》，又说“自代宗至唐亡，中央虽屡次对河北三镇用兵，却未曾一次赢得真正的胜利”(232页)。我以为后一处的表达更为准确。彼得森在其执笔的《剑桥（转下页）

靖，魏博田布系自杀，于是相继承认了朱克融、史宪诚，而专力攻讨杀害田弘正的成德王廷凑；即便如此，为时不到半年，即不了了之[①]。

《通鉴》卷二四二，长庆元年(821)七月，“初，田弘正受诏镇成德……乃以魏兵二千从赴镇，因留以自卫，奏请度支供其粮赐。户部侍郎、判度支崔倰……以为魏、镇各自有兵，恐开事例，不肯给。弘正四上表，不报；不得已，遣魏兵归”(7796页)。旧史称这给成德成功发动兵变提供了有利的条件[②]。

成德王承元被任命为义成节度使，离开成德，田弘正接任。王承元至义成赴任，也带有成德之兵，《旧唐书》卷一六《穆宗纪》元和十五年十一月辛亥“田弘正奏王承元以今月九日领兵二千人赴镇滑州”(483

(接上页)中国隋唐史》(1979)第八章之“宪宗继承者治下的藩镇”一节，特别强调，“应该指出，中央的力量在任何时候都不能决定性地击败河北的这三个镇——不论是各个击败还是一网打尽”(540页)。遗憾的是，学界关于所谓“再失河朔”的讨论，大体都循着穆宗朝措置失宜这一思路进行。最近关于这一问题的讨论，如黄图川《权力交接与政治逻辑：重论长庆元年唐廷处置幽州归附事件》(2021)，征引墓志材料，勾勒了幽州权力的交接过程，但落脚点是论证何以朝廷举措失当。秦中亮《“再失河朔”发微》(2024)，认为“不是举措的问题，而是过于操切。妄图一次性解决河朔问题”；所谓过于操切，是指徙镇、克扣赏钱、将节度使与亲军分离等手段(168页)——王承元、刘总的所谓“徙镇”，是他们自愿的；将其与亲军分离，如王承元手下将领与其分离(165页)，如成德、魏博的支郡刺史都是朝廷任命(162页)，这不是更有利于朝廷对这两个方镇的控制吗？但事实是这两镇仍然非常轻易就成功发动了兵变，杀了田弘正(成德)、逼死了田布(魏博)。关于克扣魏博赏钱事，所引材料是田弘正要求朝廷支付他从魏博所领的二千人“粮赐”(166页)，但这并不是给成德的赏赐；所引《旧唐书·穆宗纪》“成德军征赏钱颇急”，系于田弘正刚刚入成德之日，接下来即称“乃命柏耆先往谕之”，这只能说明朝廷给得晚了，似乎并未克扣(张弘靖留二十万贯充军府杂用而引发不满，亦可见赏赐已至，可参贾志刚《唐代军费研究》，69页)。另外，将昭义(泽潞)、义成(郑滑)与河朔三镇放在一起讨论(163页)，亦甚不妥。

① 关于攻讨成德王廷凑的详细过程，参胡耀飞、刘雪婷《长庆镇州行营考——兼议白居易对行营体制的反思》(2024)。

② 参《旧唐书》卷一四一《田弘正传》，3851页；《旧唐书》卷一一九《崔倰传》，3444页。

页)，《旧唐书》卷一五六《韩充传》"长庆二年，幽、镇、魏复乱，朝廷以王承元有冀卒数千在滑州，恐封疆相接，复相劝诱，命充与承元更换所守"(4137页)。至少是成德兵变杀田弘正时，王承元带到义成的二千亲兵还未被遣返。

此前的元和十四年(819)三月刘悟离郓，即带亲兵二千离开；宝历元年(825)八月刘悟死，其子刘从谏欲继袭，《通鉴》追述，称"昭义节度使刘悟之去郓州也，以郓兵二千自随为亲兵"(7844页)；会昌四年(844)朝廷用兵泽潞，在《讨刘稹制》中也说到"刘悟下郓州旧将校子孙"①。其实，刘悟离开郓州，首先出任的是义成节度使。也就是说，这二千亲兵，是刘悟从郓带到了义成，又从义成带到了昭义；时间跨度达二十多年。如果朝廷不用武力平定刘稹，刘悟从郓带往昭义的二千亲兵仍然会一直待在刘氏身边。再往前，元和十三年十一月，以河阳节度使乌重胤为横海节度使，"重胤以河阳精兵三千赴镇，河阳兵不乐去乡里，中道溃归"②。

田弘正要求带二千魏兵赴任，至少可以援引刘悟、王承元的先例(刘悟兵变诛李师道，归顺朝廷，是经田弘正上奏；刘悟离开郓州、至义成赴任，也是田弘正见证。王承元之离镇，正是田弘正前往接任。田弘正对刘悟、王承元领亲兵离开的事实，是非常了解的)。因此，所谓崔倰"恐开事例，不肯给"，恐不可靠③。司马光可能也有这样的疑问，

---

① 《李德裕文集校笺》卷三，31页。

② 《通鉴》卷二四〇，7755页；参《旧唐书》卷一七二《令狐楚传》，4461页。

③ 秦中亮《"再失河朔"发微》(2024)，称"再次徙镇河朔节度使、遣返亲兵，应该是唐廷对于河朔投附节度使统一的'国策'"(167页)。从上引诸例来看，朝廷也许有这样的愿望，但是否能付诸实施，颇有疑问。况且，朝廷能主动调动河朔节帅离任的事件，屈指可数，而且都是在极为特殊的背景下偶然出现的个例；是否会因个例而产生"国策"，需进一步研究。

所以特作考异，称：“《旧·田弘正传》云，七月归卒于魏州。《王庭凑传》云，六月魏兵还镇。《崔倰传》曰，遣魏卒还镇，不数日而镇州乱。今从之。”①

（三）关于销兵

所谓销兵，在代宗、德宗时已有这样的举措。

代宗大历初，下诏称“军兴以来十有四载……如闻诸节度及团练使下官健，多有逃入诸军……自今已后，切宜禁止，应有此色，诸军不得辄容，差人递还，各付所统。其额内官健有逃死者，不须更填”②。十年(775)正月下诏：“其官健逃亡，非承正制敕，不得辄召募。”③力图在根本上限制藩镇军队兵员的扩充。十二年五月辛亥诏，“自都团练使外，悉罢诸州团练守捉使”④。各州不再设团练守捉使，意味着各州不再有“团练”——就在这道诏书中，规定了“官健”与“团练”：前者系召募，“给春冬衣并家口粮”，是职业军人；后者乃“当上百姓”，“春秋归，

---

① 《通鉴考异》卷二〇，767 页。

② 《唐大诏令集》卷一〇七《禁诸道将校逃亡制》，署常衮，554—555 页。据傅璇琮《唐翰林学士传论》，常衮于宝应元年入为翰学士，永泰元年任中书舍人，直至大历九年十二月改任礼部侍郎(250—254 页)。这期间，常衮负起草制诏之责。因此，这道制，至少应在大历十年以前。但该制起首即称“军兴以来十有四载”，应是从安史之乱发生算起，则大致为大历三年(768)前后。又，《唐大诏令集》同卷，这一篇制之前的一篇，即《禁诸道将士逃入诸军制》，核心内容与《禁诸道将校逃亡制》同，应该是同篇(《唐大诏令集》两篇，应系来源不同，如一出文集、一出史书？或一为原文，一为节文？)

③ 《唐会要》卷七二“军杂录”，1540 页。参《通鉴》卷二二五，大历十年正月，7229 页。《册府元龟》卷一二四，误作“七年正月丙辰”，《唐代诏敕目录》亦系《册府元龟》此诏于大历七年(306 页)，这是将同一道诏书分作了两道。

④ 《通鉴》卷二二五，大历十二年五月，7245—7246 页。《唐会要》卷七八“诸使杂录上”，1702 页。

冬夏追集，日给一身粮及酱菜”。

德宗贞元四年(788)二月颁布《放免诸道先停放将士资粮德音》：

> 比以中夏甫宁，颇勤经费，遂收诸道停减将士粮斛，用叶权宜……其贞元二年三年已前所收诸道停减放归营农将士军资粮斛钱米等，缘送纳向毕，任依前敕收管。其贞元四年已征到及在路者，即依前送。其在百姓腹内者，并宜令放免。其贞元五年已毕，每年合收一百七万八百八十八贯石，宜并放免。①

建中用兵失败后不久，在贞元二年就已开始令诸道“停减放归营农”将士了，虽然没有比例的要求。贞元二年、三年、四年、五年，连年都允许诸道“停减放归”将士回乡务农了；同时，朝廷还要向诸道藩镇征收这些被“停减放归营农”将士的“军资粮斛钱米”。与此相比，长庆销兵仅仅是“逃死不补”，可谓“优惠”多矣。至少是贞元初年已连续实施了几年的这项“收诸道停减放归营农将士军资斛钱米等”，没有引发诸道藩镇的反对，仅仅是“逃死不补”便导致了“河北再叛”，实在令人难以理解，也难以置信。

① 《文苑英华》卷四四一，2229 页。该德音标题下称“编制，见唐大诏令”，但今本《唐大诏令集》未见。《唐代诏敕目录》贞元四年二月，只著录《文苑英华》和《全唐文》卷五四两处出处(352 页)，但在贞元四年九月“放免积欠诏”条下著录了《册府元龟》卷四九一和《全唐文》卷五二(353 页)。这实际是同一篇诏敕，《全唐文》卷五二据《册府元龟》录，《全唐文》卷五四据《文苑英华》录，造成重出。

第五章　从动荡到稳定

——朝廷对藩镇控制的实现

藩镇问题，是唐后期与宦官、党争并举，且一同被视作导致唐亡的重要问题。通史作者如邓之诚以此三者为“唐之衰运”的表现[①]，钱穆以此为“大时代之没落”的表征[②]；断代史作者如岑仲勉、杨志玖、韩国磐、王仲荦，也常以“藩镇割据”或“藩镇之祸”来概括安史之乱以后的藩镇格局[③]。这种认识，唐人已有，如杜牧《守论》。宋人编纂《唐书》[④]，类传中列藩镇传，除河北三镇外，又列入淄青、沧景、宣武、彰义和泽潞；在类传的小序中，特别长篇引用了杜牧于文宗太和年间所作《守论》，称“大历、贞元之间，有城数十，千百卒夫，则朝廷贷以法，故于是阔视大言，自树一家，破制削法，角为尊奢。天子不问，有司不呵；王侯通爵，越录受之；觐聘不来，几杖扶之；逆息虏胤，皇子嫔之。地益广，兵益强，僭拟益甚，侈心益昌。土田名器，分划大尽，而贼夫贪心，未及畔岸，淫名越号，走兵四略，以饱其志。赵、魏、燕、齐，同日而起，梁、蔡、吴、蜀，

---

① 邓之诚《中华二千年史》(1935)卷三“唐世系”之(八)。

② 钱穆《国史大纲》(1940)第二十八章、第二十九章。

③ 岑仲勉《隋唐史·唐史》(1957)，第二十八节“藩镇之祸”；杨志玖《隋唐五代史纲要》(1957)第三章第二节“一 藩镇割据”；韩国磐《隋唐五代史纲》(1961)第十章第二节“方镇割据的形成”；王仲荦《隋唐五代史》(1988)第四章第一节之“安史乱后的藩镇”目。

④ 为与五代刘昫所编《唐书》相区别，分别以新旧为称。

蹑而和之，其余混沔轩嚣，欲相效者，往往而是”。[①]《旧唐书》未列藩镇类传，但在相关列传中，也有相关议论（见下）。清人赵翼《廿二史札记》卷二〇有“唐节度使之祸”专条，纵论唐后期的藩镇问题，影响尤大：

> 安禄山以节度使起兵，几覆天下。及安、史既平，武夫战将以功起行阵，为侯王者，皆除节度使，大者连州十数，小者犹兼三四，所属文武官，悉自置署，未尝请命于朝，力大势盛，遂成尾大不掉之势。或父死子握其兵而不肯代，或取舍由于士卒，往往自择将吏，号为留后，以邀命于朝。天子力不能制，则含羞忍耻，因而抚之。姑息愈甚，方镇愈骄。其始为朝廷患者，只河溯三镇，其后淄青、淮蔡，无不据地倔强。甚至同华逼近京邑，而周智光以之反。泽潞亦连畿甸，而卢从史、刘稹等以之叛。迨至末年，天下尽分裂于方镇，而朱全忠遂以梁兵移唐祚矣。（430 页）

安史之乱爆发前，李唐享国近一百四十年；安史之乱结束到黄巢变起，近一百二十年；这之后又过了三十年，朱温方移唐祚。藩镇割据或方镇之祸，都不能很准确地概括安史之乱后的一百二十年的藩镇格局。

汪籛在 20 世纪 60 年代，为撰写翦伯赞主编的《中国史纲要》，曾写过一组隋唐史札记，其中“唐德宗至穆宗时期的军事形势”条，谈到了安史乱后的藩镇形势和藩镇格局，称朝廷对藩镇的战争主要是在德

---

① 《新唐书》卷二一〇《藩镇传 · 序》，5922 页。杜牧原文题《守论》，见《樊川文集》卷五，《杜牧集系年校注》，655—656 页；《新唐书》此处系改写。杜牧此文约作于太和末，参缪钺《杜牧年谱》太和八年条，《缪钺全集》第 5 卷，216 页；吴在庆《杜牧集系年校注》以《通鉴》卷二四四太和七年八月作过节引，推测作于大和七年前后，658 页。

宗和宪宗时期；穆宗以后，唐与河北藩镇实际处于均衡的形势，一直持续至唐朝末年[①]。吕思勉、王仲荦等所撰隋唐五代史以及相关军事史，对这一百二十年的中央与藩镇的用兵情况等多曾作详细的叙述[②]。但是，大乱之后，中央是如何一步步将形势稳定下来，重新建立起秩序，并维持了一百二十年呢？只有考察清楚了这个过程，我们才能跳出一般性的概括，真正切实理解这一百二十年的藩镇格局。

安史之乱发生前，边地屯驻重兵，除安禄山之外，边将有一定任期[③]，中央对边地藩镇的控制基本没有出现问题。安史之乱的发生，以及在平定安史叛乱的过程中成长起来的一些拥兵藩镇对中央的跋扈乃至公然的对抗，才使藩镇的控制问题成为当时中央所面临的最为迫切、最急需解决的政治问题。

安史之乱结束后的一百二十年，就藩镇问题而言，可以大致分为前后两个时期。安史之乱结束到宪宗末年，是中央竭力实现对藩镇全面控制的时期。经过代、德、宪三朝近六十年（763—820）的努力，中央

---

① 关于这组札记撰写的背景，见吴宗国为汪篯《汉唐史论稿》（1992）“后记”，274 页；这条札记，见该书 173—175 页。另参孟彦弘《汪篯的唐代藩镇研究》（2020），见其《读史杂评》。

② 最为翔实可据者，如吕思勉《隋唐五代史》（1959）第五章（代宗朝）第三节，第六章（德宗朝）第二、第三、第四节，第七章第二节（宪宗朝）、第四节（穆宗朝），第八章第三节（文武宣三朝）；各节多以“藩镇起伏”命名。

③ 参孟彦弘《唐前期的太子问题及其政治后果——兼论安史叛乱的因果》（1995），见其《出土文献与汉唐典制研究》159—161 页；其中，关于安史乱前边将任期的分析，见 163 页。张冠凯 2018 年完成的博士学位论文《中央权力与地域集团——玄宗朝藩镇格局的演变》第四章第一节，以任期 4 年为标准，认为“开元二十一年（开元九节度正式确立）以后，久镇情况逐渐增多，到了天宝年间，久镇已经成为司空见惯的事情了”（92 页）。按，久镇的统计包含了 4 年，这是不妥当的（按制度规定，4 年为正常任期）；应尽量计算其实际在任的时间（据王寿南《唐代藩镇与中央关系之研究》（1969）所附“唐代藩镇总表”所示上任离任之月），不宜笼统以年来计算；不应统计遥领。

终于实现了对河朔以外的藩镇的全面控制；直到近六十年后的乾符二年(875)，王仙芝、黄巢事变发生，基本稳定控制的局面才被打破。可以说，前一个六十年，是中央恢复并实现对地方控制的六十年；后一个六十年，是维持稳定的六十年。此后，经过长达九年(875—884)战事，黄巢虽被镇压，但李唐王朝也告瓦解；从此，历史进入了长达近八十年的军阀全面混战与割据时期。本章着重要讨论的，就是李唐朝廷在前一个六十年，怎样一步步实现了对地方的控制。

一、安史乱中内地藩镇的设置

安史之乱爆发后，原来只是设置于边地的藩镇也开始在内地设置[①]。设置之初，就是为了阻遏叛军，其军事意义十分明显[②]。

天宝十四载(755)十二月，安史叛军从河北南下，其目标是东西两京。当朝廷确知安禄山起兵南下后，首先就派毕思琛及封常清、程千里到东都、泽潞两地募兵，组建第一道防线，抗击安史。随之，又在长

---

① 堀敏一《唐末五代变革期の政治と经济》前编第一章《藩镇内地列置の由来について》作过梳理，可参看。林立洲《河南道军事权力的争夺——安史动乱期间(755—762)的一个区域研究》(2005)，认为在内地设节度使的“内在精神有强干弱枝、众建节度使二原则”；《安史之乱时期节度使设置原则与目的之研究——以河东道节度使为例》(2013)，强调“新设节度镇与平定安史之乱无必然关系”云，见其《唐代藩镇研究论文集》。

② 这一点，唐人已有清晰的认识，如李翱在元和十四年(819)上《疏绝进献》，即称“比年天下皆厚留度支钱蓄兵士者，以中原之有寇贼也。今吴元济、李师道皆枭斩矣，中原无虞，而蓄兵如故，以耗百姓，臣以为非是也”，《李翱集校注》卷九，139—140页。按，淮西、淄青被平定，河朔并没有被彻底平定；称“中原无虞”，似乎太过理想化了。李翱的这一意见，是跟他《疏厚边兵》建议“召战士十万人，每岁不过费钱一百万贯，则边备实矣”(同上书，141页)，相辅相成。称养兵乃因“中原之有寇贼”，则是事实。

安募兵，并调遣禁军及边兵在京师者，命高仙芝统领驻屯于陕郡，组建了阻遏其西进的第二道防线。东都和泽潞是最为重要的两个战略要地[①]。这可谓主动防御。同时，命诸郡当贼冲者置防御使，进行抵抗[②]；这可谓被动防御。后者虽具有地方行为色彩，但绝大部分内地藩镇都是以这种形式开始建立的。

平叛最为重要的地区，就是河南道和河东道，其次是山南道和淮南道。

河南道因首当安史兵锋，成为第一个在内地设立藩镇的地区，这就是河南防御使，出任者是张介然[③]。当时河南道共有三十个府、郡，河南防御使领郡十三，即陈留（汴州）、睢阳（宋州）、灵昌（滑州）、淮阳

---

① 参《旧唐书》卷九《玄宗纪下》(230页)、《旧唐书》卷一〇四《封常清传》(3209页)、《旧唐书》卷一八七下《程千里传》(4903页)；《通鉴》卷二一七，天宝十四载十一月庚午、壬申，十二月丙戌(6935—6937页)。

② 《通鉴》卷二一七，天宝十四载十一月："诸郡当贼冲者，始置防御使。"(6837页)上述派人到东都、泽潞募兵抗击等，都是具体的战事部署，而此处所言置防御使则有普遍的制度意义。

③ 《旧唐书》卷九《玄宗纪下》作"陈留太守、河南节度采访使"(230页)。《通鉴》卷二一七作"河南节度使"(6937页)；《通鉴考异》卷一四，"《实录》以(张)介然为汴州刺史，《旧纪》以介然为陈留太守。按，是时无刺史，郭纳见为太守，介然直为节度使耳"，564页。按，赖青寿《唐后期方镇建置沿革研究》(1999)第四章"河南道方镇沿革考"相信《旧唐书》本纪、《通鉴》及《通鉴考异》的天宝十四载置河南节度使的说法，否定《新唐书·方镇表》至德元载置河南节度使的说法；因当年十二月安禄山陷陈留、杀张介然，故废；次年复置(62—63页)。付先召《唐代后期方镇辖区变动研究》第四章"河南道辖区变动考"，认为置于天宝十四载，安禄山占陈留，"但朝廷仍继续保存河南节度使建制"，治所有变动(89页)，但随后引《通鉴》卷一二七至德元载正月，称"至德元载，朝廷恢复河南节度使"(90页)。既是保留建制，何来又恢复呢？我则以为"河南防御使"正是在"当贼冲者始置防御使"的要求下设置的，况且此前已先后派毕思琛、封常清至东都募兵抵抗，似乎不会以河南为名任命节度使，故我从《旧唐书》本传的记载。易名为河南节度使是次年正月丙辰，其时东都已陷落，见《通鉴》卷二一七及胡注，6951页。

（陈州）、汝阴（颍州）、谯（亳州）、济阴（曹州）、濮阳（濮州）、淄川（淄州）、琅邪（沂州）、彭城（徐州）、临淮（泗州）、东海（海州）。这十三个郡中，灵昌、濮阳地处黄河沿岸，直接抵挡安史兵锋。陈留、睢阳、谯、彭城、临淮则是运河途经之地，淮阳、汝阴则在运河沿线之南，地处淮南的北部；其目的是保卫运河，并构成抵抗安史兵锋南下的第二道防线。日后叛军沿运河南下，意欲切断运河，而遭到张巡等人的艰苦而有效的抵抗，正体现了这道防线的战略意义。介于上述二区之间的济阴当然也被划入了防御使的范围。而淄川、琅邪、东海三郡南北排列，其西是齐州、鲁郡兖州、东平郓州，其东是北海、高密、东莱、东牟，分居两侧，其目的在于以线带面，起到保卫河南道东部的作用；在整个安史之乱的战争中，叛军确实始终未将河南东部作为其战略争夺的要地。至于河南道西南之颍川、汝南以及更处于都畿道之西的弘农均未列入其管辖，是因为战事初起，朝廷还想以东都为中心阻击叛军，而未意识到叛军会势如破竹，很快占领东都，并顺利地进至潼关，故以上东都以西的郡未划入河南防御的军事统领范围。

张介然至陈留数日，叛军已到，至陈留陷落后被杀。不久东都陷落，在东都主持抵抗的封常清被迫率军西撤至陕，再与作为抗击叛军西进的第二道防线、屯于陕的哥舒翰一起撤至潼关，恃天险以阻击叛军。从此，开始了长达半年（天宝十四载十二月到至德元载六月）的潼关对峙。

就在潼关对峙期间，内地，特别是当贼兵锋的河南道、山南道，开始普遍设置节度使，以抗击叛军①。《通鉴》所载这一时期所设方镇：

---

① 《新唐书·方镇表》中，至德元载所设节度、观察使有：京畿节度使、关内（转下页）

(天宝十四载十二月)庚子,以永王璘为山南节度使,……颍王为剑南节度使……二王皆不出阁(6940页)。

(至德元载正月)甲子,……置南阳节度使,以南阳太守鲁炅为之。将岭南、黔中、襄阳子弟五万人屯叶北,以备安禄山。炅表薛愿为颍川太守兼防御使(6953页)。五月,丁巳,炅众溃,走保南阳(6962页)。

(至德元载)五月,(玄宗)以(虢王)巨为陈留·谯郡(亳)太守、河南节度使,兼统岭南节度使何履光、黔中节度使赵国珍、南阳节度使鲁炅。……戊辰,巨引兵自蓝田出,趣南阳。贼闻之,解围走。(6962页)

安禄山起兵后,朝廷马上任命永王璘为山南节度使、颍王为剑南节度使。剑南此前即为节度使,此举是为加强对剑南的控制。从日后玄宗幸蜀这一事实反观此时的决定,可以看出,大敌当前,玄宗已经在为自己准备着万不得已时南奔蜀中的后路。山南,原来并非节度使,此时升置节度使,则是为了建立第二道防线,同时也是为了保障关中与蜀中道路的畅通。二王均未出阁,又显示出此时的威胁尚未那么的迫切。

(接上页)节度使以代采访使、东畿观察使(1766页);河南节度使、淮南西道节度使、青密节度使(1800页);河中防御使、泽潞沁节度使(1838页);襄阳、南阳二郡皆置防御守捉使,寻升南阳防御使为节度使,置兴平节度使,置山南西道防御守捉使,河西节度兼陇右河西北路,未几而罢,天水郡太守兼防御守捉使及大震关使(1869页);淮南节度使(1902页);五溪经略使增领守捉使、置邕州管内经略使、容州管内经略使(1934页)。其中有相当多的方镇是在潼关失守后设置的。当然,这只是个"大势",详细的考订,参赖青寿《唐后期方镇建置沿革研究》(1999)、付先召《唐代后期方镇辖区变动研究》(2023)等。

此后，除河南节度使、山南节度使之外，又设置了南阳节度使、岭南节度使、黔中节度使。

邓州南阳郡本属山南道。在已设山南节度使的情况下，又设南阳节度使，完全是因为南阳正在成为阻止叛军南下的一个重要据点。从南阳南下至襄阳，正是中古时期重要的一条南北通道①。同时，由襄阳西北溯汉水而上，可达关中，是沟通关中与江南的重要通道。日后，安史叛军阻断运河，江南的财赋就是通过这条路北运至关中的②。南阳正是襄阳的屏障。所以，南阳是沟通南北、保障西北与东南畅通的枢纽之地。鲁炅坚守此地达一年之久，史称“时贼志欲侵江、汉，赖（鲁）炅奋命扼其冲要，南夏所以保全”③。

山南、岭南、黔中，原为唐廷按山河形便分成的监察区，现在则升为节度使——全面将原监察区的“道”升为节度使，是玄宗逃至普安颁下的制书中的规定，但距平叛区甚远的如岭南、黔中，其地位、作用并未因此而发生实质性的变化。

潼关失守后，玄宗父子出逃。在马嵬驿突发兵变，太子趁机摆脱玄宗的控制，逃往西北，以兴复为名，另立朝廷。玄宗则往蜀中逃亡。玄宗行至普安郡时，于七月丁卯下达了《幸普安郡制》，名为全面安排

---

① 参严耕望《荆襄驿道与大堤艳曲》(1978)，《唐代交通图考》第四卷篇贰拾，特别是其第一节“中古时代荆襄道在南北交通商贸上之重要性”(1041—1046 页)及“综结”(1075—1078 页)。

② 《通鉴》卷二一八，至德元载八月，“江、淮奏请贡献之蜀、之灵武者，皆自襄阳取上津路抵扶风”，6995 页。参张弓《唐朝仓廪制度初探》(1986)第二章第二节“3. 以襄州为枢纽的江汉漕路”，33—35 页。

③ 《旧唐书》卷一一四《鲁炅传》，3363 页。参《通鉴》卷二一九，至德二载五月，7024—7025 页。

平叛事宜，实际是与逃往西北的太子争夺对全国的控制权：太子李亨领朔方、河东、河北、平卢节度都使；永王璘充山南东道、岭南、黔中、江南西道节度都使；盛王琦充广陵大都督，领江南东路及淮南、河南等路节度都使；丰王珙充武威都督，领河西、安西、北庭等路节度都使。

《通鉴》随之记载：置山南东道节度使，领襄阳等九郡。升五府经略使为岭南节度，领南海等二十一郡。升五溪经略使为黔中节度，领黔中等诸郡。分江南为东西二道，东道领余杭，西道领豫章等诸郡（6983—6984页）。按，此前的五月，以虢王巨为陈留・谯郡太守、河南节度使时，已称"兼统岭南节度使何履光、黔中节度使赵国珍、南阳节度使鲁炅"（6962—6963页），则其时岭南、黔中已是节度使。山南东道节度使，即由原来的南阳节度使变化而来；所辖九郡襄州襄阳、邓州南阳、随州汉东、唐州淮安、均州武当、房州房陵、安州安陆、金州安康、商州上洛，是原山南东道的北部，属荆州以北的汉水流域（山南东道的南部，即荆州以南的长江流域，日后设置了荆南节度使）。可见，所谓"路"，即原来的"道"。但这道制书中所涉及的具有节度使衔的地区并不都准确，比如，江南西路、江南东路，其时并未设置节度使（详下）。无论名称如何，真正对叛军起到阻遏作用的内地节度使，仍然是地处原河南道和山南东道的节度使。

从至德元载（756）六月潼关失守，到至德二载九月收复长安，唐廷与叛军征战的主要地区是：（一）长安附近；（二）河东（太原、泽潞为中心，河东蒲州则应视作长安附近①）；（三）南阳；（四）以睢阳为中心的

---

① 参砺波护《唐代の畿内と京城四面关》（1992）；孟彦弘《唐代"副过所"及过所的"副白"、"录白案记"辨释——兼论过所的意义》（2008）第四节"过所与出入关中"，见其《出土文献与汉唐典制研究》。

运河沿线。内地的节度使的设置，是在原河南道、河东道、山南道内再予分出，实际反映的是节度使辖区越分越小的趋势，而基本的屯兵态势则并未因此而变化。

据《通鉴》，至德元载，置北海节度使，领北海等四郡（青州北海郡、密州高密郡、登州东牟郡、莱州东莱郡）；上党节度使，领上党等三郡（潞州上党郡、泽州长平郡、沁州阳城郡）；兴平节度使，领上洛等四郡（商州上洛郡、金州安康郡、岐州凤翔郡，余一郡，《方镇表》未录）①。北海是从原河南道中分置，上党是从河东道分置，上洛是从山南西道分置。

至于至德元载十二月，置淮南节度使，领广陵等十二郡；置淮南西道节度使，领汝南等五郡，是为了对付永王璘的起兵，《通鉴》亦明确说“使与江东节度使韦陟共图（永王）璘”（7007—7008页）。对于韦陟的“江东节度使”衔中的江东所指，胡三省也有辨析：

> 《方镇表》：至德二载，置江东防御使，治杭州。盖谓浙江之东也。韦陟所节度者，盖江南东道也。其巡属兼有浙东、西及升、宣、歙诸州。（7008页）

其实，韦陟受命并未赴任，其“江东节度使”衔也未必意味着设置了江东节度使，因为随后继任的李希言仍称吴郡太守兼江南东路采访使②；而日后永王璘兵败南奔，也是被“江西采访使”所杀③。这似也佐证其

---

① 《通鉴》卷二一九，至德元载，7010—7012页。

② 参《唐刺史考全编》卷一三九，1909页。

③ 《通鉴》卷二一九，至德二载二月，7011页。

时江南东西道并未正式设置节度使。换言之，江南东西道及其以南地区，并未设置节度使。

至德二载九月，安庆绪、史思明退回河北后，朝廷开始主动部署战事，郭子仪在河南、李光弼在河东，从西、南两个方向进一步经营河北。随后，在乾元元年(758)九月到二年三月，组织九节度使围攻安庆绪于相州。在相州之战中，官军溃散；史思明吞并安庆绪后，也暂未立刻南下。直到乾元二年十月，史思明才发兵南下。双方进行了河阳之战、邙山之战。史思明虽然占领了东都，且在邙山之战中获胜，叛军呈进攻态势，但实质上双方长期胶着于“陕州—河阳—东都”一带，所以即使在邙山之战中叛军获胜，但也并未能乘胜西进。同时，史朝义乘邙山之战杀死乃父，导致了叛军内部的分裂，叛军的进攻态势亦大为缓解。到宝应元年(762)十月，官军在回纥的帮助下进行反攻，再次将叛军压回河北，并在“河朔故事”的约定下，双方得以结束公开的武装对抗。

除相州之战是朝廷组织军队进入河北作战之外，此后双方胶着、对峙的地区是河南；主要有两个地区，一是上述“陕州—河阳—东都”一带，二是以汴、宋为重点的运河沿线。

在这一时期，节度使的设置、分合发生了许多变化。仍以《通鉴》所载为例，如：

> (至德二载十二月，)升河中防御使为节度，领蒲、绛等七州；分剑南为东、西川节度，东川领梓、遂等十二州；又置荆澧节度，领荆、澧等五州；夔峡节度，领夔、峡等五州。(7051页)
>
> (乾元元年十二月)甲辰，置浙江西道节度使，领苏、润等十

州，以升州刺史韦黄裳为之。庚戌，置浙江东道节度使，领越、睦等八州，以户部尚书李峘为之，兼淮南节度使。(7063页)

是岁(乾元元年)，置振武节度使，领镇北大都护府、麟・胜二州。又置陕虢华及豫许汝二节度使；安南经略节度使，领交、陆等十一州。(7066页)

(乾元二年四月)甲辰，置陈、郑、亳节度使，以邓州刺史鲁炅为之；以徐州刺史尚衡为青、密七州节度使；以兴平军节度使李奂兼豫、许、汝三州节度使，仍各于境上守捉防御。(7074—7075页)

这些变化，可以分为两类。一类是对节度使防区的调整，比如，剑南一分为二、朔方分为若干个[①]。另一类是发生在与叛军作战的地区，为战事需要，随时变化；而州之所属的变动，则主要是为了军需的供给。胡三省在《通鉴》乾元元年九月庚午条、乾元二年四月甲辰条，就分别指出："盖兵兴之际，分命节帅以扼冲险要，其所统之增减离合，随时制宜耳。"(7060页)"临时分镇，非有一定之规模也。"(7075页)后一类情况，并不能反映藩镇格局的变化。

在"河朔故事"的约定下，安史余部与中央结束了公开的武力对抗。即使将河北置之度外，如何控制在平定安史之乱中"成长"起来的一批拥兵藩镇，也成为朝廷面临的首要问题[②]。

---

① 朔方军的分割最为典型，也最能说明朝廷有意通过分割藩镇辖区，使之由大变小，以削弱单个藩镇的实力，参李鸿宾《唐朝朔方军研究》(2000)第七章第一节。

② 张国刚《唐代藩镇研究》3《肃代之际的政治军事形势与藩镇割据局面形成的关系》(1982)曾发问："为什么安史之乱的平定竟会带来藩镇林立这一格局的特定原因"，否定了"藩镇势力过于强大""代宗君臣姑息养奸"等传统观点(46页)，从肃代之际的"政治军事形势"，用三节、从三个方面来分析"藩镇割据局面的形成"。(转下页)

在德宗初年实施两税法时，杨炎在谈及财政收入时，曾提及当时拥兵藩镇的状况：

> 军国之用，仰给于度支、转运二使；四方征镇，又自给于节度、都团练使……河南、山东、荆襄、剑南有重兵处，皆厚自奉养，王赋所入无几。①

有重兵之地是河南、山东、荆襄、剑南。元和二年(807)，李吉甫作《元

(接上页)第一节认为"新起军阀与宦官势力的矛盾""京西北地区与吐蕃的武装抗争"，使"唐廷迫切要求早日了结河北战事"(52页)，结论是"河朔割据的形成，不单单是安史之乱的后遗症，实际上还是新的政治形势和军事形势所造成的一种局面"(53页)。按，吐蕃的威胁，使李唐想尽早结束与安史的对抗，这是很中肯的意见；不将河朔割据视作"安史之乱的后遗症"，是认为安史叛乱是被李唐真正平定了吗？这里的关键和核心，安、史死了，但安史之乱并没有被真正平定。安史余部控制的河朔自外于朝廷，故其周边即不得不布兵遏制(此即张国刚藩镇分类中的"中原防遏型藩镇")，这与接下来第二节所分析的"边疆之重兵既不可去，如果惟罢内地诸镇，尽销其兵的话，势必又会使内外的军事布局失去平衡"(55页)失去了着力点——内地之设兵，并不是为了与边地的兵形成平衡。至于说"除了维持地方军阀势力的均衡这一因素外，还有更深刻的社会原因"(56页)，就是均田制破坏，流民、逃户成为社会问题，更"使那些无业可操的军士解甲归农"为不可能(57页)。按，以河朔而言，自外于朝廷，朝廷即使命其销兵，他们会听从指令吗？如果河朔割据的事实不变，它的周边能撤掉驻兵吗？第三节所说"代宗朝不能销兵罢镇的一些客观原因长期存在。中原藩镇长期是唐廷用以对抗河朔叛镇的重要力量(59页)，这才是中原藩镇存在的根本原因。

① 《旧唐书》卷一一八《杨炎传》，3421页。《旧唐书》本传是以史臣的角度和口气来叙述的。《唐会要》卷八三"租税上"所载杨炎奏疏作："迨至德之后，天下兵起，始以兵役，因之饥疠，征求运输，百役并作，人户凋耗，版图空虚。军国之用，仰给于度支、转运二使，四方大镇，又自给于节度、团练。"(1819页)两相比较，可知《旧唐书》本传所载为杨炎原文。另参王永兴《隋唐五代经济史料汇编校注》(1987)，724页、718页。李翱元和十四年上《疏绝进献》，称"比年天下皆厚留度支钱蓄兵士者，以中原之有寇贼也"，说的也是有兵之处即需奉养，《李翱集校注》卷九，139—140页。

和国计簿》，又说：

> 总计天下方镇凡四十八，管州府二百九十五，县一千四百五十三，户二百四十四万二百五十四，其凤翔、鄜坊、邠宁、振武、泾原、银夏、灵盐、河东、易定、魏博、镇冀、范阳、沧景、淮西、淄青十五道，凡七十一州，不申户口。每岁赋入倚办，止于浙江东西、宣歙、淮南、江西、鄂岳、福建、湖南等八道，合四十九州，一百四十四万户。①

除魏博、镇冀、范阳、淄青、淮西等，其他所谓“不申户口”，并非如上述藩镇，已脱离朝廷控制，而是说在两税三分的原则下，他们的赋税所入，除留使、留州外，已无剩余可上供。不申户口的七十一州与每岁赋入倚办的四十九州，两者相加，不及当时州府总数的一半。所以，这一统计，是从“国计”的角度来说的，而不是从朝廷与藩镇的政治关系来说的。除去那些当时不受中央控制的藩镇之外，其余的不申户口之州，当地财赋收入，大多用于军费，已无上供，故其确是重兵屯驻之地。

从建中初年(780)到元和初年(807)，重兵屯驻之地并无大的变化。杨炎、李吉甫都是从财政收支的角度来谈，不过杨炎说得较为笼统，李吉甫则说得更为具体。元和初，原属河南道的汴宋、徐州、河阳

---

① 《旧唐书》卷一二《宪宗纪上》，424 页。《通鉴》卷二二六，建中元年，因刘晏之死，追述安史之乱以后的朝廷的财赋情况，称“初，安、史之乱，数年间，天下户口什亡八九，州县多为藩镇所据，贡赋不入，朝廷府库耗竭，中国多故，戎狄每岁犯边，所在宿重兵，仰给县官，所费不赀，皆倚办于晏”，7284 页。

三城等，既未被李吉甫列入不申户口的七十一州，也未被列入财赋倚办的四十九州，说明这些藩镇虽有上供，但上供也实在有限，在朝廷的财赋收入中所占比例不大，不能说它们已不拥重兵。所以，将杨炎与李吉甫所列结合起来，正可较为全面地反映出当时的屯驻重兵之地①。

概括而言，有重兵之处，一是西北、西南边地，二是河北周围的河东、河南（包括运河沿线），三是山南。西北、西南在安史之乱以前即因防边而屯重兵；河东可分为南北两部分，北边以太原为中心，原系防边重镇，本有重兵；南边以泽潞为中心，是在与安史叛军的征战中发展起来的②。河南原属内地，本无军镇，安史乱起，成为战区，先后发展起来几个重要藩镇，大致分布于黄河渡口（如河阳三城、汴州）和运河沿线（如汴、宋、徐州等），以遏制叛军渡河南下和保护运河③。

安史之乱中，军将对朝廷开始表现出一定程度的“游离”，这也成为促使朝廷尽快结束与安史叛军长期征战的一个重要因素。在古代家天下的皇帝体制下，因长期征战而出现军将对朝廷的“游离”现象十分正常。对军将来说，这种“游离”未必是跋扈，更不都属反叛；但对朝廷来说，一方面不得不容忍，另一方面又力图遏制乃至想杜绝，因为

---

① 张国刚对唐后期的藩镇兵数作过钩稽，见其《唐代兵制研究》（1988）第三部分第九节。按，史籍所载兵数多较笼统，未必实指，而且也不可能按一标准时间进行统计，故很难有真正统计学的意义，当然也不无参考价值。

② 陈虹池 2023 年完成的硕士学位论文《肃代之际河东军政体系的重构》讨论了朝廷与安史作战过程中，河东形成以太原为界的南北两部分的情况，可参看。

③ 屈卡乐《唐后期团练、防御州考述：以唐会昌五年为时间截面》（2020），具有“军事属性”的团练州、防御州，会昌五年，“集中分布于江淮、关中、河北地区”（40 页）；目的是拱卫京师、维持漕运安全、限制方镇军权（按，关于后一点，参本书第六章的相关讨论）。这也可以从一个侧面反映出军事布局及其意义。

“游离”毕竟是失控的前兆，虽然从游离到失控还需要种种条件和一个过程。

在河南成为战场的情况下，山南及淮南成为唐廷的第二道防线。第二道防线上的藩镇对中央表现出的游离，比第一道防线上的藩镇更为严重。山南东道，来瑱入京被杀(763)之后，即为梁崇义所控制，直至建中二年(781)为李希烈所攻杀。淮南西道则是经李希烈、吴少诚，直至元和用兵，方得解决。

安史之乱结束后，以诛杀来瑱为标志，朝廷开始对游离的握兵军将加强控制。这遭到了握兵军将的强烈反弹，以致在吐蕃入侵时，竟无人率兵勤王。这一事变，便朝廷不得不调整对军将的控制方式。此后的代宗、德宗两朝，一方面，通过改革赋税制度和培育中央直属军队神策军等措施，增强朝廷的财政实力和军事实力；另一方面，在与握兵军将的冲突中，逐渐形成了对藩镇的国策，即“放弃河北、控制其余”。直到经过宪宗用兵藩镇，以平定淮蔡、淄青为标志，朝廷完全控制了除河北之外的藩镇；这一格局持续到王仙芝、黄巢起事。也可以说，安史之乱结束以后，代、德、宪三朝，用了近六十年的时间(763—820)，才基本解决了除河北之外，主要是河南、山南、淮南地区的藩镇控制问题。这一问题的解决过程，也是朝廷藩镇政策的探索和确立的过程。与藩镇政策相关的内容，已见第四章；本章主要考察中央是怎样一步步实现对藩镇的控制的。

二、安史乱后的藩镇格局以及朝廷的控制

（一）代宗朝：恢复"稳定"的努力

代宗一朝，承大乱之后，面临的是怎样一个局面呢？我们梳理一下这一时期的政治史线索，就不难概括出代宗朝所面临的棘手的政治问题。

首先，就是吐蕃和回纥的侵扰。我们即据《通鉴》，来看一下具体的侵扰情况以及在抵抗吐蕃的过程中，朝廷可以凭借的力量：

永泰元年(765)九月仆固怀恩诱吐蕃、吐谷浑、党项、奴刺数十万入寇，北道，至奉天；东道，出同州；西道，出盩厔。唐廷的布局：凤翔李抱玉、滑濮李光庭、邠宁白孝德、镇西马璘、河南郝庭玉、淮西李忠臣，各出兵以厄冲要。(7176—7177页)

大历二年(767)九月，吐蕃数万围灵州，游骑至潘原、宜禄，诏郭子仪自河中帅甲士三万镇泾阳，京师戒严。(7197页)

三年八月，吐蕃十万寇灵武……邠州，京师戒严。(7202页)

四年六月，驻守于河中的朔方兵，由郭子仪统领，分驻于邠州，以防遏吐蕃(7208页)。九月，吐蕃寇灵州，朔方留后常谦光击破之；十月，吐蕃寇鸣沙，郭子仪遣兵马使珲瑊将锐兵五千救灵州，自将进至庆州，闻吐蕃退而还(7209页)。

五年七月，吐蕃寇永寿。(7215页)

六年九月，吐蕃下青石岭，军于那城，郭子仪使人谕之……引

退。(7218页)

八年八月，吐蕃六万骑寇灵武，践秋稼而去(7221页)。十月，吐蕃十万寇泾、邠，郭子仪遣朔方兵马使浑瑊将兵骑五千拒之，败于宜禄。……马璘与吐蕃战于盐仓，又败。后浑瑊、马璘邀其辎重，虏遁去(7222—7223页)。

九年二月，郭子仪称“吐蕃兼河、陇之地，杂羌、浑之众，势强十倍。愿更于诸道各发精卒，成四、五万人，则制胜之道必矣”(7226页)。九月甲辰，命郭子仪、李抱玉、马璘、朱泚分统诸道防秋之兵(7228页)。

十年九月，吐蕃寇临泾、陇州及普润，大掠人畜而去；又寇泾州。(7232页)

十一年七月，吐蕃寇石门，入长泽川。(7238页)

十二年九月，吐蕃八万众军于原州北长泽监，破方渠，入拔谷；又寇坊州(7247页)。十月，吐蕃寇盐、夏州，又寇长武(7248页)。

十三年二月、四月，吐蕃寇灵州(7251页)；七月寇盐、庆二州(7252页)；九月吐蕃万骑下青石岭，逼泾州(7252页)。

《旧唐书》卷一二九《韩滉传》概括称“又属大历五年已后，蕃戎罕侵，连岁丰稔，故滉能储积谷帛，帑藏稍实”(3600页)。据上引《通鉴》的系年排列，这一概括并非事实。

应付吐蕃和回纥，朝廷主要倚仗的就是郭子仪所统领的驻扎在河中、大历三年(768)移镇于邠州的朔方军①，马璘所统领的镇守于邠宁、

① 代宗永泰元年仆固怀恩诱吐蕃、回纥等侵扰，《通鉴》卷二二三称“诸道(转下页)

大历三年移镇泾州的镇西北庭行营，镇守于凤翔的李抱玉（大历五年一度移镇于盩厔）。这三支军队呈扇形驻守于长安的北、西及西南三面，拱卫京师①。除此常设驻军外，便是吐蕃、回纥侵扰最为频繁的秋季，征调关东的藩镇前来协防驻守的所谓"防秋兵"②。

其次，便是藩镇问题，最为严峻。安史之乱结束不久的永泰元年(765)七月，《通鉴》卷二二三描述了当时的藩镇格局：

> 时成德节度使李宝臣，魏博节度使田承嗣，相卫节度使薛嵩、卢龙节度使李怀仙，收安史余党，各拥劲卒数万，治兵完城，自署文武将吏，不供贡赋，与山南东道节度使梁崇义及（李）正已皆结为婚姻，互相表里。朝廷专事姑息，不能复制，虽名藩臣，羁縻而

（接上页）多不时出兵"(7177页)。《旧唐书》卷一四五《李忠臣传》："永泰元年，吐蕃犯西陲，京师戒严，代宗命中使追兵，诸道多不时赴难；使至淮西，忠臣方会鞠，即令整师饰驾……即日进发。"(3941页)可见朝廷之窘迫。这从朝廷对郭子仪的"畏忌"也可见一斑——大历二年十二月"盗发郭子仪父冢，捕之，不获。人以为鱼朝恩素恶子仪，疑其使之。子仪自奉天入朝，朝廷忧其为变；子仪见上，上语及之，子仪流涕曰：'臣久将兵，不能禁暴，军士多发人冢。今日及此，乃天谴，非人事也。'朝廷乃安"(《通鉴》卷二二四，7197页)。大历四年正月，郭子仪入朝，鱼朝恩邀之游章敬寺，人称不利于子仪，郭氏曰："我，国之大臣，彼无天子之命，安敢害我！"(《同上书，7206—7207页)。

① 史念海《陕西省在我国历史上的战略地位》(1985)涉及吐蕃、回纥与唐战争中的行军路线及军事地理，特别是"图4 唐代后期关内道及其邻近地区军事形势图"，《河山集(四集)》24—25页；图见该书所附图袋。另参李碧妍《危机与重构：唐帝国及其地方诸侯》(2015)第二章，代宗时的关中四镇（鄜坊、邠宁、泾原、凤翔）和德宗初的关中六镇（增灵盐、振武军）的分布，121—124页。

② 参朱德军《中唐关中防秋诸军驻防考论》(2018年)、《时空场域与中唐京西防秋兵的布防》(2019)。两文重复之处颇多，可互观。宋欣昀《更代往来，以为守备——再论中晚唐防秋兵的成期与组织形态》(2024)则是最新发表的成果，有助于深化我们对防秋兵问题的认识。

已。(7175 页)

大历十二年(777),《通鉴》卷二二五又对当时的藩镇格局作了概括:

平卢节度使李正己先有淄、青、齐、海、登、莱、沂、密、德、棣十州之地,及李灵曜之乱,诸道合兵败之,所得之地,各为己有,正己又得曹、濮、徐、兖、郓五州……拥兵十万,雄据东方,邻藩皆畏之。是时田承嗣据魏、博、相、卫、洺、贝、澶七州,李宝臣据恒、易、赵、定、深、冀、沧七州,各拥众五万;梁崇义据襄、邓、均、房、复、郢六州,有众二万;相与根据蟠结,虽奉事朝廷而不用其法令,官爵、甲兵、租赋、刑杀皆自专之……以是虽在中国名藩臣,而实如蛮貊异域焉。(7249—7250 页)

德宗建中二年(781)三月,为经营河北而筑汴州城,引起了藩镇的不满。《旧唐书》卷一二《德宗纪上》借此而对代宗一朝的藩镇格局作了概括:

初,大历中李正己有淄、青、齐、海、登、莱、沂、密、德、棣、曹、濮、徐、兖、郓十五州之地,李宝臣有恒、定、易、赵、深、冀、沧七州之地,田承嗣有魏、博、相、卫、洺、贝、澶七州之地,梁崇义有襄、邓、均、房、复、郢六州之地,各聚兵数万。始因叛乱得位,虽朝廷宠待加恩,心犹疑贰,皆连衡盘结以自固。(329 页)

《旧唐书》卷一四四《阳惠元传》也有对大历藩镇形势的概述:

> 初，大历中两河平定，事多姑息。李正己有淄、青、齐、海、登、莱、沂、密、德、棣、曹、濮、徐、兖、郓十五州之地，养兵十万；李宝臣有恒、易、深、赵、沧、冀、定七州之地，有兵五万；田承嗣有魏、博、相、卫、洺、贝、澶七州之地，有兵五万；梁崇义有襄、邓、均、房、复、郢六州之地，其众二万。皆始因叛乱得侯，各擅土宇，虽泛禀朝旨，而威刑爵赏、生杀自专，盘根结固，相为表里。朝廷常示大信，不为拘限，缓之则嫌衅自作，急之则合谋。或闻诏旨将增一城、浚一池，必皆怨怒有辞，则为之罢役，而自于境内治兵缮甲以自固。凡历三朝，殆二十年，国家不敢举拳石撮土之役。代宗性宽柔无怒，一切从之。凡河朔诸道健步奏计者，必获赐赉。(3914页)

《旧唐书》卷一四二《李宝臣传》、卷一二四《李正己传》也言及代宗朝的藩镇格局(未系时，且较为简略)。前者称，李宝臣"与薛嵩、田承嗣、李正己、梁崇义等连结姻娅，互为表里，意在以土地传子孙，不禀朝旨，自补官吏，不输王赋"(3866页)；后者称，李正己"与田承嗣、令狐彰、薛嵩、李宝臣、梁崇义更相影响"(3535页)。

以上既可以视作对史事的记录，归为"史料"，也可视之为史臣的"概括"(认识)；对藩镇的定性也有不尽准确之处。我们需要将此置于安史乱后的整个政治形势，放在政治控制与政治认同、政治服从这样的背景下来考察，方能认识其实质。

幽州李怀仙、成德李宝臣、魏博田承嗣、相卫薛嵩乃安史余党。他们是在史氏父子死后、在"河朔故事"的约定下，才结束了与朝廷的武力对抗。朝廷本就不是凭借武力，彻底平定了安史之乱。当然，河朔各镇对朝廷的态度也不尽相同，如幽州朱泚大历八年(773)即派兵前来防秋[①]。魏博田承嗣即极为不驯，也是在同一年即大历八年为安史父子立祠堂，谓之“四圣”。田承嗣的挑衅，实际代表着安史余部对中央的挑衅。大历九年三月，代宗以皇女妻田承嗣子，也未能改变承嗣对朝廷的骄慢态度。朝廷在河北周围列置藩镇、屯戍重兵，就是为了遏制他们像前此安、史那样，起兵南下。

《通鉴》依据了实录、国史、《旧唐书》等史书的记载。这些史书在对代宗朝的藩镇格局与形势进行记录或概括时，未必意识到了藩镇之间的实质差异，于是将河北与河北之外的藩镇混作一谈。当然，对李唐朝廷来说，也有一个认识逐步清晰的过程（这也正是朝廷藩镇政策的制定、实施过程）。

我们要讨论的是上述史书列举出的滑州令狐彰、山南东道梁崇义和淄青李正己，以及没有列出、却在大历十一年公然发动过叛乱的汴宋李灵曜。

令狐彰少长范阳，曾事安、史，后归顺朝廷，《旧唐书》卷一二四《令狐彰传》称“自禄山构逆，为贼守者，未有举州向化，肃宗得（令狐）彰表，大悦，赐书慰劳”（3528页）。安史之乱平定后，“岁奉王税及修贡献，

---

① 幽州的态度，可能与幽州的内部形势极为不稳有关。大历三年六月，幽州兵马使朱希彩发动兵变，杀李怀仙；七年七月孔目官李瑗发动兵变，杀朱希彩，兵马使朱泚为留后，参《旧唐书》卷一四三《李怀仙传》及所附《朱希彩传》（3896页），《通鉴》卷二二四，大历七年七月，7219页。大历八年八月，朱泚命其弟朱滔率兵五千至泾州防秋，“自安禄山反，幽州兵未常为用，滔至，上大喜，募赐甚厚”（同上书，7221页）；大历九年“九月，庚子，至京师，士民观者如堵。辛丑，宴泚及将士于延英殿，犒赏之盛，近时未有”（同书卷二二五，7227页）。《旧唐书》卷一四三《朱滔传》称，“自禄山反后，山东范阳，外虽示顺，实皆倔强不庭。泚首效臣节，代宗喜甚，命滔勒兵东入长安通化门，西出开远门，出师劳还，未有兵还王城者，今而许之，盖示优异。召滔对于三殿，代宗临轩劳问”，3896页。安史乱后，对李唐朝廷来说，河北已同治外；幽州派兵防秋，极具象征意义。参冯金忠《唐代河北藩镇研究》第十三章（2006）。

未尝暂阙。时犬戎犯边，征兵防秋。彰遣属吏部统营伍，自滑至京之西郊，向二千余里，甲士三千人，率自赍粮，所过州县，路次供拟，皆让而不受，经闾里不犯秋毫，识者称之”(3528 页)。但他长期不入朝，旧史将此视作他不服从中央的一个表现。可是，他在大历八年临终时，“手疏辞表，诫子以忠孝守节，又举能自代”，推荐刘晏、李勉接任；称自己之所以生不入朝，是因与鱼朝恩有隙而担心受其陷害(3529 页)[①]。元和年间，宰相李吉甫曾上奏：“臣伏见代宗朝滑州节度使令狐彰临终上表，悉以土地、兵甲籍上朝廷，遣诸子随表归阙……臣每感(令狐)彰同时河朔诸镇，付子传孙，无不燻灼数代，唯彰忠义感激，奉国忘家，遣子入朝，以土地归于先帝。”[②]

令狐彰从上元元年(761)归降唐朝，一直控制此镇至他死的大历八年(773)，也并不意味他要以土地传子孙。旧史把他列入跋扈节帅，一是他的安史旧部的身份，二是长期不入朝，事实上，他确是可以跋扈却没有跋扈的。建中年间，李希烈北上攻汴，滑州刺史李澄一度降李希烈，但很快即举州归国。作为遏制河北且为防守运河的重镇，以滑州为中心的义成节度使始终为唐廷所控制。忠于李唐朝廷的政治立场和底色，可以说正是在令狐彰控制时期得以确定的。

---

① 令狐彰之死，《旧唐书》卷一一《代宗纪》系于大历八年二月壬申，301 页。《通鉴》卷二二四亦同，并云，“彰承滑亳离乱之后，治军劝农，府廪充实。时藩镇率皆跋扈，独彰贡赋未尝阙；岁遣兵三千诣京西防秋，自赍粮食，道路供馈皆不受，所过秋豪不犯。疾亟，召掌书记高阳齐映与谋后事，映劝彰请代人，遣子归私第；彰从之。……彰薨，将士欲立建，建誓死不从，举家西归”，7219—7220 页。《旧唐书》卷一二四《令狐建传》，“及彰卒，滑三军逼夺情礼，建守死不从，举家归京师”，3530 页。

② 《旧唐书》卷一二四《令狐通传》，3531—3532 页。

与滑州临近的汴州，却是经过一场征战之后，朝廷付出了不小的代价，方得控制。

汴州既是安史南下的要冲，又是运河漕运的重镇。安史之乱结束后，田神功于广德二年(764)被任命为汴宋八州节度使——此前，田神功“会河朔兵兴，从事幽、蓟。上元元年，为平卢节度都知兵马使……于郑州破贼四千余众，生擒逆贼大将四人，牛马器械不可胜数”，后又参与平定扬州刘展。大历九年(774)正月病卒于京师，二月其弟神玉继任。十一年五月，田神玉卒，诏滑州李勉代；都虞候李灵曜杀兵马使、濮州刺史孟鉴，北结田承嗣为援，图谋叛乱[①]。朝廷任命汴宋之北的永平军(驻滑州)李勉兼汴宋等八州留后，以灵曜为濮州刺史；灵曜不奉诏，六月以灵曜为汴宋留后。七月，田承嗣出兵寇滑州，败李勉。八月，“李灵曜既为留后，益骄慢，悉以其党为管内八州刺史、县令，欲效河北诸镇”，朝廷命淮西李忠臣、永平李勉、河阳三城马燧讨之；淮南陈少游、淄青李正己进兵击之。十月汴州平[②]。

李灵曜之叛，为时不足半年，但因其地处运河沿线，阻断了漕运[③]；河南在安史乱中就是四战之地，这使原本就极不稳定的地区更加动荡，史称“李灵曜之乱也，河南节帅所据，多不奉法令，征赋亦随之”[④]。这一动荡还会波及江淮地区，如张镒时为濠州刺史，“李灵曜反于汴

---

① 《旧唐书》卷一二四《田神功传》和《田神玉传》，3532—3533页；参《通鉴》卷二二五，7225—7226、7237页。

② 《通鉴》卷二二五，大历十一年五月至十月，7237—7239页。

③ 《旧唐书》卷一二〇《郭子仪传附郭晤、郭映传》，“李灵曜据汴州，公私财赋一皆遏绝”，3467页。《旧唐书》卷一三二《李芃传》，李芃时摄陈州刺史，“值李灵曜反于汴州，(李)勉署芃兼亳州防御使，练达军事，兵备甚肃；又开陈、颍运路，以通漕挽”，3655页。

④ 《旧唐书》卷一二三《刘晏传》，3515页。

州，镒训练乡兵，严守御之备，诏书褒异，加侍御史、沿淮镇守使”①；陈少游时为淮南节帅，关播摄滁州刺史，“李灵曜阻兵，跋扈于梁汴。少游自总兵镇淮上。所在盗贼蜂起，播调阅州兵，令其守备”②。朝廷动员了其周遭的方镇③，付出了肢解汴宋八州的代价——“大历中，薛嵩死及李灵曜之乱，诸道共攻其地，得者为己邑”④，才平定了李灵曜。其中受益最大的就是对中央跋扈的淄青李正己，得到了曹濮徐兖郓五州之地⑤，势力大为增强。

淮西李忠臣攻入汴州，是年(776)十二月以忠臣领汴州，淮西治所亦迁至汴州。十四年(779)三月淮西左厢都虞候李希烈发动兵变，逐忠臣，朝廷始命永平军节度使李勉兼汴州刺史，增领汴颍二州，徙镇汴州⑥。自此，汴州成为朝廷遏制淄青的前线和重镇。

终代宗一朝，河北以外长期跋扈的藩镇，一是淄青李正己，二是山南梁崇义。二人都是通过兵变上台，控制节镇的。

---

① 《旧唐书》卷一二五《张镒传》，3546页。

② 《旧唐书》卷一三〇《关播传》，3627页。

③ 除汴宋周边，如浙西亦被动员，《旧唐书》卷一五二《王栖曜传》，“李灵曜叛于汴州，浙西观察使李涵俾(王)栖曜将兵四千为河南掎角”，4069页。

④ 《旧唐书》卷一二四《李正己传》，3535页。

⑤ 参陆贽《请不与李万荣汴州节度使状》，《陆贽集》卷二〇，649—650页。《旧唐书》卷一八七下《高沐传》：“父凭，从事于宣武军，知曹州事。李灵曜作乱，凭密遣使奏贼中事状，诏除曹州刺史。无何，李正己盗有曹、濮，凭遂陷于贼，数年卒。”(4911页)

⑥ 《通鉴》卷二二五，7241，7255—7256页。《通鉴》卷二二六，建中元年正月，“永平旧领汴、宋、滑、亳、陈、颍、泗七州(胡注：此平李灵耀后，永平军所领巡属也。按代宗大历七年，赐滑亳军号永平；十一年平李灵耀，增领宋、泗二州；十四年增领汴、颍二州。滑亳未赐军号之前，已领陈州，共七州)。丙子，分宋、亳、颍别为节度使，以宋州刺史刘洽为之；以泗州隶淮南；又以东都留守路嗣恭为怀郑汝陕四州、河阳三城节度使。旬日，又以永平节度使李勉都统洽、嗣恭二道，仍割郑州隶之”(7295—7296页)。

山南东道梁崇义，实际是来瑱问题的继续。来瑱入朝，分使诸将戍福昌、南阳。广德元年(763)正月，来瑱被诛，“戍者皆溃归。崇义时在南阳，统归师径入襄州，与同列李昭、薛南阳相让为长，不决”，诸将拥立梁崇义；同年三月，崇义杀李昭、薛南阳，继任节帅。这与通过兵变继任，并无实质区别：

> 朝廷因授其节度焉。以襄州荐履兵祸，屈法含容，姑务息人也……遂与田承嗣、李正己、薛嵩、李宝臣为辅车之势，奄有襄、汉七州之地，带甲二万，连结根固，未尝朝觐，然于群凶，地最褊，兵最少，法令最理，礼貌最恭。其地跨东南之冲，数有王命之所宣洽，故其人知化。所亲尝劝其来朝，崇义曰：“吾本帅来公有大勋庸，当上元中以阉竖谗谮，逡巡稽召，及代宗嗣位，不俟驾行，旋见诛族。今吾衅盈而事久，若之何见上？”①

三月甲辰(初一)以崇义为山南东道节度留后，五月丁卯(廿五日)“制分河北诸州”②——在刚刚结束安史之乱，朝廷诛来瑱后，不想进一步

---

① 《旧唐书》卷一二一《梁崇义传》，3489—3490页。《通鉴》卷二二二，广德元年二月，“瑱死，戍者皆奔归襄阳。行军司马庞充将兵二千赴河南，至汝州，闻瑱死，引兵还袭襄州；左兵马李昭拒之，充奔房州。”来瑱死，山南东道出现权力真空，诸将奔归，意在争夺对该镇的控制。三月梁崇义即任，即“奏改葬(来)瑱，为之立祠，不居瑱听事及正堂”(7142页)，借此收拾当地军将之心，强化自己控制该镇的“正当性”和“合法性”。梁崇义之势力，上引《通鉴》卷二二五，大历十二年综述其时藩镇形势，言及山南东道梁崇义，称“梁崇义据襄、邓、均、房、复、郢六州，有众二万”，7250页。

② 《通鉴》卷二二二，7142—7143页。授梁崇义节帅，《旧唐书》卷一一《代宗纪》宝应二年(763)三月甲辰“襄州右兵马使梁崇义杀大将李昭，据城自固，乃授崇义襄州刺史、山南东道节度使”(272页)；《通鉴》卷二二二，广德元年三月甲辰“以崇义为襄州刺史、山南东道节度留后”，胡注“唐藩镇命帅，未授旌节者，先以为节度留后”，7142页。

激起军将的对立情绪，故隐忍承认；事实上，不久即有吐蕃的入寇，这样的形势也使朝廷无力用兵攻伐。“地最褊，兵最少，法令最理，礼貌最恭”的事实，也使朝廷有缓冲、隐忍的可能——这与不惜肢解汴宋，平定李灵曜形成了鲜明的对比。这也从一个侧面，说明朝廷的隐忍也有选择，是分析、衡量情势的结果，而不是一味姑息。尽管如此，德宗即位后，即借淮西李希烈之力，平定了梁宗义，重新控制了襄州。

淄青在卢龙屡屡抗击安史叛军，不得已方浮海至淄青。乾元元年(758)，平卢节度使王玄志卒，朝廷遣使存问，李正己恐玄志子继任，遂杀其子，推其姑子侯希逸为节帅。后与侯希逸渡海至青州，任兵马使，继续参与平定史朝义，率军至郑州。永泰元年(765)五月，正己发动兵变，逐侯希逸，自立为帅①，即公然跋扈，甚至有窥淮南之意②。大历十一年(776)出兵参与平定李灵曜之叛，进一步控制了曹、濮、徐、兖、郓等州，势力范围进一步扩大，并将其节帅治所由青州迁至郓州，进一步靠近中原地区，“拥兵十万，雄据东方，邻藩皆畏之”③；因其控制徐州，对朝廷的漕运造成了很大的威胁。建中元年(780)卒，其子李纳继立。这是一个高度“河朔化”的地区，直到宪宗元和末年(820)方被彻底解决。

这一时期兵变频发，这是安史之乱发生后才出现的军事动荡。兵变，直接影响了节度使对方镇军队的控制，影响着方镇的稳定，同

① 《旧唐书》卷一二四《李正己传》，3534—3535页。

② 《通鉴》卷二二四，大历三年十二月，“平卢行军司马许杲将卒三千人驻濠州不去，有窥淮南意……(闻张万福摄濠刺)即提卒去，止当涂。(上命万福讨之)，杲惧，移军上元，又北至楚州大掠……杲为其将康自劝所逐。自劝拥兵继掠，循淮而东，万福倍道追而杀之”，7205—7506页。参《旧唐书》卷一五二《张万福传》，4074—4075页。

③ 《通鉴》卷二二五，大历十二年，7249—7250页。

时，也削弱了中央对藩镇的政治影响力和控制力。这反映的是地方军人集团对藩镇事务的渗透乃至企图进行直接干预。但兵变对现实政治的影响，仍然需要作具体分析，不宜一概视之为藩镇跋扈[1]。我们系统分析这一时期的兵变，可知大体分作两种情况。一是对具体处置不满，或是单纯为了掠财，此可谓之军乱，以《通鉴》所载可作一梳理：

大历三年十一月，关中换防。郭子仪由河中徙邠宁（大历四年六月兵士有偷跑回河中者，被杀乃止）。

十二月，马璘以四镇兵从邠宁徙镇泾州，几成兵变。

四年九月，河东兵马使以节度使王缙书生，欲作乱，被杀。

五年正月，李抱玉由凤翔节度使为山南西道节度使。二月徙镇盩厔，军士愤怒，剽掠凤翔坊市，数日乃定。

四月庚子，湖南兵马臧玠杀观察使崔灌，癸未，以左羽林大将军辛杲为湖南观察使。

九年二月，徐州军乱，刺史梁乘逾城走。

二月，因田神功死，汴宋防秋兵千五百人盗库财溃归。

十年二月，河阳三城因节度使苛薄寡恩，防秋兵回，与城内兵

① 张国刚《唐代藩镇研究》6《唐代藩镇的动乱特点》(1983)将"藩镇动乱"分作四类，即兵士哗变、将校作乱、反叛中央和藩帅杀其部下。王赛时《唐代中后期的军乱》(1989)区分了军乱与方镇的反叛、割据，将原因分作主帅统驭失所、将士本身的原因、为争夺军权。仇鹿鸣《长安与河北之间：中晚唐的政治与文化》第六章(2017)，专立一节讨论了"唐代藩镇变乱模式的演化"，253—260页。张明2017年完成的硕士学位论文《晚唐五代的军乱研究》，虽称"晚唐"，实际始于安史之乱；对相关学术史作了综述，可参看。

合谋，逐之，奉兵马使王惟恭为帅，大掠数日乃定。

三月，陕州军乱，逐兵马使赵令珍，观察使李国清不能禁，遍拜将士乃得出。军士大掠库物。会淮西李忠臣入朝过陕，命军士匿名投库物，分赐淮西兵。

十一年三月，河阳军乱，逐监军使冉庭兰，出城大掠，三日乃定。庭兰成备而入，诛乱者数十人乃定。

十一月，泾原节度使马璘疾亟，以行军司马段秀实知军事，付以后事；都虞候史廷干、兵马使崔珍、十将张景华谋作乱，秀实知之，奏廷干入朝宿卫，徙珍屯灵台，补景华外职，不戮一人，军府晏然。

二是以易帅为目的，这是名副其实的兵变。前者最为常见且较频繁，但政治后果却并不严重；后者才可能会造成中央对藩镇的失控——通过兵变而上台的节度使，更容易表现出对中央的跋扈，增加了地方军人集团对中央的政治离心力。淄青李正己、山南东道梁崇义正属此类。

当然，战乱频仍，军将的野心最易刺激膨胀。如同华节度使、潼关防御使周智光乘吐蕃入寇而跋扈，阻隔关东与关中，甚至叫嚣“只如挟天子令诸侯，天下只有周智光合作”，且为自己立生祠，猖狂之极，却事如儿戏，倏生倏灭[①]。大历年间也确实出现过一些突发性的叛乱，朝廷

---

① 《旧唐书》卷一一四《周智光传》，3369 页；该传所列周智光张狂事颇多，可参看。周智光为鱼朝恩所赏识，从行间偏裨累迁为华州刺史、同华二州节度使及潼关防御使。永泰元年九月，吐蕃入寇，周智光引兵破之，逐北至鄜州，杀鄜刺张麟，坑杜冕一家；十月周智光诣阙献捷，再宿归镇，《通鉴》卷二二三称“智光负专杀之罪未（转下页）

都能及时平定。如大历六年(771)二月,岭南蛮酋梁崇牵反,节度使李勉平定。大历八年九月,循州刺史哥舒晃杀岭南节度使吕崇贲,据岭南反。十月乙丑,以江西观察使路嗣恭兼岭南节度使,讨哥舒晃;十年十一月,路嗣恭平定哥舒晃。

总之,代宗所面临的问题,是安史之乱结束后,如何稳定形势、恢复秩序。面对在平定安史之乱的过程中屡屡出现的将悍兵骄的情况,面对拥兵藩镇对中央的游离,特别是对来瑱的处置所导致的拥兵藩镇对中央控制举措的警惕和反感,如何稳定藩镇形势,就成为当时政治生活中的头等大事。具体而言,一是稳定河北,二是竭尽全力控制河南。对山南东道梁崇义的游离可以容忍,对核心区域汴州李灵曜的叛乱,便不惜以瓜分汴宋为代价,予以平定,这反映了朝廷对控制关键藩镇的决心——阻止其勾结河北、阻断漕运。同华、汴宋一旦失控,就意味着朝廷的势力和影响力被限制在了关中,中央政府就无异于沦为了关中地方政府,等同于一个藩镇了(黄巢事变后,即如此)。

参与瓜分河北薛嵩所部、平定李灵曜,充分说明代宗朝对藩镇控制的努力和成效。但我们也要看到,面对军队的地方化,朝廷虽然正在经营着属于中央直接控制的神策军,但力量尚小,还不足以成为控制地方的强有力的武力基础。事实上,出兵成德,并进而参加瓜分相卫,是利用了河北诸镇之间的矛盾;以瓜分汴宋为代价平定李灵曜,是

(接上页)治,上既遣而悔之”(7184页)。《通鉴》卷二二四,大历元年正月,“周智光至华州,益骄横,召之,不至”(7188页),聚众剽掠,擅留漕米;二年正月,“密诏(郭)子仪讨周智光……智光麾下闻之,皆有离心……甲子,华州牙将姚怀、李延俊杀智光,以其首来献”(7194页)。

利用藩镇争地扩张的企图。这彰显了在当时中央实力较为薄弱的情况下，朝廷主要是利用河北诸镇之间、河北与遏制河北的藩镇之间以及河北周围的诸镇之间的彼此牵制作用，被动地来维持"稳定"格局，尽可能避免大范围重启战端。如大历十二年(773)三月，以田承嗣助李灵曜，朝廷征讨，承嗣上表谢罪，此事便不了了之。这说明，朝廷无力直接讨伐田承嗣。

就制度层面而言，代宗还在大历十年正月下诏："其官健逃亡，非承正制敕，不得辄召募"①，力图在根本上限制藩镇军队兵员的扩充。十二年五月，又进一步对兵制进行了整顿和规范：

> 辛亥，诏自都团练使外，悉罢诸州团练守捉使。又令诸使非军事要急，无得擅召刺史及停其职务，差人权摄。又定诸州兵，皆有常数。其召募给家粮、春冬衣者，谓之"官健"；差点土人，春夏归农、秋冬追集、给身粮酱菜者，谓之"团结"。自兵兴以来，州县官俸给不一……刺史月给或至千缗、或数十缗，至是，始定节度使以下至主簿、尉俸禄，掊多益寡，上下有叙，法制粗立。②

① 《唐会要》卷七二"军杂录"，1540页。参《通鉴》卷二二五，大历十年正月丙辰，7229页。

② 《通鉴》卷二二五，大历十二年五月，7245—7246页。参《唐会要》卷七八"诸使杂录上"，1702页。《唐会要》所载是中书门下的奏状，《通鉴》所载是据中书门下奏状而颁下的诏。关于诸使非军事要急，无得擅召刺史及停其职务差人权摄事，又见《唐会要》卷六九"都督刺史以下杂录"(1437页)和卷七八"采访处置使"(1681页)。后者载："大历十二年五月，中书门下奏，开元末置采访使，许其停刺史务，废置由己。请自今已后，刺史有犯赃等色，本道但具状闻奏，不得辄追赴使及专擅停务，差人权摄；其刺史亦不得辄指使出界。未闻奏，皆按常刑。"可能五月的敕文，就是根据这(转下页)

同时限制藩镇节度使或观察使的权力，弱化他们对属州的干预和控制；还制定方镇、州县官员的俸给标准。这为德宗赋税三分的实行，创造了条件。

（二）建中用兵及其后果：德宗朝的藩镇格局

大历十四年（779）五月，代宗死，德宗即位。我们依据《通鉴》，大致梳理一下德宗即位前后有关朝廷处置藩镇之事。

此前不久，即这一年二月，魏博田承嗣死，其侄中军兵马使田悦知军事，朝廷以之为魏博留后（7255页）；三月，淮西左厢都虞候李希烈发动兵变，逐李忠臣，朝廷以之为淮西留后（7255—7256页），闰五月任命其为节度使（7260页）。但就在同一个月，即闰五月，将郭子仪所统一分为三，河中、邠宁由李怀光统领，灵州由常谦光统领，单于、振武由浑瑊统领（7259页）。

建中元年（780）三月，泾原刘文喜邀节钺，四月叛，五月被部将杀（7278—7281页）。

二年正月，成德李宝臣死，其子李惟岳求继袭，不许（7292页）。七

（接上页）一上奏而作出的。即使与此奏无关，此奏所反映的"辄追赴使及专擅停务，差人权摄"等亦是事实。此奏及敕文虽标明是针对采访使而言，但《唐会要》卷六九所录贞元三年十月敕"刺史停务则降鱼书。先是，此制自广德已后，多不施行。又节将怙权，刺史悉由其令，鱼书皆废"。所言广德以后"节将怙权，刺史悉由其令"，可知这类情况也发生于节度使的身上。另，这条敕文，《通鉴》系于是年五月辛亥（初一日），《唐会要》卷六九作五月十日（未用干支），疑后者"十日"乃"一日"之讹。《唐代诏敕目录》作两敕处理（第313页），欠妥。又，樊文礼《安史之乱以后的藩镇形势和唐代宗朝的藩镇政策》（1995）已指出代宗并非一味姑息，特别是第二节谈到的限制藩镇兵力、罢诸州团练守捉使、敕令藩帅不得署摄属州刺史等。按，此三项是否可视作"藩镇政策"，还可再酌；认为"大历八年以后有了明显变化"云，此"变化"恐亦不存在。

月，淄青李正己死，子李纳擅领军务（7306 页）。四月征山南东道梁崇义入朝（7299 页），六月进李希烈爵南平郡王，加汉南汉北兵马招讨使，督诸道兵讨崇义（7301 页），八月崇义自尽（7307 页）。

三年十一月，朱滔、王武俊、田悦、李纳称王[①]。李希烈徙镇许州，派人与李纳联系，谋袭汴州。十二月，朱滔等四人遣使至许州，劝李希烈称帝；希烈遂自称天下都元帅、太尉、建兴王[②]。

四年十月，朝廷征派泾原守军征讨李希烈，该军行经长安时，发生兵变，拥朱泚为帝。次年即兴元元年正月，李希烈称帝。

德宗即位的次月，即将朔方一分为三。建中二年正月成德李宝臣死、七月淄青李正己死，朝廷不许其子继袭；这期间，又主动征山南东道梁崇义入朝，六月即利用邻道淮西李希烈攻打梁崇义。这些举措，都表明了德宗对藩镇所采取的攻势。自此，开始了朝廷在河北和淮西的两线作战。直到泾师兵变发生，德宗朝对藩镇的攻势才终止[③]，宣告了无差别武力攻讨以彻底解决藩镇问题的失败。

泾师兵变，德宗出幸奉天；前来勤王的朔方军李怀光又谋变，德宗于次年（兴元元年，784）二月又由奉天出逃梁州。三月庚子，“诏数李怀光罪恶，叙朔方将士忠顺功名……其所管兵马，委本军自举一人功高望

① 参孙继民《唐德宗初年的“四王”建号与割据藩镇的政治诉求》（2010），见其《中古史研究汇纂》。

② 当时朝廷征集兵马攻讨李希烈的情况，如征发江西、鄂岳、荆南、山南东道等兵马，因泾师兵变而作罢，可参《旧唐书》卷一五〇《舒王谊传》，4042—4043 页；《册府元龟》卷二六九（3193 页）。《旧唐书》本传与《册府元龟》互有详略，疑出同源，但并非《册府元龟》录自《旧唐书》。

③ 参孙继民《唐德宗“罪己诏”颁布的后果前因——唐廷与河北叛镇第一轮秘密谈判揭露》（2010），见其《中古史研究汇纂》。

重者便宜统领，速具奏闻，当授旌旄，以从人欲。”①令军将推其继任，与当初征梁崇义入朝，不许成德、淄青继袭，形成了鲜明的对比。贞元元年(785)八月，李怀光自缢死；陆贽上《收河中后请罢兵状》，担心德宗继续用兵淮西，攻讨李希烈，所以力劝德宗“但敕诸镇，各守封疆，彼既气夺算穷，是乃狴牢之虏，不有人祸，必当鬼诛”②。于是，己卯(十七日)朝廷颁布《诛李怀光后原宥河中将吏并招谕淮西诏》，言及淮西李希烈，称“诸道应与淮西接连，宜各守封境，非彼侵轶，不须进讨”③。这标志着德宗建中用兵藩镇的结束。贞元二年四月，淮西陈仙奇鸩杀李希烈，即授陈仙奇为淮西节帅；不久吴少诚杀陈仙奇，自为留后，朝廷即予承认。

以下用表格的形式，以《通鉴》为经，对这一过程作一勾勒：

表 5.1 建中用兵梗概

	河北	淄青	淮西	
大历十四年(779)	二月田承嗣死，其侄田悦为留后(7255 页)。		三月淮西李希烈发动兵变，逐李忠臣，为淮西留后(7255—7256 页)，闰五月任命其为节度使(7260 页)。	

① 《通鉴》卷二三〇，7421 页。诏令原文，见《唐大诏令集》卷一二一《宥李怀光示谕河中将士诏》，646 页。《唐代诏敕目录》从《旧唐书》卷一二《德宗纪上》，系三月廿八日己亥，338 页。

② 《陆贽集》卷一六，532 页；参《通鉴》卷二三二，贞元元年八月，7465 页。

③ 《陆贽集》卷三，97—98 页；《唐大诏令集》卷一二一，647 页；参《通鉴》卷二三二，7465 页。按，《唐代诏敕目录》系是年八月己卯，《通鉴》系八月丁卯，343 页。

续表

	河北	淄青	淮西	
五月，德宗即位				闰五月，将郭子仪所统一分为三，河中、邠宁由李怀光统领，灵州由常谦光统领，单于、振武由浑瑊统领（7259页）。
建中元年（780）	二月，因实施两税法，河北黜陟使洪经纶将魏博所领七万军人，罢其四万（7277页）。			三月，泾原刘文喜邀节钺，四月叛，五月被部将杀。
二年（781）	正月，成德李宝臣死，其子李惟岳求继袭，不许（7292页）。 五月，魏博田悦围攻邢州、临洺（7299—7300页）。 七月，河东、昭义、神策军大破田悦于临洺（7305页）；田悦求救于淄青李纳、成德李惟岳（7306页）。 八月，成德巡属易州张孝忠归国（7307页）。九月，以张孝忠为成德节度使，命李惟岳护丧归朝（7308页）。	正月，淄青李正己发兵万人屯曹州，河南骚然惊骇（7295页）。 七月，淄青李正己死，子李纳擅领军务（7306页）。 十月，徐州刺史李洧（李正己从父兄）举州归国（7310页）。十一月辛酉，宣武刘洽、神策军曲环、滑刺李澄、朔方军唐朝臣大破淄青、魏博之兵于徐州，江淮漕运始通（7311—7312页）。 十一月，淮南节度使陈少游击海州（李纳巡属），刺史王涉以州降（7312页）。	正月调整汴宋防御（7295—7296页），二月发京西防秋兵万二千人戍关东（7298页）。四月征梁崇义入朝（7299页），六月，进李希烈爵南平郡王，加汉南汉北兵马招讨使，督诸道兵讨崇义（7301页），八月崇义自尽（7307页）。命李承为山南东道节度使（7308页）。	

续表

	河北	淄青	淮西	
		十一月大破淄青、魏博兵于徐州(7311页)。 十二月,李纳密州刺史马万通降,以为密州刺史(7312页)。		
三年(782)	正月成德李惟岳将康日知以赵州归国(7317页)。 闰正月,成德王武俊兵变,杀李惟岳;深州刺史杨荣国降朱滔(7318—7319页)。 二月,李惟岳所署定州刺史杨政义降(7319页)。 二月,成德王武俊、幽州朱滔、魏博田悦联兵对抗朝廷(7319—7320页)。 十一月,朱滔、王武俊、田悦、李纳称王(7336页)。	正月,李纳攻陷海密二州(7318页)。 三月以徐州刺史李洧兼徐海沂都团练使,海沂仍为李纳所据(7321页)。 三月,德州李士真劫棣州刺史李长卿,归国;四月求援于朱滔,德州为朱滔所控制(7321页。按,胡注李纳阻兵,李长卿以棣州入朱滔,后王武俊败朱滔,得德棣二州,7538页)。 “九月丁亥,以李洧部将高承宗为徐州刺史、徐海沂都团练使”(《旧唐书》卷一二,334页)。	十一月,李希烈帅所部三万徙镇许州,遣使约李纳共袭汴州;李纳游兵渡汴以迎之,“由是东南转输者皆不敢由汴渠,自蔡水而上”(7336—7337页)。 十二月,李希烈自称天下都元帅(7337页)。	

续表

	河北	淄青	淮西	
四年(783)	十月泾师兵变(7352页),朱泚称大秦皇帝,改元应天(7360页)。		正月,李希烈陷汝州(7339页)。二月丁卯,哥舒曜克汝州(7342页)。 希烈遣兵据邓州,南路遂绝,贡献商旅皆不通(7341页)。 三月,江西节度使曹王皋拔黄州、蕲州,表伊慎为蕲州刺史,王锷为江州刺史(7342页)。 三月,希烈还蔡州(7343页)。 十二月,李希烈攻李勉于汴州,李勉奔宋州。庚午希烈陷大梁,滑州刺史李澄以城降希烈(7388页)。希烈又攻拔襄邑,乘胜攻宁陵,江淮大震(7388页)。	
兴元元年(784)	正月,王武俊、田悦、李纳见赦令,皆去王号(7393页)。 三月壬申朔,田绪兵变,杀田悦(7413页),四月授魏博节度使(7422页)。 五月,初张孝忠以	五月,徐海沂密观察使高承宗卒(胡注:建中二年李洧以徐州归国,明年以为徐沂密观察使。洧卒,高承宗代之)。甲戌,使其子明应知军事(7431页)。	正月,李希烈称帝(7393页)。 二月,李希烈将兵五万围宁陵,濮州刺史刘昌以三千人守之(7400页),韩滉遣其将王栖曜将军助刘洽拒希烈,栖曜以强弩数千游汴水,夜入	

续表

	河北	淄青	淮西	
	易州归国，诏以张孝忠为义武节度使，以易定沧三州隶之；因兵乱，程日华任沧州刺史(7433页)。 六月，朱泚平(7437页)。		宁陵城，希烈解围去(7401页)。 滑州刺史李澄遣使请降(7401页)。 七月，曹王皋遣其将伊慎、王锷围安州，降之(7440—7441页)。 闰十月，滑州李澄归国，甲午以澄为汴滑节度使(7446页)。 十一月，官军救陈州、攻汴州，郑州降官军。李希烈奔归蔡州(7447页)。	
贞元元年(785)	六月，刘滔病死，将士奉刘怦知军事(7453页)，命之为幽州卢龙节度使(7459页)。刘怦疾病，九月诏以其子行军司马刘济权知节度事(7467页)。		三月，李希烈陷邓州(7451页)。 四月，李希烈将李思登以随州降荆南节度使曹王皋(7452页)。	
贞元二年(786)			二月，山南东道樊泽击擒希烈派来寇襄州的杜文朝(7468页)。 三月，希烈别将寇郑州，为义成节度使李澄所击破(7468页)。	

续表

	河北	淄青	淮西	
			四月，陈仙奇鸩杀李希烈，以仙奇为淮西节度（7468—7469页）。 七月吴少诚杀陈仙奇，自为留后（7470页）。	

建中用兵的失败，朝廷控制藩镇的形势实际上是恶化了。德宗先出逃奉天，后又狼狈逃亡梁州。与此同时，幽州朱滔、成德王武俊、魏博田悦、淄青李正己称王，淮西李希烈甚至称帝，李唐朝廷的政治威望可谓一落千丈。这是自安史之乱发生后，朝廷第二次遇到的大危机，所谓"方隅阻绝，国命未振"①。

河北虽与中央对抗，但河北的整体形势并没有发生实质性的变化。李希烈横行江淮、威胁东都，阻断了东南财赋运往关中的漕运通路，成为朝廷所面临的最为严重的问题。朝廷不得不依靠沿汉水和丹水的交通②。建中四年（783）十一月，"侍御史万俊著开金、商运路（胡注：开金、商运路，转江淮财赋以至奉天），重围既解，诸道贡赋继至，用度始振"。金州运路，即沿汉水至今汉中，再北上越秦岭，至奉天。"时南方藩镇各闭境自守，惟曹王皋数遣使间道贡献。李希烈攻逼汴郑，

① 语见《旧唐书》卷一二六《陈少游传》，3565页。《通鉴》卷二三〇，兴元元年二月，以太子太师乔琳出任朱泚吏部尚书，称"于是朝士之窜匿者多出仕泚矣"，胡注"唐于此时，亦云殆矣"，7411页。

② 这期间，东南财赋向关中的转运情况，任立鹏、牟发松《唐德宗播迁前后的东南转运线与朝政时局关系略论》（2019）作了详细讨论，可参看。

江、淮路绝，朝贡者皆自宣、饶、荆、襄趣武关。皋治邮驿，平道路，由是往来之使，通行无阻”，胡注：“此谓江、浙往来之使。”[1]即沿长江至荆州，北上至襄阳，再西北向沿丹河，由今西峡、商南、丹凤、商县、蓝田入关中，也就是所谓的商州路。

唐后期，中央的财赋主要倚赖江淮的供给。漕运不畅，就使关中常有断供之忧[2]。如兴元元年（784）五月，“时关中兵荒，米斗直钱五百；及滉米至，减五之四”[3]。贞元二年（786）三月，“关中仓廪竭，禁军或自脱巾呼于道曰：‘拘吾于军而不给粮，吾罪人也！’上忧之甚，会韩滉运米三万斛至陕，李泌即奏之。上喜，遽至东宫，谓太子曰：‘米已至陕，吾父子得生矣！’”[4]。

以扬州为中心的淮南，以润州、苏州为中心的浙江东西，对李唐朝廷产生了很大的离心力。泾师之变、德宗出逃奉天，江南产生了观望之心，这使朝廷对江淮一度临近失控的边缘。

驻守扬州的淮南节帅陈少游，起初率兵讨李希烈，至盱眙，建中四年十一月得知泾原兵变后，即“归广陵，修堑垒，缮甲兵”，十二月李希烈攻拔襄邑，进一步威胁宁陵时，陈少游派人向李希烈示好，称其所统领的濠寿舒庐州“已令弛备，韬戈卷甲，伏俟指麾”[5]。兴元元年十一月

---

① 《通鉴》卷二二九，7376、7379页。

② 全汉昇《唐宋帝国与运河》（1944）对运河中断对唐朝廷的影响，即所谓“关于长安及汴州失陷时中央政府的困苦情况”多有罗列，见60—61页，收入其《中国经济史研究》。

③ 《通鉴》卷二三一，7428—7429页。

④ 《通鉴》卷二三二，7469页。

⑤ 《通鉴》卷二二九，7378、7388页。参《旧唐书》卷一二六《陈少游传》：“及李希烈陷汴州，声言欲袭江淮。少游惧，乃使参谋温述由寿州送款于希烈曰：‘濠、寿、（转下页）

萧复奉使巡察江淮返回，奏称“陈少游任兼将相，首败臣节”；刘玄佐攻占汴州，“得李希烈起居注，云‘某月日，陈少游上表归顺’”①。

与扬州隔江相望的润州镇海军韩滉，一方面派兵协助汴宋刘洽（即刘玄佐）遏制李希烈沿运河向东南的侵扰，同时也闭境自守，还控制了宣州。《旧唐书》卷一二九《韩滉传》：

> 及建中年冬，泾师之乱，德宗出幸，河、汴骚然，滉训练士卒，锻砺戈甲，称为精劲。李希烈既陷汴州，滉乃择其锐卒，令裨将李长荣、王栖曜与宣武节度刘玄佐犄角讨袭。解宁陵之围，复宋、汴之路，滉功居多。
>
> 然自关中多难，滉即于所部闭关梁，筑石头五城，自京口至玉山，禁马牛出境；造楼船战舰三十余艘，以舟师五千人由海门扬威武，至申浦而还；毁撤上元县佛寺道观四十余所，修坞壁，建业抵京岘，楼雉相属，以佛殿材于石头城缮置馆第数十。时滉以国家多难，恐有永嘉渡江之事，以为备预，以迎銮驾，亦申儆自守也。……明年正月，追李长荣等戍军还，以其所亲吏卢复为宣州刺史、采石军使，增营垒，教习长兵。（3600—3601页）②

陈少游、韩滉都曾一度劫夺江南租庸使包佶的两税财赋。“盐铁使包佶有钱帛八百万，将输京师。陈少游以为贼据长安，未期收复，欲强取

（接上页）舒、庐寻令罢垒，韬戈卷甲，伫候指挥。’少游又遣巡官赵诜于郓州结李讷。”（3565页）

① 《通鉴》卷二三一，7449—7450页。

② 参《通鉴》卷二二九，建中四年十一月，7378页。

之……少游悉收其钱帛；佶有守财卒三千，少游亦夺之。佶才与数十人俱至上元，复为韩滉所夺。”①

泾师之变发生，德宗出逃奉天，朝廷从以前对藩镇的攻势，陡然转变为如何加强对江南的控制。朝廷也明确意识到了江南出现的游离倾向。德宗对陆贽说：“朕思迁幸以来，江、淮远方，或传闻过实，欲遣重臣宣慰，谋于宰相及朝士，佥谓宜然。”于是兴元元年正月，“以给事中杜黄裳为江淮宣慰副使”；随后，又以宰相萧复“充山南东西、荆湖、淮南、江西、鄂岳、浙江东西、福建、岭南等道宣慰、安抚使”②。是年五月，浙江东西道韩滉遣使献绫罗四十担诣行在，运米百艘以饷李晟，并有效平抑了关中的米价。《旧唐书》卷一二九《韩滉传》称：“自德宗出居，及归京师，军用既繁，道路又阻，关中饥馑，加之以灾蝗，江南、两浙转输粟帛，府无虚月，朝廷赖焉。”（3601页）这与杜黄裳、萧复的宣慰，应该有密切的关系。

这一年十一月，萧复才自江淮回到京师，向德宗报告了镇守扬州的淮南节度使陈少游“首败臣节”之事，并建议以其幕僚韦皋代少游镇淮南③。《通鉴》还记载了李泌为韩滉辨白事：

---

① 《通鉴》卷二二九，建中四年十一月；胡三省于此事下注称“史言天子播迁，藩镇阻兵，陵轹王人”，7378—7379页。

② 《通鉴》卷二二九，7396—7397页。派杜黄裳宣慰江淮，《通鉴考异》卷一八：“《实录》去年十二月癸酉已云黄裳使江淮，此又有之。按《旧·纪》，去年十二月，黄裳为给事耳。《实录》误也。”（694页）按，《实录》的纪事，说明至迟在上年十二月已酝酿派使宣慰江淮了，正式任命杜出使，可能是到了这一年的正月。派宰相萧复宣慰，《通鉴》着重是叙述德宗对萧复的不满，为此陆贽上《奉天论解萧复状》（《陆贽集》卷一四）；但朝廷认为其时很有必要派重臣出使宣慰，以增强中央对地方的影响力，却是事实。

③ 《通鉴》卷二三一，7449页。

议者又言："韩滉闻銮舆在外，聚兵修石头城，阴蓄异志。"上疑之，以问李泌，对曰："滉公忠清俭，自车驾在外，滉贡献不绝。且镇江东十五州，盗贼不起，皆滉之力也。所以修石头城者，滉见中原板荡，谓陛下将有永嘉之行，为迎扈之备耳。此乃人臣忠笃之虑，奈何更以为罪乎！滉性刚严，不附权贵，故多谤毁，愿陛下察之，臣敢保其无他。"……"今天下旱、蝗，关中米斗千钱，仓廪耗竭，而江东丰稔。愿陛下早下臣章，以解朝众之惑，面谕韩皋使之归觐，令滉感激无自疑之心，速运粮储，岂非为朝廷邪！"

韩滉子韩皋时任考功员外郎，命之赴润州省亲，"滉感悦流涕，即日，自临水滨发米百万斛。……既而陈少游闻滉贡米，亦贡二十万斛"[①]。疑此事据《邺侯家传》，李泌其人和《邺侯家传》其书都极具故事性。韩滉是否阴蓄异志，暂置不论，但这反映了朝廷对地处长江尽东的韩滉的疑虑，以及要极力拉拢、控制韩滉的苦心。联系上引《通鉴》所载建中四年十一月："时南方藩镇各闭境自守，惟曹王皋数遣使间道贡献。李希烈攻逼汴郑，江、淮路绝，朝贡者皆自宣、饶、荆、襄趣武关。皋治邮驿，平道路，由是往来之使，通行无阻"，胡注："此谓江、浙往来之使。"[②]可以知道，作为东西交通的干线，长江一线藩镇虽然出现了对朝廷的游离，但最终是"游"而未"离"。从韩滉当日的实际行动（源源不断向中央供给钱帛、米斛），以及日后他执掌江淮转运等，可以说，朝廷对他的刻意笼络收到了预期的良好效果，而他对朝廷的忠心也是可圈可点。

① 《通鉴》卷二三一，兴元元年十一月，7447—7449页。

② 《通鉴》卷二二九，7379页。参《通鉴》二三一，兴元元年五月，"盐铁判官万年王绍以江淮缯帛来至"，7428页。

韩滉对隔江扬州也起到了威慑的作用。“陈少游时镇扬州，以甲士三千人临江大阅，滉亦以兵三千人临金山，与少游相应，楼船于江中，以金银缯彩互相聘赉。”①兴元元年十二月陈少游死，“淮南大将王韶欲自为留后，令将士推己知军事，且欲大掠，韩滉遣使谓之曰，汝敢为乱，吾即日全军渡江诛汝矣，韶等惧而止。上闻之喜，谓李泌曰，滉不惟安江东，又能安淮南。”②可知，此前双方的临江阅武，虽然互以金银缯彩聘赉，实质则是彼此牵制和制衡。

建中用兵之后的贞元元年(785)十二月甲戌，《通鉴》卷二三二载“户部奏今岁入贡者凡百五十州”，胡注：“时河朔诸镇及淄青、淮西皆不入贡，河、陇诸州又没于吐蕃。”(7467页)河朔姑置不论，淄青一仍其故；代宗时山南东道梁崇义被消灭，襄州为朝廷所控制，但淮西李希烈则横行于江淮间，与朝廷对抗甚至公然称帝。换言之，这时摆在朝廷面前的藩镇问题，河朔之外，就是如何控制淮西和淄青。

建中用兵，就德宗想彻底解决藩镇问题来说，是失败了——如果允许成德、淄青父死子继，同时也不主动要求山南东道梁崇义归朝，是不是可以避免这场战事？李希烈如果不攻灭梁崇义，是不是至少暂时还不会诱发其北上扩张的野心呢？事实是，建中用兵使中央的权威受到重挫，方镇对中央的向心力大为减弱，如扬州陈少游死，其部将欲擅袭；郑滑李澄死，其子欲继袭。但把时间线拉长，从后面发生的事情来回望，就藩镇的控制而言，随着战事的变化，朝廷也有意料未及的收获③。

---

① 《旧唐书》卷一二九《韩滉传》，3600页。

② 《通鉴》卷二三一，兴元元年十二月，7450页。

③ 参伍伯常《唐德宗的建藩政策——论中唐以来制御藩镇战略格局的形成》(2000)。

第一，河北地区。

河朔的格局并没有进一步的恶化，相反，出现了有限的“分裂”——易定脱离了成德，沧州不久也单独为镇，依违于朝廷与“河朔故事”之间，开始与河朔三镇渐行渐远[①]。这不仅直接削弱了成德的力量，也对幽州的南下起到了牵制作用。同时，易定控制着通往河东的飞狐道，有利于朝廷对河北的渗透和影响，如建中四年(783)泾师之变发生，时在河北与张孝忠合力作战的李晟即由飞狐道撤至代州，回师关中勤王[②]。再如，会昌五年朝廷任命卢弘宣为义武(易定)节度使，“诏赐粟三十万斛，在飞狐西，计运致之费逾于粟价，(卢)弘宣遣吏守之。会春旱，弘宣命军民随意自往取之，粟皆入境，约秋稔偿之。时成德、魏博皆饥，独易定之境无害”[③]。

第二，河南地区。

在建中用兵的过程中，淄青失去了它所控制的德棣二州，最终为王武俊所控制。《通鉴》卷二二七，建中三年三月载：

> 李纳之初反也，其所署德州刺史李西华备守甚严，都虞候李士真密毁西华于纳，纳召西华还府，以士真代之。士真又以诈召棣州刺史李长卿，长卿过德州，士真劫之，与同归国。夏，四月，戊

---

① 如贞元五年二月，朝廷正式任命程怀直为沧州刺史后，他请分弓高、景城为景州，并请朝廷委任州刺史，“上喜曰：‘三十年无此事矣！’乃以员外郎徐伸为景州刺史”(《通鉴》卷二三三，7517页)，此事具象征意义，表明了程怀直对朝廷的忠顺态度，但尚未改变其自为留后、高度自治的实质。

② 《通鉴》卷二二九，建中四年十一月，7370—7371页。

③ 《通鉴》卷二四八，会昌五年正月，8013—8014页。参《新唐书》卷一九七《卢弘宣传》，5632页。

> 午，以士真、长卿为二州刺史。（胡注：德州治安德县，棣州治厌次县，本皆淄青巡属，今皆归国）士真求援于朱滔，滔已有异志，遣大将军李济时将三千人声言助士真守德州，且召士真诣深州议军事，至则留之，使济时领州事。（胡注：德宗以德、棣与朱滔，滔卒以诈力得之，不知又以为王武俊之资也。）（7321页）

胡注所谓“以为王武俊之资也”，是指兴元元年（784）五月，王武俊与官军合作，败朱滔于贝州，棣州刺史赵镐以州降于王武俊。其后虽一度又降淄青李纳，但最终于贞元六年（790）十二月，棣州仍归王武俊。但对成德而言，失去对易定的控制，此“得”远逊其所“失”。这也是在朝廷平定淮西之后，成德王承宗为表示归顺，可以将德棣献给朝廷的原因。

更重要的是，徐州脱离了淄青，并在贞元年间终于为朝廷真正控制。建中二年七月李正已死，李纳继袭；十月李正已从父兄、徐州刺史李洧举州归朝廷①；次年八月李洧卒，其部将高承宗继任。兴元元年（784）五月，高承宗卒，其子明应知州事。贞元四年（788）十一月，李泌建议趁高明应“幼騃可代”，加强控制徐州，《通鉴》卷二三三：

> 李泌言于上曰：“江、淮漕运，以甬桥为咽喉，地属徐州，邻于李纳，刺史高明应年少不习事，若李纳一旦复有异图，窃据徐州，是失江、淮也，国用何从而致！请徙寿、庐、濠都团练使张建封镇

① 李洧归附朝廷，是朝廷实现对徐州控制的转折点，这对朝廷控制运河极为有利，详参全汉昇《唐宋帝国与运河》（1944），54—57页，收入其《中国经济史研究》。

徐州，割濠、泗以隶之；复以庐、寿归淮南，则淄青惕息而运路常通，江、淮安矣。及今明应幼騃可代，宜征为金吾将军。万一使他人得之，则不可复制矣。”上从之，以建封为徐、泗、濠节度使。（7516—7517页）

《旧唐书》卷一四〇《张建封传》：

初，建中年李洧以徐州归附，洧寻卒，其后高承宗父子、独孤华相继为刺史，为贼侵削，贫困不能自存；又咽喉要地，据江淮运路，朝廷思择重臣以镇者久之。贞元四年，以建封为徐州刺史，兼御史大夫、徐泗濠节度、支度营田观察使。（3830页）

徐州是在大历十二年（777）平定李灵曜时，为淄青所得；建中二年（781）李正己死，李洧借机脱离淄青，归附朝廷，但仍旧由徐州军将控制，直到贞元四年（788）任命张建封，朝廷才开始真正实现对徐州的控制[①]。这与徐州“为贼侵削，贫困不能自存”有很大关系[②]；同时，也与郓曹濮才是淄青的控制核心区域有关。调整之后的徐泗濠观察使，沿漕运而兼跨淮河，打破了山河形便的划分原则，实际是分割了淮南，加强了控制。

这些是建中用兵之初始料未及的。这一积极意义，要到宪宗朝，

---

① 淮南节度使陈少游似亦曾短暂控制过徐州，《旧唐书》卷一二六《陈少游传》：“建中三年，李纳反叛，少游以师收徐、海等州，寻弃之，退军盱眙。”（3564页）

② 程日华控制沧州，脱离张孝忠义武（易定），代价是“每岁以沧州税钱十二万贯供义武军”（《旧唐书》卷一四一《张孝忠传》，3857页；参《通鉴》卷二三一，兴元元年五月，7433页）。可见其时方镇对租赋收入的兴趣，远过于单纯对“地”的控制。

才凸显出来。

第三,江淮地区。

淮河与长江之间,大致可以分为东西两部分,西部是山南东道,东部是淮南道。来瑱经营山南东多年,被诛后,梁崇义控制山南东,并在代宗朝完全游离于中央的控制。德宗利用李希烈消灭了梁崇义,任命李承为山南东道节度观察盐铁等使,"希烈既破崇义,拥兵襄州,遂有其地。朝廷虑不受命,欲以禁兵送承,承请单骑径行。既至,希烈处承于外馆,迫胁万态,承恬然自安,誓死王事。希烈不能屈,遂剽虏阖境所有而去,襄、汉为之空。承治之一年,颇得完复"[①]。朝廷实现了对以襄州为中心的山南东道的完全控制[②]。

淮西李希烈兵变上台,汴州脱离了淮西的控制。但不久,李希烈横行于江淮之间,将治所北迁至许州,并继续北上,一度攻占郑州、汴州、宋州,西侵邓州,东扰徐州,南面势力则到达长江中游北岸的黄州、蕲州,甚至公然称帝。如果说安史之乱,除河北外,主要是河南及运河沿线受到侵扰;那么李希烈之乱,除北上侵扰郑州、汴州、滑州、陈州之外,还扰动了江淮。

李希烈对淮南道的影响,上举时任淮南节度使的陈少游的态度已可见一斑。《旧唐书》卷一四〇《张建封传》:

时淮西节度使李希烈乘破灭梁崇义之势,渐纵恣跋扈,寿州刺史崔昭数书疏往来,淮南节度使陈少游奏之,上遽召宰相令选寿州

① 《旧唐书》卷一一五《李承传》,3379页。参《通鉴》卷二二七,建中二年九月,7308页。

② 关于唐后期山南道的情况,参林云鹤2018年完成的博士学位论文《唐代山南道研究》第六、第七章。

> 刺史。卢杞本恶建封，是日苍黄，遂荐建封以代崔昭牧寿阳。……泾师内逆，驾幸奉天，贼锋益盛，淮南陈少游潜通希烈。寻称伪号，改元，遣将杨丰赍伪赦书二道，令送少游及建封。至寿州，建封缚杨丰徇于军中，适会中使自行在及使江南回者同至，建封集众对中使斩丰于通衢，封伪赦书送行在，远近震骇。（3829—3830 页）①

李希烈破梁崇义，寿州刺史崔昭与希烈"书疏往来"，陈少游曾上奏此事，使朝廷得以及时更换了寿州刺史；但李希烈攻陷汴州、并声言要袭取江淮后，陈少游并不是想要乘乱自立，而是向陈希烈示好；他认为可以应援的是长江之南、与之隔江相望的润州镇海军节度使韩滉，"陈少游时镇扬州，以甲士三千人临江大阅，（韩）滉亦以兵三千人临金山，与少游相应，楼船于江中，以金银缯綵互相聘赉"②。可见以寿州、楚州为核心区域的淮南节度使的军事实力极有限③，陈少游自忖无力抵抗李希烈的东向，才会有这样的举动。这与韩滉恃长江天险，欲闭境自守完全不同。因此，江淮的稳定问题凸显了出来，甚至超过了河北问题——经过建中用兵，河朔诸镇间意识到了，不仅要与朝廷保持平衡，

① 《旧唐书》卷一二六《陈少游传》，称李希烈遣杨丰"赍伪赦书赴扬州，至寿州，为刺史张建封候骑所得"，3565 页。

② 《旧唐书》卷一二九《韩滉传》，3601 页。

③ 《旧唐书》卷一二六《陈少游传》，称李希烈"署其大将杜少诚为伪仆射、淮南节度，令先平寿州，后取广陵"，3566 页。《旧唐书》卷一四〇《张建封传》，李希烈"伪署其党杜少诚为淮南节度使，令先平寿州，趣江都"，3830 页。直到元和末年攻讨淄青，淮南兵仍为淄青所轻视，《旧唐书》卷一三三《李听传》，"元和中，讨李师道，（李）听为楚州刺史，统淮南之师。郓人素易淮军，听潜训练，出其不意，趋海州，据险要，破沭阳兵，降朐山戍，怀仁、东海两城望风乞降，山东平"，3683 页。寿州的重要性，主要凸显于李希烈的东向扩张；关于寿州，可参崔李仙于 2017 年完成的硕士学位论文《唐五代寿州军事地位研究》，特别是第二章第三节。

他们彼此之间也需要保持平衡(鼓动李希烈称帝,河朔三镇却只是称王,即其表现),这实际使河北再主动起兵南下、挑衅中央的可能性大为减弱了。控制江淮,成为朝廷面临的首要任务。

此外,建中用兵还促成了对河南运河沿线方镇和以朔方军为中心的西北方镇布局的调整。

运河沿线方镇,代宗朝,特别是大历十二年(777)平定汴州李灵曜之后,可由《通鉴》卷二二六建中元年(780)正月的记载得悉其概貌:

> 永平旧领汴、宋、滑、亳、陈、颍、泗七州(胡注:此平李灵耀后,永平军所领巡属也。按代宗大历七年,赐滑亳军号永平;十一年,平李灵耀,增领宋、泗二州,十四年,增领汴、颍二州,滑亳未赐军号之前,已领陈州,共七州)。丙子,分宋、亳、颍别为节度使,以宋州刺史刘洽为之;以泗州隶淮南;又以东都留守路嗣恭为怀、郑、汝、陕四州、河阳三城节度使。旬日,又以永平节度使李勉都统洽、嗣恭二道,仍割郑州隶之。(7295—7296页)

刘洽即玄佐,任汴宋节帅;陈许则于贞元二年(786)以曲环为节帅,《通鉴》卷二三三贞元二年七月"以陇右行营节度使曲环为陈许节度使",胡注"曲环时以陇西行营兵戍陈许"(7470页)。《旧唐书》卷一二二《曲环传》叙述其此前及此次任命陈许节度使之经历云:

> 与诸将讨泾州叛将刘文喜,平之,加开府仪同三司、兼御史中丞,充邠、陇两军都知兵马使。时李纳逼徐州,令环与刘玄佐同救援,累破李纳叛党,以环功最,加御史大夫。建中三年十月,加检

> 校左常侍，充邠、陇行营节度使。
>
> 李希烈陷汴州，环与诸军守固宁陵、陈州，大破希烈军于陈州下……环以功加检校工部尚书、兼陈州刺史。希烈平，加环兼许州刺史、陈许等州节度观察。（3502页）

曲环所率领邠陇行营兵，原本是驻守在凤翔的部队，其中还有朱泚从幽州率领前往关中防秋的部队。陆贽《兴元论请优奖曲环所领将士状》，称："或顷在凤翔所管，或本从河朔同来，后因汴、宋用兵，权抽赴彼应援……而曲环抚之，悉无离叛。"①从关中到汴宋，参与了建中用兵。用兵结束后，曲环即被任命为陈许节度使。换句话说，朝廷利用这支邠陇行营兵，组建了陈许节镇，日后又赐名为忠武军②。

刘玄佐本是永平军衙将。李灵曜叛，玄佐乘其无备，入宋州，故被任命为宋州刺史。建中用兵时，被任命为宋亳颍节度使，并赐军号宣武军。与曲环一起阻击李希烈攻宁陵、陈州，并收复汴州（兴元元年，784），宣武军治所迁至汴州。次年（贞元元年，785）又被任命为汴州刺史，汴州正式划归宣武军，从此汴宋亳成为宣武节镇的主要领地③。

---

① 《陆贽集》卷一五，465—466页。

② 《唐方镇年表》卷二，244页；所据为《新唐书·方镇表二》，见1812页。关于忠武军的情况，黄清连《忠武军：唐代藩镇个案研究》（1993）作过非常细致、堪称典范性的藩镇个案研究；该军镇在唐后期的作用，见"四、忠武军将势力分析"，特别是112—117页。

③ 《旧唐书》卷一四五《刘玄佐传》，3931—3932页。参《通鉴》卷二三一，兴元元年十一月，宋亳节度使刘洽（日后改名为玄佐）遣将刘昌等攻入汴州（7447页），故《新唐书·方镇表二》称宣武治所迁至汴州（1810页）；贞元元年六月以刘玄佐兼汴州刺史（《通鉴》卷二三一，7452页）；此前的三月，以汴滑节度使李澄为郑滑节度使（7451页），即将汴州归入刘玄佐的宣武军。参《唐方镇年表》卷二"宣武"，191页。

郑滑一度继承了永平军的军号。李勉为永平军节度使、治汴州，奏李澄为滑州刺史。建中四年(783)十二月李希烈陷汴州，李澄降，希烈以之为滑州永平军节度使。兴元元年(784)春，李澄密令亲信间道至奉天，向德宗上表。闰十月，李澄以李希烈汴州军少，举州归唐；甲午，以李澄为汴滑节度使。但李澄并未能攻入汴州；汴州为刘玄佐攻入，故汴州划归宣武军。这时李希烈的郑州守将孙液向李澄请降，李澄控制了郑州，于是朝廷将郑滑赐军额为义成军。贞元二年(786)八月李澄死，其子克宁欲继袭，受到刘玄佐的弹压，未果；九月丁酉，以东都留守贾耽为义成节度使①，朝廷得以完全控制郑滑。

可以说，建中用兵之后，河南沿漕运一线的方镇布局基本定型，主要就是郑滑(义成)、汴宋亳(宣武)、陈许(后赐名忠武)、徐泗濠(后赐名武宁)。对淮西形成了强有力的遏制——其北边是陈许曲环、东北汴宋亳刘玄佐，辅以徐濠泗的张建封。这样的态势，是建中用兵前的永平节度使无法比拟的。这为日后宪宗彻底解决淮西打下了很好的基础。

陈许、汴宋、徐泗濠三镇的实力，也确实是在这一时期得到了加强。如陈许，《旧唐书》卷一二二《曲环传》：

> 陈、蔡二州以希烈扰乱，遭剽劫颇甚，人多逃窜他邑以避祸。环勤身恭俭，赋税均平，政令宽简，不三二岁，襁负而归者相属，训农理戎，兵食皆丰羡。(3502页)②

---

① 《旧唐书》卷一三二《李澄传》，3656—3657页；详细系时，见《通鉴》卷二三一(7446—7447页)、卷二三二(7470、7472页)。参《唐方镇年表》卷二"义成"，218页。

② 参《通鉴》卷二三二，贞元二年七月，7470页。

徐泗濠，《旧唐书》卷一四〇《张建封传》：

> 贞元四年，以建封为徐州刺史，兼御史大夫、徐泗濠节度、支度营田观察使。既创置军伍，建封触事躬亲，性宽厚，容纳人过误，而按据纲纪，不妄曲法贷人，每言事，忠义感激，人皆畏悦。(3830页)①

汴宋宣武，旧史强调的是刘玄佐之养骄兵，《旧唐书》卷一四五《刘玄佐传》：

> 玄佐性豪侈，轻财重义，厚赏军士，故百姓益困。是以汴之卒，始于李忠臣，讫于玄佐，而日益骄恣，多逐杀将帅，以利剽劫。(3932页)

宣武的骄兵确实是唐后期骄兵的一个典型例子。但如上所述，汴州经李灵曜之叛，李忠臣攻入汴州；建中用兵时，李希烈占汴州，刘玄佐重又攻占。该地可谓四战之地，几经易手，驻守汴州的兵士几经变化，所谓“始于李忠臣，迄于刘玄佐”，实际并非一脉相承。“始于李忠臣”者，早已中断。刘玄佐控制汴州后，逐渐形成的骄兵，才成为此后骄兵之起首。兵骄的前提，即其有相当的军事实力。如贞元八年(792)三月刘玄佐卒，《通鉴》卷三三四称其有威略，“每李纳使至，玄佐厚结之，故常得其阴事，先为之备；纳惮之”(7526页)。

---

① 参《通鉴》卷二三三，贞元四年十一月，7517页；《新唐书·方镇表五》，1911页。

战争结束后，这一地区方镇之间也形成了有效的牵制和平衡，如贞元八年（792）义成（郑滑）节度使李澄卒，其子李克宁杀行军兵马，欲继袭；刘玄佐陈兵境上，有效地阻止了克宁，使朝廷得以任命东都留守贾耽赴任。贞元二年（786）十一月宣武刘玄佐与陈许节度使曲环的入朝，在时人心目中极具象征意义——标志着朝廷对以“东都—运河”一带的重新掌控和秩序的恢复。所以《通鉴》对此作了十分戏剧性的描写，胡三省注以及《通鉴考异》引《邺侯家传》所作的辨析，也都说明了此事在当时所起到的政治宣示意义[①]。

以宣润为中心的长江下游即浙江东西道，在建中用兵阻遏李希烈的过程中，军事作用开始显露。战后的贞元三年（787）二月，浙江东西分为三道，各置观察使，即浙西（治润州）、浙东（治越州）和宣歙池（治宣州）。宣歙池独立为镇[②]。

第四，以朔方军为中心的西北地区。

德宗即位之初，大历十四年（779）闰五月，即将郭子仪所统一分为

---

① 《通鉴》卷二三二，贞元二年十一月，7474—7475页。《旧唐书》卷一二九《韩滉传》，“滉之入朝也，路由汴州，厚结刘玄佐，将荐其可任边事，玄佐纳其赂，因许之”（3602页），重点并非恩威并用、劝其入朝。《通鉴》的戏剧性描写，依据的大约是像《邺侯家传》这一类材料，韩滉百般劝诱未必确有其事。所谓任边事云云，也未实施，次年三月玄佐即因淮西防秋兵叛归，驰驿返汴，见《通鉴》卷二三二，7479页。

② 元和元年镇海李锜起兵，即拟攻袭宣州，《旧唐书》卷一一二《李锜传》：“锜以宣州富饶，有并吞之意，遣兵马使张子良、李奉仙、田少卿领兵三千分略宣、池等州。”（3341页）《通鉴》卷二三七，元和三年七月，卢坦为宣歙观察使，值旱饥，谷价日增，或请抑其价，坦曰：“宣、歙土狭谷少，所仰四方之来者；若价贱，则商船不复来，益困矣。”（7653页）参李翱《卢坦传》（《李翱文集校注》卷一二，190—195页；《全唐文》卷六四〇，《唐代の散文作品》12497号）。“仰四方之来者”，反映了长江沿岸的宣州的地理位置。关于宣歙的经济状况及相关研究成果，可参穆溯于2017年完成的硕士学位论文《唐代宣歙镇研究》第三章，可参看。

三，河中、邠宁由李怀光统领，灵州由常谦光统领，单于、振武由浑瑊统领①。平定李怀光之叛，使朔方一分为三成为定局，贞元元年（785）八月，“浑瑊镇河中，尽得李怀光之众，朔方军自是分居邠、蒲矣”，胡注：“自郭子仪以来，朔方军亦分屯邠、蒲而统于一帅。今居邠者韩游瓌帅之，居蒲者浑瑊帅之，不相统属，故史言其始分。”②

兴元大赦，标志着德宗朝的藩镇政策改弦更张。随后的贞元年间，朝廷对藩镇以政治控制为主要手段，以维持稳定为首要目标，以致为旧史目为“姑息”（详下节）。尽管如此，仍不时有兵变发生。即使像泽潞对朝廷表现忠诚的方镇，也难免会发生。以下，我们即以《通鉴》为纲，略作梳理。

贞元十年（790）泽潞李抱真卒，其子匿丧欲继袭，朝廷倚靠步军都虞候王延贵（后赐名虔休），挫败了继袭的企图。

贞元八年三月，刘玄佐卒，四月朝廷拟以陕虢观察使吴凑继任；军将兵变，拥立玄佐之子士宁继袭；九年十二月，军将又逐刘士宁，拥立李万荣；十年四月，兵变，欲逐万荣，但为万荣所镇压。十一年七月李万荣死，其子李迺欲继袭，为军将邓惟恭执送京师；朝廷得以任命董晋继任，并任命陆长源为行军司马。十五年二月董晋卒，陆长源继任，兵变，拥立宋州刺史刘逸准（后赐名全谅）继任；当年全谅病故，军将拥立刘玄佐外甥、都知兵马使韩弘继任，直到元和十四年八月入朝。

---

① 《通鉴》卷二二五，7259页。参陆贽《论缘边守备事宜状》：“分朔方之地，建牙拥节者，凡三使焉”，《陆贽集》卷一九，620—621页。《通鉴》卷二三四将陆贽此状系于贞元九年五月，7545页。

② 《通鉴》卷二三二，7466—7467页。陆贽贞元八年上《论缘边守备事宜状》，也说“自顷逆泚诱泾原之众叛，怀光污朔方之军，割裂诛除锄，所余无几。而又分朔方之地，建牙拥节者，凡三使焉”，《陆贽集》卷一九，620—621页。

陈许在易帅之际，也发生了动荡，但局势并未失控。贞元十五年八月陈许曲环卒，以陈州刺史上官涚继任[①]。但在吴少诚围许州，都知兵马使安国宁与上官不叶，谋翻城应少诚，为营田副使刘昌裔以计斩之(7583—7584页)。十九年六月上官涚卒，其婿田偁欲胁其子袭军政，牙将王沛亦涚之婿，告监军范日用，讨擒之。乙未以陈许行军司马刘昌裔为节度使(7601—7602页)[②]。

与陈许相比，徐泗濠的动荡就要剧烈一些。贞元十六年五月，张建封卒，"病笃，请除代人。辛亥，以苏州刺史韦夏卿为徐、泗、濠行军司马。敕下，建封已薨"，虽然知留后的徐州判官郑通诚极为配合，并积极利用经过的浙西兵为援，但终于还是未能控制住局势，军将数千人"围牙城，劫建封子前虢州参军愔令知军事，杀通诚及大将段伯熊等数人，械系监军"(7588—7589页)。六月，以张愔为徐州团练使(7590页)，九月以张愔为徐州留后(7592页)。但张愔只能有效控制徐州，泗州、濠州则脱离了张愔的控制——泗刺张伾出兵攻埇桥，大败；濠刺杜兼在张建封病重时曾赴徐州，阴图代之，未果而返。濠泗二州划归淮南(7590页)。顺宗永贞元年(805)，赐徐州军额曰武宁军(7612页)；宪宗元和元年(806)十一月，张愔疾，上表请代，朝廷命东都留守王绍继任，并将泗、濠二州复隶武宁军，"徐军喜得二州，不敢为乱，而(张)愔遂赴京师，未出界卒"[③]。徐州重新为朝廷完全控制——濠、泗的脱离[④]，使实

① 《唐方镇年表》引《旧唐书·本纪》，上官涚为陈许兵马使(245页)。

② 刘昌裔为陈州刺史，见《通鉴》，7591页。

③ 《旧唐书》卷一四〇《张愔传》，3833页；参《通鉴》卷二三七，元和元年十一月，7638页。

④ 关于濠泗等州的隶属变化，可参黄乐君于2024年完成的硕士学位论文《唐代淮南道政治地理研究》第三章。

际发生动荡的，仅限于徐州一地；这也是张愔病，即上表请代，朝廷任命的王绍能顺利实现交接的根本原因。

宣武、陈许、徐泗濠的动荡，充分显示了朝廷对中原拥兵藩镇控制的"力不从心"，也更能说明建中用兵失败后，朝廷控制藩镇政策改变之不得已。

就地域而言，存在兵变等不稳定因素，以及对中央跋扈乃至公然起兵对抗的藩镇，主要是：(一) 京西北，以泾州为中心(主要是四镇北庭行营、无地著之安的"客军")；(二) 运河一线，以汴、宋、徐州为中心；(三) 江淮，大致在汉水—大别山以北一线，以荆襄、淮蔡为中心。而长江下游，在江淮动荡、漕运切断后，对中央也开始表现出了游离；动荡的范围由河南而扩大到了淮南。这也正是宪宗即位后，史称其"重于用兵"的原因。

德宗贞元年间，朝廷与淮西始终互相敌视。仍以《通鉴》为经，略述其史事如下。

贞元二年(786)四月，陈仙奇鸩杀李希烈，举众降，以仙奇为淮西节度(7468—7469 页)；七月吴少诚杀陈仙奇，自为留后。贞元后期，吴少诚开始公开挑衅朝廷。十三年十月，开刀沟入汝(7578 页)；十四年九月，吴少诚遣兵掠寿州霍山，侵地五十余里，置兵镇守(7581 页)。十五年八月，更是趁陈许节度使曲环卒，派人到汴宋，欲与刘全谅瓜分陈许；九月围许州[①]。在这种情况下，朝廷下令削夺吴少诚官爵，命诸道

① 其时宣武刘全谅卒，都知兵马使韩弘继任，《通鉴》卷三三五，贞元十五年九月："先是，少诚与刘全谅约共攻陈许，以陈州归宣武。使者数辈犹在馆，(韩)弘悉驱出斩之；选卒三千，会诸军击少诚于许下。少诚由是失势。"(7584 页，"九月"原脱，据吴玉贵《〈资治通鉴〉疑年录》的考订补，283 页)。参《旧唐书》卷一五六《韩弘传》，4134 页。

进兵讨之。动员的方镇有山南东道、安黄、宣武，以及恒冀、易定、陈许、河阳等[①]。官军屡战不利，最终以十六年十月吴少诚领兵还蔡、朝廷赦之的方式结束了战事。

贞元二十一年(805)德宗死。时朝廷告哀使尚未至诸道，义成(郑滑)节度使李元素已得到邸报，于是将此消息派人告诉了邻镇淄青李师古；李师古借口李元素造谣假传遗诏，“发兵屯曹州，且告假道于汴”，目的是要“欲乘国丧侵噬邻境”。但在宣武韩弘的抵制下，师古罢兵。“元素请自贬，朝廷两慰解之”[②]——朝廷并没有把这起事件视作对朝廷的跋扈或不敬，而是当成邻镇之间的纠纷来处置的。类似的处置，贞元年间也发生过。如易定张孝忠兵出蔚州“驱略人畜”[③]，如成德王武俊与淄青李纳对棣州以及蛤蜈、三汊城的争夺[④]，等等。这无疑有

---

① 参《通鉴》卷二三五，贞元十五年十月，7584 页；贞元十六年正月，7586 页。《旧唐书》卷一四五《吴少诚传》，贞元十六年正月韩全义为淮蔡招讨处置使，“北路行营诸军将士并取全义指挥”(3946 页)，则分为南北两面进军，各有主持者。权德舆《孙荣义神道碑》称其“取桂岭、湘川之众，益汉阳、夏口之镇……收应山、援安陆”，负责的正是南线的作战，《权德舆诗文集》卷一八，286 页。

② 《通鉴》卷二三六，永贞元年正月，7608—7609 页。

③ 《通鉴》卷二三三，贞元五年十月，7519 页。《旧唐书》卷一四一《张孝忠传》，“为将佐所惑，以兵入蔚州”，3857 页。

④ 在棣州的问题上，朝廷扮演的也是调停和仲裁的角色。《通鉴》卷二三三，贞元六年二月，“初，朱滔败于贝州，其棣州刺史赵镐以州降于王武俊，既而得罪武俊，召之不至”，在魏博田绪的支持下，赵镐以棣州降于淄青李纳(7520—7521 页)。五月，王武俊攻田绪贝州四县。十一月，“上屡诏李纳以棣州归王武俊，(李)纳百方迁延，请以海州易之于朝廷；上不许。乃请诏武俊先归田绪四县；上从之。十二月，纳始以棣州归武俊”(7522 页)。关于此事之原委，详参冯金忠、张帅《新出王士良墓志所见贞元年间唐廷、成德与淄青之间的三角博弈》(2024)。按，文章第三节，强调了唐廷在其中的作用(称为“三方博弈”)，“这一系列争端的最终解决，主要仰赖于唐廷的参与和调停”(336 页，另 338 页)；“余论”说“旨在保证中央利益的最大化……限制、平衡河北藩镇及其周边奉行‘河朔故事’的藩镇势力；同样这些藩镇也需要中央对其诉求的认可(转下页)

效减缓了这些事变可能对朝廷产生的政治冲击，降低了冲突可能的进一步升级，避免了动荡，稳定了局面。这在时人眼中或旧史记载中当然会被视作朝廷对方镇姑息的表现和案例。与出兵淮西无果而终相比，能通过这样的处置而避免动荡，虽属不得已，却也不失高明。

（三）元和中兴：宪宗平定淮西、肢解淄青

贞元二十一年（805）正月癸巳，德宗崩，丙申顺宗即位。八月顺宗传位于太子，改元永贞（805）。乙巳（初九）宪宗即帝位。我们仍据《通鉴》的记载，来大致梳理一下宪宗即位后的举措以及他所面临的政治问题。

宪宗即位当月辛酉（廿五日）即"遣度支、盐铁转运副使潘孟阳宣慰江淮，行视租赋、榷税利害，因察官吏否臧，百姓疾苦"（7621页）。这是他即位后主动采取的行动。泾师之变后，德宗亦曾遣使宣慰江淮。可见保持江淮的向心力和稳定，在朝廷心目中的地位。而此前不久发生的西川节度使韦皋之死，则是他不得不立刻处置之事。

他即位不到十天的癸丑（十七）日，剑南西川节度使韦皋卒，支度副使刘辟自为留后，使诸将表求节钺。宪宗没有答应刘辟的要求，已

（接上页）或是默认"（338—339页），等等。秦中亮《地域空间与政治博弈》（2022）也有类似的表述，强调的是德宗的策略云（47页）。这恐怕是夸大了朝廷的力量。实际上，这对当时的藩镇格局没有产生实质影响，朝廷也没有具体的"得"（谈不上"博弈"）；就对河朔的政治影响和控制力而言，也没有发生实质变化（谈不上能"限制"）。朝廷的调停是"表"是"面"，"里"或实质，还是魏博、成德、淄青三镇之间的相互妥协；充其量，他们只是利用朝廷的调停，"就坡下驴"，实现这一妥协（朝廷实无力"平衡"之）。又，《通鉴》卷二三四，贞元八年十一月，"是月，（王武俊）引兵屯德、棣，将取蛤蜍及三汊城；（李）师古遣赵镐将兵拒之。上遣中使谕止之，武俊乃还"，7538页。

未(廿三)任命袁滋为剑南东西川、山南西道安抚大使(7621页)。十月正式任命袁滋以中书侍郎同平章事的身份为西川节度使,征刘闢回朝任给事中(7622页)。十一月刘闢不受征,袁滋惧祸不进、被贬为吉州刺史(7623页)。十二月以刘闢为西川节度副使知节度使事(7623页)。经过一番周折,朝廷最后还是正式承认了刘闢对西川的控制。

刘闢既得节钺,又得寸进尺,求领三川,为朝廷所拒后,于次年(元和元年,806)正月出兵围东川节度使李康于梓州(7626页),不久即攻陷(7627页)。朝廷决定出兵征讨。戊子(廿三)命左神策行营节度使高崇文将步骑五千为前军,神策京西行营兵马使李元奕将步骑二千为次军,与山南西道严砺一同讨刘闢(7626页)。甲午(廿九)崇文出斜谷,李元奕出骆谷,同趣梓州(7627页)。二月,严砺拔剑州,斩其刺史文德昭(7627页)。三月丙子(十二)严砺奏克梓州,丁丑(十三)下制削夺刘闢官爵(7629页)。九月辛亥(廿一)克成都①。用兵为时八个月,动用的兵力,除高崇文、李奕京西神策行营外,就是山南西道严砺、河东将阿跌光颜(7635页)。十月制割资简陵荣昌泸六州隶东川(7637页),平衡东西川的实力。

在这期间,即是年三月,夏绥留后杨惠琳在公开拒绝朝廷任命的节度使李演后,河东节度使严绶表请讨之,于是调动河东和天德军,出兵攻讨。很快,夏州兵马使张承金斩杨惠琳,传首京师②。

---

① 平定刘闢的详细过程,可参陆扬《西川和浙西事件与元和政治格局的形成》(2002)、《从新出墓志再论9世纪初剑南西川刘闢事件》(2011)及《9世纪唐朝政治中的宦官领袖——以梁守谦和刘弘规为例》(2010)关于刘弘规的叙述(在朝廷用兵西川时,刘任神策军行营的监军),修订后均收入其《清流文化与唐帝国》(2016)。

② 永贞元年(805)八月韩全义入朝,以其甥杨惠琳知留后事,十月朝廷命右骁卫将军李演继任(详见《唐方镇年表》卷一"夏绥"所引《通鉴》及《旧唐书·宪宗(转下页)

这两起事件，几乎同时发生。史称朝廷重于用兵，是在杜黄裳、韦丹的坚持下，朝廷方决定出兵。《旧唐书》卷一四七《杜黄裳传》：

寻拜同章事。邠州节度使韩全义曾居讨伐之任，无功，黄裳奏罢之。刘闢作乱，议者以剑南险固，不宜生事；唯黄裳坚请讨除。又奏请不以中官为监军，只委高崇文为使。黄裳自经营伐蜀，以至成功，指授崇文，无不悬合。（3973—3974 页）

《新唐书》卷一九七《韦丹传》：

刘闢反，议者欲释不诛，丹上疏，以为"孝文世，法废人慢，当济以威，今不诛闢，则可使者唯两京耳"。宪宗褒美。会闢围梓州，乃授丹剑南东川节度使，代李康。至汉中，上言康守方尽力，不可易。召还议蜀事。（5629—5630 页）①

《旧唐书》卷一四八《李吉甫传》：

宪宗嗣位，征拜考功郎中、知制诰。既至阙下，旋入召入翰林

（接上页）本纪》，111 页），杨惠琳勒兵拒守，"河东节度使严绶表请讨之，诏河东、天德军合击惠琳"；元和元年（806）三月辛巳夏州兵马使张承金斩惠琳，传首京师（《通鉴》卷二三七，7629 页）。

① 《通鉴》卷二三六，永贞元年十二月，"以给事中刘闢为西川节度副使、知节度使。上以初嗣位，力未能讨故也。右谏议大夫韦丹上疏，以为：'今释闢不诛，则朝廷可以指臂而使者，惟两京耳。此外谁不为叛！'上善其言。壬子，以丹为东川节度使"，7623—7624 页。

> 为学士，转中书舍人，赐紫。……刘闢反，帝命诛讨之，计未决，吉甫密赞其谋，兼请广征江淮之师，由三峡路入，以分蜀寇之力。事皆允从，由是甚见亲信。(3993 页)[①]

鉴于代宗，特别是德宗即位之初用兵失败的前车之鉴，宪宗重于用兵，是可以理解的。能下用兵的决心，也着实不易——夏绥杨惠琳之拒命，朝廷始终未予同意，这固然显示出夏绥与西川实力的差别，但刘闢继袭西川，朝廷不许，命袁滋继任，未果，即予承认。如果刘闢不进一步围攻东川梓州，朝廷大概也不会出兵攻讨。元和元年(806)正月已出兵，但到三月严砺奏收复东川梓州后，朝廷才下诏，罢刘闢官爵，称“元臣丧亡，刘闢乘此变故，坐邀符节。朕以枉成命者，虽乖于理体，从权便者，所冀于辑宁。竟违卿士之谋，遂允侥求之志。朕之于闢，恩亦弘矣”[②]，不得已之情，跃然纸上。剑南在安史之乱以后，虽然出现了像崔宁、韦皋长期任职的现象，但基本没有出现过针对朝廷的跋扈军将或事例。对朝廷来说，剑南始终没有出现所谓控制的问题——高崇文平定刘闢，留任西川节度使；不久，他即要求离任，称“崇文，河朔一卒，幸有功，致位至此。西川乃宰相回翔之地，崇文叨居日久，岂敢自安！”云，而继任者正是宰相门下侍郎、同平章事武元

---

① 事实上并没有广征江淮之兵由峡入川。《通鉴》载，所发兵是神策行营、山南西道(7626 页)；参《旧唐书》卷一四《宪宗纪上》，元和元年正月戊子制：“宜令兴元严砺、东川李康犄角应接，神策行军节度使高崇文、神策兵马使李元奕率步骑之师，与东川、兴元之师类会进讨。”(415 页)

② 《唐大诏令集》卷一一八《诏谕剑南诸州诏》，622 页。《旧唐书》卷一四，元和元年三月“丙子，严砺奏收梓州。丁丑，制削夺刘闢在身官爵”，416 页。参《通鉴》卷二三七，7629 页；《旧唐书》卷一四〇《刘闢传》，3827 页。

衡①。高崇文平定刘闢，“韦皋参佐房式、韦乾度、独孤密、符载、郗士美、段文昌等素服麻屦，衔土请罪；崇文皆释而礼之，草表荐式等，厚赆而遣之”；十月“房式等未至京师，皆除省寺官”，胡注“史言宪宗急于收拾人才以安反侧”②。但平定夏绥，继任者李演即对相关人员施行了高压追究③。

因此，将用兵西川、平定刘辟，视作宪宗朝扭转德宗朝的姑息，是“由果推因”，是据宪宗日后平定淮西、淄青而追溯其始的言过其实的叙述。随之而发生对镇海李锜的平定，也属此类。《旧唐书》卷一一二《李锜传》：

> 以父荫，贞元中累至湖、杭二州刺史。多以宝货赂李齐运，由是迁润州刺史兼盐铁使，持积财进奉，以结恩泽，德宗甚宠之。锜恃恩骄恣，有浙西人布衣崔善贞诣阙上封，论锜罪状，而德宗械送赐锜，锜遂坑杀善贞，天下切齿。乃增置兵额，选善弓矢者聚之一营，名曰“挽硬随身”，以胡奚杂类虬须者为一将，名曰“蕃落健儿”。德宗复于润州置镇海军，以锜为节度使，罢其盐铁使务。锜虽罢其利权，且得节度，反状未发。（3341 页）

① 《通鉴》卷二三七，元和二年十月，“高崇文在蜀期年，一旦谓监军曰”云云，7641 页。参《旧唐书》卷一五一《高崇文传》“崇文不通文字，厌大府案牍咨禀之繁，且以优富之地，无所陈力，乞居塞上以捍边戍，恳疏累上”云云，4053 页。

② 《通鉴》卷二三七，元和元年九月、十月，7636、7637 页。

③ 沈下贤《夏平》（《沈下贤文集》卷三），平定杨惠琳后，继任者李演“尽杀其属将，曲直者无别，罪并俘其家娣弟妻子”；后李愿继任，“察民意不得平”，才作了一些更正，称“天子愍不辜，久而命四方为政执事观察之。夫杨惠琳叛，胁其良人，良人以骨肉妻子故，不能得止，又不能即死。制在人。今则以罪戮之矣，其娣妻子当免者，不宜复蓄污”。

“反状未发”，何以知其以后必反呢？这是在他身后作传，“以后推前”，作诛心之论。“挽硬随身”“蕃落健儿”，应是他润州刺史兼盐铁使时所置，或许是鉴于泾师之变、德宗被迫逃出长安，李希烈威胁江淮，租庸使包佶的钱帛为淮南陈少游、浙西韩滉所夺之事，朝廷特意加强盐铁使的武力，以保障征收的财赋能顺利输往中央。德宗将诣阙上封事的崔善贞交给李锜处置，李锜竟然坑杀之，似乎表明了德宗对李锜“甚宠之”并非虚语，但参以《通鉴》的记载，才知还有另外一面。贞元十五年(799)二月为盐铁使，“李锜既执天下利权，以贡献固主恩，以馈遗结权贵，恃此骄纵，无所忌惮……浙西布衣崔善贞诣阙上封事，言宫市、进奉及盐铁之弊，因言锜不法事。上览之，不悦，命械送锜。锜闻其将至，先凿阬于道旁，(六月)己亥，善贞至，并锁械内坑中，生瘗之。远近闻之，不寒而栗”[①]。原来崔善贞上封事，主要谈的是宫市、进奉，指责的是德宗，而不仅仅是“论锜罪状”；李锜之坑杀善贞，可以说是替德宗出气，德宗可谓“借刀杀人”。

有了前两次用兵的成功，特别是平定西川刘辟，增加了宪宗处理镇海李锜请求入朝、旋即反悔拖延一事的底气和信心。《旧唐书》卷一一二《李锜传》：“宪宗即位已二年，诸道倔强者入朝，而锜不自安，亦请入朝，乃拜锜左仆射。”(3341页)《通鉴》卷二三七，元和二年九月：“夏蜀既平，藩镇惕息，多求入朝。镇海节度使李锜亦不自安，求入朝，上许之，遣中使至京口慰抚，且劳其将士……锜上表称疾，请至岁暮入朝。

① 《通鉴》卷二三六，7596—7597页。《唐会要》卷八七“转运盐铁总叙”，元和二年以李巽代李锜为盐铁转运使，“先是，李锜判使，天下榷酤漕运，由其操割，专事贡献，牢其宠渥。中朝秉事者悉以利交，盐铁之利，积于私室而国用日耗”，1887页；参《旧唐书》卷四九《食货志》，2119页。

上以问宰相，武元衡曰：'陛下初即政，锜求朝得朝，求止得止，可否在锜，将何以令四海！'上以为然，下诏征之。锜诈穷，遂谋反。"(7640页)

据《通鉴》，十月己未（初五）诏征李锜为左仆射，庚申（初六）李锜上表称军变，杀留后、大将；乙丑（十一日）制削李锜官爵及属籍，命淮南节度使王锷都统诸道兵为招讨处置使，征宣武、义〔武〕宁、武昌、宣歙、江西、浙东兵以讨之①。癸酉（十九日），本军上报朝廷，已擒李锜（为兵马使、牙将所擒）。十多天即予平定②。这与平定杨惠琳的情形几乎相同，都是朝廷公开宣示出兵征讨后，藩镇内部即出现摇动，并起兵自行解决。这也说明，像夏绥、镇海这一类藩镇，本不属于对朝廷跋扈的方镇，其内部的人员构成也不完全是河朔藩镇那样的结构，即使像李锜组织了"挽硬随身""蕃落健儿"，也未能从整体上改变这样的结构③。

夏绥杨惠琳之为留后、继而欲抗命继袭，是因夏绥前任节度使是他的舅父韩全义，而韩全义"出自行间，少从禁军"，与神策中尉窦文场等宦官关系极为密切，贞元十三年(797)出任夏绥节帅，十五年，受命统兵征讨吴少诚，"德宗以文场素待全义，乃用为蔡州四面行营招讨

---

① 《唐大诏令集》卷一一九《讨李锜诏》，629页；参《册府元龟》卷一二二，1463页。

② 李锜旋起旋灭，朝廷命时任淮南节度使王锷为招讨处置使，统诸道兵，但《旧唐书》卷一五一《王锷传》无一语及此事，诸道未及出兵，李锜已被执事平。参《册府元龟》卷三七四"张奉国(子良)"条，4449页；元稹所作《张奉国碑》，《元稹集校注》卷五二，1303—1304页。平叛过程，可参李碧妍《危机与重构》(2015)第四章第四节。

③ 李碧妍《危机与重构》(2015)第四章第四节，有两小节专门谈李锜时的镇海的军队构成，主要围绕左厢兵马使张子良(奉国)经历，作了分析与推测，如所率徐州兵(含家属，共二万人)是镇海军中最重要的力量；称"张子良的兵马使之职，则是由中央任命""这部分军队，李锜显然是不能直接调动的"，颇有趣，可参看，495—511页；引语分见508、511页。

使”，十六年大败于溵水，十七年无功班师，“中人掩其败迹，上待之如初。全义武臣，不达朝仪，托以足疾，不任谒见。全义司马崔放入对，德宗劳问，放引过，言招抚无功。德宗曰：‘全义为招讨使，招得吴少诚归国，其功大矣。何必杀人乃为功耶！’旋命还镇，令中使就第赐宴，锡赉甚厚。自还至辞，都不谒见而去。议者以隳败法制，从古已还，未如贞元之甚。宪宗在藩，常恶其事。及即位，全义惧，求入觐，诏以太子太保致仕。其年七月卒”①。这些记载无论是不是有“书写”的成分，都可以表明韩全义是深受德宗信任的人。他离镇时，命其甥杨惠琳为留后；此后，朝廷任命李演为节度使，杨惠琳抗命，拒绝李演接任。如果仍是德宗，未必不许杨惠琳继任，即使不许杨惠琳即任，杨也未必就要公然与朝廷对抗。杨惠琳、李锜之事，都反映了“一朝天子一朝臣”——皇帝变了，原来宠信之臣变得不再受宠信了，这才有了所谓谋反、抗命等举动。这样的举动，不能完全定性为藩镇的跋扈、失控；或者说，这些藩镇并不真的存在或出现了所谓控制的问题。

陆扬对宪宗元和初年平定西川刘辟和镇海李锜给予了很高的评价：

> 宪宗对西川和浙西两大危机的妥善处理是其政治权威得以确立的基础。宪宗所成就的并不仅仅是以军事等方式来压制藩镇，而且也改变了安史之乱之后，特别是德宗以来的政治游戏规则，并迫使藩镇接受其新规则。也就是说从这一刻起，评判一个藩镇效忠朝廷与否的标准……是以是否能无条件地接受朝廷所

① 《旧唐书》卷一六二《韩全义传》，4247—4249页。《通鉴》卷二三六，系其入觐于八月辛卯（7620页），但此月无辛卯，吴玉贵《〈资治通鉴〉疑年录》疑此条及上一条“壬午春义节度使伊慎入朝”有窜乱（285—286页）。按，此两条，似应系于七月。

> 直接指定的人选为标准……这一标准从此几乎成为唐廷和藩镇关系的基本前提，而且基本维持到唐末黄巢之乱前为止，这才是元和中兴的首要贡献。[①]

认为“在宪宗当政之初，其政策变化之迅速，可以说是大大出乎许多藩镇的预料的。刘闢和李锜就在这一急剧转变的过程中多多少少成了‘牺牲品’”[②]。言外之意，如果刘闢、李锜能及时、敏锐地感知宪宗政策的变化，恭顺归朝，就不会受到武力征讨，并落得这样的下场了。

但是，宪宗的政治权威是以顺利平定刘闢、李锜方才建立的；如果没有这样的征讨，藩镇如何感知政策的变化呢？从这个意义上，刘闢、李锜成为“牺牲品”，并不是因为他们没有“预料”，实在是无可预料。

---

① 陆扬《西川和浙西事件与元和政治格局的形成》(2002)“结语”，《清流文化与唐帝国》，54—55页。卢向前《卢从史出兵山东与唐宪宗用兵河朔三镇之关系》(2007)，也称“宪宗即位，即注意纠正德宗以来‘因循’之政策，欲‘稍以法度整肃诸侯’。其表现之一，就是对于新的节度使的任命要由朝廷作主了”；平定刘闢和杨惠琳，“此二事例可见从唐德宗到唐宪宗，对于藩镇的政策有了一个根本性的转变”云(341—342页)。但又说“宪宗又是矛盾的，在他周围，既有主战者，也有反战者，他的态度是左右摇摆的”，所举之例即元和元年李师古之继袭，“看起来，宪宗的‘整肃’诸侯也是视对象而言的”(344页)。按，如果宪宗的态度是摇摆的，是视对象而定的，那就谈不上“对于藩镇的政策有了一个根本性的转变”了。有关唐宪宗与藩镇的关系，参彼得森(Charles Peterson)：Emperor Hsien—tsien and the Provinces(《中兴的完成——论唐宪宗和藩镇之关系》，1973；相关介绍参陆扬《西方唐史研究概观》，《北美中国学》，88页)；崔瑞德编《剑桥中国隋唐史》(1979)第八章(彼得森撰)之“宪宗与藩镇问题”节，称“宪宗顽强地坚持他的基本目标，即恢复对搞自治的藩镇的控制，并要使所有藩镇当局完全听命于中央的指令”(522页)。

② 陆扬《西川和浙西事件与元和政治格局的形成》(2022)“结语”，《清流文化与唐帝国》55页。该文起首，说“藩镇本身不断根据他们所理解的政治行为模式来决定其应对朝廷的方针，并调整和朝廷的关系……当朝廷决心建立政治价值观和运作规则时，藩镇并不一定能立刻了解这种变化的含义和强度”，19—20页。

应该说，正是有了二人之"牺牲"，才使宪宗建立起了"政治权威"。其次，刘闢是在已得到朝廷承认其为西川节度使后，出兵攻讨东川，这才引起了朝廷的出兵；如果他不攻打东川，也许就没有朝廷用兵之举了。陆扬也正是这样判断的："在当时复杂的背景下，是否能立即拒绝刘闢的要求并不仅仅是从朝廷实际能力来考虑的……宪宗也必须考虑他登基之后，是否能下决心和代、德以来的朝廷与地方的政治游戏规则决裂……所以采取一种强硬的立场则会对其他藩镇的继承问题有连锁的效应。这在舆论上是不得不考虑的。所以如果不是因其大举出兵东川，占领梓州，刘闢在西川的地位很可能是得到巩固的。"①——刘闢如果不进攻东川、朝廷即不出兵，那么，宪宗该如何建立其政治权威呢？

陆扬认为"宪宗是个性强而极有主见的君主，他从一开始就有重新建立新政治规范的意愿。也就是对节度使的任命必须有绝对控制权"②。这恐怕略嫌夸大了。我想，宪宗的政治权威，是随着他战战兢兢地几次用兵并屡屡得胜而一步步建立起来的；朝廷要绝对掌握节度

---

① 陆扬《西川和浙西事件与元和政治格局的形成》(2002)，《清流文化与唐帝国》，35页。

② 陆扬《西川和浙西事件与元和政治格局的形成》(2002)，《清流文化与唐帝国》，35页。王寿南《唐代藩镇与中央关系之研究》(1969)第八章第一节"二、宪宗时中央对藩镇之强硬政策"，称"宪宗本人绝无姑息藩镇之思想……在位期间对藩镇采取强硬政策，凡抗命之藩镇，中央不惜以兵力讨伐"，"宪宗对藩镇之强硬政策，用兵征讨，何以不致重演建中之悲剧，主要不能不归功于元和朝数位主持征讨大局的宰相所具卓越之才能"云(374页)。曾代伟《元和削平藩镇淮西述论》(1983)称"两税法颁行二十余年，朝廷的赋税岁入逐年增多……政府军已达八十三万人，武力统一的条件已经具备。是时，著名的政治家杜黄裳、李吉甫、李绛、武元衡、裴度相继辅政，在他们的襄助下，宪宗改变了德宗对藩镇的姑息态度，转而采取武力削藩的强硬方针。以是在元和年间，基本上消除了藩镇割据势力的祸患，恢复了唐王朝一统天下的局面"(82页)。

使的任命权这一“新政治规范的意愿”，也是在这个过程中逐渐清晰并努力加以坚持的。

但是，意愿是一回事，能否以及如何实现这一意愿，又是另一回事。这首先取决于双方力量的对比。比如，对河朔藩镇，就不可能做到。我们仍据《通鉴》来梳理一下相关的史事，并作些讨论。

永贞元年（805）七月横海军节度使程怀信死，以其子副使程执恭为留后（7618页）；次年（元和元年）五月，正式任命程执恭为节度使（7233页）。这仍旧是父死子继。如果横海的继任问题还兼跨宪宗即位前和即位后，对淄青李师古死、李师道继袭，以及对淮西吴少诚死、吴少阳继任的处置，则说明宪宗的这一“意愿”无法实现、这一“标准”无法实施。

元和元年（806）闰六月李师古卒，判官高沐、李公度秘不发丧，迎师道于密州，奉以为节度使副使（7634页）。杜黄裳请乘其未定而分之，但宪宗以刘闢未平，八月己巳（初九）承认师道为平卢留后知郓州事（7635页），十月壬申（十三）正式任命平卢留后李师道为节度使（7637页）；而在此之前的九月廿一日高崇文即平定了刘闢。

元和四年三月，成德王士真死，其子副大使王承宗自为留后。宪宗“欲革河北诸镇世袭之弊，乘王士真死，欲自朝廷除人”（7657页）。宰相裴垍曰：“李纳跋扈不恭，王武俊有功于国，陛下前许师道，今夺承宗，沮劝违理，彼必不服。”（7659页）[①]不久之后，七月，淮西吴少诚病甚，李绛上《论镇州淮西事宜》：

臣等前后陈奏，缕尽利害机宜，伏冀圣思，备赐详览。今闻少

① 参《旧唐书》卷一四八《裴垍传》，3991页。

> 诚病甚，计必不起，则淮西事势与河北不同，须别除人，今正得其便，何者？淮西不与诸贼临接，四面尽是国家镇兵，势力孤危，援助悬绝，重立赏罚，必易指麾。若万一不从，则可议征伐。镇兵足用，事力自丰，臣所以愿舍镇冀难致之谋，就申蔡易成之计。①

强调淮西事体与河北不同，朝廷命帅，今正其时(7664页)。十一月吴少诚薨，少阳自为留后(7668页)。次年三月，宪宗以河北用兵，不能讨吴少阳，故以少阳为淮西留后(7672页)。

即使是非河朔藩镇，宪宗制定的这一标准，也没有“基本维持到唐末黄巢之乱前为止”。宪宗死后不久，穆宗长庆二年(822)，时任武宁(徐州)节度副使的王智兴即驱逐了节度使崔群，继任节帅；宝历元年(825)泽潞节度使刘悟死，其子刘从谏继袭。

宪宗确实也试图改变德宗对藩镇实行的柔性控制的方略，对藩镇控制采取了更为积极的态度，努力加强对藩镇的控制程度，比如陆续对一些重要藩镇的节度使进行了调换或轮任，以《通鉴》记载为例，元和元年(806)正月，以鄂岳观察使韩皋为奉义节度使，以奉义留后伊宥为安州刺史兼安州留后(7625页)；十一月，武宁节度使张愔以疾求请代，任命东都留守王绍代之(7638页)。二年正月以宰相杜黄裳出任河中、晋绛慈隰节度使(7639页)；四月以范希朝为朔方、灵盐节度使(7639页)；十月丁卯(十三日，即制削李锜官爵的第三天)，宰相武元衡充西川节度使，接替平定刘闢而任节度使的高崇文(7641页)。四年三月以凤

① 《李相国论事集》卷四。《全唐文》卷六四六收有李绛《论河北三镇及淮西事宜状》，所言较此为详细。

翔节度使李鄘为河东节度使，代替任职九年的严绶(7656—7657 页)，等等。节帅的选任、任期和更迭，朝廷都更加主动，也力图使之制度化。如果说德宗贞元年间对藩镇的控制表现得更为柔性，宪宗元和年间则更为强硬或刚性并力图展现朝廷的权威。我想，这样的表述也许更符合当时的政治格局和历史事实[①]。

武力解决西川刘闢和镇海李锜，大大提振了朝廷对控制藩镇的信心，强化了朝廷的威慑力。在事涉用兵藩镇特别是涉及河北时，几乎都要提到平定刘闢和李锜。如元和四年(809)三月成德王士真死，其子承宗继袭，宪宗想借机改变"河朔故事"，不许其世袭，问翰林学士应如何处置；李绛上状，称"镇州事势，与刘闢、李锜不同"[②]，《通鉴》引用此状，改写作："群臣见陛下西取蜀、东取吴，易于反掌，故谄谀躁竞之人，争献策画，劝开河北。"[③]四月泽潞节度使卢从史遭父丧，权德舆上奏，主张朝廷不应起复卢从史，从而改变卢从史的"久任"，其中谈到了当时的藩镇形势：

自陛下圣泽亭育，天威震曜，吴蜀底定，人神洽和。三四年间，

---

① 秦中亮、陈勇《从两次兴兵成德看元和政治规范的形成》(2016)"一、刘闢与李锜相同命运的差异性解读"，认为"元和初年宪宗的藩镇政策，体现出了一体两面的特质，既有强硬的整肃诸侯的一面，也有优容绥靖的一面"(127 页)，这与上引卢向前《卢从史出兵山东与唐宪宗用兵河朔三镇之关系》(2007)所称宪宗对藩镇态度的左右摇摆可互见。

② 《李相国论事集》卷三《又上镇州事》，20 页。

③ 《通鉴》卷二三八，元和四年七月，7663 页。冶艳杰《李相国论事集校注》视此为李绛佚文(272 页)，但我们将此状与《又上镇州事》相校，大致相同，故疑为同一状；其中不同之处，是司马光的改写。

> 易置节将，出入中外者，凡数十辈；执介圭不俟驾者，相望于道涂。①

白居易于五年六月十五日上《请罢恒州兵马事宜(请罢兵第三状)》：

> 臣伏料陛下去年初锐意用兵之时，必谓讨承宗如讨刘闢、李锜，兵合之后，坐见诛擒。②

杜牧也将平定刘闢和李锜视作朝廷控制藩镇的标志性事件。在《韦丹遗爱碑》中说："臣伏念天宝、建中艰难之际，根于河北，枝蔓于齐、鲁、梁、蔡。闢为章句书生以蜀叛，锜为宗室老以吴叛。其他高下其目，跂而欲飞者，往往皆是。"③

如果"以后推前"——几年以后，宪宗最终结束了淮西、淄青的半独立状态——我们便据此认为宪宗在即位之初，即一反德宗贞元之政，要从政策层面④提高对藩镇"控制"的标准和门槛，这恐怕是夸大其辞了。史书把宪宗即位不久的这三次用兵藩镇，叙述成宪宗着意扭转德宗对藩镇的一味姑息，认为代宗、德宗对藩镇一味姑息，造成了所谓的藩镇问题；宪宗平定淮西、肢解淄青，才彻底解决了藩镇问题。这是

---

① 权德舆《昭义军事宜状》，《权德舆诗文集》卷四七，752页。

② 《白居易集校笺》卷五九，3369页。《通鉴》卷二三八，元和五年六月引此奏，仅"臣比请罢兵，今之事势，又不如前，不知陛下复何所待"句，7667页。

③ 《樊川文集》卷七，《杜牧集系年校注》，693页，系于大中三年春。

④ 对宪宗平藩的成功经验的总结，文章甚多，最近发表的一篇是秦中亮《唐宪宗平藩政策再探》(2022)，举出质纳嫡长与割地属州、叙用投诚将吏子孙、对逆命节度使及其家属过度刑罚等三大项，并总结说"纵观整个元和时代，宪宗平藩的进行都是平藩政策与政治垂范效应搭配演进的过程"(54页)。文题所谓"政策"，本质更接近措施，与此处所讨论的"政策"意义不尽相同。

对唐代藩镇问题的一个想当然的线性描述，是历史叙述，并不是历史。在平定淮西、肢解淄青之前，藩镇格局以及朝廷与藩镇的关系，并未发生实质性的变化。说到底，中央与跋扈藩镇的关系，反映的仍是双方的实力。比如，宪宗宁可承认淄青、淮西的父死子继，却不愿承认成德的继袭——解决河北藩镇世袭问题，是德宗、宪宗的一个“情结”，甚至宁可放弃对淄青、对淮西的攻讨，也要用兵河北[①]——但最终仍是不了了之；朝廷没有改变“河朔故事”的实力。

我们该如何理解宪宗初年的用兵呢？对夏绥杨惠琳、镇海李锜，大概只是新皇帝针对前朝的一些具体的人的态度和处置变了。上引《旧唐书·韩全义传》称“宪宗在藩，常恶其事”；恶的正是韩全义这个人及其自恃德宗之宠和宦官之助而“隳败法制”的无理举动。西川刘闢继承了韦皋的政治遗产，且得到了当地的拥护和支持[②]；朝廷对用兵刘闢也最为慎重且最为犹豫，但从实际用兵过程来看，用时并不甚长，对朝廷也没有造成诸如经费财税等种种困扰，这与此前德宗的用兵以及此后宪宗的用兵淮西等，形成了鲜明对比。联系此前此后西川与朝廷的关系，可以说明西川始终没有出现所谓的“控制问题”——在朝廷眼里，西川始终是自己的后院，是完全可以控制的地区，这才有起初承认刘闢的继任（虽然并不完全情愿）、此后又在“重用兵”的政治阴霾里

---

① 秦中亮、陈勇《从两次兴兵成德看元和政治规范的形成》(2016)似乎大大高估了元和年间对成德两次用兵的意义(第二、第三节)。这里涉及一个核心问题，就是宪宗在平定淮西、淄青之后，李唐是否真正对河朔三镇实现了实质性的控制。当然，我的认识是否定的，参第四章补论之(二)。

② 陆扬《西川和浙西事件与元和政治格局的形成》(2002)、《从新出墓志再论9世纪初剑南西川刘闢事件》(2011)对此作了详细解说和分析，可参看。

仍决定出兵。换言之，出兵西川的政治风险并不大[1]。我们不宜将此视作宪宗要单方面陡然提高藩镇对朝廷忠诚的门槛。若将此视作"朝廷决定建立新的政治价值观和运作规则"，我想是大大拔高了它的重要性，甚至是赋予了它本不存在的意义。

宪宗元和的最后四年，即从 815 年到 819 年，平定了淮西和淄青，实现了对淮西、淄青的全面控制[2]。这既是朝廷调整、落实其藩镇政策的结果，也是贞元以来的三十年（785—815）朝廷力量积蓄的结果。

元和九年（814），吴少阳病重[3]，时任宰相的李吉甫力主攻讨，《旧唐书》卷一四八《李吉甫传》称："吉甫以为淮西内地，不同河朔，且四境无党援，国家常宿数十万兵以为守御，宜因时而取之。颇叶上意，始为经度淮西之谋。"（3996 页）李绛劝宪宗同意回鹘的和亲，攻讨淮西："淮西吴少阳垂死，可乘其变……无北顾之忧，可南事淮右。"[4]据《通鉴》，是年闰八月，吴少阳死，"（李）吉甫以为汝州捍蔽东都，河阳宿兵，本以

---

① 陈乐保《唐代宗至宪宗时期的西川节度使继任危机与终结》（2015），对 762—806 年间发生在西川的四次动乱作了梳理，并将之概括为"节度使继任危机"，同时强调"（与）河朔藩镇动辄举军对抗朝廷不同，西川诸次动乱均未能得到本道的全力支持，反映出蜀中离心势力尚缺乏深厚的土壤"（87 页）。这一判断并不错，但西川与河朔，性质完全不同，不具可比性。

② 参李树桐《元和中兴之研究》（1984）；但文章对原因的探究（君明臣贤），是传统政治借鉴式的归纳。

③ 《通鉴》卷二三九，元和九年闰八月，吴少阳薨，"上自平蜀，即欲取淮西"（7705 页），这恐怕是"以后推前"，元和四年七月吴少诚薨，李绛建议放弃河北、攻讨淮西，宪宗不肯，承认了吴少阳继任（7664、7668 页）；时任淮南节度使的李吉甫上言"少阳军中上下携离，请徙理寿州以经营之"，"会朝廷方讨王承宗，未暇也"（7705 页）。如果"上自平蜀，即欲取淮西"，则应听从李绛建议，放弃不可能成功的攻讨河北而用兵淮西。

④ 《历代名臣奏议》卷三四一，4436—4437 页。《李相国论事集・遗文》所收之《论回鹘请昏》，即据此录出。参《通鉴》卷二三九，元和九年五月，7704 页。

制魏博，今弘正归顺，则河阳为内镇，不应屯重兵以示猜阻。辛酉，以河阳节度使乌重胤为汝州刺史，充河阳、怀、汝节度使，徙理汝州”①，实是以此为由，将河阳三城守军南调至汝州；同时，加强东都的防御，如从滑州调义成军兵士至阳翟②。九月，以洺州刺史李光颜为陈州刺史，充忠武都知兵马使；以泗州刺史令狐通为寿州防御使；以山南东道节度使袁滋为荆南节度使；以荆南节度使严绶为山南东道节度使，“易环蔡诸镇将帅，益兵为备”；十月，以严绶为申光蔡招抚使，督诸道兵招讨吴元济(7705—7707 页)。积极准备用兵攻讨。

元和十二年(817)十月攻克蔡州，擒吴元济；次年五月，将淮西节镇一分为三，蔡州划归忠武军③，申州隶鄂岳，光州隶淮南。胡注称“不复以蔡州为节镇”④。

---

① 《旧唐书》卷一六一《乌重胤传》：“会讨淮、蔡，用重胤压境，仍割汝州隶河阳。”(4223 页)淮西平定，元和十三年六月，“复以乌重胤领怀州刺史，镇河阳”(《通鉴》卷二四〇，7751 页)。

② 时任东都留守的权德舆《谢河南尹裴次光充东都副留守状》：“伏奉今月十九日敕，东都留镇，创立新军……新承诏旨，创置军师”；《谨移义成军一千五百人镇阳翟状》：“伏奉今月二十日诏敕，淮西未宁，东都兵少，今诏薛平发步军一千五百人，于阳翟县镇守，令权取臣指㧑……分滑台之坚甲，佐甸邑之偏师。”《权德舆诗文集》卷四六，728—729 页。但东都的防御始终较为薄弱，如元和十年东都防御使吕元膺“请募山棚以卫宫城，从之”，《通鉴》卷二三九，7720 页。关于安史之乱以后东都及其周边的军事形势，可参万晋《拱卫与制衡：安史乱后洛阳及其周边的军事动向》(2018)。

③ 参张达志《昙花再现：唐代溵州置废的政治地理》(2016)。

④ 《通鉴》卷二四〇，7751 页。有关平定淮西的研究成果甚多，可参杨文春、李静《元和淮西战争研究述评》(2014)。杨文春以其 2011 完成的硕士学位论文《唐代淮西镇割据问题研究》为基础，又陆续发表了《淮西镇在唐代藩镇中的角色与地位》(2015)、《唐代淮西镇割据势力演变与元和淮西战争》(2017)、《唐后期淮西镇军队沿革考》(2022)等。

用兵淮西的战事实际持续了三年，其间也经历了种种艰难和挫折[①]，如元和十年六月主持用兵的宰相武元衡被刺杀[②]，裴度被击，人心大扰。比如战事不利时，请求罢兵之声即高涨，元和十一年正月，“翰林学士、中书舍人钱徽，驾部郎中、知制诰萧俛，各解职，守本官。时群臣请罢兵者众，上患之，故黜徽、俛以警其余”[③]。翰林学士、知制诰，都是能参与朝廷决策的核心人物，可见“请罢兵者众”并非虚泛之语，其时战事实际持续不过刚刚一年。是年六月高霞寓大败，“时诸将讨淮西者，胜则虚张杀获，败则匿之；至是，大败不可掩，始上闻，中外骇愕。宰相入见，将劝上罢兵”[④]。

战事导致的军费筹措及军资运输，更是不得不面对的难题[⑤]。元和十一年十二月，“初置淮颍水运使。杨子院米自淮阴溯淮入颍，至项

---

① 这当然也有宪宗在元和十一年正月至十二年五月攻讨成德王承宗，形成两面同时作战的被动局面的问题。在宣布河北罢兵时，《通鉴》总括其用兵情形：“六镇讨王承宗者，兵十余万，回环数千里，既无统帅，又相去远，期约难壹，由是历二年无功，千里馈运，牛驴死者什四五。刘总既得武强，引兵出境才五里，留屯不进，月给度支钱十五万缗。”（7734 页）也特别提到了军费供给的问题。杜牧在会昌三年《上李司徒相公论用兵书》，称“某大和二年为校书郎，曾诣淮西将军董重质，诘其以三州之众，四岁不破之由。重质自夸勇敢多算之外，复言其不破之由，是征兵太杂耳”云云（《樊川文集》卷一一，《杜牧集系年校注》，817 页）。多年后，时人仍关心淮西何以“四年不破”的问题。

② 王炳文《盗杀武元衡——元和政局与牛李党争的分化形成》（2022），将此事与党争及其对藩镇的态度结合起来进行了考察。

③ 《通鉴》卷二三九，7721 页。

④ 《通鉴》卷二三九，7723 页。

⑤ 参许超雄 2016 年完成的硕士学位论文《唐宪宗元和财政体系研究》第二章“元和削藩与元和财政体系”。作者据其学位论文相关内容，相继发表《唐代中期两税法“定额支用”下的国库与内库》（与张剑光合署，2016）、《元和削藩与唐宪宗时期的财政“二元”格局》（2019）、《家国之间：唐元和时期进奉的二重性解读》（2024）等。

城入溵，输于郾城，以馈讨淮西诸军，省汴运之费七万余缗”①。《通鉴》称“诸军讨淮蔡，四年不克，馈运疲弊，民至有以驴耕者。上亦病之，以问宰相。李逢吉等竞言师老财竭，意欲罢兵。”②最后的成功，的确要归功于宪宗以及像裴度等人的坚持。平定淮西，是安史之乱以后，改变唐朝藩镇格局的关键。这直接影响了随后对淄青的用兵。

据《通鉴》，元和十三年正月，淄青李师道向朝廷表示“请使长子入侍，并献沂、密、海三州”(7747 页)，朝廷派人前往宣慰，他又“表言军情，不听纳质割地”(7750 页)。七月，朝廷调集宣武、魏博、义成、武宁、横海兵共讨之③。十四年(819)正月，屯兵于阳谷、与魏博对峙的都知兵马使刘悟与魏博田弘正达成默契，回军郓城，诛李师道。朝廷“分李师道地……视土地远近，计士马众寡，校仓库虚实，分为三道，使之适均：以郓、曹、濮为一道，淄、青、齐、登、莱为一道，兖、海、沂、密、为一道”(7765 页)。命刘悟为义成节度使，即赴滑州就任。不过半年时间，即解决了淄青的问题。

淄青问题的解决，得益于其时魏博田弘正的归朝。同时，也与淄

---

① 《通鉴》卷二三九，7728 页。参史念海《中国的运河》(1988)“蔡河的疏凿”，212—213 页；王力平《唐后期淮颍(蔡)水运的利用与影响》(1991)；何汝泉《唐财政三司使研究》(2013)之“唐代地方运使・淮颍水运使”，94—96 页。

② 《通鉴》卷二四〇，元和十二年七月，7737 页。参《旧唐书》卷一五《宪宗纪下》，元和十二年五月，“时东畿民户供军尤苦，车数千乘相错于路，牛皆馈军，民户多以驴耕”，459 页。《通鉴》特别记载了是年闰五月，“程异还自江、淮，得供军钱百八五十万缗”，7736 页。《旧唐书》卷一五八《韦贯之传》：“时两河留兵，国用不足，命盐铁副使程异使诸道督课财赋。异所至方镇，皆讽令捃拾进献。”(4175 页)《旧唐书》卷一三五《程异传》：“时淮西用兵，国用不足，异使江表以调征赋，且讽有土者以饶羡入贡，至则不剥下，不浚财，经费以赢，人颇便之，由是专领盐铁转运使、兼御史大夫。”(3738 页)据《旧唐书・宪宗纪下》，任命程异到代王播为盐铁转运使是在元和十二年六月。

③ 参高正亮《关于唐宪宗讨伐淄青镇的若干地理问题》(2015)所附“平定淄青李师道诸军一般形势图”，262 页；另，淮南也参与了攻讨，261 页。

青本身的情况密切相关。它虽然密迩河北，但毕竟隔着黄河；它一直努力想实现“河朔化”，但它又毕竟不是河朔。它的情况与淮西极为近似。因此，在朝廷用兵淮西时，淄青掣肘最力。真正令淄青感到唇亡齿寒的，不是河朔，而是淮西，如《通鉴》载元和十年三月，派人攻河阴转运院，“烧钱帛三十余万缗匹，谷三万余斛”(7711—7712页)；八月，又派人到淄青的东都留后院中“谋焚宫阙，纵兵杀掠”，制造种种恐慌(7715—7717页)，等等。事实上，刘悟兵变成功后，却未能像河朔甚至内地藩镇那样，顺利继任节度使：

> 刘悟以初讨李师道诏云：“部将有能杀师道以众降者，师道官爵悉以与之。”意谓尽得十二州之地，遂补署文武将佐，更易州县长吏，谓其下曰：“军府之政，一切循旧。自今但与诸公抱子弄孙，夫复何忧！”……庚午，以悟为义成节度使。悟闻制下，手足失坠；明日，遂行。(7765—7766页)

出现这样戏剧性的一幕，既有大兵压境下刘悟个人能力的因素，但更多地反映了淄青不同于河朔——河朔兵变或节度使归朝如魏博田弘正、幽州刘济，即使在前任节度使的配合下，朝廷也未能真正控制魏博、幽州，遑论加以分割。

从755年安史起兵，到819年淄青的肢解，安史之乱引发的藩镇问题基本解决了。这就是杜牧在《罪言》中所说的：

> 当贞元时，山东有燕、赵、魏叛，河南有齐、蔡叛，梁、徐、陈、汝、白马津、盟津、襄、邓、安、黄、寿春皆戍厚兵，凡此十余所，才足

> 自护治所，实不辍一人以他使，遂使我力解势弛，熟视不轨者，无可奈何。阶此蜀亦叛，吴亦叛，其他未叛者，皆迎时上下，不可保信。自元和初至今二十九年间，得蜀得吴，得蔡得齐，凡收郡县二百余城，所未能得，唯山东百城耳。①

所谓“所未能得，唯山东百城”，即朝廷不能直接控制的藩镇，大体只有河朔；换言之，“藩镇割据”问题，仅限于河朔。河北的半独立或高度自治，应视作安史之乱的延续。这是安史乱后的藩镇格局发生的实质性的变化，也是史书所塑造的“元和中兴”的实质性成就。

河朔之外的其他地区，不少藩镇由观察使升格为节度使，仍不时有所谓逐帅、兵乱等事件发生，但在黄巢变起之前，朝廷对藩镇，已基本不存在“控制问题”了。这是李唐朝廷解决藩镇问题的“最后”的胜利。

表 5.2　元和用兵藩镇战事简表

	淮西	淄青	河北	其他
元和元年		闰六月淄青李师古死，李师道继袭。八月，以刘闢未平，以师道为平卢留后。		正月至九月，用兵西川，平刘闢。 三月，夏绥杨惠琳拒绝离任，诏河东、天德军出兵攻讨。夏绥兵变，杀惠琳。

① 《樊川文集》卷五，《杜牧集系年校注》，634—635 页。参上引《韦丹遗爱碑》，《樊川文集》卷七，《杜牧集系年校注》，693 页。《上宣州高大夫书》：“当贞元时，河北叛，齐蔡亦叛，阶此蜀亦叛，吴亦叛……司空公始相宪宗……命节度使出朝廷，不由兵士……然后西取蜀，东取吴，天下仰首，始见白日。裴公抚安魏博，使田氏尽归六州。元和中剪蔡剧贼于洛师胁下，招来常山，质其二子以累其心，取十三城使不得与齐交手为寇，因诛师道，河南尽平。当是时，天下几至于太平。”（《樊川文集》卷一二，《杜牧集系年校注》，851 页。）

续表

	淮西	淄青	河北	其他
二年				十月，镇海李锜被征，拒命。朝廷调兵征讨，镇海兵变，擒献李锜。
四年	十一月淮西吴少诚死，吴少阳自为留后。		三月成德王士真死，其子承宗自为留后。宪宗酝酿用兵结束河朔故事。九月分置德棣，承宗不奉诏，十月发兵攻讨。	
五年	三月，以河朔用兵，承认吴少阳袭位。		七月制雪王承宗，德棣仍归成德，罢兵。 九月义武（易定）张茂昭举族归朝，朝廷任命任迪简继任，义武连续兵变，但最终为朝廷控制。	四月诱擒泽潞卢从史，五月泽潞军三千人夜溃奔魏州。
七年			八月魏博田季安死，田兴（弘正）继立，归顺朝廷。	
九年	闰八月，淮西吴少阳死，其子吴元济自领军务，并四向攻掠。十月开始攻讨淮西。			
十年		淄青李师道攻徐州，十一月为武宁军所败。		
十一年		十一月淄青李师道输款，以力未能讨，加师道检校司空。	正月调集河东、幽州、义武、横海、魏博、昭义六军进讨成德王承宗。	

续表

	淮西	淄青	河北	其他
十二年	十月攻入蔡州，生擒吴元济，淮西平。		五月罢河北行营，不再攻讨王承宗。	
十三年	五月，蔡州隶忠武（陈许），光州隶淮南，申州隶鄂岳。	正月淄青李师道请使长子入侍并献沂密海三州。	二月横海节度使程权遣使上表，请举族入朝。	
十四年		二月淄青兵马使刘悟发动兵变，攻入郓城，擒杀李师道。淄青一分为三，命李师道为义成节度使。		

为什么直到宪宗最后四年，才最终解决了淮西和淄青问题呢？我们由上表可以看出，无论是对河北，还是对淮西，朝廷每次都是在节度使死时，朝廷才会借由不许其自行继任，酝酿出兵攻讨。河朔三镇，不仅事实上是割据或半独立，朝廷也都视之为“化外”，不以内地朝廷能真正控制的藩镇视之。即使这样，朝廷也非常在意出兵的“合法化”，并未以跋扈或为实现统一而主动“随时”出兵。当然，最后能通过武力而实现对淮西和淄青的控制，是以践行“放弃河北”的国策为前提的。淄青问题如此轻易得到解决，既与刘悟的兵变有关（兵变后，淄青兵将人心惶惶，加之大兵压境，刘悟没有时间和机会实现对淄青的真正掌控），又得益于其时魏博田弘正的归顺（这可以说是一个可遇不可求的“窗口期”）。这些因素因缘际会，结合在一起，才有了刘悟戏剧性地离开淄青的一幕，也才有朝廷可以顺利将淄青一分为三的机会。否则，也许需要像对淮西那样，经过相当程度的征战，朝廷才能实现控

制——淄青不同于河北，跟淮西一样，无力与朝廷公开长期抗衡。即便如此，淄青一分为三后不久，仍然出现了一次小规模的兵变——七月，兖海沂密观察使王遂被役卒王弁袭杀，"弁即自称留后，升厅号令，与监军抗礼，召集将吏参贺，众莫敢不从，监军具以状闻。……朝廷议兴兵讨王弁，恐青、郓兵相扇继变，乃除弁开州刺史，遣中使赐以告身……弁即日发沂州，导从尚百余人，入徐州境，所在减之，其众亦稍逃散。遂加以杻械，乘驿入关。九月戊寅，腰斩于市。先是三分郓兵以隶三镇，及王遂死，朝廷以为师道余党凶态未除，命曹华引棣州兵赴镇讨之"。曹华率兵抵沂州后，诱杀郓兵千二百人[①]。被杀的这些"郓兵"可能就是以淄青牙兵为主体的部队——淄青一分为三后，以牙兵为主体的驻守于淄青直隶州的部队亦分隶三镇，故有所谓"朝廷以为师道余党凶态未除"之言。此次兵变，可以说是朝廷解决淄青问题之后的反弹，应该说是"情理之中"的，虽然对发动兵变的王弁的处置仍不失戏剧性[②]。

三、从控制方式来看代、德之"姑息"

旧史将代宗、德宗对藩镇的态度，多斥为姑息[③]。如《旧唐书》卷一

① 《通鉴》卷二四一，元和十四年七月，7770、7772 页。参《旧唐书》卷一六二《王遂传》，4242 页；同卷《曹华传》，4243 页。

② 此后，长庆二年、太和元年，平卢、天平都分别曾发生过兵变，见吴晓丰《从寇境到王土：宪宗元和用兵前后淄青的地方态势》(2024)，564—565 页。该文对淄青一分为三的情况也作了讨论，见 565—567 页。

③ 这也影响到了现代学者对代、德两朝的认识，如王寿南《唐代藩镇与中央关系之研究》(1969)第八章第一节"黄巢乱前中央之策略措施与藩镇对中央态度的关系"，称"代宗与德宗贞元年间为中央对藩镇采取姑息政策之时期"(371 页)；第二章(转下页)

四四《阳惠元传》："初，大历中，两河平定，事多姑息。"（3914页）《旧唐书》卷一七〇《裴度传》史臣曰："德宗惩建中之难，姑息藩臣，贞元季年，威令衰削。"（4435页）甚至说德宗"还自兴元，虽一州一镇有兵者，皆务姑息"[①]。特别是宪宗平定淮西、淄青之后，更是将宪宗的成功，归因于对德宗姑息政策的反动。如《旧唐书》卷一四七《杜黄裳传》：

> 后与宪宗语及方镇除授，黄裳奏曰："德宗自艰难之后，事多姑息。贞元中，每帅守物故，必先命中使侦伺其军动息，其副贰大将中有物望者，必厚赂近臣以求见用，帝必随其称美而命之，以是因循，方镇罕有特命帅守者。陛下宜熟思贞元故事，稍以法度整肃诸侯，则天下何忧不治！"宪宗然其言。由是用兵诛蜀、夏之后，不容藩臣蹇傲，克复两河，威令复振，盖黄裳启其衷也。（3974页）[②]

权德舆元和四年（809）四月上《昭义军事宜状》，称"自建中、贞元以来，每命一方镇，遂绵历岁时，就加爵秩，以至于没身吊赠"[③]。元和九年朝廷讨伐淮西吴元济，元稹代时任山南东道节度使兼申光蔡等州招抚使

(接上页)唐代藩镇对中央态度之分类统计，称"代、德二朝，姑息藩镇，致藩镇多跋扈，此为史家所共认"（44页），据其统计，"代宗朝可称为唐中央对藩镇之控制力薄弱的第一个时期"（55页），"对于态度恭顺之藩镇，德宗亦尽量姑息，因此态度恭顺之藩镇亦敢抗拒中央之策……德宗朝藩镇跋扈、叛逆者之多，在僖宗朝以前，居于首位，加以德宗对态度恭顺之藩镇亦加纵容，遂使德宗朝成为唐中央对藩镇控制力薄弱的第二个时期"（65—66页）。张飘《元载与代宗朝"姑息"之政的形成》（2024）认为代宗朝之姑息藩镇乃是元载秉政后，"选择与藩镇进行政治交易"，允许地方蓄养军队等（737页）。

① 《通鉴》卷二三五，贞元十五年十二月，因言浑瑊之死而作此概括，7585页。

② 参《通鉴》卷二三七，元和元年正月，7627页。

③ 《权德舆诗文集》卷四七，752页。

的严绶作致吴元济及将吏百姓，称"岂不以贞元末年，天下方镇物故，往往依凭众请而得者，十恒二三，以此为自偷之证耶？……德宗皇帝御天下日久，春秋高，理务便安，不欲生事，或谋及卒伍而置师长"①。穆宗长庆四年(824)，韩愈死，李翱为其作行状，称"及贞元季年，虽顺地节将死，多即军中取行军副使将校以授之节，习成故矣。朝廷之贤，恬于所安，以苟不用兵为贵"②。杜牧《上宣州高大夫书》言及宪宗朝中央对藩镇"命节度使出朝廷，不由兵士"，注曰："(宪宗)自此不用贞元故事以行军副使大将军为节度使。"③《新唐书》卷一六六《贾耽传》：

> 贞元九年以尚书右仆射同中书门下平章事……常以方镇帅缺，当自天子命之，若谋之军中，则下有背向，人固不安。帝然之，不用也。(5084 页)

这样的概括或意见，是不是反映了真实的历史事实，我们或许可以通过具体的事例来检验④。

---

① 《代谕淮西书》，《元稹集校注》卷三一，865 页。

② 李翱《韩愈行状》，《李翱文集校注》卷一一，162 页。所谓"朝廷之贤，恬于所安，以苟不用兵为贵"，李翱是说元和末年用兵淮西、平定吴元济时，朝廷有不少人反对；韩愈支持裴度的意见，主张用兵攻讨。

③ 《樊川文集》卷一二，《杜牧集系年校注》，851 页；系于会昌六年，854—855 页。

④ 学界已有学人作过类似的工作，如刘太祥《试论唐德宗施政方略》(1991)列举了一系列"唐德宗执政期间对政治、经济财政、军事和人事等方面"进行的改革，直接关涉控制藩镇者，如武力征讨偃蹇不臣的方镇、分而治之、扩大神策军、剥夺节帅军权、宦官监军，等等。按，这些举措，一是应区分"泾原兵变"之前和之后，二是应讨论其实际的效果。刘玉峰《评唐德宗"姑息"藩镇说》(1993)，即明确讨论的是"泾师之变"以后的情况，针对杜黄裳之言作了辨析，认为德宗对藩镇采用了区别对待的政(转下页)

贾耽的话，《通鉴》卷二三五也作了记述。贞元十六年(800)九月，义成节度使卢群薨，以尚书左丞李元素代之，随后记载了贾耽此言："凡就军中除节度使，必有爱憎向背，喜惧者相半，故众心多不安。自今愿陛下只自朝廷除人，庶无他变。"[①]并称"上以为然"(7591页)，似乎为德宗所采纳。但实际随后就任命郑儋为节帅、严绶为行军司马[②]——如果把事先任命行军司马为储帅视作"朝廷除人"，亦无不可。

事实上，据《通鉴》，与义成由中央任命朝官出任不同，此前不久的五月，徐泗濠节度使张建封死，兵变，拥立其子张愔继任；六月，朝廷不许，命淮南杜佑、泗州张伾讨之，大败，朝廷不得已除张愔为团练使

(接上页)策，"对力不能制的河朔型强藩采取了姑息之策，同时尽量削弱它们；对力所能制的藩镇，采取多方打击与削弱，竭力将它们置于中央控制之下"(72页)；又见其《唐德宗评传》(2002)第一章第三节"三、评唐德宗姑息藩镇说""四、泾师之变后的藩镇政策"以及《唐德宗新论》(2013)"一、关于姑息藩镇"(见其《隋唐史教研丛稿》)。樊文礼《安史之乱以后的藩镇形势和唐代宗朝的藩镇政策》(1995)称"事实上在条件允许或力所能及的情况下，朝廷也对藩镇势力进行了一些限制甚至打击"(43页)。黄楼《〈祁连郡王李公(元淳)墓志铭〉考释——兼论唐德宗贞元年间昭义军三次择帅问题》，梳理李元淳及其前后昭义节度使的出任情况，在"结语"中指出，德宗并非一味姑息，而是根据藩镇情况不断调整策略，贞元前期，朝廷实力虚弱，允许昭义本军择帅；贞元十二年两军中尉制确立，大局稳定，德宗即把朝廷权威推向藩镇，打破本军择帅；贞元十五年命李元淳出任昭义节帅；贞元二十年昭义内部不稳，又转向本军择帅。强调对德宗的"姑息"之政要从一个动态的过程进行考察(按，对昭义任帅的变化，我们是从"'河朔化'及其遏制"来认识的，详见第六章)，《碑志与唐代政治史论稿》(2017)，37页。

① 这是借义成继任者由朝官出任而将《新唐书·贾耽传》中的这一建议插在了这里，未必贾耽是这一年说的。

② 元稹《严绶行状》："会太原节度使李说婴疾旷废，遂命副助之，其实将代说矣。公事说愈谨，待下愈谨。及说薨而人人皆愿为帅，德宗皇帝因人焉。"《元稹集校注》卷五五，1345页。按，严绶接任的是郑儋，非李说，行状误。《元稹集校注》(1349页)、《元稹集编年笺注》(841页)据其文义而注称辅佐李说。

(7588—7590 页)。可见贾耽的建议是不错的,但未必能施行于所有藩镇。

其实,对一些具体事件的处置,贾耽也不是一味强硬。贞元十四年淮西吴少诚出兵攻扰邻境,次年朝廷命韩全义率兵讨伐,连连失利;十六年十月:

> 少诚知王师无能为,致书币以告监军,愿求昭洗。德宗召大臣议,宰相贾耽曰:"昨全义五楼退军,贼不追袭者,应望国家恩贷。臣伏恐须开生路。"上然之。[①]

他是主张妥协的,这与他建议德宗要强化对藩镇控制的主张不尽相同。此正所谓"形势比人强"。

贞元十二年(796)八月,李景略为河东行军司马,节度使李说忌之,乃厚赂中尉窦文场,"会有传回鹘将入寇者,上忧之,以丰州当虏冲,择可守者;文场因荐景略。九月,甲午,以景略为丰州都防御使"(7574—7575 页)。《通鉴》在叙述此事之前,有一句总括此事起因的话:

> 初,上不欲生代节度使,常自择行军司马以为储帅。(7574 页)

《旧唐书》卷一五二《李景略传》记载此事道:

---

① 《旧唐书》卷一六二《韩全义传》,4248 页。此事《通鉴》卷二三五,系贞元十六年十月,亦引此语"贼意盖亦望恩贷,恐须开其生路",7592 页。

> 时河东李说有疾，诏以景略为太原少尹、节度行军司马。时方镇节度使少征入换代者，皆死亡命焉，行军司马尽简自上意。受命之日，人心以属。景略居疑帅之地，势已难处……（李说）厚赂中尉窦文场，将去景略，使为内应……乃以景略为丰州刺史、兼御史大夫、天德军西受降城都防御使。（4073—4074 页）

名义上，德宗允许节度使终身制，却事先亲自选定、安排了节度使的继任人选——行军司马[①]。以河东来说，李说是贞元十一年五月继任，次年德宗即为之安排了行军司马（节帅储贰）。这当然极易造节度使对行军司马的猜忌，即所谓"全略所谓处疑帅之地"的政治含义。李说虽然挤走了李全略，但随即上状，奏请朝廷，任命新的行军司马：

> 伏以行军司马相副之职，知府少尹共理之官，未得其人，久空此位……伏惟陛下察臣心之恳款，知军务之殷繁，选于中外，为此别贰。陛下所用，即臣所知。苟获同心，庶无阙事。谨遣某官奉

---

① 关于行军司马为节帅储贰，参李显辉 2004 年完成的硕士学位论文《唐代藩镇使府节度行军司马考论》，特别是"代德时期节度行军司马之地位上升状况"，26—34 页；该文认为宪宗元和元年至文宗开成四年乃行军司马"尊职闲散化"时期，此后则是"武职化"复兴时期。冯金忠《唐代地方武官研究》（2012）第三章《唐代藩镇储帅制度——节度使的选任制度》（第一节讨论顺地的藩镇僚佐储帅，除行军司马外，还涉及都知兵马使、节度副使，特别是 78—87 页）。李翔《中晚唐五代藩镇文职幕僚研究》（2014），117—118 页。按，利用行军司马对节帅进行牵制，并不始于德宗；代宗时即已出现，典型事例如山南东道节度使来瑱拒召入京，行军司马裴茙即请袭来瑱，朝廷因此而调任来瑱为淮西、河南节度使，见本书第四章第一节。

状奏请。①

“陛下所用，即臣所知”，道出了作为节帅储贰的行军司马的选任本质——由皇帝钦定。

贞元十六年（800）十月河东节度使李说薨，以其行军司马郑儋为节度使。《旧唐书》卷一四六《严绶传》：

> 河东节度使李说婴疾，事多旷弛，行军司马郑儋代综军政；既而说卒，因授儋河东节度使。是时姑息四方诸侯，未尝特命帅守，物故即用行军司马为帅，冀军情厌伏。

倘我们只读到这里，便可能得出德宗对藩镇姑息的印象。然而，郑儋之由朝官而出任河东行军司马，就是德宗此前的安排。韩愈所撰郑儋神道碑云：

> 其后为大理丞、太常博士，迁起居郎、尚书司封、吏部二郎中，能官举其名。德宗晚节储将于其军，以公为河东军司马，能以无心处嫌间，卒用有就。贞元十六年，将说死，即诏授司马节，节度河东军。②

---

① 令狐楚《请行军司马及少尹状（为人作）》，《文苑英华》卷六四四，3307页；参《令狐楚集》，校笺者称此为令狐楚代李说作，36页。尹楚兵《令狐楚年谱》（与《令狐绹年谱》合刊，2008），系此文于贞元十三年；继任行军司马者即严绶，37—38页。

② 韩愈《郑儋神道碑》，《韩愈文集汇校笺注》卷一六，1807页。《令狐楚年谱》引用了元稹《严绶行状》（37—38页）；行状称“转太原少尹，赐金紫，寻加北都副留守（转下页）

所谓“嫌间”云云，正隐含着作为节度使的“储帅”的敏感，不也正是俗语“太子难当”的写照吗？郑儋能顺利接任，是因为他此前即以行军司马的身份综理军政，所以能“军情厌伏”。所谓“（李说）事多旷废，行军司马郑儋代综军政”，也说明现任节帅明白朝廷这一安排的用意。郑儋上任后，“上择可以代儋者，以刑部员外郎严绶尝以幕僚进奉，记其名，即用为行军司马”①。第二年即贞元十七年（801）七月，郑儋暴卒，不及命后事，军中喧哗，将有他变；八月戊午，以行军司马严绶为节度使②——这时出面控制局面的是上年德宗安排的行军司马严绶。如果没有这样的安排，“军中喧哗，将有他变”恐怕就会酿成事实。

由此可见，德宗“不欲生代节度使”，并不是所谓的一味姑息，而是一种柔性的控制藩镇的手段和方式——我们或许可以称之为政治控制③。就客观效果而言，即以河东而言，作为藩镇的河东，北边要防范

（接上页）兼御史中丞，又加行军司马……会太原节度使李说婴疾旷废，遂命副助之，其实将代说矣”（《元稹集校注》卷五五，1345页）。

① 《通鉴》卷二三五，贞元十六年十月，7593页。

② 《通鉴》卷二三六，贞元十七年七月至八月，7598页。

③ 黄楼《神策军与中晚唐宦官政治（增订本）》（2019）第十五章第一节“贞元年间监军使与藩镇节帅的冲突”，以德宗惮武人作乱，喜以儒臣代掌藩镇，“文士对宦官存有天然的歧视，监军对不懂军务的文士也多轻蔑之心”（478页）来解释节帅与监军使的冲突；并称“在姑息藩镇的表象下，德宗一直以派遣监军的形式向藩镇渗透势力，德宗贞元年间是唐代宦官监军之制成立的关键时期”（489页）。张照阳《论贞元时期宦官与神策军的结合》（2021），认为“德宗在不愿意轻易易置节度使的情况下，采取了利用强势监军使加强统治的策略，有意默许、纵容监军使的跋扈专横”（62页）。如果“加强统治”是指加强朝廷对藩镇的控制，我想这样的效果是有限的。确有监军使挑选军士以自卫，甚至威逼节度使的事件，但在拥兵藩镇，节度使对军队的控制力远远超过监军使，我们常能看到军将在节度使的纵容甚至暗示下囚禁乃至诛杀监军使的事例；所谓监军使的强势，大多发生在朝廷本来就可以完全控制的藩镇。换言之，并不会因监军使的强势而加强朝廷对藩镇的控制；监军使的强势，只是表现在与节（转下页）

游牧部族，安史乱起又要镇遏东边的河北，地位相当重要，军事实力也相当强；同时，对朝廷的态度，又始终非常忠顺[①]。这样的藩镇如果发生动荡，对唐朝的影响会非常大。郑儋、严绶的继任，使河东避免了动荡，可见事先选定、安排行军司马，对稳定局面、保证权力的平稳顺利交接是有利的，虽然同时也会形成节帅与行军司马之间的紧张关系。这正反衬出德宗采取这样柔性控制方略的必要，并彰显了它的成效[②]。

朔方军节帅的选任，更能充分反映出"理想很丰满，现实却很骨感"这一点。

《通鉴》卷二三三，贞元四年(788)七月，朝廷任命左金吾将军张献甫接替因病求代的韩游瑰为邠宁节度使，戍卒裴满发动兵变，称"张公不出本军，我必拒之"，胡注："谓张献甫不出于朔方军也"(7514页)。时任都虞候的杨朝晟平息了兵变。后张献甫卒，朝廷任命朝晟继任节帅[③]。

(接上页)度使的关系上。派监军使"向藩镇渗透势力"的效果，则要看监军使能在多大程度上控制藩镇军将。

① 学界对河东镇的关注颇多，如桂齐逊1991年、陈昌1992年分别完成了《唐代河东军研究》和《安史乱后河东镇政局之研究》的硕士学位论文；2013年任艳艳完成了博士学位论文《唐代河东道政区"调整"之研究》，多个章节涉及河东镇的军政情况，附录三还勾勒了河东节度使所辖军城等。岳鹏《唐代河东道军政关联问题研究》(2022)，叙述了有唐一代河东道的攻伐情形，但稍嫌肤泛(书末"参考文献"列举了二十余篇学位论文)。廖靖靖《镇守与共荣：唐代的太原尹》(2023)，提出"军政复合型体系"，对河东镇的军事地位和作用也多有涉及。廖靖靖《二十一世纪以来唐代太原研究新动态》(2016)也涉及相关的研究情况。

② 《通鉴》卷二四二，长庆元年十月，以沂州刺史王智兴为节度副使。"先是，副使皆以文吏为之，上闻智兴有勇略，欲用之于河北，故以是宠之。"(7800页)副使以文吏为之，与德宗事先安排行军司马以为方镇储帅，可谓异曲同工。可以说，至少到穆宗长庆时，仍在继续执行着德宗的方略。

③ 参《旧唐书》卷一二二《杨朝晟传》，"其将卒素骄怠，畏张献甫之严，因游瑰夜出，衙内千余人遂叛掠，且因监军杨明义邀奏出奔将范希朝为节度。朝晟时为都(转下页)

贞元十七年杨朝晟率兵至宁州防秋，五月病重，召僚佐，安排后事，《通鉴》卷二三六详细记载了这一过程①：

杨朝晟疾亟，召僚佐谓曰："朝晟必不起，朔方命帅多自本军，虽徇众情，殊非国体。宁州刺史刘南金，练习军旅，宜使摄行军，且知军事，比朝廷择帅，必无虞矣。"又以手书授监军刘英倩，英倩以闻。军士私议曰："朝廷命帅，吾纳之，即命刘君，吾事之；若命帅于他军，彼必以其麾下来，吾属被斥矣，必拒之。"己丑，上遣中使往察军情，军中多与南金。辛卯，上复遣高品薛盈珍赍诏诣宁州。六月，甲午，盈珍至军，宣诏曰："（李）朝寀所将本朔方军，今将并之，以壮军势、威戎狄。以李朝寀为使、南金副之，军中以为何如？"诸将皆奉诏。（7595 页）

李朝寀是河中节度使浑瑊的兵马使，其时也率兵来防秋，驻守在宁州定平；浑瑊卒，李朝寀请求归隶神策军，"诏许之"。浑瑊在河中所统之部众，就是贞元初李怀光之叛后，朔方一分为三，其中驻守于河中的一部分，因此，薛盈珍说"朝寀所将本朔方军"。薛盈珍讲这样的话，意在体现"朔方命帅多自本军"——虽然换成了李朝寀，但仍旧是朔方将领。但事实是，还是发生了变兵。兵变的士兵拥立刘南金，为南金所拒，于是改而拥立兵马使高固，并杀了刘南金。"戊戌，制以李朝寀为

（接上页）虞候……及诸将谋诛首恶者"云，3504 页。

① 《旧唐书》卷一二二（3503—3505 页）、卷一四四（3926—3928 页）均有《杨朝晟传》，就修史而言，显是重复，但两篇传记恐各有史源。关于此事，都只是在传末说，防秋移军宁州，遘疾而卒，未及其安排后事。

邠宁节度使。是日，宁州告变者至，上追还制书，复遣薛盈珍往诇军情。壬寅，至军，军中以高固为请，盈珍即以上旨命固知军事。”己酉正式任命高固为邠宁节度使(7596—7597页)。

任命李朝寀为节度使、刘南金为副使，可以说是朝廷要的一个“小花样”，因李朝寀已归隶神策军，利用李朝寀所部曾经是朔方军这一点，“狸猫换太子”，偷梁换柱，实现神策军将对邠宁的渗透，本意当然是要加强对邠宁的掌控，但结果却事与愿违。这一事件，非常突出地反映出，加强控制并不是朝廷单方面决定就能实现的。换言之，不是朝廷不予姑息，有加强控制的意愿、决心和手段，就能实现的。

类似的情况，并不止邠宁。比如宣武，贞元八年(792)三月节帅刘玄佐死，“初，将佐匿丧，既发，帝遣问所欲立，‘吴凑可乎’？监军孟介、行军卢瑗皆曰‘便’。及凑次汜水，柩将迁，请备仪，瑗不许，又令留什物俟新使，将士大怒”，刘玄佐之子及婿激怒三军，发动了兵变，拥立玄佐之子刘士宁。朝廷不得不任命刘士宁①。朝廷事前征求了监军、行军司马的意见，最终还是未能如愿任命陕虢观察使吴凑继任。倘说姑息，这实在不能说“要姑息”，而是“不得不姑息”。

旧史之所谓德宗的“姑息”，在我们看来，是朝廷理性采取的柔性控制的方略；其具体方式，或是征询军将意见，或是预先安排节度使的后备人选。后一方式，大概是借鉴了河北藩镇的继位方式。元和四年(809)三月，成德节度使王士真薨，其子副大使承宗自为留后，《旧唐书》卷一四二《王承宗传》称“河朔三镇自置副大使，以嫡长为之”(3878页)，

① 《旧唐书》卷一四五《刘士宁传》，3932—3933页；《通鉴》卷二三四，贞元八年四月，7528页。

《通鉴》卷二三七在叙述此事后，也对河北节帅的继任作了一个制度性的概括："河北三镇，相承各置副大使，父没则代领军务。"(7657 页)[①]

与德宗预先安排节度使后备人选不同，代宗则希望通过任用神策军将出任节度使的方式，给藩镇抹上一层"禁军"的色彩，以期能强化他们对朝廷的政治认同。大和元年(827)四月，忠武(陈许)节度使王沛死，朝廷以太仆卿高瑀继任；《通鉴》卷二四三记载此事后，称：

> 自大历以来，节度使多出禁军，其禁军大将资高者，皆以倍称之息贷钱于富室，以赂中尉，动逾亿万，然后得之，未尝由执政；至镇，则重敛以偿所负。及沛薨，裴度、韦处厚始奏以瑀代之，中外相贺曰："自今债帅鲜矣！"(7854 页)[②]

---

① 冯金忠《唐代河北藩镇研究》(2012)第二章"唐代河北藩镇储帅制度"，认为河北以副大使为储帅，形成于德宗时期；中央控制的"顺地"以都知兵马使、节度副使、行军司马为储帅，则形成于安史之乱后。河北反在全国其他顺地之后(21—22 页)。另外，他认为只有节度副大使才是储帅，并对严耕望《唐代方镇使府僚佐考》所引李惟岳、刘济事例，指认河朔三镇在贞元末前已有将行军司马为储帅之说作了反驳(23—26 页)。相关论述，又见其《唐代地方武官研究》(2012)第三章第二节"河朔藩镇世袭性的副大使制度"，87—94 页。按，这恐怕是过于拘泥了。我们想强调的是，河朔藩镇在任节度使为了实现父死子继或兄终弟及，有预立储帅以顺利完成权力垄断和交接的企图，并力争付诸实施；这对德宗产生了影响。至于河朔具体是以副大使、副使，还是以都知兵马使、行军司马的名义，则需要放到当时该镇的权力实际运作中来审视，河朔毕竟没有能建立起像李唐王朝皇位继承那样的节度使继承机制；事实上，河朔三镇也没有真正完全做到父死子继，详参谷川道雄《关于河朔三镇藩帅的继承》(1988)。

② 张国刚《唐代藩镇研究》5《唐代藩镇的类型分析》(1983)认为此处所追述的"自大历以来，节度使多出禁军"，主要是指邠宁、泾原、鄜坊、夏绥等所谓西北边疆型藩镇(97 页)。按，此处是陈许节度使易帅，连带追述至大历；如果大历以来，以禁军将领任节度使者，多是西北边地藩镇，则"故事"与"今事"即不能更好地契合。不过，无论所指是哪些藩镇，都能说明代宗是想用这一方式来加强对藩镇的控制。

这样的控制策略，根本原因是朝廷没有压倒性的实力，实现威慑和控制。军队的地方化，导致了中央与地方军人集团之间的张力，如“每命节制，必令采访本军为其所归者”，“朔方命帅多自本军”。军将对节度使人选的参与乃至操纵，反映了地方军人集团对自身政治利益的维护。如上举朔方易帅，军将明确表示“若命帅于他军，彼必以其麾下来，吾属被斥矣，必拒之”。就具体人选而言，他们完全接受刘南金继任，但当刘南金不全力配合时，他们即杀之而绝后患。这一政治利益的维护，倒也未必是要通过谋求独立，或公然与朝廷对抗来实现。我们不能将此一概视作朝廷的软弱、姑息，也不能将此简单地概括为藩镇跋扈或藩镇割据。毕竟，那还不是一个“绝对不忠诚就是忠诚不绝对”的时代。与安史的多年征战，特别是建中用兵失败之后，朝廷政治威望和武力控制都遭受了前所未有的削弱。朝廷也没有那样的实力，让他们做到绝对忠诚。

朝廷对此有清晰认知，也并没有追求那样的政治效果。如贞元十六年(800)五月徐泗濠节帅张建封卒，兵变而其子张愔继袭。权德舆上《徐州事宜奏》，称“三年考绩，先王之制……不过五年，则必交代”，是主张节度使要有任期、应按时更替。也明白“率励整训，合力急攻，但一方底平，则四方知惧”，但是，“倘向淹岁月，未就诛夷，则不如委以州师，俾其传达，苟安反侧，以为后图”——一旦战事胶着，则极易引发动荡，反不如以一种柔性的方式，维持现状，所谓“凡举事固计其当否，而不计其济否”。当时又正在攻讨淮西吴少诚，“以前淮西未平，徐方犹梗，师徒淹久，率土同忧”①。朝廷命淮南节度使杜佑出兵，但济淮而

① 《权德舆诗文集》卷四七，745页。

败，不敢进；泗州刺史张伾出兵攻埇桥，亦败。在这种情况，朝廷不得不任命张愔为徐州团练使，但张愔不再能控制泗、濠两州，命杜佑兼濠泗观察使①。宪宗元和用兵，平定淮西、淄青之后，李翱上《论事疏表》，称"臣以为定祸乱者，武功也；能复制度兴太平者，文德也。非武功不能定祸乱，非文德不能以致太平"②——他是要求在定祸乱之后致太平，具体而言，是"改税法不督钱而纳布帛……绝进献以宽百姓租税之重"，但他所说"非武功不能定祸乱"，可谓得其实。

这一年十月，在讨论有关赦免吴少诚之事时，韦皋奏称："若少诚一旦罪盈恶稔，为麾下所杀，则又当以其爵位授之，是除一少诚、生一少诚，为患无穷矣。"③——倘若不能实现完全的控制，就会造成"除一少诚、生一少诚"的客观后果。

元和五年（810），权德舆与李藩同任宰相，"河中节度王锷来朝，贵幸多誉锷者，上将加平章事，李藩坚执以为不可。德舆继奏曰：'夫平章事，非序进而得，国朝方镇带宰相者，盖有大忠大勋。大历已来，又有跋扈难制者，不得已而与之'"④。"跋扈难制者，不得已而与之"，可谓一语中的。这与他在贞元十六年（800）处置徐州张愔意见，形成了鲜明的对比——在朝廷有实力加以完全控制时，使相这样的虚名也不主张轻易授予。

正因为这样的控制方略是以实力不足为前提的，当然就会有朝廷

---

① 此事经过，参《通鉴》卷二三五，贞元十六年五月至六月，7588—7590页；九月，以张愔为徐州留后，7592页。

② 《李翱文集校注》卷九，130页。

③ 《通鉴》卷二三五，贞元十六年十月，7592页。

④ 《旧唐书》卷一四八《权德舆传》，4004页。

不得不以军将意见为定的事例。如贞元二十年正月丙戌天德军都防御使、丰州刺史李景略卒，军士拥立判官任迪简，监军以闻，诏代景略[1]。又如是年六月昭义节度使李长荣死后卢从史的继任，《通鉴》详细记载了继任人选的产生经过：

> 上使中使以手诏授本军大将，但军士所附者即授。时大将来希皓为众所服，中使将以手诏付之。希皓言于众曰："此军取人，合是希皓，但作节度使不得。若朝廷以一束草来，希皓亦必敬事。"……希皓固辞。兵马使卢从史其位居四，潜与监军相结，起出伍曰："若来大夫不肯受诏，从史请且句当此军。"……中使因探怀取诏以授之……八月，己未，诏以从史为节度使。（7605—7606页）[2]

虽然说是"军士所附者即授"，但军将即任也有排次，所以来希皓才说"此军取人，合是希皓"，卢从史则"其位居四"，并非无序竞争；这也与兵变完全恃武力得位不同。参以上述朔方军之事，可知亦不宜简单以"姑息"视之。《旧唐书》卷一三二《卢从史传》：

---

① 《通鉴》卷二三六，7605页；参《旧唐书》卷一八五下《任迪简传》，4828页。

② 参杜牧会昌三年上李德裕状《上李司徒相公论用兵状》（《樊川文集》卷一一），《杜牧集系年校注》，818页。黄楼《祁连郡王李公（元淳）墓志铭考释》指出，《通鉴》此处叙事乃据该文，《碑志与唐代政治史论稿》（2017），34页。《通鉴》卷二四七就引用了这篇文章，系于四月（7982页）。傅璇琮《李德裕年谱》作了辨析，认为此文应上于是年七月前后，指出《通鉴》所谓"德裕制置泽潞，亦颇采牧言"为夸张（叶梦得《石林避暑录话》卷三因其记宁陵之战事，称"牧好奇意，欲造作语言为文字，故不复审虚实"云，叶17）；在杜牧上书前的五、六月，即已确定了处置方略，378—379页。另参《旧唐书》卷一三二《卢从史传》，3652页。

> 德宗中岁，每命节制，必令采访本军为其所归者。长荣卒，从史因军情，且善迎奉中使，得授昭义军节度使。(3652页)

继任的卢从史对朝廷颇为不恭，也反映了这样的任命方式所可能导致的恶果。

旧史叙述代宗、德宗针对某个节度使的处置，常视之为“姑息”，如《旧唐书》卷一三四《马燧传》，大历十一年(776)李灵曜反，“因据州城，绝运路，以邀节制。代宗务姑息人，因授灵耀汴、宋等八州节度留后”(3691页)。《旧唐书》卷一六一《杨元卿传》，“时吴少诚专蔡州，朝廷姑息之”(4228页)。其实在宪宗时，也有类似的叙述。如《旧唐书》卷一四〇《刘闢传》，韦皋死，刘闢自为留后，朝廷不许，除给事中，令赴阙，刘闢不从命，“时宪宗初即位，以无事息人为务，遂授闢检校工部尚书，充剑南西川节度使”(3826页)。《旧唐书》卷一五六《韩充传》，“元和六年，因猎近郊，单骑归于洛阳。时朝廷方姑息(韩)弘，亦怜充之无异志，擢拜右金吾卫将军”(4137页)。用兵淮蔡时，《旧唐书》卷一六一《李光颜传》“时韩弘为汴帅，骄矜倔强，常倚贼势索朝廷姑息，恶光颜力战，阴图挠屈，计无所施”(4220页)。但研究者不会据此等记载而视宪宗为姑息。

有些记载，则是夸大了德宗的所谓姑息。如《旧唐书》卷一四六《杜兼传》：

> 拜濠州刺史。兼性浮险，豪侈矜气。属贞元中德宗厌兵革，姑息戎镇，至军郡刺史，亦难于更代。兼探上情，遂练卒修武，占召劲勇三千人以上闻，乃恣凶威。(3969页)

杜兼时任濠州刺史，故称军郡刺史亦难于更代。《唐刺史考全编》系其任濠刺于贞元十六年(800)，其继任李逊系于"贞元末"(1736页)。《旧唐书·杜兼传》称其"元和初入为刑部、吏部郎中"，就任职时间、离任入朝等来说，至少杜兼不在"难于更代"之列——徐州军人拥立张愔，但濠州、泗州脱离徐州，名义上归入淮南。当时淮南帅是杜佑，与杜兼为亲戚，故《杜兼传》称"皆杜佑在相位所借护也"(3969页)。杜兼在濠刺发展实力，并能上闻，绝非跋扈的表现，而是得到了朝廷的默许，意在牵制张建封。

至于像《旧唐书》卷一四六《杨凭传》，因杨凭历任湖南、江西两镇，"尤事侈奢"，"元和四年拜京兆尹，为御史中丞李夷简劾奏凭前为江西观察使赃罪及他不法事……及下狱，置对数日，未得其事，夷简持之益急，上闻，且贬焉"，随后称：

> 自贞元以来居方镇者，为德宗所姑息，故穷极僭奢，无所畏忌。及宪宗即位，以法制临下，夷简首举凭罪，故时议以为宜；然绳之太过，物论又讥其深切矣。(3968页)

将藩镇节帅之僭奢归于德宗之姑息，实在是属于苛论了。

总之，所谓姑息，是旧史的认识，是个定性式的判断，而不是事实的描述。绝对的实力、绝对的权力，才能实现绝对的控制。在不能实现绝对控制的形势下，所谓姑息，客观上是维持了局面的稳定；所谓跋扈，也并不都意味着游离、对抗乃至割据(他们也未必具备了对抗乃至反叛的实力和条件)。我们应在具体的历史背景下，来理解藩镇与朝廷的关系，来理解所谓的控制问题。

在军事动荡的大背景下，节度使也总想久任、固位、加封求衔。如以《通鉴》所载：

（大历三年四月）山南西道张献诚以疾举从父弟羽林将军献恭自代，上许之。（7198页）

（大历五年六月，）荆南卫伯玉有母丧，六月，戊戌，以殿中监王昂代之。伯玉讽大将留己。（7214页）

（大历九年五月）泾原节度使马璘入朝，讽将士为己表求平章事。丙寅，以璘为左仆射。（7226页）

这当然是对朝廷权威的挑衅，但也没有直接导致失控。即使像张献诚表请朝廷任命其堂弟张献恭继任其为山南西道节帅，至大历十四年朝廷任命贾耽接任①；堂兄弟相继任职长达15年（764—779），却并未形成像"河朔故事"那样的局面。卫伯玉于广德元年（763）冬任荆南节度使，任职达12年之久，但亦于大历十一年二月回京，病卒于京师②。山南西道、荆南也都未因此而出现控制问题。马璘则不过是求一使相虚衔而已。

节度使的久任、不入朝，可以举剑南西川的崔宁为例。我们据《通鉴》略加梳理其始末。

---

① 《旧唐书》卷一二二《张献诚传》，系表荐其弟继任于大历二年四月（3497页）；同卷《张献恭传》系其离任于建中二年正月"加检校兵部尚书，为东都留守"（3498页）；《唐刺史考全编》卷四八同（554页）。《唐方镇年表》卷四据《旧唐书》本纪，系贾耽接任山南西道节帅于大历十四年十一月（654页）。王寿南《唐代藩镇与中央关系之研究》（1969）所附《唐代藩镇总表》系张献恭离镇于大历十四年（743页）。

② 《旧唐书》卷一一五《卫伯玉传》，3378页。参《唐方镇年表》卷五，681—683页。

永泰元年(765)四月,剑南严武死[①],“行军司马杜济知军府事。都知兵马使郭英幹,英乂之弟也,与都虞候郭嘉琳共请英乂为节度使;(崔)旰时为西山都知兵马使,与所部共请大将王崇俊为节度使。会朝廷已除英乂,英乂由是衔之,至成都数日,即诬崇俊以罪而诛之。召旰还成都,旰辞以备吐蕃,未可归,英乂愈怒,绝其馈以困之”。英乂又率兵往攻,大败,崔旰攻入成都。“邛州牙将柏茂琳、泸州牙将杨子琳、剑州牙将李昌巙各举兵讨旰,蜀中大乱。”(7187页)

次年(大历元年,766)二月,任命杜鸿渐为剑南西川节度使(7190页)。三月,山南西道张献诚兼剑南东川节度使,与崔旰战,败。八月,杜鸿渐赴任至蜀,“州府事悉以委(崔)旰。又数荐之于朝,因请以节制让旰,以柏茂琳、杨子琳、李昌巙各为本州刺史”(7192页)。大历二年正月,分剑南置东川观察使,镇遂宁[②]。是年四月,杜鸿渐入朝奏事,以崔宁知西川留后;七月以崔宁为西川节度使、杜济为东川节度使,“旰厚敛以赂权贵,元载擢旰弟宽至御史中丞,宽兄审至给事中”(7195页)。三年四月崔旰入朝,五月泸州刺史杨子琳乘崔旰入朝,率兵突入成都,七月崔宁妾出财募士,击破子琳等,朝廷即遣崔旰(赐名崔宁)返镇(7200—7201页)。四年二月,杨子琳败归泸州后,沿江东下,荆南卫伯玉结以为援,以夔州许之。子琳上章请罪,为峡州团练使(7207页)。

剑南出现的问题以及最后的结果,最能说明问题。起因于本军两派推荐的继任人选不同,这是日后两派发生火并的种子。杨子琳在与崔宁的争斗中失败,由泸州沿江东下,至夔州、峡州,又到了澧州(大历

---

① 严武三镇剑南,见《通鉴》卷二二三,永泰元年二年及胡注,7174页。

② 参陈乐保《唐肃代时期剑南道政治地理研究(757—767)——以东西两川的分合为中心》(2015)“三、崔宁事件与东西两川的再次分立”。

五年四月庚子，湖南兵马使臧玠杀观察使崔灌，时任澧州刺史的杨子琳起兵讨之，取赂而还）。大历六年四月曾回朝，赐名猷。后又返澧州，并一度沿汉水西上[1]；后又任陇右兵马使，到了防御吐蕃的最前线。史称“宁在蜀十余年，恃险兵强，肆侈穷欲，将吏妻妾多为所淫污，朝廷患之而不能诘”[2]。但崔宁在大历三年四月入朝、又返蜀；德宗即位，大历十四年九月即入朝[3]，并没有出现崔宁恃其在蜀十余年经营而不受代的情况，剑南西川并未失控。旧史也没有把剑南西川视作跋扈方镇之一。双方的争斗，并不针对朝廷，不是要跋扈于朝廷[4]。

作为历史的研究者，我们已经知道了结局，史书记载的代、德时期朝廷姑息的人或事，特别是节度使图谋久任乃至父子兄弟继袭、军将兵变等问题，事实上大都没有导致朝廷对这些藩镇的失控。

---

① 参《唐刺史考全编》卷一七四，2508 页。

② 《旧唐书》卷一一七《崔宁传》，3400 页。《通鉴》卷二二六，大历十四年九月，在述及崔宁入朝时，亦据此称“在蜀十余年，恃地险兵强，恣为淫侈，朝廷患之而不能易”，7270 页。

③ 分见《通鉴》卷二二四，7198 和 7199 页；《通鉴》卷二二六，7270 页。

④ 陈乐保《唐代宗至宪宗时期的西川节度使继任危机与终结》(2015)，认为从代宗宝应元年(761)至顺宗永贞元年(805，文中误作敬宗；讨论时段的下限应为宪宗即位之前)，“西川节度使多由武人或武人化的文人来担任。如果考虑到在任时间的长短，崔宁镇蜀十余年，韦皋镇蜀二十一年，那么这段时间内西川节度使的武人化倾向更加显著”，这一倾向“虽然没有直接引起与中央的矛盾，却助长了蜀中军事力量的膨胀，成为安史之乱后西川政局动荡不安的根源”(85 页)，并列举出这一时期的四次动乱(徐知道之乱、崔宁之乱、张朏之乱、刘闢之乱)，总结了它们的特点，但称历任节帅“都能与中央保持较为良好的关系”(87—88 页)，将平定刘闢视作这一局面的“终结”。按，将剑南西川的动荡归因于“西川节度使的武人化倾向”是否合适，还可再作探讨(比如，“武人化”的标准是什么，“武人化”与动荡是否有必然性)；刘闢的平定，何以会成为“武人化”的终结(刘闢已得节钺，如果他不出兵攻打东川，很可能就没有宪宗出兵平定刘闢一事)？但从朝廷控制或中央与西川的关系来看，文章称双方关系“较为良好”，确是事实。

就皇帝个人而言，代宗、德宗父子，都是历经战乱，而不是少长于妇人之手、不谙世事的暗弱昏聩之主。代宗经历了安史之乱，即位于安史之乱结束前夕。在大乱之后致力于加强控制，恢复稳定。代宗以处置山南东道节帅来瑱，作为加强控制藩镇的先声，但不久吐蕃侵扰，藩镇即以不勤王的方式表达出了对中央强化控制的对抗。但薛嵩死，魏博田承嗣鼓动昭义兵乱，并欲借机吞并薛嵩所部时，代宗出兵河北，与田承嗣展开对薛嵩所部的争夺，且最终夺得薛嵩所控制的四个州中的两个州，即磁、邢两州和临洺县。这两州地处泽潞与河北的交通要道；取得这两州，意味着中央更容易锲入河北，这对牵制乃至遏制河北的南下，发挥了极为重要的作用①。不久，汴宋李灵曜发动兵变，欲效法河北，代宗不惜以瓜分汴宋为代价，动员周边藩镇出兵平定之，加强了对运河沿线的控制。

德宗经历了代宗的大历年间，即位伊始，更是全面征讨，意欲毕其功于一役。他以处置山南东道梁崇义作为起始，在借淮西李希烈扑灭梁崇义之后，攻讨李希烈；同时围攻河北。战事陷入胶着，中央调泾原兵前往淮西增援时，发生了泾师兵变，德宗逃至奉天避难，李唐朝廷岌岌可危，从而不得不匆匆结束了对藩镇的武力征讨。用兵失败后，将年号由建中改为兴元，为时一年又改为贞元。历史真是有惊人的相似之处。

其实，宪宗在具体问题的处置上，也常常沿用旧史所批评的德宗的

---

① 元和四年，权德舆上《昭义军事宜状》，称“泽潞素为雄镇，磁邢洺与数道犬牙”，《权德舆诗文集》卷四七，751页。关于这一问题，关注者很多，最近的研究，参张达志《磁州增置与“山东三州”之关联——以唐代宗朝为中心》(2013)以及所引用的相关成果。

举措。比如，元和五年(810)朝廷设计擒泽潞卢从史；此事之成功，得力于时任泽潞都知兵马使乌重胤的支持和配合，因此，宪宗即拟以乌重胤继任泽潞节度使。参与商讨处置此事的翰林学士李绛坚决反对：

> 陛下昨收泽潞，人神同庆，国柄再立，制度重显。今忽与本军将，物情顿沮，朝经(纲?)大紊，自削形势，却恐不如从史。[①]

又在《泽潞节度使》中强调：

> 学士奏，守谦密言“圣恩商量，以昭义兵马使乌重允(胤)部置军中事，不获已，须与节度使”者。臣窃以此处置，实非所宜……比者从史受命不由朝廷，遂至生彼邪心，致滋恶迹……若以重允(胤)主兵，势需便与，即是威福不在朝廷，于事体之间，与从史何异。[②]

这不就是德宗“每命节制，必令采访本军为其所归者”的翻版吗？这不比因力量不敌而不得不“被动姑息”更严重吗？河朔将请朝廷任命行军司马，视作听命于朝廷的表现，如易定张茂昭“姑请军司马于朝，使人狎其理，然后以一方之地图户版，三军之驷介伍符授焉”[③]，这不正是把行军司马作为储帅、副贰即未来节帅的接班人来看待的吗？

---

① 李绛《泽潞事宜》，《李相国论事集》卷三，21页。参《通鉴》卷二三八，元和五年三月，7675—7676页。

② 《李相国论事集》卷三，22页。《全唐文》卷六四五题作“请授乌重允(胤)河阳节度使疏”(《唐代の散文作品》12624号)。《丛书集成初编》本据《指海》本排印，全书目录，称据《全唐文》改，但内文标题未改。

③ 权德舆《张茂昭墓志》，《权德舆诗文集》卷二一，323页。

为什么旧史要将代、德，特别是德宗，塑造成“姑息”之主呢？

宪宗平定淮西、淄青，实现了对河朔之外藩镇的全面控制，这是安史之乱结束后六十年来藩镇格局的一个实质性的改变。将此视作唐朝的“中兴”，自无不可。用兵淮西的三年期间，宪宗也确实克服了种种困难，比如淄青、成德为阻遏朝廷用兵，采用了诸如袭杀宰相、焚掠转运仓等手段，力图造成恐慌；比如军费的筹措、转运等；比如在战事不利时，朝廷不断有人主张罢兵，以致史称“时用兵淮西，言事者以师久无功，宜宥贼罢兵，唯裴度与宪宗志在殄寇”①。宪宗能顶住这样的压力，最终平定淮西，的确也当得起“中兴”的赞誉。但史书总会自觉不自觉地、习惯性地“以后推前”，为彰显宪宗的“中兴”，便将此前的代、德，特别是德宗贞元的二十年，视作“姑息”。甚至同一性质的事情，会作不同的“认定”。如韩全义不朝觐而径赴镇，叙述为“议者以隳败法制，从古已还，未如贞元之甚”②。同样的事，也发生在宪宗元和初的高崇文身上，便轻描淡写，“以不习朝仪，惮于入觐，优诏令便道之镇”③。史书记载的态度大相径庭。“议者以隳败法制，从古已还，未如贞元之甚”，与其说是事实判断，不如说是价值判断。

其实，高崇文也是德宗十分宠信的大将。贞元十四年(798)闰五月，长武城兵变，为时任都虞候的高崇文平定，“丙子，以崇文为长武城都知兵马使，不降敕，令中使口宣授之”④，这是德宗对高崇文的宠信和

① 《旧唐书》卷一七二《令狐楚传》，4460页。

② 《旧唐书》卷一六二《韩全义传》，4249页。

③ 《旧唐书》卷一五一《高崇文传》，4053页。

④ 《通鉴》卷二三五，贞元十四年闰五月，7580页。胡注称此为“史言德宗重宦臣而轻诏命”，可谓诛心之论。《旧唐书》卷一四八《权德舆传》，贞元十年，迁起居舍人，“岁中，兼知制诰……迁中书舍人。是时，德宗亲览庶政，重难除授，凡命于朝，(转下页)

重视。可以说，宪宗即位之初，兴兵平定西川，使用的最重要的将领就是德宗格外信任的人。

这还与宪宗朝对德宗朝的“政治定位”有关。

《旧唐书》卷一四八《李吉甫传》：“（元和）七年七月，上御延英，顾谓吉甫曰：……昨于《代宗实录》中见其时纲纪未振，朝廷多事，亦有所鉴诫。”（3995 页）《通鉴》卷二三七，元和三年（808）九月，“初，德宗不任宰相，天下细务皆自决之……上在藩邸，心固非之；及即位，选擢宰相，推心委之”（7654 页）。七年三月，“上尝问宰相：‘贞元中政事不理，何乃至此？’李吉甫对曰：‘德宗自任圣智，不信宰相而信他人，是使奸臣得乘间弄威福。政事不理，职此故也。’”（7689 页）

《通鉴》卷二二七，建中三年四月，“上初即位，崔祐甫为相，务崇宽大，故当时政声蔼然，以为有贞观之风；及卢杞为相，知上性多忌，因以疑似离间群臣，始劝上以严刻御下，中外失望”（7329 页）。《旧唐书》卷一七〇《裴度传》：“初，德宗朝政多僻，朝官或相过从，多令金吾伺察密奏，宰相不敢于私第见宾客。及度辅政，以群贼未诛，宜延接奇士，共为筹画，乃请于私居接延宾客，宪宗许之。自是天下贤俊，得以效计议于丞相。接士于私第，由度之请也。”（4417—4418 页）元和十年（815）武元衡遇害，裴度才入相；此前，宪宗也是一仍德宗之旧的。但史书记载给我们的却似乎是迥然有别的两种气象①。

（接上页）多补自御札”（4003 页），并非如胡三省所言，“重宦臣而轻诏命”。这需要从公文程式、演变以及政务处理的角度来理解，参赵耀文《一切宣出，安用中书？——唐五代“口宣”“宣授”与“宣头”研究》（2024）。关于德宗时“重难除授”的问题，陈文龙《释“贞元中仕进道塞”》（2010）作过讨论，可参看。

①　许超雄《“权归宰相”政治话语与唐后期中枢权力关系》（2024）对此作了讨论，可参看；虽称“唐后期”，实际涉及的主要是德、宪两朝。

我们读《通鉴》等有关宪宗用兵藩镇，特别是平定淮西吴元济的记载十分详尽。平定淮蔡、淄青后，裴度曾经将此编纂了专书，于元和十四年二月献上，“裴度纂述蔡、郓以来上之忧勤机略，因侍宴献之，请内印出付史官。上曰：‘如此，似出朕志，非所欲也。’弗许”[①]。这些类似清朝方略的专题史书，一方面有利于我们了解当日之详情，但同时也起到了书写、塑造乃至宣传的作用。特别是相对于没有如此详细记录的其他同类史事，读者无法了解到如此详细的细节，便会忽略这些记载不尽详细的史事，忽略其重要性，忽略在这些史事中起到作用的人以及他们所起的作用。这会放大“忧勤机略”，同时又会遮蔽没有得到详细记录者的“忧勤机略”。这对宪宗“元和中兴”的塑造也许起到了不小的作用[②]。

作为研究者，我们在系统梳理和审视这一时期的历史时，若仍旧将这样的“表达”视作事实，便会妨碍我们对这段历史的准确理解和把握。

四、结语：如何理解“控制”？

安史之乱发生，内地首先是在“当贼冲者”设置节镇，以防遏叛军。随着战事的进行，节镇也因时因地而作种种调整，《通鉴》卷二二〇，乾元元年(758)九月设置蒲同虢三州节度使，涉及前一年设置的河中节度使，属州有重合，胡三省注称，“盖兵兴之际，分命节帅以扼险要，其

① 《通鉴》卷二四一，7767页。
② 关于元和中兴的“政治语境”，可参许超雄《唐宪宗“元和中兴”的政治语境》(2023)。

所统之增减离合，随时制宜耳”（7060 页）。卷二二一，乾元二年四月置陈郑亳节度使、青密七州节度使，命人兼豫许汝三州节度使时，胡注又说“此皆临时分镇，非有一定规模也”（7075 页）。战争中，为鼓励攻取，朝廷又常常令“得者为己邑”。经过代宗，特别是德宗建中用兵之后，藩镇的格局才逐渐大致稳定下来[①]。

从事后看，安史之乱以后，除了河朔，持续动荡并不时对朝廷的控制构成威胁的，主要是河南（汴宋、淄青）、山南、淮西。

周智光控制同华，阻隔关中与关东，看着严重，其实事如儿戏，很快就被平定。这也说明朝廷控制着河中、河东和东都，则夹在其间的同华，不可能真正兴风作浪。汴宋李灵曜的叛乱，则更具实质性，朝廷以“得者为己邑”为代价，发动其周边方镇围剿，虽然淄青乘机攫取了曹濮徐兖郓五州之地，但朝廷控制住了汴州，保障了关中财赋生命线运河的畅通。淄青直到宪宗朝平定淮西后，才得以解决。

山南和淮南，是作为阻击安史南下的第二道防线而设立的。如山南，既是关中的屏障，又是通过汉水沟通长江的要道，唐玄宗经山南逃至剑南，德宗也是越秦岭，逃到了梁州。然而，在来瑱之后，梁崇义发动兵变，控制山南东道，与河北遥相呼应，变成朝廷的肘腋之患，因此德宗不惜冒着淮西李希烈进一步坐大的危险，也要借其力，消灭梁崇义，这才算解决了山南的问题。淮南，最初设置即有十六州，后为十一州，再往后，其实是越分越小，靠北边的州主要是配合河南道节镇的军

---

① 关于藩镇辖区的变化，《新唐书·方镇表》有不少抵牾或错讹，历史地理的研究者作过不少梳理和考订的工作，综合性成果，如赖青寿《唐后期方镇建置沿革研究》（1999）、付先召《唐代后期方镇辖区变动研究》（2023）等。新近又出版了向传君《唐代藩镇历史地理研究》（2024），惜未得寓目。

事行动，濠泗更是直接并入了徐州武宁军；寿州在遏制淮西李希烈东扩时军事作用一度十分突出。淮西的问题，从李希烈逐李忠臣，直到元和末用兵，李愬雪夜入蔡州，才被彻底解决。

从安史之乱结束到宪宗平定淮西、淄青，内地的藩镇格局基本没有实质性的变化，虽然其间德宗曾一度大举用兵，欲彻底解决藩镇问题，却以失败告终。所谓的“藩镇格局”，有两层含义：一层是地理的分布①，另一层是藩镇与中央的关系。

藩镇与朝廷的关系，本质上反映的是朝廷能否有效地控制藩镇②。但是，控制并不是绝对的，而是动态的、相对的。藩镇对朝廷的态度，也是随着形势的变化而变化，并不是“忠诚不绝对，就绝对不忠诚”。

首先，军将对朝廷的态度，与他们跟朝廷甚至与皇帝个人之间的关系，密切相关。比如西川韦皋。泾师之变、朱泚称帝、德宗出逃奉天时，韦皋受凤翔陇右节度使张镒之命，权知陇州行营留后事；当时曾任朱泚部将的凤翔后营将李楚琳杀张镒，降朱泚，陇州刺史郝通投奔李楚琳。朱泚派人来任命韦皋为御史中丞。韦皋杀泚使者，派其兄等入被朱泚围困的奉天城，“城中闻皋有备，士气倍增”。不久朱泚又派人

① 高正亮《唐后期黄淮海平原讨藩战争后方粮草调拨地理》(2022)，围绕朝廷用兵河北(河北平原)及淮西、淄青(黄淮平原)等战事中的粮草调拨问题，对军事地理多有考述和勾勒，所作附地形的地图尤为直观，有助于我们了解战事过程。另可参看其2020年完成的博士学位论文《唐后期黄淮海平原讨藩战争后勤补给研究(795—845)》及《政通则粮达：军政区域规划与唐后期黄淮海平原讨藩战争粮草补给》(2024)等。

② 彼得森执笔的《剑桥中国隋唐史(589—906)》(1979)第八章《中唐和晚唐的宫廷和地方》极为重视中央对藩镇的控制(所谓宫廷，即指李唐王朝的中央朝廷)，可以说，此章主要是围绕中央对地方的控制展开的；“中央对藩镇的控制，才是藩镇与中央关系的关键”，该章正是“抓住了这一关键”，参孟彦弘《评〈剑桥中国隋唐史〉》(2004)，见其《读史杂评》。

来拉拢韦皋，允其为凤翔节度使，韦皋斩之。又筑坛，与将士盟约，“竭诚王室”[①]。在当时陇州基本被朱泚势力包围的情况下，韦皋的政治立场难能可贵。德宗还京，他被征入为金吾卫大将军；贞元元年（785）代张延赏，出任剑南西川节度使。德宗死、顺宗即位，他派副使刘辟入京，私谒王叔文，求兼领剑南三川，遭拒。“皋知王叔文人情不附，又知与韦执谊有隙，自以大臣可议社稷大计，乃上表请皇太子监国……又上皇太子笺。”[②]是年八月，韦皋暴卒，《通鉴》称“皋在蜀二十一年，重加赋敛，丰贡献以结主恩，厚给赐以抚士卒……以是得久安其位而士卒乐为之用，服南诏，摧吐蕃……府库既实，时宽其民，三年一复租赋”（7620页）。韦皋在西川任节度使长达二十一年，确为久任；但他得以久任，与深得德宗的信任分不开（他的任期，恰好完整覆盖了德宗的贞元年号）。这种信任，无疑是德宗被困奉天最困难、最狼狈的时候，韦皋“竭诚王室”造就的。当然，“丰贡献以结主恩”也是他巩固宠信的一个手段[③]。韦皋的久任，德宗不会感到剑南西川会出现控制问题。韦皋对顺宗表现出的“不忠诚”，与他未能如愿兼领三川有关，更重要的是德宗死后，他与德宗君臣之间的“私交”不复存在了。我们不能把他在

---

① 《旧唐书》卷一四〇《韦皋传》，3822页。参《通鉴》卷二二八，建中四年十月，7367—7368页；卷二二九，建中四年十一月，7369页。

② 《旧唐书》卷一四〇《韦皋传》，3825页；参《通鉴》卷二三六，永贞元年六月，7616页。

③ 《旧唐书》本传称他“重赋敛以事月进，卒致蜀土虚竭，时论非之”（3826页），强调的也是他的进奉。“卒致蜀土虚竭”云，疑属夸大（远未到这个程度），故为《通鉴》所不取。另，韦皋与德宗最信任的陆贽的私交亦笃，《唐文粹》卷九一《唐赠兵部尚书宣公陆贽翰苑集序》，称“素与蜀帅韦南康布衣友善，韦令每月置遗，公奏而受之”（叶6a）。此文未署名，前一篇乃权德舆作，故孙星衍据此补入《权德舆集》之末；郭广伟点校《权德舆诗文集》，“据朱本目录”（503页），插入卷三三。《全唐文》收入卷四九三。

贞元年间长达二十一年的久任，视作朝廷控制藩镇不力的例证。

即使是对朝廷表现出一定的跋扈，也并不一定意味着要游离于朝廷乃至反叛，如山南东道于頔，贞元十四年(798)九月由陕虢观察使出任，直到元和三年(808)九月入朝，任职长达十年①。他上任时，正值淮西吴少诚出兵攻扰邻境，朝廷出兵攻讨之时②，《旧唐书》卷一五六《于頔传》列举了他在任职期间的种种专横、跋扈行为：

> 地与蔡州邻，吴少诚之叛，頔率兵赴唐州，收吴房、朗山县，又破贼于濯神沟。于是广军籍，募战士，器甲犀利，僩然专有汉南之地。小失意者，皆以军法从事。因请升襄州为大都督府，府比郓、魏。时德宗方姑息方镇，闻頔事状，亦无可奈何，但允顺而已。頔奏请无不从，于是公然聚敛，恣意虐杀，专以凌上威下为务。邓州刺史元洪，頔诬以赃罪奏闻，朝旨不得已为流端州，命中使监焉。至隋州枣阳县，頔命部将领士卒数百人劫洪至襄州，拘留之。中使奔归京师，德宗怒，笞之数十。頔又表洪其责太重，复降中使景忠信宣旨慰谕，遂除洪吉州长史，然后洪获赴谪所。又怒判官薛正伦，奏贬峡州长史。及敕下，頔怒已解，复奏请为判官，德宗皆从之。……俄而不奉诏旨，擅总兵据南阳，朝廷几为之旰食。(4130页)③

---

① 参《唐方镇年表》卷四，山南东道(任职去职，均引《旧唐书》本纪)，629—630页。

② 《通鉴》卷二三五，贞元十四年九月，吴少诚掠寿州霍山(7581页)；十五年三月袭唐州，九月趁陈许节度使曲环卒，掠临颍、围许州；九月，朝廷下令攻讨(7583—7584页)。

③ 《通鉴》卷二三五，于贞元十六年五月叙述，7588页。

元和二年(807)十二月,“山南东道节度使于頔惮上英威,为子季友求尚主;上以皇女普宁公主妻之。翰林学士李绛谏曰:‘頔,虏族;季友,庶孽,不足以辱帝女,宜更择高门美才。’上曰:‘此非卿所知。’己卯,公主适季友,恩礼甚盛;頔出望外,大喜。顷之,上使人讽之入朝谢恩,頔遂奉诏。”[①]下一年九月,“以山南东道节度使于頔守司空、同平章事;以右仆射裴均检校左仆射、同平章事、襄州刺史,充山南东道节度使”[②],结束了他长达十年的节度使任职。《通鉴》所述,言外之意,是说宪宗以下嫁公主向于頔怀柔、示好,于頔方入朝。

元和八年,“于頔久留长安,郁郁不得志。有梁正言者,自言与枢密使梁守谦同宗,能为人属请,頔使其子太常丞敏重赂正言,求出镇。久之,正言诈渐露,敏索其赂不得,诱其奴,支解之,弃溷中”。事泄,于頔贬恩王傅,绝其朝谒[③]。死后,谥为“厉”,后其子于季友请改谥为“思”;右丞张正甫封敕请还本谥,右补阙高钺上疏论列,称“頔顷镇襄汉,杀戮不辜,恣行凶暴。移军襄邓,迫胁朝廷,擅留逐臣,徼遮天使”,认为应“却依太常谥为厉”。太常博士王彦威上疏,称“擅兴全师,僭为正乐,侵辱中使,擅止制囚,杀戮不辜,诛求无度,臣故定谥为厉。今陛下不忍,改赐为思,诚出圣慈,实害圣政”,认为“两河用兵宿兵,垂七十年……而于

---

① 《通鉴》卷二三七,7647页。《李相国论事集·遗文》“论于季友尚主”(4页),即据《通鉴》录。

② 《旧唐书》卷一四《宪宗纪上》,426页。

③ 《通鉴》卷二三九,元和八年二月,7699页;“二月”,据吴玉贵《〈资治通鉴〉疑年录》补,288页。参《旧唐书》卷一五六《于頔传》,4131页。是年九月,改授太子宾客,权德舆有贺表,称其“父私匪人,行贿求进,恶子凶悍,虐杀无辜,降为王傅,使绝朝谒,家居思过,用愧其心,在于圣恩,已是私宥。今则以其尝居重任,特降殊私,进于宾护,复得通籍,载念循省,洗其尤违”云云,《权德舆诗文集》卷四六,719页。

頔以文吏之职，居腹心之地，而倔强犯命，不获已而入朝”云[①]。在时人眼中，于頔确实是以文吏身份出镇，倔强跋扈。但我们看上面所举的具体事例，体现的更多是他个人的品性，是他为人的专横、霸道、使性子；他针对的并不是朝廷，不是要刻意挑战朝廷的政治权威[②]。

即使对朝廷一向忠顺的藩镇，有时也会对朝廷表现出消极抗命，如河阳三城。元和十三年(818)三月，横海程权(执恭)不顾军将阻拦，举族入朝；十一月朝廷命乌重胤接任，乌重胤“以河阳军三千人为牙卒，卒咸不愿从，中路叛归，又不敢归州，聚于境上。楚(令狐楚接任河阳)初赴任，闻之，乃疾驱赴怀州，溃卒亦至，楚单骑喻之，咸令櫜弓解甲，用为前驱，卒不敢乱”[③]。河阳军人消极抗命，只反映了军队地方化的实质，并不能表示他们对朝廷的政治态度和立场；换言之，这一事件不涉及朝廷对藩镇的所谓控制问题。

其次，藩镇对朝廷的态度，也会因应具体形势的变化而变化。比如李希烈，建中二年(781)八月攻入襄州，朝廷任命李承为襄州刺史、山南东道节度观察使，《旧唐书》卷一一五《李承传》：

> 希烈既破崇义，拥兵襄州，遂有其地。朝廷虑不受命，欲以禁兵送承，承请单骑径行。既至，希烈处承于外馆，迫胁万态，承恬然自安，誓死王事。希烈不能屈，遂剽虏阖境所有而去，襄、汉为

---

① 《旧唐书》卷一五六《于頔传》引，4131—4133 页。

② 参王赓武《长江中游地区在唐代政治中的地位》(1973)对于頔的分析，277 页。Twitchett C. Denis，“The Seamy Side of Late T’ang Political Life：Yü Ti and His Family”(1988). 吴晓丰《新回顾与再省思——唐代藩镇研究的趋向与课题》(2024)对该文有简要述评，346 页。

③ 《旧唐书》卷一七二《令狐楚传》，4461 页。参《通鉴》卷二四〇，7755 页。

之空。承治之一年，颇得完复。

初，希烈虽归蔡州，留将校等于襄州守当时所掠得财帛什物等，后使襄、汉，往来不绝。承亦使腹心臧叔雅往来许、蔡，厚结希烈腹心周曾、王玢、姚憺等。及曾等谋杀希烈，以众归朝，多承首建谋也。（3379—3380 页）

李希烈得襄州而复还朝廷，说明他这时还没有不臣之心，否则，不可能仅仅因为李承的"誓死王事"即退出襄州①。李希烈于次年十一月挥兵北上，将治所迁至许州，并与淄青李纳谋袭汴州，完全是朝廷与河北的攻战久陷胶着，刺激了他的扩张野心。可以说，李希烈与中央的对抗，是因朝廷用兵河北陷入胶着而诱发的②。

---

① 参《通鉴》卷二二七，建中二年九月，7308 页。李希烈在攻伐梁崇义时，崇义派往迎战的两员大将在作战失利后降希烈，"希烈受之，使统本兵入襄阳号令，以安百姓"（《旧唐书》卷一二一《梁崇义传》，3491 页；参《通鉴》卷二二七，建中二年八月，7307 页），则实际控制襄阳的，仍是原山南东道的军将。另外，梁崇义派兵屠了李希烈驻守临汉的千余人；李希烈控制襄阳后进行报复，"选其尝从临汉之役者三千人，悉斩之"（《旧唐书·梁崇义传》，3491 页），这也激化了山南与淮西军人之间的矛盾，更增加了李希烈控制襄阳的困难。当然，最为关键的因素，大概是这个时候，李希烈的野心还没有膨胀到要与朝廷公开进行对抗的程度。羊丽冬、雷家骥《唐肃代德时期中央与山南东道节帅互动关系研究——以〈陈皆墓志〉为线索的考察》（2024）称"李承出任山南东道节度使一年而改调湖南观察使，是为左迁，这应与其处理谋杀希烈失败之事有关"（188 页），是个想象力非常丰富的解释。

② 据《通鉴》，建中四年正月李希烈陷汝州，"东都士民震骇，窜匿山谷"，德宗问计于卢杞，对曰"希烈年少骁将，恃功骄慢，将佐莫敢谏止；诚得儒雅重臣，奉宣圣泽，为陈逆顺祸福，希烈必洗心革面，可不劳军旅而服。颜真卿三朝旧臣，忠直刚决，名重海内，人所信服，真其人也"，德宗"以为然"，于是，派颜真卿前往许州宣慰，"诏下，举朝失色"（7338—7339 页）。结果是颜真卿被杀。今天看这种思路和决策，直如儿戏（《旧唐书》卷一二八《颜真卿传》也说是卢杞挟私报复，2595 页），但这就是当时德宗的想法。这也从一个侧面说明，在德宗看来李希烈并不是要处心积虑与朝廷对抗。

一些偶发事件或偶然因素，常常会诱发不可逆的连锁反应，会导致始料未及的、一种新的藩镇与朝廷关系的出现——原本需要维护、需要刻意的控制，一变而为完全控制（不再存在“控制问题”），比如张茂昭、程执恭（权）的归朝，河北的义武（易定）、横海（德棣）为朝廷直接控制等。

横海程执恭的归朝，更多应该是淮西平定的连锁反应。河朔三镇也是受到了淮西平定的震慑，对朝廷表现出了前所未有的恭顺和善意。如成德王承宗，《旧唐书》卷一四二《王承宗传》：

> （元和）十二年十月，诛吴元济，承宗始惧，求救于田弘正。十三年三月，弘正遣人送承宗男知感、知信及其牙将石汎等阙请命，令于客舍安置。又献德、棣二州图印，兼请入管内租税，除补官吏。……仍令右丞崔从往镇州宣慰。承宗素服俟命，乃以华州刺史郑权为德州刺史，充横海军节度、德棣沧景观察等使。……李师道平，承宗奉法逾谨，请当管四州，每州置录事参军一员、判司三员，每县令一员、主簿一员，吏补授皆听朝旨。十五年十一月卒，……子知感、知信在朝。（3881—3883页）

《通鉴》在叙述此事后，称幽州刘总“专意归朝廷”①。河朔的所谓归附，从事后的结果看，朝廷并没有能真正控制，但成德献出德棣，却成为事

① 参《通鉴》卷二四〇，元和十三年四月，7749页。按，《旧唐书·王承宗传》称前往宣慰者为崔从，《通鉴》则称是柏耆，《旧唐书》卷一六五《殷侑传》：“王承宗拒命，遣侑衔命招谕之。承宗寻禀朝旨，献德、棣二州，遣二子入朝。迁侑谏议大夫。”（4320页）似为殷侑。

实;此二州后归入了横海节度使。这也是在《旧唐书·王承宗传》中叙述"以华州刺史郑权为德州刺史,充横海军节度、德棣沧景观察等使"的原因。

又如田弘正控制魏博,是件极为偶然的事件;他对朝廷的忠顺,表现出的强烈的对朝廷的政治认同,极具个人色彩。这既没有从根本上改变河朔的实态,也没有从本质上改变朝廷与河北的关系。但在朝廷用兵淮西时,有效地牵制了淄青李师道;在朝廷用兵淄青时,魏博更成为在北边压制淄青的主力,为朝廷彻底解决淄青问题提供了一个难得的良机[1]——淄青刘悟的兵变回戈,是事先与田弘正协调并得到了他的配合;兵变成功后,与朝廷的沟通,也是经过田弘正,同时田弘正还受命接收、处置淄青事[2];朝廷决定并顺利将刘悟调离淄青,也是依靠了田弘正。《旧唐书》卷一四一《田弘正传》所谈魏博归顺所起的作用,大体中肯:

元和十年,朝廷用兵讨吴元济,弘正遣子布率兵三千进讨,屡战有功。李师道以弘正效忠,又袭其后,不敢显助元济,故绝其掎角之援,王师得致讨焉。俄而王承宗叛,诏弘正以全师压境,承宗

① 李树桐《元和中兴研究》(1984),即将田弘正的归朝视作元和中兴的一大关键,是元和中兴的基础。

② 马总《郓州刺史厅壁记》,"今以平寇之初,魏博田公奉诏权兼勾当,则位同政牧,宜书为首"云,《唐文粹》卷七三,叶2a。郓州是淄青节镇的治所州,节度使例兼治所州刺史。田弘正兼勾当郓州刺史,意味着他是受命接管处置淄青事宜的(在《讨李师道诏》中,只说"宜令宣武、魏博、义成、武宁、横海等军节度兵马,分路进击",并未任命其中某位统一指挥,《唐大诏令集》卷一二〇,634页;此诏还见于《册府元龟》卷一二二,另有多处涉及,参《唐代诏敕目录》,411页)。

> 惧，遣使求救于弘正，遂表其事，承宗遂纳二子，献德、棣二州以自解。十三年，王师加兵于郓，诏弘正与宣武、义成、武宁、横海等五镇之师会军齐进。十一月，弘正自帅全师自杨刘渡河筑垒，距郓四十里。师道遣大将刘悟率重兵以抗弘正，结垒相望。前后合战，魏军大捷，而李愬、李光颜三面进攻，贼皆挫败，其势将危。十四年三月，刘悟以河上之众倒戈入郓，斩师道首，诣弘正请降。（3850—3851页）

可以说，朝廷正是利用了田弘正的归顺和配合这个前所未有的窗口期，才得以顺利肢解淄青，实现了对淄青的完全控制。因此，控制的实现，常常是在具体的、特定的形势下发生的。

总之，朝廷与藩镇的关系，是动态的、弹性的，不是固定不变的。对一些有实力、表现出相当游离甚至有"河朔化"倾向的藩镇，朝廷最终也实现了完全的控制，如宣武军。韩弘是刘玄佐外甥，刘玄佐死，朝廷曾先后任命董晋、陆长源为节度使，但很快就连连发生兵变，直到韩弘被拥立，控制宣武二十年，"颇以兵力自负，朝廷亦不以忠纯待之"①。朝廷对像宣武这样的拥兵且对朝廷来说十分重要的藩镇，并不追求所谓绝对忠诚或绝对控制②。事实上，朝廷也未必有这样的实力——

---

① 元和九年九月，朝廷加河东节度使王锷同平章事；韩弘为此致书宰相武元衡，表示不满，十年正月，朝廷"加韩弘守司徒"，《通鉴》称"弘镇宣武，十余年不入朝，颇以兵力自负，朝廷亦不以忠纯待之……朝廷方倚其形势以制吴元济，故迁官使居锷上以宠慰之"（7707页）。参《旧唐书》卷一五六《韩弘传》，4134页。

② 《旧唐书》卷一二六《陈少游传》，泾师之变后，淮南节度使陈少游劫两税使包佶财赋；日后德宗向陈少游派来的使者询问此事，并说，"少游国之守臣，或防他盗，供费军旅，收亦何伤"；史称"时方隅阻绝，国命未振，远近闻之大惊，咸以圣情达于变通，明见万里。少游后闻之，乃安"（3565页）。将德宗的处置视作"圣情达于变通"，（转下页）

一旦对军将拥立节帅不予承认，势必需要组织力量，兵戈相向；而军将拥立节帅，也未必就是要通过拥立而谋求独立甚至割据。宣武连续发生的兵变，也没有从实质上改变朝廷与宣武的关系，没有动摇朝廷对中原的整体控制。因此，旧史指责贞元年间德宗对藩镇姑息，所谓德宗“还自兴元，虽一州一镇有兵者，皆务姑息”①，这其实是空张强硬的旗帜，并没有真正认识到贞元年间朝廷与藩镇关系的实质——一方面，这标志着朝廷藩镇政策的改变；另一方面，这又是朝廷对藩镇控制方式的体现。

形势变了，藩镇的态度也会随之发生变化。韩弘在淮西平定后，元和十四年(819)七月即“尽携汴之牙校千余人入觐”②，还“献马三千，绢五千，杂缯三万，金银器千，而汴之库厩尚有钱百余万缗，绢百余万匹，马七千匹，粮三百万斛”③。朝廷方得以命张弘靖为节度使。五年以后的长庆四年(824)，令狐楚继任之后，宣武基本改变了骄兵逐帅的历史。宣武军政治生态的改变，与淮西、淄青问题的解决密切相关。

(接上页)也许未必是实录而是小说家言，但亦反映出时人的态度，即在当时“方隅阻绝，国命未振”之时，追求绝对的秩序是不可能的，非但无益，反倒有害。

① 《通鉴》卷二三五，贞元十五年十二月条，因言浑瑊之死而作此概括，7585页。按，这一概括并非实录，如贞元十年六月昭义节度使李抱真卒，其子李缄匿丧欲继袭，“上知抱真已薨，遣中使第五守进往观变，且以军事委王延贵”，不许其继袭，详参《通鉴》卷二三五，贞元十年六月，7560—7561页。又如贞元十五年七月，任命山南西道都虞候严砺继任节度使(因前任严震病时命其权府事，且遗表举荐)，《旧唐书》卷一一七《严砺传》：“诏下，谏议官、御史以为除拜不当。是日，谏议、给事、补阙、拾遗并归门下省共议：砺资历甚浅，人望素轻，遽领节旄，恐非允当。既兼杂话，发论喧然。”(3407页)并没有将他的继任视作当然。

② 《旧唐书》卷一五六《韩弘传》，4135页。

③ 《通鉴》卷二四一，元和十四年七月，7769页。《旧唐书》卷一五六《韩弘传》：“弘镇大梁二十余载，四州征赋皆为己有，未尝上供，有私钱百万贯、粟三百万斛、马七千匹，兵械称是。”(4136页)

韩弘归朝后,"时弘弟充为郑滑节度使,子公武为鄜坊节度使,父子兄弟,皆秉节钺"[①],并没有因为他的久任不入朝,朝廷便对他们父子兄弟都打入另册,"加强内控"——甚至在长庆年间,韩充又回宣武任节帅[②]。

服从与忠诚,也是有条件的。脱离具体的政治环境,要求藩镇军将"绝对服从"和"绝对忠诚"是不可能的。服从、忠诚的背后,是权力,是利益。贞元十年(794)穆宁死,次年其子穆员撰《穆玄堂志》,谈及安史之乱期间的河南的情况,称:

> 上元、乾元之间,累官史府,尚书省分王命于河南。征镇之军,仅十余帅,凭勋怙宠,乘国艰危,自以不叛为文,靡顾文法。公以至诚格之、大顺激之、清明律之,由公征令者相率如响。[③]

在形势稳定的情况下,与在局势动荡期间,军将的政治表现和对朝廷的态度,会有很大的不同。在与安史征战期间,军将只要"不叛",已经是最好的政治立场和态度了。在没有足够的实力加以控制时,朝廷对军将的"要求"和控制的方式,也是不可能一样的。朝廷如果要提高服从的门槛和忠诚的标准,就必须要有相应的实力的提升,否则,轻则自取其辱,重则触发新的更大的动荡。

宋明理学浸润几百年,"饿死事小、失节事大"也高喊了几百年之

---

① 《旧唐书》卷一五六《韩弘传》,4136 页。据《唐方镇年表》卷一,韩公武于元和十三年任鄜坊节帅,十五年韩充接任至长庆二年,90—91 页。

② 《旧唐书》卷一五六《韩弘传》,4137 页。参《唐方镇年表》卷二,长庆二年至四年,198 页。

③ 穆员《秘书监致仕穆玄堂志》,《文苑英华》卷九四三,4961 页。穆员生平,参李德辉《全唐文作者小传正补》,944 页。

后，明清易代之际，仍有大批的明朝官绅投降李自成、投降清朝，虽然也有一批人拼死抵抗，或甘为遗民、反清复明。无论什么时代，真正能做到绝对的服从和忠诚的，总是极少数。

我们“事后倒带”，可以把线索梳理得较为清晰，但在当时，有些举措有前瞻性，有些问题则是需要等到暴露出来才能着手加以解决。李希烈如果不是利用兵变的方式驱逐李忠臣，淮西也许不会最终演变成与朝廷的公然对抗，山南东道梁崇义之跋扈也是如此。

淄青的军队原是驻守于卢龙，安史乱起，他们曾连连攻打叛军；失利之后，才浮海移军至淄青。日后任职淮西节帅的李忠臣即这支军队的骁将。李忠臣于宝应元年(762)任淮西节帅，直到大历十四年(779)被李希烈驱逐，曾于永泰元年(765)吐蕃来犯、诸道多不出兵时，发兵勤王；参与讨伐同华周智光、李灵曜。史称“方隅有警，忠臣必先期而至。由是代宗嘉其忠节，加本道观察使，宠赐颇厚”①。但与他背景相同的淄青李正已，于永泰元年(765)驱逐淄青节帅侯希逸后，便与河北勾结，对抗朝廷，完全改变了由卢龙浮海而来的原有立场，直至宪宗元和末，才被解决。当然，其前提，是因为他们拥有相当的军事实力。这也意味着这些拥有相当实力的藩镇，地方军人集团的势力更为强大，与中央表现出的张力也更大。

元和被旧史视作“中兴”，主要就是因为平定了淮西和淄青。淮西自李希烈公然称帝，即一直被朝廷视作叛逆之地。但淮西、淄青不平定，是不是会导致此后唐朝八九十年的藩镇格局发生逆转，乃至要影响到唐朝的政治走向呢？或许，也不至于。元和四年(809)十一月吴

---

① 《旧唐书》卷一四五《李忠臣传》，3941页。

少诚死、吴少阳丁忧，至次年三月朝廷方正式以少阳为留后。这期间，权德舆曾上《论吴少阳起复状》，称：

> 少阳丁忧，已近五十日，未有恩命起复除官。比来诸道节将，每有起复，皆不如此淹久。亦闻少阳疾病颇甚，如少阳不起，即朝廷因此便可处置。况蔡州四面悬绝，与山东不同。……今若议除替，即须准拟兴师。师徒一举，劳费则甚。京邑旱俭，恐且须安静，养威蓄力，以俟其时。少阳风疾颇甚，臣先已闻奏，其势非久，可为后图。东都与淮西相近，在臣忧虞至切。①

与李绛一样，都强调淮西与山东情形不同，但处置意见却完全不同。李绛是要趁势用兵，权德舆则是要维持现状。元和九年(814)吴少阳死，吴元济继袭，四出骚扰，宪宗、武元衡、裴度等主张用武力彻底平定淮西，其时也有不少官员因战事时有不利且旷日持久、经费紧张等，主张罢兵，维持现状。如果宪宗采纳了这一种意见，如果裴度不坚持攻讨，继续维持现状，亦无不可。维持现状，在当时人看来，也并不意味着国运即衰。可见，彻底解决淮西问题，也不无偶然性。

但是，一些游离、跋扈以至纯属简单的士兵哗变之事，如不能及时妥善地加以解决，小的事变，也可能会发生连锁反应，导致较大的、全面

① 《权德舆诗文集》卷四六，第723页。该书附录四《权德舆年谱简编》系此文于元和九年，权德舆东都留守任(929页)；《权德舆诗文集编年校注》亦系于元和九年，恐均误。“少阳丁忧，已近五十日”，恐怕不是指吴少阳死了。吴少阳死于元和九年闰八月，见《通鉴》卷二三九(7705页)。《旧唐书》卷一五《宪宗纪下》，元和九年九月记少阳死后，其子元济跋扈事：“淮西节度使吴少阳卒，其子元济匿丧，自总兵柄，乃焚劫舞阳等四县。朝廷遣使吊祭，拒而不纳。”(450页)

性的动荡。哪些事件会成为导火索、会成为压死骆驼的最后那根稻草，哪些事件不过就是偶发之事，作为已然看到结果的历史研究者，我们也不能洞若观火、了然于胸，做到完全的了解、把握和理解。我们既不能奉行“发生的都是必然的”，事事深文周纳，自诩看到了本质、揭示得深刻，也不能把一切史事都视作无足轻重，都是杂乱无章的简单堆积。

从动荡到恢复稳定的六十年，主要就是要解决河南、山南、淮西的分离、跋扈甚至公然反叛的问题。《册府元龟》卷二〇《帝王部·功业》对这六十年来的藩镇格局的演变曾有一概括：

> 宪宗元和中，诸军进讨淄青李师道，擒之，斩其首送于魏博军。国家自天宝末安禄山首乱两河，至宝应元年王师平史朝义，其将薛嵩、李怀仙、田承嗣、李宝臣等先受伪命，分领州郡，凡数十。时朝廷厌兵，遂各因其旧任真授焉。及侯希逸为军人逐出，正已又据有齐鲁之地，既而递相胶固，联结姻好，职贡不入，法令不加，率以为常。仍皆置其子为副大使，身死继立，则以三军之请闻，亦有为其大将所杀而自立者。自艰难以后迄于贞元，朝廷多务优容，每闻其擅袭，因即而授之，以故六十余年，两河号为反侧之俗。①
>
> 元和初始，则诛杨惠琳、刘闢、李锜；三年，来于頔；五年，擒卢从史，张茂昭献所管易、定二州，举族归阙；七年，田弘正定魏、博、相、卫、澶、贝六州；十二年，斩吴元济，平蔡、申、光三州；是年，斩李师道，平郓、曹、濮、淄、青、齐、登、莱、兖、海、沂、密凡十二州；程

① 此段又见《旧唐书》卷一二四《李师道传》，3541页。

> 权归朝，得沧、景；王承宗求削地，纳德、棣；（韩）弘镇汴、宋、亳、颍四州二十余年，是岁入朝，乞留京师，以赎前过。于是河南、河北合三十一州复为王土焉。①

这既是对宪宗一朝用兵藩镇的总结（不久宪宗即死），也是六十年来朝廷实现了对河北之外的藩镇的完全控制的写照。安史之乱以后，河北之外藩镇问题的解决，是与朝廷对藩镇“放弃河北、控制其余”这一国策的确立和实施同步进行的，也是以此为前提才得以实现——在史臣眼中，“河南河北合三十一州复为王土焉”，实际河北并没有像淮西、淄青那样，真正为朝廷所控制。这只是王朝的叙事而已。但毕竟，朝廷经过这六十年的努力，终于从动荡走向了稳定。从这个意义上说，元和确实可以称作“中兴”。

---

①　李翱元和末上《百官行状奏》，建议宪宗修实录，历数元和以来用兵藩镇的武功：“伏以陛下即位十五年矣，乃元年平夏州；二年平蜀、斩闢；三年平江东，斩锜，张茂昭，遂得易定；五年擒从史，得泽潞邢洺磁；七年田弘正以魏博六州受常贡；十二年平淮西，斩元济；十三年王承宗献德棣，入管内租税，沧景除吏；十四年，平淄青，斩师道，得十二州。神断武功，自古中兴之君，莫有及者。而自元和以来，未著实录，盛德大功，史氏未纪。”（《李翱文集校注》卷一〇，143页。）

第六章 跋扈与控制

——藩镇的“河朔化”与朝廷的遏制

关于唐后期的藩镇问题，此前的研究主要着眼于中央与藩镇的关系；也正是从这个角度，学界将这一问题简洁地概括为“藩镇割据”。王寿南在20世纪60年代，首先论证了并非所有藩镇在任何时间都会跋扈于中央，换言之，藩镇跋扈具有时间性和地域性；同时，又再次强调了河北的特殊性①。崔瑞德（杜希德）在日本学者如日野开三郎、周藤吉之等论著基础上，于20世纪70年代从地方行政的角度，将唐后期分为四大区域，即河北（自主状态）、西北（边防重地，但财政仰赖中央供给，军事上受禁军制约）、河南（军事化严重，处于河北独立藩镇与朝廷直接控制地域的中间地带，拱卫唐核心地带和监督漕运）、江淮（唐廷有效控制，是其财赋来源；江淮动荡比河北的威胁更致命）②。这

---

① 王寿南《唐代藩镇与中央关系之研究》（1969）第二章、第四章；河北的讨论，见第七章。按，河北的特殊性，陈寅恪首先从文化上进行了讨论，其后，学界多有发挥。在我们看来，这些并不是导致河朔起兵乃至割据的最根本的原因，详参本书第三章的相关讨论。

② 《唐代藩镇势力的各种类型》（1976）。参陆扬《西方唐史研究概观》，《北美中国学》，88—89页。按，1983年汉译文末，有译者张荣芳所作的“书目解题”，对唐代藩镇研究的学术史作了粗线条的勾勒，特别是介绍了皮特生（Charles Peterson＝彼得森）、王赓武等西文成果，以及日野开三郎、周藤吉之、堀敏一、栗原益男、松井秀一（转下页）

是对藩镇问题认识的实质性突破。遗憾的是，当时中国与世界的隔绝，大陆学界无法及时了解、吸收这些成果。

张国刚的藩镇分类研究——将藩镇分作河朔割据型、中原防遏型、边疆御边型和东南财源型①，在大陆学术界产生了重大影响，并直接推动了唐代藩镇研究的深化。这是对藩镇问题地域性的具体化②。河朔割据型，是从它与李唐朝廷的关系来认定的；其余三种类型，是从它们的职能或作用来着眼的③。

汪籛在20世纪60年代也曾对唐代藩镇作过分类。所撰隋唐史札记中，就有一条“唐代方镇的三种情况”：

> 对河朔再叛以后的局面，有些人为要强调藩镇为祸之烈，就把长庆以后和元和以前都说成是“天下尽裂于方镇”，好象在唐后

（接上页）等日文成果。同时指出此文最早发表于1972年的学术会议，后收入1976出版的会议论文集。

① 张国刚《唐代藩镇研究》5《唐代藩镇的类型分析》（1983）。此后又有王援朝《唐代藩镇分类刍议》（1990）等。对藩镇分类的研究史评述，参胡耀飞《关于藩镇分类的学术史梳理：从汪籛〈唐代方镇的三种情况〉谈起》，见其《晚期中古史存稿》（2019）；《续论藩镇分类的学术史梳理——以近三十年中国大陆学者为范围》（2022）。另参张天虹《唐代藩镇研究模式的总结和再思考——以河朔藩镇为中心》（2011）及其《中晚唐五代的河朔藩镇与社会流动》（2021）“绪论”、吴晓丰《新回顾与再省思：唐代藩镇研究的趋向与课题》（2024）。

② 张国刚在给何灿浩《唐末政治变化研究》（2001）作序时，称“我的《唐代藩镇研究》曾经把藩镇分成四个类型，但是只适用于黄巢起义以前，而且比较重视地域因素”，见该书《序》，3页。杨志玖为张国刚书作序，也称“《唐代藩镇的类型分析》一文，首先把藩镇和‘割据’区分开来……其中割据一方的，只有河北三镇为代表的‘河朔割据型’（简称河朔型）。除魏、镇、幽三镇外，还有易定、沧景、淮西、淄青四镇”，《陋室文存》103页。

③ 近来学人又将各类藩镇加以细分，如朱德军《唐代中原藩镇研究》（2009年）“中原藩镇的类型与特点”，将中原藩镇分为割据型、跋扈型、顺服型等。

> 期一百五十年中，除了十几年以外（因为元和只有十五年），都是天下尽裂于方镇的局面。其实唐的方镇，有三种情况。一是河北藩镇，主要是河北三镇，只占有今河北一省之地和河南局部地区。此外，北方的某些藩镇，有时有些效法三镇，但都没有维持很长久。二是其他设立节度使地区，这其中又有两类，一类是由军将出镇的，如宣武、陈许等。那里的军将有时也跋扈，军中有时也发生军乱。但一般说来，节度使的任免还是由唐廷掌握的居多。另一类是剑南东西川、凤翔和淮南等。这些是所谓“宰相回翔之所”，不能把它们都看作割据势力。三是设置观察或团练使、经略使的地区。这一类由中央直接控制，一般不把它看作是藩镇。①

明确指出用“藩镇割据”或“天下尽裂于方镇”来概括唐后期的藩镇格局，是错误的。真正割据于朝廷的，只有河朔藩镇；握兵藩镇，又可分为两类；而没有布兵或握兵很少的、一般以观察使或团练使系衔者，甚至不看作是藩镇。这一全局性的认识极为中肯，且极富启发，可惜到20世纪90年代方才公布，未能及时对学界研究产生影响②。

---

①　汪篯《隋唐史札记》，见其《汉唐史论稿》，175页。据该书吴宗国所撰《后记》，札记“是六十年代初写作《中国史纲要》隋唐部分时记录下来的作者对于隋唐时期政治、经济和民族关系等方面问题的思考”（274页）。按，含隋唐史部分的翦伯赞主编《中国史纲要》第二册初版于1965年，但该书的相关内容并没有能反映执笔者汪篯的这些认识。参孟彦弘《汪篯的唐代藩镇研究》，《读史杂评》（2018）；以及上引胡耀飞文。

②　如方积六《略论唐宪宗平定藩镇割据的历史意义》（1982）“一 宪宗以前藩镇割据的基本形势”，称“宪宗即位以前，藩镇割据已由河北、河南发展到了关中、剑南、浙西”（154页）。这是对藩镇割据的标准定得过低，大概也为了突出宪宗用兵藩镇的“历史意义”，故夸大了所谓藩镇割据的形势。

经过安史之乱，内地虽遍设藩镇，但也并非所有的藩镇都出现了控制问题，比如，江南地区的藩镇，便没有出现过严重的控制问题。汪篯甚至不把它们视作藩镇。藩镇若要游离、跋扈乃至脱离中央的控制，首先需要拥有相当的实力，即拥有重兵。在平定安史之乱的过程中"成长"起来的拥兵藩镇，主要是与叛军作战的河南地区（可视为第一道防线），以及遏制叛军进一步南下的山南、淮南地区（可视为第二道防线）。这些藩镇形成于征战之中——征战，就为将悍、兵骄提供了有利条件，而这些藩镇中的不少重要将领，都来自河北地区[①]。同时，河北周围藩镇军将"河朔化"的追求，加剧了藩镇内部军将与节帅之间的矛盾，为此，这些藩镇的节帅为加强对军队的控制，对骄兵悍将进行诛杀；这种清理，导致了这些藩镇对朝廷的向心力的增强，也为朝廷强化对他们的控制提供了有利条件。

事实上，代、德、宪三朝近六十年间，对朝廷跋扈且对朝廷造成威胁的，是这一地区的藩镇；朝廷所着力控制的，也正是这一地区的藩镇——如能控制，则藩镇便为朝廷所用，否则便可能会对朝廷表现出游离、跋扈乃至公然对抗。就结果而言，以宪宗朝平定这一地区的淮西、淄青两个跋扈藩镇为标志，朝廷最终实现了安史之乱结束以后对河北之外的藩镇的全面而有效的控制。

就政治地理而言，安史乱起，在河南成为战场的情况下，山南及淮南成为唐廷的第二道防线。远在西北的李唐朝廷，必须控制住河南地处运河沿线的藩镇，才能有效遏制河北安史余部的南下，才能控

① 参辻正博《唐朝の対藩镇政策について——河南"顺地"化のプロセス——》(1987)。作者指出安史乱后，河南地区的节度使多是安史余部。

制运河以保证将江南的财赋顺利运送至关中。“东都—南阳—襄阳—荆州”是这一地区西部沟通南北的大动脉；由荆州顺长江而下，经鄂岳至扬州，又是贯通东西的水道，点式分布着荆南、鄂岳、江西（江州）、宣歙、淮南（扬州）和浙西（润州）等有一定军事实力的藩镇；这一分散布局，为朝廷控制提供了极为有利的条件，尤其对控制江淮、辐射岭南、浙东起到了重要作用。同时，还有一条朝廷通往关中后院——剑南的通道。西部这几条重要通道的畅通，都要以朝廷能有效控制山南为前提。所以，实现对河南、山南、淮南的藩镇的控制，是安史乱后朝廷恢复秩序的关键。这些地区一旦失控，江南的失控就只是一个时间问题了；进而会使“中央藩镇化”——中央政府变成为局促于西北一隅地的一方诸侯；黄巢事变以后出现的，就正是这一格局。就朝廷对全国的控制而言，呈现的是一种“节级控制”的态势。

武力征讨是中央控制藩镇最有力、最极端的方式。然而，一旦战事频繁，特别是战争长期胶着，又会使朝廷对地方的政治影响力降低，弱化地方对朝廷的政治向心力，这还暂且不论战争所需要动员的人力以及所需支出的大量物力、财力给朝廷财政带来的沉重负担。因此，作为政治的继续，战争是在不得已的情况所能采取的最后的手段。这对安史之乱刚刚结束以后的代宗朝，以及用兵惨败之后的德宗朝，尤其如此——朝廷无力且也不能频繁地使用武力，同时对跋扈藩镇又不能完全坐视不理。这决定了代宗、德宗两朝对藩镇的控制方式——控制重点和关键地区，充分利用藩镇之间的种种平衡关系，且以柔性的政治控制的方式为主。同时，这一时期也正是朝廷藩镇政策的形成时期，这一形势也影响着朝廷藩镇政策的确定。

朝廷控制藩镇的具体措施，学者已作过不少归纳和总结。比如，藩镇节帅起用文臣[①];比如,原本是大的藩镇逐渐被分割得越来越小,最典型如朔方等[②]。这说明朝廷已经明确意识到了对藩镇的控制及其方式存在问题。但这些措施或手段的实施,须以朝廷能实现对该藩镇的基本控制为前提——如无法控制,则这些措施或手段就没有机会付诸实施。平定淮西、淄青以后的约六十年,朝廷正是通过这些措施或手段,维持着对藩镇的控制。

一、“河朔化”藩镇与朝廷的控制

安史之乱结束后,为了遏制河朔安史余部的南下,以及保障运河的通畅,中央不得不在河朔周边及运河沿线设置藩镇,且因军事需要,不得不允许其拥有重兵。这些藩镇大致相当于张国刚藩镇分类研究中的所谓防遏型藩镇,这也是崔瑞德所指称的所谓“军事化”地区。它们对中央在安史乱后恢复秩序、稳定局面,起着非常重要的作用。但这些藩镇,在宪宗完全控制藩镇之前的约六十年间,时时跋扈于中央,甚至公然抗命,成为安史乱后朝廷实现地方控制的最大阻力。它们为什么会有这样的政治取向?其“动力”是什么呢[③]?

---

① 藩镇个案的研究对此多有揭示,如黄清连《忠武军:唐代藩镇的个案研究》(1993);李文澜《从唐代地方长官的选任看中央与地方的关系——以山南荆楚为例》(2002),《文澜存稿》,174—187页,等等。

② 详参李鸿宾《唐朝朔方军研究》(2000)第七章第三节。

③ 杨志玖《试论唐代藩镇割据的社会基础》(1980),认为“藩镇割据的真正主动者是军士”,军士之所以要割据,一是其“优厚待遇,不法行为,只有在割据一方、中央命令所不及的情况下才能如愿以偿、不受限制”;二是“割据一方,不听唐政府的调遣,符合他们安土重迁的思想习惯和据地自肥的物质利益”,《陋室文存》,85页。杨志玖、(转下页)

(一)“河朔化”释义

在与安史叛军的征战中发展、壮大起来的藩镇，不少军将原本就是安史的部将。因为承担着遏制河朔、保卫运河的任务，它们又都具有相当的军事实力，这就为他们跋扈于朝廷提供了极为有利的条件。利用这些有利条件，这些藩镇的军人集团力图效法河朔，实现“河朔化”——对藩镇权力的控制、对藩镇事务的干预，以及对中央的游离、跋扈乃至于公然对抗。

1. “河朔故事”与军人政治

朝廷与安史余部达成“河朔故事”，才得以结束了双方长达八年的

(接上页)张国刚《藩镇割据与唐代的封建大土地所有制——再论唐代藩镇割据的社会基础》(1982)，除反驳20世纪80年代广泛流行的以土地所有制为视角的分析外，强调“军士瓜分王赋而不上供，正是藩镇割据的真谛”，《陋室文存》，98页。按，屯重兵处的藩镇，都不上供、事实上也无多余的赋税收入以上供，但非“割据”藩镇；相反，如果给予割据士兵足够的收入，是否即可终止割据呢？拥兵藩镇，都有士兵，但“搞割据的不过卢龙、成德、魏博、淄青、泽潞、彰义、宣武等几个大镇，其中尤以前三镇割据时间最长”(《陋室文存》，81页)。拥兵藩镇，士兵都是想要瓜分王赋的吧，为什么有的就能搞成，有的就搞不成呢？这两篇文章发表时，张国刚关于藩镇分类的成果尚未面世，故将中原防遏型藩镇(泽潞、武宁)与河朔割据型藩镇(魏博、成德)混在一起讨论(第二篇文章收入张国刚《唐代藩镇研究》时，统计户兵比例，有武宁、泽潞，特出注称“武宁、泽潞虽时有悍帅，但并非割据藩镇，此处只是为了说明军费之重而举例”，71页)。但能跳出笼罩了几十年的大土地所有、阶级分析等窠臼，已极可贵，且极有启发。四十多年后，张国刚《唐代兵制的演变与中古社会变迁》(2006)仍强调“德宗建中年间的战争主要围绕着河北藩镇世袭的问题而爆发，而世袭的背后还是经济问题”；宪宗元和年间河北三镇相继归附，“朝廷许诺给予高达100万乃至150万的巨额赏赐……从而激起连锁的归顺效应”；中原藩镇，以徐州兵乱为例，称“兵士为了获得赏赐和瓜分财富是其中最突出的原因”(184—185页，另参189页)。我想，朝廷即使保质保量按时给予赏赐，河北三镇应该也不会自动放弃“自署官吏”“不供财赋”的割据或高度自治吧。

公开的武力对抗。因此,"河朔故事"仅限于安史余部。但是,这一"例外"的存在,又会成为拥兵将帅效法的"榜样"、追求的目标,甚至禁军将领也会作此想。如左金吾大将军李昇云率禁兵出镇咸阳,贞元二十年(804)"疾病,其子政諲与虞候上官望等谋效山东藩镇,使将士奏摄父事",当然未能得逞,六月昇云死,其家遭籍没[①]。

我于2001年发表《论唐代军队的地方化》(本书第二章)的结语中,已提到"河北的割据,它所依靠的正是地方军人集团……其他地区的地方军人集团在政治上的作用,虽逊于河北,但其本质则相同。因此河北成为其他地方军人集团的效法对象,'河朔化'成为他们不甚明确的政治目标"。所谓"河朔化",是指本非河朔而要尽力变成为河朔。这里所谓的"河朔",就是指"河朔故事"。

"河朔故事"的本质,是什么呢?是所谓的"父死子继"吗?

杨志玖在讨论藩镇割据的社会基础时,称"绝大多数(节度使)则是竭力结纳军队,博得他们的欢心和拥护,以支持其割据,并使军士拥戴他们的子孙世袭","节度使已成为他部下军士(包括将官)的工具"[②]。

讨论割据基础,可以说是从外向内的观察和概括,是"事外求理";谷川道雄则是从内部来审视,通过梳理河朔三镇节帅的承任更迭,称"河朔三镇中新藩帅的选立,原则上采取'三军拥立'的形式",并且认为"军人推立藩帅的原则,在河朔三镇史上,从初期起就已经存在

① 《通鉴》卷二三六,贞元二十年,7605页。

② 杨志玖《试论唐代藩镇割据的社会基础》(1980),见其《陋室文存》,引语分见82、84页。按,文章起首,作者就开宗明义说:"谁都知道,藩镇所以能对抗中央、割据一方,主要靠的是他们手下的军队。"(78页)有军队,才可能割据;军士又是藩镇割据的社会基础。但历朝历代都有军队,何以并不都能实现割据呢?

了"[①]——明确指出，河朔故事，并不是父死子继，而是军人拥立。

但正如我们在第三章所讨论过的，"河朔故事"发生于安史余部与李唐朝廷的对峙之时——李唐朝廷挥军进入河北，但其实力又不足以消灭或真正制服安史余部，在这种情况下，双方达成"协议"：安史余部承认李唐正朔，李唐朝廷则承认安史余部对河北的实际控制，承认其"自治"。在当时的历史背景下，安史余部不可能马上就达成以三军拥立节帅的形式，实现高度自治；实现这一"协议"的方式，只能是父死子继。同时，朝廷放弃对河北官员的任命权，听由安史余部自行任命。所以，朝廷要改变"河朔故事"，首先就是不许节度使父死子继，即节度使由朝廷任用。这也就是元和四年(809)三月成德王士真死，宪宗所谓"欲革河北诸镇世袭之弊，乘王士真死，欲自朝廷除人"的含义。

最能集中反映"河朔故事"的本质的，就是魏博[②]。

大历十四年(779)二月，田承嗣死，命其侄中军兵马使田悦袭位[③]；兴元元年(784)正月，统领衙军的承嗣之子田绪发动兵变，杀田悦，继任节度使[④]。贞元十二年(796)四月，田绪暴卒，军士拥立其子、年仅十

---

① 谷川道雄《关于河朔三镇藩帅的继承》(1988)，引语见906、909页。

② 参堀敏一《藩镇亲卫军的权力结构》(1960)第四节；该文在收入其论文集时，此节起名为"魏博节度使交替の实情"。

③ 《旧唐书》卷一四一《田承嗣传》系其死于大历十三年九月(3840页)，毛汉光《魏博二百年史论》据此系年(333、335页)；此据《旧唐书》卷一一《代宗纪》(315页)、《通鉴》卷二二五(7255页)。

④ 《旧唐书》卷一四一《田绪传》称其时"主衙军"(3845页)。《旧唐书》卷一二《德宗纪上》称其为行军司马，兴元元年四月"魏博行军司马田绪杀其帅田悦……以绪为魏州长史、魏博节度观察使"(342页)。《通鉴》卷二三〇称其为兵马使，兴元元年四月庚戌"以魏博兵马使田绪为魏博节度使"(7422页)。据《旧唐书·田绪传》，田绪之起意杀田悦，是出于泄私愤，"绪凶险多过，悦不忍，尝笞而拘之，绪颇怨望，尝俟(转下页)

五岁的田季安为留后[①]。元和七年(812)八月，田季安卒，年仅十一岁的其子田怀谏继任，但不久即为军人废黜。《旧唐书》卷一四一《田季安传》：

> 怀谏母，元谊女。及季安卒，元氏召诸将欲立怀谏，众皆唯唯。怀谏幼，未能御事，军政无巨细皆取决于私白身蒋士则，数以爱憎移易将校。衙军怒，取前临清镇将田兴为留后，遣怀谏归第，杀蒋士则等十余人。田兴葬季安毕，送怀谏于京师……田氏自承嗣据魏州至怀谏，四世相传袭四十九年，而田兴代焉。(3847页)

同卷《田弘正传》：

> 田弘正，本名兴。祖延恽，魏博节度使承嗣之季父也……当季安之世，(弘正)为衙内兵马使……季安以人情归附，乃出为临清镇将，欲捃摭其过害之……及季安病笃，其子怀谏幼騃，乃召弘正署其旧职。
>
> 季安卒，怀谏委家僮蒋士则改易军政，人情不悦……衙兵数

(接上页)衅隙”。他是趁田悦宴请朝廷派来的宣慰使孔巢父，防卫松懈且已饮醉时动的手。他杀了田绪及其妻、母之后，“惧众不附，奔出北门，邢曹俊、孟希祐等领徒数百追及之……乃以绪归衙，推为留后。明日，归罪于扈萼，以其首徇，然后禀于孔巢父，遣使以闻。时绪兄纶居长，为乱兵所杀，遂以绪为留后”(3845—3846页)，这似乎不是一起蓄谋已久的兵变。

① 《旧唐书》卷一四一《田绪传》和《田季安传》，季安于田绪诸子中年最幼，母微贱，为嘉诚公主养为己子，故为嫡嗣，“军人推为留后”，朝廷因而授之(3846—3847页)。《通鉴》卷二三五，贞元十二年四月“庚午，绪暴薨；左右匿之，使季安领军事，年十五。乙亥，发丧，推季安为留后”(7571页)。

千诣(田)兴私第陈请,兴拒关不出,众呼噪不已。兴出,众环而拜,请入府署。兴顿仆于地,久之,度终不免,乃令于军中曰……是日,入府视事,杀蒋士则十数人而已。(3848—3849 页)

《通鉴》卷二三八,元和七年八月戊戌记魏博田季安卒之后,对继任及易帅始末作了简要叙述:

初,季安娶洺州刺史元谊女,生子怀谏,为节度副使。牙内兵马使田兴……季安淫虐,兴数规谏,军中赖之。季安以为收众心,出为临清镇将,将欲杀之。兴阳为风痹,炙灼满身,乃得免。季安病风,杀戮无度,军政废乱,夫人元氏召诸将立怀谏为副大使,知军务,时年十一;迁季安于别寝,月余而薨。召田兴为步射都知兵马使。(7692 页)

……

既而田怀谏幼弱,军政皆决于家僮蒋士则,数以爱憎移易诸将,众皆愤怒。朝命久不至,军中不安。田兴晨入府,士卒数千人大噪,环兴而拜,请为留后。兴惊仆于地,众不散;久之,兴度不免,乃谓众曰……兴乃杀蒋士则等十余人,迁怀谏于外。(7694 页)

引文中间省略的是朝廷在得知田季安死、田怀谏继任后,关于此事处置的讨论。《通鉴》在言及田怀谏年纪时,《通鉴考异》卷二〇称"今从《实录》及《旧传》"(754 页),可见《通鉴》所据有《实录》。也就是说,这样的叙事反映的是官方当日的记录。当时朝廷得到的情报,田季安风病加重,"杀戮无度,军政废乱",其夫人元氏与诸将商议,拥立其子怀谏为节度副大使；同时，为了稳定军情，将曾任衙内兵马使的本家亲属田弘正召回，任都知兵马使。随后发生的军人拥立田弘正事，幕后主使恐怕就是田弘正[①]。可以说，田弘正既参与了拥立田怀谏，又主使了废黜田怀谏。乳臭童子田怀谏之立与废，都操之于军将之手[②]。这与唐末皇帝废立操之于掌握禁军的神策中尉，本质是一样的。

就个人的政治立场而言，田弘正对李唐朝廷的政治认同感极强。元和十五年十一月成德王承宗死，朝廷命田弘正移镇成德，次年（长庆元年，821）七月成德即发生兵变，田弘正被害。朝廷命弘正子田布出任魏博节度使，以替父报仇为名，攻讨成德，但最终田布因无法有效动员军将而于长庆二年正月自杀；魏博军人拥立史宪诚为节度使。《通鉴》卷二四二，长庆元年正月记此事：

> 初，田布从其父弘正在魏，善视牙将史宪诚，屡称荐，至右职；及为节度使，遂寄以腹心，以为先锋兵马使，军中精锐，悉以委

---

① 关于处置魏博事宜，李绛有详细分析："今怀谏乳臭童子，领事不得，须假人权柄而托人性命。即所托者其权必重，所任者其言必行。如此，厚薄不同，怨怒必起，向者权均力敌，适足生患，构其祸也。何者？以兵力齐等，不相服从，自然之势也。若军中不相服从，主帅不能断，即必归一宽厚简易、军中素所爱者，兵权既有所归，怀谏自须受祸。若不被处置，即须送入朝廷。"见《李相国论事集》卷五《论魏博》，40页；《历代名臣奏议》卷八〇、一八七。参《通鉴》卷二三八，元和七年八月，7692—7693页。田季安风病狂暴杀人，其妻元氏将他移置别室，月余乃卒事，见元稹于长庆元年奉命所撰《沂国公魏博德政碑》，《元稹集校注》卷五二，1293—1294页。

② 毛汉光《魏博二百年史论》（1979）认为田弘正之死，"表示魏博职业衙校主持军政大权之来临""自田弘正卒后，魏博大权实际上落在牙校之手，藩帅之继承也以最有力量之军校代之。而在位之藩帅亦不敢违逆众牙军之意"（《中国中古政治史论》，338、339页）。在我们看来，田弘正以都知兵马使身份取代田怀谏，正是"衙校主持军政大权"；并不存在以田弘正为界的前后的不同。本质，都是军人政治。

> 之……布以魏兵讨镇，军于南宫，上屡遣中使督战，而将士骄惰，无斗志，又属大雪，度支馈运不继……宪诚阴蓄异志，因众心不悦，离间鼓扇之。会有诏分魏博军与李光颜，使救深州，庚子，布军大溃……癸卯布复召诸将议出兵，诸将益偃蹇，曰："尚书能行河朔旧事，则死生以之；若使复战，则不能也！"布知无如之何……遂刺心而死。宪诚闻布已死，乃谕其众，遵河北故事。众悦，拥宪诚还魏，奉为留后。(7806页)①

史宪诚以恢复河朔故事来煽动军将，消极应对朝廷攻讨成德的命令，但他并没有直接以兵变方式驱逐或杀死田布。这里的"河朔旧事"，就是指不能听命于朝廷；不能为与本镇无关的事而出兵作战。他们要维护的，是军人集团的利益，至于哪个人来当节度使，反倒是其次的事。

太和三年(829)六月，史宪诚接受朝廷任命，调任河中节度使，朝廷命义成节度使李听兼任魏博节度使；同时，朝廷将相卫澶三州单独设置一镇，命其子史孝章为节度使。史宪诚未及离开，魏博即发生了兵变，杀史宪诚，拥立牙内都知兵马使何进滔知留后。前来上任的李听被何进滔击溃，退归滑州；史孝章也未及到任。朝廷以何进滔为魏博节度使，仍以相卫澶归魏博(实际并未被分出)②。史宪诚如果不接

---

① 《旧唐书》卷一八一《史宪诚传》，称田布自杀后，"宪诚为中军都知兵马使，乘乱以河朔旧事动其人心，诸军即拥而归魏，共立为帅，国家因而命之"，4686页。

② 此事经过，见《通鉴》卷二四四，太和三年六月至八月，7864—7865页。史宪诚表示归顺朝廷，并愿意接受移镇的任命，实在有些令人费解。《旧唐书》卷一八一《史宪诚传》："及沧景平……宪诚心不自安，乃遣子孝章入觐，又飞章愿以所管奉命，上嘉之，乃加侍中，移镇河中。"(4686页)沧景平定，恐怕不会对史宪诚产生如此之大的震慑。我想，这主要还是受其子史唐的政治立场的影响所致，如史宪诚与李全(转下页)

受朝廷调任,可能根本不会发生这次兵变。史宪诚如果不表示“愿以所管奉命”,朝廷也不会突发奇想,调他任河中节帅;朝廷即使强行调任,史宪诚拒绝,朝廷也无可奈何——兵变后,何进滔击溃李听,朝廷即任命何进滔为魏博节帅;开成五年(840)十一月,何进滔卒[①],十二月其子何弘敬继袭,“朝廷时遣河中帅李执方、沧州帅刘约各遣使劝令归阙,别俟朝旨。弘敬不从,竟就加节制”[②],就可以证明。史宪诚因接受调任而诱发兵变被杀,充分说明了魏博军人集团对方镇事务,特别是节度使人选的干预和控制——武宗会昌年间,朝廷用兵泽潞,平刘稹;何弘敬配合朝廷,李德裕上《奉宣王宰欲令直抵磁州得否宜商量奏来状》,还特别提到“弘敬一心,虽至忠顺,终虑将校异端”[③];朝廷非常清楚魏博将校对本军镇事务的干预及其程度,节度使并不能一手遮天、一言九鼎。

咸通七年(866)六月何弘敬卒,其子何全皞继袭。十一年八月,魏博军乱,杀何全皞。何全皞,《旧唐书》无传,仅在其父《何弘敬传》中数

(接上页)略婚媾,全略子同捷拒命,朝廷用兵,“时宪诚欲助同捷,唐泣谏,且请发兵讨之,宪诚不能违”(《通鉴》卷二四三,太和二年闰三月,7858页。后史唐奏改名为史孝章,《通鉴》卷二四四,太和三年五月,7864页)。参《旧唐书》卷一八一《史孝章传》:“孝章以父在镇多违朝旨,尝雪涕极谏,备陈逆顺之理……上知宪诚之入觐,乃孝章之谋,遂加礼部尚书。”(4687页)

① 《旧唐书》卷一八上《武宗纪》,开成五年十一月,“魏博节度使何进滔卒,三军推其子重霸知留后事”(586页);次年六月,赐名重顺(587页)。会昌三年二月,又赐名弘敬(《通鉴》卷二四七,7975页)。《旧唐书》卷一八一《何弘敬传》未及其改名事,《新唐书》卷二一〇《何弘敬传》亦仅称“子重顺袭……赐名弘敬”(5937页),不及其原名重霸事。

② 《旧唐书》卷一八一《何弘敬传》,4688页。《通鉴》卷二四六,开成五年十二月,“以何重顺知魏博留后事”,7948页。

③ 《李德裕文集校笺》卷一五,288页。

语及之，“十一年为军人所害”(4686页)。《通鉴》卷二五二记载较详：

> 魏博节度使何全皞年少，骄暴好杀，又减将士衣粮。将士作乱，全皞单骑走，追杀之，推大将韩君雄为留后。成德节度使王景崇为之请旌节；九月，庚戌，以君雄为魏博留后。(8159页)

韩君雄即韩允忠，《旧唐书》卷一八一有传，亦甚简略：“韩允忠，魏州人也。旧名君雄，懿宗改赐今名……少仕军门，继升裨校……咸通十一年，何全皞为军众所杀，推允忠为帅。”(4688页)据其历任及地位，似乎也不是具有谋划兵变能力者[①]。也许正因为他名位不彰，才有成德王景崇为之请旌节之举？诱发兵变的直接原因，大概就是何全皞“减将士衣粮”。

何全皞在就任节帅不久，即任命他的两个弟弟为节度押衙[②]，可以看出他加强防控魏博军将的苦心和努力，可谓“尽力矣”。乾符元年(874)十一月，韩允忠死，“军中立其子节度副使简为留后”[③]。在唐末

---

① 咸通十三年，韩君雄(允忠)为其死于大中八年(854)的父亲韩国昌立神道碑，称国昌之曾祖为魏博节度押衙，祖为魏博节度押衙兼临清镇遏都知兵马使，父为魏博节度押衙□□□□都知兵马使；国昌死前曾任贝州刺史，“既解戎韬，俄从郡政”，通篇叙述，似乎国昌并未任过魏博的重要武职，《山左金石志》卷一三，叶28—31；《全唐文》卷八〇五(《唐代の散文作品》16339号)据此录。

② 上引咸通十三年韩允忠为其父国昌所立神道碑，称国昌“有子三人，长曰君雄，魏博节度观察□□等使、检校尚书右仆射、兼御史大夫；仲曰靖，魏博节度押衙、兼步从□、检校太子宾客、兼□御史；季曰楚，魏博节度押衙兼刀斧将、检校太子宾客、兼监察御史”，两个弟弟都可谓身居要职，《山左金石志》卷一三，叶31b。

③ 《通鉴》卷二五二，8171页。十二月，朝廷任命其为留后，8173页。韩允忠，《通鉴》作韩允中。《旧唐书》卷一八一《韩策传》：“自允忠初授戎帅，便为节度副使。”(4689页)

“僖宗在蜀，寇盗蜂起”的诸镇混战中，韩简攻河阳，掠邢洺，伐郓。中和三年(883)二月，他在攻击河阳时兵败；这时大将乐行达先归，据魏州，被军人拥立为留后，韩简被部下所杀①。次年正月，行达赐名彦祯。文德元年(888)二月，魏博兵变，乐彦祯被杀；都将赵文玠被军人推知留后事；随之，因赵文玠不能全力抗击乐彦祯之子乐从训，又被杀；这时牙将罗弘信被推为知留后。《通鉴》详述其原委：

> 魏博节度使乐彦祯骄泰不法，发六州民筑罗城，方八十里，人苦其役；其子从训，尤凶险……从训聚亡命五百余人为亲兵，谓之子将，牙兵疑之，籍籍不安；从训惧，易服逃出，止于近县，彦祯因以为相州刺史。从训遣人至魏运甲兵、金帛，交错于路，牙兵益疑。彦祯惧，请避位，居龙兴寺为僧，众推都将赵文玠知留后事。
>
> 从训引兵三万至城下；文玠不出战，众复杀之，推牙将贵乡罗弘信知留后事。先是，人有言“见白须翁，言弘信当为地主”者，文玠既死，众群聚呼曰：“谁欲为节度使者？”弘信出应曰：“白须翁已命我矣。”众环视，曰：“可也。”遂立之。弘信引兵出，与从训战，败之。(8374页)

《旧唐书》卷一八一《乐彦祯传》对乐彦祯之筑城招怨、其子乐从训之凶险等亦有记载，特别言及乐从训易服逃出，“彦祯因命为六州都指挥使”；面对军人不满，“彦祯危愤(惧)而卒”(7960页)。《旧唐书》卷一九

① 《通鉴》卷二五五，8288页。《旧唐书》卷一八一《韩简传》系其死于中和元年十一月，称“简单骑奔回，忧愤，疽发背而卒”，4689页。

下《僖宗纪》称“魏博军乱，逐其帅乐彦祯”(729 页)。《通鉴考异》对《旧唐书》之《僖宗纪》《乐彦祯传》与《实录》记载的歧异作了辨析，称“今从《实录》”，即“彦祯惧，自求避位，退居龙兴寺，军众迫令为僧”[①]。由此，可以大致看出，军乱的直接原因虽然是筑城，但这只是个导火线，实质是乐彦祯父子在牙兵之外，另组亲军，使魏博牙军感到了威胁。乐从训易服逃出，乐彦祯仍予以“六州都指挥使”的名义，授予他指挥驻守于各州的军队的权力，无异于公开与牙兵对抗。牙兵逼其退位，即是题中应有之义了。所以《旧唐书》卷一八一《罗弘信传》记载得就直捷了当：“光启末，彦祯子从训忌牙军，出居于外，军众废彦祯，推赵文玠主军州事。众复以为不便，因推弘信为帅。”(4690 页)[②]

光化元年(898)九月，罗弘信卒，“军中推其子节度副使绍威知留后”[③]。罗弘信“自报奋勇”，当上了节度使，他死后，也实现了父死子继，但作为节度使，他们父子对牙兵的恐惧仍存，对牙兵的格外防范也是必然的。但防不胜防，“天祐二年(905)七月十三日夜，牙军裨校李公佺作乱，威仅以身免，公佺出奔沧州”[④]。终于，罗绍威于次年利用朱全忠的力量，对魏博牙兵进行了彻底的清洗，“凡八千家，婴孺无遗”[⑤]。以肉体消灭的方式，彻底解决了牙兵的问题，但魏博也成了朱全忠的

---

① 《通鉴考异》卷二五，967 页。参《通鉴》卷二五七，8374 页。

② 罗弘信为其父罗让立神道碑，对这一段史事也有叙述，参仇鹿鸣《长安与河北之间》第七章(2012)；相关史事细节，该章第三节多有辨析。

③ 《通鉴》卷二六一，8518 页。

④ 《旧唐书》卷一八一《罗威传》，4692 页。参《通鉴》卷二六五，8644 页。按，《十七史商榷》卷九一“罗威”条，称仅《旧唐书》此卷作罗威，诸书均作罗绍威云，1031 页。

⑤ 《通鉴》卷二六五，天祐三年正月，8657 页。参《旧唐书》卷一八一《罗威传》，4692 页。

附庸,不再能作为一个独立藩镇而存在了。为醒目,据以上所述,制成其历任及更迭方式如下表(父死子继或兄终弟及者,标为 ABC,即使以非常手段实现继袭)①:

表 6.1 魏博节度使历任及更迭简表

节度使	在位时间	得位方式	去位
1A 田承嗣	763—779	安史余部。	卒。
1B 田悦	779—784	叔死侄继。	兵变被杀。
1C 田绪	784—796	兵变得位。	暴卒。
1D 田季安	796—812	父死子继。	卒。
1E 田怀谏	812	父死子继。	被军人废黜。
2 田兴(弘正)	812—820	拥立。	移镇。
3 田布	821	朝廷任命。	自杀。
4 史宪诚	821—829	拥立。	受命移镇,兵变被杀。
5A 何进滔	829—840	拥立。	卒。
5B 何弘敬	840—866	父死子继。	卒。
5C 何全皞	866—870	父死子继。	兵变被杀。
6A 韩允忠	870—874	拥立。	卒。
6B 韩简	874—883	父死子继。	被杀。
7 乐彦祯	883—888	拥立。	兵变被杀。
8 赵文玠	888	拥立。	被杀。
9 罗弘信	888—898	拥立。	卒。
10 罗绍威	898—906	父死子继。	牙兵作乱。

① 参堀敏一《藩镇亲卫军的权力结构》(1960)第四节,“表Ⅱ 唐代魏博藩帅交替表”,列出了魏博各节帅出身·族族关系、前职、继承年月、继承事实,598 页。王寿南《唐代藩镇与中央关系之研究》(1969)附录一《唐代藩镇总表》详列各任节度使的任职时间,受镇、去镇的原因,在任跋扈或恭顺等;魏博,见 712—715 页。另参《唐方镇年表》卷四“魏博”,599—621 页。

毛汉光在讨论魏博时说，引用周藤吉之、日野开三郎等的成果，概括说“在藩镇军之中，牙军乃是藩镇之中央军，而镇将等乃是藩镇之地方军”①。唐后期所有藩镇，无论其实力强弱，无论与朝廷关系如何，其牙军在该藩镇中的地位和作用，都是如此。节度使主要依靠牙军来控制驻守于管内各州、镇的军队②。藩镇的军乱、兵变，倡乱者大多是牙兵。魏博牙兵的表现，可能是最为突出的，但这只是表示程度；这样的表现，普遍存在于各藩镇③。

即以河朔三镇为例，节度使的世袭，即使含括以非常手段实现继袭，超过三代者亦极少。魏博已见上，我们再将安史之乱结束(763)后，至王仙芝、黄巢起事(875)引发的唐末大动荡之前的百十年，幽州、成德两镇的节度使更替情形列简表如下④。

表 6.2　幽州节度使历任及更迭简表

节度使	在位时间	得位方式	去位	《通鉴》(参《旧唐书》本传)
1 李怀仙	763—768		兵变被杀。	六月兵马使朱希彩、经略副使朱泚与其弟朱滔共杀李怀仙，朱希彩自称留后(7200—7201 页)。

① 毛汉光《魏博二百年史论》(1979)，《中国中古政治史论》，339 页。所引为周藤吉之《五代节度使の支配体制》、日野开三郎《唐代藩镇の跋扈と镇将》《五代镇将考》、堀敏一《藩镇亲卫军の权力构造》。

② 参张国刚《唐代藩镇的军事体制》(1991)对藩镇军队的构成所作的初步勾勒，收入其《唐代政治制度研究论集》。

③ 秦中亮《河朔藩镇性格说再检讨——兼论魏博牙兵形象的文本建构》(2019)，对河朔三镇牙兵、军将、节帅等地位、作用，又有新的解说，可参看。

④ 参王寿南《唐代藩镇与中央关系之研究》(1969)附录一《唐代藩镇总表》，幽州，718—723 页；成德，703—705 页。《唐方镇年表》卷四，幽州，552—570 页；成德，576—593 页。

续表

节度使	在位时间	得位方式	去位	《通鉴》(参《旧唐书》本传)
2 朱希彩	768—772	兵变。	残虐将卒,被杀。	孔目官李怀瑗因众怒,伺间杀朱希彩,众不知所从,将牙内兵的朱滔倡言拥立兵马副使朱泚(7219页)。
3A 朱泚	772—774	拥立。	入京。	希彩以朱泚宗姓,委信之。希彩为其下所杀,仓促之际,主衙内兵的朱滔倡言,推其兄朱泚为帅(《旧唐书》,5835—5836页)。
3B 朱滔	775—785	775年正月朱泚入朝,表其弟朱滔继任。	病卒。	朱滔病死,将士奉刘怦知军事(7453页)。
4A 刘怦	785	为朱滔姑之子,为朱滔所信任,常总留后事。朱滔病卒,三军推其抚军府事。	病卒。	
4B 刘济	785—810	父死子继。	为其子刘总鸩杀。	
4C 刘总	810—821	弑父继袭。	晚年每见父兄作祟,落发出走。	
5 朱克融	821—826	朱滔孙。兵变得位。	兵变,被杀。立其少子主军务,寻亦被杀。	兵变,拥立旧将朱洄,朱洄以老病,请以其子克融为之(7794—7795页)。
6 李载义	826—831	兵变得位。	兵变被逐。	
7 杨志诚	831—834	兵变得位。	兵变被逐。	

续表

节度使	在位时间	得位方式	去位	《通鉴》(参《旧唐书》本传)
8 史元忠	834—841	兵变得位。	兵变被逐。	军乱,史元忠被杀,推陈行泰主留务。随即行泰被杀,立牙将张绛。幽州旧将、雄武军使张仲武起兵诛张绛(7954—7956页)。
9A 张仲武	841—849	起兵攻讨得位。	卒。	
9B 张直方	849	父死子继。	逃离。	军中将作乱,直方知之,托言出猎,遂举族逃归京师(8040页)。
10 周綝	849—850	军人拥立。	卒。	军中推牙将周綝为留后(8041页)。
11A 张允伸	850—872	军人拥立。	卒。	军中表请以押牙兼马步都知兵马使张允伸为留后(8043页)。
11B 张简会	872	父死子继。	逃离。	正月张允伸得风疾,请委军政就医,以其子简会知留后(8162页)。三月平州刺史张公素帅州兵来奔丧,简会惧,奔京师(8162页)。
12 张公素	872—875	军人拥立。	兵变被逐。	素有威望,为幽州所服,帅州兵来奔丧,四月为平卢留后(8162页)。公素性暴戾,不为军士所附,大将李茂勋举兵向蓟,公素战败奔京师(8180—8081页)。

我们从上表可知,幽州节度使在一家之内,实现父死子继或兄传予弟者,为数甚少,绝大多数都是军人拥立或兵变得位。即使像张允

仲任节度使二十三年，《通鉴》卷二五二，咸通十三年(872)正月："允伸镇幽州二十三年，勤俭恭谨，边鄙无警，上下安之"；得病后，以其子为留后。父死子继，顺理成章，但其子仍感到前来奔丧的平州刺史张公素的威胁，乃于二月逃离(8162页)。这说明军将在节度使更迭和人选上有非常大的话语权。但这一"话语权"又没有明确的讨论、议决程序，偶发性、临时性或即时性的因素起了很大的作用，颇有"乌合之众"的色彩。这也正符合兵变、拥立的特征。比如朱希彩之被杀、朱泚之被拥立，《通鉴》卷二二四，大历七年(772)七月：

> 卢龙节度使朱希彩既得位，悖慢朝廷，残虐将卒，孔目官李怀瑗因众怒，伺间杀之。众未知所从，经略副使朱泚营于城北，其弟滔将牙内兵，潜使百余人于众中大言曰："节度使非朱副使不可。"众皆从之。泚遂权知留后，遣使言状。(7219页)①

即使伺间杀朱希彩的孔目官李怀瑗得到了朱泚、朱滔兄弟的暗中指使或支持，但毕竟是"伺间"所为，对大部分军将而言，是突发事件；朱希彩突然被杀，"众未知所从"，才使将衙内兵的朱滔暗中指使百余人"于众中大言"，起到"一呼百应"之效，成功引导了舆情，拥立了朱泚。再如张公素之被逐，《通鉴》卷二五二，乾符二年(875)二月，"卢龙节度使

① 参《旧唐书》卷二〇〇下《朱泚传》："朱希彩既杀李怀仙，自为节度，以泚宗姓，甚委信之。希彩为政苛酷，人不堪命。大历七年秋，希彩为其下所杀，仓卒之际，未有所众。泚营在城北，弟滔主牙内兵，亦得众心，滔变诈多端，潜使百余人于众中大言曰：'节度使非城北朱副使莫可。'众既无从，因共推泚，泚遂权知留后，遣使奉表京师。"(5385—5386页)

张公素性暴戾，不为军士所附"，"纳降军使陈贡言者，幽之宿将，为军士所信服"，大将李茂勋潜杀陈贡言，以陈贡言的名义，举兵向蓟，张公素兵败奔京师，"茂勋入城，众乃知非贡言也，不得已，推而立之，朝廷因以为留后"(8180—8181页)。

又如，上举魏博军人逼乐彦祯退位，拥立赵文玠；但赵文玠不能率众抗击乐彦祯之子乐从训，即杀赵文玠。这时，"众群聚呼曰：'谁欲为节度使者？'弘信出应曰：'白须翁已命我矣。'众环视，曰：'可也。'遂立之。弘信引兵出，与从训战败之。"①

无论是"一呼百应"拥立朱泚，还是不得已拥立李茂勋，抑或是最具戏剧性的魏博军人拥立罗弘信，都说明军将对拥立何人，并不甚在意。在他们看来，既能立之，亦能逐之甚至杀之，主动权都在自己手中。即使像张允伸，任幽州节度使长达二十三年，其子已继位，权位仍极为不稳，面对外州刺史率兵前来，即仓皇出逃②。

成德的情况，与魏博、幽州不尽相同。其历任节度使及其更迭见下表。

---

① 《通鉴》卷二三七，文德元年二月，8374页。

② 松井秀一《卢龙藩镇考》(1959)指出了幽州藩镇的属州和外镇势力较强；李碧妍《危机与重构：唐帝国及其诸侯》(2015)将张仲武以雄武军使而进驻幽州视作"一个转向标"，"越到晚期，城内的幽州节度使制约这些属州和外镇的信心及能力却都在下降"，341页(属州或外镇军将对幽州影响的事例，见该书335—339页)。按，无论是牙兵，还是外镇军将，可能反映了不同的藩镇内部权力结构有所差异，但军人政治的这一本质是相同的。

表 6.3　成德节度使历任及更迭简表

节度使	在位时间	得位方式	去位	《通鉴》(参《旧唐书》本传)
1A 李宝臣	763—781	安史余部。	卒。	宝臣暮年益多猜忌,以其子惟岳暗懦,诸将不服,即杀大将等二十余人,家口没入(《旧唐书》,3868 页)。
1B 李惟岳	781—782	父死子继。	被杀。	兵马使王武俊引兵袭惟岳,擒杀之(7318 页)。
2A 王武俊	782—801	兵变得位。	卒。	
2B 王士真	801—809	父死子继。	卒。	武俊长子。李宝臣以女妻之,李惟岳之妹婿(《旧唐书》,3876 页)。
2C 王承宗	809—820	父死子继。	卒。	士真长子。王承宗薨,其子秘不发丧,子知感、知信皆在朝,诸将欲取帅于属内诸州,参谋崔燧以承宗祖母凉国夫人命,告谕诸将及亲兵,立承宗之弟观察支使承元(7782 页)。承元请朝廷命帅,朝廷命田弘正为节帅,承元为义成节帅(7786 页)。
3 田弘正	820—821	朝廷任命。	兵变被杀。	
4A 王庭凑	821—834	兵变得位。	卒。	都知兵马使王庭凑本回鹘阿布思之种,结牙兵躁于府署,杀弘正(7796—7797 页)。王武俊养为假子(《旧唐书》,3884 页)。
4B 王元逵	834—855	父死子继。	卒。	九年正月王元逵卒,军中立其子节度副使绍鼎(8055 页)。《旧唐书》作十一年二月卒(3889 页)。此从《通鉴》。
4C 王绍鼎	855—857	父死子继。	卒。	绍鼎沉湎无度,好登楼弹射人以为乐,众欲逐之,会病薨,军中立其弟节度副使绍懿(8064 页)。

续表

节度使	在位时间	得位方式	去位	《通鉴》(参《旧唐书》本传)
4D 王绍懿	857—866	兄终弟及。	卒。	绍懿在镇十年,为政宽简,疾病,召兄绍鼎之子都知兵马使景崇,以军政归之(8114 页)。
4E 王景崇	866—883	叔死侄继。	卒。	
4F 王镕	883—	父死子继。		王景崇薨,军中立其子、年仅十岁的节度副使王镕知留后事(8288 页)。

李宝臣、李惟岳父子相继,为时 20 年;王武俊、王士真、王承宗三代相传,为时 40 年;经过田弘正为时 20 年的归顺,此后直至唐亡,一直维持着王庭凑一家的父死子继。其间,也有过一些动荡,如王绍鼎继任节帅后,“沉湎无度,好登楼弹射人以为乐,众欲逐之,会病薨,军中立其弟节度副使绍懿”①;王绍懿病,将军政归绍鼎子景崇。但《旧唐书》卷一四二《王绍鼎王绍懿传》末,有“景胤,初为成德军中军兵马使、银青光禄大夫、检校太子宾客、监察御史。绍鼎卒,出为深州刺史、兼殿中侍御史,充本州团练守捉使”(3889 页)王景胤,不知是王绍鼎之子,还是王绍懿之子?也不知是在王绍鼎死时出为深刺,还是在王绍懿死时出为深刺?如果是绍鼎之子,且发生在绍鼎死后,则绍懿之继袭,或另有些波折;如果是绍懿之子,那便是绍懿死前,舍己子而立绍鼎之子。总之,在绍鼎、绍懿兄弟继袭一事上,有些波折或隐情,也未可知。但这并没有影响到王氏一家对成德的控制;与幽州、魏博相比,这点波折或隐情,实在也算不得什么。河朔三镇中,只有成德王庭凑一家,世

① 《通鉴》卷二四九,大中十一年八月,8064 页。按,《旧唐书》卷一四二,关于王元逵之死及其子王绍鼎继袭的时间,绍鼎卒、绍懿继袭的时间(3888—3889 页)或有误,或不详,本文从《通鉴》,详表 6.3。

袭节帅超过了三代。这反映了学界所指出的，成德的政局较幽州、魏博为稳定。这大概与它介于幽州、魏博之间，西隔太行山，即使作跋扈状，政治上的跋扈也很难演变成与李唐朝廷实际上的直接军事对抗；同时也与李惟岳继袭不顺利以及随之发生的张孝忠以易定沧脱离了成德、王武俊的兵变夺位等情况有关吧。

安史之乱结束时的“河朔故事”的内涵，在日后河朔的政治实践中发生了变化。河朔三镇节度使的更迭，并没有完全体现出一家一姓的父死子继或兄终弟及；除成德王庭凑一家之外，节度使的世袭基本没有超过三代[①]。它不再是简单的一家一姓对节度使职位的垄断和世袭。堀敏一、谷川道雄都强调了这反映的是河朔军人对藩帅的拥立权或推举权、选择权[②]。我们想强调的是，所谓“父死子继”，是军人集团参与乃至控制节度使任命权的一种方式，这成为一种政治形式。这显示了地方军人集团对当地藩镇事务的介入、干预乃至直接控制，他们常常采取驱逐、杀害或拥立节度使，以实现、维护其在当地藩镇的特权。这一变化的实质，就是河朔三镇军人政治的建立和实现。

节度使为了实现父死子继，通常将其子安排为节度副使或副大使。副使或副大使正是利用这一身份，笼络将校，为日后顺利继袭、完

---

① 张天虹《中晚唐五代的河朔藩镇与社会流动》(2021)第三章第二节、第三节，分为两个段(763—821年和822—914年)，以“社会流动”为视角，从创业型藩帅、守成型藩帅、封闭性、贤能政治基因、血缘合理合法性、互惠型关系、家族凝聚力、家族战略、择强择贤观念等诸多方面，对河朔三镇节帅继任情况进行了分析，并广泛征引了相关研究成果，可参看。

② 堀敏一《唐五代武人勢力の一形态——魏博天雄军の历史》(1958)，见其《中国古代史の视点》——私の中国史学(一)》；《藩镇亲卫军的权力结构》(1960)。谷川道雄《关于河朔三镇藩帅的继承》(1988)。另外，堀敏一强调了“身分制”，谷川则强调军人与藩帅之间是“伙伴关系”而非身分制(这与他“共同体”的理论是一脉相承的)。

成权力交接作准备。也可以说，作为“储使”，提前与将校进行磨合，取得他们的拥护。因此，所谓“以土地传子孙”，并不仅仅是，或者说并不完全是指节度使父死子继式的传其子孙，而是军人集团对方镇的控制，是传给军人集团之“子孙”。

关于这个变化，谷川道雄给出了一个时间节点，即元和年间：“田弘正与王承元的例子，有其共通点。那就是到了这个阶段，想要维持河朔旧事，已经相当困难。藩帅被要求，必得克服此种困难，以保持藩镇的既得权利，因此再也不可能墨守父子世袭藩帅的旧习了。”田弘正的例子发生于元和七年(812)，王承元的例子发生于元和十五年。但他同时又说，“军人推立藩帅的原则，在河朔三镇史上，从初期起就已经存在了”[①]。

朝廷与安史余部达成“河朔故事”，可以大体确立一个“时间点”，虽然双方的沟通、妥协有一个过程；但河朔军人政治的确立，无疑是一个不短的过程。在这个变化过程中，似乎没有一个比较明确的带有标志性的转折点或时间节点。第一，河朔节度使都是终身制，并无任期；第二，前任自然死亡且无重大变故时，一般也不会出现军将拥立的情况；第三，即使以频繁兵变方式更换节帅如幽州，也多具有突发性。因此，似乎并不存在节度使换任或更迭时，都要进行三军推举；事实上，也并没有建立起类似于部落社会向国家过渡时的“军事民主制”——

① 谷川道雄《关于河朔三镇藩帅的继承》(1988)第二节，引语见908—909页。堀敏一《藩镇亲卫军的权力结构》(1960)第四节，讨论魏博节度使的更替，已有这样的认识：“前期藩帅交替的主导权，大体上在节度使本人和他的左右心腹人手里”，从田弘正开始，“田弘正自己本没有作节度使的意图，主导权开始为兵士方面所掌握，从而可以主动地进行废立”(600—601页)。

不具体那样的历史条件，他们也没有产生这样的政治自觉。当时社会历史背景下所谓军人政治，与现代政治中的军人政治，有很大的不同；它是介于有意识与无间识之间的政治形态，平时是一种群体的无意识，他们的共同意识只是在特定的具体的情形下方才被激活。这也是藩帅能不时诛杀骄兵的原因。

所谓"河朔化"，是节度使想要实现"父死子继"与军人集团追求其特权纠缠在一起的。就军人集团而言，实现对藩镇事务的干预和掌控是目的，某家某姓的"父死子继"只是形式，是军人集团控制方镇的方式之一；他们完全有能力"改朝换代"，进行节度使的易姓。事实上，也正是通过易姓，军人集团实现和加强了他们对方镇的控制。兵变、拥立新的人出任节度使，本质上是要维护军政府、维持军人政治、保证军人对方镇事务的干预和掌控，是要维护地方军人集团的政治特权[①]。

---

① 杨志玖《试论唐代藩镇割据的社会基础》(1980)，杨志玖、张国刚《藩镇割据与唐代的封建大土地所有制——再论唐代藩镇割据的社会基础》(1982)，强调了军人对当地赋入的瓜分(均见《陋室文存》)。仇鹿鸣《长安与河北之间》第六章(2017)，借研究刘广之乱，归纳出"唐代藩镇变乱模式的演化"，认为会昌伐叛虽然阻止了昭义的河朔化，却未能改变其"骄兵化"(给予将士更丰厚给赐)，认为"到了晚唐，大多数藩镇都已完成了'骄兵化'的过程"(256 页)。是不是可以将"给予将士更丰厚给赐"的所谓"骄兵化"，看作是军人瓜分当地赋入的另外一种表达形式呢？我想，经济特权(瓜分赋入或丰厚给赐)，是军人政治的题中应有之义，但绝不限于经济特权，如下引孙樵《寓汴观察判官书》所谈到的情况。关于骄兵是为待遇，堀敏一《藩镇亲卫军的权力结构》(1960)已言及："强化兵力的方法是给以优厚的待遇，于是成为了产生骄兵的原因。"(591 页)"兵士的'丰给厚赐'是由从唐朝分离而独占租税收入的'河北旧事'得到保证的。"(602 页)该文收入其《唐末五代变革期の政治と经济》时，将第三节拟题为"节度使の厚赐と骄兵——宣武・徐州の事例"(44 页)。

地方军人集团对其利益的维护，也体现在对本地利益的维护上，如本镇军队受命出征，即由朝廷另行供给，即所谓“食出界粮”；如田弘正任魏博节帅，归顺朝廷，其时“滑以水害闻于朝，请移河于卫之四十里，且役卫工三万余，诏弘正议之。皆曰：‘坏吾地、役吾人，以利他邑，古无有也。’弘正曰：‘魏于滑，信彼此矣，朝廷何异焉？’不时兴工，以教人让”①。

河朔为什么不能像李唐皇室那样，实现世世代代出自一家？——如果节度使可以实现像李唐皇室那样的一家一姓的世袭，节度使就是这个地方的皇帝，就可能会结束当地的军政府，藩镇就可能转变为文治政府②，而不会放任军人对藩镇事务的全面干预。这是不可能得到军人集团的同意和支持的。

从这个意义上说，藩帅只是军人集团的“代表”。因此，在军人拥立节度使时，既有“力争”以求被拥立者，也有拒绝被拥立者。

孙樵大中三年（849）《寓汴观察判官书》所谈到的军人对州县职权的侵夺，要求“军自军、州县自州县，无相夺也”，最能体现军人政治的情形：

---

① 元稹《沂国公魏博德政碑》，《元稹集校注》卷五二，1295页。

② 渡边孝《魏博と成德——河朔三镇の权力构造についての再检讨》（1995），成德在晚期出现了文质倾向、吏化军职（125—126页）。按，成德在逼死田布，王廷凑就任节度使之后，王氏累世控制着成德，确实出现了带有君臣关系这样的稳定格局，似乎有些这样的倾向或苗头了。李碧妍《危机与重构》（2015）引《新五代史》卷三九《王镕传》所谓“当是时，诸镇相弊于战争，而赵独安，乐王氏之无事，都人士女褒衣博带，务夸侈为嬉游”（414页），称“浸染着如此成熟文化风气的成德”（305—306页）；堀敏一《藩镇亲卫军的权力结构》（1960）称魏博“是一个小型唐帝国”（588页）。但我们只能将此当作一种类比，不能视之为实质相同。

大梁居东诸侯，兵最为雄，军候乘权肆豪，奴视州县官。州县官即慓缩自下，美言立闻观察使，往往得上下考。即欲认官为治，必为军候所倾折，大者至夺观察使，小者至为军人所系辱。州县官格手失职，不敢与抗。由是军候得侵绳平民，鞠（鞫？）决授辞，往往狱至数百，不以时省，以故平民益畏军候，至不知有观察使，矧州县官耶。国家设州县官以治平民，岂以属之军乎。今京兆二十四县，半为东西军所夺，然亦不过籍占编氓，翼蔽垦田，其辞狱曲直尚归京兆。今汴军所侵州县者，反愈东西军，士大夫丛居，未尝不病东西军侵府县事。及自提兵符，则不知有以规画之，矧天子之贵耶。执事三从事卢公……执事宜亟以前之所陈辨之，卢公稍稍夺左右军候权，且使系狱者不得治于军门，凡当隶州县者，悉索归之，使军自军、州县自州县，无相夺也。①

无独有偶，泽潞（昭义军）节度使治下州县亦如此。会昌四年（844）平定刘稹之后，李德裕上《潞磁等四州县令录事参军状》，针对这些地方“缘地贫俸薄，无人情愿，多是假摄”的情况，建议朝廷“吏部于今年选人中，拣干济曾有绩效人，稍优一两任注拟。其俸料待勘数到，续请商量闻奏”，这样，“官人皆由选择，可委绢绥。既无军镇干侵，自然得施教化”②。“军镇干侵”不正可为孙樵所谈汴州事作一注脚吗？再往上

① 《孙可之文集》卷三，叶 3a—4a。文中提及“执事三从事卢公”，故《唐方镇年表》卷四“宣武”系之于大中三年（203 页）；大中元年至四年，卢钧任宣武节度使。丁恩全《〈孙可之文集〉校注》列异说，亦系于大中三年（53—56 页）。诸说相差年许，今暂系大中三年。

② 《李德裕文集校笺》卷一六，310—311 页。

溯，贞元年间的许昌也是如此。贞元十九年（803）白居易为其时任许昌令的叔父所修公署而作《许昌县令新厅壁记》，称：

> 许昌县居梁、郑、蔡间，要路由于斯。当建中、贞元之际，大军聚于斯，兵残其民，火焚其邑……去年春，叔父自徐州士曹掾选署厥邑令。于是约己以清白、纳人以简直、立事以强毅……以强毅，故军镇不能干于县。①

这虽是表彰其叔父的“强毅”，但我们读出的，却是“军镇干于县”乃“常态”。这样的侵夺，始于平定安史之乱期间。如《旧唐书》卷一一一《房琯传》，乾元元年（758）六月被贬为邠州刺史，“时邠州久屯军旅，多以武将兼领刺史，法度隳废，州县廨宇，并为军营，官吏侵夺百姓室屋以居，人甚弊之”云（3324 页）。这在战时的“常态”，却普遍存在于军人集团强势的各藩镇，只是表现程度不等而已②。

事实上，拥兵藩镇的节度使为了保障、维护自己对藩镇的控制，也在有意施行军人政治。这既表现在藩镇使府任用军职人员对州县日常事务的渗透或侵夺③，也表现在对其所统治区内的州、县长官的任用——多半任用军将，且无文治政府所具备的诸如任期、资历等制度。河朔及河朔化程度越高的藩镇，这一情况就越普遍、越严重。

---

① 《白居易集校笺》卷四三，2742—2743 页。

② 张玉兴《唐代县官与地方社会研究》（2009）专设一章（第七章），列举“唐代地方诸势力对县级官府的影响与干预”，可参看。

③ 参周鼎《井邑无衣冠：地方视野下的唐代精英与社会》第五章，特别是第二节（2022）关于军职胥吏与基层治理的讨论，以及对相关学术成果的广泛收集和征引。

河朔节镇以及实现了河朔化的节镇，节度使对军队、对属州、对外镇军，都会以任用亲属、姻亲等方式[①]，加强控制。河朔藩镇如幽州[②]、成德军[③]、魏博[④]，河朔化藩镇如淄青[⑤]、汴宋[⑥]。在官员任用方面，就表现为文武不分或分别并不严格[⑦]，这恰恰说明的是军将掌控州县、实

① 就姻亲而言，也许是因姻亲而被任用，也许是在任时与节度使结为姻亲。比如义武军从张孝忠到陈君赏，“其姻亲圈内连续五人出任节度使”，参金滢坤《论中晚唐河朔藩镇割据与联姻的关系——以义武军节度使陈君赏墓志铭为中心》(2006)“一、藩镇内部的联姻”，引语见 127 页；如幽州刘氏与朱氏的联姻，参张天虹《从石刻文献看家族变迁与唐后期的幽州政局——以刘氏和朱氏为中心的考察》(2023)。

② 如刘济为节度使时，其兄刘澭为瀛州刺史，其弟刘源为涿州刺史。松井秀一《卢龙藩镇考》(1959)对此作过讨论，李碧妍《危机与重构》(2015)在此基础上又有发挥，指明幽州的“兵农及军政合一的体制”(344—345 页)，以及“在刘氏(济)时代，以刘氏子弟或姻亲出任属州刺史的情况比较多见”(335 页)，“幽州一镇节帅出任属州刺史或外镇军使的情况”也比较多(338 页)，云云。另参任兆杰《幽州刘氏与河朔藩镇内部的权力结构困局——以刘澭、刘源为例》(2021)，71—74 页。

③ 姜密《唐代成德镇的割据特点》(2000)称成德“各州刺史大多是节帅的亲属”，并通过所列冀州、深州、赵州三州刺史表，指出“从能统计到的这些州刺史名单可以看出，冀州刺史中 57%是节帅的亲属，深州、赵州分别是 50%和 60%”，105—106 页。李碧妍《危机与重构》(2015)谈王武俊兵变杀李惟岳事，言及李惟岳妻父郑诜为冀州刺史、其姊夫杨荣国为深州刺史、妻兄李固烈为沧州刺史等，298 页。

④ 张天虹《中晚唐五代的河朔藩镇与社会流动》第五章(2011)第二节，以李仲昌(由昭义而入魏博)为例讨论北走河朔者的宦海浮沉，列“表 5—1”，指出田承嗣统治魏博时，“各州刺史或州县级军事要职多为田氏家族成员所据”，224—225 页。

⑤ 吴晓丰《从寇境到王土：宪宗元和用兵前后淄青的地方态势》(2024)，559—563 页。

⑥ 贞元八年，汴宋节帅刘玄佐死，其子刘士宁兵变得位，疑宋州刺史翟良佐不附己，托言巡抚，至宋州，以刘逸准代之。九年李万荣兵变，逐士宁；次年亲兵不满万荣，兵变，为万荣所镇压，兵变士兵多投奔宋州刘逸准。十二年李万荣卒，朝廷命董晋继任；十五年董晋卒，兵变，监军与大军商议，迎宋刺刘逸准至汴州继任。刘逸准即刘全谅，他出任宋州刺史，本质就是军将出任州刺史；对宋州而言，实施的就是军政合一的军人政治。

⑦ 松井秀一《卢龙藩镇考》(1959)，指出成德军职、吏职、文职之间的区分(转下页)

行军人政治的形态。当然，河朔藩镇的军人政治是最为突出的。后梁开平四年（910）九月敕："魏博管内刺史，比来州务并委督邮，遂使曹官擅其威权，州牧同于闲冗。俾循通制，宜塞异端，并宜依河南诸州例，刺史得以专达。"[①]——在诛杀牙兵三年之后，魏博管内的"州务并委督邮"，刺史仍不能像河南诸州那样，向朱温后梁朝廷"专达"。

因此，对朝廷的控制来说，安史之乱以后，河朔实现了"高度自治"，但是，这一自治建立的是军政府、实行的是军人政治。所谓"河朔化"，军人集团仿效河朔三镇想要达到的，正是这样的目的。

贞元五年（789），横海新设景州，节度使程怀直请求朝廷任命刺史，德宗称"三十年无此事矣"[②]。朝廷任命徐申为景刺。李翱《徐申行状》称"沧景观察使奏请景州刺史。河北之俗，刺史阙，其帅辄以其僚属将校自为之，不请有年矣"[③]。权德舆《徐申墓志》"自兵兴四十年，山东诸侯率强大骄蹇，郡二千石多自命于辕门……（任命徐申）中朝之条职宪令，始被于景人"[④]——朝廷能够任命文职刺史，才能在当地推行实施"中朝之条职宪令"。

（接上页）并不清晰；张天虹《中晚唐五代的河朔藩镇与社会流动》第六章（2011）用"书剑双美"概括河北藩镇武人所接受的教育。陆扬《论冯道的生涯——兼论中古晚期政治文化中的边缘与核心》（2013），在讨论"晚唐五代幽州的文士"时，称"幽州的地方官僚家族中文武界限的模糊是普遍现象"（《清流文化与唐帝国》，171页）。仇鹿鸣《长安与河北之间》（2018）第八章，引及陆扬、张天虹二文，称河北士人处在政治文化边缘，加上有明习吏事的现实需要，故保留了允文允武的特征（326—327页）。

① 《册府元龟》卷一九一，2304页。参《旧五代史》卷五（86页）、卷一四九（2006页）。

② 《通鉴》卷二三三，贞元五年二月，7517页。

③ 《李翱文集校注》卷一一，175页。

④ 《权德舆诗文集》卷二四，356页。

2. 关于节度使与其属州(支郡)驻军的剥离问题

军将对州县政务的干预,是唐后期普遍存在的现象。阻止藩镇军人对地方州县日常事务的干涉,也是地方官员,特别是州刺史所要面临和力图解决的问题。比如,平定淄青并将它一分为三之后,陆亘任兖州刺史[①],《旧唐书》卷一六二《陆亘传》称:

> 初赴兖州,延英面奏曰:"凡节度使握兵分屯属郡者[②],刺史不能制,遂为一州之弊,宜有处分。"因诏天下兵分屯属郡者,隶于刺史。(4252页)

"刺史不能制,遂为一州之弊",反映的正是军人恃其身份和武力,对州县政务的干预。这也可以说是一度实现了"河朔化"的淄青所实施的军人政治的遗绪。太和六年(832)刘茂复任濠州刺史[③],卢子骏作《濠州刺史刘公善政述》,据来自濠梁的客称:

> 今刺史彭城刘公始受命,至徐方,与廉使约曰:"诏条:节度、团练兵镇巡内州者,悉以隶州。今濠州未如诏条,请如诏条。廉使多称军须卒迫,征科若干,不如期,以军法从事。皆两税敕额外

① 《唐刺史考全编》卷六九,系之于"约元和末",1011页。《册府元龟》卷六八九亦记陆亘延英面奏此事,但系于他为浙东观察使时,张达志《唐代后期藩镇与州之关系研究》(2011)出注辨析,称以《旧唐书》本传所载为是,128页注①。

② 关于藩镇军队的驻守等相关情况,参日野开三郎《唐代藩镇の跋扈と镇将》(1939—1940),收入其《东洋史学论集》第一卷;张国刚《唐代藩镇的军事体制》(1991),见其《唐代政治制度研究论集》,等。

③ 系年据《唐刺史考全编》卷一二七,1738页。

> 也。自今请非诏敕不征。”廉使曰诺。“濠州每年率供武宁军将士粮一十万石，斗取耗一升送廉使，州自取一升给他费。吏因缘而奸盗则三倍矣，自今请准仓部式，外不入。”廉使曰诺。[①]

濠州是徐泗节度使（武宁军）所属州。从军事领兵的角度，是节度使；从对属州有监察权的角度看，又是“廉使”。徐州武宁军也是“河朔化”程度很高的藩镇。

刘茂复所引的诏条，就是元和十四年（819）颁布的诏令。起因，似乎是横海节度使乌重胤向朝廷上奏，谈他对河朔拒命的看法：

> 臣以河朔能拒朝命者，其大略可见，盖刺史失其职，反使镇将领兵事。若刺史各得职分，又有镇兵，则节将虽有禄山、思明之奸，岂能据一州为叛哉？所以河朔六十年能拒朝命者，只以夺刺史、县令之职，自作威福故也。臣所管德、棣、景三州，已举公牒，各还刺史职事讫，应在州兵，并令刺史收管。[②]

《通鉴》系此于元和十四年三月；随后即载，四月丙寅下诏：“诸道节度、都团练、都防御、经略等使所统支郡兵马，并令刺史领之。”并发议论道：

> 自至德以来，节度使权重，所统诸州各置镇兵，以大将主之，暴横为患，故重胤论之。其后河北诸镇，惟横海最为顺命，由重胤

① 《唐文粹》卷七三，叶4b。
② 《旧唐书》卷一六一《乌重胤传》，4223页。

处之得宜故也。(7768页)

胡三省注称“史言反侧之地，择帅不可不详”。其实，横海虽是从河朔分离出来的，但在前不久程执恭(即程权)入朝之后，朝廷已基本实现了对横海的真正控制，这与河朔已完全不同。

这道诏敕的原文见《旧唐书》卷一五(467页)、《唐会要》卷七八及《册府元龟》卷六〇[①]。我们选用史料内涵最为丰富的《册府元龟》所录：

> 诸道节度、都团练、防御、经略等使所管支郡，所管支郡，除本州军使外，别置镇遏、守捉、兵马者，并令属刺史。如刺史带本州团练、防御、镇遏等使，其兵马名额便隶此使。如无别使，即属军事。其有边于溪洞、接连蛮蕃之处，特建城镇，不关州郡者，则不在此限。(自注：自艰难以来，天下右武，节将权尤重。遂于所管诸郡别置镇兵，以大将主之，干扰郡政，或为奸盗，其弊日久。至是，宰臣因乌重胤之请，始奏罢之。)(677页)

“于所管诸郡别置镇兵，以大将主之，干扰郡政”以及“边于溪洞、接连蛮蕃之处，特建城镇，不关州郡者，则不在此限”即可不必划归州统领这一例外，都说明了军人对州郡日常事务的干预。这一规定意在限制“诸将之权”。这说明了朝廷力图从制度的层面对军将干预地方州县事务加以遏制和扭转。刘茂复要求按诏条，将节度使所统领的屯驻于

---

① 《唐代诏敕目录》，413页。《唐会要》系于元和十四年二月，误。

本州的团练兵划属本州统领，与陆亘所要求者相同，目的都是要阻止军人对州事务的介入和干涉。

《册府元龟》注称“宰臣因乌重胤之请，始奏罢之”，其实至少在元和初年，李吉甫入相后就提出过类似的建议[①]。《旧唐书》卷一四八《李吉甫传》：

> 吉甫性聪敏，详练物务，自员外郎出官，留滞江淮十五余年，备详闾里疾苦。及是为相，患方镇贪恣，乃上言使属郡刺史得自为政。（3993页）

虽然没有明确言及军队的割属，针对的显然是方镇对属州的非理控制[②]。我很怀疑，李吉甫建议的直接触因，就是前不久镇海节度使李锜利用手中兵权对属州的控制。《通鉴》卷二三七，元和二年十月：

> 先是（李）锜选腹心五人为所部五州镇将，姚志安处苏州，李深处常州，赵惟忠处湖州，丘自昌处杭州，高肃处睦州，各有兵数

---

① 据《通鉴》卷二三七，元和二年正月，吉甫入相（7639页）；卷二三八，元和三年九月出为淮南节度使（7655页），同时裴垍任宰相（7654页）。

② 代宗大历年间即已规定节度、观察使不得擅停刺史务，不得令刺史离任；吉甫所言，应该不是对过去规定的简单重复。《唐会要》卷七八“采访处置使”：“大历十二年五月，中书门下奏，开元末置采访使，许其停刺史务，废置由己。请自今已后，刺史有犯赃等色，本道但具状闻奏，不得辄追赴使及专擅停务，差人权摄；其刺史亦不得辄指使出界。未闻奏，皆按常刑。”（1681页）《唐会要》卷六九“都督刺史以下杂录”，贞元三年十月敕：“刺史停务则降鱼书。先是，此制自广德已后，多不施行。又节将怙权，刺史悉由其令，鱼书皆废。”（1437页）

千，伺察刺史动静。至是，锜各使杀其刺史。（7640—7641页）[①]

只是平定淮西、淄青之后，朝廷实现了对河朔三镇之外的方镇的全面控制，方正式明确颁布这一诏令，以求在制度上保障朝廷对藩镇的顺利控制。

这一规定，涉及朝廷对藩镇的控制和藩镇与州的关系。学者概括为“刺史得自为政”和“归还刺史军权”，以及藩镇是否能成为地方最高一级行政区划等问题，并就此展开了广泛的讨论[②]。从朝廷控制藩镇的角度来看，这一措施的推行，须有一个前提，即朝廷能完全控制藩镇——只有在朝廷能实际控制的藩镇，藩镇才会执行这一诏令，将驻守于支郡或属州的军队，划归这些州统领。

河朔三镇，则根本不可能执行这样的要求。比如幽州刘济异母弟刘澭为瀛州刺史，“擅通表朝廷，遣兵千人防秋。济怒，发兵击澭，破之”[③]。此后，刘济弟刘源“初，为涿州刺史，不受兄教令……济帅师至

① 《旧唐书》卷一一二《李锜传》：“遂称兵，室五剑，分授管由镇将，令杀刺史。”（3341页）

② 近期的讨论，是陈志坚《唐代州郡制度研究》（2005），165—174页；张达志《唐代后期藩镇与州之关系研究》（2011），118—132页。他们从刺史军权的角度，对这一制度及其实际效果进行了分析；同时还对以往的学术研究作了细致的梳理（如引及马俊民《唐朝刺史军权考》等）。后书所引材料更为翔实，所作分析也更为细致。另参岛居一康《唐宋军政史研究》第三章“唐后期节度使の权力构造”（2018）。

③ 《通鉴》卷二三四，贞元八年十一月，“初刘怦薨，刘济在莫州，其母弟澭在父侧，以父命召济而以军府授之。济以澭为瀛州刺史，许他日代己。既而济用其子为副大使，澭怨之，擅通表朝廷”，云云，即此事原委，7538—7539页；《旧唐书》卷一四三《刘澭传》：“澭既怒济，遂请以所部西捍陇塞，拔其所部兵一千五百人、男女万余口直趋京师，在道无一人犯令者。”3901页。

涿州，源出兵拒之，未合而自溃。济擒源至幽州”[①]。这两起事件，虽然发生在朝廷下令剥离节度使与属州驻军之前，但河朔三镇对属州的控制，前后并未发生实质性的变化[②]。

河朔三镇以外的军事实力较强的藩镇，节帅与属州刺史，本质上也是权力和控制的关系。如徐、泗、濠三州设镇，张建封是首任节帅，控制该镇达十多年(788—800)；贞元十六年(800)张建封死，其子张愔继袭，属州泗州刺史张伾、濠州刺史杜兼即拒绝听命于张愔，朝廷也就势将此二州划归淮南统领。镇守涡口三城的张奉国率兵至润[③]。州刺史有相当实力，即可脱离方镇的控制。即使控制力甚强的河朔三镇，也会发生类似的情况，如成德节度使李惟岳死、王武俊兵变得位后，原本是成德属州的易定，即在张孝忠的控制下，脱离了成德。

① 《旧唐书》卷一四三《刘源传》，3901 页。《通鉴》卷二三五，贞元十六年七月，“卢龙节度使刘济弟源为涿州刺史，不受济命，济引兵击擒之”，7591 页。关于刘澭、刘源两起事变的原委，详参任兆杰《幽州刘氏与河朔藩镇内部的权力结构困局——以刘澭、刘源为例》(2021)。

② 《新唐书》卷一九三《蔡廷玉传》：“(朱)泚乃奏涿州为永泰军、蓟州静塞军、瀛州清夷军、莫州唐兴军，置团练使，以支郡隶属，卢龙军稍削。”(5549 页)即将州所统的军队给以军额，仍由州统领，这并没有影响到幽州节度使对些州的控制。所谓“以支郡隶属，卢龙军稍削”，是为了表现蔡廷玉削弱幽州的功绩，并非客观效果如此。松井秀一《卢龙藩镇考》(1959)“军人・幕职者による地方军兼摄”(11—13 页)，指出以军将、幕僚兼摄州县以加强控制。归义军(850—1030)是与河朔三镇实质相同的藩镇，因敦煌材料的特殊性，节度使对州县的控制，提供了河朔三镇所没有的大量细节，详参冯培红《归义军官吏的选任与迁转——唐五代藩镇选官制度之个案》(2011)“三、州县乡官及其加官”，收入其《敦煌学与五凉史论稿》。

③ 元稹《张奉国碑》：“予按，仆射张建封以贞元十六年薨于徐，徐人立其子愔求命。南阳公不义其所为，以涡之众尽弃去，由是泗、濠之守皆据郡。”《元稹集校注》卷五二，1303 页。白居易《论孙璹张奉国状》，称张奉国“当徐州用兵之时，已有殊效”，《白居易集校笺》卷五九，3350 页。

我们换一个角度来看。统兵之刺史、县令，常常就是藩镇的军将受命出任或兼摄，其“本职”是军将。在这种情况下，所谓将屯驻于该州、县之兵划归刺史、县令统领，并无实质意义[①]。河朔藩镇自可不论（他们常常任命自己的兄弟、姻亲等出任刺史），河朔之外的藩镇也是如此。如大历三年（768），“颍州刺史李岵以事忤滑亳节度使令狐彰，彰使节度判官姚奭按行颍州，因代岵领州事，且曰岵不受代，即杀之。岵知之，因激怒将士，使杀奭……岵走依河南节度使田神功于汴州”[②]。姚奭虽被杀而李岵亦出走。大历十一年五月汴宋节度使田神玉卒，都虞候李灵曜兵变，控制汴宋，朝廷不得已，任命他为留后，八月，“李灵曜既为留后，益骄慢，悉以其党为管内八州刺史、县令，欲效河北诸道”[③]，十月被平定。就在此次事变中，淄青李正己出兵攻李灵曜，控制了曹濮等州，《旧唐书》卷一八七下《高沐传》：“父凭，从事于宣武军，知曹州事。李灵曜作乱，凭密遣使奏贼中事状，诏除曹州刺史。无何，李正己盗有曹、濮，凭遂陷于贼，数年卒。”（4911页）作为曹州刺史的高凭，根本无力对抗藩镇。

令狐彰恃武力取代州刺史李岵是一起不太成功的例子，宣武都知兵马使刘逸准取代宋州刺史则可谓十分顺利。贞元八年（792）宣武军节帅刘玄佐死，发生兵变，其子刘士宁继任，疑所属宋州刺史翟良佐不附己，托言巡抚，至宋州，以刘逸准代之；日后宣武又兵变，监军使迎时

① 屈卡乐《唐后期团练、防御州考述：以唐会昌五年为时间截面》（2020），对团练州、防御州的讨论，谈到方镇与州的军事关系，可参看。

② 《通鉴》卷二二四，大历三年九月，7203页；次年正月流李岵于夷州，随即赐死，7207页。

③ 《通鉴》卷二二五，大历十一年八月，7238页。

任宋州刺史的刘逸准入汴,继任宣武帅。又如会昌年间(844)泽潞所属洺州刺史王钊,同时就是洺州都知兵马使,以洺州刺史降[①]。

此前剑南因崔宁继任而导致的战乱也是同一性质。

崔旰(即崔宁)在宝应(762)初,被严武荐为利州刺史;严武为剑南节度,赴镇过利州,欲辟崔旰为部将,以利州非其属郡(属剑南东川),贿赂时领剑南东川的张献诚,献诚方"令旰移疾去郡。旰乃之剑南,武奏为汉州刺史"[②]。永泰元年(765)严武死,郭英乂继任,崔宁率兵攻入成都,闰十月"邛州牙将柏茂琳、泸州牙将杨子琳、剑州牙将李昌巙各举兵讨旰,蜀中大乱"。大历元年(766)二月,任命杜鸿渐为剑南西川节度使;八月杜鸿渐赴任至蜀,"州府事悉以委旰(即崔宁)。又数荐之于朝,因请以节制让旰,以柏茂琳、杨子琳、李昌巙各为本州刺史"[③]——原本是驻守各州的牙将因事变而成为该州刺史,可见这些牙将对该州的控制力;之所以有这样的控制力,就是其手中的兵权。

我们从史传及墓志中,常常能看到节度使或观察使奏授军将为刺

---

① 《通鉴》卷二四八,会昌四年闰七月,"王协(向刘稹)荐王钊为洺州都知马使,钊得众心,而多不遵使府约束"(8005页);降唐的泽潞大将高文端称之为"都头王钊将万兵戍洺州"(同上书,8004页)。李德裕《续得高文端贼中事宜四状》,称"长桥贼都头王钊约将一万兵,今在洺州城内"(《李德裕文集校笺》卷一七,331页)。八月,王钊降唐,《旧唐书》卷一八《武宗纪》,会昌四年七月,"洺州刺史王钊、磁州刺史安玉以城降何弘敬"(601页)。

② 《旧唐书》卷一一七《崔宁传》,3398页。严武两次任剑南西川节度使,第一次是上元二年(761)十月至宝应元年(762)四月,第二次是广德元年(763)正月至永泰元年(765)四月,参《唐方镇年表》卷六,965—966页;《唐代藩镇与中央关系之研究》(1969)附录一《唐代藩镇总表》,787页。

③ 以上,详《通鉴》卷二二四,7186—7187、7191—7192页。

史或县令的事(常是以兼或摄的名义)[①]。节度使可以奏署属州刺史,他们之间因此而建立了很强的超出法令规定的领属关系。如上举崔宁之后,韦皋任剑南西川节度使长达二十年[②],死后史书对他曾有一个小结,其中就说到他对属州刺史的控制:"其从事累官稍崇者,则奏为属郡刺史,或又署在府幕,多不令还朝,盖不欲泄所为于阙下故也。"[③]如元和十四年(819)二月,"襄阳节度使孟简举郧乡镇遏使赵洁为郧乡县令,有亏常式,罚一月俸料"[④]。可以说,这反映的正是日常政治生活中的常态。

节度使所统军队实力足够强大,即使屯驻于州的军队归属州刺史统领,同样可以恃其强大的军事实力对州实现控制。不宜夸大所谓"还刺史军权"的实际作用和意义。

---

① 参夏炎《唐代州级官府与地域社会》(2010)第九章第二节"藩镇参与对州级官员的选任",269—277页。陈翔《唐代中央与地方关系研究》(2010)下编"二 唐代中央政府关于幕职官差摄州县的政策及其变化",80—102页。比如宣武,吴晓丰《从四方碑志论中唐宣武军的顺地化》(2024)已指出州县官由节度使辟署或幕职兼摄,地方长官在宣武境内诸州往复迁转,部分支州刺史由有功军将担任,且有任期较长的现象,但将此归因于安史乱后内地遍立藩镇、幕府急需用人,以及朝廷右武之风(133—135页)。我以为,这反映的是藩镇支州的"军镇化",即藩镇所统辖的诸州,几等同于节度使所领统的诸镇;本质,是军人干政,是军人政治,即地方州郡的"军政府化"。吴文随后称贞元后期开始,宣武节帅对管内州县官的奏署权限已大为削弱,刺史久任亦有改观(同上,142页);这正是朝廷竭力阻止其"河朔化"的努力的体现,详下。

② 韦皋从贞元元年(785)六月就任,至永贞元年(805)八月死于任上,达二十一年之久,参《唐方镇年表》卷六,969—972页;《唐代藩镇与中央关系之研究》(1969)附录一《唐代藩镇总表》,788页。

③ 《旧唐书》卷一四〇《韦皋传》,3826页;参《通鉴》卷二三六,永贞元年八月,7620页。

④ 《旧唐书》卷一五《宪宗纪下》,466页。参《唐会要》卷七八"诸使杂录上 附奏荐",1705页。

即使中央能控制、藩镇也奉朝廷号令，这些拥兵藩镇将军队划归属州，也需要具备客观的条件，即无战事或不会影响藩镇军事作用的发挥。

武宗时，李德裕在主持平定泽潞刘稹之后，即于会昌四年(844)九月上《奏磁邢州诸镇县兵马状》：

> 右件镇县兵马，并准江淮诸道例，割属本州收管，所有解补，并委刺史自处置讫申使。如镇遏、十将已上，是军中旧将，兼有宪官，不愿属刺史者，并委卢钧追上驱使。①

“准江淮诸道例”，所指之“例”，应该就是上引元和十四年三月的规定。驻扎在磁州、邢州的镇遏使、十将，如果不愿转归当州刺史管理，可以由泽潞节度使卢钧召至使衙任用。可见，从元和十五年(820)刘悟移镇泽潞，经刘从谏的久任，至会昌三年(843)刘稹图谋继袭，这期间泽潞并没有落实朝廷的这一规定，将驻守于节度使治所州以外的兵马，移交当地州刺史。

这也是可以理解的。朝廷兴兵攻讨泽潞期间，刘稹腹心将高文端降，向朝廷汇报了泽潞的相关情况，其中谈到“都头王钊将万兵戍洺州，刘稹既族薛茂卿，又诛邢洺救援兵马使谈朝义兄弟三人，钊自是疑惧；稹遣使召之，钊不肯入，士卒皆哗噪，钊必不肯为稹用。但钊及士卒家属皆在潞州”云云②。王钊所将镇戍洺州的军队，主要是来自潞州

① 《李德裕文集校笺》卷一六，310页。校笺将“申使”属下读；似应属上读，意指刺史处置毕，申泽潞节度使，即属事后备案，而不是事先申请。文末未注时间，此系时据笺校。
② 《通鉴》卷二四八，会昌四年闰七月，8004—8005页。参李德裕《续得高(转下页)

的军人，故“士卒家属皆在潞州”。王钊降，带动了邢、磁、洺三州皆降；宰相入贺，李德裕说“昭义根本尽在山东，三州降，则上党不日有变矣”[①]——泽潞兼跨太行山，重点在山东，就是为了遏制河朔三镇。在这样的现实背景和军事需求下，很难像江淮那样，将驻守在山东三州的戍兵，全部划归地方三州统领[②]；倘如此，无异于拆解了作为藩镇的昭义军。事实上，自泽潞建镇以来，到唐末的中和四年(884)才一度将邢磁洺分出，天复元年(901)即又合并[③]。因此，藩镇军队的驻守、指挥统领的体系，首先要满足和保证军事需求。将外镇军划归驻守州统领，需要具备一定的条件。

《唐会要》所录诏敕之后，随即又记录了一起根据这一规定所做的处置实例。是年八月浙东观察使薛戎的上奏，引用了这道诏敕，称“今当道望海镇，去明州七十余里，俯临大海，东与新罗、日本诸蕃接界。请据文，不属明州”(1705—1706页)——因其“俯临大海，东与新罗、日本诸蕃接界”这样的军事需求，浙东观察使请求朝廷，该镇不划属明州。

(接上页)文端贼中事宜四状》，其中之一即此事，称“长桥贼都头王钊约将一万兵，今在洺州城内……本是潞州子弟”云云，《李德裕文集校笺》卷一七，331—332页。

① 《通鉴》卷二四八，会昌四年八月，8006页。

② 刘从谏任泽潞节帅期间，至少在太和甘露之变以前，并未对朝廷表现出跋扈或对抗。换言之，不能以日后刘从谏经营传位于其子，就认定他始终对抗朝廷，拒绝落实朝廷将驻守于各州的军队划归所在州的诏令。甘露事变前，他曾经入朝，以致日后被李德裕指责为时任宰相的牛僧孺、李宗闵纵容(详下)。孙继民、张士忠《唐大中四年申岸撰墓志文考释》(2006)，推测平定刘稹后，泽潞推行了朝廷这一规定(孙继民主编《河北新发现石刻题记与隋唐史研究》，77—82页)。杜立晖2007年完成的硕士学位论文《新出墓志所见唐昭义军的几个问题》第三节，则将此视作昭义军人的“异地服役”。按，如果是异地服役，即将节度使驻所州的军队派往其他属州，则即使将驻屯于属州的军队划归属州，也无力抵制节度使对属州的控制。

③ 参付先召《唐代后期方镇辖区变动研究》(2023)，151页。

文宗太和三年(829)十一月南郊赦文,言及将兵马划归支郡,但士兵的衣粮仍由方镇支给,令属州将这部分送使钱米亦划归支州:

> 诸道先发辖属支郡将士,如闻衣粮解补犹系使司,详其事理,颇非简便。宜委本使差官检元辖名额及赐粮等第文案,与刺史勘会,除续准诏敕抽停上,据所合给钱米,依虚实、糙熟分数,拆计割入留州钱数。[①]

亦可见这一规定在具体落实中发生的种种问题。

李德裕引"江淮诸道例"来讨论调整平定刘稹之后的泽潞节度使与驻在所属州的军队处置,说明这一"例",在江淮持续得到了执行——我想,大概这一规定也主要是在江淮得到了落实[②];其他未能执行的地区,或者是本需驻屯重兵,或者出于实际的军事需要如泽潞,未必是节度使不愿执行[③]。从这个意义上说,就朝廷对藩镇的控制而言,

① 《文苑英华》卷四二八,2168页。《唐大诏令集》卷七一所收该赦系摘录;此段文字有异文,如"发辖"作"割属","元辖名额"作"元割名额","虚实糙熟分数"作"实虚","拆计割入"作"折计割入"等。《全唐文》卷七五据《文苑英华》录。其他文献或作摘录,或作引用,详见《唐代诏敕目录》所列出处,475页。

② 李吉甫"留滞江淮十五余年",了解的也主要是江淮的情况;他的建议,主要针对的大概也是江淮地区。

③ 张国刚《略论唐代藩镇军事制度的几个问题》(2001),认为"这样的重新划拨兵马归属的行动主要在北方地区和中原地区实行",247页。陈志坚《唐代州郡制度研究》(2005)讨论"元和时期及其以后的军队改革",认为元和十四年的诏令,"这个改革还是很有成效的。不过此后改革的成效主要体现在南方诸州,而北方则大多倒退回去了"(166—171页,引语见167页)。张达志《唐代后期藩镇与州之关系研究》(2011)讨论"刺史军权",则据李德裕针对泽潞的这一上奏,认为"陈志坚所论元和改革限于南方江淮诸道而北方藩镇在河朔再叛后恢复原状的观点不能成立"(118—132页,(转下页)

这是一项"锦上添花"的举措——它本来就是在朝廷能控制且具备落实条件的地区，才能推行；而对朝廷能完全控制的地区，这一措施的必要性并不很迫切，其作用和意义也就没有那么大①。比如贞元十六年（800），"置舒、庐、滁、和四州都团练使，隶淮南节度使"②——将此四州所领的州兵统一在一个都团练使之下，同时仍受命于淮南节度使。从淮南节度使对属州的军事控制上看，这似乎是增加了这四州的军事实力，与剥离节度使与支郡驻军的性质是相同的，但事实上并没有对淮南节度使的控制产生任何实质性的影响。至于对高度自治的河朔或一度实现河朔化的淮西、淄青（被平定之前），这基本没有付诸实施的可能，是没有意义的；一度河朔化较严重的藩镇，或出于战事的客观需要，这样的规定也都难以落实。

当然，朝廷颁布这道诏令时，淮西、淄青已平定；除河朔三镇外，朝

（接上页）引语见131页）。我想，即使在朝廷完全能控制的河朔以外的地区，这一规定的推行，也需要具体落实的客观条件；不能将囿于客观条件而不能落实者，视作"倒退"。

① 张国刚《唐代藩镇研究（三版）》（2023）第十五章"藩镇体制与唐代政局的演变"，对这一规定"是否得到贯彻"的问题，也引武宁、泽潞两例，认为"改革落实没有到位"，"元和末藩镇内部军政改革的地域特征……具有渐进性……人事安排具有妥协性"（246—248页），云云。在我看来，所谓"改革落实没有到位""地域特征"，实际是客观的军事需要，无法落实；所谓"渐进""人事安排妥协"，似乎目标是必须要这样做，实际是像长江以南的地区，落实与否，差别并不大，未必需要这样做。至于王寿南《唐代藩镇与中央关系之研究》（1969）第三章"藩镇职权之广泛及对所属州县之控制力"，称"自宪宗末至僖宗初之五十余年间，藩镇跋扈叛逆者甚少，其原因之一即受元和十四年州县兵权归属刺史命令之影响，藩镇既缺少州县兵力之支持，自不敢对中央称霸倔强。及至黄巢之乱以后，地方强藩崛起，以武力行割据，不再遵守州县兵权归属刺史之命令"云（127页），将宪宗以后、黄巢事变之前的藩镇形势的平稳归因于这一规定，是想像和夸大。

② 《新唐书·方镇表五》，1912页。

廷实现了对其他藩镇的有效控制。这就为这一规定在全国范围内的落实,提供了可能。这确实可以削弱节度使凭借其所掌握的军事力量,对所属州县强行施予的干预和控制,对此后近六十年藩镇形势的稳定,应该是起到了积极的作用。但是,这并不是真正解决藩镇问题的路径①——藩镇问题的本质是藩镇拥兵以及军人政治。山南东道不许镇遏兵马使充县令,不仅是对军人干预地方的限制,同时也是朝着"军政分开"的正确方向在努力,有助于扭转或遏制安史之乱以后逐渐出现的地方军人集团对地方政治的干预。

至于唐后期的藩镇是否已成为地方最高的行政实体,还可以继续深入探讨②;事实上,藩镇对州县的干预乃至控制,具有普遍性③;为

① 张卫东《试论唐代后期支郡刺史的地位——以节度、观察使与支郡刺史的关系为中心》(2010),认为"唐代统治者提高刺史职权的努力从本质上来说也是失败的。但是,唐代中后期统治者恢复刺史职权的做法,确实是解决藩镇问题的正确途径",94页。又见张卫东、刘勇《试论唐代中后期支郡刺史的地位——以节度观察使与支郡刺史的关系为中心》(2010),494页。此二文似为同一文。

② 本书第二章(2001)认为唐后期藩镇已成一级行政实体,但从行政角度来看,作用的发挥有限——拥重兵的藩镇,其"军府"的色彩重于"政府";未拥兵的观察使类藩镇,"监府"的性质高于"政府"。

③ 参王寿南《藩镇与中央关系之研究》(1969)第三章"藩镇职权之广泛及对所属州县之控制力"之第二、第三节,115—133页;张达志《唐后期藩镇与州关系研究》(2011)第一章第二节,53—71页。按,张达志强调了藩镇并不是一级行政实体,州不必经藩镇而上达朝廷(可直达),但朝廷一而再、再而三地强调,方镇不得擅停刺史务、刺史不得擅离任私自赴(节度或观察)使,是不是正说明了在日常政治生活中,这类情况始终存在,且屡禁不止呢?即使我们不把方镇"界定"为地方最高一级行政实体,它对州县的干预乃至控制,似乎是始终存在的。抛开拥兵方镇,可以凭借武力强制干预之外(如镇海李锜),藩镇因拥有对州县官的监察权,也足以为节度或观察使干预州县事务提供"制度保障"(比如浙西观察使韩皋杖杀湖州安吉县令孙澥,元稹曾为此上《论浙西观察使封杖决杀县令事》,《元稹集校注》卷三八,988页)。闫建飞《走出五代——十世纪藩镇研究》(2023)对学界关于藩镇与州的关系的看法,多有驳难(94—103、158—166页),可参看。关于"刺史专达",闫书指专达有上奏朝廷和自行处理两个(转下页)

此，朝廷利用度支、盐铁转运使设置于地方的巡院，加强对地方的监督，特别是加强了对剑南、山南以及江淮藩镇的监督①。但是，河朔三镇对属州的控制，与朝廷有效控制的其他地区的藩镇与州的关系，是有实质区别的。江淮地区的藩镇与属州，与需要相当军事实力存在的如边地、中原防遏之地的藩镇与属州，情况也不尽相同。我们需对这些情况进行"区别对待"，分别讨论②。总的来说，如果没有藩镇拥兵以及军人政治的问题、没有藩镇所具有的军事作用，我们才能把这一问题当作一个纯粹的行政区划等级的问题来加以讨论。

3. "种族—文化"（胡化），抑或"权力—控制"？

在讨论河朔"高度自治"以及一些藩镇出现"河朔化"这一问题时，我们不讨论种族、文化，甚至不讨论所谓认同，只讨论权力、控制。

陈寅恪将安史旧将割据河朔归因于"种族文化"：

（接上页）含义，甚是。就上奏朝廷而言，列出表 2.1 加以分析，称"唐后期百余年间支郡公务上奏例子并不多""唐后期支郡刺史的上奏权只是一时一事之权"（100 页）。这恐怕需区分日常事务与需上奏之事；日常事务，自应依令格式敕等相关规定进行，并不需上奏。另，引元和四年闰三月敕"刺史不承使牒"，称此为观察使牒（95 页），恐误；应是指财税使如度支盐铁转运使牒。列举的 5 条有关"朝廷对观察使的要求"，称"足证观察使居于地方公务处理的核心"（95—97 页）；其实这 5 条说明的，是观察使对州的监督、监察之责，而不是具体的"公务处理"。另，属州刺史与节度使或观察的地位差别，在礼仪上也有反映，可参黄正建《唐代戎服"櫜鞬服"与地方行政长官的军事色彩》（2022）、《唐后期车服制度的变化——以文宗朝王涯奏文为中心》（2006）第一节之（三），见其《走进日常——唐代社会生活考论》；吴丽娱《五代中央地方的礼仪交接——以节度刺史的拜官中谢、上事为中心》（2006）。

① 高桥继男《唐代后半期的巡院地方行政监察事务》（1978）对此有过充分的阐述，可参看。所谓对藩镇的监督，前提是这些地区的藩镇（除淮西之外；元和末平定淮西之后，该地区即为朝廷完全控制）本来就是为朝廷所能完全控制的；同时，这也意味着，原本负有监察州县之责的观察使，已经"地方官化"了。

② 如闫建飞《走出五代》（2023）讨论"唐后期的知州事和摄刺史"时，即分河北、河南、岭南桂管容管黔中安南等不同地区的不同情形加以分析，162—166 页。

> 一为其人之氏族本是胡类，而非汉族；一为其人之氏族虽为汉族，而久居河朔，渐染胡化，与胡人不异。前者属于种族，后者属于文化。质言之，唐代安史乱后之世局，凡河朔及其他藩镇与中央政府之问题，其核心实属种族文化关系也。……安史叛乱及其后果即河朔藩镇之本质，至少亦可因此明了也。
>
> 安禄山之霸业虽不成，然其部将始终割据河朔，与中央政府抗衡……古今论此役者止归咎于天宝政治宫廷之腐败，是固然矣；独未注意安史之徒乃自成一系统最善战之民族，在当日军事上本来无与为敌者也。[1]

种族不同、文化不同，很容易导致政治认同的差异，这是没有问题的。但是，种族文化的不同、政治认同的差异，是不是必然会导致割据呢[2]？

---

① 陈寅恪《唐代政治史述论稿》(1943)上篇，28—29页。

② 张国刚以《中古时代的胡化与汉化》为题，为王炳文《从胡地到戎墟：安史之乱与河北胡化问题研究》(2020)作序，认为陈寅恪《唐代政治史述论稿》"认为河北地区的胡化是安史之乱爆发的重要背景"(《序》，1页)。李佳哲《陈寅恪"河朔胡化"说辨析》(2017)认为"陈先生所提之'河朔胡化'是其'种族—文化'观念在安史之乱和藩镇割据问题上的具体运用，目的在于解释安史之乱为何会在河北地区爆发，以及藩镇割据为何会在河北地区长期存在这两个问题"(118页)。我认同这一意见，陈寅恪是推求原因，而不是仅视之为背景。学界受陈寅恪的种族文化论影响甚巨，如王寿南《唐代藩镇与中央关系之研究》(1969)第七章《河北三镇之独立性在文化上的原因》，称易定(义武节度使，脱离成德而设置)"地域邻近，何以义武不与成德、魏博、幽州等三镇相勾结以拒命？究其原因，主要在于义武一镇所染胡化不如魏博、成德、幽州三镇之深，且日渐接受汉文化的熏陶，藩帅与人民对中央之向心力甚强"，341页。马驰《唐幽州境侨治羁縻州与河朔藩镇割据》(1998)则将此概括为"河朔藩镇的蕃州化即羁縻化"，称"河朔诸镇将帅既来自蕃州蕃部或蕃化土著，河朔地方(主要是幽州)既然又是诸蕃侨治羁縻州的分布最为集中的蕃汉杂处区域，存在决定意识，基础制约上层，必然使河朔其人'自视由羌狄然'。因而他们视自己管内若蕃州，'遂擅署吏，以赋税自私，不朝献于廷'，并'以土地传子孙'"(《马驰史学论集》，83页)——因自己出身或(转下页)

安禄山的种族背景和宗教信仰，有利于增加他的号召力和凝聚力，有助于他对属将的笼络和控制；这当然为他的起兵反唐创造了有利的条件[①]。但他之所以能起兵，关键还是他控制了当时唐王朝在北方部署的防遏游牧部族南下的一支实力甚强的军队。与此形成对比的，是同样部署于北方的实力亦甚强的朔方也不乏胡人，特别是安禄山起兵前夕，朔方节度使安思顺与安禄山是堂兄弟，是粟特胡人；安史之乱发生后，率朔方军与安史军队长期作战的节度使是李光弼，陈寅恪在罗列"安史同时并后来河朔及其他藩镇胡化事迹""其血统确有胡族分子者"时，也列出了"营州柳城人"的李光弼，称他"亦出于东北胡族，且与安禄山同乡里，不过政治上适立于相反之地位耳"[②]——可见，种族（血统）并不会必然决定其政治立场[③]。陈寅恪也说：

（接上页）来自蕃州，于是就要建立羁縻体制？王炳文书是最近出版的、集中讨论河北胡化问题的专著，特别是第二章，可参看。

① 陈寅恪《唐代政治史述论稿》(1943)即曾说"安禄山利用其混合血统胡人之资格，笼络诸不同之善战胡族，以增强其武力……禄山之举兵与胡汉种族武力问题有关也"(33页)，"安史叛乱之关键，实在将领之种族"(34页)。关于安禄山的种族、宗教信仰及其叛乱基础，可参荣新江《安禄山的种族、宗教信仰及其叛乱基础》(初稿发表于1996年学术讨论会，初刊于1998年，增订本发表于2010年)，收入其《中古中国与粟特文明》。

② 陈寅恪《唐代政治史述论稿》(1943)，35、38页。关于朔方军的情况，参李鸿宾《唐朝朔方军研究——兼论唐廷与西北诸族的关系及其演变》(2000)，特别是第四章"朔方军与胡兵蕃将"，138—156页。

③ 民族、文化，不仅仅是"客观的存在"，而且还是个"认同"问题，将参与安史叛乱的河朔军将的族属列出来，并不能说明他们是因为其族属而对李唐朝廷采取了敌对的态度。王明珂《羌在汉藏之间——川西羌族的历史人类学研究》(2003)提供了民族认同的实例(特别是第三章，所谓"一截骂一截"的讨论)，这项以历史学者的身份所作的研究，极有助于我们更好地厘清以种族、文化为出发点，对所谓"胡化"问题所作的讨论。

> 综上所引诸人氏族，或确是汉人，或有胡种嫌疑，或为唐室大臣子孙，或出微贱之族，其于中央政府或忠或叛，复有先后顺逆等之互异。要而言之，家世或本身曾留居河朔及长于骑射二事则大抵相类，斯实河朔地域之胡化演变所致者也。[1]

曾留居河朔、长于骑射，即为胡化；但此胡化又与政治立场无关，那么讨论其“曾留居河朔及长于骑射”“河朔地域之胡化演变所致者”，要说明什么呢？

我们就可以举出相反的例子。山南东道节度使梁崇义，“长安人，以升斗给役于市……后为羽林射生，从来瑱于襄阳……累迁为偏裨”[2]。生长于长安，曾任职于禁军羽林射生。既未“曾留居河朔及长于骑射”，又不是“河朔地域之胡化演变所致者”；与河朔胡化相比，无论血统还是文化，他可算得上是“根红苗正”了，但安史之乱结束后，代宗朝近二十年，被视作与河朔诸镇、淄青并列的跋扈者。

陈寅恪还谈到了河朔三镇之外的平卢淄青。平卢起初是支持李唐朝廷并与安史作战的，但在作战失利、浮海至淄青之后，开始跋扈于朝廷。陈寅恪认为这是因为他们是“从河朔胡化集团中分出”的缘故：

> 侯希逸至少其母系出自高丽，虽其初不从安禄山之命，然其种族固含有胡人血脉，其部下兵众亦是胡化集团。是以自李正己袭夺其业后，淄青一镇亦与河朔同风，遂为唐代中央政府之巨患。

① 《唐代政治史述论稿》(1943)，44页。

② 《旧唐书》卷一二一《梁崇义传》，3489页。《通鉴》卷二二二，广德元年闰正月，“初，长安人梁崇义以羽林射生从来瑱镇襄阳，累迁右兵马使”，7142页。

推求其故，实由其统治者本从河朔胡化集团中分出者也。[1]

侯希逸有胡人血脉，其部下兵众是胡化集团，却是拥护李唐朝廷；浮海迁至淄青，李正己袭夺节帅之位，同样是胡化集团的这批部众，为什么就又向李唐朝廷跋扈呢？难道是“非我族类，其心必异”，胡化集团迟早要跟李唐朝廷对抗吗？为什么同样是胡化，安史余部的河朔三镇“始终割据河朔，与中央政府抗衡”，而淄青则在元和末最终被朝廷完全控制并一分为三了呢？与此类似的，还有淮西。李忠臣、李希烈、吴少诚、吴少阳，都是被列入“无论实为汉人或有胡族之嫌疑，其人必家世或本身居住河朔，久已胡化”的名单中的人物[2]。同样是胡化，李忠臣任淮西节帅长达十七年之久，却未跋扈；淮西从李希烈开始，跋扈了四十年之后，被李唐朝廷用兵三年彻底平定。这显然不是种族、文化的原因，而是实力所致吧。

作为个人，虽可名列此名单，却“选择了不同道路”。最著名者，如元和初率神策兵入蜀平定西川刘辟的名将高崇文，即“生幽州……少从平卢军。贞元中，随韩全义镇长武城，治军有声”[3]。贞元之前的行踪，尚不清楚。而李惠登的履历则极为清晰：

李惠登，平卢人也。少为平卢裨将。安禄山反，遂从兵马使董秦海转收沧、棣等州……史思明反，复陷于贼，脱身投山南节度使来瑱……李希烈反，授惠登兵二千，镇随州。贞元初，举州归

① 《唐代政治史述论稿》(1943)，37 页。

② 《唐代政治史述论稿》(1943)，38、43—44、42 页。

③ 《旧唐书》卷一五一《高崇文传》，4051 页。

顺，授随州刺史……及卒，加赠洪州都督。[①]

这两位无疑属“河朔地域之胡化演变所致者”，而且曾长期于安史军中服役，但最终却成为李唐朝廷的干将和良吏。

名单中的令狐彰，是安史部将。在史思明再次南下时，他率兵镇守滑台，归顺朝廷；安史之乱结束，一直镇守滑州。大历八年(773)二月死，死前上遗表，请朝廷任命李勉接任[②]；“及彰卒，滑三军逼夺情礼，(其子令狐)建守死不从，举家归京师”[③]。元和中李吉甫上奏，称“臣伏见代宗朝滑州节度使令狐彰临终上表，悉以土地甲兵籍上朝廷，遣子随表归阙……臣每感彰同时河朔诸镇付子传孙”云云，建议任用令狐彰之子令狐通[④]。令狐彰父子属于陈氏所说的“胡化”者，令狐彰不仅自己归顺，而且没有像他往日的同党那样，父死子继。如果他随安史余部退回河北，亦可自擅一方或在某藩镇充任高级将领。他的政治认同和选择，不是他的所谓“种族、文化”决定的。日后，滑州与郑州成为义成节度使的基本辖区；作为地处中原核心地区且具有相当军事实力的重要方镇，义成始终未曾出现过“河朔化”倾向[⑤]。

安史之乱，在我看来是一起边将久任而得以培植起自己势力、成

① 《旧唐书》卷一八五下《良吏传下·李惠登传》，4828—4829页。

② 《通鉴》卷二二四，大历八年二月，7219—7220页。参《旧唐书》卷一二四《令狐彰传》，3528—3529页。

③ 《旧唐书》卷一二四《令狐建传》，3530页。

④ 《旧唐书》卷一二四《令狐通传》，3531—3532页。

⑤ 参《唐方镇年表》卷二“义成”，214—240页；《唐代藩镇与中央关系之研究》(1969)附录一《唐代藩镇总表》“义成”，节帅对中央态度基本都是恭顺，606—613页。

功发动的兵变，是一起偶发事件①。安禄山本人的种族和信仰，以及河北的多民族杂居及其表现出的“胡化”特征，为他培植个人势力、增强其号召力提供了十分有利的条件。他是有意创造并利用这些条件来进行充分的酝酿。但“胡化”并不会必然导致该地发生武装对抗即叛乱。

河朔的“割据”或“自治”，是李唐朝廷与安史势均力敌的结果——朝廷无力彻底平定安史，安史也无力推翻李唐，这才有所谓“河朔故事”的成立。唐王朝如果能有实力彻底击败安史，就不会出现安史余部割据河朔的局面。种族、文化是在已经实现割据的前提下，维护现状的“软实力”。如果从文化上来谈河朔的所谓“胡化”，也只能说有胡人背景的安史军将在河朔的割据，保护了因安史之乱而遭到时人歧视的胡人②，保证了文化上“胡化”的推行或持续，而不是胡化导致了割据。

有学者视河北为特殊化(被朝廷长期歧视)，以期解释安史起兵乃至此后的河朔割据，认为这是必然的③；这未免“求之过深”。有学者反其道而行之，论证河北并未胡化④——难道同文同种就不会发动叛乱

① 关于当时节度使任期、安禄山的长期任职于幽州终使他有机会培植起自己的势力等问题，可参孟彦弘《唐前期的太子问题及其政治后果》(1995)，《出土文献与汉唐典制研究》(特别是159—167页)。

② 参荣新江《安史之乱后粟特胡人的动向》(2003)，特别是“一 安史乱后唐朝境内对胡化的排斥”“二 留居中原的粟特胡人如何应付”，见其《中古中国与粟特文明》。

③ 如谷霁光《安史乱前的河北道》(1936)，《谷霁光史学文集》第四卷。

④ 如方积六《唐代河朔三镇“胡化”说辨析》(1989)。李佳哲《陈寅恪“河朔胡化”说辨析》(2017)强调“‘河朔胡化’说的问题指向在于安史之乱和藩镇割据，而非河北藩镇的社会属性”(122页)——这是不是说，安史之乱和河朔割据是因为胡化，但河北藩镇并没有胡化？

吗？也有学者批评陈寅恪用“胡化”所作的解释证据不足[①]。

我们认为，不能以种族、文化的差异来解释安史起兵以及安史余部的长期割据，更不能据此来认识河朔三镇以外的藩镇的所谓“河朔化”。种族、文化与政治认同是两个问题。就中国历史而言，既有同文同种而分治者，如三国魏、蜀、吴；也有不同民族、不同文化而同处于一个政治共同体之中，如元朝、清朝。

如果将种族、文化等同于政治认同，我们就无法理解同一个政府或政权控制之下的不同民族、不同文化的共处，也无法理解多元文化或移民社会，更难以理解像辽朝实行的南北分治式的“一国两制”了。现代学术研究已经说明，认同远比血统更重要[②]；文化以及认同的差异，也不必然导致政治的对立。

我们是本着这样的认识，来讨论哪些藩镇出现了“河朔化”。在我们看来，淄青、平卢、淮西，实现了“河朔化”；昭义（泽潞）、宣武（汴宋）、武宁（徐泗濠），出现了“河朔化”的倾向[③]，但这一过程不断受到遏制

---

① 如崔瑞德编《剑桥中国隋唐史（589—906）》（1979），C. A. 彼得森在其执笔撰写的第八章《中唐和晚唐的宫廷和地方》中，称“除了这类文化解说的高度主观性连同它的模糊性和带激情色彩的‘胡化’观念外，陈寅恪这一引人注意的假设没有足够的证据作为依据”，469 页。近来，仇鹿鸣《长安与河北之间》（2018）第八章“一、‘胡化说’的射程”，以所谓唐代河北的“胡化”为切入，对这一问题的研究进行了学理上的反思和评析。我想，无论射程远近或覆盖面大小，用“胡化”来解释安史叛乱的发生以及河朔三镇的割据等，都是无的放矢。这不是一个证据是否充分的问题，而是一个学理逻辑的问题。

② 关于这一问题，罗新作了通俗易懂、十分中肯的论述，对中国古代史研究者极具启发，见其《有所不为的反叛者：批判、怀疑与想象力》（2019）中的系列相关文章。

③ 朱德军《唐代中原藩镇研究》（2009）将淄青、淮西视作中原割据型藩镇，并将其发展划分为三个阶段，即尽忠唐室阶段、“河朔化”阶段和“去河朔化”阶段（39—48 页）。这似乎是仅将淄青和淮西视作存在“河朔化”问题的藩镇。在讨论“‘河朔化’的内涵”时，将其内容归结为“种族文化的‘胡化’、政治上的‘家镇模式’、经济上的（转下页）

(主要的方式,是节度使之诛除、驱逐所谓骄兵。这也反映出“朝廷—节度使—地方军人集团”之间既依存又矛盾的关系),“河朔化”进程表现出时断时续,程度时而高涨、时而低落的态势。

就藩镇的成立、演变来看,淮西、淄青确实与汴宋、泽潞等情况不同;但在图谋“河朔化”的问题上,并无实质性的区别。比如会昌年间泽潞刘稹拟世袭,朝廷在李德裕主持下用兵攻讨,时任黄州刺史的杜牧上书李德裕,支持朝廷的决定,力主武力解决。为此,他特意将泽潞与已平定的淮西作类比,称“今者上党之叛,与淮西不同”,并历数泽潞对朝廷的忠义之举①,其意在强调朝廷武力解决泽潞决策之正确,但为什么谈泽潞而要举二十多年前已经解决的淮西问题来作类比呢?这其实反映了时人心目中二者在对朝廷的跋扈上有相同或相似之处。

研究泽潞、汴宋、徐泗濠这类藩镇的“河朔化”以及朝廷的应对,对我们理解唐后期的藩镇问题、认识朝廷对藩镇的控制问题,似乎更有意义。同时,我们也想用“河朔化”来解释这些藩镇对朝廷跋扈的“动力”所在。

(接上页)赋税自专”(42页)。关于淄青、淮西的胡化,他基本认同陈寅恪的论述,比如称“(两镇)节帅均由平卢军大将充任,其统治的核心力量也无一不出于极具‘胡化’背景的平卢军系统”,“淄青镇的割据势力属于平卢军的高句丽武人集团,而淮西镇则是‘胡化’汉人军人集团”,“淮西镇,也许平卢军的人数不及淄青,但其胡化倾向毫不逊色”等(43页)。他据此撰写了《唐朝中原藩镇的“河朔化”问题探析:以淄青、淮西两镇为中心》(“中晚唐藩镇研究的新视域”学术研讨会,敦煌研究院,2023),因系未刊会议论文,依惯例,不具引。

① 杜牧《上李司徒相公论用兵书》(《樊川文集》卷一一),《杜牧集系年校注》,818—820页。

(二)“河朔化”藩镇

在对藩镇有分类的认识明确之前,学界不仅把从成德“内裂”出的易定、横海以及淮西、淄青,视同于河朔三镇,而且把表现出跋扈的如宣武(汴宋)、昭义(泽潞),甚至浙西、西川等也等同于河朔①。将藩镇作了清晰分类之后,或者将淮西、淄青视同于河朔三镇②,或者将此二镇等同于泽潞、宣武、武宁等③。

我们认为,淮西和淄青,实现了“河朔化”,但与河朔三镇不同。它们是在参与平定安史之乱的过程中“成长”“壮大”起来的,是“河朔故事”的学习者、仿效者。它们之所以能实现“河朔化”,有着种种机缘和契机;从结果看,朝廷凭借武力,终结了它们的“河朔化”。宣武、武宁、泽潞,也出现了“河朔化”(程度各有不同),但在它们“河朔化”的同时,朝廷即在不断进行遏制,最终它们并没有能真正实现“河朔化”。对前一类,我们重在勾勒其“河朔化”实现的过程;对后一类,我们则主要讨论朝廷是如何遏制其“河朔化”的。

---

① 如堀敏一《藩镇亲卫军的权力结构》(1960),称上述藩镇“对唐朝来说形成一大敌国”,587页。该文第二节分析牙兵之形成,也是将魏博、泽潞并列来讨论;第三、第四节勾勒牙兵的作用时,分别所举是宣武(汴宋)、武宁(徐州)和魏博。就文章主题而言,将表现突出的牙兵放在一起讨论,自无不可,但其时尚没有意识到藩镇的分类(只是笼统以“强藩”目之)。

② 张国刚《唐代藩镇研究》5《唐代藩镇的类型分析》(1983),将淮西、淄青归入“河朔型”,82页。李树桐《论唐代的魏博镇》(1985)也认为淄青、淮西与河朔三镇一样(521—522页)。

③ 王援朝《唐代藩镇分类刍议》(1990),把“淄青、彰义(淮西)、宣武、昭义(泽潞)、山南东道、义武(易定)、义昌(沧景)等镇”视作“曾一度像河北三镇那样实行割据”(108页),只是加了“一度”的限定词。朱德军《略论唐代中原藩镇的演变及其表现》(2010)则将淄青、淮西与宣武、武宁视作一类(都属于所谓的“中原藩镇”),100页。

河朔藩镇与“河朔化”藩镇的实质区别，是它们背后所反映的军人政治实现程度的差异。

1.“河朔化”的实现

基本实现了“河朔化”的藩镇，是淄青和淮西。

(1) 淄青

最早明确表现出“河朔化”的藩镇，是平卢淄青[①]。

安史之乱爆发的第二年，即至德元载(756)六月，董秦(即李忠臣)杀安禄山所署平卢节帅吕知诲，拥刘正臣为平卢节帅。正臣率兵袭范阳，为史思明所败，死[②]。安禄山派其党徐归道继任节帅。安东都护王玄志和平卢军将侯希逸将其袭杀，并派董秦、田神功浮海攻取平原、乐安二郡。时在至德二载正月[③]。乾元元年(758)二月，唐廷任命王玄志为营州刺史、平卢节度使[④]。是年十二月，王玄志死，平卢军将拥侯希逸为节帅，史称“节度使由军士废立自此始”[⑤]。侯希逸继位后，与安史

---

① 关于淄青镇的一般情况及其研究综述，可参看黄卓娅《唐代平卢淄青研究》(2006)、郑东岩《唐代淄青镇研究》(2010)、闫云荣《唐代平卢淄青藩镇探微》(2014)等硕士学位论文。

② 《通鉴》卷二一八，至德元载六月，6980页，参《旧唐书》卷一四五《李忠臣传》，3940页。按，《通鉴》卷二一九，至德二载正月，李忠臣败归，为王玄志鸩杀(7017页)；《旧唐书》卷一四五《李忠臣传》称兵败被杀。杨晓燕《唐代平卢军与环渤海地域》(2003)据日野开三郎《安史の乱による唐の东北政策の后退と渤海の小高句丽国占领》(1963)所引《续日本纪》的记载，认为刘正臣为徐归道所杀(190页)，马一虹《靺鞨、渤海与周边国家、部族关系史研究》(2011)则认为《续日本纪》所传有误，刘正臣为王玄志毒杀，280页。

③ 《通鉴》卷二一九，至德二载正月，7017页。参《旧唐书》卷一四五《李忠臣传》，3940页。《旧唐书》卷一八五下《良吏・宋庆礼传》，开元五年受命于柳城重建营州城，“追拔幽州及渔阳、淄青等户”(4814页)，可见营州地区与淄青原本就有渊缘。

④ 《通鉴》卷二二〇，乾元元年二月庚午，7052页。

⑤ 《通鉴》卷二二〇，乾元元年十二月，7064页。《旧唐书》卷一二四《侯希逸传》：“乾元元年冬，玄志病卒，军人共推希逸为平卢军使，朝廷因授节度使。”(3533—3534页)

叛军相周旋，甚至直接出击。如上元二年（761）五月，击史朝义于范阳①。最终，侯希逸不敌，于是年（761）末（元年建丑月）于范阳败李怀仙之后，举军二万余人在青州渡河，与田神功等会合于兖州②。宝应元年（762）五月，朝廷任命侯希逸为平卢、淄青等六州节度使，青州始有平卢之号③。永泰元年（765）七月，侯希逸被部将李怀玉（即李正己）所逐。次年，朝廷任命怀玉为节帅，并赐名正己。

在李正己之前，侯希逸之继任节帅虽已开了由军将拥立的先河，平卢军将又与安史有千丝万缕的联系，但他们不仅未与叛军沆瀣一气，而且始终与叛军相抗衡，力尽而南撤，实属不易④。但是，具有这样传统的一支军队，在安史之乱结束之后，却完全站在了河北的一边。从此后河北与朝廷的关系来看，并不是河北需依靠淄青的帮助才能维持"河朔故事"，恰恰相反，是淄青要通过站在河北一边，力图"河朔化"。我们从淄青对朝廷的一系列举动中可以很清楚地看出这一点。

平定李灵曜之乱，淄青夺得曹濮徐兖郓五州之地⑤，势力范围进一步扩大，并将其节度使治所由青州迁至郓州，进一步靠近中原地区，曹

---

① 《新唐书》卷六《肃宗纪》，164 页。参《通鉴》卷二二二，7114 页。

② 《新唐书》卷六《肃宗纪》，164 页。《通鉴》卷二二二，建丑月（即上元二年十二月）；建寅月（即宝应元年正月），7118 页。

③ 《通鉴》卷二二二，宝应元年五年甲申，7126 页。参《新唐书》卷一四四《田神功传》："袭敬釭郓州，不克。刘展反，邓景山引神功助讨，自淄青济淮，众不整，入扬州……俄而禽（刘）展送京师，迁淄青节度使。会侯希逸入青州，更徙兖郓。"（4702 页）《旧唐书》卷一二四《田神功传》以擒刘展功，拜汴宋等八州节度使，未及其任淄青事。

④ 司马光对朝廷听从军将拥立侯希逸为节帅之举极不以为然。他是从政治伦理角度所发的议论，实属书生之见，见《通鉴》卷二二〇，肃宗乾元元年末，"臣光曰"，7064—7066 页。

⑤ 参陆贽《请不与李万荣汴州节度使状》，《陆贽集》卷二〇，649—650 页。

濮郓成为其统治的中心区域,“拥兵十万,雄据东方,邻藩皆畏之”①。

德宗即位后,曾任命李勉为永平节度使,并增广汴州城②。德宗的这一举动,只是他许多举动之一,是为了解决河北问题。但对朝廷增广汴州城,作出强烈反应的,是淄青李正己。他针锋相对,移兵屯济阴,还出兵徐州,阻隔江淮漕运③。同时,还与相邻的河朔三镇中的魏博节帅田悦联络,以求帮助④。河北对朝廷的反应,针对的是成德李宝

---

① 《通鉴》卷二二五,大历十二年,7249—7250页。

② 《通鉴》卷二二六,建中二年正月,“会汴州城隘,广之,东方人讹言‘上欲东封,故城汴州。’正己惧,发兵万人屯曹州;田悦亦完聚为备,与梁崇义、李惟岳遥相应助,河南士民骚然惊骇”,7295页。参《旧唐书》卷一四四《阳惠元传》:“或传说飞语,云帝欲东封。汴州奏以城隘狭,增筑城郭,李正己闻之,移兵万人屯曹州,田悦亦加兵河上,河南大扰,羽书警急。”(3915页)

③ 《旧唐书》卷一二四《李正己传》:“建中后,畏惧朝廷,多不自安。闻将筑汴州,乃移兵屯济阴,昼夜教习为备。河南骚然,天下为忧,羽檄驰走,征兵以益备。又于徐州增兵,以扼江淮,于是运输为之改道。”(3535页)

④ 《旧唐书》卷一四一《田悦传》:“或谬称车驾将东封,而李勉增广汴州城。李正己闻而猜惧,以兵万人屯曹州,遣使说悦,同为拒命。”(3841页)吴晓丰《从寇境到王土》(2024)将李正己出兵屯曹州,与朝廷对抗,视为“河朔故事在淄青一道的全面推行”的标志,依据是此前一年两税法在淄青推行,德宗诞日淄青和魏博献绫,“悉以归度支以代租税”,认为这“表明当年淄青实际仍在向唐廷履行进献租税的义务”(580页)。按,河朔也曾实施两税法,张国刚《唐代藩镇研究》5《唐代藩镇的类型分析》(1983)已指出“河朔诸镇不输王赋,但两税法亦仍实行”(87页);另参彭文峰《唐代河朔三镇两税法实施情况略论》(2005);孙继民、彭文峰《安阳灵泉寺唐代题记与两税法——兼论两税法在河朔割据藩镇的实施及其限度》(2006),见孙继民《中古史研究汇纂》。最近关于河朔两税法实施问题的讨论,见秦中亮《财政政策与政治效应:试论两税法在河朔藩镇的实施》(2020),称“魏博镇是实施过两税法的,但其肇端于何时没有直接资料坐实,而成德镇与幽州镇则没有任何资料坐实其实施过两税法”。按,实行两税法,是出于赋税制度改革的客观需要,即使独立于中央的河朔,也有改革租庸调的需要。这与是否割据,没有必然联系。与淄青一起给德宗献绫的,还有魏博;难道建中元年时的魏博也没有实行“河朔故事”?淄青的“河朔化”有一个过程,侯希逸被拥立、又被逐,就已经开始了这一过程。另,吴晓丰文第一节,对淄青李氏家族治下的军政(转下页)

臣死而朝廷不许其子李惟岳继袭一事。也就是说，他们是针对朝廷不遵守此前达成的“河朔故事”而作出的反应，并不认为朝廷在河南的整顿武备，会对自己构成威胁，而淄青则不然。建中年间，河北为对抗朝廷而决定称王时，也是他们先讨论决定后才通知淄青[1]。河北拉扰淄青，在当时的形势下，仅为壮声势。

泾师兵变后，成德、魏博与朝廷都因迫于朱泚、朱滔的压力而联合起来对付朱氏。据相关记载，当时朝廷是通过李抱真与成德、魏博联系，达成协议以遏制朱氏兄弟。在这个过程中，成德与魏博也互相沟通，达成了对朝廷的一致态度，而我们却没有看到淄青李纳的参与[2]。李纳虽然也随王武俊、田悦等一起去王号，但是，据李纳之父李正己所

(接上页)结构作了讨论，认为淄青藩镇军中坚主要是南下的平卢军和南下后李氏招募的亡命之徒，可参看。

① 《通鉴》卷二二七，建中三年十一月，田悦与王武俊议奉朱滔为主，称臣事之，滔不可。于是幽州、恒冀共议，“请与郓州李大夫为四国，俱称王而不改年号”，滔等以为然。“滔乃自称冀王，田悦称魏王，王武俊称赵王，仍请李纳称齐王。”(7335—7336页)《旧唐书》卷一四一《田悦传》亦作“又请李纳称齐王”(3845页)。

② 《旧唐书》卷一四一《田悦传》：“悦、滔、武俊互相疑惑，各去王号，遣使归国。悦亦致书抱真，遣使闻奏。兴元元年正月，加悦检校尚书右仆射，封济阳王，使并如故。”(3845页)《旧唐书》卷一四三《朱滔传》：“兴元初，田悦、王武俊以朱泚据京师，滔兵强盛，首尾相应……遂相率归顺。”(3897页)参《通鉴》卷二二九，建中四年十二月，7386—7388页。《旧唐书》卷一四二《王武俊传》，兴元元年大赦，朱滔率兵南下，二月武俊削伪国号，“时李怀光反据河中，李希烈已陷大梁，南逼江、汉，李纳尚反于齐，田绪未为用”(3875页)。兴元元年三月，魏博军乱，田绪杀田悦而代之。四月，命田绪为魏博节帅(《通鉴》卷二三〇，7422页)。《通鉴》卷二二九，兴元元年正月“辛卯，以王武俊为恒、冀、深、赵节度使……丙申，加田悦检校左仆射……曹州刺史李纳为郓州刺史、平卢节度使”(7398页)。《旧唐书》卷一二四《李纳传》：“及兴元之降罪己诏，纳乃效顺。”(3536页)

赠官的时间来看，李纳真正归附的时间却是在兴元元年四月[①]——它是看到成德、魏博联合朝廷以对抗幽州已成定局后，才不得不表示归顺，这比王武俊、田悦公开与朱滔作战以救援魏博要晚。换言之，最早倡言对抗朝廷的是淄青，最晚表示归顺朝廷的也是淄青。可见，从建中连兵对抗唐廷到兴元归顺以对抗朱氏的整个过程中，淄青都处在一个被动、配角的地位；唱主角的是河北。这说明朝廷与河朔都未将淄青真正视作河朔的一部分。

淄青在对抗朝廷中选择"主动"，是其感受到的朝廷的压力和威胁要远过于河朔三镇。它没有像安史余部那样，凭借武力对抗，争得与朝廷的约定，以保证它的特殊地位。这从盐利的情况，也可以反映出它与河北的不同。对河北，史称"自天宝末兵兴以来，河北盐法，羁縻而已"[②]；但淄青的盐利，元和四年(809)盐铁转运使李巽奏称"江淮、河南、峡内、兖郓、岭南盐法监院，去年收盐价缗钱七百二十七万"，元和六年盐铁转运使王播奏"元和五年，江淮、河南、岭南、峡中、兖郓等盐利钱六百九十八万贯"[③]，都把兖郓的盐利计算在内，说明朝廷对兖郓盐的专卖所得有相当的控制权，这与对河北盐法"羁縻而已"有质的不同。因此，淄青就更迫切地企图通过"河朔化"来获得与河朔同样的地位，从而增加其"安全性"。于是，我们便看到它在与朝廷的关系上，基本上是以河朔的态度为态度。但它与河朔并不完全相同——河朔既要

---

① 《旧唐书》卷一二四《李正己传》："纳阻兵，兴元元年四月，归顺，方赠正己太尉。"(3535页)

② 《旧唐书》卷四八《食货志上》，2108页；《唐会要》卷八八"盐铁"，1904页。

③ 《唐会要》卷八七"转运盐钱使总叙"，1887页。参《册府元龟》卷四九三，5898—5899页。

保持与朝廷的平衡，又要保持河朔内部的平衡；淄青则不然，只有在河朔与朝廷的对抗中，它才能对抗朝廷并逐渐实现其“河朔化”①。淄青的这一态度，从一系列事变中显现了出来。我们即据《通鉴》略作梳理。

德宗死，淄青即利用国丧而有所动作。永贞元年（805）二月壬子，李师古欲乘国丧侵噬邻境义成，发兵屯曹县，且告假道于汴。为宣武韩弘所拒。同时，又与淮西相勾结，吴少诚以牛皮鞋材遗师古，师古以盐资少诚，潜过宣武界，为韩弘所截留（7608—7609 页）。

元和元年（806）闰六月李师古死，“朝命久未至，师道谋于将吏，或将加兵于四境，其判官高沐固止之。乃请进两税、守盐法、申官吏”（7634—7635 页）②。但这实际只是淄青的一种政治表态，并未真正付诸实施③，十月朝廷即正式承认李师道继任淄青节度使（7637 页）。

---

① 武宗会昌朝廷用兵泽潞时，刘稹曾遣将贾群赍李恬书至李石处，称刘稹“将血属同赴阙庭”，会昌四年（844）正月李德裕起草《赐李石诏意》，称“比者河朔诸镇，惟淄青变诈最多。刘悟随来旧将，皆习见此事，察其情伪，深要精详”（《李德裕文集校笺》卷七，112 页）云云，“河朔诸镇，惟淄青变诈最多”强调的就是淄青的这一特点。王赛时《唐代的淄青镇》（1994）称李正己为淄青节帅时，“开始效仿河朔……淄青镇的割据渐形成”“淄青等镇的严重割据”云（104 页），但淄青不同于河朔。

② 参《旧唐书》卷一二四《李师道传》，3538 页。

③ 上引《旧唐书》卷一二四《李师道传》，在请进两税、守盐法、申官员之下，称“时杜黄裳作相，欲乘其未定也，以计分削之，宪宗以蜀川方扰，不能加兵于师道”（3538 页），八月先任命其为淄青留后，十月即正式任命其为节帅。除盐法，“进两税”“申官员”，并未实现。《通鉴》卷二四一，元和十四年二月，刘悟兵变，诛李师道后，称“自广德以来，垂六十年，藩镇跋扈河南北三十余州，自除官吏，不供贡赋，至是尽遵朝廷约束”（7765 页），亦可见在此之前，一直是“自除官吏，不供贡赋”。但吴晓丰《从寇境到王土》（2024）第三节，认为元和元年的“进两税、守盐法、申官员”得到了实施，但此后有反复，元和四年强化了自署官吏，淮西之乱后（指元和四年至五年的吴少诚死、吴少阳继袭?）不再输两税，元和七年田弘正归朝前后，恢复河朔故事（584—585 页）。但他又引元和二年的《元和国计簿》，称淄青保留了河朔故事中的“不入版籍”（583 页）；难道是不入版籍而缴纳贡赋？但此前又说“版籍是征收租赋的依据，在淄青拒绝（转下页）

元和七年，魏博田弘正归顺。河朔诸道虽百般劝诱，但并未付诸武力、出兵干预。惟有淄青威胁田弘正要出兵以维护“河朔故事”：

> 郓、蔡、恒遣游客间说百方，（田）兴终不听。李师道使人谓宣武节度使韩弘曰：“我世与田氏约相保援，今兴非田氏族，又首变两河事，亦公之所恶也！我将与成德合军讨之。”（韩）弘曰：“我不知利害，知奉诏行事耳。若兵北渡河，我则以兵东取曹州！”（7697页）

李师道之所以要试探韩弘的态度，首先是因为朝廷在汴宋屯兵，一方面与河阳一起来防范河北的南下，另一方面就是针对淄青。因此，建中初朝廷增广汴州城，淄青的反应最为强烈。其次，宣武也有“河朔化”的倾向，这为李师道与宣武达成某种默契提供了可能。当然，宣武的河朔化程度远逊于淄青，而朝廷也必须尽全力遏制其河朔化；这是韩弘态度与李师道不同的根本原因。

对朝廷倾全力攻讨淮西，表现出强烈反应的仍然是淄青。他派人暗杀主持用兵的宰相武元衡，烧河阴仓①，以图阻止朝廷对淮西的用兵。

（接上页）向中央贡献租税后，向唐廷申的版籍户口已无必要”（580页）。其实割据藩镇也曾申户口，参孙继民《关于唐宪宗元和时期割据藩镇的户口申报——兼评〈中国人口史・隋唐五代时期卷〉》（2004），收入其《中古史研究汇纂》。“守盐法”，大概是为了将海盐行销至淄青辖区之外，故方与朝廷合作。

① 《旧唐书》卷一五《宪宗纪下》元和十年三月辛亥，“盗焚河阴转运院，凡烧钱帛二十万贯匹、米二万四千八百石、仓室五十五间……自盗火发河阴，人情骇扰”，452页。经运河北运的租赋物资集中于河阴仓，以便转运，如陆贽于贞元八年八月上《请减京东水运收脚价于缘边州镇储蓄军粮事宜状》，即称“顷者每年从江西、湖南、（转下页）

暗杀宰相武元衡在当时引起了极大的恐慌，但对其主谋，史料记载颇有歧异。一种记载是成德王承宗所为，如《旧唐书·宪宗纪下》元和十年六月癸卯："镇州节度使王承宗遣盗夜伏于靖安坊，刺宰相武元衡，死之；又遣盗于通化坊刺御史中丞裴度，伤首而免。是日，京城大骇，自京师至诸门加卫兵。"(453页)一种记载是李师道所为，如《通鉴》卷二三九，元和十年六月(7715页)。也有记载弥缝两者，如《旧唐书》卷一四二《王承宗传》："与李师道奸计百端，以沮用兵。四月，遣盗烧河阴仓。六月，遣盗伏于靖安里，杀宰相武元衡，京师震恐。"(3881页)。当时必须尽快找出元凶，并予惩处，以稳定人心。许多人怀疑谋主是成德王承宗，并认为成德进奏院张晏等人形迹可疑，于是捕杀张晏等人以结案，七月下诏绝成德朝贡①。但是，在平定淄青后，田弘正入郓"按簿书，亦有杀元衡者"②。司马光编《通鉴》时，据《河南记》等记载，认定杀元衡、烧粮仓乃师道所为，并加考异③。但他没有进一步辨析《旧唐书》记载矛盾之因。我认为《通鉴》的断定是正确的。唐廷官修史书时，编者既看到了当时归罪于成德的记载，也看到了田弘正所据簿书有杀元衡之事，更知道宪宗不愿为此翻案。于是我们今天就看到了依据旧日唐廷官修史书而编就的《旧唐书·王承宗传》"承宗与师道

(接上页)浙东、浙西、淮南等道，都运米一百一十万石，送至河阴"(《陆贽集》卷一八，594页；参《通鉴》卷二三四，7536页)。全汉昇《唐宋帝国与运河》(1944)多处谈及这一点，见53、70、81—83页，见其《中国经济史研究》。

① 《通鉴》卷二三九，元和十年七月，"诏数王承宗罪，绝其朝贡……攻讨之期，更俟后命"，7715页。

② 《旧唐书》卷一二九《张弘靖传》，3611页。

③ 《通鉴考异》卷二〇，758页；参《通鉴》卷二三九，元和十年六月，7715和7716页。

奸计百端”这样的弥缝之语①。而在《张弘靖传》中，先记载了弘靖因证据不足而反对杀张晏等②，又在记载田弘正入郓得所得簿书中有杀元衡者之后有“事暧昧，互有所说，卒未得其实”一语。而在《旧唐书·李师道传》中，明确记载了他派人烧河阴仓，并欲在东都及其附近作乱，但未言派人暗杀武元衡一事(3538—3539页)。这体现了原始史料中的依违其间——为宪宗回护，为当日错杀张晏等人的行为回护。穆宗即位，成德王承宗死，朝廷调任田弘正移镇成德，李愬接任魏博节帅。李愬到任，向朝廷申请为田弘正立德政碑，穆宗命元稹撰写，这就是《沂国公魏博德政碑》，其中就提到“李师道烧河阴，惊洛邑，阴通元济”③。

元和十年(815)三月发诸道兵攻讨淮西，淄青不在发兵之列，但淄青却兵出寿春，名为助朝廷，实则是声援吴元济④。可见，承宗虽上表要求朝廷赦免元济，但千方百计阻止朝廷用兵淮西并付诸行动的是淄青，而不是成德。显然在平淮西之后，淄青就会受到很大威胁，故不遗余力，阻挠朝廷用兵。事实上也确是如此。淮西平，朝廷便移兵淄青。刘悟兵变，杀李师道以表示归顺，本以为会像以前处理类似事件一样，

① 学术界也有这样的认识，如讨论此案的专文，俞钢《唐朝元和刺相案的始末》(1992)即称“王承宗部下张晏辈是直接行刺者，李师道的部下参与策划了刺相阴谋，但未及直接行刺”，102页。

② 事发之时，宪宗是想通过认定此事系成德所为，进而用兵成德。《旧唐书》卷一二九《张弘靖传》：“杀张晏后，宪宗欲遂伐承宗。弘靖(时任宰相)以为戎事并兴，鲜有济者，不若并攻元济，待淮西平，然后悉师河朔。宪宗业已北讨，不为之止，然亦重违其言。弘靖知终不听用，遂自陈乞罢知政事。”(3611页)

③ 《元稹集校注》卷五二，1295页。

④ 《通鉴》卷二三九，元和十年三月：“是时发诸道兵讨元济而不及淄青，师道使大将将二千人趣寿春，声言助官军讨元济，实欲为元济之援也。”(7711页)八月，“方讨吴元济，绝王承宗，故未暇治师道也”(7717页)，颇有“不以师道为对手”的意味；与河北相比，朝廷并不觉得淄青能给自己造成重大威胁。

得到朝廷的承认、授予其旌节，却不料朝廷将淄青一分为三，并将刘悟调离，从而实现了对淄青地区的真正控制。这与次年河北三镇易帅时朝廷所作的处置完全不同。可见，朝廷眼中的淄青与河北有着质的差异，而在淄青看来，他与河北的差异也不仅仅是地理位置的不同。魏博田弘正的归顺，并未能从根本上改变魏博的现状，但切断了淄青与河北的联系，减轻了朝廷用兵淄青的难度；而淮西的平定，也使淄青必然会成为下一个朝廷用兵平定的目标。淄青力图通过加强与河北的联系以实现其河朔化，但它毕竟不是河北，最终仍未能摆脱被平定的命运，其"河朔化"也因此而结束[①]。

淄青的这一地位，与它所处的地理位置也不无关系。它与河朔隔着黄河。河朔三镇对朝廷的异动，它不会成为"当贼冲者"；但河朔（特别是魏博）与朝廷关系的改善，又会使它直接受到来自朝廷的压力。朝廷实现对它的完全控制，正是得益于其时魏博田弘正的归顺——魏博军自杨柳渡过黄河，"距郓州四十里筑垒，贼中大震"[②]，给淄青造成了很大的压力。其时淄青将重兵部署在与魏博对抗中；率军与魏博对抗的淄青兵马使刘悟与田弘正达成协议，回师郓州，擒杀了节度使李师道。在这个过程中，刘悟都是通过田弘正与朝廷沟通和联系；李师

① 元和四年四月，李绛论镇州事，称"范阳、魏博、易定、淄青，皆是父子相承，实同流类"，把淄青与河朔三镇等量齐观（《李相国论事集》卷三，18 页；参《通鉴》卷二三七，7659 页）。但我想，这实际只是对"父子相承"这一点所作的概括，并非朝廷政策意义上的分类。另，张达志《"淄青"废县与淄青重塑——以唐宪宗朝为中心》（2015）"三、'淄青'废县所见宪宗朝政策的落实"，认为原淄青管内罢废诸县，表现了该镇平定后对中央政令的执行情况与贯彻力度，485—491 页。吴晓丰《从寇境到王土》（2024）第二节勾勒了朝廷平定淄青后的"文教复兴""政治景观的营造"等种种举措，567—577 页。这些研究有助于我们了解淄青平定后的形势。

② 《通鉴》卷二四〇，元和十三年十一月，7755—7756 页。

道被擒杀，朝廷拟将刘悟直接调离淄青，也是在征求了田弘正的意见之后付诸实施的[①]。这都说明了在平定淄青的过程中，魏博所起的作用。

淄青在河南道的最东端，与朝廷着力控制的以东都为中心的核心区，隔着汴宋。从政治地理的角度、从朝廷对藩镇的控制来看，它的“存在感”都不强，是一个“边缘性”的藩镇。虽然它的西南部即它的核心地带，靠近运河，它的跋扈会对运河的畅通造成一定的威胁。

（2）淮西

淮西也是在平定安史叛乱的过程中成立的藩镇[②]。李忠臣在代宗朝任淮西节帅长达十五六年，但并未对朝廷跋扈，相反他对中央极为恭顺[③]。大历十四年(779)淮西军将李希烈发动兵变，驱逐李忠臣，控制了淮西，并加强军力，尤以骡军为最著名：

---

① 详见《通鉴》卷二四一，元和十四年二月，7764—7766页。有“悟函师道父子三首送弘正营，露布以闻……壬戌田弘正捷奏至”“上欲移悟他镇，恐悟不受代，复须用兵，密诏田弘正察之”云。

② 关于淮西镇，学界研究成果甚多，杨文春2011年完成的硕士学位论文《唐代淮西镇割据问题研究》“绪论”作了详尽的学术史回顾，可参看；所附地图多幅，甚为直观。另参杨文春、李静《元和淮西战争研究述评》(2014)。

③ 李忠臣在随平卢军南下淄青之后，参与了对史思明的攻伐。史思明陷汴州，被俘，但在随思明攻河阳时，率兵突围归唐。后至陕州，任镇守于陕州的陕西、神策两军节度兵马使。淮西节度使王仲昇被叛军所擒，他被任命为淮西节度使，镇蔡州。永泰元年吐蕃入寇，“使至淮西，忠臣方会鞠，即令整师饰驾……即日进发。自是方隅有警，忠臣必先期而至”。大历十四年三月被其部将李希烈所逐，单骑奔京师，详见《旧唐书》卷一四五《李忠臣传》，3940—3941页。《通鉴》卷二二五，大历十四年三月，载其被逐事：“忠臣单骑奔京师，上以其有功，使以检校司空、同平章事留京师。”(7255页)《旧唐书》本传则称“单骑赴京师，朝廷方宠武臣，不之责也，依前检校司空、平章事，留京师奉朝请”(3942页)。“以其有功”与“方宠武臣”，显示了不同的认知和叙述，但上述经历(事实)至少说明了他对朝廷的忠顺。

李希烈据淮西，选骑兵尤精者为左右门枪、奉国四将，步兵尤精者为左右克平十将。淮西少马，精兵皆乘骡，谓之骡军。[①]

建中年间，他与淄青、河北相勾结，与中央对抗，甚至在北上攻陷汴州后称帝立国。贞元二年(786)四月，其属将陈仙奇毒杀李希烈，表示归附朝廷[②]；七月，吴少诚杀陈仙奇，自为留后[③]。他不仅“日事完聚，不奉朝廷”，而且曾出兵北上，企图拓地。在官军围攻失败后，朝廷予以赦免[④]。吴少诚死，其将吴少阳继袭。少阳死，其子元济继袭，直到元和末朝廷用兵平定之。今将其历任及更迭情况列简表如下[⑤]。

---

① 《通鉴》卷二三二，贞元三年正月，7478页。淮西骡军，又见《旧唐书》卷一四五《吴元济传》，3951页。《通鉴》卷二四〇，元和十二年十月李愬雪夜入蔡州，擒获吴元济，“是日，申、光二州及诸镇兵二万余人相继来降”(7742页)。在此前的贞元十六年，朝廷围攻淮西吴少诚时，中书舍人、知制诰权德舆上《淮西招讨事宜状》，称“师临区区淮西之地，况申光褊小，惟有蔡州”(《权德舆诗文集》卷四七，743页)，是为强调淮西节度使所领申光蔡中，作为使衙所在的蔡州兵力最强(此亦是为强调朝廷之强的虚语)，其实，蔡州之外的申光二州及诸镇兵，实力也颇不弱。

② 《通鉴》卷二三二，贞元二年四月，李希烈有疾，陈仙奇使医陈山甫毒杀之，“举众来降”(7868页)；贞元三年正月，“陈仙奇举淮西降，才数月，诏发其兵于京西防秋，仙奇遣都知兵马使苏浦悉将淮西精兵五千人以行”(7478页)。《旧唐书》卷一四五《李希烈传》末附陈仙奇事，称其“起于行间，性忠果。自希烈死，朝廷授淮西节度，颇竭诚节”(3945页)。所谓“举众来降”“颇竭诚节”均指其向朝廷表示归顺，并应诏发兵防秋事。

③ 《通鉴》卷二三二，贞元四年七月，“淮西兵马使吴少诚杀陈仙奇，自为留后。少诚素狡险，为李希烈所宠任，故为之报仇”，7470页。《旧唐书》卷一四五《吴少诚传》称“希烈死，少诚等初推陈仙奇统戎事，朝廷已命仙奇，寻为少诚所杀”云，3946页。

④ 《旧唐书》卷一四五《吴少诚传》，3946—3947页。

⑤ 参王寿南《唐代藩镇与中央关系之研究》(1969)附录一《唐代藩镇总表》，655—656页；《唐方镇年表》卷八“淮西”，1253—1261页。

表 6.4　淮西节度使历任及更迭简表

节度使	在位时间	得位方式	去位情形	《通鉴》(参《旧唐书》)
李忠臣	762—779	王仲昇被擒,在陕州被任命为淮西节帅。	被逐。	宝应元年建辰月淮西节度使王仲昇败没于申州(《通鉴》7271页),七月李忠臣继任淮西节度使(《旧唐书》3941页)。大历十四年三月忠臣为其族子左厢都虞候李希烈所逐(7255页)。
李希烈	779—786	逐前任得位。	被毒杀。	贞元二年四月李希烈会有疾,大将陈仙奇使医毒杀之(7468页)。
陈仙奇	786 (四至七月)	毒杀前任。	被杀。	贞元二年七月淮西兵马使吴少诚杀陈仙奇,自为留后(7470页)。
吴少诚	786—809	杀前任得位。	病卒。	元和四年十月,吴少诚宠其大将吴少阳,名为从弟。少诚病,不知人,家僮召少阳摄副使。少阳杀少诚之子,自为留后(7668页)。
吴少阳	809—814	趁前任病危,杀其子得位。	卒。	元和九年闰八月,少阳薨,其子摄蔡州刺史元济匿丧,以病闻,自领军务(7705页)。
吴元济	814—817	父死子继。	被朝廷生擒。	

淮西从安史之乱结束(763),到元和十二年(817)被平定,约五十五年。节度使之更迭,只有吴少阳、吴元济是父死子继;父子相加,不到十年①。在李希烈、吴少诚控制淮西期间,都曾发生过军将策划推翻李、吴的事件,如建中四年(783),在与官军的作战过程中,李希烈命其

① 《通鉴》卷二四〇,元和十二年十月,李愬雪夜入蔡州,擒吴元济之后,胡注:“德宗贞元二年吴少诚得蔡州,三世三十二年而灭。”(7742页)这是执迷于“父死子继”的叙事;吴少诚与吴少阳并非血缘兄弟关系,且吴少阳之得位,也颇有“宫廷(衙内)政变”的味道。

将周曾、王玢、姚憺、吕从贲、康琳等袭东都哥舒曜，“曾、玢、憺等谋回军据蔡州袭讨希烈，事泄，并遇害”[1]，如贞元三年（787），“判官郑常及大将杨冀谋逐少诚以听命于朝，试校书郎刘涉假为手诏数十，潜致于大将，欲因少诚之出，闭城门以拒之……临发，为人所告，常、冀先遇害。其将李嘉节等各持假诏请罪，少诚悉宥之。其大将宋旻、曹齐奔归京师”[2]。考虑到李希烈、吴少诚、吴少阳的得位方式和经过，这些事变说明了淮西政局的不稳定，反映的正是军人集团和军人政治的特质。

从李希烈逐李忠臣得位之后，历经吴少诚、吴少阳和吴元济，近四十年，淮西极为跋扈，李希烈更是一度称帝建国，表现得比同时的河朔三镇还要张狂。随后的吴少诚，“日事完聚，不奉朝廷”[3]，不断寻衅滋事，如据《通鉴》，贞元十三年（797）十月，擅开刀沟入汝，上遣中使谕止之，罢役（7578 页）。最严重的一次挑衅是贞元十五年八月，陈许节度使曲环卒，吴少诚出兵攻掠临颍县，九月围攻许州——此前他曾与宣武刘全谅约，共攻陈许，以陈州归宣武（7583—7584 页）；想利用陈许节帅之死而瓜分陈许。为此，次年朝廷动员十七道兵力，命韩全义统领，围攻淮西，但最终于屡战屡败之后，十月赦免吴少诚，吴少诚也退回了蔡州。吴少阳控制淮西期间，史称“少阳据蔡州凡五年，不朝觐。汝南多广野大泽，得豢马畜，时夺掠寿州茶山之利，内则数匿亡命，以富实其军”[4]。

---

① 《旧唐书》卷一四五《李希烈传》，3944 页。

② 《旧唐书》卷一四五《吴少诚传》，3946 页。参《通鉴》卷二三二，贞元三年五月，7485 页。

③ 《旧唐书》卷一四五《吴少诚传》，3946 页。

④ 《旧唐书》卷一四五《吴少阳传》，3947 页。参《通鉴》卷二三九，元和九年闰八月，吴少阳薨事条下（7705 页）。按，《旧唐书》本传系其卒于元和九年九月，《通鉴》系于闰八月，并作考异，见《通鉴考异》卷二〇，756 页。

为什么淮西的“河朔化”会表现得如此显著和突出？为什么朝廷在容忍四十年之后，特别是宪宗在平定西川、镇海，提振朝廷控制藩镇的信心之后，又过了近十年，才决心彻底平定淮西呢？

从朝廷方面来看，有两个因素，一是与朝廷对淮西的“定位”有关——总认为其四周乃国家控制之地，它无党援，即使跋扈，也无大碍。二是皇帝为显示其政治成就，彻底解决河北的情结时时发作——宁可容忍淮西，也要用兵河北。

贞元十六年（800）朝廷动员十七道兵员围攻淮西而无功，时任中书舍人、知制诰的权德舆上《淮西招讨事宜状》，称：

> 以寇之乘乱专地，已十五年，财征不至于有司，杼轴难资于军实，而又峻威令，同丰约，兽穷则搏，人自为战，此皆必死之众也……但以便地劲兵，练其可用者，誓以赏罚，使之犄角，设备于要害，同心以进取，程其力用，如臂使指，此决胜之道。其次则严戒慎固，勿与争锋，来则遏其驱侵，去则保兹经界……既无馈运之费，又无杀伐之伤，彼竭我盈，可以岁月待其弊也。倘以其未有出境之暴，且开请罪之词，下诏班师，旷然全宥，虽根本未靖，且罢战息人，又其次也。①

① 《权德舆诗文集》卷四七，744—745页。会昌三年七八月间，时任黄州刺史的杜牧上书李德裕《上李司徒相公论用兵书》（《樊川文集》卷一一），建议处置泽潞刘稹之事，其中就谈到了朝廷用兵攻讨吴元济事，称曾询问原淮西将董重质，“诘其以三州之地，四岁不破之由”，董认为“是征兵太杂耳。遍征诸道兵士，上不过五千人，下不至千人，既不能自成一军，事须帖附地主，名为客军。每有战阵，客军居前，主人在后，势羸力弱，心志不一，既居前列，多致败亡。如战似胜，则主人引救，以为己功；小不胜，主人先退，至有歼焉”（《杜牧集系年校注》，817页），对征调诸镇行营兵的作战方式提出了批评。

建议将诸道远来之兵如“两河远地之师”都撤走，只留“便地劲兵”，坚壁自守，不与争锋，这样“既无馈运之费，又无杀伐之伤”，实际就是围而不战，遏制而已。如果淮西“未有出境之暴”即不主动出境挑衅，且能表示归顺（“开请罪之词”），即结束战事，“虽根本未靖，且罢战息人”。西川节度使韦皋也上奏称“若少诚一旦罪盈恶稔，为麾下所杀，则又当以其爵位授之，是除一少诚、生一少诚，为患无穷矣”[①]——淮西节度使此前的更迭也确实如此。

就在朝廷用兵淮西之时，徐州张建封死，其子张愔继袭，朝廷不得不同时处置徐州事宜。为此，权德舆上《徐州事宜奏》，称“以前淮右未平，徐方犹梗，师徒淹久，率土同忧”“倘向淹时月，未就诛夷，则不如委以州师，俾其传达，苟安反侧，以为后图”[②]；一旦战事胶着，则极易引发动荡，反不如以一种柔性的方式，维持现状。这与他对淮西的态度是一样的。

元和四年（809）三月，成德王士真死，其子副大使王承宗自为留后。宪宗“欲革河北诸镇世袭之弊，乘王士真死，欲自朝廷除人”[③]。七月，淮西吴少诚病甚，李绛上《镇州淮西事宜》：

> 今闻少诚病甚，计必不起，则淮西事势与河北不同，须别除人，今正得其便，何者？淮西不与诸贼临接，四面尽是国家镇兵，势力孤危，援助悬绝，重立赏罚，必易指麾。若万一不从，则可议征伐。镇兵足用，事力自丰，臣所以愿舍镇冀难致之谋，就申蔡易

① 《通鉴》卷二三五，贞元十六年十月，7592 页。
② 《权德舆诗文集》卷四七，745 页。
③ 《通鉴》卷二三七，7659 页。

成之计。[1]

明确建议"舍镇冀"而攻讨淮西。但宪宗反其道而行，以河北用兵，承认吴少阳为淮西留后[2]。

从贞元十六年(800)对吴少诚攻讨的态度、元和四年(809)维持淮西却要用兵河北，都说明了朝廷对淮西的"定位"——遏制即可，不必攻伐；其前提，就是"四面尽是国家镇兵"，虽然李绛用这一事实和逻辑，强调的是"放弃河北"的藩镇政策。

从淮西的角来看，似乎采取的是"以进为退、以攻为守"的策略，以不断骚扰邻境来拉开与朝廷的距离，弱化与朝廷的认同。《旧唐书》卷一四五，在平定淮西后，有一段议论：

> 申、蔡之始，人劫于希烈、少诚之虐法，而忘其所归。数十年之后，长者衰丧，而壮者安于毒暴而恬于搏噬……而少诚能以奸谋固众心。初，韩全义败于溵水，蔡兵于全义帐中得公卿间问讯书，少诚束而谕众曰："朝廷公卿以此书托全义，收蔡州日，乞一将士妻女以为婢妾。"以此激怒其众，绝其归向之心。是以蔡人有老死不闻天子恩宥者，故坚为贼用。地虽中州，人心过于夷貊。(3951 页)

会昌三年(843)泽潞刘稹拟世袭，朝廷在李德裕主持下用兵攻讨，时任

---

① 《李相国论事集》卷四(25 页)。《全唐文》卷六四六收有李绛《论河北三镇及淮西事宜状》，所言较此为详细。

② 《通鉴》卷二三八，元和五年三月，7672 页。

黄州刺史的杜牧上书李德裕，力主武力解决，并将淮西与泽潞类比，追溯了淮西的情形：

> 淮西为寇仅五十岁，破汴州、襄州、襄城，尽得其财货，输之悬瓠，复败韩全义于溵上，多杀官军，四万余人输辇财谷，数月不尽。是以其人味为寇之腴，见为寇之利，风俗益固，气焰已成，自以为天下之兵莫我与敌。父子相勉，仅于两世，根深源阔，取之固难。[①]

强调了淮西自我营造的与朝廷的敌对氛围。

淄青、淮西是在平定安史叛乱的过程中成立并得以壮大的。只是在兵变之后，军将才完全控制了节帅的任命权。这是它们与河北最大的不同之处。从本质上说，它们的这一行为，可以被视作“河朔化”的表现。它们曾对中央进行过公开的武力对抗，并维持了三四十年的自行继袭，即游离于中央控制之外的时间持续较长。朝廷对河北周围的河东、河南地区的藩镇，一经跋扈，即力争尽快平定，甚至不惜代价。这说明淄青、淮西与这些藩镇的情况也有不同——在安史乱后唐中央控制藩镇的政治地图上，这两个河朔化的藩镇并不占据特别敏感而重要的地位，当然这与中央对藩镇政策的形成过程也不无关系。

(3) 余论：“平卢系藩镇”与“去平卢化”的问题

陈寅恪列出的“胡化”军将名单上，就有不少淄青、淮西的军将[②]。过正博强调了安史之乱期间，在河南参与平定安史的军将，有来自安

① 杜牧《上李司徒相公论用兵书》(《樊川文集》卷一一)，《杜牧集系年校注》，818 页。
② 《唐代政治史述论稿》(1943)上篇，36—37，42、44 页。

史的部将，如令狐彰；有渡海至青州的平卢军（日后军名冠淄青）的侯希逸、李正己，先此而至河南的田神功（日后控制了汴宋）、董晋（即日后任淮西节度使的李忠臣）等；此后又有不少学者就此作过分析①。近年李碧妍则进一步作了解说，将控制滑亳的令狐彰拒绝父死子继，视为“特殊性”；而将淄青、汴宋、淮西归为“平卢系藩镇”。在《平卢系藩镇的崛起》中，说：

> 有关河南三镇的军团构成情况，辻正博等学者较早便进行了考察，无论节帅、军将还是士兵，淄青、汴宋、淮西三大镇核心的军队构成都是来自乱前的平卢节度使麾下。换言之，河南现在已经成为平卢系军人的天下……随之而来的，则是这些新兴的河南藩镇开始逐渐显露出一种自立化的倾向。最突出的表现便是节帅

① 辻正博《唐朝の対藩镇政策について——河南“顺地”化のプロセス——》(1987)。樊文礼《唐淮西节度使略论》(1994)引《贞元元年慰抚平卢军先陷在淮西将士敕》，称“淮西军将士中，河北平卢军人占有相当大的比重……是淮西军的核心和骨干……李忠臣以后的历任淮西节度使，除陈仙奇身份不明外，其余如李希烈、吴少诚、吴少阳等，也都无不出自河北地区”(27—28页)；另参其《唐代平卢淄青节度使略论》(1993)、《安史之乱以后的藩镇形势和唐代宗朝的藩镇政策》(1995)。曾现江2002年完成的硕士学位论文《唐后期、五代之淮蔡军人集团研究》第一章谈及“淮西镇的河朔渊源”，称这些河朔因素“得到了持续的保存和强化”“河朔军人是淮西镇的核心力量，也是藩镇结构中的主体，决定着藩镇性质”(7—16页，引语见10、14页)。李锦绣《“城傍”与大唐帝国》(1995)谈及城傍对藩镇的影响，认为“淄青、淮蔡同于河朔三镇的最主要原因与河朔三镇胡化的原因一样，即东北城傍的涌入”，即淄青、淮蔡的割据，也是因为它的胡化，《唐代制度史略论稿》，287—291页，引语见290页。张春海《唐代平卢军南下的种族与文化问题》(2006)，认为同为“平卢系军阀”，淮西胡化程度深，淄青则渐汉化，“胡化现象是淮西和淄青两镇得以长期割据、对抗中央的重要基础之一”，29页。杨文春《唐代淮西割据势力的演变及其影响》(2012)、《再论唐后期割据藩镇胡化问题》(2020)，称来自平卢的军将为“河北利益集团”。

废立由本镇内部产生或决定，而不由中央主导。

在《去"平卢化"的历程》小节中，总结道：

> 过正博认为，正是有效收编与离析了叛镇原有的军事基础，淮西与淄青的"顺地化"目标才得以实现。
>
> 如果我们站在唐廷的立场看，河南藩镇的"顺地化"过程，或许也可以称为一个"去平卢化"的历程。通过分割平卢系藩镇的政治版图与瓦解其军事支柱，磨灭河南的河朔因子，从而使河南重新接受王朝的控制。[1]

在讨论关中派系的瓦解时，提及河南，称"在河南，安史之乱影响的消退是以平卢系藩镇的瓦解为表征"[2]。

这是不是说，淄青、淮西、汴宋三大镇的"自立化的倾向"就是来自战前平卢的"河朔因子"？"河朔因子"，是不是就包含在"河朔故事"中，即与李唐朝廷对抗、自立于朝廷控制之外？安禄山虽然兼统平卢，但他也并没有组织过培训班、训练营，没有进行过思想统一的教育，就因为平卢地处河朔、曾被安禄山兼统，故在安史起兵之前，平卢就已经具有了力图脱离李唐朝廷控制甚至不惜动力攻伐的"因子"？

---

① 李碧妍《危机与重构》(2015)第一章第三节"一、平卢系藩镇的崛起""二、令狐彰与滑亳的特殊性"(56—70 页)，第四节"三、去平卢化的历程""五、平卢系时代结束后的问题"(95—108 页。序号"五"似应作"四")，集中讨论了这一问题；两处引语，分别见 60 页和 99 页。

② 李碧妍《危机与重构》(2015)第二章，189 页。

事实上，安禄山起兵南下，平卢始终在抗击安禄山，直至受到安史攻打，无力继续抵抗，这才渡过渤海湾，到了今河北东部、山东北部[①]。与安史作战的主力，除郭子仪、李光弼所统领的朔方军之外，正如辻正博、李碧妍所揭示的，在河南具有较强战斗力的，正是平卢军以及像令狐彰这样的原属安史的部下。这是可以理解的，像河北的颜真卿，像阻止安史部队沿运河南下的张巡、许远等，所率领的多半是组建不久的具有民兵性质的军队，这与平卢这样的正规军的作战能力是不能同日而语的。我们不能因为他们曾经生活于河朔，曾经受安禄山统领，就认定他们基因里带着反唐、自立的“因子”。

“泾师之变”发生，朱泚称帝。李碧妍认为他是得到数千幽陇兵的支持，方觉得“众望所集”，并前往奉天围攻德宗。逃归朱泚的这两批幽陇兵都是被朝廷先后派往增援被李希烈围攻的襄城[②]。但还有一批幽陇部队，被曲环率领，从关中到河南，参加了与李希烈的征战；其中的所谓“幽”，就是朱泚从幽州带往关中的防秋部队。陆贽《兴元论请优奖曲环所领将士状》，称：

---

① 杨晓燕《唐代平卢军与环渤海地域》(2003)，专立“试析安史之乱中平卢军不叛的原因”一目，称其对唐并无多少忠顺之心，“只不过是以勤王之名行扩张之实，以扩张平卢地方及本民族之势力”(188—192页，引语见192页)。这是从动机着眼所作的分析，但事实是他们没有随安史反唐。张春海《唐代平卢军南下的种族与文化问题》(2006)，称安史发动叛乱后，营州的平卢军分化为三股势力，一是从叛势力，二是“汉人中上层将领为首的忠于朝廷的势力”，三是“以侯希逸和李正己为首的高句丽武人集团”(27页)；“平卢军是一支胡化程度相当深的队伍，在忠于朝廷的势力中，主要分为胡化汉人军事集团和营州高句丽武人集团两大派别”(29页)——一方面，称胡化程度深的军人集团，也可以在政治上表现为“忠于朝廷”，但同时又称淮西、淄青的割据是因为其胡化(29页)。

② 李碧妍《危机与重构》(2015)第二章第二节四之“(二)幽陇兵叛乱问题”，169—179页。

曲环所领一军，悉是朱泚部曲，或顷在凤翔所管，或本从河朔同来，后因汴、宋用兵，权抽赴彼应援，所以行营将士，犹举幽、陇为名，今之元凶，乃其旧帅……而曲环抚之，悉无离叛，孤军自守，亦不苟从，处危能安，闻难辄赴，甚推齐肃，累著功勋。近日将帅之中，罕有如环之比。①

同样是朱泚从前的部众，既有逃归朱泚、奉朱泚为主的，也有在河南忠于唐廷而与李希烈作战的。陆贽在状中，也对这两种情况作了对比，“岐下则楚琳助乱，蓟门则朱滔党奸，独此偏师，漂然河上”；并对这支部队的“酸辛”之况作了描述：

其营幕则寄于他土，其家属则陷于匪人。又属汴路奸虞，浚城陷覆，粮饷屡绝，资装久殚……但缘羁寓多时，穷匮转甚，继陈章奏，言及酸辛。告急朝廷，则力未能救；求哀郡府，则人莫见忧。览其辞情，可为流涕。若失于应接，则终于危亡。

可见，并非原属幽州朱泚、朱滔的部众，就都会反唐。曲环又以这支部队为基础，日后组建了陈许节镇，承担着遏制河朔南下、护卫运河的重任，且基本没有出现“河朔化”的倾向。因此，不宜以“血统”或派系“出

① 《陆贽集》卷一五，465—466 页。李碧妍《危机与重构》(2015)在讨论“幽陇兵叛乱的问题”时，已引陆贽此状，用来分析幽陇兵张廷芝逃归朱泚的一个重要原因，是因为军资出现问题，176 页。另，161 页也引及此状，用以说明曲环虽出自神策军，但所率领的是朱泚幽陇兵，且因其战斗力稍弱，而被派往河南(战斗力强的神策军由李晟率领，被派往河北)。

身”来划线。

至于出身平卢，在其他藩镇任职而为朝廷立功甚至成为名将良吏者，也不乏其人。如上举元和初受命率神策军征讨西川、平定刘辟的高崇文，即“生幽州……少从平卢军。贞元中，随韩全义镇长武城，治军有声”①。以任职随州刺史、治绩有声而被《旧唐书》列入“良吏传”的李惠登，更属彻头彻尾的“平卢系”：

> 李惠登，平卢人也。少为平卢裨将。安禄山反，遂从兵马使董秦海转收沧、棣等州……史思明反，复陷于贼，脱身投山南节度使来瑱……李希烈反，授惠登兵二千，镇随州。贞元初举州归顺，授随州刺史、兼御史中丞。遭李忠臣、希烈歼残之后，野旷无人，惠登朴素不知学，居官无枝叶，率心为政，皆与理顺。利人者因行之，病人者因去之，二十年间田畴闢、户口加。诸州奏吏入其境，无不歌谣其能。及于頔为山南东道节度，以其绩上闻……升其州为上……及卒，加赠洪州都督。（4828—4829 页）

他有平卢任职的完整经历，后又曾任同为平卢的淮西李希烈之将，但在贞元二年(787)归朝后，虽久任随州②，却兢兢业业，成为朝廷的“良吏”。

淄青、淮西、汴宋的“自立化的倾向”，并不是因为他们曾经同属“平卢系”，有着“同呼吸、共命运”式的认同、呼应和默契——他们既没有共同的利益，也没有产生认同，并没有形成一个社会、军事或政治的

---

① 《旧唐书》卷一五一《高崇文传》，4051 页。

② 《唐会要》卷六八“刺史上”，贞元二十年赠李洪州都督，1422 页。参《唐刺史考全编》卷一九二，2633—2634 页。

独特群体——而是要实现军人政治,维护其特权。

至于“河朔化”被朝廷以武力强行打断之后,河南地区的藩镇是不是发生了如李碧妍所概括的“以‘骄兵’问题为表征的地方化运动”[①],因所举事例多属黄巢事变发生之后,这已超出本书讨论的时限,只能留待今后再作讨论。但以这样的角度来勾勒变化线索,是颇为有趣的。

2. “河朔化”及其遏制

出现了“河朔化”但终为朝廷所遏止的,主要是汴宋(宣武)、徐泗濠(武宁)和泽潞(昭义)。

(1) 汴宋(宣武)

汴宋是从原河南节度使以及其后的永平节度使中分离出来的[②]。在安史之乱期间,它既是阻遏叛军南下的重镇,又是保卫漕运的重镇。安史之乱结束后,它介于淄青和淮蔡之间,既是保卫东都以及运河的重要藩镇,又是中央东向遏制淄青、南向用兵淮蔡的“桥头堡”。建中年间,朝廷对汴州城的增广,引起了淄青的强烈反弹[③];随后的刘玄佐

① 李碧妍《危机与重构》(2015),106—108页;引语见108页。

② 关于宣武军的研究成果很多,可参最近发表的吴晓丰《从四方碑志论中唐宣武军的顺地化》(2024)及其所引相关综论概观诸文,如蔡治淮、黄伟虎《“汴宋”节度使辨析》(1988)、周宝珠《隋唐时期的汴州与宣武军》(1988)、于式平《唐宣武镇始末》(1997)、曾贤熙《唐代汴州——宣武军节度使研究》(2011)、陈奕亨《唐五代河南道藩镇与中央关系之研究》等(118—119页);邓享煜、李永《治乱之间:藩镇权力构造视角下的唐代宣武镇研究》(2024)。我在1991年完成的硕士学位论文《唐代宣武军述论》(署孟艳红),从宣武军的渊源、作用和中央对宣武军的控制三个方面,作过一些简单的梳理,提出过所谓“节级控制”,即中央须全力控制宣武等漕运一线藩镇,方能进一步控制江淮;现在看来,这实质上是对核心区域(运河沿线藩镇)的控制。

③ 建中年间,朝廷与淄青关系紧张时,“会汴州城隘,广之,东方人讹言上欲东封,故城汴州。(淄青李)正己惧,发兵万人屯曹州;田悦亦完聚为备”。朝廷调整永平军隶属,“旬日,又以永平节度使李勉都统洽、嗣恭二道,仍割郑州隶之,选尝为将者为诸州刺史,以备正己等”(《通鉴》卷二二六,建中二年正月,7295—7296页)。反映(转下页)

任汴宋节帅期间，史称“宣武节度使刘玄佐有威略，每李纳使至，玄佐厚结之，故常得其阴事，先为之备；纳惮之”[①]，都反映了汴州对淄青的牵制和威慑。贞元九年(793)十二月，汴宋都知兵马使李万荣逐其节帅刘士宁，德宗向陆贽询问处置之道，陆贽上《议汴州逐刘士宁事状》，谈到汴宋的地位，说该镇“梁、宋之间，地当要害，镇压齐、鲁，控引江、淮。得其人则安则强，失其人则危则弱”[②]。然而这个对李唐朝廷十分重要、朝廷也在竭力控制的藩镇，一度出现了十分明显的“河朔化”倾向。

安史之乱结束，以汴宋为中心建立节镇后，最重要的一任节帅是田神功。他任使长达十多年之久，代宗大历九年(774)正月死，二月其弟田神玉为留后[③]。十一年五月，田神玉死，朝廷任命李勉为汴宋等八州留后。但汴宋都虞候李灵曜杀兵马使孟鉴，与河北田承嗣勾结，阻止李勉赴任[④]。朝廷虽任命他为汴宋留后，“李灵曜既为留后，益骄慢，

(接上页)出汴宋对淄青的威慑作用。汴州在唐代交通地理位置的重要性，可参严耕望《洛阳郑汴驿道及汴城馆驿》，《唐代交通图考》第六卷(2003)篇伍肆。

① 《通鉴》卷二三四，贞元八年三月，7526页。这是刘玄佐死时，《通鉴》对他所作的概观。陆贽于贞元九年因李万荣逐节帅刘士宁，上《请不与李万荣汴州节度使状》，追溯宣武历史，也说“近者刘玄佐驱攘巨猾，底复大梁，即镇于兹，几将十载……然尚号令由己，部属畏威，缉修戎旅，振耀声势，远迩谈矚，且为完军，制持东方，犹有所倚”，《陆贽集》卷二〇，651页。

② 《陆贽集》卷二〇，645页。太和三年刘宽夫《汴州纠曹厅壁记》也称“大梁当天下之要，总舟车之繁，控河朔之咽喉，通淮湖之运漕”(《文苑英华》卷八〇三，4246页)，但厅壁记的性质，总不免要吹嘘夸大该地的重要性，故不引以为据。

③ 《唐方镇年表》卷二“宣武”引《旧唐书》本纪，189页。《通鉴》卷二二五，大历九年正月、二月，7725、7726页。

④ 《旧唐书》卷一三一《李勉传》：“(大历)十一年，汴宋留后田神玉卒，诏加勉汴州刺史、汴宋节度使。未行，汴州将李灵曜阻兵，北结田承嗣，承嗣使侄悦将锐兵戍之。”(3635页)《通鉴》卷二二五，大历十一年五月，“汴宋留后田神玉卒。都虞候李灵曜杀兵马使、濮州刺史孟鉴，北结田承嗣为援。癸巳以永平节度使李勉兼汴宋等(转下页)

悉以其党为管内八州刺史、县令，欲效河北诸镇”①。朝廷调集其周边淮西、永平、河阳三城，以及淮南、淄青攻讨李灵曜，至十月平之。

汴宋游离于朝廷的控制，并不始于李灵曜。田神功、田神玉兄死弟及，掌控汴宋长达十数年。田神玉死，时任都虞候的李灵曜即杀死兵马使孟鉴，控制了该镇，公然抗拒朝命，命其党羽为管内州县长官，并与河北勾结，说明在此之前，即在田氏兄弟控制汴宋期间，已经出现了游离于朝廷的倾向。李灵曜与朝廷的公然对抗，就是以此为基础实现的。在“欲效河北诸镇”这一问题上，该镇军人已有相当共识。

但是，汴宋对唐朝廷的重要性非同一般。如果汴宋实现了河朔化，与河北打成一片，唐廷就失去了黄河这道遏制河朔南下的天然屏障；而且还会阻断运河，大大削弱唐朝廷与江淮以南广大地区的政治、经济联系，其后果不堪设想。在李灵曜公然称兵之前，朝廷已经意识到了对汴宋失控的危险，因此在田神玉代替其兄继续控制汴宋长达两年多的时间里，朝廷一直没有正式任命田神玉为节度使，而始终是以“留后”名之②，显示出朝廷已经在有意对他进行某种牵制或限制。李

(接上页)八州留后。乙未，以灵曜为濮州刺史，灵曜不受诏。六月戊午，以灵曜为汴宋留后，遣使宣慰。秋九(七)月，田承嗣遣兵寇滑州，败李勉”，7237—7238页。田承嗣之攻滑州，显然是为配合李灵曜。

① 《通鉴》卷二二五，大历十一年八月，7238页。

② 《通鉴》卷二二五，大历九年二月，“以神功弟神玉知汴宋留后”(7226页)，《旧唐书》卷一二四《田神功传》，“弟神玉，自曹州刺史权汴州留后。大历十年正月，加检校兵部郎中、兼御史中丞，为汴州刺史、知汴州节度观察留后事”，3533页。按，《旧唐书·田神功传》称神功大历八年冬朝觐遘疾，“信宿而终”；其弟神玉继为留后则系于大历十年正月(3533页)，《唐代藩镇与中央关系之研究》(1969)作考释，认为有误(945页)。田神玉之死的时间，《旧唐书》本传系时有误，但后一时间，即大历十年正月，恐是给田神玉又有加衔，与《通鉴》的九月承认其为留后(7226页)，似乎并不矛(转下页)

灵曜的称兵，也使朝廷下决心，要有效遏制汴宋军将对朝廷的游离。

平卢淄青是安史之乱结束后“河朔化”最为严重的一个节镇。但是，在攻讨李灵曜时，朝廷不仅调集淄青参战，而且明确宣布“诸道共攻其地，得者为己邑”；也就是在这场攻讨中，淄青又得到了曹、濮、徐、兖、郓五州，并将治所由青州西迁至郓州，势力大为扩张[①]；同时，将汴州隶淮西[②]，宋、泗隶永平。这实际是不惜以瓜分汴宋为代价来遏制其河朔化[③]。与代宗大历年间朝廷对藩镇的整体政策和力度相比，这一处置是不同寻常的；于此亦可见中央遏制汴宋河朔化的决心。

两年后的大历十四年（779）二月，淮西节度使李忠臣为李希烈所逐，朝廷得以趁机将汴州划归永平节度使管辖[④]。再过两年，建中二年

（接上页）盾。陆贽贞元九年，因李万荣逐刘士宁事，上《请不与李万荣汴州节度使状》，称“及神功入觐，遘厉不还，先皇帝示眷悼之优崇，贪因循之便易，知神玉才不胜任，排众议而竟授之”（《陆贽集》卷二〇，649—650 页），是为阻止德宗授任李万荣，追溯宣武历史，强调人非其才的危害，才这样来说。田神玉死，李灵曜即兵变自立，亦可知其时调换田神玉之困难。

① 《旧唐书》卷一二四《李正己传》，3535 页。

② 《旧唐书》卷一一《代宗纪》，大历十一年十二月，淮西节度使李忠臣“仍兼汴州刺史”（310 页），所谓“仍兼”，是指他攻进汴州城后，即以汴州隶之。参《通鉴》卷二二五，大历十一年十月，李忠臣入汴州城，因宋州刺史与之争功而杀之一事（7239 页）。大历十四年，李忠臣为其部下李希烈所逐，汴州才为李勉所领，并移镇汴州，见《旧唐书》卷一三一《李勉传》（3635 页）、《通鉴》卷二二五大历十四年三月（7255—7256 页）。

③ 关于大历十一年因李灵曜之变而瓜分汴宋辖区，可参《新唐书》卷六五《方镇表二》，1807 页。按，《方镇表二》称颍州隶永平，误；此时尚属泾原遥领，大历十四年才隶永平军，见赖青寿《唐后期方镇建置沿革研究》（1999），65 页；付先召《唐代后期方镇辖区变动研究》（2023），92 页。

④ 《通鉴》卷二二五，大历十一年十二月，“加淮西节度使李忠臣同平章事，仍领汴州刺史，治汴州”（7241 页）；十四年二月，“淮西节度使李忠臣贪残好色，将吏妻女美者，多逼淫之。悉以军政委妹婿节度副使张惠光，惠光兵势暴横，军州苦之。忠臣复以惠光子为牙将，暴横甚于其父。希烈因众心怨怒，三月，丁未，与大将丁暠等杀（转下页）

(781)正月刘洽(日后赐名玄佐)任宋亳颍节度使,二月赐军额为宣武军。泾师兵变后,李希烈攻占汴州;后李希烈退出汴州,刘玄佐率军收复,诏加汴宋节度使[①]。他任宣武节帅长达二十年。汴卒就在刘玄佐任帅时,"日益骄恣,多逐杀将帅,以利剽劫"[②]。

据《通鉴》,刘玄佐于贞元二年(786)十一月入朝,是受了韩滉的督促,为此还说"刘玄佐在汴,习邻道故事,久未入朝"(7474页)。不久,他与陈许曲环一同入朝(7475页)。但在贞元八年四月刘玄佐卒,又言及其母之教:"汝本寒微,天子富贵汝至此,必以死报之",并评论说"故玄佐始终不失臣节"。胡三省于此出注称:

> 史言玄佐忠顺,母教也。此言盖本之于刘氏墓志。唐人志墓,不无溢美者。然此等言语,有益于世教。(7526页)

这实际是否定了所谓母教的真实性(此前韩滉督促,《通鉴》即已言及其母事)。这样的反复叙述,说明在朝廷看来,刘玄佐是有游离性的;刘玄佐的入朝,具有相当的象征意义,朝廷对此格外在意。

贞元八年三月,刘玄佐死,"将佐匿之,称疾请代,上亦为之隐",朝廷遣使至军中,就继任人选吴凑征求监军使孟介、行军司马卢瑗意见,

---

(接上页)惠光父子而逐忠臣。忠臣单骑奔京师"(7255页)。按,李忠臣平李灵曜,入汴州,即将淮西治所迁至汴州;蔡州命其妹婿、节度副使张惠光父子主持。淮西的兵力重心并不在汴州,但李忠臣驻汴州,闻兵变,单骑奔京师,免于一难;朝廷才得以将汴州划归永平。

① 《旧唐书》卷一四五《刘玄佐传》,3932页。参《通鉴》卷二三一,兴元元年十一月,7447页。《新唐书》卷六五《方镇表二》,兴元元年"宣武军节度使徙治汴州"(1810页)。

② 《旧唐书》卷一四五《刘玄佐传》,3932页。

为其首肯。然后,玄佐之柩将发,其婿及亲兵被甲拥立玄佐子刘士宁。亲军还杀死了城将曹金岸、浚仪令李迈,称“尔皆请吴凑者”[①]。这显示了刘玄佐子婿及亲军对宣武军政的掌控。朝廷不得不任命士宁继袭。刘士宁继任,疑宋州刺史翟良佐不附己,托言巡抚,至宋州,以都知兵马使刘逸准代之[②]。这说明刘氏子婿也并不认为自己对汴宋已实现了完全的控制。次年十二月,宣武节度使副使李万荣发动兵变,逐士宁,自任留后,朝廷因以授之[③],也证明了这一点。

关于此事的处理,德宗曾几次征询陆贽的意见。如:

> 右希颜奉宣圣旨:适得李万荣奏:“刘士宁因出游猎,三军将士遂闭城门不放入,发遣令赴朝廷。万荣安抚军州,今已宁帖。”卿等宜知悉者。
>
> 伏以刘士宁昏荒暴慢,恶贯久盈,圣情爱人,久为含忍……今士宁见逐,虽是众情,万荣总军,且非朝旨。此亦安危强弱之机也,陛下审之慎之……望且选一朝臣,驰往宣劳,更淹旬日,徐察事情,见情而后图之,则冀免有差失。[④]

李万荣逐刘士宁,并非“朝旨”,建议德宗不必匆忙承认李万荣,应派人前往考察情事,再相机而动。所谓“此亦安危强弱之机也”,就是趁此变故,加强控制,断绝军将自擅拥立。德宗大概担心重蹈两年前任命

---

① 《通鉴》卷二三四,贞元八年四月,7528页。
② 《旧唐书》卷一四五《刘全谅传》,3939页;《通鉴》卷二三四,7528—7529页。
③ 《通鉴》卷二三四,贞元九年十二月,7549—7550页。
④ 陆贽《议汴州逐刘士宁事状》,《陆贽集》卷二〇,645页。

吴凑而终于未能如愿，反激起兵变的覆辙，故拟以一亲王遥领，而承认李万荣的实际控制，陆贽又重申己见：

> 右希颜奉宣进止：万荣安抚有功，闻亦忠义，甚得众心。若更淹迟，却恐事不稳便。今商量除一亲王充节度使，且令万荣知留后。其节度制便从内出。万荣须与改官，卿等即商量进来者。
>
> 臣性习懦顽，艺识空乏，辱当奖任，待罪宰司，事关安危，不敢容默……今若又授万荣，则与士宁何异？负力而取，谁曰不然！……谋其帅而篡其位，则不可焉。何者？方镇之臣，事多专制，欲加之罪，谁则无辞！若使倾夺之徒，便得代居其任，利之所在，人各有心，此源潜滋，祸必难救。……昨者所逐士宁，盖起于仓卒，诸郡守将，固非连谋，一城师人，亦未协志。况又待之不一，抚之不均，党助万荣，其能有几？……今所以未即变者，皆为万荣所诱，许其赏给货财，且相服从，以候制旨。①

德宗没有采纳陆贽的意见。

贞元十二年(797)六月，李万荣病，欲以其子李迺继袭。但万荣死后，李迺被大将邓惟恭所逐。朝廷任命董晋继任，邓惟恭欲阻止董晋赴任而未果。《通鉴》卷二三五详述其经过云：

---

① 陆贽《请不与李万荣汴州节度使状》，《陆贽集》卷二〇，646—653页；《通鉴》卷二三四，贞元九年十二月节引，7550—7551页。有关李万荣的生平，除两唐书本传之外，又有墓志发现，参吴晓丰《从四方碑志论中唐宣武军的顺地化》(2024)；《李万荣墓志》即四方碑志之一，126—133页。罗亮于2023—2024年前后在河南大学、广州大学、武汉大学举办的学术会议上提交了围绕《李万荣墓志》进行讨论的文章，限于会议论文未经作者同意不得征引的提示，此不具引。

邓惟恭既执李迺，遂权军事，自谓当代万荣，不遣人迎董晋。晋既受诏，即与傔从十余人赴镇，不用兵卫。至郑州，迎者不至，郑州人为晋惧，或劝晋且留观变。有自汴州出者，言于晋曰："不可入。"晋不对，遂行。惟恭以晋来之速，不及谋；晋去城十余里，惟恭乃帅诸将出迎。晋命惟恭勿下马，气色甚和，惟恭差自安。既入，仍委惟恭以军政。(7573页)

当年十一月，"宣武都虞候邓惟恭内不自安，潜结将士二百余人谋作乱；事觉，董晋悉捕斩其党，械惟恭送京师。已未，诏免死，汀州安置"(7575—7576页)[①]。李翱曾为此致书随董晋一起来宣武任行军司马的陆长源，表示祝贺，称"自兹日厥后，汴、宋、颍、亳人其无事矣……汴人苦其政，失其心，十五年矣"[②]；十五年，是从刘玄佐算起的。但董晋的就任并不意味着朝廷对宣武的真正控制。

董晋任使近三年后，于贞元十五年(799)二月卒，行军司马陆长源继任。随之，汴州兵变，杀陆长源。陆长源并非宣武旧将，而是由汝州刺史调任[③]。史称"汴州政事，皆决断之"，他在任时"欲以峻法绳骄兵"。我们从他继任后对赏赐士卒一事的处置上，可以看出所谓的"以峻法绳骄兵"的实质内容正是为了遏制宣武的河朔化。董晋死，按惯例要赏赐三军：

① 参《旧唐书》卷一四五《董晋传》，3936页。

② 李翱《贺行军陆大夫书》，《李翱文集校注》卷八，117页。

③ 《通鉴》卷二三五，系陆长源由汝州刺史调任宣武行军司马为贞元十二年八月丙子，7574页。

旧例，使长薨，放散布帛于三军制服。至是，人请服，长源初固不允，军人求之不已，长源等议给其布直；（宣武判官孟）叔度高其盐价而贱为布直，每人不过得盐三二斤，军情大变。或劝长源，故事，有大变，皆赏三军，三军乃安。长源曰："不可使我同河北贼，以钱买健儿取旌节。"兵士怨怒滋甚，乃执长源及叔度等脔而食之，斯须骨肉糜散。[①]

长源所谓"不可使我同河北贼"，正可说明当时宣武的情况已颇似河北，而终究不是河北。这是长源与军将双方都有明确认识的；朝廷也正是认识到了这一情况，才派陆长源任行军司马，以图通过政治方式，遏制其河朔化[②]。史称"朝廷恐（董）晋柔懦，寻以汝州刺史陆长源为晋行军司马。晋谦恭简俭，每事因循多可，故乱兵粗安。长源好更张云为，数请改易旧事，务从削刻。晋初意皆然之，及案牍已成，晋乃命且罢"[③]。说明陆长源的确已经在致力于改变这一状况了。当

① 《旧唐书》卷一四五《陆长源传》，3938页。节帅死要赏赐三军，并且中央有意利用这一点来控制藩镇，这从李绛《李相国论事集》中即可看出。杨志玖、张国刚《藩镇割据与唐代的封建大土地所有制——再论唐代藩镇割据的社会基础》（1982），骄兵逐帅"本质上成了军士控制本镇的赋税支配权和攫取额外赏赐的手段"（97页），"士兵不仅从支持割据中获得经济实惠，而且，归附中央与否亦视此为转移"（99页），所举之例即这类赏赐（99—100页）；以此来证明藩镇割据的基础是"职业雇佣兵"（89页）。

② 朝廷以行军司马为储帅，以顺利实现新旧节度使的更迭事，见第五章第三节。

③ 《旧唐书》卷一四五《董晋传》，3937页。《旧唐书》卷一四五《陆长源传》也称："（董）晋性宽缓，事务因循，以收士心。长源每事守法，晋或苟且，长源辄执而正之"（3937页）。董晋与陆长源的区别只是处理方式的不同，这从他处置邓惟恭一事即可看出。邓惟恭发动兵变，逐万荣子，朝廷命董晋为宣武节帅。"（邓）惟恭自以当便代居其位，故不遣候吏，以疑惧晋心，冀其不敢进；不意晋之速至，晋已近，方遽出迎之"。董晋"俾其不下马。既入，乃委惟恭以军政，众服晋明于事体机变，而未测其深浅"。但最终惟恭谋作乱，被董晋执送京师。

然，陆长源以这种过激的方式急切地改变宣武河朔化的意图并未能得以实现。

兵变后，监军使俱文珍即召刘逸准（即刘全谅）由宋入汴，控制局面；当年八月刘全谅卒，军将拥立韩弘为留后[①]，直到元和十四年（819）韩弘辞镇、命张弘靖继任。韩弘的久任，以及因此而朝廷对他多所猜忌和防范，说明朝廷并未对宣武实现完全的控制。宪宗朝经过长期用兵，特别是平定淮蔡和淄青后，韩弘方主动入朝；至此，朝廷才得以实质性加强了对宣武的控制。

虽然德宗贞元年间采取的主要是政治控制的方式，宣武的这种情况还是相当特殊的。这不仅表现在刘玄佐、李万荣都力图以其子继袭，而且也表现在军将兵变后，竭力与公然对抗朝廷的藩镇相勾结。刘士宁与河北求援，但为河北所拒绝[②]。这一方面说明，建中用兵刚刚结束，河北并不想改变现状；同时，也说明在河朔看来，汴宋并不属于自己那类可“以土地传子孙”的情况。刘全谅继立，即与吴少诚勾结，“时吴少诚遣人至汴，密与刘全谅谋，因曲环卒袭陈许，会全谅卒，其人在传舍，（韩）弘喜获节钺，即斩其人以闻”[③]。

---

① 《通鉴》卷二三五，贞元十五年二月，陆长源即位节帅，兵变，“监军俱文珍以宋州刺史刘逸准久为宣武大将，得众心，密书召之；逸准引兵径入汴州，乱众乃定”（7582页）。九月（《通鉴》脱，见吴玉贵《〈资治通鉴〉疑年录》，283页），宣武刘全谅（即逸准）薨，“军中思刘玄佐之恩，推其甥都知兵马使匡城韩弘为留后”（7584页）。李翱《故处士侯君墓志》：“汴州乱，兵士杀留后陆长源，东取刘逸准，乃作《吊汴州文》，投之大川以诉。贞元十五年，翱遇玄览于苏州，出其词以示翱，翱谓孟东野曰：‘诚之至者，必上通，上帝闻之，刘逸淮其将不久。’后数月，而刘逸淮竟死。”（《李翱文集校注》卷一四，242页；校注称刘逸淮即刘逸准。）这无疑是把刘全谅视作汴州兵变的幕后主使。

② 《通鉴考异》卷一九，引《实录》：“士宁位未定，遣使通王武俊、刘济、田绪，以士宁未受诏有国，使皆留之。”并引《旧唐书》《新唐书》本传，722页。

③ 《旧唐书》卷一五六《韩弘传》，4134页。

长庆元年(821)三月,张弘靖调任幽州,李愿继任。七月,即发生兵变,李愿逃出。《旧唐书》卷一三三《李愿传》详述其原委与经过云:

> 先是,张弘靖为汴帅,以厚赏安士心。及愿至,帑藏已竭,而愿恣其奢侈,门内数百口,仰给官司,不恤军政,赏赉不及弘靖时,而以威刑驭下。又令妻弟窦缓将亲兵,缓亦骄傲黩货,以是群情聚怨。是岁七月四日夜,牙将李臣则、薛志忠、秦邻等三人宿直,突入窦帐中,斩缓首以徇。愿闻有变,与左右数人露发而走,登子城北楼,悬縋而下,由水窦而出。比晓,行十数里,遇野人驱驴,夺而乘之,得至郑州。愿妻窦氏死于乱兵之手,子三人匿而获免,仆妾为军士所俘。城中大掠三日,乃立其牙将李岕为留后,以邀旄钺,月余,方诛之。(3677页)[①]

八月,在官军四面围攻的形势下,汴宋都知兵马使李质即乘李岕病重而擒杀之[②]。

韩充不战而入汴州,得益于李质的配合[③]。韩充继任宣武节帅,李质入为右金吾将军。朝廷在攻讨李岕时,之所以任命韩充继任宣武节

---

① 参《通鉴》卷二四二,长庆二年七月,7819页。《通鉴考异》卷二〇,对《实录》及《新唐书》本纪、《旧唐书》本传所记有所辨正,称系日从《旧唐书》本传,772—773页。

② 李岕平定后,朝廷颁布《平汴宋德音》,处置后事;此德音见于多处,如《唐大诏令集》《文苑英华》《册府元龟》等,题名亦有不同,详见《唐代诏敕目录》所列,439页。

③ 参《旧唐书》卷一五六《李质传》:"李质者,汴之牙将,李岕既为留后,倚质为心腹……会岕疽发首,乃与监军姚文寿谋,斩岕传首京师。有诏以韩充镇汴,充未至,质权知军州事。使衙牙兵二千人,皆日给酒食,物力为之损屈。充将至,质曰……遂处分停日膳而后迎充。"(4138页)参《通鉴》卷二四三,长庆二年八月,7821页。《旧唐书》本传称李质为"汴之牙将",《通鉴》明确为"都知兵马使"。

帅，是因韩充与宣武的关系——他是刘玄佐之甥、韩弘之弟。《旧唐书》卷一五六《韩充传》：

> 充依舅刘玄佐，历河阳、昭义牙将，及兄弘节制宣武，召归主亲兵，奏授御史大夫。弘颇酷法，人人不自保。充独谦恭执礼，未尝懈怠，由是遍得士心。然以亲逼权重，常不自安，元和六年，因猎近郊，单骑归于洛阳。……十五年，代侄公武为鄜坊节度使、检校工部尚书。长庆二年，幽、镇、魏复乱，朝廷以王承元有冀卒数千在滑州，恐封疆相接，复相劝诱，命充与承元更换所守，检校左仆射。是岁，汴州节度使李愿被三军所逐，立都将李岕为留后。朝廷以充久在汴州，众心悦附，命充为宣武节度使，兼统义成之帅往讨岕……汴人素怀充来，皆踊跃相贺，无复疑贰……诏割颍州隶滑州。(4137—4138页)

韩充任节帅两年之后的长庆四年(824)八月死，九月朝廷任命河南尹令狐楚继任节帅①。这确实成为宣武军的一个转折点。《旧唐书》卷一七二《令狐楚传》：

> 汴军素骄，累逐主帅，前后韩弘兄弟，率以峻法绳之，人皆偷生，未能革志。楚长于抚理……及莅汴州，解其酷法，以仁惠为治，去其太甚，军民咸悦，翕然从化，后竟为善地。(4461页)

① 参《唐方镇年表》卷二“宣武”，198页。

宣武之成为“善地”，是否应归功于令狐楚的“抚理”，可再作讨论①，事实是韩弘就任之后，宣武基本没有再出现过此前屡屡出现的节帅被逐之事，大致结束了军人干预甚至把持节帅任用的历史。李愿的被逐，只是宣武军人逐帅的一个尾声；军人拥立李齐为留后，维持不过月余而已。

自令狐楚就任(824)，到黄巢事变发生(875)，其间约 50 年，宣武共 27 任节度使，任期 5 年者 5 任，分别是令狐楚、李绅、王彦威、卢钧、

---

① 吴晓丰《从四方碑志论中唐宣武军的顺地化》(2024)曾引《李季节墓志》、刘禹锡《汴州刺史厅壁记》，谈令狐楚扭转厚赏风气、建立理性化财政给纳体制(145—146 页)；该文第三节“节帅授命程序的变化与宣武军顺地化的完成”，从不同的角度讨论了宣武“顺地化”的实现，“即改变军校自擅的风习，转而听命于唐廷并接受其指派的节度使……这一转变并非通过发布诏令等方式强制推进的，而是唐廷与宣武军双方借由一系列不成文政治惯例的运作而逐步达成的”(146 页)。关于“顺地化”，吴文似未作明确界定，称“将宣武军这一强藩改造为顺地”(146 页)；“顺地”与“强藩”对举，依文义，似指恭顺之地。堀敏一《藩镇亲卫军的权力结构》(1960)称“唐朝把遵守朝廷政令的称作‘顺地’，以区别于‘反侧之地’”(587 页)；顺地，引用李翱《韩愈行状》；反侧之地，引用韩愈《论变盐法事宜状》和李绛《论河北三镇及淮西事宜状》(632 页注〔九〕和注〔一〇〕)。张国刚《唐代藩镇研究》5《唐代藩镇的类型分析》(1983)也引用李翱《韩愈行状》和李绛《又上镇州事》，认为“河朔型以外的中原、边疆、东南型藩镇都是非割据藩镇”，都是“顺地”，与“反侧之地”对举(88 页)；宣武是中原型防遏型藩镇，属于“顺地”。吴晓丰在其文章“结语”中，似乎是将李翱《韩愈行状》中的“河南北七镇”与杜牧《为中书门下请追尊号表》中的“河北、河南之地”等同了起来，但李翱文中的“河南北七镇”是指河朔三镇，加上易定、横海、淄青、淮西，而不是泛指“河南、河北”。他还认为贞元后期开始，才改变将河北、河南藩镇等同看待；易言之，此前是将河北、河南藩镇等同看待的(160 页)。如果是这样，此前关于藩镇分类的研究，就不能完全成立(那就只有到贞元后期以后，河北与非河北的藩镇分类，才能成立。果真如此，围绕“河朔故事”等展开的对河北的分析和认识，就难以成立了)。另，阚大成 1994 年完成的硕士学位论文《藩镇地方政府中央化之研究——以宣武军为例》，是以“中央化”来概括宣武军的变化。邓亨煜、李永《治乱之间》(2024)则将宣武的兵变及其消失归因于该镇权力结构为“权在将领”。

郑处诲；任职 4 年者 1 人，为刘瑑；任职 3 年者 5 人，分别为李适吉、李程、郑涯、李蔚、王铎。这些均属广义的“出将入相”式的高级文官。50 年中的 45 年，是由这些人充任节度使的①。

对节度使任用的干预甚至操控，不仅削弱到了节度使的权力，更是直接威胁到了节度使的身家安危。李万荣、韩弘先后两次诛杀所谓骄兵，对节度使加强控制本镇军将，起到了很大的作用，客观上有效地遏制了汴宋军人集团的“河朔化”。

所谓宣武骄兵，旧史强调的是刘玄佐之养骄兵，《旧唐书》卷一四五《刘玄佐传》：

> 玄佐性豪侈，轻财重义，厚赏军士，故百姓益困。是以汴之卒，始于李忠臣，讫于玄佐，而日益骄恣，多逐杀将帅，以利剽劫。(3932 页)

李忠臣以淮西节帅，率兵参与平定大历十二年(777)李灵曜之叛，攻占汴州，方控制之，但淮西重心仍在蔡州。刘玄佐也是在平定李灵曜之叛中起家的，所谓“大历中为永平军衙将。李灵曜据汴州，洽(即刘玄佐)将兵乘其无备，径入宋州，遂诏以州隶永平军，节度使李勉奏署宋州刺史”(同上书，3931 页)。李灵曜之前，是田神功、田神玉兄弟长期控制。这支军队是在平定安史之乱中得以逐渐壮大，与其所处的地理位

① 见王寿南《唐代藩镇与中央关系之研究》(1969)附录一《唐代藩镇总表》，617—621 页。参吴晓丰《从四方碑志论中唐宣武军的顺地化》(2024)及所引 Anthony DeBlasi(邓百安)“Court and Region in Medieval China：The Case of Tang Bianzhou”关于宣武节帅的任期统计分析，158—159 页。

置十分重要有关——它既是运河上的重要枢纽，又是遏制河北南下的要冲；日后在抗击李希烈的侵扰中也起了很大的作用。它具有较强的军事实力，地方军人集团的特色非常鲜明，即所谓逐将杀帅；邻近河北，军人集团又有强烈的“河朔化”的意识。上引《通鉴》称刘玄佐“习邻道故事”(7474 页)，与其说是刘玄佐个人，不如说是宣武军的军人集团。

贞元八年(792)二月刘玄佐死，其子士宁袭位。九年十二月，李万荣发动兵变，逐刘士宁。但宣武亲兵仍有不满意于万荣者，次年四月伺机而起，但为万荣镇压：

> 初，万荣遣兵三千备秋于京西，有亲兵三百前为刘士宁所骄者日益横，万荣恶之，悉置行籍中，由是深怨万荣。大将韩惟清、张彦琳请将往，不许，万荣令其子迺将之，未发。惟清、彦琳不得志，因亲兵衔怨，乃作乱，共攻万荣。万荣分兵击之，叛卒兵械少，战不胜，乃劫转运财货及居人而溃，杀伤千余人。叛兵四出，多投宋州，刺史刘逸准厚抚之。……万荣悉捕逃叛将卒妻孥数千人，皆诛之。万荣诛叛卒之后，人心恟恟不安，军卒数人呼于市曰“今夜大兵四面至，城当破。”众惊骇，万荣悉捕得。①

“万荣悉捕逃叛将卒妻孥数千人，皆诛之”，是对宣武亲兵的第一次诛杀。兵变亲兵逃至宋州，为刘逸准所收留，显示出以汴、宋为中心，有两股势力在隐隐角力——刘逸准(全谅)是刘士宁借巡察之名，换掉原

---

① 《旧唐书》卷一四五《刘士宁传》，3933—3934 页。参《通鉴》卷二三四，贞元十年四月，7553—7554 页。

任刺史翟良佐而就任的；刘士宁被李万荣所逐，刘玄佐外甥韩弘“出汴州，为宋州南城将，刘全谅时为都知兵马使”[①]。

贞元十二年（796）七月李万荣卒。万荣欲以其子迺继袭，邓惟恭逐之，朝廷命董晋继任。十五年二月董晋卒，陆长源继任，发生兵变，长源被杀。监军使俱文珍与大将商议，招刘全谅赴汴州继任。是年刘全谅卒，军将拥立都知兵马使韩弘为节帅。韩弘任节帅长达二十年——在汴宋的内部争斗中，最终是刘玄佐一系最终控制了局面[②]。

韩弘继任节帅后，曾对骄兵大加杀戮，《旧唐书》卷一五六《韩弘传》：

> 汴州自刘士宁之后，军益骄恣，及陆长源遇害，颇轻主帅。其为乱魁党数十百人，弘视事数月，皆知其人，有部将刘锷者，凶卒之魁也。弘欲大张威望，一日，引短兵于衙门，召锷与其党三百，数其罪，尽斩之以徇，血流道中，弘对宾僚言笑自若。自是迄弘入朝，二十余年，军众十万，无敢怙乱者。（4134页）

《通鉴》卷二三五系此事于贞元十六年三月，并对此前的所谓宣武军乱作了一小结式的叙述：

> 宣武军自刘玄佐薨，凡五作乱，士卒益骄纵，轻其主帅。韩弘

① 《旧唐书》卷一五六《韩弘传》，4134页。

② 刘玄佐种用宗姓认同加强对宣武军人的控制，可参栗原益男《唐末五代の仮父子的结合における姓名と年龄》（1956），见其《唐宋变革期の国家と社会》第二部第二章。关于宣武这一时期节度使的更迭及其背后的势力，吴晓丰《从四方碑志论中唐宣武军的顺地化》（2024）第一节认为宣武军将有所谓平卢系和滑州系（121—132页）。

视事数月，皆知其名；有郎将刘锷，常为唱首。三月，弘陈兵牙门，召锷及其党三百人，数之以"数预于乱，自以为功"，悉斩之，血流丹道。自是至弘入朝（胡注：宪宗元和十四年，韩弘入朝）二十一年，士卒无一人敢欢乎于城郭者。（7586页）

这是对宣武军校的第二次诛杀。

韩充在形势稳定后，即驱逐骄兵。《旧唐书》卷一五六《韩充传》：

充既安堵，密籍部伍间，得尝构恶者千余人，一日下令，并父母妻子立出之，敢逡巡境内者斩。自是军政大理，汴人无不爱戴。（4137—4138页）

这是继其兄韩弘之后，又一次对宣武军将的清洗。所谓宣武军将豪横的问题才算告一段落。

韩弘、韩充兄弟之所以能诛杀、驱逐骄兵乱将，而未被宣武军将反制，是因为他们乃刘玄佐、刘士宁、刘全谅一系，长期经营、控制宣武，是宣武的"二代"。这体现的是节度使与地方军人集团的博弈，主观上是节度使对军人集团的控制，客观上却是遏制了宣武的"河朔化"。同时，宣武军将的派系之分，也为李万荣、韩弘成功清洗异己别派提供了有利的条件。

即使经过李万荣、韩弘、韩充对所谓骄兵的诛杀、驱逐，宣武军人集团的势力和对藩镇事务的干预和控制，在当时也仍然是比较突出和严重的。二十年之后的大中年间，在上引孙樵《寓汴观察判官书》中，历数宣武军人对地方政事的干预，"军侯乘权肆豪，奴视州县官……州县官格手失职,不敢与抗";以致公然侵夺司法权,有甚于京兆神策军:"军候得侵绳平民,鞠(鞫?)决授辞,往往狱至数百,不以时省,以故平民益畏军候,至不知有观察使,矧州县官耶。"请该判官向节度使卢公进言,"使系狱者不得治于军门,凡当隶州县者悉索归之,军自军、州县自州县,无相夺也"①。

(2) 徐泗濠(武宁)

徐州本属淄青,李正己任命其从父兄李洧为刺史。建中二年(781)七月,李正己死,其子李纳继袭;十月,李洧举州归朝②。李纳派人与魏博将共攻徐州。李洧命牙官王智兴入朝求援,朝廷派神策军、朔方军,会同宣武军、滑州救援徐州,大破李纳,"官军乘胜逐北,至徐州城下,魏博、淄青军解围走,江、淮漕运始通"③。朝廷控制徐州,对保障江淮漕运的畅通起到了很大作用④。

建中三年八月,李洧死,高承宗继任;兴元元年(784)五月,高承宗死,其子高明应继领州事,贞元四年(788)十一月,朝廷征高明应归朝,任命庐濠寿团练使张建封为徐泗濠节度使⑤。徐泗濠开始成为江淮之

---

① 《孙可之文集》卷三,叶 3a—4a。

② 《旧唐书》卷一五六《王智兴传》,"及李纳谋叛,欲害洧,洧遂以徐州归国",4138 页。

③ 《通鉴》卷二二七,建中二年十月至十一月,7310—7312 页。

④ 《旧唐书》卷一二四《李洧传》(3542 页)及《通鉴》卷二二七建中二年十月(7310 页),都说到朝廷将海、沂、密归李洧统领(海、沂二州刺史拟响应李洧云;十二月密州刺史归附朝廷,见《通鉴》,7312 页);建中三年正月,"淮南节度使陈少游拔海、密二州,李纳复攻陷之"(《通鉴》,7318 页)。经此事变,朝廷实际控制的只有徐州。

⑤ 参《唐方镇年表》卷三,308—309 页。周振鹤《犬牙相入还是山川形便——行政区域划界的原则》,将地处淮河之南的濠州划归徐州节帅统领,视为破淮南之险,防止淮南凭险抗上,同时加强徐州保护漕运,《体国经野之道》(1990),122 页;该章后发表于《中国方域》(1996),又收入《中国历史政治地理》(2013)第八讲(175 页),可参看。

间最重要的藩镇之一，在遏制淄青、淮西，与淮南相呼应、保障漕运等方面，发挥了重要的作用[①]。这一作用的发挥，前提是其军事实力的增强，而军事实力的增强，同时也意味着地方军人集团的形成和强化，“河朔化”也随之呼之欲出，未能完全避免。

贞元十六年(800)五月，张建封卒，兵变发生，拥立其子张愔继任。《通鉴》卷二三五详细叙述了这一过程：

> (张建封)病笃，请除代人。辛亥，以苏州刺史韦夏卿为徐泗濠行军司马。敕下，建封已薨……徐州判官郑通诚知留后，恐军士为变，会浙西兵过彭城，通诚欲引入城为援。军士怒，壬子，数千人斧库门，出甲兵擐执之，围牙城，劫建封子前虢州参军愔令知军事，杀通诚及大将段伯熊等数人，械系监军。(7588—7589 页)

六月，以张愔为徐州团练使(7590 页)，九月以张愔为徐州留后(7592 页)。《通鉴考异》卷一九引《实录》：“十二月癸卯，泗州、濠州宣令淮南观察使收管。”(731 页)《新唐书·方镇表二》，贞元十六年，“废徐、泗、濠三州节度使，未几复置泗、濠二州观察使，隶淮南。徐州领本州留后”(1813 页)。泗刺张伾出兵攻埇桥，大败；濠刺杜兼在张建封病重时曾赴徐州，

---

① 以武宁军为课题的学位论文有多篇，如江依璇《唐代武宁军研究》(2009)、丁辉《唐代武宁军研究》(2011)、邢启振《唐后期武宁镇战略地位研究》(2013)等。对武宁军的基本线索、对相关学术史的梳理，均可参看。特别是丁辉针对学界已有成果如刘建伟《唐代武宁镇的依附性和游离性》(1988)、庞勋之变的性质等提出了自己的见解，对王式诛徐州骄兵等过程提出了自己的考订和认识。

阴图代之，未果而返。但泗濠最终仍脱离了张愔的控制，划归了淮南[①]。

元和元年(806)十一月，“武宁节度使张愔有疾，上表请代。十一月，戊申，征愔为工部尚书，以东都留守王绍代之，复以濠、泗二州隶武宁军。徐人喜得二州，故不为乱”[②]。《旧唐书》卷一二三《王绍传》：“元和初，迁检校尚书右仆射、徐州刺史、武宁军节度，复以濠、泗二州隶焉。时承张愔之后，兵骄难治，绍修辑军政，人甚安之。”(3521页)

此后，李愿、李愬、崔群相继为节帅，直至长庆二年(822)三月，时任节度副使的王智兴率兵驱逐崔群，又逐濠州刺史，朝廷任命其为武宁节度使[③]。王智兴自李洧时代，即任徐州衙卒，历任镇将、都押衙和节度副使，至太和六年(832)移镇忠武，在宣武宁任职长达五十年、任节度使十年之久[④]。

太和六年三月，王智兴调任忠武节度使，朝廷任命邠宁节度使李听继任武宁。《通鉴》卷二四四载其事云：

> 李听之前镇武宁也，有苍头为牙将，至是，听先遣亲吏至徐州

---

① 据《唐刺史考全编》，张伾之任泗刺在永贞八年(946页)。《旧唐书》卷一八七下《张伾传》“有子重政……诏曰‘前昭义军泗州行营衙前兵马使’”云云(4909页)，则张伾赴任时带领有昭义人马耶？《旧唐书》卷一四六《杜兼传》，杜兼为濠刺时，“练卒修武，占召劲勇三千人以上闻”(3969页；参韩愈《杜兼墓志》，《韩愈文集汇校笺注》，1747页)。泗、濠二州顺利脱离张愔的控制，与此二州拥有相当实力有关。

② 《通鉴》卷二三七，7638页；参《旧唐书》卷一四〇《张愔传》，3833页。

③ 《通鉴》卷二四二，长庆二年三月，7812、7815页。参《旧唐书》卷一五六《王智兴传》，4139页。这一时期武宁之历任，参《唐方镇年表》卷三“感化”，312—316页。

④ 《旧唐书》卷一五九《崔群传》，记其为王智兴所逐事，称“智兴自河北回戈，城内皆是父兄”云，4189页。

慰劳将士，苍头不欲听复来，说军士杀其亲吏，脔食之。听惧，以疾固辞。辛酉，以前忠武节度使高瑀为武宁节度使。(7879 页)

胡三省注："考《新》《旧书》，李听前此未尝镇武宁。窃意此苍头盖从听兄愿素镇武宁，遂得为牙将也。"司马光编《通鉴》，常常于《考异》中引新、旧《唐书》以辨析是非，此事另有史源，却未引两《唐书》作考异。《旧唐书》卷一三三《李听传》："大和六年转武宁军节度使。时听有苍头为徐州将，不欲听至，听先使亲吏慰劳徐人，为苍头所杀。听不敢进，固以疾辞，用为太子太保。"(3685 页)《册府元龟》卷四五三《将帅部·怯懦》："李听以文宗太和六年为徐州节度使。听有苍头，在徐州为大将，不欲听至。听先使亲民(吏)慰劳徐人，苍头遂害使者。听不敢言，因以疾辞，改太子太保。"(5375 页)即据《旧唐书》。高瑀之后，崔珙任武宁节度使；此后杜牧上崔珙书，谈及武宁任帅事，说武宁军将"不受李司徒，脔食其使者"[①]，可见李听受命后，先派亲吏往武宁，但被武宁军将脔食，李听因此而称病不赴任。王智兴刚离任，武宁军人对继任者李听就表示出了"不欢迎"的态度，实质反映的，是武宁军将力图对节帅任命的干预。

朝廷随之改任高瑀为武宁节帅，不久又换任崔珙。《旧唐书》卷一七七《崔珙传》：

时高瑀镇徐州，承智兴之后，军骄难制，军士数犯法，上欲择

① 杜牧《上门下崔相公书》，《樊川文集》卷一一，《杜牧集系年校注》系此文作于会昌三年八月，832 页。

威望之帅以临之，久难其才。会珙言事慷慨……即以王茂元代珙镇广南，授珙兼检校工部尚书、徐州刺史、兼御史大夫，充武宁军节度、徐泗濠观察使。（4589 页）

日后崔珙入朝，杜牧上书，对崔珙在武宁任职大加吹捧：

往者彭城骄强，顽卒数万，联三齐旧风，振天下饷道。重弓束矢，大刀长矛，不受指挥，自有信誓。王侍中（智兴）生于其间，称为健黠，奔马潜出，不敢回顾。高仆射（瑀）宽厚闻名，不能治军事，举动汗流，拜于堂下。及乎不受李司徒（听），脔食其使者。风波不回，气势已去。自淮北渡，由洛东下，漕挽行役，出泗上者，稚长相贺。藩镇欲生事树功者，横激旁构，庙堂谋议，不知所出。相公殿一家僮，驰入万众，无不手垂目瞪，露刃弦弓，偶语腹非，或离或伍。相公气压其骄，文诱其顺，指示叛臣贼子覆灭之踪，铺陈忠臣义士荣显之效，皇威坌涌于言下，狼心顿革于目前。然后剔刮根节，销磨顽犷，日教月化，水顺雪释。吐饭饱之，解衣暖之，威驱恩收，礼训法束。一年人畏，二年人爱，三年化成，截成一邦，俗同三辅。①

《通鉴》称“徐州承王智兴之后，士卒骄悖，节度使高瑀不能制；上以为忧”，故以岭南节度使崔珙为武宁节度使②。但对杜牧此文，特别引用

① 杜牧《上门下崔相公书》，《樊川文集》卷一一，《杜牧集系年校注》，832 页。
② 参《通鉴》卷二四四，太和七年正月，7883 页。

了所谓“高仆射(瑀)宽厚闻名,不能治军事,举动汗流,拜于堂下”,称“此盖文士笔快耳,未必然也”①。

崔珙之后,武宁的稳定维持了十五年。大中三年(849)五月,才又发生军人逐时任节度使李廓事。《通鉴》卷二四八载其原委:

> 徐州军乱,逐节度使李廓。……(廓)在镇不治,右补阙郑鲁上言其状……上未之省,徐州果乱。……以义成节度使卢弘止为武宁节度使。武宁士卒素骄,有银刀都尤甚,屡逐主帅。弘止至镇,都虞候胡庆方复谋作乱,弘止诛之,抚循其余,训以忠义,军府由是获安。”(8038—8039 页)

《旧唐书》卷一六三《卢弘正传》:“出为徐州刺史、武宁军节度使、徐泗濠观察等使。徐方自智兴之后,军士骄怠,有银刀都尤劳姑息,前后屡逐主帅。弘正在镇期年,皆去其首恶,喻之忠义。迄于受代,军旅无哗。镇徐四年,迁……汴州刺史、宣武军节度、宋亳颍观察等使,卒于镇。”(4271 页)《旧唐书》本传所谓“去其首恶”,可能就是《通鉴》所载“都虞候胡庆方复谋作乱,弘止诛之”②。

此后经四任十年,大中十三年(859)四月武宁又发生逐帅之事。“武宁节度使康季荣不恤士卒,士卒噪而逐之。上以左金吾大将军田

---

① 《通鉴考异》卷二〇,786 页。

② 卢弘正(一作弘止)镇守徐州的时间,《旧唐书》本传称“镇徐四年”,《唐方镇年表》卷二“宣武”,认为他是大中四年徙镇宣武(203 页);相应,“感化”即徐州,大中四年和五年,即系郑涓(319 页)。王寿南《唐代藩镇与中央关系之研究》(1969)附录一“唐代藩镇总表”,也大致如此,大中三年至四年,任武宁节帅(643 页),大中四年任宣武节帅(619 页)。

牟尝镇徐州，有能名，复以为武宁节度使，一方遂安。”[1]但三年后的咸通三年(862)七月，又逐节度使温璋。王式接任后，大开杀戒，诛杀亲兵；随之朝廷即拆解武宁。

此事以《通鉴》卷二五〇所载最为详尽：

> 秋，七月，徐州军乱，逐节度使温璋。
>
> 初王智兴既得徐州，募勇悍之士二千人，号银刀、雕旗、门枪、挟马等七军，常以三百余人自卫，露刃坐于两庑夹幕之下，每月一更。其后节度使多儒臣，其兵浸骄，小不如意，一夫大呼，其众皆和之，节度使辄自后门逃去。前节度使田牟至与之杂坐饮酒，把臂拊背，或为之执板唱歌；犒赐之费，日以万计，风雨寒暑，复加劳来，犹时喧哗，邀求不已。牟死，璋代之，骄兵素闻璋性严，惮之。璋开怀慰抚，而骄兵终怀猜忌，赐酒食皆不历口，一旦，竟聚噪而逐之。朝廷知璋无辜，乙亥，以璋为邠宁节度使，以浙东观察使王式为武宁节度使。(8099页)
>
> 忠武、义成两军从王式讨裘甫者犹在浙东，诏式帅以赴徐州。骄兵闻之，甚惧。八月，式至大彭馆，始出迎谒。式视事三日，飨两镇将士，遣还镇，擐甲执兵，命围骄兵，尽杀之，银刀都将邵泽等数千人皆死。甲子，敕以徐州先隶淄青道，李洧自归，始置徐海使额。及张建封以威名宠任，特帖濠、泗二州。当时本以控扼淄青、光蔡。自寇孽消弭，而武宁一道职为乱阶。今改为徐州团练使，隶兖海节度；复以濠州归淮南道，更于宿州置宿泗都团练观察使；留将士三

[1] 《通鉴》卷二四九，8075页。

千人守徐州，余皆分隶兖、宿。且以王式为武宁节度使，兼徐、泗、濠、宿制置使。委式与监军杨玄质分配将士赴诸道讫，然后将忠武、义成两道兵至汴滑，各遣归本道，身诣京师。(8099—8100页)

司马光在叙述此事时，《通鉴考异》引用了《金华子杂编》，并作按语"今从《实录》"，可知《通鉴》之史源为《实录》[①]。所谓"甲子敕"，即《降徐州为团练敕》，处置更为具体、详尽：

徐州宜改为本州团练使，除当州诸县镇外，别更留兵二千人，隶属兖海节度使收管。濠州本属淮南节度收管。宿州地居埇口，路扼彭门，北接睢阳，南临淮甸，当漕运之要，盖水陆之冲，宜置全师，以临列郡，仍置宿泗等州都团练观察处置等使，便以宿州为理所。……其兵马除留在徐州外，仍令王式与玄质量其多少，分配宿州团练使及泗州兵马留后、濠州涡口城使下。如人数犹多，即分隶属淮南、浙西、天平、兖海、淄青等道，逐便收管，各给本分衣粮，其家一任相随，官中接借发遣，令其存济。其割配诸道将士，缘皆有家属，须令装束，每人各赐绢两匹，以户部物充。……其衔

① 《通鉴考异》卷二三，853页。《旧唐书》卷一九上《懿宗纪》叙述之详尽，仅次于《通鉴》(《册府元龟》卷四〇一所引同《旧唐书》本纪，疑即据《旧唐书》本纪录，4776页)，而《旧唐书》卷一六四(4282页)、《新唐书》卷一六七《王式传》(5121页)记述极为简略。《旧唐书》卷一六五《温璋传》："咸通末，为徐泗节度使。徐州牙卒曰银刀军，颇骄横，璋至，诛其恶者五百余人，自是军中畏法。"(4318页)《通鉴考异》认为"诛银刀军者，王式也，《旧传》误"(853页)。《新唐书》卷九一《温璋传》略作弥缝，改写为"银刀军骄横，累将姑息，而璋政严明，惧之，相率逐璋"(3887页)。从《通鉴》所述温璋事，如"骄兵终怀猜忌，赐酒食皆不历口"云云，可能温璋也曾诛杀过骄兵。

> 内银刀等将官健，有逃匿未捉获者，若能束身自首，所在归投者，便一切不问，仍准前敕割配诸道，与衣粮并家口任去。[①]

次年七月，再次下诏，对徐州银刀官健予以赦免：

> 徐州银刀官健，其中先有逃窜者，累降敕旨，不令捕逐。其今年四月十八日，草贼头首已抵极法，其余徒党，各自奔逃，所在更勿捕逐。[②]

同时，是年十一月，以徐州为观察府，以濠、泗隶。十年，置徐泗节度，又改称都团练使，增领宿州；十一年(870)十一月，恢复感化军额[③]。

徐州之骄兵，一直被史书和后世研究者当作唐后期藩镇骄兵的典型来看待，但是，徐州节帅的父死子继，只有张建封、张愔父子两代；张愔病，即请朝廷派人来接任。王智兴在徐州任职长达五十年、驱逐崔群后又任节度使十年，即便如此，他也没有终老于武宁，也没有借此图谋父死子继[④]。这与我们所熟悉的"河朔故事"所体现的父死子继或兄

---

① 《唐大诏令集》卷九九，501页。

② 《册府元龟》卷一六五《帝王部·招怀》，1997页。《通鉴》在咸通三年八月叙述王式诛除银刀者后，连带言及此诏(8100页)，未系于咸通四年。

③ 这一变化过程，见付先召《唐代后期方镇辖区变动研究》(2023)，110—112页。

④ 王智兴子王宰(《旧唐书》卷一五六作"王晏宰")最著名，会昌三、四年朝廷讨伐泽潞刘稹，时任陈许(忠武)节度使的王宰率兵平叛，出力最多；李德裕《请发陈许军马状》，称"陈许累有战功，军声甚振；王宰年力方壮，才略可称，委之征行，必有殊效"(《李德裕文集校笺》卷一五，283页)，参《通鉴》卷二四七，7989页。《通鉴》又称"忠武军素号精勇，王宰治军严整，昭义人甚惮之"(7993页)。他们实现父子继袭，并非没有条件和可能。

终弟及完全不同。可以说，徐州骄兵屡屡逐帅，其的目，并不在于要建立或维护所谓节度使的“父死子继”。

“骄”，是表现形式——驱逐节度使，是他们表达政治诉求的一种方式；犒赏之费日以万计，是他们表达经济诉求的一种方式——本质，是地方军人集团对藩镇事务的干预，是要维护军人政治，是要保障其种种特权。这也是所谓“河朔化”的本质①。朝廷任命王式继任节度使时，王式利用他率领忠武、义成两支军队回撤、路经徐州的有利时机，得以诛杀徐州银刀等军人；朝廷也借机肢解了武宁军，取消了军额番号，从而遏制了徐州的“河朔化”。

旧史将此均追溯自王智兴。王智兴离任时，已在徐州待了五十年；所谓的“骄兵”，恐怕不始于王智兴，只是王智兴在发动兵变、驱逐原节度使崔群后，才刻意经营并加强其实力的。也就是说，徐州自脱离淄青，单独设镇之后，军人集团即开始形成。特别是张建封的久任以及其子张愔的继袭，更助长了这股势力的形成和定型。形成的过程，也是他们抱团并强化自我认同的过程。这是地方军人集团抟成的一个典型的案例。

(3) 泽潞(昭义)

泽潞是遏制河北南下的最为重要的藩镇之一②。在泽潞创建初期

① 卢建荣《地方军事化对唐代后期淮北地区政治与社会的冲击(780—893)》(1999)，从“反对唐廷暴政”、追求“自治”的视角来解释这一过程；另参其通俗读物《咆哮彭城：唐代淮上军民抗争史(763—899)》(2008)。

② 关于泽潞的系统研究，参森部豊《藩镇昭义军の成立过程について》(1994)、《唐泽潞昭义军节度史考——中晚唐における唐朝と河北藩镇の关系をめぐつて》(2004)，见其《ソグド人の东方活动と东ユーラシア世界の历史的展开》补论 1、补论 2；以及综论著作张正田《“中原”边缘：唐代昭义军研究》(2007)，郎洁 2007 年(转下页)

的发展史上[①]，起过重要作用的是李抱玉和李抱真。特别是李抱真，训练军士，使其军事实力大增[②]。大历十年(775)，相卫被瓜分后不久，磁邢并入泽潞，军名则使用了相卫时的旧称“昭义军”，李抱真又成为新的兼跨河东、河北的这一重要藩镇的首任节帅[③]。

贞元十年(794)，李抱真死，其子匿丧，欲行世袭，且曾与成德王武俊联系。朝廷在泽潞步军都虞候王虔休的支持下，挫败了抱真之子的世袭图谋，但这也暴露了泽潞“河朔化”的倾向。李抱玉、李抱真兄弟

(接上页)完成的硕士学位论文《唐中晚期昭义镇研究》(次年收入李鸿宾主著《隋唐对河北地区的经营与双方的互动》)，陈翔《唐代后期泽潞镇军事地位的变化》(2008)、《唐代泽潞镇建置及扩建考》(2013)(据其2006年硕士学位论文《关于唐代泽潞镇的几个问题》改订而成)等。最近关于昭义军的讨论，可参仇鹿鸣《长安与河北之间》第六章“刘广之乱与晚唐昭义军”(2017)；文中对相关重要学术成果均有涉及。我们此处只谈与“河朔化”有关的史事。

① 泽潞所领州前后有所变化，比如，起初曾一度领有怀州等，详参赖青寿《唐后期方镇建置沿革研究》(1999)第五章第三节“泽潞(昭义)节度使沿革(含邢洺磁节度使)”，99—102页(以及68—69页)，付先召《唐代后期方镇辖区变动研究》(2023)第五章第四节“昭义军·邢洺节度使辖区沿革”。我们此处是以其日后较为固定的辖区，即泽、潞、磁、邢、洺来讨论的。

② 《旧唐书》卷一三二《李抱真传》：“抱真密揣山东当有变，上党且当兵冲，是时乘战余之地，土瘠赋重，人益困，无以养战士。籍户丁男，三选其一，有材力者免其租徭，给弓矢(农隙而教练之)……比三年，则皆善射……于是举部内乡兵，得成卒二万……乃缮甲兵，为战具，遂雄视山东。是时，天下称昭义军步兵冠诸军。”(3647页)

③ 此前，泽潞节帅是李抱玉，但抱玉一度兼任三镇节帅，长期镇守凤翔，其从父弟李抱真以留后身份执掌泽潞。相卫被瓜分时，相卫洺贝入田承嗣，而朝廷于大历十年二月所任命的昭义节度留后李承昭(《旧唐书》卷一一《代宗本纪》，307页)实际只能控制磁邢二州。大历十一年十二月戊戌，李承昭以疾笃请辞，朝廷“以泽潞行军司马李抱真兼知磁、邢两州留后”(《通鉴》卷二二五，7241页)。至此，泽潞与磁邢才合为一镇。建中用兵时又将洺州归入辖领。详参赖青寿《唐后期方镇建置沿革研究》(1999)第六章第二节“二、附考：相卫(昭义)节度使沿革”，107—108页；付先召《唐代后期方镇辖区变动研究》(2023)第六章第二节“相卫节度使辖区沿革”，159—160页。

于国有大功，且抱真镇泽潞近三十年，而贞元年间又正是德宗在建中用兵之后，主要用柔性政治手段来控制藩镇的时期，却不许其子继袭，可见朝廷也因其地位特殊而要极力阻止其“河朔化”。

贞元十五年三月，昭义节度使王虔休卒，以河阳、怀州节度使李元淳（即李长荣）为昭义节度使①。贞元二十年六月，李长荣卒，兵马使卢从史继任节帅。《通鉴》载其经过极富戏剧性（7605—7606页）②。《旧唐书》卷一三二《卢从史传》：“德宗中岁，每命节制，必令采访本军为其所归者。长荣卒，从史因军情，且善迎奉中使，得授昭义军节度使。”（3652页）较得其实。这里反映的本质，是节帅出自本军，故卢从史以兵马使得以拥节钺。

卢从史在位期间，竭力与河北勾结，李绛也曾专门上《论卢从史请用兵事》加以论列：

---

① 《通鉴》卷二三五，7583页。《唐方镇年表》卷四“河阳”，贞元五年，引《孟县志》唐潘孟阳《祁连郡王李公（元淳）墓志》，贞元五年“公本长荣，至是诏改为元淳焉”，359页。黄楼《〈祁连郡王李公（元淳）墓志铭〉考释》首次据《孟县志》录出全文，并作了详细校订，见其《碑志与唐代政治史论稿》（2017）。按，黄楼文称“过去《方镇表年》等不知河阳节度使李长荣即李元淳”（30页），不准确。吴廷燮据墓志，知此为同一人，所以《唐方镇年表》卷四“河阳”两处（358、360页）以及“昭义”一处（479页），将所引的《旧唐书·德宗纪下》的“李元”（390页）都径补成“李元淳”（疑《旧唐书》乃因避讳而省称）。《唐五代人物传记资料综合索引》的“李元淳”，是据《唐方镇年表》立条（372页）。另，黄楼文33页注①，称王行先《为李尚书谢恩表》，《文苑英华》卷五九〇收录时误题为李峤。这是读窜行了。《文苑英华》该卷第一首是王行先此表，第二首才是李峤《代群官谢恩表》（《全唐文》卷二四六收入时，标题改为《谢赐优诏矜全表》），本就是不同的两篇文章。

② 黄楼《〈祁连郡王李公（元淳）墓志铭〉考释》，已指出此情节出自杜牧会昌三年上李德裕书（《樊川文集》卷一一《上李司徒相公论用兵书》），《碑志与唐代政治史论稿》（2017），34页。

> 从史比来事迹彰露颇多，意不自安，务欲生事，所以曲陈利害，频献计谋，冀许用兵，以求姑息。今亲领士马欲往邢洺，假以就粮，实为动众，去就之际，情状可知。伏赖圣德备详端绪，用绝其请，不许此行。臣愚窃料从史必更密陈利害，求动师旅，为输忠诚，苟私于身，非利于国。更有奏请，伏望以此堤防。[①]

在随后的元和五年(810)宪宗讨伐成德王承宗时，卢从史“逗留不进，阴与承宗通谋，令军士潜怀贼号；又高其刍粟之价，售于度支，讽朝廷求宰相；且诬奏诸军与贼通，兵不可进。上深患之”。为此，朝廷设计，诱其赌博，将其擒获[②]。此事之成功，主要是得到了昭义都知兵马使乌重胤的支持[③]。但随后围绕继任节帅的人选，朝廷出现了分歧——几乎又要重演当初任命卢从史的旧剧。主持擒获卢从史的吐突承璀主

---

① 《李相国论事集》卷三，20页。卢从史被擒，宪宗拟授乌重胤继任泽潞节帅，李绛反对，在《泽潞事宜》中说“重允(胤)顷为从史结托刘济、士真，构间虚辞，为国生事”云(同上书，21页)。参《通鉴》卷二三七，元和二年十一月，“昭义节度使卢从史，内与王士真、刘济潜通，而外献策请图山东，擅引兵东出。上召令还，从史托言就食邢、洺，不时奉诏；久之，乃还”，7644页。《通鉴考异》卷一九，对相关史料有考证，742—744页。另，泽潞就食山东，似为常态，杜牧在上李德裕书中，就曾说“昭义军粮，尽在山东，泽、潞两州，全居山内，土瘠地狭，积谷全无”(《樊川文集》卷一一，《杜牧集系年校注》，820页)。

② 《旧唐书》卷一三二《卢从史传》，3652页。参《通鉴》卷二三八，元和五年三月，7673—7674页。

③ 《旧唐书》卷一三二《卢从史传》，称设计擒卢从史之后，“都将乌重胤素怀忠顺，乃严戒其军，众不敢动。会夜，使疾驱，未明出境，道路人莫知”，3653页。《通鉴》卷二三八，元和五年四月，“从史营中士闻之，皆甲以出，操兵趋哗。乌重胤当军门叱之曰：‘天子有诏，从者赏，敢违者斩！’士卒皆敛兵还部伍。会夜，车疾驱，未明，已出境”，7674页。“四月”，《通鉴》漏，据吴玉贵《资治通鉴疑年录》补，287页。按，李绛《李相国论事集》卷三《泽潞节度使》称“今重允(胤)驱逐从史，忽领旌旄”(22页)，则将卢从史之被擒视作为乌重胤所驱逐。

张任命乌重胤为昭义节帅，这遭到了李绛的极力反对，他在《泽潞事宜》中指出：

泽潞五州，据山东要害，河北连结，唯此制之。磁、邢、洺三州入其腹内，国纪所在，实系安危。比者兹道为(卢)从史所据，凶狡情状，昭然可知。比年与刘济、王士真相结，又奏其男充都知兵马使，如此奸状，圣情具知。今地降灵，陛下神略，坐致凶恶，却收一道，奈何欲与重允(胤)，却弃此镇？……陛下昨收泽潞，人神同庆，国柄再立，制度重显。今忽与本军将，物情顿沮，朝经(纲?)大紊，自削形势，却恐不如从史。[①]

又在《泽潞节度使》中强调：

学士奏，守谦密言，"圣恩商量，以昭义兵马使乌重允(胤)部置军中事，不获已，须与节度使"者。

臣窃以此处置，实非所宜。比者从史受命不由朝廷，遂至生彼邪心，致滋恶迹……若以重允(胤)主兵，势须便与，即是威福不在朝廷，于事体之间，与从史何异。[②]

① 李绛《李相国论事集》卷三，21页。参《通鉴》卷二三八，元和五年四月，7674—7675页。"四月"，原漏，据吴玉贵《资治通鉴疑年录》补，287页。

② 《李相国论事集》卷三，22页。参《通鉴》卷二三八，元和五年四月，7675—7676页。《全唐文》卷六四五题作"请授乌重允(胤)河阳节度使疏"。《丛书集成初编》本据《指海》本排印，全书目录称据《全唐文》改，但内文标题未改。

李绛反复申明者，就是要朝廷完全掌握泽潞节度使的任命权。卢从史之所以能出任泽潞节帅，主要是其“因军情”；这已有军将拥立之嫌。

在李绛看来，卢从史不仅已不为朝廷所信任，而且已不为朝廷所控制；而卢从史的跋扈，起始于“受命不由朝廷”。如果乌重胤以泽潞都将的身份、因擒获卢从史之功而继任节帅，则泽潞节帅仍然是由军将自得而不是由朝廷任命。因此，他主张将河阳节帅孟元阳调任泽潞，将乌重胤任命为河阳节帅。

卢从史的继任，以及他在位期间的种种行为，如与河北勾结、任命其子为泽潞都知兵马使等，透露出泽潞的“河朔化”倾向，而出现这一倾向的一个根本原因，就是节度使的任命权不归朝廷完全掌握。如果未能及时擒获卢从史，从他已任命其子为泽潞都知兵马使来看，他死后极易出现父死子继的情况。李绛的主张，就是要从根本上断绝这样的事情，即泽潞节帅的任命权必须要由朝廷完全控制①。

朝廷在事关泽潞控制的两次事变的处理中，都得到了军中某些握兵军将的支持，如李抱真死，其子图谋继袭时，泽潞步军都虞候王虔休在此“军中扰乱”的关键时刻，站在朝廷一边，主张听命于朝廷②。但朝廷最终任命他为节帅，这已显露了军将拥立的端倪。卢从史“因军情”而继任，实质上是王虔休的翻版。所不同者，王虔休无跋扈之心，因此他死后，朝廷得以任命了河阳节帅李元淳（长荣）为节帅③。卢从史继

---

① 卢向前《卢从史出兵山东与唐宪宗用兵河朔三镇之关系》(2007)认为卢从史出兵山东是宪宗之意，因朝中李绛为代表的宽容派和河北刘济的割据派的反对，此事无果而终，但卢从史却成了朝廷猜忌的对象云，颇有趣，可参看。

② 《旧唐书》卷一三二《王虔休传》：“虔休正色言于众曰：‘军州是天子军州，将帅阙，合待朝命，何乃云云，妄生异意！’军中服从其言，由是竟免溃乱。”(3651页)

③ 黄楼《〈祁连郡王李公(元淳)墓志铭〉考释》对李元淳死后，来希皓之退避、(转下页)

任后，刻意使泽潞“河朔化”，这就是李绛坚决反对原为泽潞大将的乌重胤继任的根本原因——李绛在上奏中也特别说明，他与乌重胤个人并无恩怨[①]。有趣的是，此次任命的泽潞节度使仍是河阳节帅。李绛已指出河阳节帅对泽潞的影响[②]。这是藩镇之间相互牵制的一个例证。朝廷正是利用了这种牵制以达到控制的目的。

擒获卢从史，在朝廷加强对泽潞的控制上具有重要意义。它有效地遏制了泽潞的“河朔化”倾向。十年后刘悟任泽潞节帅及五年后的父死子继，诱发了“河朔化”的再次出现。

刘悟原是淄青都知兵马使，元和末年朝廷用兵淄青，刘悟发动兵变，诛杀淄青节帅李师道，归顺朝廷，调任义成节度使；不久又于元和十五年(820)十月调任泽潞[③]，赴任时“以郓兵二千自随为亲兵”[④]。穆

(接上页)卢从史之攫取旌节，有详细的分析，特别指出了此前只有李元淳不是出自本军；计擒卢从史之后，朝廷加强对昭义的控制，“不由本军择帅是朝廷控制昭义，避免其“河朔化”的基本政策”，《碑志与唐代政治史论稿》(2017)，34—36页。文章引张正田书，认为昭义是“兼有中原防遏型与河北割据型藩镇两种性格”(29页)，我想，或许归纳为“河朔化藩镇”能更容易说明问题的实质。

① 《李相国论事集》卷三《泽潞事宜》：“臣岂与重允(胤)间隙，岂与元阳有亲故？盖为社稷之计，朝廷之势可惜尔……与重允河阳，足以赏逐从史效，与元阳泽潞，足以压河北诸侯之势。”(22页)

② 《李相国论事集》卷三《泽潞节度使》：“元阳功效素高，公望又积，泽潞接近，久亦承风。今若除授，便径入潞府，慰劳将士家口，恤其贫乏，各使安存问，三军闻知，自然感悦。”(22—23页)。关于河阳节度使，可参日野开三郎《唐·河阳三城节度使考》(1936—1937)，收入其《东洋史学论集》第一卷。

③ 《旧唐书》卷一六《穆宗纪》，482页。参《唐方镇年表》卷四“昭义”，483页。这次调整是为应对成德王承宗死、其弟王承元继袭事；王承元主动归朝，被任命为义成节度使，命田弘正由魏博移镇成德，昭义节帅李愬移镇魏博，义成节帅刘悟移镇昭义，田弘正子田布出任河阳三城、怀孟节度使。

④ 《通鉴》卷二四三，宝历元年八月，7844页。《册府元龟》卷四七七《台省部·谋画》录李绛疏，称同从谏为乱者，“不过所厚一二千人”；“倘从谏事急，将所亲厚(转下页)

宗长庆初年，河北三镇再叛。这一局势使泽潞的军事作用再度得以强化。在这期间，刘悟因与监军使之间的矛盾激化而唆使军士围攻监军使，朝廷为此而贬监军使。史称“自是(刘)悟颇纵恣，欲效河朔三镇。朝廷失意不逞之徒，多投寄潞州以求援。往往奏章论事，辞旨不逊”①。

宝历元年(825)八月刘悟病死，其子从谏要求继袭。敬宗为此而下大臣讨论此事，李绛力主迅速任命新的节帅，不许从谏继袭②。从李绛所言来看，当时朝廷主要是担心刘从谏会勾结魏博，武力抵抗；如果不利，则率所亲军投靠魏博③。如果出现这一情况，则山东的邢磁洺三州很可能会脱离朝廷的控制，进而大大削弱中央对河北的遏制。李绛主张以迅雷不及掩耳之势迅速任命泽潞周边的某一镇节帅赴泽潞上任，新任节帅一到，即优赏士卒，从而控制泽潞。这是很有道理的分析，但毕竟充满了变数，是一冒险方案。最后，朝廷选择了较为保守的策略，即同意了刘从谏的要求④。当然，这一处置的代价就是助长了泽潞的“河朔化”倾向。

(接上页)三二千人散投魏郡”云云(5702—5703页)，所指恐即此由郓带来的亲兵。

① 《旧唐书》卷一六一《刘悟传》，4231页。

② 《通鉴》卷二四三，宝历元年八月，7845—7846页。《册府元龟》卷四七七《台省部·谋画》，5702—5703页。《李相国论事集·遗文》之《论刘从谏求为留后疏》似据《全唐文》卷六四五录。

③ 此前贞元十年，即出现过因泽潞易帅而导致洺州军人出走魏博事，参《旧唐书》卷一三二《李抱真传》，3649—3650页；《旧唐书》卷一三二《王虔休传》，3651页。《通鉴》卷二三五，贞元十年六月至十二年正月。

④ 有记载说李逢吉等接受了刘从谏的贿赂才作出这一决定的，如《旧唐书》卷一六四《李绛传》：“时宰相李逢吉、王守澄已受从谏赂，俱请以从谏留后，不能用绛言。”(4290页)受贿并非不可能，但从当时整个形势来看，这并不是影响朝廷决策的最重要的原因。《通鉴》卷二四三，宝历元年十一月末言贿赂事，仅言“时李逢吉、王守澄计议已定，竟不用绛等谋”(7846页)；《通鉴考异》卷二〇，针对《旧唐书·刘从谏(转下页)

刘从谏任泽潞节帅几近二十年[①]，加之其父刘悟曾任淄青兵马使

（接上页）传》的受贿说，称“事有无难明，今不取”（779 页）。张照阳《昭义军刘从谏擅位与晚唐藩镇秩序》（2024），从“恭顺为主的擅位策略”的角度，对刘从谏之成功继袭进行了分析，称“这种做法既没有公开挑战朝廷权威，又传递出从谏已得昭义军内支持的讯息，契合了晚唐朝廷构建的藩镇秩序，因此更容易取得成功。而晚唐的藩镇秩序，并非杜绝一切条件下的藩镇自立，亦非简单的‘放弃河北、控制其余’的地域差异，而是更强调藩镇和朝廷互动中的恭顺程度。在晚唐朝廷权威增强的背景下，无论河朔藩镇等‘反侧之地’还是其他‘顺地’，其擅位策略普遍更为恭顺，其中一些过去常见的擅位举措也被视作反叛朝廷的表现”（115 页）。按，恭顺有利于朝廷的“接受”，但从现实政治的角度来看，并不主要取决于态度。比如河朔，态度再恶劣，朝廷也一样得承认（当然，对河朔来说，朝廷根本无力也不能干涉其继任事，反而无所谓态度）。作者引用陆扬的意见，认为“所谓‘接受皇命的程度’，自然包括藩镇自立之际的恭顺程度”（113 页），这是不是说，只要态度恭顺，自立也是可以的呢？我们复核陆扬文，陆扬强调的是，宪宗建立的“新规则”，内涵是“评判一个藩镇效忠朝廷与否的标准……不再是以节度使权力交接之时，地方上自己产生的继承人是否曾有功于朝廷，或是否表面恭顺，或是否会有利于地方局势之稳定等等为标准，而是以是否能无条件地接受朝廷所直接指定的人选为标准。忠诚与否端赖接受皇命的程度而定”（《清流文化与唐帝国》，55 页）。作者是否定、至少是大大降低了陆扬所定的标准。我想，朝廷允许了刘从谏的继袭，根本的原因，还是对当时现实政治权衡的结果，而不是主要因为其“表演”的成功（态度）。我所谓“放弃河北、控制其余”的朝廷藩镇政策的确立，也并非从地域的角度来分析——朝廷无力消灭或真正控制占据河北的安史余部；这反映的不是“地域差异”，而是政治、军事实力的差异。

① 刘从谏之久任，恐与甘露之变有关，《旧唐书》卷一六一《刘从谏传》：“九年，李训事败，宰相王涯等四人被祸。时涯兼掌邦计，虽不与李训同谋，然不自异于其间，既死非罪，从谏素德涯之私恩，心颇不平，四上章请涯等罪名，仇士良辈深惮之。”（4232 页）朝廷出兵攻讨刘稹时，幽州节度张仲武“似疑刘稹未有罪状”，为此，李德裕提供了一个借口。所谓“亦修觐礼”，亦见《旧唐书·刘从谏传》“（大和）六年十二月入觐，七年春归藩”（4231 页）。《通鉴》卷二四四，太和六年十二月刘从谏入朝（7881 页），七年正月遣归镇，“初，从谏以忠义自任，入朝，欲请他镇；既至，见朝廷事柄不一，又士大夫多请托，心轻朝廷，故归而益骄”云（7882—7883 页）。李德裕又称李宗闵与之交通（《通鉴》卷二四七，会昌三年五月，7983 页）。刘稹平定后，李德裕再次强调“刘从谏据上党十年，太和中入朝，僧孺、宗闵执政，不留之，加宰相纵去”云云（《通鉴》卷二四八，会昌四年九月，8012 页），总之似与当时朝政内争有关（傅璇琮《李德裕年谱》引《新唐书·牛僧孺传》，反驳岑仲勉，认为牛僧孺、李宗闵与刘从谏交结是事实，（转下页）

的经历以及他自己的父死子继的经历，使他很难不图谋“河朔化”。会昌三年(843)四月，刘从谏死。病重期间，“乃与幕客张谷、陈扬庭谋效河北诸镇”，目的非常明确，并作了周密安排：

以弟右骁卫将军从素之子稹为牙内都知兵马使，从子匡周为中军兵马使，孔目官王协为押牙亲事兵马使，以奴李士贵为使宅十将兵马使，刘守义、刘守忠、董可武、崔玄度分将牙兵①。

从谏死后，“大将郭谊等匿丧，用其侄稹权领军务”②。当时主持朝政的李德裕坚决主张不惜以武力解决泽潞问题。他一方面强调“泽潞内地，非河朔比”，一方面又与河北沟通，表示河北“三镇世嗣，列圣许之”，要他们不支持泽潞③。其实质，就是要遏制泽潞的“河朔化”。李德裕在谈到泽潞的情况时说，泽潞“人心忠义”，“艰难以后，多用儒

(接上页)431—432页。按，牛、李或许将地方大员引为政治奥援，这并不意味着支持或纵容刘稹实现世袭泽潞的图谋)。黄楼《神策军与中晚唐宦官政治》(2019)第十一章第三节“甘露之变”，即径以“秘密结交昭义节度使刘从谏，作为外援”为小目(353页)。张照阳《昭义军刘从谏擅位与晚唐藩镇秩序》(2024)第二节所列种种“刘悟晚年基本维持了忠臣的形象”的材料(111页)，以及刘从谏之顺利继袭，在我看来，这恰恰说明，朝廷并不认为刘从谏的继袭会影响到朝廷对泽潞的控制；只是没有预料到日后刘从谏会处心积虑，经营父死子继。

① 《通鉴》卷二四七，会昌三年四月，7979页。

② 《旧唐书》卷一六一《刘从谏传》，4233页。《新唐书》卷八《武宗纪》，系从谏死日为四月乙丑(初七)，242页；《旧唐书》卷一八上《武宗纪》未系日，595页。因军将匿丧，朝廷至廿三日方为之辍朝，详参《李德裕年谱》，364—365页。

③ 详见李德裕《论昭义三军请刘稹勾当军务状》(末署会昌三年五月二日)、《请赐仲武诏状》(末署会昌三年九月二日)，《李德裕文集校笺》卷一五，277—278、289页。参《旧唐书》卷一七四《李德裕传》，4525—4526页。另参《通鉴》卷二四七，会昌三年四月，7980页。

臣”，其目的是要突出任用刘悟、刘从谏父子是特例；而最终是为了说明朝廷不能允许泽潞出现军将拥立节帅乃至父死子继这样的情况，并得以持续①。从全部泽潞节帅的任用情况来看，确是文臣多于武将，特别是元和以后、黄巢事变之前②。平定刘稹之后至黄巢事变以前，泽潞再未出现过如此明显的“河朔化”倾向。

朝廷决意进讨，发布《讨刘稹制》③，动员兵力，要求于是年“七月中旬五道齐进，刘稹求降皆不得受”④。次年，即会昌四年八月，在山东之邢、洺、磁三州归降朝廷后⑤，原来支持刘稹的大将郭谊等杀刘稹，归降

---

① 朝廷用兵平定泽潞的过程，可参王国尧《李德裕与泽潞之战——兼论唐朝于9世纪中所处的政治困局》(2006)以及所引汤承业《唐武宗之安内攘外》(1973)等。按，平定泽潞时，朝廷曾向河朔三镇重申了河朔不同于内地，可以父死子继，即所谓的“河朔故事”。对此，汤承业认为这是权术，王国尧认为这是中央在河北主权问题上付出的代价(但在文章结语中，又说是一时权宜之计)。其实，这一藩镇政策在德宗时已经确立，宪宗经过一度的摆动后，又加以贯彻；武宗时，朝廷不过是执行既定国策而已，详见本书第四章。新见まどか《唐帝国の灭亡と东部ユーラシア——藩镇体制の通史的研究》第四章(2015)对当时的政治军事形势如回鹘的南下、河朔藩镇的态度等，作了讨论，并强调了此次用兵之后藩镇势力的减弱。关于成德王元逵的积极配合，秦中亮《形塑合法性：王元逵兴兵泽潞原因新论——以中央与地方权力博弈为视阈的考察》(2016)作了分析。

② 参《唐代方镇年表》卷四“昭义”，471—498页；王寿南《唐代藩镇与中央关系之研究》(1969)附录一“唐代藩镇总表·昭义”，684—689页。

③ 《讨刘稹制》，李德裕奉宣撰，末署会昌三年五月十三日，《李德裕文集校笺》卷三，31—32页。《唐大诏令集》卷一二〇收录，末署会昌三年七月，637—638页。《唐代诏敕目录》系会昌三年九月，详列多个出处，510页。《通鉴》卷二四七，“从《实录》”，系于会昌三年五月，7984页。

④ 《通鉴》卷二四七，7986页。李德裕《赐彦佐沔茂元诏》亦引此诏，“近有诏书，令取七月中旬，五道齐进”，《李德裕文集校笺》卷六，104页。

⑤ 山东的战事，以及魏博、成德所起的作用及涉及的孟州之置，参张达志《肥乡之役与孟州之置——唐武宗朝地方秩序的重整》(2015)。另，高正亮《唐武宗伐昭义镇之战的有关地理考述》(2017)，从历史地理角度对这场战事作了勾勒，所附多幅地图极为直观，可参看。

朝廷。朝廷发布《平潞州德音》，处置善后事宜，其中有“用兵已来，刘稹所招收团练官健，放归营生”①，解散了刘稹所招募的官健。又将泽州划归河阳②。九月，卢钧入潞州，“襄州士卒在行营者，与潞人战，常对阵扬钧之美。及赴镇，入天井关，昭义散卒归之者，钧皆厚抚之，人情大洽，昭义遂安”③。

在这个过程中，泽潞军人曾遭到几次清洗。郭谊杀刘稹后，“因收稹宗族，匡周以下至襁褓中子皆杀之。又杀刘从谏父子所厚善者张谷、陈扬庭、李仲京、郭台、王羽、韩茂章、茂实、王渥、贾庠等凡十二家，并其子侄甥婿无遗……凡军中有小嫌者，谊日有所诛，流血成泥”④。

随之，参与平叛的河中晋绛节度使石雄受命率兵七千入潞州，借军将晚牙，“乃以河中兵环球场，晚牙，（郭）谊等至，唱名引入，凡诸将桀黠拒官军者，悉执送京师”；九月“刘稹将郭谊、王协、刘公直、安全庆、李道

① 《平潞州德音》，《唐大诏令集》卷一二五，672 页。末署会昌四年九月十八日，《唐代诏敕目录》系于会昌四年八月十八日（512 页），是。上引《讨刘稹制》也说是“刘从谏近招致将士等”（《李德裕文集校笺》卷三，31 页）。《通鉴》卷二四八，会昌四年八月戊戌诏，概括为“所籍土团并纵遣归农”（8009 页）。

② 时在会昌四年九月，见《旧唐书》卷一八上《武宗纪》，602 页；《通鉴》卷二四八，8010 页。用兵刘稹时，李德裕即于会昌三年九月上奏：“俟昭义平日，仍割泽州隶河阳节度，则太行之险不在昭义，而河阳遂为重镇，东都无复忧矣。”（《通鉴》卷二四七，7991 页。）

③ 《通鉴》卷二四八，8010 页。昭义所属山东三州即邢、洺、磁三州，是在成德、魏博的压力下，相继归顺朝廷；李德裕说“昭义根本尽在山东，三州降，则上党不日有变矣”，但同时非常担心三州为河北所控制，武宗说“万一镇、魏请占三州，朝廷难于可否”，为此，特别任命时任山南东道节度使卢钧（弘止或弘正）为此三州留后，令其驰驿赴镇。刘稹被杀，李德裕即奏“今不须复置邢、洺、磁留后，但遣卢弘止宣慰三州及成德、魏博两道”，意在向成德、魏博宣布此三州仍属昭义，详见《通鉴》卷二四八，会昌四年八月，8006、8008 页。

④ 《通鉴》卷二四八，会昌四年八月，8007—8008 页。

德、李佐尧、刘武德、董可武等至京师，皆斩之”。留在泽潞的军将，也被清洗，“又令昭义降将李丕、高文端、王钊等疏昭义将士与刘稹同恶者，悉诛之，死者甚众。虞(卢?)钧疑其枉滥，奏请宽之，不从”①。

次年七月，又因派兵往振武防秋而诱发了兵乱。《通鉴》述其始末云：

> 诏发昭义骑兵五百、步兵千五百戍振武，节度使卢钧出至裴村饯之；潞卒素骄，惮于远戍，乘醉，回旗入城，闭门大噪，钧奔潞城以避之。监军王惟直自出晓谕，乱兵击之，伤，旬日而卒。(8017页)②

八月，“昭义乱兵奉都将李文矩为帅；文矩不从，乱兵亦不敢害。文矩稍以祸福谕之，乱兵渐听命，乃遣人谢卢钧于潞城。钧还入上党，复遣之戍振武；行一驿，乃潜选兵追之，明日，及于太平驿，尽杀之”。(8019页)这次兵乱其实是对此前大规模诛杀行为的反弹，与淄青被分解之后发生的兵变相似。

经过这几次较大规模的诛杀，至少是刘从谏以来培植起来的泽潞

① 《通鉴》卷二四八，会昌四年八月，8009－8011页。甚至昭义属城“有尝无礼于(成德)王元逵者，元逵推求得二十余人，斩之”，朝廷命元逵归镇，命卢钧遣使安抚(同上，8011页)。此处点校本均误排作“虞钧”(元刻本均作“卢钧”，《元本资治通鉴》49册291页)。参《诛郭谊等敕》《诛张谷等告示中外敕》，《李德裕文集校笺》卷九，169—171页。

② 参李德裕《昭义军事宜状》，“今日见石雄报状，卢钧因出城至裴村送兵马，步军遂回旗劫掠”云，《李德裕文集校笺》卷一六，315页。《旧唐书》卷一七七《卢钧传》：“是冬，诏钧出潞军五千戍代北。钧升城门饯送，其家设幄观之。潞卒素骄，因与家人诀别，乘醉倒戈攻城门，监军以州兵拒之，至晚抚劳方定。”(4592页)另参李德裕《论潞府事宜状》《论昭义军事宜状》，均为处置此次事变而密上武宗的奏状，《李德裕文集校笺》卷一七，339—342页。

核心军将已被清洗殆尽，“余毒”已不复存[①]。这与宣武的几次诛除骄兵，所得的效果是相同的。客观上有利于朝廷对昭义的控制。朝廷不惜将诛除泽潞军将“扩大化”，目的恐亦在此。

（三）小结：偶然性与窗口期

从“河朔化”的程度来看，淄青、淮西与汴宋、徐泗、泽潞有质的不同。

---

① 仇鹿鸣《长安与河北之间》第六章（2017）讨论乾符四年泽潞刘广之乱，追溯了“会昌伐叛的善后”（第三节），一方面称“成功遏制了昭义军‘河朔化’的倾向”，同时又认为“李德裕的善后举措也未能真正改变昭义军队的构造……朝廷选任的文臣节帅往往难以弹压镇内的骄兵悍将，因此出现了藩镇内部频繁发生兵变的新特征”，并将平定刘稹的次年因发兵戍振武而发生的兵乱视作“揭开了昭义兵乱频繁发生的序幕”，引语见 234 页、240—241 页。按，乾符四年（877）距会昌四年（844）已有三十多年；这在宪宗平定淮西（817）、淄青（819）之后，至乾符黄巢事变起（875）而天下大乱，藩镇格局基本稳定的近六十年中，占了后面的半段。我想，不宜把 875 年以后的藩镇情形（无论是藩镇间的攻伐，还是藩镇内部的兵变），简单地视作此前近六十年的藩镇形势的延续（此后已经完全是另外一个政治逻辑和政治单元了），虽然也并不能“一刀两断”，截然分开。另，该章引用森部豊、张正田等成果，称诛刘稹后，朝廷加强了控制，但“镇内动荡不安，多次发生骄兵逐杀节帅事件，与前期的稳定形成鲜明对比”（219—220 页）。按，张正田《“中原”边缘》（2007）称征讨刘稹之后，昭义的“忠义形象早已破坏无遗”，除刘稹外，“还有许多‘骄兵’抗命作乱事件”（183 页），但举出的是咸通四年（863）十二月昭义节度使沈询奴归秦，因与沈询侍婢私通，沈询欲杀之而未果，归秦“结牙将作乱，攻府第，杀询”；次年正月，李玭为昭义节度使，“取归秦心肝以祭沈询”（《通鉴》卷二五〇，8107 页）；此事以下，就是乾符四年以后的事情了。也就是说，在平定刘稹与黄巢变起之间，举出的只有归秦杀沈询这一件事（在我看来，这充其量不过是个人恩怨仇杀的“刑事案件”，与藩镇骄兵杀帅性质完全不同）。这可能是史载有缺（仇鹿鸣即认为武宗以后，实录时断时续，诸次兵乱记载寥落，且舛乱不少，上引书 220 页），但以目前所知所见，我是以为平定刘稹后到黄巢事变起之前，这近六十年，泽潞基本是稳定的，“河朔化”是被有效地阻断了的。仇氏所谓骄兵悍将、频繁兵变新特征，主要是指“‘骄兵化’的既成事实”（上引书 246 页）；是用“骄兵化”（“给予将士更丰厚的给赐”，上引书 256 页），来分析此后频频出现的藩镇的“经济性骚乱”（上引书，第六章第四节）。

元和四年(809)四月,成德王士真死,宪宗欲趁势改变河北父死子继的"河朔故事"。李绛反对,认为"近日(李)师道最奉朝廷,犹奏小男引方充副使,则镇州未可改易,事理灼然"[①]。五年四月,擒泽潞卢从史后,李绛在反对任命乌重胤继任的上奏中,说"比者兹道为(卢)从史所据,凶狡情状,昭然可知。比年与刘济、王士真相结,又奏其男充都知兵马使。如此奸状,圣情具知"[②]——河朔三镇,父死子继,可以奏其子为都知兵马使作为储帅,以备日后接班,但淄青、泽潞,在朝廷看来,这样的行为是暴露了自己的野心,是想要向河朔看齐、是要"河朔化",是不被允许的。在朝廷的心目中,淄青与泽潞情形相同,但与河朔是有本质区别的。

但针对同样的事情、在同一篇上奏中,李绛所言似乎又不尽相同。在上引元和四年四月李绛论成德父死子继事的上奏中,又说"范阳、魏博、易定、淄青,皆是父子相承,实同流类"[③],把易定、淄青与河朔三镇等量齐观。五年擒卢从史,宪宗听信吐突承璀的意见,拟任命配合朝廷擒拿行动的时任泽潞都知兵马使的乌重胤继任节帅,李绛反对,在上引上奏中说:

> 今重允(胤)一时素无功策,承璀一牒便居重位,河南、河北诸侯闻之,愤怒之心,必生言语,盖以专权日久,莫不各有将校,且惧

① 《李相国论事集》卷三《论镇州事宜》,18 页。参《通鉴》卷二三七,7659—7660 页;但未引此数句。

② 《李相国论事集)卷三《泽潞事宜》,21 页。参《通鉴》卷二三八,7675—7676 页;但未引此数句。

③ 《李相国论事集》卷三,18 页。参《通鉴》卷二三七,元和四年四月,7659 页。

且恨，必谤朝廷，皆谓重允与承璀交通作奸，遂却从史，代其使主，便与节度……倘刘济、茂昭、季安、执恭、韩宏(弘)、师道耻有名位与重允同列，继有表章，陈其情状，并承璀专授重允之罪，不知陛下何以处之。①

所谓"两河方镇"，就是"河南、河北诸侯"；具体涉及的方镇，他列举了幽州(刘济)、易定(张茂昭)、魏博(田季安)、横海(程执恭)、武宁(韩弘)、淄青(李师道)等，又将武宁与河朔三镇并举。我想，他将泽潞、淄青与河朔加以区分，是朝廷控制藩镇所要达到的目的——不能允许泽潞、淄青变成为河朔；淄青的父死子继与河朔并举，是对李正己父子长期控制淄青这一现实的描述；把武宁韩弘与河朔并列，则是从列举河南、河北这一地区拥有重兵的藩镇的这个角度来提及的。至于穆宗长庆四年(824)韩愈死，李翱为其撰行状，言及安禄之后以后的"河南北七镇"的情形：

自安禄山起范阳，陷两京，河南、北七镇节度使，身死则立其子，作军士表以请，朝廷因而与之。②

"河南、北七镇"，胡三省认为就是《元和国计簿》中提到的易定、魏博、镇冀、范阳、沧景、淮西、淄青③；这也只是对安史乱后的一个时期的现

① 《李相国论事集》卷三《泽潞事宜》，21页。参《通鉴》卷二三八，元和五年四月，7675页。

② 李翱《韩愈行状》，《李翱文集校注》卷一一，162页。

③ 《通鉴》卷二三七，元和二年末，引用了《元和国计簿》"十五道七十一州(转下页)

状的描述。事实上，用我们今天的眼光看，淮西、淄青虽不同于河朔，但可以说是仅次于河朔，“河朔化”程度最高、不间断持续的时间最长，基本实现了“河朔化”。但在宪宗武力攻讨而彻底平定之后，其“河朔化”即戛然而止，完全结束①。

汴宋、徐泗和泽潞，“河朔化”的程度，可以说是一个比一个严重。“河朔化”表现为时断时续，实质是时隐时现，有时甚至比较严重，且持续的时间较长，但在总体上并没有真正实现“河朔化”。这一问题的基本得到解决，宣武是在穆宗长庆年间，泽潞是在武宗会昌年间，徐州最晚，要到懿宗咸通年间。这距唐末的大动乱，已为时不远了——六年以后的咸通九年(868)，被派往桂林戍守的徐州军将庞勋等，自行由桂返徐，拉开了唐末大动荡的序幕，以至于《新唐书》卷二二二中《南蛮中》末赞语称“唐亡于黄巢，而祸基于桂林”(6295页)。这又被陈寅恪《唐代政治史述论稿》下篇引作结束语。

我们从节度使的更迭，可以看出军将在这些藩镇的作用——这些

(接上页)不申户口”“赋税倚办止于……八道四十九州”的统计，胡三省注，称“易定、魏博、镇冀、范阳、沧景、淮西、淄青皆藩镇世袭”(7647页)。张国刚《唐代藩镇研究》5《唐代藩镇的类型分析》(1983)称李翱文河南、河北七镇，“即指上举《元和国计簿》中的‘世袭’七镇”(81页注①)。按，世袭七镇云，是胡三省的注，不是《元和国计簿》中的话。堀敏一《藩镇亲卫军的权力结构》(1960)，也称系胡注，并参考日野开三郎《藩镇体制下的唐朝振兴和两税上供》，587页及632页注〔九〕)。

① 樊文礼《安史之乱以后的藩镇形势和唐代宗朝的藩镇政策》(1995)第一节，强调了淄青、淮西、滑亳、汴宋、山南西道，“不仅节度使出自安禄山旧部，而且其军队的主体也是来自河北地区”(41页)；另参其《唐代平卢淄青节度使略论》(1993)。朱磊、张现国《唐代宣武军的军乱特点和原因分析》(2008)也是从这一角度来作分析，认为“宣武军军队的主力和骨干来源于平卢南下军人集团和安史旧部，河朔化严重”(该文摘要，具体论证见52—53页)。我们是就军人集团、军人政治来进行讨论，不是就其“出身”作分析。

藩镇的军人集团的力量、他们对藩镇事务的介入程度，仅次于河朔三镇。这些藩镇出现的所谓“河朔化”，实质是这些藩镇的军人力图全面控制藩镇，建立军人自治，实现军人政治。可以说，节度使的继袭方式，即所谓“父死子继”，也不过是军人政治的实现方式，是为军人介入、干预甚至掌控地方政治以维护地方军人集团的特权而服务的。

淄青，安史之乱结束后，即已开始了“河朔化”，标志性事件就是李正己逐侯希逸的自立；平定李灵曜之乱后的李正己的扩张，则是更进一步拉开了与朝廷的距离，是“河朔化”的深化。淮西，则始于李希烈之驱逐李忠臣而自立。逐帅自立，是这两个藩镇“河朔化”的第一步，本质就是不承认朝廷对本镇节度使的任命权，是要“自治”，而他们所依靠的，当然就是地方军人集团。为了实现“河朔化”，这两个藩镇对朝廷的态度，表现得比河朔三镇还要过激，李希烈甚至一度公然称帝建号。宪宗平定淮西、淄青后，将二镇分解——淄青一分为三，但分解后仍分别作为藩镇而存在；淮西则将所统诸州，作为属州分别并入了其他藩镇。

宣武（汴宋）、昭义（泽潞）、武宁（徐泗）的“河朔化”，集中体现出“朝廷—节度使—地方军人集团”之间的相互矛盾、相互依存的关系。在遏制河北、保护运河方面，需要它们，因此它们必须拥有相当的军事实力，这也意味着这些方镇的军人集团的势力较强。地方军人的“河朔化”，又屡屡导致了兵变、逐帅等事变的发生，激化了地方军人集团与节帅的矛盾，强化了藩镇对朝廷的离心力；同时，军人集团又无时不在侵蚀地方官府的正常运作。但随着藩镇形势的变化，藩镇的地位、作用也会随之变化。如淮西、淄青的平定，就使宣武、武宁遏制淮西、淄青的军事作用消失了。这就使朝廷在处置时，减少了“投鼠忌器”的考量。王式利用外镇兵力，进入徐州，大开杀戒，并解散武宁军，正是朝廷不再需要考虑其原本负有的遏制淄青、淮西的任务了。

同样是"河朔化"，不同的藩镇，具体的政治文化和政治传统有差异，表现形式和程度就各有不同，朝廷处置的方式及其最终的结果也会各异。比如泽潞，正如李德裕强调的，泽潞"人心忠义"，"艰难以后，多用儒臣"；泽潞的"河朔化"主要表现在刘从谏以来的这几十年，所以肃清的就主要是刘从谏以来的流毒①，虽然在平定刘稹后，将泽州划归了河阳。对宣武军人集团，则是通过几次偶发性的事件，断断续续，予以清除的。对徐州则采取了外科手术式的清理，并在清理之后，取消了武宁的军额番号。

同样处在河北周围，遏制河北的藩镇，还有河东、河阳三城、义成（郑滑）；同样地处运河沿线、护卫运河的藩镇，还有忠武（陈许）。这些藩镇都有相当的军事实力，为什么没有出现"河朔化"？或者说，即使出现了，也只是苗头而最终没有能发展成为"问题"呢？

我想，这大概也有种种的偶然因素在起作用吧。如山南东道，来瑱之后的梁崇义，出现了明显的跋扈、自立的倾向，此后又出现了于頔的久任，但总的来看，该镇没有形成"河朔化"的倾向。与此相反的例子是淮西，李希烈逐李忠臣之后，该镇军人集团势力膨胀，军人对该镇事务的介入和控制，比淄青的程度还要高。

除偶然因素之外，还跟形势变化有关。藩镇之拥兵，有可能跋扈；

---

① 新见まどか《唐帝国の灭亡と东部ユーラシア——藩镇体制の通史的研究》第四章（2015）认为平定泽潞刘稹之后，唐朝的藩镇势力开始变弱；我想，这一评估似有夸大。平定泽潞仍属一个地方性事件，既不会成为藩镇形势变化的诱因，也不会成为变化的一个标志；事实上，似乎也并没有发生这样的变化。

但拥兵，是出于军事需要，比如边地藩镇之防边，河朔周边藩镇之遏制河朔，运河沿线藩镇之防护漕运等。军事形势或军事需求发生了变化，这些藩镇的作用、角色就会发生变化。比如陈许（忠武军），它的设立主要是为了防遏淮西，淮西被平定之后，忠武军的军事职能就会大为降低，随之而来的，就是它的军事色彩、军事实力也会逐渐减弱和降低。在这种情况下，军人政治也就很难形成。所以，继任组建陈许节镇曲环的刘昌裔，有被军将拥立之嫌，但在忠武军史上，也仅此一例而已①。

所谓偶然因素，我们可以理解为“窗口期”——平定淮西之前，就是陈许“河朔化”的窗口期；淮西平定了，它就很难再往“河朔化”的方向走。它的第二个窗口期，是黄巢事变。黄巢事变，可以说是所有藩镇对李唐朝廷表现游离、跋扈乃至自立的窗口期。

再如泽潞，刘从谏之前，李抱真死、卢从史之得位，都较明显地出现了“河朔化”的倾向，但仍然被认为是多由儒臣任节帅。刘悟移镇泽潞、刘从谏的继袭，就有种种的偶然因素，如与朝内的党争密切相关，如与长庆年间所谓的“河北再叛”也有关系——在这种情况下，朝廷需要加强泽潞以遏制河北可能的事态扩大。平定刘稹之后，朝廷与河朔

① 参黄清连《忠武军：唐代藩镇个案研究》（1993）对忠武军节度使历任的分析，见该文“三、忠武节度使与中央政府的关系”，102—109页。该军镇在黄巢事变之前，只有继曲环之位的刘昌裔有被军人拥立之嫌，其他节帅都是受朝廷任命，至于出现的父子前后出任该镇节帅，则间隔时间颇长，如王智兴与王宰，相隔10年；王沛、王逢父子则相隔28年，这虽然可以说是注重其忠武的渊缘与背景，但不应被视作朝廷不得已的姑息（赵犨、赵昶、赵珝为兄弟、叔侄关系，则发生在黄巢事变之后的唐末，另当别论）。所以该文称“唐朝中央政府对于这个地区的控制，在黄巢之乱（875—884）以前基本上是成功的”（109页）。

的关系进入到了一个平稳期——双方都认定要“维持现状”，即互不否定；于是，李德裕明确提出，要将泽州划出，归入河阳；同时，提出泽潞要执行在江淮实行的政策，即驻守于属州的军队划归当地州刺史统领，以削弱泽潞的军事实力。如果没有河北与朝廷关系的“平稳”，这是很难付诸实施的。

与此相反，一些偶发事件，也可能引发连锁反应，导致动荡。我们据《通鉴》略作举例。就所谓长庆元年“河北再叛”而言，这是必然会发生的；但幽州、成德的兵变，不仅仅是易帅而已，两镇都曾借势出兵攻掠。幽州镇，除莫、瀛二州相继兵乱，呼应幽州朱克融外，八月癸酉，成德王庭凑遣人杀冀州刺史王进岌，据其州，并引幽州兵围攻深州；九月相州军乱，杀刺史邢濋，朱克融焚掠易州、涞水、遂城、满城。十月，朱克融、王廷凑分别派兵攻蔚州。十一月，幽、镇兵攻棣州。

十月，朝廷命裴度为镇州四面行营都招讨使，“时幽、镇兵势方盛，诸道兵未敢进”。是年末，朝廷赦免幽州朱克融；次年正月，田布自杀后，朝廷承认史宪诚为魏博节度使；二月赦王廷凑，任命他为魏博节度使。即便如此，王廷凑仍旧继续围攻深州。

这样的局面，很难不引发周边藩镇的动荡。事变当年（长庆元年，821），救援被幽、镇围攻的棣州的淄青镇，其突将王廷崟即利用军士对供馈的不满，发动兵乱，逼青州，被节度使薛平击破，“斩廷崟，其党死者数千人”。第二年三月，原率兵参加围攻河北的武宁（徐州）节度副使王智兴，朝廷罢兵后，率兵返回，即逐节度使崔群，并派兵袭击濠州；“朝廷以新罢兵（指赦免河朔），力不能讨徐州”，以王智兴为武宁节度使。七月宣武（汴州）兵变，推都押牙李夰为留后；八月都知兵马使李质杀李夰，迎朝廷所任命的节度使韩充上任。九月，浙西大将王国清作乱，“初（浙西观察使窦）易直闻汴州乱而惧，欲散金帛以赏军士，或曰：‘赏之无名，恐益生疑。’乃止。而外已有知之者，故国清作乱；易直讨擒之，并杀其党二百余人”①。

上述这几起事件，除王智兴得逞外，其他几起都很快被平定了，但是，其间的“连锁反应”却是事实。如果没有所谓的“河北再叛”，这一系列事变可能就不会发生，或者不会几乎同时发生。如果这些事变都变成不在同时发生的“偶发”事件，朝廷的应对可能就会更从容、更容易些。但彻底平定淮西、淄青之后，朝廷对河朔以外的藩镇基本实现了控制；在这样的大形势下，这些事变最终也没有酿成像德宗建中年间因偶发的“泾师之变”而导致的全局性动荡。

所谓偶然因素，也与政治传统有关。比如贞元时李泌称“陕城之人，不贯逆命”②；比如上引会昌年间李德裕称泽潞“人心忠义”，等等。这样的说法，都各有具体的背景和语境，我们不宜过于坐实，但这样的传统是存在的，可谓“空穴来风”。

遏制“河朔化”——或者扩大到解决兵变——的手段，最后也是最有效的，当然是付诸军事压制或武力攻讨。但在适当的时机、运用恰当的手段，无疑会增加以较低代价成功解决的机遇。邻近拥兵的藩镇之间的相互牵制，或许也可以被视作“偶然因素”。比如，义成（郑滑）

---

① 以上，详见《通鉴》卷二四二，7796—7821 页。淄青突将马鉴，其他文献有不同的叫法，有的叫马狼儿，有的叫马士端，详见吴晓丰《从寇境到王土》（2024），564 页注〔5〕。

② 《通鉴》卷二三一，贞元元年七月，“陕虢都知兵马使达奚抱晖鸩杀节度使张劝，代总军务，邀求旌节，且阴召李怀光将达奚小俊为援……以李泌为陕虢都防御水陆运使。上欲以神策军送泌之官……泌对曰：‘陕城之人，不贯逆命，此特抱晖为恶耳。’”（7457 页）

贞元二年八月李澄卒，其子欲继袭，为刘玄佐所遏制[①]；同时，颍州时而归宣武、时而由义成遥领，有学者认为也是为了遏制宣武[②]。比如，镇海军节度使韩滉对隔江的淮南镇大将企图擅位继袭的遏制[③]。

在局势动荡的情况下，军将图谋擅立是常见的现象。能不能及时遏制住，与军人集团的势力强弱、是否“成型”密切相关。比如，贞元八年三月，山南节帅曹王皋薨，判官李实知留后事，裁损军士衣食，鼓角将杨清潭帅众作乱，都将徐诚缒城入，号令禁遏，斩清潭[④]。方镇自己便能如此轻易平息兵变，是因自梁崇义之后，山南东道即始终为朝廷所控制，基本不存在军人控制当地军政的土壤。

“河朔化”与一般士兵哗变，性质不同[⑤]。如不能及时处理或处理

---

① 《通鉴》卷二三三，7470、7472 页。参《旧唐书》卷一三三《李澄传》，“刘洽出师屯于境上以制之，且使告谕切至，由是克宁不敢妄发，然道路绝商旅者凡十四五日”，3657 页。

② 参付先召《唐朝后期颍州隶属变动及其对政局的影响》(2011)、《唐宣武镇辖区变动及其原因探析》(2014)。

③ 《通鉴》卷二三一，兴元元年十二月，陈少游死，“淮南大将王韶欲自为留后，令将士推己知军事，且欲大掠，韩滉遣使谓之曰，‘汝敢为乱，吾即日全军渡江诛汝矣。’韶等惧而止。上闻之喜，谓李泌曰：‘滉不惟安江东，又能安淮南……’庚辰，加滉平章事、江淮转运使”，7450 页。

④ 《通鉴》卷二三四，贞元三年八月，7527 页。

⑤ 张国刚《唐代藩镇研究》6《唐代藩镇的动乱特点》(1983)，将唐代藩镇动乱分为四种情况，一是兵士哗变，二是将校作乱，三是反叛中央，四是藩帅杀部下；统计了广德至乾符年间的动乱，总结其特点为“封闭性与凌上性”、“反暴性与嗜利性”(104—109页)。王赛时《唐代中后期的军乱》(1989)区分了军乱与方镇的反叛、割据，将原因分作主帅统驭失所、将士本身的原因、为争夺军权。仇鹿鸣《长安与河北之间》第六章(2017)“四、唐代藩镇变乱模式的演化”，将藩镇变乱概括为“政治性叛乱”与“经济性骚乱”两类，认为从中唐到晚唐，发生了从以“政治性叛乱”为主(代德宪三朝)到以“经济性骚乱”(穆宗以后)的变化；又将后者，视作“骄兵化”(253—260 页)。张明 2017 年完成的硕士学位论文《晚唐五代的军乱研究》，虽称“晚唐”，实际始于安史之乱；对相关学术史作了综述，可参看。

不当,也会发生性质的变化。从根本上解决这个问题,只能是在军队的国家化之后了。毕竟,军事制度也只是整个国家制度的一个组成部分。

张国刚曾用“游离性”与“依附性”来概括河朔型藩镇与中央的关系①,刘建伟讨论武宁(徐州)镇时,认为该镇也有游离性,表现在“本镇拥立藩帅、扣留供奉、屡兴兵乱三个方面”,并称这“使它逐渐转变成为割据方镇”②。我想,所谓“游离性”是现象,它所反映的本质,一是朝廷的控制——朝廷如果有足够的实力对武宁(徐州)实现完全的控制,就不会出现所谓的“游离”,比如不可能出现扣留供奉这样的情况;二是军人集团在当地实现军人政治的企图和程度。朝廷遏制其“河朔化”,就是要遏制军人政治的实现,就是要加强对藩镇的控制。至于河朔藩镇的所谓“游离性”与“依附性”,我们在全书之末的“余谭”中再作辨析。

二、淮西跋扈与强弱相间的江淮藩镇格局的确立

山南东道也是在平定安史之乱的过程中“成长”起来的。来瑱任节帅时,即图谋游离于朝廷的控制,一度拒不受代。后虽入朝,但事先即作部署;广德元年(763)被诛,其部将梁崇义攫取节帅之位。《通鉴》卷二二二载其经过云:

① 张国刚《唐代藩镇研究》5《唐代藩镇的类型分析》(1983),88页。
② 刘建伟《唐代武宁镇的依附性和游离性》(1988),引语见103、104页。

(来)瑱之入朝也,命诸将分戍诸州,瑱死,戍者皆奔归襄阳。行军司马庞充将兵二千赴河南,至汝州,闻瑱死,引兵还袭襄州;左兵马使李昭拒之,充奔房州。(梁)崇义自邓州引戍兵归,与昭及副使薛南阳相让为长,久之不决,众皆曰“兵非梁卿主之不可”,遂推崇义为帅。崇义寻杀昭及南阳,以其状闻。上不能讨,三月甲辰,以崇义为襄州刺史、山南东道节度留后。(7142页)①

这正是朝廷进军河北,结束安史之乱的关键时刻。与朝廷对安史余部的处置相比,这可以说是没有“河朔故事”的河朔故事。梁崇义攫取山南东道节度使的方式与过程,与我们上举所谓“河朔化”藩镇节帅自立或拥立,本质并无二致,可以称得上是“河朔化的先驱”。《通鉴》分别在代宗初年和末年,两次概述代宗朝的藩镇形势,都将梁崇义与河朔及淄青并列,说他们“相与根据蟠结……官爵、甲兵、租赋、刑杀皆自专之”②。建中二年(781)正月,成德李宝臣死,德宗借此不许其子李惟岳继袭,拟彻底结束“河朔故事”时,《通鉴》卷二二六又概括称“初,宝臣与李正已、田承嗣、梁崇义相结,期以土地传之子孙”(7292页)③。因此,

---

① 参《旧唐书》卷一二一《梁崇义传》,“宝应二年三月,崇义杀昭与南阳,以胁众心”,3489—3490页。《旧唐书》卷一一《代宗纪》,“三月甲辰朔,襄州右兵马使梁崇义杀大将李昭,据城自固,乃授崇义襄州刺史、山南东道节度使”,272页。

② 《通鉴》卷二二三,永泰元年(765)七月,7175页;《通鉴》卷二二五,大历十二年(777)末,7249—7250页。参《旧唐书》卷一四四《阳惠元传》、卷一二一《梁崇义传》和相关河朔藩帅列传,详见第五章第二节所引。

③ 《旧唐书》卷一四二《李宝臣传》:“宝臣以七州自给,军用殷积,招集亡命之徒,缮阅兵仗,与薛嵩、田承嗣、李正已、梁崇义等连结姻娅,互为表里,意在以土地传付子孙,不禀朝旨,自补官吏,不输王赋。”(3886页)

对梁崇义的攻讨，是整个建中用兵藩镇的一个组成部分[①]。六月至八月，德宗利用淮西李希烈攻杀梁崇义[②]，朝廷重新控制了山南东道[③]。随后发生的李希烈的跋扈导致了江淮控制的危机。

（一）李希烈的扩张

据《通鉴》建中三年(782)七月，以李希烈兼平卢淄青节度使，讨李纳(7333页)，十一月希烈率所部三万发徙镇许州，"遣所亲诣李纳，与谋共袭汴州"(7336页)。十二月，河朔朱滔、王武俊、田悦等遣使至许州，劝希烈称帝；希烈遂自称天下都元帅、建兴王(7337页)。唐廷调泾原驻兵前往襄城遏制李希烈，经由长安时，发生"泾师之变"，德宗被迫出亡。这从根本上逆转了朝廷用兵藩镇的形势。同时，淮西与朝廷的对抗，对江淮藩镇格局产生了很大的影响。可以说，元和末年平定淮西之前，江淮的藩镇格局就是在淮西与朝廷的断续对抗中逐步定型的。我们即以《通鉴》为纲，参以相关资料，简要梳理其过程，以表的方式，列出战事发生的区域和关键地点。这或许可以更直观地反映出江淮

---

① 建中二年增广汴州城，"(淄青李)正已惧，发兵万人屯曹州；田悦亦完聚为备，与梁崇义、李惟岳遥相应助，河南士民骚然惊骇"(《通鉴》卷二二六，7295页)。远在山南的梁崇义被视作与河朔、淄青沆瀣一气，对抗朝廷。梁崇义与朝廷的直接冲突，仍是他拒绝受召，详情见《通鉴》卷二二六，建中二年三月，7298—7299页；参《旧唐书》卷一二一《梁崇义传》，3490页。

② 在朝廷眼中，梁崇义与河朔、淄青是一样的，但揆诸实情，梁崇义与河朔、淄青，相隔悬远，我们不大相信存在事实上的相互勾结。《旧唐书》卷一二一《梁崇义传》："(崇义)遂与田承嗣、李正己、薛嵩、李宝臣为辅车之势，奄有襄、汉七州之地，带甲二万，连结根固，未尝朝觐，然于群凶，地最褊，兵最少，法令最理，礼貌最恭。其地跨东南之冲，数有王命之所宣洽，故其人知化。"(3490页)称其"礼貌最恭""其人知化"，也是为了说明，梁崇义之后，朝廷始终完全控制着山南东道。

③ 参《旧唐书》卷一一五《李承传》，3379页；《通鉴》卷二二七，建中二年九月，7308页。

藩镇格局的形成。

表 6.5 淮西李希烈与唐廷争战简表

时间	战事所涉及的地区	说明
建中三年 (782) 十一月	李希烈帅所部三万徙镇许州(今河南许昌),遣所亲诣李纳,与谋共袭汴州(今河南开封)。又密与朱滔交通,李纳亦数遣游兵渡汴以迎希烈。由是东南转输者不敢由汴渠,自蔡水而上(7336—7337页)。	
建中四年 正月	(1) 李希烈袭陷汝州(今河南临汝),取尉氏(今河南尉氏),围郑州,东都震骇(7338—7339 页)①; (2) 使其将封有麟据邓州(今河南邓州),"南路遂绝,贡献、商旅皆不通"(7341 页)。	
三月	(1) 江西节度使曹王李皋败希烈将于黄梅,拔黄州(今湖北新洲)、蕲州(今湖北蕲春),表伊慎为蕲州刺史、王锷为江州(今江西九江)刺史。 (2) 李希烈派其都虞候周曾等攻襄城(今河南襄城),周曾等密谋起兵反戈回击希烈,事泄,希烈派骡军袭杀之;希烈派往攻袭尉氏、郑州的军将闻变撤回,李希烈亦由许州(今河南许昌)退回蔡州(今河南汝南)。 (3) 荆南节度使张伯仪与李希烈军战于安州(今湖北安陆),大败。(7342—7343 页)	
四月	加永平、宣武、河阳都统李勉淮西招讨使,东都、汝州节度使哥舒曜为之副;以荆南节度使张伯仪为淮西应援招讨使,山南东道节度使贾耽、江西节度使曹王皋为之副(7344 页)。	

① 李碧妍《危机与重构》(2015)据《通鉴》的这一记载,称"似乎李希烈在攻克汝州后,又对东都造成了骚扰",认为"东都士民震骇,窜匿山谷;留守郑叔则入保西苑",发生在"半年多以后李希烈大败唐军后对东都造成的影响"(82 页注①)。我想,李希烈也许未必有意要骚扰东都,但汝州失陷,"东都士民震骇,窜匿山谷"这样的恐慌情绪,应该是有的,而且,这样的恐慌情绪,也未必就只发生过一次(只要受到战事威胁,就会发生),所以不必过于坐实。

续表

时间	战事所涉及的地区	说明
八月	(1) 李希烈将兵三万围哥舒曜于襄城。 (2) 希烈将曹季昌以随州(今湖北随州)降,但不久又为其下所杀。(7347页)	
九月	李勉拟派兵袭许州以解襄城之围,未果。又派兵助守东都,希烈绝其后,汴军由是不振,襄城益危(7350—7351页)。	
十月	(1) 朝廷征派泾原之兵前来救援,途经长安,兵变,德宗被迫出逃奉天(今陕西乾县),朱泚围攻奉天(7351—7359页)。 (2) 李希烈陷襄城(7361页)。	
十一月	(1) 淮南节度使陈少游将兵讨李希烈,屯盱眙,闻泾师之变,归广陵(今江苏扬州);(2)浙江东西节度使韩滉闭关梁,禁马牛出境,修坞壁,“以备车驾渡江”。(7378页) (3) 盐铁使包佶运往京师的钱帛八百万,先后为陈少游、韩滉劫夺。“时南方藩镇各闭境自守,惟曹王皋数遣使间道贡献。李希烈攻逼汴、郑,江淮路绝,朝贡皆自宣、饶、荆、襄趣武关”(7379页)。	
十二月	(1) 李希烈攻陷汴州,李勉奔宋州(今河南商丘)。 (2) 滑州刺史李澄降希烈。 (3) 李希烈攻拔襄邑(今河南睢县),乘胜攻宁陵。江淮大震。(7388页)	
兴元元年(784)正月	(1) 朝廷下诏大赦,王武俊、田悦、李纳去王号,上表谢罪。李希烈称帝,国号大楚,改元武成(7393页)。 (2) 寿州(今安徽寿县)刺史张建封斩李希烈之使,德宗以建封为濠(今安徽凤阳)、寿、庐(今安徽合肥)三州都团练使。希烈以其将杜少诚为淮南节度使,先取寿州,进而攻江都(今江苏扬州)。建封派人守霍丘秋栅,少诚不能过(7393—7394页)。 (3) 杜少诚受阻,南下攻蕲、黄,以断江路(包佶督江淮财赋溯江而上,至蕲口,遇少诚)。曹王李皋遣蕲刺伊慎将兵与少诚战于永安戍,大破之(7394页)。	《新唐书·方镇表五》,建中四年,置寿州团练使。兴元元年,淮南节度使罢领濠寿庐三州。升寿州团练使为都团练使,领寿濠庐三州,治寿州(1909页)。

续表

时间	战事所涉及的地区	说明
	(4) 李希烈以夏口上流要地,使其将董侍袭鄂州(今湖北武汉),刺史李兼大破之。德宗以李兼为鄂、岳(今湖北岳阳)、沔(今湖北武汉)都团练使(7394 页)①。	
二月	(1) 德宗逃出奉天(7410 页),三月至梁州(今陕西汉中)(7419 页)。 (2) 李希烈将兵五万围宁陵(今河南宁陵)。韩滉遣其将王栖曜以强弩(所谓宣润弩手)数千游汴水,入宁陵城,希烈解围去(7400—7401 页)。	
七月	曹王皋遣其将伊慎、王锷围安州,安州降,以伊慎为安州刺史(7440—7441 页)。	
闰十月	滑州刺史李澄誓众归国(7446 页)。	
十一月	(1) 宋亳节度使刘洽(即刘玄佐)派兵击败围攻陈州(今河南淮阳)的李希烈将翟崇晖,乘胜攻汴州,希烈奔归蔡州(7447 页)。 (2) 希烈郑州守将孙液降于李澄,李澄入屯郑州(7447 页),次年三月被任命为郑滑节度(7451 页)。	
贞元元年(785)三月	李希烈陷邓州(7451 页)。	
四月	以曹王皋为荆南节度,希烈将李思登以随州降之(7452 页)。	李思登,即李登惠,相关史料见《唐刺史考全编》卷一九二所引(2633—2634 页)。

① 李碧妍《危机与重构》(2015)引《册府元龟》卷三九八,李兼奏称“建中四年臣任鄂州刺史,逆贼李希烈之将童侍召(董待名)率众袭鄂州”,以及《新唐书·方镇表五》“鄂岳沔”和“洪吉”、《新唐书·德宗纪》,认为此事应系于建中四年三月,83 页注⑤。如此,则与李希烈派人攻安州、荆南等是同一次行动(见表 6.5)。

续表

时间	战事所涉及的地区	说明
贞元二年二月	李希烈将杜文朝寇襄州，二月癸亥，山南节度使樊泽击擒之(7468页)。	
三月	李希烈别将寇郑州，李澄击破之(7468页)。	
四月	李希烈有疾，为其将陈仙奇毒杀，举众来降(7468页)。	

李希烈的四出扩张、泾师之变、德宗出逃，这些事件叠加在一起，对时局产生了极大的震动。

《通鉴》卷二二九，建中四年正月，李希烈陷汝州(今河南临汝)、围郑州，东都震骇(7338—7339页)；据邓州(今河南邓州)，"南路遂绝，贡献、商旅皆不通"(7341页)。十一月，泾师之变、德宗出逃奉天后，"时南方藩镇各闭境自守，惟曹王(李)皋数遣使间道贡献。李希烈攻逼汴、郑，江淮路绝，朝贡皆自宣、饶、荆、襄趣武关"(7379页)[①]。次年，即兴元元年正月，李希烈派杜少诚沿淮河东向进攻，受阻于霍丘秋栅后，"遂南寇蕲、黄，欲断江路。时上命包佶自督江、淮财赋，溯江诣行在；至蕲口，遇少诚入寇。曹王皋遣蕲州刺史伊慎将兵七千拒之，战于永安戍，大破之，少诚脱身走，斩首万级，包佶乃得前……李希烈以夏口上流要地，使其骁将董侍募死士七千袭鄂州，刺史李兼……大破之。上以兼为鄂、岳、沔都团练使。于是希烈东畏曹王皋，西畏李兼，不敢复有窥江、淮之志矣"(7394页)[②]。

---

① 参王文楚《唐代长安至襄州荆州驿路考》，见其《古代交通地理丛考》(1996)；该文所附"唐代长安至襄州荆州驿路图"(140页)非常直观地反映了经荆州、襄州、邓州、商州通往长安的交通情况。

② 《旧唐书》卷一三一《李皋传》，"德宗居奉天，淮南节度使陈少游强取盐铁(转下页)

所谓“不敢复有窥江、淮之志”，据上表，李希烈是将自己的攻势，放在了北线，即围攻宁陵、陈州；次年即贞元元年，不仅攻陷邓州、攻打襄州，甚至北上攻郑州。

无论李希烈的战略目的是什么，事实上，他的扩张，阻断了运河漕运和长江水运[①]，使朝廷赖以生存的江淮租赋无法顺利运抵西北，特别是在泾师之变以后，德宗出逃奉天（今陕西乾县），遭到朱泚围攻；继而又遭李怀光之变，不得不翻越秦岭，出逃梁州（今陕西汉中），政局陷入极度动荡，这对李唐朝廷的打击是可想而知的。这也就是身居长江以北的淮南（扬州）陈少游向李希烈送款，并向淄青示好的原因；也是身居长江以南的浙江东西（润州）的韩滉要预备朝廷南渡的原因。可以说，这是朝廷自安史之乱、两京失守之后，面临的一次最为严重的政治危机。

李希烈的扩张，北线，从西往东，大致是汝州（今河南汝州）—郑州（今河南郑州）一线，威胁李唐朝廷的东都（洛阳）。占领汴州（今河南开封）后，即沿运河，攻打襄邑（今河南睢县）、宁陵（今河南宁陵）；这与当年安史军队的进攻路线大致相同，也同样受阻于宁陵。东线，试图沿淮河东向，目标是占扬州。

(接上页)钱，其使包佶以财币溯江，次于蕲口。时希烈已屠汴州，又遣骁将杜少诚将步骑万余来寇蕲、黄，将绝江道。皋遣伊慎将七千众御之，遇于永安戍”，大败之，“上至梁州，进献继至”，3639页。参《旧唐书》卷一五一《伊慎传》，4055页；《伊慎神道碑》，《权德舆诗文集》卷一七，270—271页。

① 李碧妍《危机与重构》(2015)第一章第四节，专立“运路危机”一目，叙述淮西战事及对运路的威胁，对史事细节如时间、地点等，多有考订；对相关成果亦多有征引，可参看，78—95页。

西边，则主要是侵扰邓州（今河南邓州）、襄州（今湖北襄樊）①。南线，双方争夺的主要是“桐柏山—大别山”以南、汉水至长江中游以北的“随州（今湖北随州）—安州（今湖北安陆）—黄州（今湖北新洲）—蕲州（今湖北蕲春）—黄梅”一线，大致即今孝感和黄冈地区。西面与南面，构成了一个弧线。战事实际波及了长江沿线“江州（今江西九江）—鄂沔（今湖北武汉）—岳州（今湖北岳阳）—荆州（今湖北江陵）”，即所谓“上流要地”，目的是要“断江路”。

据表6.5，蕲州（今蕲春）、黄州（今新洲）、安州（今安陆）、随州（今随州），即今大别山—桐柏山以南的涢水一线，原本是李希烈所控制的②。也就是李希烈时的淮西，实际所控制的地区，是兼跨了大别山—桐柏山。伊慎攻取、控制这一地区之后，本着在战争期间“得者为己邑”的传统，被任命为安黄节度使，后又赐奉义节度使军额。此后，在攻伐吴少诚时，伊慎又兼统荆南、湖南、江西三道兵，负责南线的作战，并越过桐柏山，攻申州（今河南信阳）。宪宗即位，伊慎奉诏回朝，不久安黄藩镇撤销，并入了鄂岳③；淮西平定后，申州隶鄂岳——鄂岳北越桐柏山、

① 关于北线，汝州—郑州—东都（洛阳），西线襄州—邓州的交通线路，可参王文楚《唐代洛阳至襄州驿路考》，见其《古代交通地理丛考》（1996）；据该文所附“唐代洛阳至襄州驿路图”（122页），可以直观地看出其交通和军事地理的情形。

② 李碧妍《危机与重构》（2015）称殷亮《颜鲁公行状》所说建中四年李希烈控制十四州不实，其时所领许、蔡、溵、唐、隋、申、光、安、黄、蕲十州当无疑问，88页注①。另武强《区域变迁背景下的唐代藩镇——以淮西节度使为例的分析》（2013）从历史地理的角度对淮西辖区变动作了梳理，杨文春《唐代宗朝鄂岳镇建置小考》（2022）对蕲黄二州归属作了考证，付先召《唐代后期方镇辖区变动研究》（2023）第九章第二节对淮西·奉国军节度使辖区沿革作了考订（特别是231—232页）；张达志《昙花再现：唐代溵州置废的政治地理》（2016），以溵州的置废为线索，对淮西与朝廷对抗的过程及政治地理的情势多有讨论，均可参看。

③ 《旧唐书》卷一五一《伊慎传》，4055页；权德舆《伊慎神道碑》，《权德舆诗（转下页）

南跨长江[①]。

李希烈退回蔡州后被毒杀，直至元和末淮西被彻底平定，在淮西周边部署的藩镇，除北边原已存在的藩镇以及西边的山南东道，南边沿长江一线点状分布的荆南、鄂岳、江西、宣歙这样的藩镇格局，可以说是在因应李希烈四出扩张的过程中逐渐定型的[②]。经与李希烈的争

（接上页）文集》卷一七，271页。参《唐方镇年表》卷八“安州”，1266—1267页；卷六“鄂岳”永贞元年，887页。设节度使及赐军额，见《通鉴》卷二三五，贞元十年四月（7583页）；卷二三六，十九年二月（7600页）。伊慎入朝，其子伊宥继任，《通鉴》卷二三七，元和元年正月，“辛未，以鄂岳观察使韩皋为奉义节度使。癸酉，以奉义留后伊宥为安州刺史兼安州留后。宥，慎之子也”（7625页）。权德舆《伊慎神道碑》称“初，公来朝也，诏宥以侍御史领安州刺史，由二千石入管南北军”（《权德舆诗文集》卷一七，270页），则伊宥不久即被征入朝，任禁军将。伊慎、伊宥父子继任，可谓过渡。淮西平定后，申州隶鄂岳（《通鉴》卷二四〇，元和十三年五月，7751页）。

① 关于跨桐柏山的隘口通道，详参严耕望《桐柏山脉诸关道》（1989）及所附“南北朝隋唐时代桐柏山脉诸关道图”，《唐代交通图考》第六卷篇伍柒。李碧妍《危机与重构》（2015），从地理的角度，谈及申、光间的义阳三关，光、黄间的白沙、穆陵、阴山诸关“是联系中原与江汉地区的交通要道，因此淮西占据申、光二州，就潜藏着经由桐柏山脉诸关道南下江汉的威胁”；现将申、光分别割隶鄂岳和淮南，这一威胁即可解除；蔡州划归忠武，则“淮河成为河南西部藩镇与南方藩镇的天然分界线，自安史之乱以来，河南西部与汉东淮上诸州隶属于一个藩镇旗下的时代终于结束了”（97页）。这是站在河南的角度来看，如果从南往北看，申州割属鄂岳，则鄂岳就控制了经由柏桐山北上的通道。其实，申、光、蔡不再作为一个拥重兵的藩镇存在，就不会对周边产生威胁。关键仍是拥兵与否以及是否能为朝廷所控制，此即严耕望所谓“此诸关至唐代虽南北统一，已失其守险之作用，但在南北交通上之作用仍甚大……至南宋时代，又以此诸关为守险之地矣”（同上书，1969页）；形势不同，作用即异。

② 王赓武《长江中游地区在唐代政治中的地位》（1973）对山南东道、淮西、荆襄、江西、鄂岳、湖南等长江中游地区在唐后期下沿至五代的政治地位和作用，作了概观性的描述，对我们了解这一地区在唐后期朝廷的控制极有助益，特别是对节帅任用、迁转的分析，极有启发。靳亚娟《唐后期到五代十国长江中游的政治》（2022年），则在此文基础上，作了进一步全面、深入的讨论，特别是第二章、第三章，从这一地区内各藩镇节帅的迁转，揭示了该区域的“整体性”及区域内各方镇政治地位的高下。另参李文澜《从唐代地方官的选任看中央与地方的政治关系——以山南荆楚为例》（转下页）

战，朝廷进一步控制了“桐柏山—大别山”以南的溳河一线地区。

（二）江淮的藩镇格局

德宗回到长安，贞元元年八月，李怀光问题已解决。这时，德宗使人问陆贽，“河中既平，复有何事所宜区处?”[①]为此，陆贽上《收河中后请罢兵状》，力劝德宗不要用兵淮西[②]。随后颁布的《诛李怀光后原宥河中将吏并招谕淮西诏》，明确称“诸道应与淮西接连，宜且各守封境，非被侵轶，不须进讨”[③]。

次年四月，陈仙奇毒杀李希烈，不久吴少诚又杀陈仙奇。直到贞元十五年(799)，吴少诚趁陈许节度使曲环卒，意欲吞并陈许；九月，朝廷下诏攻讨吴少诚。战事持续至次年十月，以吴少诚退回蔡州而结束[④]。

为因应吴少诚，山南东道加强了军事实力。《通鉴》卷二三五，贞元十六年五月：

> 山南东道节度使于頔因讨吴少诚，大募战士，缮甲厉兵，聚敛货财，恣行诛杀，有据汉南之志，专以慢上陵下为事。上方姑息藩

(接上页)(2002)，对山南三镇即以襄阳为中心的山南东道、以江陵为中心的荆南镇和以鄂州为中心的鄂岳镇节度使任职情况的统计和分析，特别是180—187页。

① 《通鉴》卷二三二，贞元元年八月，7463—7465页。

② 《陆贽集》卷一六，521页。

③ 此诏即由陆贽起草，见《陆贽集》卷三，89—98页；引语见97—98页。

④ 战事经过，见《通鉴》卷二三五，贞元十五年八月至十二月，7583—7585页；十六年正月、二月、五月(7586—7588页)，七月至十月(7590—7592页)。参《旧唐书》卷一四五《吴少诚传》，3946—3947页。

镇，知其所为，无如之何。（7588页）

这基本出自《旧唐书》卷一五六《于頔传》：

贞元十四年（九月），为襄州刺史，充山南东道节度观察。地与蔡州邻。吴少诚之叛，頔率兵赴唐州，收吴房、朗山县，又破贼于濯神沟。于是广军籍，募战士，器甲犀利，僴然专有汉南之地……俄而不奉诏旨，擅总兵据南阳，朝廷几为之旰食。（4130页）

所谓于頔跋扈事，已于上章作过辨析，此不赘。

李承是梁崇义之后，朝廷完全控制山南东道所任命的第一任节度使①。他之后贾耽、樊泽、曹王李皋等相继任节度使。其间，贞元三年樊泽由山南东道调任荆南，同时将荆南的曹王皋调任山南东道②。贞元八年三月，曹王皋薨，叛官李实知留后事，裁损军士衣食，鼓角将杨清潭帅众作乱，都将徐诚缒城入，号令禁遏，斩清潭；朝廷再次以荆南节度使樊泽为山南帅③——此前樊泽即由山南出镇荆南，今则又由荆南返镇山南。这一来说明山南、荆南之间的制衡关系，二是曾经在此

① 作为藩镇的山南东道，有多篇学位论文涉及，如司琪《唐代山南东道藩镇考》（2017）、吴晓宇《唐代山南东道藩镇的形成及演变》（2018）等，可参看。关于山南东道治所州襄州的情况，可参鲁西奇《唐代长江中游地区政治经济地域结构的演变——以襄阳为中心的讨论》（2003）。

② 《通鉴》卷二三二，贞元三年闰五月，"上以襄、邓扼淮西冲要，癸亥，以荆南节度使曹王皋为山南东道节度使，以襄、邓、复、郢、安、随、唐七州隶之"（7485页）；《旧唐书》卷一三一《李皋传》称"割汝、随隶焉"（3640页）。

③ 《通鉴》卷二三四，7527页。

任节帅者，仍对此前曾出镇之地有掌控力。山南东与荆南节度使互调，反映了这两个邻藩于防遏淮西的密切关系。

山南东道与荆南的这种关系，在安史之乱期间即已显现出来。乾元二年(759)八月，襄州将康楚元、张嘉延据州作乱，刺史王政奔荆州。九月张嘉延袭破荆州，荆南节度使杜鸿渐弃城走，澧、郎、郢、峡、归等州官吏争潜窜山谷。十一月，商州刺史充荆襄等道租庸使韦伦发兵讨之，驻于邓州之境，招谕降者，生擒康楚元，荆襄皆平①。

襄州将康楚元反，即南下攻占荆州。受此刺激，次年，即上元元年(760)九月，从荆南节度使吕諲之请，升荆州为江陵府，置永平军团练兵三千人，以扼吴蜀之冲②。上元二年(761)正月，荆南节度使吕諲又请将潭、岳、郴、邵、永、道、涪等州，划归荆南③。虽然很快又对荆南的辖州作出了调整，加强荆南防御力量的意图是显然的。在元结为时任荆南节帅吕諲代拟的请代表中，也强调了荆南的重要：

> 臣窃以荆南是国家安危之地，伏愿陛下不轻易任人。陛下若独任武臣，则州县不理；若独任文吏，则戎事多阙。自兵兴已来，今八年矣，使战争未息，百姓劳弊，多因任使不当，致使败亡。伏

---

① 《通鉴》卷二二一，7080—7081、7088页。次年，即上元元年(760)四月，襄州将张维瑾、曹玠杀节度使史翙，据州反；来瑱被任命为山南东道节度使，至襄州，张维瑾等降(7091页)。

② 《通鉴》卷二二一，7096页。

③ 《通鉴》卷二二二，7104页。参《新唐书·方镇表四》，多衡州，1872页。荆南所辖州，很快即又有调整，如上元二年(761)，衡、潭、邵、永、道隶湖南观察使；永泰元年(765)罢领岳州，等等，见《新唐书·方镇表四》，1873页。参赖青寿《唐后期方镇建置沿革研究》(1999)第七章第一节"荆南节度使沿革"，特别是117—119页；付先召《唐代后期方镇辖区变动研究》(2023)第七章第二节"荆南节度使辖区沿革"，特别是190—192页。

惟陛下审择重臣，即日镇抚，全陛下上游之地，救愚臣不逮之急。①

江州、鄂州、荆州的作用，在漕运受阻(一次体现在安史之乱期间，一次就是淮西李希烈的扩张)，由江路转运江淮财赋至关中时，得到了充分的彰显——漕运阻断，江南租赋即需改走所谓“江路”，即沿长江经江州、鄂州至荆州；然后再经襄州、邓州，沿丹江至关中，此即所谓“商山路”②。

安史之乱，漕运中断，朝廷即命韦伦为商州刺史、荆襄租庸使。乾元二年八月襄州裨将康楚元聚众为乱，自称东楚义王，又南袭破江陵，“汉沔馈运阻绝，朝廷旰食。伦乃调发兵甲驻邓州界，凶党有来降者，必厚加接待，数日后楚元众颇怠，伦进军击之，生擒楚元以献，余众悉走散，收租庸钱物仅二百万贯，并不失坠”③。韦伦是以“荆襄租庸使”的名义，驻守商州，承担这条陆路的转运任务。据表6.5，建中四年正月，李希烈派人攻占邓州，“南路遂绝，贡献、商旅皆不通”，就是这条路——荆州地处东西江路、南北陆路交通的十字路口。

---

① 《请节度使表》，元结拟，自注宝应元年(762)，见《元次山集》卷七，110页。

② 《旧唐书》卷一一二《李岘传》，3345页。关于襄州、荆州在南北、东西交通上的地理位置，可参严耕《上津道》(1968)，《唐代交通图考》第三卷篇贰壹；《荆襄驿道与大堤艳曲》(1978)，《唐代交通图考》第四卷篇贰捌。李之勤《论唐代的上津道》(1988)针对严著，曾有不同意见。任立鹏、牟发松《唐德宗播迁前后的东南转运线与朝政时局关系略论》(2019)赞同李之勤的意见(48页)。另参张弓《唐朝仓廪制度初探》(1986)，36—37页。王力平《唐肃、代、德时期的南路运输》(1988)所作讨论更有针对性，更为集中。另黄盛璋《历史上黄、渭与江、汉间水陆联系的沟通及其贡献》(1962)、《川陕交通的历史发展》(1957)，从地理的角度所作的专业分析，特别是其所附专业地图，对我们理解这一地区的位置和作用极有助益，见其《历史地理论集》。

③ 《旧唐书》卷一三八《韦伦传》，3781页；参《通鉴》卷二二一，乾元二年八月、九月，7080—7081页。

江路，鄂州是“承上启下”的枢纽。“是时河运不通，漕挽由汉沔自商山达京师。选镇夏口者，诏以（穆）宁为鄂州刺史鄂岳沔都团练使及淮西鄂岳租庸盐铁沿江转运使”①，即任命穆宁驻守鄂州，任“沿江转运使”，负责“江路”转运②。

宣歙之重要③，也是在李希烈侵扰江淮时凸显出来的。据表 6.5，泾师之变后，淮南陈少游退守扬州，浙江东西韩滉闭关梁、修坞壁；盐铁使包佶将运往京师的钱帛八百万，先后为陈少游、韩滉劫夺。“时南方藩镇各闭境自守，惟曹王皋数遣使间道贡献。李希烈攻逼汴、郑，江、淮路绝，朝贡皆自宣、饶、荆、襄趣武关”，曹王李皋时任江西节度使；“朝贡皆自宣、饶”由江路至荆州。李希烈攻陷汴州、襄邑之后，乘胜围攻宁陵，“江淮大震”；这时，宣歙弩手北上增援，参与解宁陵之围④。日后镇海李锜对抗朝廷，双方首先争夺的是宣州。因此，在扬州、润州受到威胁时，宣、歙就成为保障江路转运畅通的要地，同时又可以起到牵制、平衡扬州、润州的力量。

---

① 《旧唐书》卷一五五《穆宁传》，4114 页。参《旧唐书》卷四九《食货志下》（2117 页）、《唐会要》卷八七“盐铁转运使总叙”（1882 页），称穆宁由河南道转运租庸盐铁使，“寻加户部员外，迁鄂州刺榷，以总东南贡赋”。

② 何汝泉《唐代地方转运》，引《旧唐书·穆宁传》，讨论鄂州转运使实际存续时间不过两年多，《唐代三司使研究》（2013），92—94 页。就“鄂州运使”这一使职名称，可以这样来考订；但从江路、经襄阳转运关中来看，则漕运阻断，即会如此，这是运河阻断下的“新常态”。

③ 韩国磐《唐代宣歙镇之雄富》（1992）基于该地得天独厚的自然资源及后来的开发，勾勒了宣歙的农业、水产、矿冶、铸钱、制茶等，见其《唐代社会经济诸问题》。穆溯 2017 年完成的硕士学位论文《唐代宣歙镇研究》对该镇作过简单的梳理，政治史的线条尤为粗浅。

④ 关于宁陵之战，参黄楼《唐德宗兴元元年宁陵之战考辨》（2017）。

除长江下游的扬州、润州以外[①]，长江中游的江州、鄂州[②]、荆州[③]，也是江南赋税最重要的“集散地”。建中元年(780)正月，德宗拟将“天下钱谷，皆归金部、仓部”，下诏称“今年夏税以前，诸道财赋多输京师者，及盐铁财货，委江州刺史包佶权领之”[④]。贞元元年(785)十一月冬至大赦，其时李怀光问题已解决，李希烈亦退守蔡州，大赦文除表彰江淮转运使韩滉“励精勤职，夙夜在公，漕挽资储，千里相继”，封为晋国公，又说“关畿之内，连岁兴戎，荐属天灾，稼穑不稔，谷籴翔贵，烝黎困穷，仓廪空虚，莫之赈赡……宜令度支取江西、湖南见运到襄州米十五

① 盐铁转运使，除由任职于中央的官员担任外，就是由扬州、润州的地方官担任；前者治所在京师，后者即在扬州或润州，见何汝泉《盐铁转运使的治所》(1983)，《唐财政三司使研究》，29—39页；《盐铁转运使表》(1987)更为直观，见该书149—161页。关于淮南镇的情况，可参孙培岗2023年完成的博士学位论文《唐代淮南镇历史考索》；浙西镇的概貌，特别是该镇与邻镇的关系等，可参任记国2009年完成的硕士学位论文《唐代浙江西道研究》。

② 该镇概观，参李文澜《“东南巨镇”鄂岳——中晚唐一个稳定的地区》(2017；作者题注，据即将出版的《湖北通史·隋唐五代卷(修订本)》有关增补章节改写而成)，表列了该镇节帅的任期、出身等，尤能反映朝廷的控制。另参田雁《唐武昌军节度使设置演变及其原因分析》(2000)以及李端2018年完成的硕士学位论文《唐代鄂岳镇研究》关于鄂岳镇的防卫力量、军事作战等叙述。

③ 关于荆州的一般情形及相关研究状况，可参朱智辉2023年完成的硕士学位论文《唐代荆南镇研究》，绘制的至德元年(图2-1)、至德二年至乾元元年(图2-2)、乾元二年(图2-3)、上元元年和广德二年(图2-4)、上元二年前期(图2-5)、上元二年后期(图2-6)、永泰元年(图2-7)、元和年间(图2-8)荆南镇行政区划图尤为清晰、直观。关于唐代荆州江陵的经济发展，可参近来完成的两篇硕士学位论文，马莉雅《唐代荆州政治经济变迁探析》(2012)、李林《唐代江陵地区经济研究》(2014)；对学术研究成果的综述，都涵括了长江中游经济发展的研究状况。

④ 《唐会要》卷八七“转运盐铁总叙”，1885页；参《旧唐书》卷四九《食货志下》，2117页。《唐代诏敕目录》系建中元年正月廿八日(327页)；是日有两道诏书，核其内容，实为一道，而《旧唐书》卷一二和卷四八分别摘录了其中的一部分，《全唐文》卷五〇据《旧唐书》误作两道诏书(《唐代の散文作品》编号分别为1872和1873)收录。

万石，设法般赴上都，以救百姓荒馑。如山路险阻，车乘难通，仍召贫人，令其般运，以米充脚价，务于全活流庸”[①]。元和四年(809)六月敕：“其盐铁使杨子留后，宜兼充淮南、浙西、浙东、宣歙、福建等道两税使；其江陵留后，宜兼充荆南、山南东道、鄂岳、江西、湖南、岭南等两税使；……度支山南西道分巡院官，宜兼充剑南、东西川、山南西道两税使”[②]。扬州、江陵作为两个中心，基本涵盖了江淮、岭南的两税事务，故元和八年以崔倰作为扬子留后，淮岭已来两税使；崔柷为江陵留后，荆南已来两税使[③]，即以“淮岭已来”“荆南已来”概括。同时，江淮还是唐后期甲仗生产的重要基地[④]，如大历七年十一月常衮《减淮南租庸地税制》，“杨、洪、宣等三州作坊，往以军兴，是资戎器……亦宜并停”[⑤]；

---

① 陆贽《冬至大祀大赦制》，《陆贽集》卷二，60 页。

② 《唐会要》卷八四“两税使”，1836 页。诏敕又见《旧唐书》卷四九(2120 页。《全唐文》卷六〇《置两税使诏》据《旧唐书》录，644 页)、《唐会要》卷八七“转运盐铁总叙”(1888 页)，以及《册府元龟》卷四八三《邦计部·总录》(5771 页)、《唐大诏令集》卷一一一《制置诸道两税使敕》(579 页)。《唐代诏敕目录》作为两道诏敕，分别系于元和四年六月(388 页)和元和六年(395 页)。陈尚君《全唐文补编》卷五九据《唐大诏令集》卷一一一录(722 页)。《唐会要》卷八四所录为全文，但“其上都留后宜兼充荆南山南东道两税使”为衍文，高桥继男《唐代后半期的巡院地方行政监察事务》(1978)已指出(281 页及 292 页注 13)。《唐大诏令集》有脱文。另高桥继男《唐代の地方盐政机构》(1976)、李锦绣《唐代财政史稿》下卷(2001)第一编第四节“3. 两税使与江淮”，认为此诏应系于元和六年。

③ 《唐会要》卷八七“转运盐铁总叙”，1888 页。李锦绣《唐代财政史稿》下卷(2001)第一编第四节“3. 两税使与江淮”指出，未见剑南东西川、山南西道两税使的踪迹，即实际并未涉及这一地区，153—154 页。

④ 全汉昇《唐宋帝国与运河》(1944)第四章，称“在江淮北运的物资中，除粮食外，以军用器材最为重要”，列出了代宗、宪宗、穆宗三条史料，45 页，收入其《中国经济史研究》。

⑤ 《文苑英华》卷四三四，2199—2200 页。《全唐文》卷四一四据此录。又《全唐文》卷四七《停扬洪宣三州作坊诏》据《册府元龟》卷一三五录，即此之末尾。(转下页)

元和九年七月，“命淮南、浙西、浙东、江西、荆南造甲以进，仍付之样”①。

总之，朝廷在应对李希烈的跋扈、称帝以及大肆扩张的过程中，逐渐形成了江淮的藩镇格局，增强山南东道的力量，以保障“商山路”的陆路转运的通畅；协调荆州—鄂州（鄂岳）—江州（江西道）—宣歙—润州（浙江西）的力量，以保证“江路”的畅通；同时，荆南、鄂岳和江西道，又向南辐射，控制长江以南乃至岭南的广大地区②。

三、河北“裂变”出的义武与横海：依违于朝命与“河朔故事”之间

安史之乱结束后，安史余部控制的河北地区基本脱离了朝廷的控制。朝廷虽数次用兵，都未能重新控制。但是，从河朔三镇中分裂出

(接上页)全汉昇《唐宋帝国与运河》(1944)第四章注4，已指出《全唐文》的重出，见其《中国经济史研究》。又参陈尚君《再续劳格读〈全唐文〉札记》(1994)，《唐代文学丛考》85页。该诏还见于《册府元龟》卷四九〇，详《唐代诏敕目录》，307页。

① 《册府元龟》卷一二四，1941页。《唐代诏敕目录》题作“淮南浙西等造甲命”，仅列此一出处，401页。按，大历七年十一月《减淮南租庸地税制》，称“杨、洪、宣等三州作坊，往以军兴，是资戎器”(《文苑英华》卷四三四，2199页)，联系元和九年的这一条材料，颇疑杨、洪、宣制造戎器的作坊，是供应朝廷，并非供应当地。另参贾志刚《唐代军费研究》(2006)第九章，谈“每道甲仗器械的制造并非各道都有，不少道州需唐朝中央调拨或他道支援”的情况，209—210页。

② 原属于江南西道的地理、交通以及户口的增加、县级政区的增置等情形，可参黄玫茵《唐代江西地区的开发研究》(1995)。刘新光《唐宋时期“江南西道”研究》(2016)第五章《江南西部的内部亚区》，关于唐后期鄂岳、江西、宣歙对整个长江以南以及岭南地区的辐射和控制多有论述。关于湖南道的情形及相关研究成果，可参谭超2020年完成的硕士学位论文《唐代湖南镇研究》，对湖南与周边关系的讨论尤有趣。关于浙东道，可参李翔《中晚唐浙东镇研究》(2018)等。

易定（义武）和沧景（横海）[1]，却与河朔三镇“渐行渐远”，不再完全像河朔三镇那样，仍然遵循“河朔故事”“父死子继”，而逐渐向朝廷所能控制的藩镇转化。这与所谓“河朔再叛”形成了鲜明对比。当然，张孝忠、张茂昭父子控制易定至少达三十年之久，横海也反复出现效法“河朔故事”的局面，这又说明“河朔故事”给它们留下的深深的印痕。

（一）易定（义武）

易、定本属成德，建中二年（781）李宝臣死，其子惟岳继袭，谋诛旧将，镇守易州的张孝忠脱离了成德，九月遣使入朝，被任命为成德节度使[2]；不久他又控制了定州[3]，朝廷以易定沧为义武军[4]。张孝忠命其牙将程日华前往接收沧州。沧州与易、定并不相连，在程日华的要求下，沧州别为一镇，是为横海军[5]。

不久王武俊兵变，控制了成德。孝忠称自己“与武俊俱出蕃部，少长相狎”，当然不会再重归成德。所以此后王武俊和幽州朱滔联合，对抗朝廷，“虑孝忠踵后”，派人往游说，孝忠以“业已效忠，不复助逆”为由拒绝。在建中年间河朔三镇与朝廷的对抗中，“易、定居二凶之间，四面受敌，孝忠修峻沟垒，感励将士，竟不受二凶之荧惑，议者多之”；

① 这一过程，可参张正田《唐代成德军节度使之变动——安史乱后初期（781—789）河北中部军政形势研究》（2004）。

② 《通鉴》卷二二七，7307—7308 页。

③ 《通鉴》卷二二七，建中三年二月，“李惟岳所署定州刺史杨政义降……甲子，以张孝忠为易、定、沧三州节度使”（7319 页）。

④ 杜志华 2011 完成的硕士学位论文《唐代易定镇研究》对该镇的历史以及与唐政府的关系、节度使的继立特点等作了梳理，可参看。

⑤ 《旧唐书》卷一四三《程日华传》，3904 页。

在受到朱滔侵逼，朝廷派神策兵马使李晟援之，"孝忠以女妻晟子凭，与晟戮力同心，整训士众，竟全易、定，贼不敢深入"[①]。

成德对易、定的脱离耿耿于怀。贞元七年(791)张孝忠死，其子张云昇(茂昭)于次年二月继袭。其弟张昇璘乃淄青李纳之婿，为海州团练使；其父张孝忠大祥，昇璘回定州，于公座中骂王武俊，武俊奏之。九年四月，诏削其官，遣中使杖而囚之。"定州富庶，武俊常欲之，因是遣兵袭取义丰，掠安喜、无极万余口，徙之德、棣。昇云闭城自守，屡遣使谢之，乃止。"[②]

张茂昭与朝廷关系极为密切，认同感甚强，曾前后数次入朝，其子尚郡主。元和五年(810)九月，请除代人，举族入朝，并迁祖考骨墓于京兆[③]。

李绛至少曾就此事之处置上过两次奏，张茂昭刚离镇时，称"伏以茂昭举家朝觐，<u>河北都无此例</u>……迪简除易定节度，茂昭便是前衡……所随将健，悉属定州，茂昭寂寞，于体非宜。伏望圣恩速除茂昭

① 《旧唐书》卷一四一《张孝忠传》，3856 页；参《旧唐书》卷一三三《李晟传》，3663 页。张孝忠建中年间积极配合了朝廷与河朔的作战，如建中三年七月，李晟计划"分势图范阳"，与孝忠合兵北略恒州(《通鉴》卷二二七，7333—7334 页)。如建中四年五月，李晟谋取涿、莫二州，以绝幽、魏往来之路；孝忠与之合作，围攻朱滔所署易州刺史郑景济于清苑(《通鉴》卷二二八，7344 页)，等。

② 《通鉴》卷二三四，贞元九年四月，7543 页。参《新唐书》卷一四八《张茂昭传》，4770 页；《册府元龟》卷一七六《帝王部·姑息》，2121 页。村井恭子《大唐西市博物馆新藏唐〈张茂宣墓志〉考》(2016)认为张昇璘即张茂宣(张茂昭之弟)的本名，167 页。

③ 关于张孝忠家族，除文献所载墓碑外，还有多方出土墓志，详参村井恭子《大唐西市博物馆新藏唐〈张茂宣墓志〉考》(2016)，"表 A：张孝忠一家碑铭一览表""表 B：张庭光(张孝忠的异母兄弟?)家族碑铭一览表""表 C：陈愃(张孝忠的女婿)家族碑铭一览表"；墓志出土于少陵原(可证迁墓乃事实)，169 页。另李宗俊、周正《唐张茂宣墓志考释》(2015)亦围绕此墓志对相关史事作过简单的勾勒。

一官，并专使宣谕从将校，悉令取茂昭处分"[①]。任迪简受命赴任，易、定曾发生两次兵变，十月戊寅虞候杨伯玉作乱，囚迪简；辛巳义武将士共杀伯玉。兵马使张佐元又作乱，囚迪简，既而将士杀佐元，奉迪简主军务[②]。因易、定府库空竭，无以赏将士，李绛为此上奏：

> 臣访闻易定事宜，今实蹙迫，人情惶骇，迪简忧危，盖缘府库空虚，村乡匮竭，赏给将士，徒设空言。密近强邻，势有反变。况易定地当要害，深在河北腹中，此镇不可不存，此急不可不救。又闻迪简以衣粮阙绝，解还军徒至多……惧怨恨之辈，潜蓄奸谋，邻道诱扇，便生变故。事若一失，岂可复收。欲令诸道可以效顺，以此之故，不可不忧。今所赐绫绢五万匹，臣窃恐太少……伏望圣恩更赐五万匹，通前十万匹，即冀救其急切，副彼忧危，稍悦人心，永引国计。[③]

张茂昭的举族归朝，极具偶然性，与他个人的政治、文化认同极有关系。他遣其妻、子先行就路，说"吾使尔曹侍亲出易者，庶后之子孙不为风俗所染，则吾无恨矣"。但易、定介幽州、成德之间，又是从成德分出，这样的地理位置和政治处境，也使他们父子很难再与河朔融为一体。尽管如此，朝廷任命的任迪简也是在经历两次兵变之后才得以就任，这也并不意味着对易、定实现了真正的控制。

---

① 《李相国论事集》卷三《张茂昭》，23 页。

② 参《通鉴》卷二三八，元和五年九月至十月，7679—7680 页。

③ 《李相国论事集》卷四《论易定事宜》，25 页。参《通鉴》卷二三八，元和五年十月，7680 页。

元和九年(814)六月,用兵成德期间,任迪简病重,朝廷拟借浑瑊威名,任命其子浑镐为义武节度使,接替任迪简。十一年与成德作战,先胜后败,《旧唐书》卷一三四《浑镐传》记其狼狈情形:

> 进攻贼垒,交锋而败,师徒殆丧其半,余众还定州,乱不可遏,朝廷乃除陈楚代之。楚闻乱,驰入定州。镐为乱兵所劫,以至裸露。楚既整戢,于乱兵处率敛衣服还镐,方得归朝,坐贬韶州刺史。(3710 页)

《通鉴》卷二三九元和十一年十二月所记双方交战及浑镐败退情形更为清晰:

> 会中使督其战,镐引兵进薄恒州,与承宗战,大败,奔还定州。丙午,诏以易州刺史陈楚为义武节度使,军中闻之,掠镐及家人衣,至于倮露。陈楚驰入定州,镇遏乱者,敛军中衣以归镐,以兵卫送还朝。楚,定州人,张茂昭之甥也。(7727 页)

浑镐作战,是因中使督战;败退回定州,朝廷任命陈楚为节帅,军人听说易帅,于是抢劫了浑镐家[①]。陈楚之所以在这样的时候被任命为新的节度使,是因为他是张茂昭之甥,且在易州刺史任上。胡三省注称

---

① 《旧唐书》卷一四一《陈楚传》,"随茂昭入朝,授诸卫大将军。元和十二年,义武军节度使浑镐丧师,定州兵乱,乃除楚易定节度,令驰传赴任"(3862 页),似乎是直接由朝廷"驰传赴任",时间也作元和十二年。《唐刺史考全编》卷一一三"易州"系陈楚为易刺于约元和九年至十一年(1573 页)。此从《通鉴》。

"史言河朔之人习于叛乱，知奉其帅之亲党而已"。十二年三月，"陈楚新置子弟义军一万，请衣及赐，可之"[①]——重点虽然是"请衣及赐"，但以子弟义军为名，加强本镇军事实力以及他个人的控制力，是显而易见的。

即便如此，陈楚也没有完全恢复"河北故事"。长庆二年(822)七月，他被任命为东都留守、东畿汝防御使，"本朝故事，东都留守罕用武臣。今用楚，以李岕扰汴宋故也"[②]。这一任命更多的是显示朝廷对陈楚的格外尊宠和信任，虽也有为应对宣武李岕之乱的因素。陈楚能离开易定，顺利赴任，也说明他没有处心积虑，以恢复"河朔故事"。

接任陈楚的，是易州刺史柳公济。实质上，这也是出自本军[③]。在其任上，他参加了对沧州李同捷、成德王廷凑的攻伐[④]。直到太和三年(829)三月死于任上[⑤]，朝廷任命太原兵马使傅毅继任，但"义武军不受

① 《册府元龟》卷一二四《帝王部·修武备》，1492页。

② 《旧唐书》卷一六《穆宗纪》，498页。参《册府元龟》卷六七一《牧守部·选任》："陈楚为义武军节度，长庆二年七月为东都留守。居守之任，故事，或用旧德，或用故相，未尝以武将而当保厘之重，盖浚郊有事，地逼封圻，遂用勋臣，俾专守御。且非旧制，寻亦改焉。"(8027页)

③ 《旧唐书》卷一六《穆宗纪》，498页。参《唐方镇年表》卷四，507页。

④ 柳公济，《旧唐书》《新唐书》均无传，此事见《通鉴》卷二四三，太和二年十一月，"易定节度使柳公济奏攻李同捷坚固寨，拔之；又破其兵于寨东。时河南、北诸军讨同捷久未成功，每有小胜，则虚张首虏以邀厚赏，朝廷竭力奉之，江、淮为之耗弊"，7860页。《册府元龟》卷四三四《将帅部·献捷》："柳公济为易定节度使。太和二年八月壬戌，公济于新乐县界破镇州王廷凑贼众二万人，杀戮三千人，宰臣奏表陈贺。九月，公济又奏于镇州博野县破贼四千五百余人，烧除却村栅一十五所。十月壬午，公济奏于行唐县破贼三千余人。十一月，公济奏云，十月二十日自领兵士下贼坚固寨，又于寨东与贼交战，大破贼众五万余人，杀戮三万人。"(5163页)《册府元龟》所录柳公济的奏报，恐正是《通鉴》所谓"虚张首虏"。

⑤ 《旧唐书》卷一七《文宗纪上》，531页。参《唐方镇年表》卷四，508页。

命，都知兵马使张璠自称节度使”，朝廷因之授张璠[①]。《册府元龟》卷一七七《帝王部·姑息》所载更为详细：

> 三年三月乙巳太原奏：中使杜英奇到易定行营，宣举当道兵马使傅毅充易定节度，三军不受，共举易定都知兵马使张璠，其傅毅领军三百二十人走投本道。戊申，以张璠为检校左散骑常侍、易定节度使。己酉，以张璠新上，赐帛五万匹。（2133 页）

虽然没有发生公然的兵变，事实却是兵马使自立为节度使。

开成三年(838)九月，张璠卒，朝廷任命易州刺史李仲迁继任[②]。这也是出自本军，但军人拥立张璠子张元益为留后[③]。《册府元龟》卷四五《帝王部·谋略》：

> 文宗开成三年十月，易、定军乱，不纳新除节度使李仲迁，请立故节度使张璠之子元益为留后。宰臣欲议征讨，帝曰：“易、定两州，地狭人贫，军资半在度支，急之即无所不为，缓之则必生变。卿不须更言，第令谨守封境。”曾不逾月，军中果有异议，但以不便李仲迁为辞。帝亦屈法从人，遂罢仲迁，而以元益为代州刺史。

---

① 《新唐书》卷八《文宗纪》，231—232 页。参《唐方镇年表》卷四，508 页。按，《通鉴》卷二四三，太和元年八月庚子，“削同捷官爵，命乌重胤、王智兴、康志睦、史宪诚、李载义与义成节度使李听、义武节度使张璠各帅本军讨之”(7855 页)，其时张璠是都知兵马使，尚未任节度使。

② 《旧唐书》卷一七下《文宗纪下》，575 页。

③ 《新唐书》卷八《文宗纪》，开成三年十月乙酉，“义武军节度使张璠卒，其子元益自称留后”，238 页。

果至不戮一人，以定一方。乃神武不杀之功也。(512 页)

《通鉴》卷二四六详述其始末：

义武节度使张璠在镇十五年，为幽、镇所惮；及有疾，请入朝，朝廷未及制置，疾甚，戒其子元益举族归朝，毋得效河北故事。及薨，军中欲立元益，观察留后李士季不可，众杀之，又杀大将十余人。壬申，以易州刺史李仲迁为义武节度使。义武马军都虞候何清朝自拔归朝。

……

冬十月，易定监军奏军中不纳李仲迁，请以张元益为留后。……宰相议发兵讨易定，上曰："易定地狭人贫，军资半仰度支。急之则靡所不为，缓之则自生变。但谨备四境以俟之。"乃除张元益为代州刺史。顷之，军中果有异议，乃上表以不便李仲迁为辞，朝廷为之罢仲迁。十一月，诏俟元益出定州；其义武将士始谋立元益者，皆赦不问。……丁卯，张元益出定州。(7935—7937 页)①

① 称张璠任职为"在镇十五年"，胡注据此逆推，称"穆宗长庆三年，璠代陈楚镇义武"，《通鉴》未记张璠上任事；观"在镇十五年"，可知司马光和胡三省都漏掉了柳公济的任期。另，张元益出定州下，《通鉴考异》卷二一，引《补国史》后，称"按《实录》，璠，定州牙将，非孝忠孙……《补国史》盖传闻之说，不可据。今从《实录》"(796—797页)。村井恭子《大唐西市博物馆新藏唐〈张茂宣墓志〉考》(2016)认为张璠为张孝忠孙的可能性大(169 页及注⑤。)《旧唐书》无张璠传，则《册府元龟》这段与《通鉴》相同的叙事，应即出《实录》。《通鉴》所谓"其义武将士始谋立元益者，皆赦不问"，指的就是十一月因彗星再现，下诏中所谓"易、定两州地理深阻，近者守臣丧没，军中初有异图，累遣诏书，申明事理，革心迁善，章表继来。张元益出定州后，应是初扶树元益、有违朝旨者，自将校至于官健，委新节度使安行慰谕，并经放释。如或辄相告讦，却以其罪罪之，冀使藩方永无疑惧"(《册府元龟》卷九一《帝王部·赦宥》，1090 页；(转下页)

张瑨病重，应该是任命了李士季为观察留后，并且告诫其子张元益入朝，不得效河北故事。但张瑨死后，军将仍然要拥立其子张元益，留后李士季因拒绝配合而被杀。这也说明，李士季的观察留后，出自张瑨任命；张瑨命其子入朝，也是真实的想法。从军将杀李士季、拥立张元益来看，张瑨如果存心要“父死子继”，是完全可以做到的。这是可以得到军将拥护，是有“群众基础”的①。

《新唐书》卷一七二《裴度传》也有简略记载：

开成二年，复以本官节度河东。……易定节度使张瑨卒，军中将立其子元益，度乃遣使晓譬祸福，元益惧，束身归朝。(5218页)

张瑨、李士季，《旧唐书》《新唐书》无传。李士季原是张瑨的从事。《册府元龟》卷一四〇《帝王部·旌表》：

(开成)四年十二月，赠故易定观察判官兼侍御史李士季给事中，其家委韩威安存，丧事官给，仍赐一子官，待服阕日，具名闻

(接上页)《全唐文》卷七三《彗星再见修省诏》据此录。此诏还见于《册府元龟》多处，见《唐代诏敕目录》所列，497页)。

① 冯金忠《唐代河北藩镇研究》(2012)第二章，对任迪简、傅毅、李仲迁之任，作了简要说明，认为“唐廷又一次妥协，罢斥了李仲迁。这以后节度使简自本镇的传统才被废弃，节度使开始完全来自朝官和外镇”(26—27页)。这个断限，还是嫌太早；据下述，恐怕要到了武宗会昌五年李执方任节帅之后，才有质的变化。另外，该章起首将分化出的义武、横海视作与河朔三镇一样，称“它们是唐代割据型藩镇的典型”(20页)。其实，自义武、横海脱离成德后，就开始了与河朔三镇“渐行渐远”的变化，否则，我们就难以理解朝廷日后基本实现了对义武、横海的控制，而对河朔三镇则始终未能控制这一事实。

奏。士季为易定节度张璠从事，璠卒之初，士季知留务。三军欲立璠之子元益，士季不从，遂为乱兵所害。至是，举褒赠之典。（1696页）

《册府元龟》卷四一二《将帅部·得士心》对易、定两州及张璠在任期间的情形有过一个“评定”，恐亦出《实录》：

张璠为易定节度使。易、定两州土地最狭，璠在镇甚得士卒心，兵乘整齐，常为幽、镇所忌。（4902页）

开成三年十一月，任命蔡州刺史韩威为义武节度使①。据上引《册府元龟》，开成四年十二月，朝廷给被杀的李士季赠官时，命韩威“安存其家”，则其时尚在任。开成五年八月，“易、定军乱，逐节度使陈君赏。君赏鸠合豪杰数百人，复入城，尽诛谋乱兵士，军城复安”②，则至迟这时已由陈君赏继任。我怀疑此次军乱亦与节度使更替有关。

其实，陈君赏是陈楚之子。长庆元年（821）至二年间，即陈楚在离任之前，朝廷任命其子陈君赏为定州长史、兼御史，军中驱使③。陈君

---

① 《旧唐书》卷一七下《文宗纪下》，576页。参《通鉴》卷二四六，7938页。两书系日相差两天，《旧唐书》系壬申，《通鉴》系甲戌。

② 《旧唐书》卷一八上《武宗纪》，585页。参《通鉴》卷二四六，开成五年八月，7945页。

③ 白居易《陈楚男王府咨议参军君赏可定州长史、兼御史、军中驱使制》（《白居易集校笺》卷五三，3098页），系于长庆元年至二年，《唐代诏敕目录》（451页）同。据朱金城《白居易年谱》，白氏元和十五年夏由忠州召回，十二月任主客郎中、知制诰（110页）；长庆二年七月由中书舍人出为杭州刺史（129页）。在此期间，他负责起草制诏。长庆二年七月，陈楚离开义武，任东都留守。

赏也是义武军人，且是“节度使二代”，但在他继任节帅时，仍发生了兵变[①]。日后陈君赏似亦回朝，任禁军将领[②]。

接任陈君赏的是李执方，但不知二人在哪一年交替。会昌元年(841)闰九月，李德裕《论幽州事宜状》同时提及此二人；其时应该是陈任易定节帅，李任河阳节帅。会昌三年十月曲阳的金石题名中已有李执方。则二人交替，即在此期间[③]。会昌五年正月，“义武军易定节度使”李执方被任命为陈许节度使，接任者为秘书监卢弘宣[④]。

会昌二年李德裕上《论河东等道比远官加给估值料状》：

---

① 脱离成德后的易定，有别于河朔三镇，张天虹《唐易定镇的张氏家族与陈氏家族——“河朔故事”研究之二》(2012)强调了它对唐廷的依附性很强，并利用碑志材料，对张孝忠、张庭光为主的张氏家族、陈楚为主的陈氏家族以及他们的家族姻亲关系作了勾勒，极有助于我们对易定内部情况的了解。另参其《中晚唐五代的河朔镇与社会流动》(2021)第四章第二节“四 易定和沧景”，203—209页；所述较上引文为简略，个别细节亦有不同，如张庭光家族在易定任官(河朔社会流动)情况表，张守行、张守礼的行辈排列即不同。

② 《旧唐书》卷一七下《文宗纪下》，开成九年十二月癸未，“仪仗使田全操巡边回，驰马入金光门，街市讹言相惊，纵横散走。赖金吾大将军陈君赏以其徒立望仙门下，至晚方定”(563页)；参《旧唐书》卷一七二《李石传》(4484页)、《通鉴》卷二四五太和九年十二月(7921页)。这是甘露之变以后，京师的恐慌情形。《通鉴考异》卷二一，开成三年十一月张元益出定州条，所引《补国史》有“诏以神策军使陈君赏为帅”，认为此书所述“不可据”(796—797页)。按，称陈君赏为神策军使，颇疑是以陈氏日后的任职，追述此前的经历；这里的陈君赏也应该就是陈楚之子。关于陈君赏的生平等，参金滢坤《论中晚唐河朔藩镇割据与联姻的关系——以义武军节度使陈君赏墓志铭为中心》(2006)，金滢坤、盛会莲《唐义武军节度使陈君赏墓志铭研究》(2008)。

③ 见《唐方镇年表》卷四，510页。李德裕《论幽州事宜状》，见《李德裕文集校笺》卷一三，校笺者考订为会昌元年闰九月，230—231页。

④ 二人任命制书是同一道《授李执方陈许节度使卢弘宣易定节度使制》(《文苑英华》卷四五五，2313—2314页)。《通鉴》卷二四八，会昌五年正月，“以秘书监卢弘宣为义武节度使”(8013页)。《唐代方镇年表》卷四将此制同时系于会昌四年和五年，殊不必。《唐代诏敕目录》据《唐方镇年表》卷六，系于会昌四年(513页)，误。

> 右，河东等道，或兴王旧邦，或陪京近地，州县之职，人合为乐，只缘俸禄寡薄，官同比远。元和六年闰十二月十二日及元和七年十二月二十四日敕：河东、凤翔、鄜坊、邠州、易定等道，令户部加给俸料钱，共当六万二千五百贯。吏曹出得平留官数百员，时议以为至当。

将易定与河东等地相提并论。这说明张茂昭举族归朝的次年，朝廷已经能够任命易定的"州县之职"了。后来这些加给的俸料钱"户部所给零碎，兼不及时，观察使以为虚折，皆别将破用。徒有加给，不及官人，近地好官，依前比远"；为此，李德裕建议"户部却与实物，仍及时支遣，诸道并委观察判官专判此案，随月加给官人，不得别将破用"①。大中改元(847)南郊赦文，仍称"河东、振武、易定、京西北等道官吏料钱，过闻寡薄"②，官吏俸料寡薄的问题始终没有能得到切实的解决。但是，易定一直在这个名单里，即说明了易定州县官员与河东等一样，一直是由朝廷任命的。

大中元年(847)卢弘宣回朝任工部尚书，韦损接任③。我们从《唐方镇年表》就可以非常直观地看出，自李执方之后，直到唐末大乱以

① 《李德裕文集校笺》卷一二，218—219页。"河东"，原作"河中"，校笺者校改。另，《唐会要》卷九二"内外官料钱下"(1979页)、《册府元龟》卷五〇八(6092页)均收此录文，系时为会昌元年，校笺者以为应以作二年为是。

② 《大中元年正月十七日赦文》，《文苑英华》卷四三〇，2179页。此赦见于多种文献，详见《唐代诏敕目录》，521页。

③ 《唐方镇年表》卷四，引崔嘏《授卢弘宣工部尚书制》(《文苑英华》卷三八七)及北岳大中二年韦损题名，511页。参《唐仆尚丞郎表》卷四，294页；详细考证，见卷二一，1058页。《唐代诏敕目录》据《唐仆尚丞郎表》，系《授卢弘宣工部尚书制》于大中元年，522页。

前，没有出现过节度使久任的情况，也不再是由本军州军将继任。可以说，没有再出现过由军将干涉乃至操控节度使任命的情况。易、定最终完成了从依违到受朝廷完全控制的历程。

（二）沧景德棣（横海/义昌）

易、定从成德分出的同时，沧州也为张孝忠所控制。因沧州与易、定地理上并不相连，“自沧如定，必过瀛州，瀛隶朱滔，道路阻涩”，以“岁供义武租钱十二万缗”为条件，别为一军，即横海军，任命孝忠版授摄沧刺的程华（原为张孝忠的牙将）为节度使①。贞元四年（788），日华卒，其子怀直“习河朔事，父卒，自知留后事”；五年二月，分弓高、景城为景州，并请朝廷任命刺史，故使衔为沧景观察使②。此事具象征意

① 《通鉴》卷二三一，兴元元年五月，7433 页。参《旧唐书》卷一四一《张孝忠传》，3857 页；《旧唐书》卷一四三《程日华传》，3904 页。关于横海军的辖区情况，参赖青寿《唐后期方镇建置沿革研究》（1999）第六章第五节“沧景（横海军）节度使沿革（含德棣节度使）”、付先召《唐代后期方镇辖区变动研究》（2023）第六章第六节“义昌军节度使辖区沿革”。另，王妙英《唐代横海镇研究》（2006）、殷庆双《横海镇与中晚唐河北政局》（2016）是以横海镇为题，先后完成的硕士学位论文，对该镇的基本情况和线索作了梳理；王妙英据其硕论发表《唐代横海镇考辨》（2008）。秦中亮《地域空间与政治博弈：中晚唐河朔政区变迁刍议》（2022）“二、代、德年间河朔地区的再划分”，称“德宗最主要的策略是让藩镇获益所得之地与旧土不相接壤。张孝忠增领沧州之地，然而沧州和易、定之间是不相邻的”（47 页）；秦中亮《“再失河朔”发微》（2024）称“设置横海、易定镇就是为了隔断幽州与成德”（158 页）。按，这并不是德宗规划或设计出来的，不是“划分”，而只是对“现状”的承认——如果张孝忠不脱离王武俊的控制，德宗不可能从成德割出易、定、沧“设置”义武。沧州与易、定不相连，不易控制，这才有“岁供义武租钱十二万缗”；而张孝忠允许他所派去接收沧州的程日华分出，可谓“有偿分离”。

② 《旧唐书》卷一四三《程怀直传》，3905 页。《通鉴》卷二三三，“怀直请分弓高、景城为景州，仍请朝廷除刺史。上喜曰：‘三十年无此事矣！’乃以员外郎徐伸为景州刺史”，7517 页。《旧唐书》卷一三《德宗纪下》，贞元五年二月戊戌，“以沧景留后程怀直为沧景观察使”，367 页。按，乌重胤任横海节帅，“景州本是弓高县，请却废（转下页）

义，表明了程怀直对朝廷的忠顺态度，但并未改变其自为留后、高度自治的实质。

贞元十一年九月，怀直被从父兄程怀信所逐，怀信为横海留后[①]。永贞元年(805)七月，程怀信死，其子执恭继任[②]。直到淮西平定的次年，“(元和)十三年，淮西贼平，藩方惕息，权(程执恭奏请所改之名)以父子世袭如三镇事例，心不自安，乃请入朝”，朝廷任命华州刺史郑权接任[③]。《通鉴》称“横海将士乐自擅，不听权去，掌书记林蕴谕以祸福，权乃得出”(7748页)。《新唐书》则径以“横海军节度使程权以沧、景二州归于有司”称之[④]。王彦威在议于頔谥时，引及此事，称“自两河宿兵，垂七十年……及张茂昭以易定入觐，程权(即程执恭)以沧景归朝，故恩礼殊尤”[⑤]。易定、横海的归朝，是被时人十分看重的事情。

(接上页)为县”(《旧唐书》卷一六一《乌重胤传》，4223页)，但此后李同捷据沧州，乌重胤又“兼领沧景节度”(同上书，4224页)。此后景州时废时置，参高正亮《政通则粮达：军政区域规划与唐后期黄淮海平原讨藩战争粮草补编》(2024)，“景州废置及其辖县”，181—184页。该文称横海贞元二年正式建节(183页)，《通鉴》系于兴元元年五月(7433页)。又称横海增领景州，在贞元二年(183页)，《唐刺史考全编·附编》据《通鉴》卷二三一程怀直请朝廷任命景刺事，系置景州于贞元五年(3444页)。程日华卒时，有贞元二年、四年两说，殷庆双《横海镇建立时间考》(《横海镇与中晚唐河北政局》附录二，硕士学位论文，2016)，考订为贞元二年。

① 《通鉴》卷二三五，贞元十一年九月至十月，7570页。参《旧唐书》卷一三《德宗纪下》，382页。《旧唐书》卷一四三《程怀直传》，系怀直被逐于贞元九年(3905页)，误。

② 《通鉴》卷二三六，7618—7619页。《旧唐书》卷一〇五《程怀直传》：“既而怀信死，怀直子执恭知留后事，乃遣怀直归沧州。”(3905页)认为执恭为怀直之子，《通鉴考异》卷一九，认为怀信既逐怀直，安肯以怀直之子知留后，以为《旧唐书》误，738—739页。按，《程怀信墓志》可证明程执恭乃其子，参向传君《从程怀信墓志铭看程氏家族在横海的割据》(2023)。

③ 《旧唐书》卷一四三《程执恭传》，3905页。

④ 《新唐书》卷七《宪宗纪》，元和十三年三月己酉，217页。

⑤ 《旧唐书》卷一五六《于頔传》，4133页。

朝廷任命华州刺史郑权接替程权(执恭),出任横海军节度使。《旧唐书》卷一五《宪宗纪下》,元和十三年四月,"庚辰,诏复王承宗官爵。以华州刺史郑权为德州刺史、横海军节度、德棣沧景等州观察使"(463页)。横海军节度使系衔中,增加了德、棣二州,与诏复王承宗官爵密切相关。《旧唐书》卷一四二《王承宗传》交代了其中的原委:

> (元和)十二年十月,诛吴元济,承宗始惧,求救于田弘正。十三年三月,弘正遣人送承宗男知感、知信及其牙将石汎等诣阙请命,令于客舍安置。又献德、棣二州图印,兼请入管内租税,除补官吏。……仍令右丞崔从往镇州宣慰。承宗素服俟命,乃以华州刺史郑权为德州刺史,充横海军节度、德棣沧景观察等使。(3881—3882页)

在《王承宗传》中交代对郑权的任命,是为了说明朝廷接管了成德献出的德、棣二州——划归横海军节度使统辖①。

德、棣二州的归属屡有变化。我们大致梳理一下安史乱后的情形。《新唐书·方镇表二》,广德元年(763)"沧德二州隶魏博节度使"(1805页),大历十年(775)"淄青平卢又领德州"(1807页)。十二年,《通鉴》对平卢李正己、魏博田承嗣、成德李宝臣、山南东道梁崇义"相与根据蟠结……官爵、甲兵、租赋、刑杀皆自专之"的情况作了概述,交代了他们各自控制的地盘,说"李正己先有淄、青、齐、海、登、莱、沂、密、德、棣十州之地,及李灵曜之乱,诸道合兵攻之,所得之地,各为己有,正己

① 参《通鉴》卷二四〇,元和十三年三月、四月,7748—7749页。

又得曹、濮、徐、兖、郓五州”[①]。

在建中年间的攻伐过程中，建中三年(782)三月，在淄青李纳与朝廷对抗时，德州李士真劫棣州刺史李长卿，表示归附朝廷。当时，朝廷根本不可能越过河朔，救援接应德、棣。四月，李士真即向幽州朱滔求援。朱滔派兵前来，声称救援，将士真召至深州予以扣留，实际控制了德州[②]。兴元元年(784)五月，李抱真、王武俊围攻朱滔，朱滔于贝州战败，退回幽州，棣州刺史赵镐以州降王武俊。后赵镐得罪于王武俊，武俊召之不至；贞元六年(790)，在魏博田绪的支持下，赵镐以棣州降淄青李纳。王武俊出兵，攻占魏博的贝州所属四县。后武俊将四县归还魏博，淄青也将棣州给了成德[③]。此后，淄青联合魏博，不断与成德争夺德、棣。八年十一月："初李纳以棣州蛤蜍有盐利，城而据之；又戍德州之南三汊城，以通田绪之路。及李师古袭位，王武俊以其年少，轻之，是月引兵屯德、棣，将取蛤蜍及三汊城；师古遣赵镐将兵拒之。上遣中使谕止之，武俊乃还。"[④]九年四月，王武俊又"遣兵袭取义丰，掠安喜、无极万余口，徙之德、棣"[⑤]。直到元和十三年(818)[⑥]，成德王承宗

① 《通鉴》卷二二五，7249—7250页；参《旧唐书》卷一二四《李正己传》，3535页。

② 《通鉴》卷二二七，7321页。胡三省注称"德宗以德、棣与朱滔，滔卒以诈力得之，不知又以为王武俊之资也"，其实德宗当时并没有力量实际处置德、棣。

③ 《通鉴》卷二三三，7520—7522页。

④ 《通鉴》卷二三四，7538页。胡注："李纳之阻兵也，李长卿以棣州入朱滔……其后王武俊败朱滔，得德、棣二州。"《新唐书·方镇表三》，贞元元年(785)"置德、棣二州都团练使"(1845页)，这样的"建置"，恐怕并没有改变德、棣二州实际控制情况。关于淄青、成德对无棣盐池的争夺，参王力平《"羁縻"背后的争夺——唐安史之乱后的河北盐业》(1991)，特别是"二、从'三汊口城'战役看成德、淄青两镇对棣州盐池的争夺"。

⑤ 《通鉴》卷二三四，7543页。

⑥ 《新唐书·方镇表三》，曾列出元和年间的变化，如元和三年(808)"置横海军节度使，领沧、景二州，治沧州"(1846页)；元和四年"置保信军节度使，领德、棣(转下页)

将德、棣献给朝廷，朝廷划归横海，与沧景合为一镇。后又增齐州，名齐沧德节度；后又赐军额为义昌军，但核心是沧、德二州，故节帅系衔中，刺史衔多是沧州或德州①。

德、棣并入沧景不久，长庆初即发生所谓"河北再叛"，横海节度使成为遏制幽州、成德的力量，乌重胤时任横海节度使，史称"诸军倚重胤独当幽、镇东南"，朝廷以其持重观衅，以宦官推荐的由左领军卫大将军出任深冀诸道行营节度使的杜叔良接替乌重胤，任横海节度使，不久大败；以凤翔节度使李光颜为忠武节度使、兼深州行营节度使，代杜叔良②。长庆二年（822）正月任命德州刺史王日简为横海节度使，"日简，本成德牙将也"③；后赐名李全略。

（接上页）二州，治德州"（1848 页）；五年"废保信军节度使，以德、棣二州隶成德节度"（1848 页）。这些建置名称的变化，都没有从根本上改变它的实际控制情况。这也是《新唐书·方镇表》的"局限"——它只列出名义上的建置及所辖州，并不反映它的"实际控制权"。

① 《唐方镇年表》卷四即以"义昌"立名，逐年收录了相关史料，可参看，521—542 页。关于横海在平定淄青中的作用以及所属州县的废置分合等情形，参张达志《"淄青"废县与淄青重塑》（2015）"二、横海入朝与淄青平定"，472—485 页。关于沧、景与德、棣之分合，以及合并期间之治德州抑治沧州，参张达志《李宗奭案与沧州之变——兼论唐元和、长庆之际的横海局势》（2014），37—41 页。

② 《通鉴》卷二四二，长庆元年十月，7802—7803 页。杜叔良事，《旧唐书》卷一六《穆宗纪》，长庆元年十月丙寅，"以左领军卫大将军杜叔良充深冀诸道行营节度使"（491 页）；"丙戌，以深冀行营节度使杜叔良为沧州刺史、横海军节度使，以代乌重胤……时上急于诛贼，杜叔良出征日面辞，奏云：'臣必旦夕破贼。'重胤善将知兵，以贼势未可卒平，用兵稍缓，故有是拜"（492 页）。《旧唐书》卷一四二《王廷凑传》："叔良有中官之援，朝辞日，大言云：'贼不足破。'……十一月，杜叔良为贼所败，众皆陷没，仅以身免。"（3886 页）《旧唐书》《新唐书》无叔良传，简略事迹，参《册府元龟》卷四四三《将帅部·败衄》"杜叔良条"，5262 页。

③ 《通鉴》卷二四二，长庆二年正月，7807 页。李光颜是以深州行营统帅兼横海节帅，更多是过渡和名义，所以《旧唐书》卷一六《穆宗纪》长庆二年正月庚戌，径称"以德州刺史王日简为沧州刺史，充横海军节度、沧德棣观察等使，以代叔良"（494 页）。

宝历二年(826)四月,李全略卒,其子李同捷谋继袭。十二月,敬宗死,文宗即位。太和元年(827)五月,方任命李同捷为兖海节度使,以天平节度使乌重胤为横海节度使以代之。李同捷拒命,“乃命乌重胤率郓、齐兵加讨。又诏徐帅王智兴、滑帅李听、平卢康志睦、魏博史宪诚、易定张璠、幽州李载义等四面进攻”①。八月下诏削李同捷官爵②。三年四月李同捷请降后被杀③。

李全略、李同捷父子对“河朔故事”耳濡目染,深受其影响,故刻意经营,谋求父死子继;而该镇将卒与成德也关系密切④。《旧唐书》卷一四三《李全略传》:

> 李全略者,本姓王,名日简。为镇州小将,事王武俊。元和中,节度使王承宗没,军情不安,自拔归朝,授代州刺史。及长庆

① 《旧唐书》卷一四三《李同捷传》,3906—3907页,《通鉴》卷二四三作“命乌重胤、王智兴、康志睦、史宪诚、李载义与义成节度使李听、义武节度使张璠各帅本军讨之”(7855页)。易定即义武,节帅时为柳公济;公济于太和三年三月死后,时任都知兵马使的张璠才继任。《通鉴》恐是录《旧唐书》而致误。

② 即《讨李同捷诏》,《全唐文》卷七〇据《册府元龟》卷一六五录。《旧唐书》卷一四三《李同捷传》乃节录。通行本《唐大诏令集》卷一二〇该诏是将此诏以及原本应作下一道诏《处分沧州行营》(明钞本)窜混为一道诏(标“中阙”以下,即《处分沧州行营》的内容),636页。

③ 详见《通鉴》卷二四三,宝历二年三月,7850页;太和元年,7854—7855页;太和二年十一、十二月,7860—7861页。卷二四四,太和三年正月至四月,7862—7864页。参《旧唐书》卷一四三《李同捷传》,3906—3908页。

④ 《通鉴》卷二四四,太和三年四月,“李祐拔德州,城中将卒三千余人奔镇州”,7863页。另,李全略与魏博史宪诚也有姻亲关系,刘禹锡《史孝章神道碑》,称史宪诚子孝章入朝觐见,“上曰:‘向吾始征沧州,议者皆曰,彼魏之姻也,虑阴为寇谋。吾发使数辈以侦之’”云,《刘禹锡集》卷三,37页;参《通鉴》卷二四三,太和二年闰三月,7858页。

初，镇州军乱，杀田弘正，穆宗……以日简尝为镇将，召问其计。日简遂于御前极言利害，兼愿有以自效，因授德州刺史，经略其事。明年擢拜横海军节度使，赐姓李氏，名全略，以崇树之。未几，令子同捷入侍，兼进钱千万。逾岁，同捷归觐，乃奏请授沧州长史、知州事，兼主中军兵马……及得请，全略乃阴结军士，潜为久计，外示忠顺，内蓄奸谋。(3906 页)

同卷《李同捷传》：

初为副大使，居丧，擅领留后事，仍重赂藩邻以求缵袭，朝廷知其所为，经年不问。属昭愍晏驾，文宗即位，同捷冀易世之后，稍行恩贷，即令母弟同志、同巽入朝，令掌书记崔长奉表，备达悬诚，请从朝旨。……同捷世行奸诈，自以尝在成德军为将校，燕赵之师，可结为城社，乃以玉帛子女赂河北三镇，以求旄钺。(3906—3907 页)

李氏父子可谓处心积虑。但横海毕竟地处河北的东南角，对朝廷来说，并不是核心或关键地区。“经年不问”，既与敬宗死、文宗刚刚即位这一特殊情况有关，也与该镇的实际地位有关。用兵虽历时二年，实际对朝廷控制藩镇的影响并不大。李同捷请降，沧德宣慰使柏耆入沧州，取李同捷及其家属送京师，途中听闻成德王廷凑拟邀劫同捷，于是斩同捷，传首[1]。李祐送李同捷母、妻及男元达等至京，“诏并宥之，令于湖南安置”；“以擅入沧州取李同捷，诸镇所怒，奏论之”，将柏耆贬循

① 《通鉴》卷二四四，太和三年四月至五月，7863—7864 页。

州司户[①]。对李同捷母、妻及子的处置，也反映了朝廷对此次事变的态度，与平定淮西吴元济后处置是有很大不同的。

此后的沧、景、德[②]，始终为朝廷所控制，并增领齐州。平定李全捷之后不久的太和三年八月，任命殷侑为节度使，《通鉴》卷二四四对该镇的情况作了一个概述：

> 沧州承丧乱之余，骸骨蔽地，城空野旷，户口存者什无三四。癸丑，以卫尉卿殷侑为齐、德、沧、景节度使（胡注：是年，始以齐州隶横海）。侑至镇，与士卒同甘苦，招抚百姓，劝之耕桑，流散者稍稍复业。先是，本军三万人皆仰给度支，侑至一年，租税自能赡其半；二年，请悉罢度支给赐；三年之后户口滋殖，仓廪充盈（胡注：史言方镇得其人，则可转荒残为富实）。[③]（7866页）

同卷，太和五年正月，“赐沧齐德节度名义昌军”，胡三省对该镇所领各州情况作了一个详细的说明：

> 张孝忠以程日华为沧州刺史。朱滔之乱，沧、定隔绝，日华以沧州自通于朝廷。贞元三年，以日华为横海军节度，领沧、景二州。元和十三年，王承宗献德、棣二州，而横海军领沧、景、德、棣四州；

① 《旧唐书》卷一七上《文宗纪上》，531页。参《旧唐书》卷一四三《李同捷传》，3908页。

② 《通鉴》卷二四四，太和三年六月，“河东节度使李程奏得王庭凑书，请纳景州”，7765页。《通鉴考异》卷二〇：“景州本隶横海，盖因李同捷之乱，庭凑据有之。同捷既平，庭凑惧而复进之也。”（781页）

③ 参《旧唐书》卷一六五《殷侑传》，4321页。

长庆元年，省景州；明年，复领景州；太和元年，增领齐州；明年，以棣州隶淄青平卢节度；又明年，罢横海节度，更置齐德节度；寻平李同捷，得沧州，更号沧齐德节度；是年，赐号义昌军。(7873—7874页)

德、沧二州始终是该镇的核心。景州所谓省、领，不过是是否单列一州，并非此地归入其他藩镇。此后武宗会昌年间，即使以幽州刘总之弟刘约为节度使，也没有再出现过像李景略父子图谋实施“河朔故事”的举动。

(三) 小结：河朔的“内裂”与朝廷的控制

刘总将幽州一分为三，但朝廷最终并没有能真正控制幽州，而作为从成德分离出来的易定和横海，朝廷却最终实现了真正的控制①。我想，易定脱离成德属“内裂”，是从内部产生的分裂——张孝忠与王武俊地位等夷，他所具有的资历和实力，使他足以脱离王武俊的控制；这就像安史之乱中的史思明之于安禄山。可以说，在脱离之前，易定张孝忠就已经具有了脱离成德的实力。

易定紧邻太行山，又有飞狐道与朝廷所控制的河东联结②，这使它

① 付先召《成德镇辖区变化对唐后期政局的影响》(2013)称“朝廷在打击成德镇反叛的基础上，割出易、定、沧三州，降低其对朝廷的威胁”(108页)，“唐朝对成德镇辖区的调整，目的是让河北三镇能相互抗衡、彼此牵制，以便朝廷控制”(109页)。按，朝廷其时绝无能力对成德辖区进行“调整”或“割出”，这只是易、定、沧从成德“内裂”出之后，朝廷因时因势，方逐渐实现了控制。

② 此道之重要性，参严耕望《太行飞狐诸陉道》(1980)，《唐代交通图考》第五卷篇肆叁，特别是“(三)中古时代飞狐道在北塞南北交通上之地位”，1491—1504页；王文楚《飞狐道的历史变迁》，《古代交通地理丛考》(1996)；王夫一《唐代河北道南北交通干线的东移——兼论定州的衰落》(2017)。

更容易得到朝廷的援助。朝廷也愿意积极救援，以削弱、牵制成德。易定介于幽州、成德之间，又是从成德分出，还不时受到成德王武俊的侵扰，这样的地理位置和政治处境，也使他们父子很难再与河朔融为一体。同时，它的经济状况，也使它不得不更多地倚靠朝廷①。

张茂昭的举族归朝，与他个人的政治、文化认同极有关系，是件极为偶然的事件②，但这对朝廷控制易定来说，却具有十分重要的意义——这使朝廷得以迈出对易定进行实际控制的最为关键的第一步，撬开了控制易定的门缝。

沧州是以给易定纳赋的方式脱离了易定，是“协议分手”。程权（执恭）入朝，朝廷派郑权入横海，继任节帅，这是朝廷开始直接控制横海的标志。随后在用兵攻讨淄青时，“沧州刺史李宗奭与（郑）权不协，每事多违，不禀节制。权奏之，上令中使追之。宗奭讽州兵留己，上言惧乱，未敢离郡。乃以乌重胤镇横海，代权归朝。沧州军吏惧，共逐宗奭”③。李宗奭于元和六年至九年间任监察御史④，其任沧刺是出于朝命，且与

---

① 贞元五年十月，张孝忠即曾“兴兵袭蔚州，驱略人畜”（《通鉴》卷二三三，7519 页；《旧唐书》卷一四一《张孝忠传》，作七月，称“为将佐所惑，以兵入蔚州”，3857 页），此次兴兵，大概主要是出于经济目的。上引开成三年十月，易定拒帅，宰相议发兵讨易定，文宗称：“易定地狭人贫，军资半仰度支”云。参杜志华的硕士学位论文《唐代易定镇研究》（2011）第三章“三、易定镇在经济上对唐政府的依赖”；王夫一的硕士学位论文《军资半在度支：唐易定镇财政研究》（2017），等等。

② 李绛元和四年论成德事的处置时，特别提到了张茂昭请人除代事，称“茂昭虽有所陈，亦恐未得甚信”，《李相国论事集》卷三《论镇州事宜》，18 页；《通鉴》卷二三七，元和四年四月引用，改作“虽茂昭有请，亦恐非诚”，7659 页。朝廷对他的政治决定心存怀疑，以为可能只是“说说而已”，这说明他的举动，完全是出于他个人的选择和决定，并不是迫于朝廷的压力。

③ 《旧唐书》卷一六二《郑权传》，4246 页。

④ 《旧唐书》卷一六〇《韩愈传》，赵昌任华州刺史时，韩愈因为华阴令柳涧（转下页）

本地并无渊源，刚上任不久，又绝无根基。他先是欲借州兵拒绝被召，后又为州兵所逐[①]；沧州军人可以配合李宗奭拒命于郑权，却不愿抵制继任节帅乌重胤，虽不能说“进退失据”，但总有些“依违其间”——既要遵从朝命，又想坚持或保留一些河朔军人政治的余绪。这对久处河朔且原本是河朔一部分的横海镇来说，也是“情理之中”的吧。

元和十三年(818)程权(执恭)举家入朝，成德王承宗献德、棣二州，朝廷控制了德、棣，将两州并入横海。长庆二年(822)正月朝任命与成德渊源颇深的原成德牙将李全略(王日简)为横海节度使。宝历二年(826)四月李全略死，其子李同捷谋袭位；太和三年(829)四月李同捷被杀。李氏父子控制横海七八年，力谋父死子继，但最终未能成功。处在边缘之地的横海，想恢复“河朔故事”而最终却未能如愿，这与幽州、成德、魏博经长庆初的兵变而“恢复旧观”形成了鲜明的对比。

程权(执恭)之举家入朝、李全略与李同捷父子图谋实行“河朔故事”而未果，都与横海的地理位置和政治军事地位密切相关。该镇处在成德、魏博、淄青之间，是成德与淄青、魏博争夺的对象。对争夺双方来说，互有胜负；对横海来说，就是不断地被拉扯得左右摇摆。加之横海地处河北的“边缘”，除棣州的盐利之外，其实并没有太大的军事价值和政治意义。平定李同捷之后，殷侑任节度使，“本军三万人皆仰

(接上页)被华州前任刺史阎济美停县务事而上疏，认为前后任州刺史“相党”，“诏监察御史李宗奭按验”(4196页)。检《唐刺史考全编》卷三，系赵昌任华刺于元和六年至九年(88页)。

① 李宗奭事变的原委，张达志《李宗奭案与沧州之变》(2014)有分析，认为与作为横海军治所州由沧州移至德州有关，可参看(特别是41—42页)。

给度支，(殷)侑至一年，租税自能赡其半”①。这样窘迫的经济状况，横海也实在很难“割据”。

总之，易定、横海是河朔“内裂”的结果。两镇的现实处境，加上张茂昭、程权(执恭)的个人因素(横海可能还有受到淮西平定的刺激等)，使朝廷得以有机会开始了对它们的实际控制。易定与河东接壤；淄青平定后，横海也与朝廷直接有效控制的地区连成了一片，这都为朝廷加强对这两个方镇的控制提供了有利的条件。因此，就朝廷的控制而言，虽有波折、有反覆，终究没有出现实质性的逆转②。

关于河朔的“内裂”，最集中体现了军人集团与节帅之间的矛盾。在这里，被动地利用河朔三镇内部的分权与制衡，或者主动实施类似“推恩令”来加以分化、瓦解，都是行不通的。一来，朝廷并不能真正实际控制河朔三镇。二来，河朔三镇的节帅与军将并非君臣关系，事实上也没有建立起这样的关系；借用现代政治术语，节度使权位的继承以及某一任节度使对属州的控制，并不具有天然的合法性——这也是上文我们讨论过的，“父死子继”的河朔故事，实质是军人集团对权力的控制，而不是某一家某一姓节度使对该藩镇具有天然的垄断权和控制权。

元和七年(812)魏博田季安卒，李吉甫着意进讨，李绛不同意用兵，上奏称：

---

① 贾志刚《唐代军费研究》(2006)第二章第二节“3.中央政府对地方藩镇的赏赐”，即举沧齐德之例，63—65页。

② 如宣宗大中五年十月，中书门下奏：“伏见诸道及州府，如县令、录事参军有阙……其河东、潞府、邠宁、泾原、灵武、振武、鄜坊、沧德、易定、夏州、三川等道，或道路悬远，或俸料单微，每年选人，多不肯受”(《唐会要》卷七九“诸使下”，1717页)，易定、沧德与河东、泽潞等并列，谈其州县员阙的选授事，可见此二镇已完全纳入朝廷掌控。

凡河南、河北叛涣之地，事体大同，惧部下诸将有权，恐得便图己，各令均管兵马，不令偏在一人，使力敌权均，为变不得。①

这就是成德李惟岳死、王武俊兵变控制成德后，实际控制易定的张孝忠即可脱离成德的原因——李惟岳控制成德时，作为他的手下大将，王武俊与张孝忠是“力敌权均”的；李惟岳死，王武俊可以得其位，但无力控制与他“力敌权均”的张孝忠。如果不是这样的“内裂”，李唐朝廷是不可能下道诏敕，便令易定从成德分离出来的。如果张孝忠不允许他派去接收沧州的程日华“有偿分离”，朝廷隔着魏博、成德、淄青，怎么可能让程日华“独立”出来呢？

这种控制方式和权力结构，在“河朔化”藩镇中也大致如此。宝历元年（825）泽潞刘悟死，其子刘从谏拟继袭，李绛主张朝廷应尽速任命节度使，不许刘从谏继袭。他详细分析了刘从谏对泽潞的实际控制状况：

若欲多分兵马守境，则事须给付器械，将校等既得器械，又已有正节度使，岂肯更为从谏腹心？若欲少分兵马，则不足抗拒新使之人。事宜物理，昭然可知。……况又闻山东官健已不许自蓄刀兵，足明军心殊未得一。②

---

① 《李相国论事集》卷五，40页；参《通鉴》卷二三八，元和七年八月，7692—7693页。

② 《册府元龟》卷四七七《台省部·谋画》，5702—5703页。《通鉴》卷二四三，宝历元年十一月撮引此疏文，关于器械刀兵，仅引“臣闻从谏已禁山东三州军士不许自畜兵刀，足明群心殊未得一”，7846页。

事实上，此前泽潞就不止一次出现过因易帅而导致军将脱离泽潞、出走魏博的事。

贞元十年(794)李抱真死，其子拟继袭，未果；昭义步军都虞候王虔休(即王延贵)继任节帅，驻守洺州(摄洺州刺史)的昭义行军司马元谊不服，要求以磁、洺、邢三州另设一镇。这又引发了洺磁守将的站队与分裂。临洺守将夏侯仲宣以城归王虔休，磁州刺史马正卿受王虔休命，派裨将石定蕃将兵击洺州，但石定蕃却率兵归附了元谊。于是，王虔休亲率兵来攻洺州。双方征战，直到贞元十二年正月，以元谊、石定蕃率洺州兵五千人及家口万余口投奔魏博而告结束[①]。元和五年(810)四月，朝廷与泽潞兵马使乌重胤里应外合，设计诱擒卢从史，但不久即于五月导致了泽潞三千余人的“夜溃，奔魏州”[②]。

无独有偶。徐州也发生过类似的事情——不仅有军将出走[③]，而且是两个属州脱离了武宁节度。贞元十六年，节帅张建封死，发生兵变，其子张愔继袭，但该藩镇的属州泗、濠二州脱离徐州，并入了淮南

① 此事经过，参《旧唐书》卷一三二《李抱真传》，3649—3650页；同卷《王虔休传》，3651页。参《通鉴》卷二三五，贞元十年六月(7560—7561页)、七月(7562页)、九月(7562页)、十二月(7565页)、十一年闰八月(7569页)、十二年正月(7570页)。此事在墓志中也有反映，参张天虹《从新刊唐代〈李仲昌墓志铭〉看安史之乱后士人“北走河朔”》(2011)，132—133页(又见其《中晚唐五代的河朔藩镇与社会流动》第五章，220—222页)。黄楼《〈祁连郡王李公(元淳)墓志铭〉考释——兼论唐德宗贞元年间昭义军三次择帅问题》，讨论李元淳的赴任，也详细叙述了此事，见其《碑志与唐代政治史论稿》(2017)，30—32页。

② 《通鉴》卷二三八，元和五年五月，7676页。此事亦见于时为翰林学士的白居易六月十五日所进的奏状：“闻昨者泽潞溃散健儿，其间有入魏博却投邢州者，(田)季安追捉，并按军令。昨所与诏，都不禀奉。”《白居易集笺校》卷五九，3368页。

③ 镇守涡口三城的张奉国率兵至润，元稹《张奉国碑》：“予按，仆射张建封以贞元十六年薨于徐，徐人立其子愔求命。南阳王不义其所为，以涡之众尽弃去，由是泗、濠之守皆据郡。”《元稹集校注》卷五二，1303页。

节镇，直到张愔病重，朝廷任命了新的节度使，泗、濠才重新划入武宁统领。

这些事例都反映了河朔藩镇和"河朔化"藩镇，节帅在控制其军将方面存在着内在的、自身无法克服的矛盾。这一矛盾，也正是这类藩镇的军人政治所具有的不稳定性的根本原因。这为朝廷的影响、介入乃至干预提供了有利的条件；当然，朝廷要实现对它们的完全控制，还需要种种契机，对易定、横海的控制，就表现了这一点。至于赵翼《廿二史札记》所谓"盖藩帅既不守臣节，毋怪乎其下从而效之"云云[①]，则充满了头巾气，自不必论。

日本学者从权力构造的角度，对河朔三镇以及上述"河朔化"藩镇进行过分析和讨论。比如，堀敏一将以牙兵为主体的军人，视作"藩镇亲卫军"；渡边孝则通过对比魏博与成德，认为这两个藩镇的"权力结构"不同，魏博是以牙兵为主，成德掌控权力的主要是军将，是"节帅—军将"为权力构造主体，是以将校集团为中心。李碧妍则进一步发挥，认为魏博起初与成德一样，从田弘正开始，牙兵势力才逐渐占主导地位；在此基础上，将两河藩镇的"军事构造"分为两种类型，一种是以成德、淄青、淮西为代表，是"权在将领"，是"安史旧部型藩镇"；另一种是以魏博、泽潞、宣武、武宁为代表，特点是"牙军势力的强大"，"权在将领"的传统不突出，所以节帅可以培植直属于自己的亲信牙军[②]。

我想，正如李绛对河朔三镇节帅的控制方式所作的分析："各令均

---

① 《廿二史札记校证》卷二〇，431页。

② 李碧妍《危机与重构》(2015)第三章第三节"河朔三镇性格的差异"。李氏关于渡边孝对魏博、成德分析的摘编叙述及其个人就此所发表的补充修正意见，见290—321页；李氏的进一步发挥，集中见于"(五) 成德与魏博的意义"，321—328页。

管兵马，不令偏在一人，使力敌权均，为变不得。”这大概是一个最为根本的原则。这既体现在外镇之间的互相均衡与制约，也体现在牙兵与外镇的平衡与牵制；本质都是军人政治。在兵变、废立节帅等事关军人政治核心的问题上，是牙兵还是外镇军将所起作用更大一些，恐怕有种种的偶然因素在起作用，似乎还不能提高到权力结构这样的高度来解释。

四、赘　语

宪宗末年平定淮西(817)、淄青(819)之后，除河朔三镇之外，因安史之乱(755—763)而引发的所谓“藩镇问题”基本得到了解决。这期间，长江以南地区基本没有受到中原动荡的影响。

宪宗元和二年(807)，“史官李吉甫撰《元和国计簿》，总计天下方镇凡四十八，管州府二百九十五，县一千四百五十三，户二百四十四万二百五十四，其凤翔、鄜坊、邠宁、振武、泾原、银夏、灵盐、河东①、易定、魏博、镇冀、范阳、沧景、淮西、淄青十五道，凡七十一州，不申户口。每岁赋入倚办，止于浙江东、西、宣歙、淮南、江西、鄂岳、福建、湖南等八道，合四十九州，一百四十四万户”②。

---

① 此“河东”，是指作为藩镇的河东节度使，并非指河东道。贞元八年两税财赋由张滂、班宏分别主管，其中班宏所掌即“河东、剑南、山南西道”(《唐会要》卷八七，1886页；参何汝泉《〈唐会要·转运使〉订补》，见其《唐财政三司使研究》，114—115页)，河东道是向朝廷缴纳财税的。河东道境内的河中节度使、泽潞节度使等，亦未言及；当然，所列方镇也没有山南东道节度使、荆南节度使等。

② 《旧唐书》卷一四《宪宗纪》，424页；参《唐会要》卷八四“杂录”，“其凤翔、鄜坊、邠宁、振武、泾原、银夏、灵盐、河东、易定、魏博、镇冀、范阳、沧景、淮西、淄青(转下页)

不申户口，从财政上说，意味着不向朝廷上缴赋税收入[①]。其中魏博、镇冀、范阳以及归顺朝廷的易定、沧景，是安史余部控制的地区；淮西、淄青，也是公开与朝廷对抗的藩镇。这些藩镇不向朝廷缴纳本辖区内的赋税，是可以理解的。但从政治上说，不申户口却并不意味着脱离了朝廷控制，如凤翔、鄜坊、邠宁、振武、泾原、银夏、灵盐、河东，并非因其为非“顺地”而拒绝缴纳赋税，而是因为属边地，驻有重兵，当地的赋税甚少，养兵尚且需要朝廷另外支给[②]，当然无法向朝廷缴纳赋税。

（接上页）十五道、七十一州，并不申户口数”是注文，1839页。《旧唐书》卷一四八《李吉甫传》：“与史官等录当时户赋兵籍，号为‘国计簿’，凡十卷。”（3997页）从赋税收入的角度，只要朝廷不能从某州得到赋税，即视作“减”，如《唐会要》卷八七“转运盐铁总叙”称“李灵曜之乱，河南节度使据土不奉法，赋税不上供，州县益减”（1885页）。

① 学界对“唐后期中央财政全赖东南八道”这一略显夸张的概括已作过驳难，如齐勇锋《中晚唐赋入“止于江南八道”说辨疑》（1987）、朱德军《唐代中原藩镇两税“上供”问题初探》（2012）等。冻国栋《唐代人口问题研究》（1993）讨论剑南道人口时，指出剑南道元和元年两税上供钱数仍不少，可能是元和二年因平定刘闢而有所减免，220页。孙继民《关于唐宪宗元和时期割据藩镇的户口申报——兼评〈中国人口史·隋唐五代时期卷〉》（2004），认为申报户口与否，与割据没有关系；不少藩镇常因某种原因不申报户口，同时割据藩镇申报户口也非个别现象（《中古史研究汇纂》，192—193页）。按，不申报户口，大概是不向中央缴纳赋税的委婉说法。是否上缴赋税，与割据没有必然关系，这就像今天各地上缴中央财政的数额差别甚大，有的甚至主要靠中央财政的“转移支付”，并不意味着这些地方不听命于中央。陈明光《唐代财政史新编》第八章第二节（1988），分析两税三分制的财政内涵，已指出各州需先保证留州额、送使额；如有剩余，则为上供额；“并非诸州一律有上供额”（226页）。即使唐后期不存在藩镇控制问题，随着江南的开发和经济发展，这一地区财税收入在国家的收入中也会占越来越大的比重。

② 《新唐书》卷五三《食货志》：“初，度支岁市粮于北都，以赡振武、天德、灵武、盐、夏之军，费钱五六十万缗，溯河舟溺甚众。建中初，宰相杨炎请置屯田于丰州，发关辅民凿陵阳渠以增溉。京兆尹严郢尝从事朔方，知其利害，以为不便，疏奏不报……时杨炎方用事，郢议不用，而陵阳渠亦不成。”（1371—1372页）这几处都是需朝廷财政支持的。近几年完成的有关这一地区方镇的硕士学位论文，也都谈及这一点，如吕学良《唐代邠宁镇研究》（2012），称“邠宁镇长期依赖中央财政性补贴供给……邠（转下页）

元和十四年(819)七月尊号赦文,因“天宝已后……军国费用取资江淮”,故赦文特别提及“其淮南、浙江东西、宣歙、江南、湖南、福建、山南山东、荆南等九道,今年秋税钱合上供者,每贯量放三百文。度支其今年秋税留州留使钱,并鄂岳共十道,每贯量放一百文”①——前述九道,减免了秋税钱中需上供朝廷的30%;加上鄂岳,共十道,减免了秋税留州留使钱的10%。也就是元和二年的《元和国计簿》中的八道,加上山南东道、荆南,就是元和十四年的十道;这时,淮西已平定,山南东道、荆南防遏淮西的军事使命已基本消除,与东南八道一起,成为朝廷的“赋税之地”。

元和十五年宪宗死,年末,有本年户帐:

> 是岁,计户帐,户总二百三十七万五千四百,口总一千五百七十六万。定、盐、夏、剑南东西川、岭南、黔中、邕管、容管、安南合九十七州不申户帐。②

(接上页)宁镇属于‘不申户口’之列,不用向中央交纳赋税,但即便这样邠宁镇还是比较贫困的”(32页);李晓奇《唐代凤翔镇研究》(2014),称“凤翔镇不在申报户口之列,赋税归本道自留,但即便如此,凤翔镇仍然面临严重的财政负担”(40页);郑晗《唐代振武镇研究》(2017),称“振武镇是属于‘不申户口’,即相应的赋税都不需要上交给朝廷,但即使是这样,振武镇仍然需要依靠唐王朝的财政支持”(41页)。

① 《文苑英华》卷四二二,2139页。据《唐代诏敕目录》,此赦文又见于《唐大诏令集》卷一〇及《册府元龟》卷四九一等多处(414页),均为摘录。《全唐文》卷六三(675页)疑据《文苑英华》录。《文苑英华》“山南山东”,《唐大诏令集》和《册府元龟》卷八九、四九一均作“山南东道”;“江南”作“江南西道”,是。

② 《旧唐书》卷一六《穆宗纪》,484页。翁俊雄《唐后期政区与人口》(1999)据《元和郡县图志》将此九十七州户数以及魏博、镇冀、范阳以及沧景、淮西、淄青这六道的户数作了摘录,称元和十五年的计户账为2375400户,定盐等不申户账户数为328366户,魏博等六道户数为831508户(52—54页)。书中详列了各方镇所辖州县、(转下页)

“定”疑为“灵”之误①;此处所开列的,是由北、经西、到南的边地州。这很有为元和二年的《元和国计簿》作补充的意味。但是《元和国计簿》所列出的凤翔、鄜坊、邠宁、振武、泾原等边地藩镇,恐怕与灵、盐、夏一样,仍是“不申户帐”的吧。此处未列河朔三镇,因名义上,他们表示归顺朝廷,并向朝廷申报户数②,但实际恐怕不会缴纳赋税。这也可以反衬出,《元和国计簿》名义上要反映“国计”,本质则是反映政治——藩镇格局③。朝廷在赋政上主要倚靠的所谓东南八道,在政治上这一地区的藩镇也基本不存在所谓的“控制问题”。

安史之乱发生,朝廷不得不在内地设置藩镇。所谓设置,一方面是朝廷面对安史军队的冲击,不得不部署军兵、设置节镇;另一方面也是各地“当贼冲者”的自我保护措施。无论是哪种原因、怎样的过程,

---

(接上页)人户等,如上引《元和国计簿》所列凤翔(69 页)、鄜坊(76—77 页)、邠宁(73 页)、振武(84 页)、泾原(71 页)等,可参看。另,每一藩镇,该书都画出了附比例尺的地图。

① 定州,属易定节度使,在河北,应与沧景等并举;灵、盐、夏,则是关内道北部从西往东依次排列的三个边地州,这样,方与此处所列的“意旨”相同。

② 魏博田弘正此前已归朝。成德,《旧唐书》卷一四二《王承宗传》,朝廷讨平淮西吴元济后,“(元和)十三年三月……又献德、棣二州图印,兼请入管内租税,除补官吏”,3881 页。幽州,《旧唐书》卷一四三《刘总传》,“欲尽更河朔旧风。长庆初累疏求入觐,兼请分割所理之地,然后归朝”,拟将幽州所辖一分为三,3903 页。

③ 周振鹤《中国历史政治地理十六讲》第三讲(2004),据所附元和二年方镇形势图,将该年方镇的政治态势分为五个地区,即东南忠诚八道、河朔割据诸道、西北边疆诸道、中部中立诸道、南方边远诸道(65—66 页)。这与张国刚《唐代藩镇研究》6《唐代藩镇的动乱特点》(1983)分作河朔割据型、中原防遏型、边疆御边型、东南财源型基本相同(81 页)。但周氏将防遏河朔的诸镇视作“中立”,似欠妥,因这些藩镇,朝廷基本能控制,不存在自选政治立场是否要“中立”的问题,特别是有些藩镇的“河朔化”倾向得到有效遏制之后,它们就是朝廷可以直接控制的藩镇。称这类藩镇的政治态度是“乐于自擅,欲倚贼自重”,这也是发生在特定时期、特定人物(这句话就是说宣武韩弘)的情况,并非这类藩镇始终、普遍如此。

对地方而言，都有着扩张地方实力的潜在的政治动机，即使并不存在与朝廷对抗的野心。换言之，安史之乱发生后，这些节镇的设置并不都是朝廷主动的、有计划的、有序安排的结果，而是为解决当时所面临的具体的军事或政治问题，有种种的偶然性①。一旦设镇拥兵，对中央的控制来说，都会产生潜在的风险。

江淮对于朝廷的重要性，在两京失守、玄宗出逃蜀中，时人即已有明确的认识。如时任淮南节度使掌书记的萧颖士，在收到玄宗七月十五日在普安发出的制书后，"因贺赦使附状"给宰相崔圆，称：

> 窃惟二京未复，祆气方炽……两河南北无月不遭寇逼……虢王之镇河南，亦有政刑，而百城馑乏，兵力未振；河北自六月不闻克捷，井陉路亦云未通；河东、绛郡复传先陷，淮南、山北境对贼垒，户寡人贫，征促弊竭，众心危惧，莫有固志。则兵食所资，独江南两道耳。……江淮三十余郡，仅征兵二万，已谓之劳人；将卒不相统摄，兵士未尝训练；淮左、江东三十余郡，无一良二千石，岂惟不才，乃皆中人以下之不逮，其间败衄，略难胜述。……傥一朝勍寇南侵，陵蹈淮涘，冲要阙缮完之备，甲兵无抗击之利，江海余孽，

① 周振鹤《中国历史政治地理十六讲》第四讲（1990）"行政区划与自然区划的关系"，称"唐后期的高层政区方镇（道）实际上也与自然地理区域相对应"（88页）；"唐后期方镇的分划，已开始偏离山川形便原则"，举出了徐泗濠（武宁）治淮北徐州而领有淮南的濠州，昭义（泽潞）跨太行山，鄂岳则有江南的鄂岳二州与淮南的申安黄蕲沔等"个别的例子"（90—91页）。其实，这几个例子反映的正是这些方镇的设置和辖境，是在具体的军事行动中形成，并为适应新的军事形势而逐渐定型的，并非人为设计或安排的结果。

因而啸聚，则长江之南，亦从此而大溃矣。①

江淮三十余郡征兵甚少这一事实，也说明这一地区没有因安史之乱而出现地方趁机拥兵的情况。

事实上，江淮已在不断给战区提供财货支持。如萧颖士《为李中丞作与虢王书》："垂示报鲁郡克捷，官军乘胜进取东平……所调兵粮，事资军国，唯力是视，曷敢差池。谨遣江阳令杜万往咨禀。"②颜真卿在至德二载(757)四月自荆襄北诣凤翔，被授以宪部尚书；在让表中，言及他在河北抵抗叛军的工作，其中谈到"又恩敕先超授吴郡(苏州)司士郑毓、乐(齐?)安郡(黄州?)太守，令于江、淮南两道度僧道取钱与臣，召募士马，令应接河北。臣由此未获即赴行在"③。

肃宗在至德二载二月至凤翔，开始反攻时，特别说"陇右、河西、安西、西域之兵皆会，江、淮庸调亦至洋川、汉中(胡注：江、淮庸调溯汉而上梁、洋)"④。江淮庸调是官军反攻作战的物质基础。朝廷对江淮控制的重视，可以说，从战争伊始即已十分明确地意识到了⑤。

---

① 萧颖士《与崔中书圆书》,《文苑英华》卷六六八，3432页；《萧颖士集校笺》系于"至德元载十月"，并对相关背景作了介绍，108—109页。《通鉴》卷二二一，上元元年十一月，以刘展为都统"淮南东、江南西、浙西三道节度使"，胡注："淮南者，东道杨、楚、滁、和、舒、庐、濠、寿八州。江南者，浙西昇、润、常、苏、湖、杭、睦七州也。江西者，洪、虔、江、吉、袁、信、抚七州"，7097页。

② 《文苑英华》卷六六七，3428页。《萧颖士集校笺》称"至德元载十月作，在淮南幕"，111—112页。

③ 《让宪部尚书表》,《颜鲁公集》卷二，叶3a。

④ 《通鉴》卷二一九，至德二载二月，7018页。

⑤ 张达志《州县废置所见安史乱后江淮控制的实现——以唐肃宗、代宗二朝为中心》(2014)从州县废置的角度，讨论了肃、代两朝对江淮的控制。

长江及以南地区，没有出现设镇拥兵的情况。我们当然可以说，这些地区，都不是“当贼冲者”，不需要组建军队；事实上，这些地区也确实没有出现趁机拥兵的局面，长江沿线的荆州、鄂州、江州以及下游润州和扬州这几个重要节点，基本没有出现过严重的“控制问题”。这不仅维持了朝廷对财赋的需求，而且在稳定全局的政治方面起了很大的作用。对朝廷而言，这使战乱始终属于局部的战乱，没有形成烽火遍地、波及全国的被动局面。这无疑为唐王朝从动荡走向稳定提供了一个非常坚实的基础。

安史之乱结束，直到黄巢变起，除偶发如刘展、康全泰等事变外，长江沿线及以南地区基本是稳定的。对此，学界有种种的分析，比如，朝廷有意限制东南诸道兵力[①]，比如选任朝廷文臣甚至宰相出任节帅[②]，

---

① 张国刚《唐代藩镇研究》5《唐代藩镇的类型分析》(1983)，99页。蔡帆《朝廷 藩镇 土豪——唐后期江淮地域政治与社会秩序》(2021)第一章第二节“唐朝廷限制江淮兵力与财赋上供间的关系”，明确将“限制江淮兵力”列入章节名称(相关内容，见26—29页；47—49页又谈及宪宗通过盐法改革、减停军额等军政改革，削弱其力量)。朱德军、杜文玉《关于唐朝中后期南方“土军”诸问题考察》(2008)则认为朝廷有意识地实行南方土军“团练化”、统领官员“文职化”、军力“薄弱化”的政策，才使养军费用低廉，减轻地方独立化问题的困扰；另参朱德军《中晚唐南方地区军事战略实施动因初探》(2010)。

② 如王寿南《唐代藩镇与中央关系之研究》(1969)第六章第一节“玄宗以后中央经济对江淮之依赖性与中央对江淮藩镇之选任”(273—283页)，所制“表22 僖宗乾符六年以前江淮藩镇任前任后情形表”尤为直观，由此可见“江淮藩镇由宰相与中央朝臣出任者最多，共138人(宰相17人，中央朝臣121人，占乾符六年以前全部江淮藩镇的百分之四五点一。其卸任后至中央供职者亦最多，共115人(宰相8人，中央朝臣107人)，占百分之三十七点五八”(279页)。张国刚《唐代藩镇研究》5《唐代藩镇的类型分析》(1983)也据《唐方镇年表》统计了截止乾符元年(874)的东南型藩镇(列出浙东、浙西、宣歙、福建、江西、荆南、湖南、鄂岳、淮南)节帅“很少武人，多为‘儒帅’……平均任期一般不超过三年”，100页。成雪艳2009年完成的硕士学位论文《唐代淮南镇研究(肃宗—宪宗时期)》第五章对唐后期淮南镇宰相出镇作了统计。曹建刚2014年(转下页)

比如强调削弱节帅对支州的控制①，等等。但是，这所有的措施能付诸实施，必须要有一个关键的前提，就是朝廷对这一地区能实现完全的控制；其次，还需要具备实施这些措施的客观环境和条件。

比如，限制节度使对支州的控制，都引用了乌重胤的奏议，是针对河北而发的，但这在河朔三镇就不可能实施。泽潞，朝廷大体是能够控制的，但因其负有遏制河北的军事使命，也无法落实。即使是长江以南地区的浙东，出于客观的现实军事需要，也不能将望海镇划归地方州县统领。

因此，我们需要回到安史之乱的“起点”上来讨论——这期间，长江以南的广大地区为什么没有趁乱而拥兵？朝廷如果有明确的限制这一地区拥兵的意图和认识，在大乱之际是如何做到的？我的理解，这与玄宗以剑南为基地，顺江而下，竭力控制长江沿线，与时在朔方的肃宗争夺对江淮的控制密切相关。

(接上页)完成的博士学位论文《唐代“江东”地域政局》第三章第二节，对浙江东西、宣歙、福建的节度使入仕、迁入迁出情况作过统计。另参蔡帆《朝廷 藩镇 土豪》(2021)第一章第三节“江淮藩帅选任的文儒化特点”(35—40页)，等等。另外，所谓宰相回翔之地，我的理解，是一种略嫌夸张的概括，并非坐实为“宰相”；只要是朝臣中的高级官员，都包含在这句概括之中。上引王寿南书第六章表22之“江淮”，列出的藩镇是淮南、浙西、浙东、江西、宣歙、鄂岳、湖南。这大体就是我们所习称的“江淮”。关于唐代江淮的概念，可参陆发春、夏四达《“江淮”与“江淮之间”——关于“江淮”的地理概念史探赜》(2024)及所引张伟然、周鹏《唐代的南北地理分界线及相关问题》(2005)，208—209页；另参张伟然《唐人心目中的文化区域及地理意象》(2003)，366—386页。

① 如王寿南《唐代藩镇与中央关系之研究》(1969)第三章第二、第三节，讨论藩镇对属州的控制力，称“自宪宗末至僖宗初之五十余年，藩镇跋扈叛逆者甚少，其原因之一即是受元和十四年州县兵权归属刺史命令之影响，藩镇既缺少州县兵力之支持，自不敢对中央称霸倔强”(127页)；蔡帆《朝廷 藩镇 土豪》(2021)第一章第四节的后半，也讨论了这一点和两税送使的变化(49—52页)。有关藩镇与州的关系，张达志《唐后期藩镇与州之关系研究》(2011)有全面的论述，可参看。

玄宗入蜀，随即命永王璘沿江东下，经荆州、武昌，直抵金陵。玄宗的本意，是要限制北走朔方的太子即肃宗的影响力，维护自己的“正统”地位。但客观上，以玄宗为首的蜀中这一政治中心的存在，以及玄宗刻意加强对长江沿线的重要地区的影响和控制，避免了这一地区趁乱拥兵局面的出现。很快，永王璘即兵败被杀，肃宗虽远在西北，但为遏制其父玄宗的影响，也在刻意加强对江淮的渗透、影响和控制。

泾师之变、德宗出逃，陈少游向李希烈示好、韩滉闭境自守，包佶督江淮财赋溯江而上，而李希烈派人攻蕲、黄，欲断江路；以扬、润为中心的东南地区出现了明显的动荡、离心倾向①。这时，兴元元年(784)正月，德宗即以给事中杜黄裳为江淮宣慰副使②；不数日，又命萧复充山南东西、荆南、淮南、江西、鄂岳、浙江东西、福建、岭南等道宣慰安抚使③，出使宣慰。这对恢复江淮对朝廷的信任，无疑起到了很大的作用。

---

① 蔡帆《朝廷 藩镇 土豪》(2021)第一章第四节“德宪时期的淮南、浙西离心事件和江淮改革”，将韩滉、李锜视作江淮藩镇前后相继的两任“强势姿态”的节帅(引李碧妍的研究，指出韩滉与朝廷的矛盾)，并与陈少游一起，视作“离心事件”，认为这是由德宗对江淮地区军事和财政上的提振、强势人物韩滉的经营，以及泾师之变后，一方面是朝廷控制力的下降，另一方面是对江淮财赋和军事上的依赖，朝廷不得不对出现离心的淮南和浙西予以姑息。我们的理解与此不同，李锜的专横是基于他是德宗的宠信之臣，韩滉则应置于德宗出逃奉天、梁州，政局极端不稳的特定政治背景下来看，详第五章。

② 《通鉴》卷二二九，兴元元年正月，7396 页。

③ 《通鉴》卷二二九，7397 页。称此举是为了疏远时任宰相的萧复；陆贽曾为此上《奉天论解萧复状》(《陆贽集》卷一四)，称“右冀宁奉宣圣旨，缘国家赋税，多出江淮，既未收复京城，恐远路传说过甚，所以欲得遣一大臣，往彼宣慰，以安远近之情。初欲简择此使，并先共宰相商量，皆云萧复久任江外刺史，谙彼事宜；又就宰相之中，名望最重，令其往彼宣慰，人必望风悦服”云(429 页)。这是德宗的理由。从客观效果而言，派宰相萧复这样身份的人往江淮宣慰，确能起到稳定江淮的作用。

这是安史之乱以后，江淮有可能出现跋扈甚至摆脱朝廷控制的“最后机会”。但事实上并没有出现这样的情况。除朝廷及时派出杜黄裳以及宰相萧复充使宣慰，加强政治控制之外，长江沿线的荆南、鄂岳、江西等镇，对朝廷维持长江以南的局面，起着重要的作用；地处下游的宣歙、润州事实上存在着彼此制衡的作用①。

就个人的“政治表现”而言，陈少游之所以向李希烈示好甚至称臣，是地处长江以北的扬州（淮南节度使）既无足以与李希烈抗衡的军事实力，又无长江天堑可恃，是自己“没有信心”，并不是为了趁乱对抗或游离于李唐朝廷。韩滉以为会发生晋室永嘉南渡那样的事，所以恃长江之堑，闭境自守，预为准备。形势一经稳定，他即积极向朝廷运送

---

① 山根直生《唐朝军政统治的终局与五代十国割据的开端》（2000），指出东南财源型地区（浙东、浙西、宣歙、淮南、江西、鄂岳、福建、湖南、荆南九道）“兵力寡弱”，这使这一地区发生起义，即需调动这一地区以外的军力（主要是中原防遏型藩镇）外来弹压，“对中原防遏型藩镇的兵士来说，出防东南藩镇可能已成为了一般性任务”，并列“唐后期出兵镇压东南地区起义的各地节度使”表，作了直观的说明（72 页）。朱德军《关于唐代中期南方“客军”诸问题的考察》（2009）虽未引及此文，实则是对此所作的进一步细化和证明，称南方地区军人数量少、战力差，遇有动乱，朝廷即需征调“各地藩镇‘客军’入境征战”；其中，就频度、人数和效果来看，中原藩镇是“最有价值的军事力量”（11 页），是参与平定南方叛乱最为频繁的藩镇；又见其《唐代中后期南方地区“客军”问题初探》（2010）。蔡帆《朝廷 藩镇 土豪》（2021）第三章“唐末江淮藩镇的变局”，在简论黄巢乱事对唐末藩镇变化的意义时，则上升到“维稳机制”的高度，称“为了弥补江淮藩镇在面临战乱时军事力量薄弱的缺陷，唐朝廷又建立了一套由中央加以支持统筹，以包括河南藩镇为主的军事强藩对江淮地区加以军事保障的维稳机制”（241 页）。按，这是题中应有之义。就藩镇所统领的军队而言，已经地方化，是地方军队，但对朝廷而言，只要能对该藩镇实现有效的控制，其军队就是可供朝廷调遣的武装力量，虽然朝廷需承担其“出界粮”。无论是用兵河北，还是用兵淄青、淮西，朝廷都会调动其他藩镇的兵员，组成行营前往；调集关东藩镇军队到西北防秋，也是同样的性质。若从江淮地域的角度看，表现的是本地区有事，需借外地区如河南等藩镇军驰援；但从国家的角度来说，只要有兵可用、可以有效调动即可，不必也不应该处处设兵。

江淮财货。并不是所有人都会趁乱称帝称王,“家国再造”的郭子仪也并没有借势取代李唐,韦皋在西川廿余年,也并没有实现割据。从后往前看,韦皋之后的刘闢,被平定了;韩滉之后的李锜,也被平定了。这是不是可以反证,浙西、剑南这样的地区,基本不具备割据乃至称王称帝的条件呢?高崇文平定刘闢后不久,史称“高崇文在蜀期年,一旦谓监军曰:‘崇文,河朔一卒,幸有功,致位至此。西川乃宰相回翔之地,崇文叨居日久,岂敢自安!’屡上表称‘蜀中安逸,无所陈力,愿效死边陲’。……丁卯,以门下侍郎、同平章事武元衡同平章事,充西川节度使。”[①]元和以前,剑南即被时人视作宰相回翔之地[②]。

从安史之乱(755—763)到黄巢变起(875),一百二十余年,虽有种种的变故,但剑南以及长江以南的广义的江淮地区,始终为朝廷所控制。我们也可以说,这片广大地区基本没有出现所谓的“控制问题”。因此,朝廷似乎也并不需要始终处心积虑、想方设法,加以“控制”。在江淮地区实施、推行的两税法的改革,财政意义远大于控制的意义;限制藩镇对支州的控制,军事控制的意义也并不大(本来这些地区的兵力就不多)。与其把这些措施理解成控制问题,不如理解成对安史之

① 《通鉴》卷二三七,元和二年十月,7641页。

② 陈乐保、杨倩丽《宰相回翔:中晚唐的西川文官政治》(2017),认为西川之“宰相回翔之地”是在高崇文之后,此前则不是;此前,西川节度使出现了“鲜明的武人化倾向”,一些镇将企图仿效“河朔故事”,元和以后,西川才是“文人政治”。按,关于高崇文以前的“武人倾向”,详陈乐保《唐代宗至宪宗时期的西川节度使继任危机与终结》(2015)。我们认为称此前一些镇将企图仿效“河朔故事”,恐言过其实;对元和以后西川文官政治的概述,称此“确实保证了西川牢牢为朝廷所控制”——至少宪宗以后,剑南西川作为长安后院,在政治上是可靠的。另,参陈乐保2015年完成的博士学位论文《唐代剑南道研究——以政治地理与戍防体系为中心》关于剑南东、西川两节度使的研究。

乱以后才逐渐成为事实上的州以上的一级行政实体的藩镇的权限及其运作的调适。但在安史乱起，朝廷又特别仰赖江淮财赋供给的新形势下，对"控制江淮"又不可能毫无自觉意识。在泾师之变、德宗出逃，扬州陈少游首鼠两端，润州韩滉闭境自守，二人且都曾截夺盐铁使包佶上供朝廷财货，这不可能不引起朝廷的关注和疑虑。深受德宗宠信的李锜在任期间，扩张镇海的军力，在我看来就是朝廷有意要加强镇海力量的表现。在加强润州镇海军力量的同时，又将宣歙单独立镇，并调整、加强了徐州的力量，但地处漕运关键之地的扬州，因北有徐州、南有润州，始终就没有在军事上得到格外的强化。这不能不说含"有意布局"的意味（在受到淮西李希烈东向扩张的压力时，只是局部加强了以寿州为中心的力量[①]）。

从上引萧颖士的话，"江淮三十余郡，仅征兵二万，已谓之劳人"——战乱未至家门口时，他们也并不想签发兵丁，武装起来；趁乱即生"不臣之心"的野心家，毕竟是少数。拥兵、跋扈乃至反叛，需要经营、需要条件、需要契机、需要刺激，不是仓促即可起事的。形势变了，他们的选择也会变——经过黄巢的大翻腾，这一地区也纷纷自立了。

总之，军事意义上的区划虽然已经出现，如以荆南、鄂岳、江西为中心的长江中游，以宣、润、扬为中心的长江下游，但同时也形成了彼此的牵制与制衡。江淮，特别是长江以南[②]，对朝廷而言，始终没有出

---

① 参崔李仙 2017 年完成的硕士学位论文《唐五代寿州军事地位研究》；付先召《唐代后期方镇辖区变动研究》(2023)第九章第四节"泗濠观察使辖区沿革"，236—237 页。

② 吴洲《唐代东南的历史地理》(2011)对这一地区的行政区划、生态环境、定居区类型等作了勾勒，第三章、第四章还对山南东道、淮南道、江南东道、江南西道、岭南道"地理形势"相关材料作了辑录；张剑光《唐五代江南工商业布局研究》(2003)第五章第一节，对这一地区交通路线作了勾勒，均可参考。

现严重的“控制问题”。

元和年间，裴垍接任李吉甫为相后，提出的地方赋税输入方式的改革，弱化了藩镇对州在财税方面的干预和控制。《旧唐书》卷一四八《裴垍传》：

> 先是，天下百姓输赋于州府：一曰上供，二曰送使，三曰留州。建中初定两税时，货重钱轻；是后货轻钱重，齐人所出，固已倍其初征。而其留州送使，所在长吏又降省估使就实估，以自封殖而重赋于人。及垍为相，奏请："天下留州、送使物，一切令依省估。其所在观察使，仍以其所莅之郡租赋自给，若不足，然后征于支郡。"其诸州送使额，悉变为上供，故江淮稍息肩。(3991—3992页)①

这只限于州给藩镇观察使的所谓“送使”部分的改革——参以《元和国计簿》等材料，其时能承担或完成送使、上供财赋任务的州，主要是江淮地区，所以特别指明了是“江淮稍息肩”，也就是说，这项措施真正受益或特别受益的，是江淮地区②。联系上引李德裕在平定泽潞后，在会昌四年(844)九月所上《奏磁邢州诸镇县兵马状》称“右件镇县兵马，并

---

① 《通鉴》卷二三七，系此事于元和三年九月，7654—7655页。参日野开三郎《藩镇体制と直属州》(1961)、中砂明德《后期唐朝の江淮支配：元和时代の一侧面》(1988)、郑炳俊《唐后半期の地方行政体系について—特に州の直达・直下を中心として—》(1992)。郑氏文主要探讨的是支郡与观察使的关系。

② 《唐会要》卷八三“租税上”，此句作“疲民稍息肩”，1823页。参松井秀一《裴垍の赋税改革について》(1967)、陈明光《唐代财政史新编》(1991)第九章第一节(特别是233—235页)、李锦绣《唐代财政史稿》下卷(2001)第一编第四节“2. 裴垍的税制改革”“3. 两税使与江淮”。李锦绣特别强调了这一改革“仅行于江淮”(155页)。

准江淮诸道例，割属本州收管”[①]，江淮诸道已普遍推行了驻屯于州的兵马割属该州统领，从军事上弱化藩镇对州的控制。可以说，这是从军权、财税两个方面，最大限度地保证了江淮地区长期的政治稳定和社会稳定[②]。

在朝廷致力于将时局“从动荡到秩序恢复”的六十年中，江淮是其财赋供给之区；在此后秩序稳定的六十年中[③]，江淮成为所谓的“宰相回翔之地”[④]。杜牧于太和八年(834)作《淮南监军使院厅壁记》，称：

自艰难已来，未尝受兵。故命节度使，皆以道德儒学，来罢宰

---

① 《李德裕文集校笺》卷一六，310页。文末未注时间，此系时据笺校。

② 即便如此，在地方财政包干的两税三分制度之下，藩镇财政自主权远比州要大，详陈明光《唐代财政史新编》(1991)第九章，“使级的自主权远比州级的要大得多”(246—251页，引语见246页)。

③ 松井秀一《唐代后半期の江淮——江贼及康全泰・裘甫の叛乱を中心として》(1957)将元和初李锜之乱至宣宗大中末年这五十多年，视作江淮的“平静期”，并对江淮藩镇节帅的迁转作了列表说明。这实际是对唐后期的后半段(穆宗至懿宗)这六十多年江淮格局的一个素描。

④ 王赓武《长江中游地区在唐代政治中的地位》(1973)对唐后期(756—880)长江中游的荆南、山南东道、鄂岳、湖南这四个节镇“长官中之宰相数”作过统计，荆南19位、山南东道16位、鄂岳6位、湖南11位；意在说明“任命到荆南和山南东道的是高级官员；同时相对说来，任命到鄂岳的则是一些不知名者，任命到湖南的绝大多数声名不著”(275页)。我想这一统计，也从一定意义上说明了所谓“宰相回翔”的性质和意义。王寿南《从藩帅之选任看安史之乱后唐中央政府对地方之控制》(1988)，对763—874年间淮南、东畿、宣武、山南东、山南西、荆南等镇“由曾任宰相者出任藩帅均超过10人次，而淮南14人、竟占全部藩帅(28人)的50%；东畿15人，占该镇全部藩帅(45人)的33.3%；宣武11人，占该镇全部藩帅(40人)的27.5%；山南东道10人，占该镇全部藩帅(42人)的24%；山南西道11人，占该镇全部藩帅(40人)的27.5%；荆南14人，占该镇全部藩帅(33人)的42.4%”(10页)。关于长江中游的经济发展，参牟发松《唐代长江中游的经济与社会》(1989)，特别是第四章有关交通、都会，第五章有关人口、政区变动等。

> 相，去登宰相。命监军使皆以贤良勤劳，内外有功，来自禁军中尉、枢密使，去为禁军中尉、枢密使。自贞元、元和已来，大抵如此。[①]

“来罢宰相，去登宰相”，虽多与当时的党争有关，在客观上却强化了江淮与朝廷的联系和政治认同。

至于以关中为中心的西北地区，德宗以后，神策行营驻屯于重要地区，不仅直接承担着抵御吐蕃的任务，而且对当地藩镇也起着制衡的作用[②]；不少当地的藩镇军队也“挂靠”至神策军名下，这实质是使这些边地藩镇实现了“禁军化”[③]，大大增强了这些军队对朝廷的政治向

---

① 《樊川文集》卷一〇，系年据《杜牧集系年校注》，809页。

② 关于京西北神策行营，研究神策军的论著多有涉及，如齐勇锋《说神策军》(1983)、何永成《唐代神策军研究》(1990)、张国刚《唐代的神策军》(1994，见其《唐代政治制度研究论集》)等。最近关于相关问题的讨论，可参李碧妍《危机与重构》(2015)第二章第四节“神策军镇的空间演变”、黄楼《神策军与中晚唐宦官政治(增订本)》(2019)第三章“京西北神策诸城镇的形成”等；许超雄2022年也完成了博士学位论文《中晚唐京西北藩镇研究》。

③ 学者屡屡征收的一条材料，即《新唐书·兵志》“时边兵衣饷多不赡，而戍卒屯防，药茗蔬酱之给最厚。诸将务为诡辞，请遥隶神策军，禀赐遂赢旧三倍，繇是塞上往往称神策行营，皆内统于中人矣，其军乃至十五万”(1334—1335页)。唐长孺《唐书兵志笺正》卷三指出此乃据陆贽《论缘边守备事宜状》，“隐括奏状成文”且有疏讹(103页)。按，陆贽状，见《陆贽集》卷一九(622—633页)，主要是针对用征调防秋兵来加强西北边地的防卫这一情况来谈的；但文中的所谓“穷边之地”，至少还包括北面边地的河东(他建议组建陇右元帅、朔方元帅、河东元帅三支军队，特别点出“其三帅部内太原、凤翔等府”，626—627页)。河东境内的边兵恐怕也有遥隶神策军的情况——关中之外，确有神策行营，参黄楼《神策军与中晚唐宦官政治(增订本)》(2019，116—123页)，但绝大多数这类情况应该发生在关中的北部和西部。黄楼认为“改隶神策是朝廷有意为之，绝非因军将贪图禀赐所致”(同上书，133页)；动机另论，至少客观效果是使一部分边军变成神策军，是“禁军化”了。

心力，也加强了朝廷对关中地区的直接控制。在我们看来，这也是拥重兵的西北边地诸藩镇没有出现“河朔化”的根本原因[①]。

① 王寿南《唐代藩镇与中央关系之研究》（1969）第六章第三节“西北藩镇对中央恭顺之经济因素”，称“西北方镇在经济上不能不仰赖中央之支援”是造成其对中央恭顺的原因之一，300页。张国刚《唐代藩镇研究》5《唐代藩镇的类型分析》（1983）主要从供馈不足、藩帅苛刻的特点，来讨论这一地区藩镇动乱的主要内容是兵乱，97—98页。按，这是仇鹿鸣《长安与河北之间》第六章（2017）所谓的“经济型骚乱”，257—258页。

余　谭

一、藩镇的出现："中央"与"地方"

藩镇的出现，是兵制变化的结果①。与租庸调的放弃一样，唐朝兵制的变化——废弃府兵制，是必然的。唐后期的藩镇问题，却与安史之乱有关。如果不发生安史之乱，边地驻军是不是会发展成为一种军政合一的体制呢？即使成为军政合一的体制，如果仅限于东北、北方、西北、西南边地，是不是会成为一个严重的政治问题？

安史之乱发生，且持续了八年之久。朝廷为平叛，不得不在"当贼冲者"设置军镇，驻守军队，并且调动一切可以调动的力量，以支持平叛的军事行动为应对战事，这些军镇逐渐形成了军政合一的藩镇体制。安史之乱并不是被彻底平定的，而是以双方达成"河朔故事"——

① 罗凯《何为方镇：方镇的特指、泛指与常指》(2018)对藩镇的界定作了详细分析。我们是从最一般的、最通俗的意义上来使用的，即州之上(可能统辖一州或数州)的、长官称为节度使或观察使或防御使或经略使等的一级军事或行政组织(它究竟是否属于一级行政实体，我们亦不涉及)；藩镇、方镇、节镇等异称或俗称，在本书具有同样的含义。具体所指，可参谭其骧《简明中国历史地图集》"元和方镇图说"，周振鹤《中国历史政治地理十六讲》第三讲(64—69页)、第四讲(87—89页)。前书，是元和十五年的图，后书则另有元和二年方镇图(图3—4，66页)。

安史余部承认李唐正朔，李唐朝廷承认他们在其控制地区“自行其是”——为条件，才暂时结束了双方公开的军事对抗。为了遏制安史余部不“外溢”，朝廷就不得继续维持河朔周边拥兵藩镇的存在。同时，经逐渐的调整、部署，又形成了更外围的客观上起第二道防线作用的拥兵藩镇。这就是安史之乱结束后的藩镇格局。

军队长期驻守于一地，军人长期从军且家口随军，这就使军人由地著而地方化。这个过程，安史之乱以前就已开始；安史之乱结束后，各地驻军，也大体是这样的机制，于是，不可避免地，就形成了所谓的地方军人集团。藩镇的实力越强，地方军人集团的势力也越强。他们成为当地的特殊的政治群体，对当地军政全面干预，使这些藩镇成为军人政府，实行军人政治，以维持其特殊的政治、经济、社会利益。从现象上看，是他们对节度使任用的操纵，是“骄兵”对赏赐的贪求，实质是要实行军人政治。最早实现军人政治的是河朔三镇。

所谓“河朔化”，当然是以安史余部控制的河朔藩镇为榜样、为参照。在平定安史之乱的过程中“成长”起来的拥兵藩镇的军人，特别是河朔周边的藩镇，“河朔化”的意愿最为强烈。其中，只有淮西、淄青实现了“河朔化”；到宪宗末年，朝廷终于通过武力征服，彻底终结了这两个藩镇的“河朔化”，实现了对这两个地区的彻底控制。其他如以汴宋为中心的宣武、以徐州为中心的武宁、以泽潞为中心的昭义，也都出现了“河朔化”的倾向。朝廷积极利用藩镇之间的制衡，甚至不惜直接出兵攻伐；同时，节度使与军人集团之间矛盾触发的节帅对以牙兵为核心的藩镇军人集团的清洗，有效地遏制并最终阻断了它们的“河朔化”历程。

以宪宗元和末年平定淮西、淄青为标志，朝廷基本结束了安史之乱导致的持续了六十余年(755—819)的军事动荡,实现了对河朔以外藩镇的全面控制;此后直到黄巢变起的近六十年(820—875),是稳定的[①]。这六十年,割据的藩镇,就只有河朔三镇,而且地域范围也缩小了——脱离成德的易定以及横海,逐渐弱化其"河朔"的色彩,并最终摆脱了"河朔故事"而为朝廷所控制。不能用前一个动荡的六十多年,遮蔽下一个稳定的近六十年,这样才能对唐后期这一百二十年(755—875)的政治史有一个较为准确的理解和认识。随后的三十年(875—907),经过黄巢从北往南、又由南向北的十年大"翻腾",唐王朝名存实亡,由中央政权沦为了地方藩镇。唐末这三十年应该与五代十国的五十年,划在同一个历史阶段。

仇鹿鸣《藩镇:一个难以被纳入唐宋变革论的议题?》(2022)以更广的学术视野对藩镇问题及其研究作了反思。比如,将藩镇问题与地方行政制度结合起来,认为"二级制的优点是有利于中央集权,但在行政效率、官员选拔、监察等方面会造成种种问题,反过来,三级制下高层政区幅员较大,地方获得了更强的自主性,行政上亦有便利,弊端是容易造成地方坐大。一个乃至几个州发生叛乱,力量终究非常有限,如果是一个甚至几个藩镇联合起来对抗中央,平定起来可就不太容易"(10页)。唐后期藩镇的跋扈或叛乱,并不是因为地方行政由二级变成三级,作为三级的藩镇,"一个甚至几个藩镇联合起来对抗中央",朝

---

① 谭凯《中古中国门阀大族的消亡》(2014)第四章之"唐朝政治专制与藩镇",利用统计的方法,对这一政治线索作了清晰的梳理。从该章前一节"宪宗中兴之后的再度中央化",可以看出,他竭力要廓清的,就是"关于安史之乱后中央权威几近完全瓦解的描述"(170页),是要说明"安史之乱后的唐朝并未长时间处于王朝崩溃和地方主义分离兴起的状态"(199页),也就是要否定通常俗称的安史之乱以后唐朝便陷入了"藩镇割据"这一认识。

廷“平定起来可就不太容易”，而是藩镇拥兵且具备了恃兵以跋扈甚至反叛的条件。“安史之乱的爆发，只是加速了向三级制转变的趋势，同时又使这一转变包含了地方军事化的内容，最终形成了‘尾大不掉’的局面。”（10页）地方行政级别由二级变为三级的过程，并不必然地“包含了地方军事化的内容”；即使包含了“地方军事化的内容”，也不会必然导致“尾大不掉”。又如，“两税、盐铁转运、漕运等都和藩镇问题紧密缠绕在一起，盐铁转运使后来成为三司之一，三司使在宋代非常重要，宋人称为‘计相’。”（11页）这些问题与藩镇有关，但并不是“紧紧缠绕在一起”的，比如漕运，藩镇问题出现以前，就已存在。可以说，没有藩镇问题，租庸调也一样会被两税法所取代。套用一个俗语，这是必然的；唐代藩镇问题的出现，是偶然的。

二、“藩镇割据”与“割据”藩镇：分类与分区

朱熹曾说过，“唐之天下甚阔，所不服者，只河北数镇之地而已”①，这当然是极有见地的话，比诸如“天下尽分裂于方镇”这类宽泛之论要准确得多。但毕竟没有论证（当然我们也不能要求古人作现代学术意义上的论证），很容易被看作只是一种“意见”或议论，难以引起研究者的充分重视。

关于“藩镇割据”，20世纪60年代，汪篯为撰写翦伯赞主编的《中国史纲要》而写下了一组札记，其中有两条谈及安史乱后的藩镇形势，“唐德宗至穆宗时期的军事形势”条称：“唐廷对藩镇的战争主要是在

---

① 《朱子语类》卷一〇五《通鉴纲目》，2636页。

德宗、宪宗时进行的。……自穆宗时河北复叛以后，直至唐末，中间经历了敬、文、武、宣四朝，共有三十余年，这三十余年总的情况是：文宗削平沧景，武宗削平泽潞，唐廷不但能稳定地控制住南方，而且河南、山东、山西的广大地区的节度使也都是由唐廷委派的，决不能说‘天下尽裂于方镇’。赵翼在《廿二史札记》……曾有‘天下尽裂于方镇’一语，但他指的是唐朝末年，不是说河朔再叛后就是这样。”在“唐代方镇的三种情况”条中，又说：“唐的方镇，有三种情况。一是河北藩镇，主要是河北三镇，只占有今河北一省之地和河南局部地区。此外，北方的某些藩镇，有时有些效法三镇，但都没有能维持很长久。二是其他设立节度使的地区，其中又有两类，一类是由军将出镇的，如宣武、陈许等。那里的军将有时也跋扈，军中有时也发生军乱。但一般说来，节度使的任免还是由唐廷掌握的居多。另一类是剑南东西川、凤翔和淮南等。这些是所谓‘宰相回翔之所’，不能把它们看作割据势力。三是设置观察或团练使、经略使的地区。这一类由中央直接控制，一般不把它看作是藩镇。”①可以说，这是从地域（也是不同情况的藩镇）、时间两个维度，不仅否定了所谓“天下尽裂于方镇”即“藩镇割据”的概括，而且指出了唐后期藩镇格局的实际情形。遗憾的是，他的这些认

---

① 汪篯《汉唐史论稿》(1992)，174—175页。翦伯赞主编《中国史纲要》第二册有汪篯执笔的隋唐部分，由人民出版社出版于1965年，但相关内容并未能体现他的这一认识，比如，在“安史之乱和安史乱后的政治军事形势”目，称“安史之乱虽然结束，但在河北、山东形成了藩镇割据的局面，在剑南、山东南、河南、淮南和岭南，甚至京畿之内，也时常发生节度使或军将的叛变”(195—196页)。虽然在作区分，给读者的印象倒像是强调其间的一致性。如“唐王朝对藩镇的战争”目，谈了德宗建中用兵(205页)，宪宗压平剑南西川和镇海浙西，以及平定淮西李希烈和消灭淄青李师道(206页)，谈了穆宗初年的河北再叛，以“河北藩镇的势力更加巩固”一语作结(207页)。

识并没有体现在《中国史纲要》他所执笔的隋唐部分，长期不为学界所知。

王寿南1969年刊出其博士学位论文《唐代藩镇与中央关系之研究》，清晰地叙述了并非每一地区、每个藩镇，都无时无刻不在与中央对立，或割据于中央——在该书所附"唐代藩镇总表"中，对每个藩镇的每任节度使，除标明任职时间外，还标注了任前官职、任后官职或情形、受镇原因、去镇原因、对中央态度（恭顺、跋扈、叛逆）、文武职。通过这些因素，反映藩镇与中央的关系。其中，只有河北三镇是始终跋扈、不奉朝旨，故以一章（第七章）专门讨论"河北三镇之独立性"。

1973年大泽正昭发表《唐末藩镇与中央权力》，以德宗、宪宗朝为中心，将藩镇分作权力志向、分立志向、统一权力支持三种类型；标准则是是否听命于皇帝①。

1976年崔维绎（即崔瑞德＝杜希德）发表《唐代藩镇势力的各种类型》，从地方行政的角度，将唐后期分为四大区域，即河北（自主状态）、西北（边防重地，但财政仰赖中央供给、军事上受禁军制约）、河南（军事化严重，处于河北独立藩镇与朝廷直接控制地域的中间地带，拱卫唐核心地带和监督漕运）、江淮（唐廷有效控制，是其财赋来源；江淮动荡比河北的威胁更致命）②。

彼得森执笔的《剑桥中国隋唐史》（1979）第八章谈到唐朝廷必须"牢牢地控制四个对它的生存绝对重要的区域"，即京畿的关中道、西北的边境区、长江淮河流域、运河地带。又从财政的角度，把藩镇分为

---

① 大泽正昭《唐末の藩镇と中央权力——德宗・宪宗朝を中心として》(1973)。

② 《唐代藩镇势力的各种类型》(1976)。文末有译者张荣芳"书目解题"，对藩镇研究作了简要回顾。另参陆扬《西方唐史研究概观》，《北美中国学》，88—89页。

自治的藩镇和忠于朝廷的藩镇[①]。这是他在其 1966 年完成的博士学位论文的“基础上发展而来”[②]。

中国与世界的隔绝，使大陆学界不可能及时了解、吸收像王寿南、崔瑞德等人的研究成果。

改革开放以来，中国大陆学界关于唐代藩镇认识最具实质性的突破，就是藩镇分类的研究。可以说，这与上述崔瑞德的研究是“不谋而合”；如果说区别，崔瑞德的研究是从地方行政的角度来讨论，大陆学界则是直接以藩镇为视角。最早进行系统论述、最具代表且最有影响的成果，是张国刚 1983 年发表的《唐代藩镇类型及其动乱特点》；不久即拆分为两篇，收入其 1987 年出版的《唐代藩镇研究》(第 5 和第 6 篇)。具体而言，用杨志玖的话概括，割据的只有河朔三镇，外加易定、沧景、淮西、淄青[③]。当然，近二十年也有学者进行新的分类[④]，但就立论的周延和学术影响而言，均不能与张国刚的上述研究相比。

---

① 崔瑞德编《剑桥中国隋唐史(589—906)》(1979)，493、519 页。

② 郑豪《查尔斯·彼得森九十自述：一位中国古代史专业学者的职业生涯》(2024)。另参陆扬《西方唐史研究概观》，《北美中国学》，87 页。彼得森的博士学位论文《安禄山叛乱后河北诸镇的自治》，郑豪汉译本将于近期面世。

③ 杨志玖《藩镇研究的新成果——〈唐代藩镇研究〉序》(1987)，《陋室文存》，103 页。

④ 如陆扬在据新出墓志讨论西川刘闢事件时(初刊 2002)，谈到武宁(徐州)张建封，称其为“最为典型的军事独裁型藩镇”(《清流文化与唐帝国》，67 页)；在讨论 9 世纪的宦官领袖，称魏博是“自主型藩镇”(同上书，101 页)。王永兴《唐代后期军事史略论稿》(2006)“论藩镇”，则将藩镇分为三类，一是河北藩镇，二为深受河北三镇熏习之易定、淮西、淄青等，三为忠于唐的藩镇，9 页。林伟洲《晚唐藩镇分类与性质之商榷——以昭义泽潞与平卢淄青二节度使为例》，则将唐后期的节度使分为“少部分边防正规军，余则大部分属国内警备系统(以数量论)”两类，后者功能是维护地方治安，见其《唐代藩镇研究论文集》(2016)。朱德军《略论唐代中原藩镇的演变及其表现》(2010)将淄青、淮西与宣武、武宁视作一类(中原藩镇)，100 页；朱德军、耿占军《反叛与戡乱：中唐河北之战与平乱诸军述论》(2013)则明确称张国刚的藩镇分类“在兼具(转下页)

分类，也意味着不同类型的藩镇所起的作用是不同的[①]。同时，对藩镇的作用的认识，也开始摆脱了“割据”“弱唐”这种笼统的表述和单一的视角。

讨论朝廷与藩镇的关系，比如人员的交流(藩镇幕府人员及武将的入朝)，就需将河朔以及平定之前的淮西、淄青，与其他朝廷基本或完全可以控制的藩镇区别开来，分别讨论[②]；后者，即属正常的中央与地方的关系。所谓“今之俊乂，先辟于征镇，次升朝廷。故幕府之选，

(接上页)地域的前提下更多以藩镇与中央的关系为立足点，颇具政治意蕴”，改而“完全据地域分野”，河北藩镇指黄河以东、以北的藩镇(于是把昭义、河东视作河北藩镇，这与唐人的“河北”概念差别很大)，中原藩镇指潼关以东、黄河以南、淮河以北的藩镇；南方藩镇指淮南以南，边疆藩镇特指京西、京北藩镇(70页)。这不是“分类”而是“分布”；这实际是退回到了此前以“藩镇割据”来概括唐后期的藩镇问题。与此同时，张晓东《汉唐漕运与军事》(2010)“在军事地理上按照不同的战略地位”，分作关陇核心区、南方漕运区、运河防御区、叛乱作战区(317—330页)，与张国刚进行商榷。相关研究评述，可参胡耀飞《黄巢起义对晚唐藩镇格局的影响》(2017)“一、黄巢起义前后藩镇格局与类型的急剧变化”；《初论藩镇分类的学术史梳理：从汪篯〈唐代方镇的三种情况〉谈起》(2020)，见其《晚唐中古史存稿》；《续论藩镇分类的学术史梳理——以近三十年中国大陆学者为范围》(2022)。

① 张国刚《唐代藩镇研究》5《唐代藩镇的类型分析》(1983)，称中原藩镇为防遏型，即所谓“控扼河朔，屏障关中，沟通江淮”(89页)，也就是崔瑞德对河南军事化严重的藩镇的概括。所谓边疆型，即是防边，与中原防遏河朔，只是所防对象不同而已。再如程志《论中唐藩镇的本质和作用》(1986)，称“藩镇的增置，完全是为了能在战争期间加强对各地的管理，以适应军事斗争的需要”(39页)，并谈了藩镇的监察职能、军事职能、保卫边疆的武器支柱、财政经济上支持唐廷等。当然，有些职能或作用，也许不是藩镇体制，对朝廷来说更容易发挥或发挥得会更恰当，如监察、财政等。

② 如金滢坤《中晚唐及第举人入幕的若干问题》(2008)“(二)中晚唐及第举人入幕对使府的选择”，即将及第举人入幕分别就入河朔割据型藩镇、中原防遏型藩镇、边疆型藩镇、东南财源型藩镇作了分析。但在分期上，称中晚唐，但实际分析又分作德顺、宪宣、懿哀；不知中唐与晚唐的分界何在；宪宣并为一期，则是将淄青、淮西平定前与平定后视作形势相同？见其《唐五代科举的世界》。

下台阁一等。异日入为大夫公卿者十八九焉"[①];事实上,藩镇辟署僚佐以及僚佐的迁转等,朝廷有一系列的规章制度,是纳入官员管理的体系中的[②],我们应当将此视作正常的中央与地方官员的调任、迁转来理解。所谓藩镇荐送大将入朝,亦应作如是观[③]。只有前者,才具有更多的"特别意义",犹如李唐皇室与这些藩镇的通婚[④],才更能反映朝廷与这些藩镇的政治关系。

从政治地理或区域分布上说,安史起兵及其引发的动荡,主要还是在中原地区。持续与朝廷对抗的,是河朔三镇以及此后的淄青和淮西;宪宗用兵,平定淮西、淄青之后,就仅余河朔三镇了[⑤]。剑南、山南,只是断续或短暂的动荡。长江以南,基本始终是稳定的。至于西北,像凤翔、泾原、邠宁、鄜坊等拥兵防边的藩镇,虽然也出现过动荡,但面对外来的压力以及防守区的社会经济状况,如"河朔化"即无法独立生存;加上防秋兵、神策军的驻防所形成的制衡,对朝廷而言,除应对一些突发性事件,这一地区的藩镇基本也不存在所谓控制的问题。也就是说,经过代、德、宪三朝约六十年的征讨攻伐,长期可以自外于朝廷

---

① 白居易《温尧卿等授官赐绯充沧景江陵判官制》,《白居易集校笺》卷四九,2942页;校笺称作于长庆元年至二年。按,该敕称"荆门、景域(域,谢思炜《白居易文集校注》,据《文苑英华》校改为"城",564页),南北大府……夫千里之行,始于足下。苟自强不息,亦何远而不届哉"云云,寓鼓励安慰之意,想来时人并不想到这些地方任职吧。

② 关于藩镇幕府僚佐的迁转及相关制度等,参石云涛《唐代幕府制度研究》(2003)。

③ 张照阳《寄以干城:中晚唐藩镇荐送大将入朝考》(2024)。

④ 参秦中亮《论唐代皇室与河朔节度使家族的联姻》(2021)。

⑤ 朱德军《唐代中原藩镇两税"上供"问题初探》(2012),勾勒了唐后期中原藩镇的赋税"上供"情况,比如淮西、淄青平定后,即依两税上供,称之为"阶段性'上贡'"。按,所谓阶段性,是指此前不上供、此后则上供;其本质,就是淮西、淄青被朝廷武力平定,成为朝廷可以有效控制的地区了。在这种情况下,赋税上贡即成为其正常义务,属题中应有之义了。

的——自署官吏、不输贡赋，但承认李唐朝廷为中央政府的“高度自治”，只有河朔三镇；其中，幽州还承担了阻挡东北部族南下对中原侵扰的“任务”。

将藩镇分类，是我们认识唐代藩镇问题的一个质的进步。但在我们的研究中，常常不能很好地贯彻这个认识。比如，作为分类研究最具代表性的学者，张国刚在《唐代藩镇研究》“引言”的总结中，说：

> 唐代藩镇的问题究竟在哪里呢？简言之有两点：一是军事权与行政权的合一，二是地方拥重兵而中央却没有一支能控摄全局的武装。唐代完全依赖藩镇势力之间的平衡关系，才得以维持下去，一旦黄巢起义冲垮了这种平衡，唐朝的末日就来临了。[①]

把河朔割据型与中原防遏型藩镇，视作一种平衡，还情有可原[②]，难道东南财赋型藩镇与河朔割据型藩镇也是一种平衡吗？即使中原防遏型藩镇与东南财赋型藩镇也不能称为“平衡”——难道是东南以财赋所出与中原之兵力达成平衡？这样的表述，无异于把几类性质完全不同的藩镇又混成为一种“藩镇”，认识又退回去了。

但他所概括的“藩镇势力之间的平衡关系”，又被后来的研究者放大成“以藩制藩”的战略，并进一步理解成一种“共生关系”。如王效锋《唐代中期战争问题研究》（2012）称：

---

① 张国刚《唐代藩镇研究》“引言——唐代藩镇的历史真相”（1986），27页。

② 张国刚将中原防遏型藩镇名之为“防遏”，即对河朔割据型藩镇起遏制作用；这里用“平衡”，并不准确。

“以藩制藩”是唐代中期唐廷解决藩镇问题的基本战略……“以藩制藩”策略的后果是藩镇数量的增加，听命藩镇与拒命藩镇形成一种“共生”关系。（40页）

在我们看来，这谈不上“战略”——安史起兵南下，于是“当贼冲者”也集结兵力（或募集组建，或调集其他地方的兵力前来）予以阻遏；安史余部独立了，于是在其所独立的河朔周边布置兵力，以图遏制。这完全是“兵来将挡，水来土掩”的应对，并不是规划的所谓战略。平定淮西、淄青之后，江淮甚至岭南仍有藩镇，这些藩镇与拒命的河朔藩镇，如何“共生”呢？

藩镇之间，确实表现出了“以藩制藩”。比如宣武对义成拟擅自继袭的遏制。贞元二年（786）八月，义成郑滑李澄卒，其子欲继袭，为刘玄佐所阻，《旧唐书》卷一三三《李澄传》：“刘洽出师屯境上以制之，且使告谕切至，由是克宁不敢妄发，然道路绝商旅者凡十四五日。”（3657页）[①]对淄青的遏制。如元和七年（812）田兴（即田弘正）归顺朝廷，《通鉴》卷二三九载十一月：

郓、蔡、恒遣游客间说百方，（田）兴终不听。李师道使人谓宣武节度使韩弘曰：“我世与田氏约相保援，今兴非田氏族，又首变两河事，亦公之所恶也！我将与成德合军讨之。”（韩）弘曰：“我不知利害，知奉诏行事耳。若兵北渡河，我则以兵东取曹州！”师道惧，不敢动。（7697页）

① 参《通鉴》卷二三三，7470、7472页。

颍州由郑滑“遥领”，又是为遏制宣武[1]。

朝廷完全控制的藩镇之间，也会起制衡的作用。比如，镇守润州的韩滉隔江对扬州的威慑。兴元元年(784)十二月陈少游死，“淮南大将王韶欲自为留后，令将士推己知军事，且欲大掠，韩滉遣使谓之曰：‘汝敢为乱，吾即日全军渡江诛汝矣。’韶等惧而止。上闻之喜，谓李泌曰：‘滉不惟安江东，又能安淮南……’”[2]。

藩镇之间的这种制衡关系，当然可以用“以藩制藩”来概括，但是，这种“制”实际是藩镇作为军队本职的体现——军队本来就是应随时听从国家的调遣、指令，承担威慑、弹压乃至攻伐之事的；只是在唐后期军队地方化、军队由国家(中央)军队变成为地方(藩镇)军队的特殊背景下，表现出了所谓“以藩制藩”的这一特殊性。即使是已经地方化的藩镇军队，朝廷只要能完全控制，也能起到国家军队的作用。所谓“以藩制藩”“藩镇之间的平衡关系”，只能用来概括朝廷能完全控制的藩镇与独立(河朔三镇)或半独立(淄青、淮西)藩镇之间的军事态势，不能把它扩大为“战略”或所有藩镇。比如，平定淮西、淄青之后，江淮、岭南大部分地区的藩镇的军事实力都极为有限，这些地区一旦有事，需调遣中原有实力的藩镇出兵[3]；那么，江淮、岭南的藩镇与中原的藩镇，如何“平衡”？如何“以藩制藩”呢？

张照阳《唐李祐、李有裕节度泾原事考辨——兼论朝廷与藩镇的

---

① 参付先召《唐朝后期颍州隶属变动及其对政局的影响》(2011)。

② 《通鉴》卷二三一，兴元元年十二月，7450页。

③ 参山根直生《唐朝军政统治的终局与五代十国割据的开端》(2000)、朱德军《关于唐代中期南方“客军”诸问题的考察》(2009)及其《唐代中后期南方地区“客军”问题初探》(2010)等。

共生》(2024)则用“共生”一词，来描述朝廷与藩镇的关系，如称“既有交往，又有冲突”“互补而共生于同一空间”，视作“共生”(238页注②)。我想，那些朝廷可以完全控制的藩镇，与朝廷的关系就是正常的地方与中央的关系(无论我们是不是把唐后期的藩镇界定为地方最高一级行政实体)；如果这一关系是“共生”，那么，秦汉以来，都是中央离不开地方的“共生”关系，即所谓“朝廷的政治演进和秩序维持离不开藩镇提供的种种资源”(247页)。没有“地方”，也就无所谓的“中央”。至于说“藩镇也完全不能离开朝廷的‘官爵威命’而存在”(247页)——这里的藩镇是指哪类藩镇？如果是朝廷完全可以控制的藩镇，节度使或观察使本来就是朝廷任命的，谈不上离开朝廷的“官爵威命”的问题；如果是指河朔三镇，这句话本质上反映的还是河朔三镇内部节度使与其军将之间的关系。就朝廷与河朔三镇而言，双方似乎并不属于“互相离不开”的关系(反倒是双方都曾想灭掉对方，受限于实力而未果)，而是“不得不容忍”对方的存在(朝廷有实力时，就消灭了淮西和淄青)。如果一定要对李唐朝廷与高度自治的河朔三镇之间的关系加以概括，或许可以用“长期共存”——彼此虽然反感，但也无可奈何；这不是一种谁也离不开谁的“共生关系”①。

没有安史之乱，州以上也可能会发展出一级行政实体，即所谓地方三级行政，这在历史上也是常见的，此前的魏晋就是州、郡、县三级。那么，藩镇这一级，就是周振鹤所概括的高层政区②；它们之间，跟州与

① 共生，是谁也离不开谁。《汉语大词典》(缩印本)的释义，是“两种不同的生物生活在一起，相依生存，对彼此都有利，这种生活方式叫做共生。……如果分离，二者都不能独立生存”，774页。

② 周振鹤《中国历史政治地理十六讲》第二讲《政区地理研究的基本概念(转下页)

州、县与县之间一样，是地方同级行政建置之间的平行或平等关系。并不是有了旁边的那个平级行政实体，我这一级行政实体才能成立或存在，不能从这个角度来理解唐后期藩镇间的所谓“共生”。

所谓中央与地方，或者现在年轻学人常用的“朝藩”——朝廷与藩镇，关键是要看哪个“地方”、哪类甚至哪个藩镇。不同类型的藩镇（地方），与中央的关系是不一样的。同时，还要注意是什么时期的中央与地方。

中央能完全控制的藩镇，特别是没有军事任务、不需要屯驻大量军队的藩镇，充其量是地方最高一级行政实体，即使对州县行使监察权，甚至建立了超乎监察之外的控制力，或者建立了明晰的行政上下级关系，与朝廷的关系也是正常的地方与中央的关系。我们应该用正常的中央与地方关系的视角，来研究它们的关系（官员的任用、迁转，行政运作等）①；诸如任用文职、有较短的固定的任期等，都是题中应有之义。

三、“唐亡于藩镇割据”？——时段与分期

王援朝在对藩镇进行分类时，强调了时间性②。这是很有见地的。

（接上页）与学术用语》(2001)，基层是县级，其上是统县政区；之上，称高层政区，30页。

① 参中砂明德《後期唐朝の江淮支配：元和时代の一側面》(1988)，郑炳俊《唐后半期の地方行政体系について——特に州の直达・直下を中心として》(1992)、《唐代の処置观察使について——藩镇体制の考察—》(1994)等。

② 王援朝《唐代藩镇分类刍议》(1990)将“安史之乱后到黄巢起义……这个时期的藩镇分为长期割据型、一度割据型、京东防内型、西北防边型、南方财源型等五种类型”(106页)，把“淄青、彰义（淮西）、宣武、昭义（泽潞）、山南东道、义武（易定）、义昌（沧景）等镇”视作“曾一度像河北三镇那样实行割据”(108页)。长期割据、（转下页）

安史之乱以及安史余部控制河朔，引发的动荡持续了近六十年。代宗承大乱之后，基本稳定住了局面；德宗经过建中年间的用兵，控制了山南东道（梁崇义），易定、沧景脱离了成德，同时，还基本形成了既护卫运河又能遏制淮西的藩镇格局；到了宪宗，终于彻底平定了淮西（817）、淄青（819）。这个过程，也是朝廷面对安史之乱发生后出现的前所未有的新局势，逐渐形成自己藩镇政策的过程。可以说，这是从动乱到稳定的六十年，是“恢复秩序的六十年”①。

宪宗平定淮西、淄青之后，除河朔三镇之外，朝廷基本实现了对藩镇的控制。这个局面又维持了近六十年，这是藩镇形势“稳定的六十年”②；

（接上页）一度割据，是以时间为标准；防内、防边、财源型，又是以所起作用为标准。

① 张国刚《唐代藩镇研究》3《肃代之际的政治军事形势与藩镇割据局面形成的关系》（1982）：“代宗朝不能销兵罢镇的一些客观原因长期存在。中原藩镇长期是唐廷用以对抗河朔叛镇的重要力量……这种内外相持的制约关系，维持了唐王朝相对稳定地存在达一百多年，至黄巢起义才打破这种格局。”（59 页）这是将安史之乱结束至黄巢变生，视作同一个时段；没有注意到，以元和平定淮西、淄青为界，这一阶段的前半段与后半段，藩镇形势发生了很大的变化。李碧妍《危机与重构——唐帝国及其地方诸侯》（2015）“绪论”，称“唐帝国成功渡过安史之乱这波危机，并在由此创发的新兴的藩镇体制下，成功建立其政治权威与统治力……由这场叛乱衍生出来的藩镇危机，基本上到唐宪宗元和末年已经化解”（2—3 页），可谓得其要领。

② 吴晓丰《新回顾与再省思——唐代藩镇研究的趋向与课题》（2024），关于藩镇研究的反思，说“在穆宗以后、黄巢起义之前藩镇动乱并未终止，但其规模未达到破坏既有政治格局的地步，此种相对稳定的政治局势，反而不易于为史家所捕捉并阐述”（350—351 页）。这个评述很中肯。一个相对稳定的时期，缺少变化，史料就很少能作出反映；有了变化，材料才更有可能作出反映，政治史尤其如此，虽然这与研究者偏好研究“变”而忽视“不变”不无关系。对稳定期的描述，可能就会很简单，比如松井秀一《唐代后半期の江淮について——江贼及び康全泰・裘甫の叛乱を中心として》（1957）将元和初李锜之乱至宣宗大中末年这五十多年，视作江淮的“平静期”，对江淮藩镇节帅的迁转作了列表说明；谭凯《中古中国门阀大族的消亡》（2014）据其数据库制成的“图 4－2 特定藩镇藩帅任命途径（分镇逐年）”和“图 4－3 特定藩镇藩帅（文武）背景（分镇逐年）”，称“中国大部分藩镇在 820 年代至 870 年代之间相对平稳”（180 页）。

直到黄巢变起，政治史进入了一个新的单元①——政治动荡、军事兼并同时又伴随着区域开发，成为主旋律；这并不是此前藩镇问题的继续或演变的结果。我们需要用一种新的角度和逻辑，来理解这接下来的八十年②。

① 王寿南《唐代藩镇与中央关系之研究》(1969)第二章《唐代藩镇对中央态度之分类统计》，称"自文宗至僖宗乾符年间，全国藩镇，除河北三镇仍不禀朝命，昭义一镇初期尚跋扈外，均属恭顺。此段时期中，除大和初讨李同捷及会昌时对昭义用兵外，中央与藩镇均能和平相处"(70页)；第三章"藩镇职权之广泛及对所属州县之控制力"，称"自宪宗末至僖宗初之五十余年间，藩镇跋扈叛逆者甚少，其原因之一即受元和十四年州县兵权归属刺史命令之影响，藩镇既缺少州县兵力之支持，自不敢对中央称霸倔强。及至黄巢之乱以后，地方强藩崛起，以武力行割据，不再遵守州县兵权归属刺史之命令"云(127页)；第五章《唐末藩镇之本质与其跋扈之态度》，称："从穆宗朝至懿宗朝的五十多年间，黄河以南的河南、关内、淮南、山南、江南、剑南、岭南诸道藩镇，对中央态度全属恭顺，无一跋扈叛逆者(参阅表三)，此一时期中，藩镇兵力薄弱，是为原因之一"云(259页)。作者据其藩镇表所作统计，从中央与藩镇的关系、藩镇对中央的态度着眼，描述的这些现象自属可靠，但所谈原因则大多浮泛而缺乏说服力，本书相应处已作辨析，可参看。

② 何灿浩《唐末地方的独立化》认为，"唐末以前(自玄宗发布《幸普安制》起——引者)，在部分地区实际上已经存在独立的倾向。其主要表现是河朔割据"，《唐末政治变化研究》(2001，21页)"藩镇动乱频繁发生……就动乱的行为来看，都带有独立的特征"(22页)，"唐末以前的地方藩镇表现出来的权力独立、行为独立与品格独立其实只是表明地方独立的倾向和独立因素的存在，地方独立化实际上并未完成"(22页)。在"起义战乱背景下……地方独立倾向的增强"(28页)，"唐末地方独立化完成的时间应是：广明元年(880)十一月河中军乱……标志地方独立化进入完成期"(33页)。"唐末"，作者是指懿、僖、昭三朝即860—907年(同上书，1页)。朱德军在其2005年完成的硕士学位论文《唐代中后期地方独立化问题研究》的基础上，2009年发表了《唐代中后期地方"独立化"问题初探》和《试论地方性军人集团与唐代中后期的"地方独立化"》，以黄巢之变为界，概括为初级阶段和高级阶段；同时，还认为藩镇的军队是由藩帅豢养，是藩帅的私兵。我们认为，从安史之乱到元和末年，朝廷一直在努力控制藩镇、恢复秩序；事实上，平定淮西、淄青之后，朝廷有效控制了除河朔三镇之外的藩镇。如果说有"独立化"，这个"化"也遭到了朝廷有效的遏制，并不存在一个线性的"独立化"过程的持续发展(何灿浩称从独立倾向到独立化完成，朱德军称从初级(转下页)

就时段而论，从安史之乱爆发(755)，到淮西、淄青的相继平定(819)，李唐王朝努力于重新恢复秩序，约65年；这在唐王朝(618—907)近三百年的历史中，占的时间并不算太长。从安史之乱结束(763)到黄巢变起(875)，大致可分为两个阶段，前一阶段(763—819)是恢复秩序，后一阶段(820—875)是这一基本稳定的秩序得以持续①。这是从朝廷对藩镇的控制，或者说是站在朝廷的立场或角度，来审视所谓藩镇问题所作出的时段划分。

(接上页)阶段到高级阶段)。至于藩镇军队，高度自治或所谓割据的河朔三镇，是用当地的财政养兵，并不是藩镇节度使以其家产来养兵；其他地区的藩镇，军费来自当地的财税收入和中央的财政，相关的基本情形，可参李锦绣《唐代财政史稿》下卷(2001)第二编中央(度支、盐铁、户部)支出有关"供军"和地方道、州财政支出。

① 韩国磐《唐末五代的藩镇割据》(1958)，从藩镇割据或藩镇乱事的角度，将唐后期分为三个阶段，称"唐和五代割据的主要发展形势可分为三个阶段，第一阶段是从安史乱后到宪宗暂时削平藩镇时，第二阶段从穆宗到黄巢起义时，第三阶段从黄巢起义失败后至后周时"(见其《隋唐五代史论集》，313页)。就划分阶段而言，我认为是可取的；但分期的依据或其内容，我不尽同意，特别是第二阶段，他说"这个时期的藩镇乱事，主要仍在河朔三镇"，"这一阶段藩镇反对唐室的事，虽不象上一阶段那样激烈，但乱事仍继续着……不过象汴宋、淮西、淄青一带，经宪宗以兵力平定后，这些地方是唐朝转输漕运要道，必须加强控制，故稍驯服。主要乱事，在于河朔三镇而已"(同上书，315—317页)。我认为，宪宗平定淮西、淄青之后的这一个时期，是局面基本得到控制、藩镇形势基本稳定的时期。陈志坚《唐代州郡制度研究》(2005)，明确将安史之乱结束(763)至黄巢占长安(880)定为"唐代后期"，但又称"唐代中后期""唐代中期，如武则天时……睿宗时……开元……"(41—42页)，似乎是将唐史分作唐前期、中期、后期及880年以后？冯金忠《唐代河北藩镇研究》第十三章(2006)从幽州军乱的角度，将幽州镇以刘总入朝为界，划分为前期58年(763—821，军乱5起)和后期92年(821—913，军乱19起)两期(211页)。张天虹《"河朔故事"再认识：社会流动视野下的考察——以中晚唐五代初期为中心》(2008)则将河朔历史分为三个时期，即763—821，唐廷与河朔的斗争相对激烈；822—914，河朔进一步发展；915—960为第三阶段(203页)；参其《中晚唐五代的河朔藩镇与社会流动·绪论》，5页。但在讨论魏博韩氏、乐氏和罗氏时，又称"这三个家族(的兴衰)集中反映了唐后期(822—907)魏博累世军校的社会流动情况"，将822—907年划为"唐后期"(同上书，186页)。

关于唐亡,有一种通俗的说法,是"唐代最终亡于藩镇割据"[①]。如果说这是指黄巢事变起(875)到唐亡(907),所谓唐末的这一阶段是成立的。如果上溯到安史之乱发生,那就不能成立了。820年以后,除河朔三镇之外,唐朝基本上是有"藩镇"却没有长期存在的藩镇"割据"。这一局面持续了近六十年;不能说,相隔六十年之后,唐王朝亡于安史之乱以来的所谓"藩镇割据"。如果是指河朔三镇的割据导致了唐亡,那就是763年以后,河朔割据藩镇在此后的一百五十年,"亡唐之心不死",一直持续在亡唐。事实上,在唐末的这三十年的混战中,河朔三镇的地位、作用大为降低,自顾不暇,根本无力也无心来"亡唐"了。

唐末这三十年,是唐朝崩溃的三十年。唐僖宗出逃(881)、再回到长安(885),李唐王朝就从一个"中央政府"沦为局促于关中一隅的"地方政府"了。唐王朝的崩溃,并不始于僖宗从剑南重回关中,而是在他被迫逃离长安时就已经崩溃了,是名存而实亡。它不是亡于"藩镇割据",而是亡于黄巢的从北到南、由南又到北的打击。黄巢南北"翻腾"的过程,就是唐王朝被拆解的过程。唐末三十年的"藩镇割据",李唐充其量不过是"割据藩镇"之一。

黄巢之变,就事件的发生而言,具有极大的偶然性。但这一偶发事变却"启动"了李唐王朝的崩溃过程。庞大的帝国的崩溃过程,往往是一个偶然的事件引发的。这三十年,是随后的所谓五代十国的开

① 比如周振鹤《中国历史政治地理十六讲》第六讲《行政区划层级变迁的三循环》(1990),127页。这大概受《新唐书》卷五〇《兵志·序》"其后天子弱、方镇强,而唐遂以亡灭者,措置之势使然也"(1324页)以及赵翼《廿二史札记》卷二〇"唐节度使之祸"条所谓"迨至末年,天下尽分裂于方镇,而朱全忠遂以梁兵移唐祚矣"(《廿二史札记校证》430页)的影响。参仇鹿鸣《藩镇:一个难以被纳入唐宋变革论的议题?》(2022)。

端，应划分在同一个政治单元①。

总之，安史之乱（755—763）以后的唐后期，在平定淮西（817）、淄青（819）之后，直到黄巢变起（875），这六十年的时间②，不宜以"藩镇割据"来概括。

至于唐王朝受到来自周边势力的侵扰或压力，这与安史之乱基本没有太大关系。没有安史之乱，这些压力也始终存在。因安史之乱，从安西、北庭撤回军队，参与平叛，这确实直接导致了唐王朝对河西、西域失去了控制——即使不发生安史之乱，唐王朝对西域的经营，恐怕也很难持续；事实上，高仙芝已在怛逻斯之战中战败，况且，还有来自吐蕃的威胁。对吐蕃，受制于自然环境和自然条件，唐王朝只能采取守势，无法像对待北方游牧部族那样，主动深入进行攻伐。中原王朝与北方游牧社会的对峙，始终是在游牧与农耕交错的"河西走廊—阴山—燕山"一线，随具体形势的变化，时进（北）时退（南）。安史之乱并没有对这一形势产生实质性的影响。

我们在研究唐朝的藩镇问题时，不宜过分夸大这一问题对唐朝历史的影响。

---

① 至于一些宋史研究者将唐后期、五代、北宋前期视作一个历史发展阶段，是从更宏观的视角来审视的，如邓小南《走向再造：试谈十世纪前中期的文臣群体》（2002），在标题注释中，称"自唐朝末年经五代至北宋初年，在政治、军事、经济、文化等方面面临的社会矛盾性质类似，统治者在挣扎摸索中致力于解决的问题类似，这段时间事实上属于同一单元"，《朗润学史丛稿》，36 页。本文则主要是从藩镇与政治的角度来看的。

② 王赓武《五代时期北方中国的权力结构》（1963）把 755—884 年分为两个阶段，755—870 年视作"表面上的恢复阶段"，875—884 年为灾难性的叛乱（即黄巢起义）。在我们看来，763—819 年是实质性的恢复阶段，并非"表面上"的。

唐史的分期，学术有不同的意见，有两分、三分、四分等不同分法[①]。比如文学史的研究者常常使用初盛中晚唐，但具体划分也不尽相同，傅璇琮主编《唐五代文学编年史》，在自序（1998）中，称初盛唐的下限是安史之乱发生（755），中唐起于756年止于敬宗宝历二年（826），晚唐起于文宗太和元年（827）止于天祐三年（906）；五代则起于朱温代唐（907），止于赵宋开国（960）[②]。

历史学者在研究藩镇问题时，也常用中唐、中晚唐这样的概称。但有的不作清晰的断限，泛泛使用，读者需要据上下文来揣摩其大致的分界。有的分界划得较为清晰，但两头上下限又较模糊，比如杨文春《淮西镇在唐代藩镇中的角色与地位》（2015）称"一部中晚唐史，从某种意义上讲就是中央与割据藩镇的斗争史"，出注称"本文将中唐与晚唐的时间界限定在穆宗长庆四年（824）"（43页）；晚唐，我们自可理解成为824年至唐亡，但中唐的上限却未予交代，想来是从安史之乱算起。有的则前后叙述即出现分歧，如胡平《未完成的中兴：中唐前期的长安政局》（2018），"中唐"是指"德宗、顺宗、宪宗、穆宗、敬宗，即从公

---

① 杨志玖《唐史三题》（1993）之三，即谈学界对唐史的分期，如前后两期、四分法（初盛中晚，盛唐是玄宗至肃宗，中唐是代宗至文宗；两头是初唐和晚唐。所引证的是《唐音》和《唐音统签》）、三分法（介绍范文澜《中国通史简编》的看法，天宝元年至元和十五年为中期，两边则是前期和后期），《陋室文存》，119—120页。他的《隋唐五代史纲要》（1957）以安史之乱为界分为前后两期。韩国磐《隋唐五代史纲》（1961）将安史之乱（755）至黄巢起事前（874）定为"安史之乱后的唐朝"。王仲荦《隋唐五代史》（1988）似将唐政治史分为五期，即唐之建立、高宗武后、开天全盛及安史之乱和德宗的统治、宪穆敬文武宣（第二章）；懿僖昭哀则作为"唐王朝的衰乱"，放到下册与五代十国一起叙述（第七章）。王效锋《唐代中期战争研究》（2012），则将安史之乱（755）至穆宗末（824）划为"唐代中期"（《序论》，1页）。

② 傅璇琮《驼草集》，1449页。

元 780—826 年近半个世纪的政治史”(19 页),但是,在交代“本书大体上将中唐前期的政治过程分为两部分来处理”时,又说“首先是自安史之乱平定到建中之乱结束……也就是自宝应元年(762)至兴元元年(784)的政治过程。……其次是由贞元元年(785)到永贞元年(805)的政治过程……此下的元和至大和期间(806—835)属于中唐政治史的后期”(25 页)——这显然是把“中唐”分为三段,中唐前期是 762—784 年,中唐后期是 806—835 年,其间的 785—805 年是中唐的中期了;这与前此所说“中唐”是指 780—826 年即有出入。至于学界更早期的作品则更为随意。比如,称“在唐末,这种兵马使逐节帅的事件是屡见不鲜的,以卢龙镇为例”,举出的是大历三年、大历七年、元和五年、宝历二年的四起事件[①];代宗大历,已划为“唐末”。

本书避免使用中唐、晚唐、中晚唐这样的概称。将安史乱起(755)至黄巢变起(875),称为“唐后期”;黄巢起事至唐亡,即 875—907 年,视作“唐末”[②],实可与五代十国并为一个时期。

四、“天下指河朔若夷狄然”——如何看待河北?

以“河朔故事”为条件,安史余部结束了与李唐朝廷的公开武力对

① 樊文礼《从宋初的改革措施看唐末五代藩镇的割据统治》(1982),34 页。大泽正昭《唐末の藩镇と中央权力——德宗・宪宗朝を中心として》(1973),也将德宗、宪宗视作“唐末”。

② 何灿浩《唐末政治概说》把懿、僖、昭三朝(即 860—907 年)视作“唐末”,是“完全衰败期”,见其《唐末政治变化研究》(2001)。这与本书所划定的“唐末”起始,不过相差 15 年;其间似乎也无实质性的变化。时段划分,随各人研究的角度、侧重点不同而自可不同;只是各人的划定需务求明确,要让读者明白其讨论的时段起讫。

抗，承认李唐为中央政府，但在其控制的河北地区实行高度自治，习称为河北(朔)割据。

张国刚称“河北割据藩镇有三个最基本的特征”，即政治上，节度使“由本镇拥立”；财政上，“赋税截留本镇，而拒不上供中央”；军事上，“养蓄重兵，专恣一方，并倚之作为与中央政府分庭抗礼的凭借”。据此，认为“河朔自安史之乱以后，长期陷入割据局面”。但同时，他又认为不能将“大唐帝国版图以内实有截然不同之二分域”(陈寅恪语)，因为“它抹煞了河朔割据藩镇与唐朝中央千丝万缕的联系，不符合历史事实。大量事实表明，唐朝的政策法令在河北地区亦有施行”，随后举出了如“河北地区的州县行政区划的改易和废置”“河北官员也有从中央调进或从本镇征出的”“进士科也是河朔文人的主要仕途”“河朔不输王赋，但两税法亦仍实行”“设有监军院”，结论是“如果我们把前述河朔型藩镇企图摆脱中央集权的政治倾向称为游离性的话，那么，它们在实际上表现出来的这种不否定中央统治的特点则可称之为依附性”①。“依附”，谈不上；“互不否认”，可谓一语中的，点出了李唐朝廷与河朔三镇关系的实质——朝廷与河北，并非始终处在一种剑拔弩张的敌对状态。除安史和朱泚称帝，大部分时间是奉李唐朝廷正朔，承认李唐为中央政府的，还派兵赴中央参加“防秋”②。李唐朝廷也允许

---

① 张国刚《唐代藩镇研究》5《唐代藩镇的类型分析》(1983)，83—88页。

② 如大历九年五月诏：“每道岁有防秋兵马，其淮南四千人，浙西三千人，魏博四千人，昭义二千人，成德三千人，山南东道三千人，荆南二千人，湖南三千人，山南西道二千人，剑南西川三千人，东川二千人，鄂岳一千五百人，宣歙三千人，福建一千五百人。其岭南、浙东、浙西，亦合准例。恐路远往来增费，各委本道每年取当使诸色杂钱及回易利润、赃赎钱等，每人计二十贯，每道据合配防秋人数多少，都计钱数，市轻货送纳上都，以备和籴。”(《旧唐书》卷一一《代宗纪》，304—305页)《唐大诏令集》(转下页)

河北士子参加中央政府组织的科举考试，也接受河朔军将被荐入朝，也承认游幕于河朔者的履历①。李唐皇室还不时下嫁公主，与之通婚联姻②。但他们自署官吏、不上供赋，是“高度自治”。借用现代政治学术语，这是“特殊的中央与地方”关系，是高度自治、互不否定。这也可以帮助我们理解河朔何以会与朝廷“长期共存”。

就文化、政治的认同或感知而言，唐代文献中，我们可以看到安史余部控制下的河北地区对朝廷挑衅、对立、敌视的材料，如大历八年

(接上页)卷一一一《命诸道平籴敕》，后半作：“恐路远往来增费，各委本道节度、观察、都团练等使，每年取当使诸色杂钱及回易利润、赃赎等钱物，每人计二十千文，每道各据所配防秋人数多少，都计钱数，市轻货送上都左藏库贮纳，充别敕和籴用。”(580页)这似乎有将防秋兵“赋税化”即日常化、制度化的意向。这道诏书中没有幽州，实际朱泚曾派兵防秋(此诏未及，可能因幽州地处北边，要防止北方游牧部族的南下，故免其制度化后的纳钱)。《全唐文》卷四七《命诸道入钱备和籴诏》以《旧唐书》为底本，据《唐大诏令集》校；该诏各出处，见《唐代诏敕目录》，310页。参冯金忠《唐代河北藩镇研究》(2012)第四章“一、防秋防冬制度与河北藩镇武职僚佐的迁转流动”；朱德军《中晚唐关中地区的几种防秋兵述论》(2020)“三、河北防秋兵”。

① 关于河朔以及被平定以前之淮西、淄青等与中央朝廷的复杂关系，特别是体现在士子应试、游幕，以及武将归国、入朝等人员流动等，张国刚《唐代藩镇研究》5《唐代藩镇类型分析》(1983)即针对陈寅恪的观点，作过辨析(84—88页)；此后学界对此又有不少揭示。孙继民《关于唐宪宗元和时期割据藩镇的户口申报——兼评〈中国人口史·隋唐五代时期卷〉》(2004)就将此概括为，“20世纪80年代以后，学术界已有一部分学者开始注意割据藩镇与唐王朝的共生和依存关系”(《中古史研究汇纂》，196页)。最近的研究，可参张照阳《唐李祐、李有裕节度泾原事考辨——兼论朝廷与藩镇的共生》(2024)，特别是第三节“从归国将吏看朝廷与藩镇间的共生”；此前的相关研究，如冯金忠《唐代河北藩镇研究》第三章(2008)《唐代河北藩镇武职僚佐的迁转流动(一)——以与中央朝官间的流动为中心》、刘琴丽《中晚唐河北举子研究》(2009)等，可一并参看。

② 参《唐帝国の灭亡と东部ユーラシァ——藩镇体制の通史的研究》第二章(2013)；秦中亮《论唐代皇室与河朔节度使家族的联姻》(2021)；等等。

(773)田承嗣为安史立祠堂,谓之四圣,进行祭祀[①]。长庆元年(821)在幽州节帅刘总安排下,张弘靖入幽州,“弘靖以禄山、思明之乱,始自幽州,欲于事初尽革其俗,乃发禄山墓,毁其棺柩,人尤失望”[②],映射出当地对曾称帝立国的安史的认同。如宝历二年(826)朱克融因不满朝廷所赐春衣“衣段疏薄”,“奏今岁三军春衣不足,拟于度支请给一季春衣,约三十万端匹”,意在羞辱朝廷,敬宗“忧其不逊,问宰臣曰‘克融所奏,如何处分’”,裴度称“克融家本凶族,无故又行凌悖,必将灭亡,陛下不足为虑”[③]。敬宗称其“不逊”,裴度称之“凌悖”,用我们常用的表述,即跋扈。

我们也能看到不少河北乃至淄青、淮西被歧视甚至遭敌视的材料。如贞元十五年(799)宣武节帅董晋卒,时任行军司马的陆长源受命继任,有人劝他赏赐兵将,为其所拒,称“不可使我同河北贼,以钱买健儿取旌节”[④]。长庆元年(821)在幽州节帅刘总安排下,张弘靖入幽

① 《通鉴》卷二二四,大历八年九月,7222页。王炳文《从胡地到戎墟:安史之乱与河北胡化问题研究》(2020)第二章“五、河北形象的塑造”,称这是“对自身合法性的追溯”,是“对其父子相袭传统的历史依据的刻意树立”(61页)。我想,挑起对立的意图似乎要比追溯合法性要更强烈吧,安史之乱结束时双方默认的“河朔故事”才更具有“合法性”。

② 《旧唐书》卷一二九《张弘靖传》,3611页。参《通鉴》卷二四一,长庆元年六月,7793页。卢建荣《唐后期河北特区化过程中的抗争文化逻辑——兼论唐廷与河北为扈从主义关系说》(2000),利用墓志讨论了河北人对其府主(河朔三镇节帅)的认同等。

③ 《旧唐书》卷一七〇《裴度传》,4428—4429页。《旧唐书》卷一八〇《朱克融传》作“宝历二年,遣使送方镇及三军时服,克融怒所赐疏弱,执中使以闻。上特优容,别命中使宣谕,仍改赐衣物……又上言无衣,拟于朝廷请三十万端匹,以备一岁所费,不然则三军不安”(4673—4674页)。另参《通鉴》卷二四三,宝历二年三月,7849页。

④ 《旧唐书》卷一四五《陆长源传》,3938页;《通鉴》卷二三五,贞元十五年二月,7582页。

州，“(从事韦)雍等诟责吏卒，多以反虏名之，谓军士曰：‘今天下无事，汝辈挽得两石力弓，不如识一丁字。’军中以意气自负，深恨之”①。

元和十四年(819)淄青平，一分为三，王遂被任命为兖海沂密观察使，“遂性狷忿，不存大体。而军州民吏，久染污俗，率多犷戾，而遂数因公事訾詈将卒曰‘反虏’，将卒不胜其忿”②。会昌三年(843)杜牧《上李司徒相公论用兵书》，言及二十年前已平定的淮西，“人味为寇之腴，见为寇之利，风俗益固，气焰已成”③。

但我们也可以举出在政治上朝廷对他们“一视同仁”的材料④。

代宗大历八年(773)薛嵩死，魏博田承嗣千方百计，吞并薛嵩所部，尽占相、卫。十年四月朝廷下令出兵攻讨田承嗣。十二月，“元载、王缙奏魏州盐贵，请禁盐入其境以困之。上不许，曰：‘承嗣负朕，百姓何罪。’”⑤

德宗贞元八年(793)河南北、荆襄、陈许等四十余州发生水灾⑥，在陆贽的要求下，朝廷遣使赈给，但对其中的淮西，德宗不以为然，专门传旨，予以否决。为此，陆贽上《论淮西管内水损处请同诸道遣宣慰使状》：

---

① 《旧唐书》卷一二九《张弘靖传》，3611 页。参《通鉴》卷二四一，长庆元年六月，7793 页。

② 《旧唐书》卷一六二《王遂传》，4242 页。参《通鉴》卷二四一，元和十四年七月，7770 页。

③ 《樊川文集》卷一一，系年据《杜牧集系年校注》，818 页。

④ 参李佳哲《从诏书用词看唐廷对少数民族与河北藩镇的态度——兼论中唐时期的夷夏之辨与河朔胡化》(2016)、《陈寅恪“河朔胡化”说辨析》(2017)第二节“唐廷对河北藩镇的认同”。其中谈夷夏之辨、士大夫对河朔的认识等，二文有重复处。

⑤ 《通鉴》卷二二五，7236 页。

⑥ 关于这次淮河水灾，吕周任《泗州大水记》作过生动描述，见《唐文粹》卷七六、《文苑英华》卷八三三。

右奉进止：淮西管内贡赋既阙，所缘水损简择宣慰使，此道亦不要遣去者。

臣闻圣王之于天下也，人有不得其所者，若己纳之于隍。……盖以率土之内，莫非王臣。或有昏迷不龚，是由教化未至，常以善救，则无弃人。

自希烈乱常，污染淮甸，职贡废阙，责当有归，在于编甿，岂任其咎！陛下息师含垢，宥彼渠魁，惟兹下人，久罹胁制，想其翘望圣化，诚亦有足哀伤，傥弘善救之心，当轸纳隍之虑。

……

议者多谓淮右荐饥，国家之利，臣等愚见，以为不然。……窃以帝王之道，颇与敌国不同，怀柔万邦，唯德与义，宁人负我，无我负人。……今因供税有阙，遂令施惠不均，责帅及人，恐未为允。……诸道使并未敢宣行，伏候进止。①

德宗之不欲遣使赈给，是因为淮西在两税三分的赋税分配原则之下，不向朝廷“上供”，是着眼于赋税收入。德宗大概也对自己这样的裁决有些犹豫，才令人给陆贽宣旨，也才有陆贽专门针对这一“进止”，表达自己的意见②。最终是采纳了陆贽的意见，八月三日颁布《遣使赈恤天

---

① 《陆贽集》卷一七，557—559页。《通鉴》卷二三四，贞元八年七月，“河南北、江淮、荆襄、陈许等四十余州大水，溺死者二万余人，陆贽请遣使赈抚”。德宗初不欲赈给，后同意，但特别针对淮西，说“淮西贡赋既阙，不必遣使”，陆贽又上奏论列，云云；八月遣中书舍人奚陟等宣抚诸道水灾，7533—7534页。

② 权德舆也曾为此次江淮水灾及赈给事上疏，见《权德舆诗文集》卷四七，系时为“八月日”；当然，该疏中未及对淮西所管诸州的处置事，似乎德宗只是以倾向性的态度，征询了陆贽的意见，738—740页。

下遭水百姓敕》：

> 宜令中书舍人奚陟往江陵府及襄、郢、复、隋、鄂、申、光、蔡等州，左庶子姚齐梧往陈、许、宋、亳(亳)、颍、徐、泗、濠等州，秘书少监常(自注：诏令作雷)咸往恒、冀、德、棣、深、赵等州，京兆尹常(韦)武往杨、楚、庐、滁、润、苏、常等州宣慰。①

河朔、淮西均在遣使赈恤之列，德宗最终是听从了陆贽的意见；可见朝廷并未把淮西、河朔完全视作敌国。君臣意见的相左，反映了"政治认同"在朝廷最高层也存在着差异。

陈寅恪为说明"长安集团与河北集团政治文化对立之形势"，引用杜牧《卢霈墓志》所谓"生年二十未知古有人曰周公、孔夫子者，击球饮酒，马射走兔，语言习尚无非攻守战斗之事"和韩愈《郑董召南游河北序》所谓"董生举进士，连不得志于有司，怀抱利器，郁郁适兹土，吾知其必有合也"②。

---

① 《文苑英华》卷四三五，2203页；该诏还见于多处，详见《唐代诏敕目录》所列，358页。《全唐文》卷二二《遣使宣抚水灾诏》是以《册府元龟》卷一六二为底本，据《文苑英华》校补而成。

② 陈寅恪《唐代政治史述论稿》(1943)上篇，26页；《论李栖筠自赵徙卫事》(1956)又提及安史乱后，唐帝国分为安史余部所控制的"胡化藩镇区域"与李唐朝廷所控制"崇尚周孔文教，用进士词科选拔士人以为治术"的"两部"这一背景，《金明馆丛稿二编》，1—2页。钱穆《国史大纲》(1940)第二十八章"一 唐中叶以后之藩镇"已引杜牧《卢霈墓志》、杜佑建中上议称田悦之徒"暴刑暴赋，惟恤军戎，衣冠士人，遇如奴虏"、田弘正上表"自天宝已还，幽陵肇乱，山东奥壤，悉化戎墟"、史孝章谏其父所言"天下指河朔若夷狄然"以及张弘靖入幽州发墓败棺等，称之为"藩镇政权下社会文化水准之降低……其与整个中国文化隔阂，至于如此，其影响至五代宋时而大显，中国古史上至要一大关键也"，335—336页。毛汉光《论安史乱后河北地区之社会与文化——举在籍大士族为例》(1990)则进一步举出了"镇州—滹沱河"一线南北的文化差异，此线以北儒学甚淡，以南则文化水准高于以北；尚闻一、梁兴堃《"镇冀之间，自为一秦"：中晚(转下页)

但也可以举出完全相反的例证[1]。

在出土墓志中，也有截然相反的记述——既有对河朔敌视的表达，如视河朔为"匪人之土""危邦""污俗""隔王化于三千里之外"，也有"生长河朔，早习诗书""家于常山……讨览经籍，九流百家之语，靡不该通，著诗业文，名显当代"[2]。

《郑潨及妻崔氏合祔墓志》把成德描述为"镇冀之间，自为一秦，颇禁衣冠，不出境界"一语，更是后广为学界所征引，用以说明河北与李

（接上页）唐河北藩镇人员外流的量化分析》(2020)认为人物葬地的数据资料呈现的分析结果，与此吻合(175 页注⑥)。但刘琴丽据河北士子科举的情况，认为"幽州镇的举子占据了绝对优势"，难以断定幽州镇文化水准低于成德和魏博，《唐代举子科考生活研究》"附录"(2009)，332 页。金滢坤《中晚唐及第举人入幕的若干问题》(2008)则从及第举人游幕河朔的情况，也对韩愈之言质疑，《唐五代科举的世界》，184 页。陈磊《唐代后期河北地区的文化分区与社会分群》(2008)，强调了河北自我认同，"随着独立情势的发展，他们也越来越认同现状……在藩镇系统和百姓的共同作用之下，河北地区特别是河朔三镇的独立性确立并强化下来，构成该地区社会心态中的核心特征。这种藩镇社会内广泛存在独立性心态对该地区藩镇的长期割据具有不容忽视的维系作用"，236 页。杨劭允"Shi Xiaozhang's Spirit Road Stele and the Rhetorical 'Barbarization' of Late Tang Hebei"(2018)，认为史孝章之语只是一种修辞，并非实指当地种族文化有了变化，参吴晓丰《新回顾与再省思——唐代藩镇研究的趋向与课题》(2024)所作介绍，349—350 页。

① 方积六《唐代河朔三镇"胡化"说辨析》(1989)，特别是"二、河朔三镇的思想文化"所举诸例，439—447 页。陆扬《论冯道的生涯》(2013)"一 晚唐五代幽州的文士"，《清流文化与唐帝国》；特别指出杜牧将卢霈"作为当时河北士人的典型，用一种类似纵横家的口吻来铺叙这位文士到唐代核心区域后的文明开化的过程，但其中包含了杜牧本人的诸多想像"，168 页。另参仇鹿鸣《长安与河北之间：中晚唐的政治与文化》(2018)第八章"二、长安与河北之间"。顾乃武 2007 年完成的博士学位论文《唐代河朔三镇的社会文化研究》既谈到了河朔尚武、任侠、勇悍之俗，也勾勒了这一地区的儒家文化特征(第二章)，这有助于我们立体地、多面地了解和体认安史乱后河朔地区的文化面貌。

② 墓志语分别见《唐代墓志汇编》太和 049 号、长庆 008 号、开成 050 号。

唐的区隔——不仅自为一体，且曾限制衣冠士人出境[①]。牟发松据此以及《新唐书》卷一四八《史孝章传》“天下指河朔若夷狄然”等，勾勒了“《崔氏合祔墓志》所见成德藩镇形象”：

> 在时人心目中，河北藩镇与两京为中心的朝廷直接控制之地，实为截然不同的两个社会……在政治、军事上亦处于对峙状态。陈寅恪先生“大唐帝国自安史乱后，名虽统一实则分为两部”之结论，正是从当时人的实际心理印象中来，又如实反映了当时唐代朝野特别是唐皇朝直接控制地区的社会普遍心理，实为不易之论。

---

① 《郑潨及妻崔氏合祔墓志》，图版见《千唐志斋藏志》，录文见《唐代墓志汇编》太和049号。牟发松《墓志资料中的河北藩镇形象新探——以〈崔氏合祔墓志〉所见成德镇为中心》(2008)，据图版对录文作了校补；该志以崔氏为主，牟文还发现了《郑潨墓志》，并围绕此两方墓志以及其他相关墓志，对郑氏家族在河北的仕宦情形作了深入细致的考订和解说，如他们并非因“薄游”而滞留河北，也并不能完全归因于“颇禁衣冠、不出境界”，极有说服力，见其《汉唐历史变迁中的社会与国家》，相关内容详见328—333页。仇鹿鸣《长安与河北之间》(2018)第八章“二、长安与河北之间”，认为“至长安以后，随着河朔故事的定型，唐与藩镇之间的关系趋于稳定，‘镇冀之间，自为一秦’的阻隔便不复存在”，326页。最近尚闻一、梁兴堃《“镇冀之间，自为一秦”》(2020)利用哈佛大学中国历代人物传记数据库，建立数学模型，对这一问题作了量化分析，极有趣，可参看。但该文对个别材料的解说，似有误解，如将此《崔氏合祔墓志》中的这句话，视为“河北之内自视”(152页)，这是不对的；该志作者王球，并非河北之人，他是作为河北之外的人、受崔氏子所托撰写墓志，是在为郑氏父子长期居留河北“洗白”。再如变量之二“节度使身份特征”，称“胡族节度使直接导致藩镇文化的异质性”(170页)；如果这是成立的，我们就难以理解像朔方军的情形，难以理解大量蕃将的任用却并未导致“文化异质”的出现。另外，该文只统计“外流”，谭凯《中古中国门阀大族的消亡》(2014)第四章之“藩镇幕府中的社会流动”和“藩镇文化”则主要统计到藩镇入幕人员的情况，正可互补。谭凯认为河朔三镇的幕职基本是由当地人充任，其他藩镇的上层文职幕职则被京师精英把持。我想，这正体现了河朔三镇“高度自治”的实质，是“自署官吏”的表现。

同时，又据多方墓志，勾勒了“河北藩镇的另一面”：

> 河北藩镇地区制度化的儒学教育及人才选拔机制并未完全停止运行……河北地区具有悠久传统的周孔之教的顽强性，它使得政治军事上似乎“自为一秦”的河北藩镇，仍在文化上与长安皇朝具有不可分割的内在联系，二者之间的士人及官员交流也从未停止，这些因素在某种特定条件下就可能转化为政治上的向心力和凝聚力。
>
> ……
>
> 除了外来的士子，当地有儒学传统的家族仍承习“世业”，使得政治军事上似乎“自为一秦”的河北藩镇，仍以文化为媒介与长安王朝保持着内在的联系。

对所谓“自为一秦”，牟氏也特别强调：

> 藩镇是“匪人之士”还是“王化”之区，关键取决于藩镇的政治态度，即是否承认长安朝廷为正朔，而非以该地区文化上是否“尊崇周孔文教”为依归。如前所述，就当时士人群体的心理，在文化上确实“目河朔间视犹夷狄”，逃之去之唯恐不及；但另一方面，亦如上所述，河北藩镇仍对于士人有相当强的吸收力，有一大批士人游仕并留居该地。①

---

① 牟发松《墓志资料中的河北藩镇形象新探》(2008)，引语见《汉唐历史变迁中的社会与国家》，332—333、338、336页。

这可以说是对陈寅恪河北“胡化”认识既加承续又作修正的最具代表性也最具说服力的解说。

这也令人想起安史之乱中，安史控制区所出的墓志的年号使用情况，有的用了安史的年号，有的则用了李唐的年号；有的有深意存焉，有的可能就是依其当下施行的年号加以纪年而已①。无论具体情形如何，至少反映了当时存在着的多种或多元的认同或感知，特别是在不同的语境或各种具体背景下，会有多种不同的表达②。比如陈寅恪所引《卢霈墓志》这几句话之后，就言及劝卢霈离开河朔的黄建，“镇州有儒者黄建，镇人敬之，呼为先生，建因语生以先王儒学之道”，于是给他介绍了两京的情况；卢霈逃至王屋山，诣道士观，“始闻《孝经》《论语》”——从黄建“语生以先王儒学之道”，黄建应该不会不知道《孝经》《论语》吧；年二十的卢霈不知道，不等于河朔地区就都不知道。联系到杜牧的政治立场，以及他借黄建之口夸耀两京、突出两个地区的对比情况，对河朔的描述显然是夸大了。再如，《唐语林》所记元和初宪宗起用高崇文而不用刘澭率兵平西川刘闢，是因“澭生长幽燕，只知卢龙节制，不识朝廷宪章”，以及沈下贤《旌故平卢军节士》，世居平卢军的郭旷举进士，时知贡举的权德舆“闻家居非地，即罢选”，学界多举此

① 参仇鹿鸣《河北与长安》第三章(2017)，以及所引冻国栋《墓志所见唐安史乱间的“伪号”行用及吏民心态》(2003)、《读〈大燕故魏府元城县尉卢府君(说)墓志序〉书后》(2010)等先行成果。

② 宗方小太郎于1887年(光绪十三年)行至宁远州(今辽宁兴城)，“越一丘，丘上有锦县西界碑，宁远至此二十里”，“投路旁一陋店避雨……闻直隶永平府之铭字军十一营于今年三年(清历)间经过此地，陆路经牛庄赴金州云。店主知予为南人，猝尔问曰：南京还有皇帝否？边僻土民之愚蠢往往如此”(86页)。有了这样的事例，反观千余年前的唐朝，对朝廷、对皇帝的“表达”，应该也有不少是“无意”“无心”之言吧。

二例以说明朝廷对河朔的歧视，张照阳却举出其他相反的例子，称“凡此种种，足以说明朝廷对归国将吏的猜忌并非普遍现象”[①]；针对科举，刘琴丽称“朝廷在科举政策上，并没有将河北藩镇看做化外区域”[②]。当然，学者根据这些材料作出自己的认识和判断时，也难免会各有偏重，甚至作出过度解读[③]。

安史之乱结束后，安史余部在其所控制的河北地区实行高度自治，独立于李唐朝廷，这是事实；他们以区区河朔三镇之力，与控制了像江淮等富庶之区的李唐朝廷抗衡而未被消灭，诚如杜佑在德宗建中年间建议省官以省用的上议中所言，“今田悦之徒，并是庸琐，繁刑暴赋，唯恤军戎，衣冠仕人，遇如奴虏，岂比公孙述、诸葛亮之在巴蜀，孙权、陈霸先之有江南”[④]——他举汉末、三国鼎立、隋统一陈之前的情形为例，说明不必担心会出现“省官资敌”的问题。“繁刑暴赋，唯恤军

① 张照阳《唐李祐、李有裕节度泾原事考辨》(2024)，239—247页；引语见241页。

② 刘琴丽《唐代举子科考生活研究》“附录 由科举仕进看中晚唐河北藩镇的地域文化”(2009)，引语见344页。

③ 文化认同、社会心理这类问题，是比较“虚”的，文献表述出来，未必是“事实”。文字有不同的语境，表述者有自己的侧重，等等，这都会给分析文献者造成困扰，导致误读。我们可以用明清赋役的研究作一类比。就材料而言，明清赋役的相关史料可谓丰富，问题本身也比较“实”，但资深的专业研究者尚感慨“赋役制度实施的实际情况因地域的不同有很大的不同，我们研究的地方越多，发现的差异就越多……我们的研究可以更加细致化，但是我们遇到的最大难题是无法予以归纳总纳”(鹤见尚弘等编《日本学者明清赋役制度史研究·编译序》引鹤见尚弘语，4页)。近十数年来，华南学派的学者所揭示的明清时期的华南社会，极具特色，与同时期的中原存在着极大的差别。即以目下论，北上广深等所谓一线城市，无论是经济还是文化、社会、景观，与乡村差别之大，不可以道里计，但事实上却在同一个中国政府的领导下。唐代后期地域之间的文化有些差异，何足怪哉！把这类差别求之过深，“无限拔高”，实在是差之毫厘，谬以千里了。

④ 《通典》卷四〇，1109页。

戎，衣冠仕人，遇如奴虏”，体现了河朔所实行的典型的“先军政治”，是军人政治的突出表现。这是与李唐朝廷的文治政府有很大不同的。在族群构成上，河北也有特色，比如胡人在河北的政治、军事上就扮演了独特的角色，起到了特殊的作用①。

但是，需要我们进一步思考和讨论的问题是，安史余部控制的河北地区，与李唐所控制的以两京为代表的地区，在文化、社会心理等方面存在着的这些差异，程度如何？双方在政治上的对立乃至兵戎相见，是否即因此差异所致？比如，安史之乱后的河北与两京地区的文化差异、民族构成的差异，总不应该会比安史之乱前的两京与西域的差异更大吧。比如，魏、蜀、吴乃由后汉一分为三，三国控制区之间的文化、族群应该是高度趋同吧，政治上却是三国鼎立；相反，无论是语言、文化，还是社会生活方式、族群构成，唐代的河北与朝廷控制的以两京为中心的区域之间的差异，总不会比原本生活在蒙古草原操蒙古语或原本生活在东北操满语的族群所建立的一统王朝元朝、清朝治下区域之间的差异更大吧。因此，政治上的对峙、军事上的攻伐，与族群构成、文化形态、政治认同等并没有必然的关系。也就是说，不能用族群构成、文化差异来解释安史之乱的发生以及安史余部长期的“高度自治”。

也因此，我们也不同意将河北“特殊化”——寻找安史之乱以前的

---

① 学界近十数年来，围绕以粟特人为主的胡人在河北的分布、活动等多有揭示，详参森部豊《ソグド人の东方活动と东ユーラシア世界の历史的展开》(2014)，荣新江《中古中国与外来文明》(2001)、《中古中国与粟特文明》(2014)等。书中所收，多是此前即已发表过的论文；文章在发表时，对学术史都有详细的梳理，对相关主要史料有细致的解说，可取参。

种种河北与李唐王朝之间政治的矛盾、文化的差异。比如,唐朝一直歧视河北[①],用来解释安史之乱的发生,仿佛"发生的都是必然的"。

文化差异与政治控制是两个问题,虽然二者有着密切的关系。不同的文化可以共存于同一个政治势力的控制之下,而不同的政治势力控制之下的文化也可以是相同的。唐后期河北的割据,从根本上说,是政治问题而非文化或种族问题。

当然,文化作为影响政治控制的一个重要因素,在一定的条件下,又可以成为主要因素。安禄山发动叛乱利用了这一因素,但叛乱本身并不是文化矛盾的必然结果;安史之乱在政治文化或政治心理上的影响是巨大的,这就是安史余部自视为反唐的"叛军",也是父死子继的所谓"河朔故事"得以维系的一个重要基础。这说明,不同文化的背景对中央的控制是有影响的;也可以说,在这种情况下,是朝廷的政治力与种族、文化的认同力之间的较量。在近代民族国家观念确立并深入人心之前,这种较量是存在的;但总的来说,至少是在汉唐时期,在统一与分离的问题上,以军事为基础的国家的政治力量更为重要。唐廷对河北的失控,主要或根本因素是军事实力所致,虽然种族、文化在河北游离于唐廷的控制上也起了作用。当然在这个问题上,政治的二元也导致了心理认同的二元,而且很容易得到强化,甚至表现出文化的二元。但在社会心理层面,政治、文化认同,非常复杂,同时又渗透着叙述者对这一"认同"的认识。对今天的研究者来说,我们既不能漠视,但也要避免将其现实作用加以想像和放大。

为什么河北长期割据或高度自治,却终于未彻底脱离李唐、建号

---

① 参谷霁光《安史乱前之河北道》(1936)。

立国？王寿南设问："河北三镇文化既与中央脱节，习俗上又仰慕安史之为乱，不服朝命，则何以不完全脱离唐室而自立"？他的解答是，"其原因乃是河北三镇藩帅未能完全控制其属下之军队，在得位之初，常须仰赖朝廷之诏命，以增加自己的威望，维持其地位，既得位之后，又不能掌握'武力'，巩固'权力'，造成'威势'，奠定立国基础"①。这一问题及解释，堀敏一业已涉及："藩镇内部的节度使和兵士的严重对立……脱离唐朝中央政权而独立的支配秩序总是建立不起来。"②

河朔三镇独立建国，是建一个国还是分别建三个国？如果建一个国，是通过征伐而将三个藩镇统一成一个藩镇后建国，还是他们协商推举某个节度使为其君主？在我们看来，首先，是河朔三镇之间需要达成平衡——朱泚在长安称帝，幽州当然支持，但魏博、成德愿意称臣于朱泚？他们鼓动李希烈称帝，就是要牵制、平衡幽州。事实上，正是朱泚的称帝，导致了成德、魏博与朝廷的合作，以避免被朱氏兄弟联手吞并。这次用兵，使朝廷与河朔三镇明白了，既要保持朝廷与河朔三镇的平衡，也要保持河朔三镇之间的平衡，这也最终导致了朝廷"放弃河北、控制其余"的藩镇政策的确立。

河朔三镇的平衡，是在它们各自与中央的关系中实现的。这是李朝皇室作为他们的"共主"存在的价值和意义。武宗会昌年间，朝廷用兵泽潞，攻讨刘稹时，下令河北的魏博何弘敬、成德王元逵出兵围攻泽潞在河北的邢、洺、磁三州。镇州（成德）奏事官高迪曾向朝廷密报，言及河北诸镇之间的关系，称：

---

① 王寿南《唐代藩镇与中央关系之研究》（1969）第七章《河北三镇之独立性在文化上的原因》，引语见342、357页，具体论证见342—357页。

② 堀敏一《藩镇亲卫军的权力结构》（1960），597、602—603页。

> 河北节度使，朝廷若会其情，甚易驱使。每赐诏，切要好言语优奖，彼此不要令知。与元逵诏，即须云一切委任元逵；与弘敬诏，即云一切委任弘敬。但稍示亲信，必自尽心。①

高迪针对的，是此次具体的用兵情形，所以要朝廷下诏，要说“一切委任元逵”“一切委任弘敬”，但“每赐诏……彼此不要令知”，看似过家家、玩游戏，反映的却是河朔三镇之间真实的、微妙的彼此猜疑、防范和牵制关系。

其次，河朔三镇实现了高度自治，建立的是“军人政治”。独立建国，是不是会实行帝制？实行帝制，藩镇变成一家一姓，就会导致文人政府的建立，这是军人政治所不乐见、不能同意的；要实行类似部落社会的“军事民主制”，又不具有可操作性（没有这样的政治传统。在某个发展阶段，实行“军事民主制”的部落，很快就都通过集权，迈向了帝制）。河北的不独立、不建国，并不是三镇的节度使需要得到李唐朝廷的承认或支持（事实上，节度使的更迭，都是事后李唐朝廷加以“追认”而已）。

吴光华称“安史之乱毕竟是胡人领导的叛乱，不能被认为是河北反唐的举动……安史之失败，因素固然很多，得不到河北的支持，厥为一重要因素。而唐室在击败安史之乱，而不能得到河北，实也因河北不支持唐室之故”②。这实在是一个很难“论证”的问题。我们怎么能了解河北民众支持与不支持呢？即使他们能表态，支持或不支持真的

---

① 李德裕《论镇州奏事官高迪陈意见二事状》之第二状，会昌四年闰七月中旬，《李德裕文集校笺》卷一七，328 页。

② 吴光华《唐代幽州地域主义的形成》(1990)，207 页。

有用吗？中国历史上的改朝换代，哪次是得到了民众的支持？比如蒙古南下灭宋，是因为得到了宋朝人的支持？清军入关，最终得了天下，是因为得到了原来这些明朝民众的支持？我们总不能说，原来明朝治下的民众，自愿“留发不留人、留人不留发”，宁可被屠城，也要选择清朝来统治吧。这样的分析，太“想当然”了。

与此相关的另一个问题，是为什么李唐朝廷倾全国之力，未能征服河朔三镇或解决河朔问题。张国刚《唐代藩镇割据为什么长期存续》称，“唐代藩镇割据局面为什么能够长期续存的问题，实际上也就是河朔割据为什么能够历世不衰的问题”[①]，从河朔方面（实力强，不否定唐朝的政治态度即“游离性与依附性并存的特点”，政治状况并非一塌糊涂）、唐朝方面（没有一支强大的军事力量，没有雄厚的财政力量，中枢机构内部矛盾斗争即“唐廷中央已经为这种无休无止的纷争弄得筋疲力尽，自顾不暇，根本谈不上削灭河北藩镇”）、边疆形势三个方面作了解释。

我想，就攻讨河朔而言，根本上说，是朝廷没有足够强大的、碾压式的军事实力，能一蹴而就——朝廷每次用兵河朔，都是选在前任节度使死、后任者行将继任这样的“新旧交替”之际，以争夺继任节度使的任命权的方式介入；朝廷需要这样的一个借口或契机，避免“师出无名”。这说明朝廷即使在付诸武力时，也要展现政治的一面，要展现其合法性，塑造“不得已而用兵”的政治形象。这反映的是朝廷实力的不足，无法以绝对优势实现对河朔藩镇的控制，才选择以这种被动的方式，来实现武力控制的目的。

① 张国刚《唐代藩镇研究》(1987)，121 页。

即便如此，一旦战事进展迟缓，甚至陷入胶着，李唐朝廷就无可避免地陷入被动。不仅是人力、物力的持续投入[①]，而且还会导致意料不及的连锁反应，诱发不可逆料的动荡。比如，围攻李希烈，调动关中部队前往增援，却引发了泾师兵变；而这一兵变，直接导致了德宗出逃奉天。凤翔节度使张镒拟迎驾，其后营将李楚琳兵变，杀张镒，降朱泚，陇州刺史郝通奔楚琳[②]。随后，朱泚围攻德宗于奉天。在解奉天之围的过程中，又引发了李怀光之变；而李怀光之起意，直接的原因是他对德宗重用卢杞等的不满（这本质已属藩镇军将干涉朝廷事务），但也未尝不是受到政局动荡的诱惑——“怀光方强，朱泚畏之，与怀光书，以兄事之，约分帝关中，永为邻国”[③]。李怀光之变，又引发了朔方军军将

① 如德宗建中用兵，《通鉴》卷二三一，贞元元年六月，“时连年旱、蝗，度支资粮匮竭，言事者多请赦李怀光”（7453 页）；七月，“度支奏中外经费才支七旬”（7459 页）。《旧唐书》卷一二《德宗纪上》，贞元元年七月，“有司计度支钱谷，才可支七旬”（349 页）。

② 《通鉴》卷二二八，建中四年十月，7359—7360 页。朱泚镇凤翔时，其将牛云光将幽州兵五百人戍陇州，郝通奔凤翔李楚琳后，牛云光拟杀时以陇右营田判官领陇右留务的韦皋以响应朱泚；朱泚也任命韦皋为中丞，力图控制陇州。韦皋设计杀了牛云光，与将士盟约，派人入奉天，支持德宗（同上书，7367—7368 页）。崔宁在奉天之被缢杀，也是在这个背景下发生的——他被卢杞构陷、朱泚之行反间（署崔宁为中书令）是一方面，更重要的，是他曾任朔方节度、兼鄜坊丹延都团练使，德宗非常担心避地奉天、惶惶不可终日时，与北方军队有联系的崔宁有贰心（参《通鉴》卷二二八，建中四年十月，7361—7362 页；《旧唐书》卷一一七《崔宁传》，3401—3402 页）。同时也担心崔宁投奔朱泚造成的政治影响；事实上，当时有不少士人出仕朱泚，《通鉴》卷二三〇兴元元年二月，以太子太师乔琳之出仕吏部尚书，称“于是朝士之窜匿者多出仕泚矣”，7411 页。

③ 《通鉴》卷三三〇，兴元元年三月，7416 页（李怀光之变的详情，可参《通鉴》是年二月、三月）。《旧唐书》卷一二一《李怀光传》，“怀光且宣言曰：‘吾今与朱泚连和，车驾当须引避。’由是上遽幸梁州”，3493 页。李怀光如欲灭唐，大可回兵围攻奉天。他的言行，说明他只是要与朱泚“分帝关中”。陈寅恪《论李怀光之叛》（1937）称（转下页）

在支持朝廷与追随李怀光之间的"选边站队"。德宗由奉天出逃梁州，山南东道节度使严震派往迎驾的大将张用诚却与李怀光通谋[①]。泾师之变和随之而起的李怀光之变，直接导致了建中用兵河北、淮西的全面失败，并进而引发了江淮的游离和动荡，成为安史之乱以来，朝廷面临的最为严重的一次政治危机。

李唐朝廷作为中央政府，不只是要面对河朔的问题，不能无休无止地调动所有力量围攻河北。攻守之间，政治成本是不同的。不能也不会，集中所有资源、集中一切力量，孤注一掷，来解决这"一件大事"。其他姑且不论，光用兵所导致的财政负担和困难，就不是想解决就能解决得了的。

当然，我们也可以从观念上作一些解释。在民族国家观念支配下，领土被神圣化了。但当时的人对土地的"占有欲"似乎并不强烈。比如，建中用兵期间，张孝忠以易州脱离了成德，后又控制了定州、沧州，朝廷以易定沧为义武军，任命他为节度使。他派其牙将程日华前

(接上页)李怀光激变军心，该军与神策军粮赐不均"要为此大事变之一主因"，《金明馆丛稿二编》，280页(此文系年，据《陈寅恪先生编年事辑(增订本)》，116页)。按，粮赐不均，只是李怀光的借口，并非他起意的根本原因。陆贽《奉天论李晟所管兵马状》称"臣初奉使谕旨，本缘粮赐不均，偶属移军，事相谐会"——陆贽的出使，本是为了解决李怀光"粮赐不均"的诉求，但此状起首即称"怀光总仗顺之师，乘制胜之气，鼓行芟翦，易若摧枯，而乃寇奔不追，师老不用，诸帅每欲进取，怀光辄沮其谋"，所以才借李晟向朝廷提出移军的要求，主张当机立断，命李晟脱离李怀光的控制(《陆贽集》卷一四，437—439页)。在陆贽看来，问题的关键并非粮赐不均。随后，陆贽又上《奉天奏李建徽杨惠元两节度兵马状》，主张李、杨亦借势与李晟配合，脱离李怀光，其理由是"右怀光当管师徒，足以独制凶寇，逗留未进，抑有他由。……怀光轻晟等兵微位下，而忿其制不从心，晟等疑怀光养寇蓄奸，而怨其事多凌己"(同上书，441页)。《通鉴》卷二三〇，兴元元年二月，亦引陆贽此二文(7403—7404页)。

① 《通鉴》卷二三〇，兴元元年二月，7408页。

往接收沧州。但沧州与易定并不相连，中间隔着幽州朱滔所控制的瀛州，道路阻涩，于是在程日华的请求下，以“岁供义武租钱十二万缗”为条件，脱离了张孝忠，单独成立了横海军①。

建中四年六月，朝廷与河北的战事陷入胶着时，李抱真遣说客贾林往劝成德王武俊，王武俊说：“仆虏将，尚知存抚百姓，天子固不专务杀以安天下。今山东大兵者五，比战胜，骨尽暴野，虽胜与谁守？”②云。这与上引陆贽所言“帝王之道，颇与敌国不同”，可谓异曲同工。

研究者自觉不自觉地放大了河朔三镇高度自治对唐朝的政治影响。在以“河朔故事”为条件，结束公开的武力对抗的八年“安史之乱”之后，双方大规模的直接的武装冲突并不多；就时段而论，这些冲突也主要断续发生在安史之乱结束(763)至穆宗长庆二年(822)间，大约六十年，而在此后直到黄巢变起，双方基本是“和平相处”、相安无事。

如果没有安史之乱，如果没有河朔的长期“自治”，唐后期的藩镇问题，会是一个什么样的局面？——不会在泽潞、河阳、郑滑、陈许、汴宋、徐州等地屯驻重兵；这些地区，大概会像荆州、鄂岳、宣歙、润州等地，部署一定的兵力，保障漕运。至于像北边、西北、西南边地，仍会有重兵。军队地方化，很难避免，但不会进而形成军人政治。

我们能不能将唐后期河朔三镇的长期高度自治，与此后的燕云十六州问题，联系起来进行理解？——这个地区发生了什么，为什么中

---

① 《通鉴》卷二三一，兴元元年五月，7433 页。参《旧唐书》卷一四一《张孝忠传》，3857 页；《旧唐书》卷一四三《程日华传》，3904 页。

② 《旧唐书》卷一四二《王武俊传》，3874 页。《通鉴》卷二二八，建中四年六月，此言作“仆胡人也，为将尚知爱百姓；况天子，岂专以杀人为事乎！今山东连兵，暴骨如莽，就使克捷，与谁守之！”(7345—7346 页)

原王朝一度无力控制?

北方的游牧社会,从空间上说,大致可以分为三个部分,大兴安岭以东是东厢,阿尔泰山以西是西厢,蒙古高原是中心舞台。崛起的部族,要力争控制蒙古高原这一核心地带,失势者,或被征服,或被逐出,一般是退至阿尔泰山以西。魏晋以后,东北的狩猎—畜牧部族发展起来,曹魏时已成为一股力量;到了唐前期,奚、契丹成为唐王朝的劲敌,河北北部—山西北部一线成为双方争夺的地区。同时,这股力量南下时,因其生活方式不完全是游牧,而是有狩猎、畜牧与种植,与农耕社会有更强的融合能力;从政治上说,这就意味着他们与中原王朝的对抗有更强的韧性、更具持续性。不再像游牧部族那样,是季节性的冲突,而是成为长期的地著化的争夺和对抗。他们的目标,不再仅仅是去争夺蒙古高原,而是眼光向南,与中原王朝展开对地域的争夺和控制。与此相关,蒙古高原也会呈现出"分治"的格局。

中原王朝对河北的失控,应理解成东北游牧—畜牧族部南下,将原来农耕区与北方游牧区的分界线往南推了。这一变化,使中原王朝对这个地区的失控成为可能。这与该地区的所谓文化,没有太大关系。曹魏、北朝,河北地区是核心地区;隋唐这样的统一帝国控制范围兼有中原、西北、西南、江南,河北的重要性就会降低,特别是政治中心放在关中时,西北才是其控制的重心。这两重因素重叠在一起,就使河北变成了"边缘",呈现出了一种"游离"的状态。唐后期,河北虽然"高度自治",但仍然对阻遏北边游牧部族如奚、契丹的南下,起着作用①。

---

① 黄永年《唐代河北藩镇与奚契丹》,《文史探微》,286—290 页。马一虹《靺鞨、渤海与周边国家、部族关系史研究》(2011)第十一章讨论了幽州与渤海的关系,双方联合以对抗奚、契丹。

冯金忠曾设问,“传统的强藩河北藩镇为什么衰落下去”? 并用“地域主义”作了解释①。仇鹿鸣亦以“河朔镇内部的保守性与地域依附性”作解②。或许可以换一个角度设问:为什么李唐举国之力无法解决的河北问题,却被河南、河东两节镇解决了? ——在我看来,黄巢变起之后的唐末、五代,不是河朔抱着地域主义或孤立主义,不参与河北之外的事务,事实上是夹在河东与河南之间,处境极为被动——不是想不想与天下争锋的问题,是如何自保的问题。形势变了,政治逻辑变了,历史进入了一个新的单元,不宜将此视作唐代政治史的延续,不能用唐后期政治史的逻辑来看唐末五代的政治演变了。

总之,用“高度自治”比用“割据”来概括河北,也许更有助于我们理解唐后期的河朔与朝廷的关系。至于用“藩镇割据”来概括唐后期的藩镇局面,以及藩镇与中央的关系,与实际情形相距颇远,是很不恰当的。

五、兵乱与所谓割据基础

张国刚将唐代藩镇动乱分为四种情况,一是兵士哗变,二是将校

---

① 冯金忠《唐代河北藩镇研究》(2012)第十二章《地域主义与河北藩镇的命运》,203—207页。参顾乃武《地域主义与河北藩镇——评冯金忠〈唐代河北藩镇研究〉》(2013)。所谓地域主义,即孤立主义,不向外扩张,不关心、不积极参与河北之外的事务。松井秀一《卢龙藩镇考》(1959)曾以“卢龙の地域主义”为目作过讨论(13—18页);吴光华《唐代幽州地域主义的形成》(1990),似乎是指幽州的本土化,是“以幽州为中心的河北力量逐渐形成”(201页),并成为反抗唐朝的力量。各人虽然都使用了“地域主义”一词,但其内涵所指以及讨论的重点却不尽相同。

② 仇鹿鸣《长安与河北之间》第七章(2012),267—268页。

作乱，三是反叛中央，四是藩帅杀部下；统计了广德至乾符年间的动乱，总结其特点为“封闭性与凌上性”“反暴性与嗜利性”[①]。其意在说明，并非所有的兵乱或兵变，都是针对朝廷的，都是要割据。这对廓清学界长期将此与藩镇割据混为一谈的朦胧之感不无帮助。王赛时区分了军乱与藩镇的反叛、割据，将原因分作主帅统驭失所、将士本身的原因、为争夺军权[②]。

仇鹿鸣讨论了“唐代藩镇变乱模式的演化”[③]，将藩镇变乱概括为“政治性叛乱”与“经济性骚乱”两类，认为从中唐到晚唐，发生了从以“政治性叛乱”为主（代德宪三朝）到以“经济性骚乱”（穆宗以后）为主的变化：

> 这些骄兵悍将实际上并无如刘氏那样割据自立的野心，频频起事，驱逐节帅，所欲满足者不过是自身经济利益等方面的要求。这种在中晚唐各藩镇内部爆发频度越来越高的低烈度动乱，不妨命名为“经济性骚乱”，这与中唐时代，河朔藩镇围绕着自立地位这一明确政治目标与朝廷发生的连年战争有着本质的不同，后者或许可称为“政治性反叛”。（244 页）

又将前者视作“骄兵化”，认为“到了晚唐，大多数藩镇都已完成了‘骄兵化’的过程”；所谓“骄兵化”，应该是指对军士的丰厚赏赐（256 页）。并作总结道：

---

① 张国刚《唐代藩镇研究》6《唐代藩镇的动乱特点》（1983），104—109 页。

② 王赛时《唐代中后期的军乱》（1989）。

③ 仇鹿鸣《长安与河北之间》第六章（2017）第四节，253—260 页。

> 如果将中晚唐的藩镇变乱初步划分为“政治性反叛”与“经济性骚乱”两种类型的话，那么不难注意到两者在时间与空间上各自具有不同的特征。“政治性反叛”追求藩镇割据自立、节帅之位的不受代乃至自相承袭，拥有明确的政治目标，强藩间合纵连横，甚至不惜主动挑起与唐廷的战争，具有外向型的特征，以唐德宗时“四王二帝”连兵最为典型。这一类叛乱，基本上发生在代宗、德宗、宪宗三朝。至长庆初，以唐廷承认“河朔故事”为前提，朝廷与河朔藩镇建立新的政治默契后，双方关系长期保持稳定，甚至随着河朔藩镇的骄兵化，新任节帅往往需要唐廷的承认以强化其统治的合法性，对于唐廷的态度较之以往反而愈加恭顺。另一方面，唐廷虽然默许了“河朔故事”，但对河朔之外藩镇，如有“政治性反叛”的异动，往往倾向于武力讨伐，以维护中央权威。“经济性骚乱”虽然是分散而偶发的事件，频率在晚唐日渐提高，反映藩镇将士自利性的诉求，一般没有明确的政治目标，范围则集中于本镇之内，基本的骚乱形式是驱逐原节度使，拥立新帅，并不直接挑战唐廷的权威。(257—258页)

是不是可以这样理解，代、德、宪三朝的政治性反叛，主要发生在河朔三镇？但起首称“中晚唐的藩镇变乱”，又是涵盖了全国？政治性叛乱又与河朔故事混在一起叙述，是不是只有河朔三镇(举了德宗时“四王二帝”例，则至多加上淮西、淄青，以体现“空间”)？长庆以后，主要是经济性骚乱？那么长庆以后的经济骚乱，包括河朔三镇吗？长庆之后的河朔与此前相比，至少就节帅更迭而言，本质并无变化[①]，所谓“愈加恭顺”，意义何在？谭凯统计821—873年间（即穆宗至黄巢变起），河朔三镇发生的“有记载的叛乱占了全国五分之二（19/45）。自立藩镇的武力独裁者之间的权力斗争，似乎创造了一个政治不稳定的区域”[②]——对朝廷表现出“恭顺”的大量“叛乱”，究竟意味着什么呢？朝廷能否自主地任命节帅，一直被研究者视作藩镇是否听命于中央的重要标志。河朔以外的藩镇，“驱逐节帅，拥立新帅”，不正是在与朝廷争夺（至少也是干预）对节帅的任命权吗？何以这样的行为“并不直接挑战唐廷权威”呢？

张明2017年完成的硕士学位论文《晚唐五代的军乱研究》，虽称“晚唐”，实际涵盖了安史之乱以后的情况，对相关学术史作了综述。

杨志玖1957年出版的《隋唐五代史纲要》叙述“新兵制的出现——团结兵，健儿与彍骑”时，就提出“在彍骑废弛后，唐朝便只有方镇的边兵和中央皇帝的禁兵或禁军。镇兵为地方武人所操纵，酿成了藩镇的割据”（83页）。镇兵何以会被“地方武人所操纵”，似未进一步谈及。1980年发表《试论唐代藩镇割据的社会基础》，则对“藩镇割据的真正主动者是军士”进行了论证，一是其“优厚待遇，不法行为，只有在割据一方、中央命令所不及的情况下才能如愿以偿、不受限制”；二是“割据一方，不听唐政府的调遣，符合他们安土重迁的思想习惯和据地自肥的物质利益”。1982年与张国刚合作发表《藩镇割据与唐代的封建大土地所有制——再论唐代藩镇割据的社会基础》，除反驳20世纪

① 参谷川道雄《关于河朔三镇藩帅的继承》（1988）。

② 谭凯《中古中国门阀大族的消亡》（2014），181页。

80年代广泛流行的土地所有制等分析外，强调“军士瓜分王赋而不上供，正是藩镇割据的真谛”[①]。

兵变的发动者、承担者，是兵将，同时他们又是割据的“社会基础”。他们成为自己或行为的“社会基础”？

祖大祥在杨志玖指导下完成的《唐代藩镇赏赐述论》(1992)，换了个角度，谈的是同一个问题——“唐代藩镇赏赐是安史之乱以后，在唐廷衰微、藩镇崛起的情势下大量出现的。它既是唐王朝对藩镇姑息迁就、苟且偷生的产物，同时又是在新的历史条件下唐廷企图稳定和控制藩镇的一种手段。”[②]

拥重兵的藩镇，都不上供、事实上也无多余的赋税收入以上供，但并非“割据”藩镇；相反，如果给予割据士兵足够的收入，是否即可终止其割据呢？拥兵藩镇，都有士兵，在上引杨志玖《试论唐代藩镇割据的社会基础》(1980)也说，“搞割据的不过卢龙、成德、魏博、淄青、泽潞、彰义、宣武等几个大镇，其中尤以前三镇割据时间最长”(81页)。杨志玖两篇讨论藩镇割据社会基础的文章发表时(后一篇与张国刚合作)，张国刚关于藩镇分类的成果尚未面世，故将中原防遏型藩镇(泽潞、武宁)与河朔割据型藩镇(魏博、成德)混在一起讨论[③]。但能跳出笼罩了

① 两文均收入杨志玖《陋室文存》，引语分别见该书85页和98页。堀敏一《藩镇亲卫军的权力结构》(1960)第四节，谈魏博骄兵和节度使的交替时，已指出“士兵的‘丰给厚赐’是由从唐朝分离而独占租税收入的‘河北旧事’得到保证的，这个‘旧事’是初期的藩帅田承嗣、田悦等人所建立的，但到了后期，维持这个体制的是士兵”(602页)。

② 王赛时《唐代职业军人的谋生途径》(1990)也强调了赏赐以及剽掠是职业军人的重要经济来源。

③ 第二篇文章收入张国刚《唐代藩镇研究》(1987)时，统计户兵比例，仍有武宁、泽潞，特出注称“武宁、泽潞虽时有悍帅，但并非割据藩镇，此处只是为了说明军费之重而举例”，71页。

几十年的大土地所有、阶级分析等窠臼，已极为可贵，且极有启发。四十多年后，张国刚《唐代兵制的演变与中古社会变迁》(2006)仍强调“德宗建中年间的战争主要围绕着河北藩镇世袭的问题而爆发，而世袭的背后还是经济问题”；宪宗元和年间河北三镇相继归附，“朝廷许诺给予高达100万乃至150万的巨额赏赐……从而激起连锁的归顺效应”；中原藩镇，以徐州兵乱为例，称“兵士为了获得赏赐和瓜分财富是其中最突出的原因”(184—185页，另参189页)。我想，朝廷即使保质保量按时给予赏赐，河北三镇应该也不会自动放弃“自署官吏”“不供财赋”的割据或高度自治吧。

获得赏赐、瓜分财富——如果不能遂其所愿，采用诸如兵变这样的极端方式，则就是仇鹿鸣所概括的“经济型骚乱”吧；这是从动机、目的的角度来分析的。历朝历代都有军队，军将都会有这样那样的要求，但并不是都能动辄用兵变这样的极端方式来实现其目的的。能实现这一目的，背后的原因，在我看来，就是军人集团以及军人政治的出现。

与社会基础相关，还有所谓“利益代表者”的问题。杨志玖称，“藩镇割据的社会基础在于割据地区的军士，节度使只有代表他们的利益，执行他们的意志，才能站得住脚”①。樊文礼则具体讨论了河朔，认为河朔三镇割据初期，主要是朝廷与藩镇的矛盾；此后，“争得‘河朔旧事’的同时”，牙兵集团形成，节帅与牙兵的矛盾展开，“节帅可以不再代表藩镇割据利益，他们的个人利益同‘河朔旧事’可以分离了。但是牙兵集团的利益却是同‘河朔旧事’休戚相关的”，以此来解释穆宗初年的

① 杨志玖《试论唐代藩镇割据的社会基础》(1980)，见其《陋室文存》，引语见85页。

所谓河朔再叛。作者认为节帅"或入朝，或虽除节镇，或驻守旧地，都不失其高官厚禄，他们的个人利益同本镇的割据利益，已经可以分离"①。

谷川道雄从政治立场或政治身份的角度，指出河朔节度使既是军人集团的成员（"藩帅本身有父子相袭的倾向，连官健这个职业也都是世代相袭……藩帅是从这个集团的干部中选出来的"），同时又是朝廷任命的节度使："河朔的藩帅……一方面是'伙伴集团'中的一员，一方面是朝廷的使臣，具有这两面矛盾性格的藩帅，在现实中，也就不能不摇摆于军人与朝廷之间了"②。

我想强调的是，河朔三镇，基本不存在需要得到朝廷承认、认命的问题，不存在一方面是军人集团中的一员，一方面又是朝廷任命的节度使之间的"两面矛盾性格"，也不需要"摇摆于军人与朝廷之间"——如果需要，那就谈不上所谓的"河朔故事"了。对完全实现了军人政治的河朔三镇来说，节度使就是河朔军人集团的代表、军人政治的执行者。

出现河朔化倾向而被朝廷有效遏制的如宣武、汴宋、泽潞等，才存在节度使与朝廷、与军将的张力，但这些节度使也不存在代表朝廷抑或军人利益的问题。至于其他中央始终能有效控制的藩镇，特别是江淮以及以南地区，基本没有拥兵的藩镇，藩镇的节度使或观察使，就是地方最高级别的大员（不管它是不是一级行政实体）根本就不存在这一问题。

---

① 樊文礼《试论唐河朔三镇内外矛盾的发展演变》(1983)第二节，引语见 14—15 页。按，入朝，离开了藩镇这一权力场，自可不论；只要仍在藩镇任节帅，节帅与藩镇军人集团的利益就很难分离，特别是河朔藩镇和"河朔化"藩镇；离开了藩镇，节帅的个人权势即无法得到体现和保障。这与节帅与军人集团的矛盾，是两个问题。

② 谷川道雄《关于河朔三镇藩帅的继承》(1988)第三节，引语见 910—911 页。

宪宗元和平定淮西、淄青之后，河朔三镇的所谓叛乱占了全国的五分之二，正是典型的军人政治的表现。一度基本实现“河朔化”的淄青、淮西，节度使是倚靠军人集团，谋求自己的“父死子继”；军人集团则欲效仿河朔，实现军人政治并获取其特权。我们把“复杂问题简单化”，对兵变、对河朔三镇的所谓割据基础，置于军队地方化、地方军人集团的形成以及军人政治的出现这样的背景下来认识，是不是更容易理解一些？所作出的解释是不是也更有说服力一些呢？

六、拥兵与控制

藩镇问题，核心是控制问题。控制与反控制（游离、跋扈乃至起兵叛乱），都要以军事实力为基础。我们可以从政治地理、从藩镇的功能、从朝廷与藩镇的关系等角度，对藩镇进行分类，但最根本的，就是是否拥兵、是否拥重兵。有了兵，才能防遏河朔、才能御边；拥兵、拥重兵者，才有可能跋扈乃至割据①。这就是学界在讨论唐朝藩镇问题时屡屡引用的宋人尹源的话：“世言唐所以亡，由诸侯之强，此未极于理。夫弱唐者，诸侯也。唐既弱矣，而久不亡者，诸侯维之也。”②这也正是《新唐书·方镇表序》的意见：“自中世以后，收功弭乱，虽常倚镇兵，而其亡也亦终以此，可不戒哉”（1759页）。

---

① 杨志玖《试论唐代藩镇割据的社会基础》（1980）说“谁都知道，藩镇所以能对抗中央、割据一方，主要靠的是他们手下的军队”，《陋室文存》，78页。没有军队，当然谈不上所谓的割据；但是，有了军队，也并不是必然导致割据；历朝历代都有兵，但并没有都出现割据。这里的关键，就是控制。国家不可能没有军队。对军队，能有效控制，才是朝廷的工具，就能为我所用。

② 尹源《唐说》，《宋史》卷四四二《尹源传》引，13082页。

军队的这种“两面性”，唐朝人也有认知。柳宗元在贞元十五年(799)所作《送杨凝郎中使还汴宋诗后序》中，谈到汴宋宣武的兵变，说“谈者谓大梁多悍将劲卒，亟就滑乱而未尝底宁，控制之术，难乎中道。盖以将骄卒暴，则近忧且至，非所以和众而乂民也；将诛卒削，则外虞实生，非所以捍城而固圉也。是宜慰荐煦谕，纳为腹心，然后威怀之道备”[①]。宪宗元和六年(811)八月，朝廷同意荆南节帅严绶的意见，罢废永安军，下敕称：

> 荆南是赋税之地，与关右诸镇及河南、河北有重兵处，体例不同。节度使之外，不合更置军额。因循已久，烦弊实深。[②]

将藩镇以拥兵与否作区分，正可谓得其本质。

与此密切相关的，就是方镇节帅的人选——用文臣还是用武将。

长庆二年(822)七月，“以前义武军节度使陈楚为东都留守、判尚书省事、东畿汝防御使。本朝故事，东都留守罕用武臣，今用楚，以李齐扰汴宋故也”[③]。太和八年(834)，杜牧作《淮南监军使院厅壁记》，称淮南“自艰难已来，未尝受兵。故命节度使，皆以道德儒学”[④]。武宗时，李德裕积极主张用兵泽潞，不许父死子继。他在会昌三年(843)五月《论昭义三军请刘稹勾当军务状》，称“陛下以泽潞玄宗历试旧地，有

① 《柳宗元集校注》卷二二，1477页。
② 《唐会要》卷八七“节度使”，1694页。
③ 《旧唐书》卷一六，498页。
④ 《樊川文集》卷一〇，系年据《杜牧集系年校注》，809页。参羊丽冬《以儒为帅：淮南节帅所见唐廷实施儒臣化策略与政局互动》(2023)。

上党故风，风俗和平，人心忠义；艰难以后，多用儒臣”；在九月《请赐仲武诏状》称“以泽潞一镇，有启圣旧宫，艰难已来，多用文吏”[①]。可以说，只要在非战时、在朝廷所能控制的地区，即在可能的情况下，朝廷对藩镇节度使任用文臣，是有高度自觉的。

不仅节度使，即使是节度副使，也尽量任用文臣。如长庆元年十月，以沂州刺史王智兴为武宁节度副使。“先是，副使皆以文吏为之。上闻智兴有勇略，欲用之于河北，故以是宠之”[②]。武宁地处运河关键节点，也是“河朔化”倾向较为明显的藩镇；这样的藩镇，“副使皆以文吏为之”，则对其他藩镇副使人选的任用要求，可想而知矣。如宣宗，更是大量任用文臣为节帅，甚至防边的藩镇节帅人选亦如此[③]。

研究者常常将任用文职作为朝廷能有效控制藩镇的一个指标[④]。王寿南《唐代藩镇与中央关系之研究》(1969)附录一“唐代藩镇总表”，特别将节度使的文武职单独作为一项加以标识；第四章《藩镇武力之强大与其对中央之态度》，特别作了“安史之乱、建中之乱及唐末之乱战乱地区主要藩镇出身之文武职统计表”(表一三)，称“武人出身之藩

---

① 《李德裕文集校笺》卷一五，系年据笺校，278、289页。

② 《通鉴》卷二四二，7800页。

③ 黄楼《唐宣宗大中政局研究》(2012)第六章第一节“宣宗时期的藩镇”，称“在节帅人选上，宣宗还有意识地选用文臣代替武将，有时甚至直接以翰林学士等近臣出镇重要藩镇”(153—154页)；许超雄《唐宣宗大中时期西北节帅的儒臣化》(2019)。

④ 如谭凯《中古中国门阀大族的消亡》(2014)第四章之“唐朝政制与藩镇”，引Charles Peterson(毕德森＝彼得森)成果，“在安史之乱结束时75%的藩帅拥有军事背景，而到了779年，仅有60%的是武人”(174页)；并据传记资料数据库，作了节度使任职的量化统计，其中“职业背景(文官VS武将)是其中一项，174—182页。按，崔瑞德编《剑桥中国隋唐史(589—906)》(1979)第八章(彼得森执笔)，称“随着文官之治不断地在大部分藩镇中处于远为重要的地位，官僚节度使的人数超过军事将领，其比率平均为二比一”，543页。

镇内兵力较能控制，且能自行领兵作战，易于引起跋扈叛逆之企图，唐代藩镇之跋扈叛逆者，武人远较文人为多”，并称参表一四“跋扈与叛逆之藩镇出身文武职统计表”(150页)①，“出身文职而态度跋扈者共七任六人……唐代藩镇之叛逆者三〇人，武职出身者计二十四人……总计跋扈与叛逆之藩镇共四二二任，而武职者达七三五任，占全部跋扈叛逆藩镇百分之八十八点九，可见武人任职藩镇，对中央之威胁较文人为大”(150—151页)。

不仅文武，对“资质”也有要求。白居易《论孙璹张奉国状》：“伏以凤翔右辅之地，控压陇、蜀，又近国门，最为重镇。承前已来，多择有功勋德望者为之节使。……(孙璹)纵有才略，犹宜且试于小镇，不合便授此重藩。”《论张奉国状》：“方镇之荣，无人不爱……奉国未曾为理人官，恐未可便授大镇。若近边次节度有要替处，与奉国最为得宜。”②

对节度使的任期，时人也有清醒的认识。如贞元十六年五月徐泗濠节帅张建封卒，发生兵变，其子张愔继袭。权德舆上《徐州事宜奏》，称“三载考绩，先王之制……不过五年，则必交代”，是主张节度使应该要有任期、应按时更替的；但是，“倘向淹时月，未就诛夷，则不如委以州师，俾其传达，苟安反侧，以为后图”③——为避免战事胶着而引发动荡，他又主张维持现状。这最为典型地反映了朝廷在无力实现完全控

① 王寿南《从藩帅之选任看安史之乱后唐中央政府对地方之控制》(1988)，统计了广德元年(763)至咸通十四年(873)间，江南道、淮南道、河南道、山南道、关内道主要藩镇节帅的文武职出身，以及由朝官或宰相出任藩帅等情况。可以说，这是对其书中所作统计的进一步细化。

② 《白居易集笺校》卷五九，3349—3350、3351页。

③ 《权德舆诗文集》卷四七，745页。

制时，退而求其次，着重应考虑如何维持局面的稳定；“维稳”成为第一要务。

学术界讨论过唐后期加强对藩镇控制的种种方式①，如节度使任用文臣，如对节度使任期的限制，如限制节度使对辖区内州的控制，如藩镇辖区划小、减少兵员，如利用财政手段、藩镇间的制衡，甚至藩镇质子②，等等；这些，当时的人也都清晰地认识到了。但是，这些措施的实施，要以控制为前提——如果朝廷对藩镇实现了有效的控制，这些措施即可实施；如果不能，就无法落实。只有理想的方案，是远远不够的。

实现控制，也需因时而异、因地制宜。比如，实现朝廷对藩镇的控制，当然节度使选用文臣为宜，但遇战事发生，则需军将出任。如宝应元年(762)元结为时任荆南节帅吕諲代拟的请代表中，就强调了荆南的重要：

> 臣窃以荆南是国家安危之地，伏愿陛下不轻易任人。陛下若独任武臣，则州县不理；若独任文吏，则戎事多阙。自兵兴已来，今八年矣，使战争未息，百姓劳弊，多因任使不当，致使败亡。伏

① 学界在早期多称之为“削藩”，如齐勇锋《唐中叶的削藩措置及其作用》(1985)，罗列了控制军队规模、刺史兼理所在州兵、以禁军出镇京西北地区，实施两税法而限制、削弱藩镇的财权，在人事方面限制藩帅兼职、对其僚佐任用作出明确规定、削弱藩帅对属州刺史的任用权，将藩镇辖区划小，等等。

② 李宗闵为杜佑之子杜式方撰墓志，称“始德宗孝文皇帝以诸侯方强，质其子于京师邸第”，见王其祎、周晓薇《望高天下：隋唐京兆杜氏再考察——以长安新出唐杜式方夫妇墓志为案例》(2014)。关于藩帅质子京师，详参刘兴云《唐代藩镇质子制度》(2009)、张飘《出土墓志所见唐藩镇质子制度研究》(2019)。

> 惟陛下审择重臣，即日镇抚，全陛下上游之地，救愚臣不逮之急。[①]

建中四年(783)八月，朝廷与李希烈对峙于襄城时，陆贽上《论两河及淮西利害状》，称："李勉以文吏之材，当浚郊奔突之会；哥舒曜以乌合之众，捍襄野豺狼之群。"[②]

胡曾《谢赐钱启》称：

> 又以山东藩镇、江表节廉，悉用竖儒，皆除迂吏，胸襟龉龊，情志荒唐，入则粉黛绕身，出则歌钟盈耳。[③]

山东与江表对举，这是地域分类；悉用竖儒，指用人。黄清连分析王仙芝、黄巢起事后纵横华北，即引此语，并作统计，称除河朔三镇之外，华北十六个藩镇(据其文末附录二，指平卢、兖海、天平、感化、宣武、忠义、义成、义昌、义武、昭义、河阳、陕虢、河东、大同、河中、东畿)，"在乾符二年至五年(875—878)间，共计有节度使27人，一节度使(义昌)不详，其中由文官担任节度使职者16人，由武官出任者6人，不详者5人。据此，胡曾所评之'竖儒'，在这一期间之华北藩镇中，几占六成左右，其比例不可谓不高"[④]——在用兵之时，时人和研究者又都认为节度使不宜大量任用儒臣。论控制藩镇，要用文臣；要打仗，又需起用武

---

① 《元次山集》卷七《请节度使表》，自注宝应元年(762)，110页。

② 《陆贽集》卷一一，329页。参《通鉴》卷二二八，建中四年八月，7347—7348页。

③ 《文苑英华》卷六五五，3366页。《唐方镇年表》卷二"宣武"，系乾符二年(875)，208页。

④ 黄清连《宋威与王、黄之乱——唐代藩镇对黄巢叛乱的态度研究之二》(1992)，13页。

将，而用武将又极易产生控制问题。这个悖论，在当时的社会和制度下，是无解的。也许，只有实现军队国家化、政治民主化之后，这个问题才能得到根本解决吧。

藩镇的跋扈或恭顺，是以朝廷能否控制之为前提。在无法做到绝对控制时，就无法要求藩镇绝对的忠诚与服从。

朝廷对拥兵方镇，特别是出现“河朔化”倾向的藩镇，有的已不能形成“绝对控制”，也不可能让他们绝对恭顺。朝廷似乎也没有奢望做到绝对的控制；特别是在征战、局面动荡之时，要求他们绝对忠顺，事实上也做不到。德宗预先选任行军司马，作为方镇的“储帅”，就是要保证方镇权力的平稳交接和过渡。陆贽谈汴宋李万荣，也是着眼于此。首先是要稳定。我们不能简单地以割据、跋扈、恭顺来看唐后期的方镇。王寿南《唐代藩镇与中央关系之研究》(1969)附录一“唐代藩镇总表”详列节度使的任前任后官职、文武职、对中央态度恭顺或跋扈，对打破“藩镇割据”这一简单刻板的认识是有益的，但这只是一个概貌、一个速写。因时、因地、因人、因事，都会有不同的表现。这是一个现实表现得要更为复杂的“新常态”。

军将游离于朝廷，并不一定意味着是对朝廷跋扈乃至反叛，更不意味着他有跋扈乃至反叛的实力和条件。只有那些有重兵之处，才可能对中央跋扈。纵观安史之乱以后、黄巢事变之前的藩镇与中央的关系，可以发现，并非屯驻重兵的藩镇都会恃其军事实力，跋扈乃至对抗中央。西北、西南的拥兵藩镇，除个别时期、个别人物起而对抗中央之外，大多能听命于中央。一而再、再而三地对中央跋扈乃至公然对抗的，是地处河北周围的河东、河南，以及运河沿线的藩镇。这些藩镇持续对朝廷表现出跋扈乃至公然对抗，维持他们这种政治行为的动力，就是“河朔化”；其政治目的，就是要建立地方军人政治、维护地方军人特权。

对不同的区域、不同的方镇，朝廷的要求、标准也不一样。完全控制的地区，任期较短，且多文臣；游离的地区，多是兵将拥立，以稳定为要务。当时的人，也没有觉得这是个问题。像宣武韩弘这样，长期任职，但后来也入朝。能说他是跋扈吗？恭顺吗？朝廷能完全控制吗？恐怕不能作简单的非黑即白式的归类。事实是，他确实没有与朝廷对抗。

拥兵方镇，一方面兵强马壮，军事实力强，有与朝廷对抗的武力基础，但同时，其内部也有不同的派系，如宣武，刘玄佐刘士宁父子、刘逸准(全谅)、韩弘为一系；李万荣为另一系。依靠兵变上台的节度使，想很快得到朝廷的承认，也是担心内部的反对派系会利用中央迟迟不予认定而鼓动兵变，起而争夺节度使的位置。比如元和四年三月成德王士真死，其子承宗继袭，宪宗用兵攻讨；时任成德内院兵马使的张遵对王承宗说“某亦恐诸将人人异图”①。节度使与军将之间的既利用又防范的关系②，即藩镇内部的稳定与否，也影响着藩镇与朝廷的关系。

当然，在这个过程中，我们还要考虑到个人的因素。比如被代宗

---

① 《张遵夫妇墓志》，《唐代墓志汇编续集》太和 032 号号，95 页。

② 如元和七年(812)魏博田季安卒，李吉甫着意进讨，李绛不同意用兵，称“凡河南、河北叛涣之地，事体大同，惧部下诸将有权，恐得便图己，各令均管兵马，不令偏在一人，使力敌权均，为变不得”，《李相国论事集》卷五《论魏博》，40 页。参《通鉴》卷二三八，元和七年八月，7692—7693 页。淄青“大将持兵镇于外者，皆质其妻子；或谋归款于朝，事泄，其家无少长皆杀之。以故能劫其众，父子兄弟相传焉”(《旧唐书》卷一二四《李师道传》，3538 页)。宝历元年(825)十一月泽潞刘从谏拟继袭，“从谏已禁山东三州军士不许自畜兵刀”(《通鉴》卷二四三，7846 页；参《李相国论事集 · 遗文》，1—2 页)。防范手段可谓无所不用其极矣。

誉为再造家国的郭子仪，并没有趁机跋扈、割据，甚至取李唐而代之。同样出身河朔，各人的“政治表现”也不尽相同。李忠臣被逐回朝，高崇文则成为平定西川刘闢的名将，李惠登成了朝廷表彰的良吏。

即使是“野心家”，他们的野心，也需要具备适当的条件，方能“激活”。原本没有野心的人，如李希烈，随着形势的变化，产生了野心。形势在变，“人心”也在变。在不同的形势下，选择和表现也会变。历史发展有种种偶然。但是，也有必然在。比如，韦皋经营西川二十多年，继任者刘闢起兵，也迅速被平定，虽然其时的宪宗鉴于德宗建中用兵的失败而“重于用兵”。李锜起兵，对抗朝廷，也迅速被平定。山南东道来瑱苦心经营，梁崇义继之而实现了对朝廷的游离，但“一世而斩”，很快被灭。用后见之明来看，我们可以说，像剑南、浙西这样的地区，还没有具备分裂割据的条件。特别是山南东，一度与淄青、淮西“并列”，但毕竟不同于淄青、淮西，就像淄青、淮西毕竟不同于河朔三镇一样。

历史是在变化中逐渐展开、呈现的，并不是一个预先写好的剧本，演员照着演就可以了。所谓历史的偶然性，正是随着不断的变化而呈现出来的。就“问题解决”而言，犹如弈棋，是“走一步说一步”——对方走一步，你才会据此应对下一步；反之亦然。我们正是用这样的眼光，来审视和理解唐后期的藩镇与唐代政治的。

附:755—875 年号公元对照简表

皇帝	年号	公元	说　明
玄宗	天宝十四载	755	
肃宗	至德元载	756	七月肃宗于灵武即位,改元至德
	乾元元年	758	至德三载二月改元
	上元元年	760	乾元三年闰四月改元
	宝应元年	762	上元三年四月改元,代宗即位
代宗	广德元年	763	宝应二年七月改元
	永泰元年	765	
	大历元年	766	永泰二年十一月改元大历
	十四年	779	五月德宗即位
德宗	建中元年	780	
	兴元元年	784	
	贞元元年	785	
顺宗	永贞元年	805	正月顺宗即位,八月禅位于宪宗,改元永贞
宪宗	元和元年	806	
	十五年	820	闰正月穆宗即位
穆宗	长庆元年	821	
	四年	824	正月敬宗即位
敬宗	宝历元年	825	

续表

皇帝	年号	公元	说　明
	二年	826	十二月文宗即位
文宗	太和元年	827	
	开成元年	836	
	五年	840	正月武宗即位
武宗	会昌元年	841	
	六年	846	三月宣宗即位
宣宗	大中元年	847	
	十三年	859	八月懿宗即位
懿宗	咸通元年	860	十一月改元
	十四年	873	七月僖宗即位
僖宗	乾符元年	874	十一月改元
	二年	875	

参考文献

一、典籍

《北史》(点校本),北京:中华书局,1983年。

《隋书》(点校本),北京:中华书局,1982年。

《旧唐书》(点校本),北京:中华书局,1986年。

《新唐书》(点校本),北京:中华书局,1986年。

《旧五代史》(点校本),北京:中华书局,1976年。

《新五代史》(点校本),北京:中华书局,1986年。

《宋史》(点校本),北京:中华书局,1977年。

《二十五史补编》(重印开明书店版),北京:中华书局,1991年。

《廿二史札记》,赵翼,王树民《廿二史札记校证》本,北京:中华书局,1984年。

《十七史商榷》(重印《丛书集成初编》本),王鸣盛,北京:商务印书馆,1959年。

《唐书兵志笺正》,唐长孺,北京:科学出版社,1957年。

《两唐书食货志校读记》,谭英华,成都:四川大学出版社,1988年。

《通鉴》=《资治通鉴》(点校本),北京:中华书局,1986年。

《元本资治通鉴》(影印本),北京:国家图书馆出版社,2020年。

《通鉴考异》=《资治通鉴考异》(点校本),上海:上海人民出版社,2022年。

《通鉴隋唐纪比事质疑》,岑仲勉,北京:中华书局,1964年。

《〈资治通鉴〉疑年录》(初刊1994年),吴玉贵,上海:上海古籍出版社,2019年。

《大唐创业起居注》(点校本),上海:上海古籍出版社,1983年。

《贞观政要》(点校本),上海:上海古籍出版社,1984年。

《安禄山事迹》(点校本),上海:上海古籍出版社,1983年。

《宗方小太郎日记(未刊稿)》,甘慧杰译,上海:上海人民出版社,2016年。

《通典》(点校本),北京:中华书局,1992年。

《唐会要》(点校本),上海:上海古籍出版社,1991年。

《唐六典》(点校本),北京:中华书局,1992年。

《唐律疏议》(点校本),北京:中华书局,1983年。

《宋刑统》(标点本),北京:中华书局,1984年。

《唐大诏令集》(标点本),北京:商务印书馆,1959年;又,明钞本,《中国古籍珍本丛刊　广东省立中山图书馆卷》影印,北京:国家图书馆出版社,2015年。

《历代名臣奏议》(影印明刻本),上海:上海古籍出版社,1989年。

《元和郡县图志》(点校本),北京:中华书局,1983年。

《读通鉴论》(标点本),王夫之,北京:中华书局,1975年。

《金石萃编》(影印扫叶山房本),北京:中国书店,1985年。

《山左金石志》(影印小琅嬛仙馆本),《石刻史料新编》19,台北:新文丰出版公司,1977年。

《敦煌莫高窟供养人题记》，敦煌研究院编，北京：文物出版社，1986年。

《册府元龟》（影印明刻本），北京：中华书局，1988年。

《宋本册府元龟》（影印本），北京：中华书局，1989年。

《玉海》（影印清光绪九年浙江书局本），南京：江苏古籍出版社；上海：上海书店，1990年。

《唐语林》，周勋初《唐语林校证》本，北京：中华书局，1997年。

《石林避暑录话》（重印商务印书馆《宋人小说》本），叶梦得，上海：上海书店，1990年。

《朱子语类》（点校本），北京：中华书局，1988年。

《文苑英华》（影印本），北京：中华书局，1982年。

《唐文粹》（影印光绪庚辰杭州许氏榆园校刊本），杭州：浙江人民出版社，1986年。

《全唐文》（影印本），北京：中华书局，1987年。

《全唐文补编》，陈尚君，北京：中华书局，2005年。

《唐代墓志汇编》，周绍良主编，上海：上海古籍出版社，1992年。

《唐代墓志汇编续编》，周绍良主编，上海：上海古籍出版社，2001年。

《白居易集》（校点本）（初刊1979年），北京：中华书局，1985年。

《白居易集笺校》（初刊1988年），朱金城，上海：上海古籍出版社，2008年。

《毗陵集》，独孤及，“四库唐人文集丛刊”本（影印文渊阁四库全书），上海：上海古籍出版社，1993年。

《樊川文集》（点校本），杜牧，上海：上海古籍出版社，1978年。

《杜牧集系年校注》，吴在庆，北京：中华书局，2008 年。

《韩昌黎文集校注》，马相伯，北京：古典文学出版社，1957 年。

《韩愈文集汇校笺注》（初刊 2010 年），刘真伦、岳珍，北京：中华书局，2019 年。

《李翱文集校注》，郝润华、杜学林，北京：中华书局，2021 年。

《李德裕文集校笺》，傅璇琮、周建国，石家庄：河北教育出版社，2000 年。

《李相国论事集》，李绛，《丛书集成初编》本，北京：中华书局，1985 年；又，《文渊阁四库全书》本，台北：台湾商务印书馆，1986 年。

《〈李相国论事集〉校注》，冶艳杰，武汉：华中科技大学出版社，2015 年。

《令狐楚集》，尹占华、杨晓霭校笺，兰州：甘肃人民出版社，1998 年。

《刘禹锡集》（标点本），上海：上海人民出版社，1975 年。

《刘禹锡全集编年校注》，陶敏、陶红雨，长沙：岳麓书社，2003 年。

《柳宗元集校注》（初刊 2013 年），尹占华、韩文奇，北京：中华书局，2014 年。

《陆贽集》（点校本），北京：中华书局，2006 年。

《权德舆诗文集》（点校本），上海：上海古籍出版社，2008 年。

《权德舆诗文集编年校注》，蒋寅等，沈阳：辽海出版社，2013 年。

《沈下贤文集》，沈亚之，复旦大学图书馆影印王欣夫藏小草斋精抄本，2014 年。

《孙可之文集》，《宋蜀刻本唐人集丛刊》影印，上海：上海古籍出版社，1979 年。

《〈孙可之文集〉校注》（初刊 2017 年），丁恩全，北京：中国社会科学出版社，2020 年。

《萧颖士集校笺》，黄大宏、张晓芝，北京：中华书局，2017 年。

《颜鲁公文集》（影印《四部丛刊初编》本），颜真卿，上海：上海书店，1989 年。

《元次山集》（校点本），上海：中华书局上海编辑所，1960 年。

《元稹集校注》，周相录，上海：上海古籍出版社，2011 年。

《元稹集编年笺注》（散文卷），杨军，西安：三秦出版社，2008 年。

《曲江集》（标注本），张九龄，广州：广东人民出版社，1986 年。

二、论著

《汉语大词典》（缩印本），上海：汉语大词典出版社，1997 年。

《中国历史地图集》5（隋唐五代十国时期），谭其骧，香港：三联书店（香港）有限公司，1992 年。

《简明中国历史地图集》（初刊 1991 年），谭其骧主编，北京：中国地图出版社，1996 年。

《二十四史纪传人名索引》（初刊 1980 年），张忱石、吴树平，北京：中华书局，1985 年。

《新旧唐书人名索引》，张万起，上海：上海古籍出版社，1986 年。

《唐五代人物传记资料综合索引》（初刊 1982 年），傅璇琮、张忱石、许逸民，北京：中华书局，1992 年。

《读〈五代人物传记资料综合索引〉》（油印本），魏明安，兰州大学中文系，1984 年。

《唐代诏敕目录》（初刊 1987 年），池田温等，西安：三秦出版社，1991 年。

《唐代の散文作品》，平冈武夫等，京都：京都大学人文科学研究所，1960 年。

《全唐文篇名目录及作者索引》，马绪传，北京：中华书局，1985 年。

《唐五代文作者索引》，陈尚君，北京：中华书局，2010 年。

《全唐文篇目分类索引》，冯秉文等，北京：中华书局，2001 年。

《全唐文补遗总目索引》，吴敏霞等，西安：三秦出版社，2014 年。

《新编唐代墓志所在总合目录》，气贺泽保规等，东京：汲古书院，2017 年。

《中国史历日和中西历日对照表》，方诗铭等，上海：上海辞书出版社，1987 年。

《中国历史纪年表（新修订本）》，方诗铭，上海：上海书店出版社，2019 年。

《唐方镇年表》，吴廷燮，《二十四史研究资料丛刊》本，北京：中华书局，1980 年。

《唐仆尚丞郎表》（初刊 1956 年），严耕望，北京：中华书局，1986 年。

《唐刺史考全编》（初刊 1987 年），郁贤皓，合肥：安徽大学出版社，2000 年。

《唐方镇文职僚佐考（修订本）》（初刊 1994 年），戴伟华，桂林：广西师范大学出版社，2007 年。

《隋唐五代史论著目录》（1900—1981），中国社会科学院历史研究所魏晋隋唐史研究室编，南京：江苏古籍出版社，1985 年。

《隋唐五代史论著目录》（1982—1995），胡戟主编，西安：陕西师范大学出版社，1997 年。

《吐鲁番·敦煌出土汉文文书研究文献目录》，东京：东洋文库，1990年。

《隋唐五代史研究概要》，张国刚主编，天津：天津教育出版社，1996年。

《二十世纪唐研究》，胡戟、张弓、李斌城、葛承雍主编，北京：中国社会科学出版社，2002年。

《二十世纪隋唐五代史研究的回顾与展望》，张国刚，《历史研究》2001年2期。

《敦煌吐鲁番文书与唐史研究》，李锦绣，福州：福建人民出版社，2006年。

《战后日本研究中国历史动态》，国际历史学会议日本国内委员会编，东北师大历史系中国古代史研究室译，西安：三秦出版社，1988年。

《战后日本的中国史研究（修订本）》，高明士，台北：明文书局，1996年。

《中国史研究入门（增订本）》，山根幸夫主编，田人隆、黄正建等译，北京：社会科学文献出版社，2000年。

《中国史研究入门》，砺波护、岸本美绪、杉山正明等编，邹怡译，上海：中西书局，2024年。

《北美中国学——研究概述与文献资源》，张海惠主编，北京：中华书局，2010年。

《藩镇の研究史》，清水和惠，《龙谷史坛》80，1982年。

《唐代藩镇研究述略》，宋强刚，《中国史研究动态》1989年11期。

《第二次大战后の唐代藩镇研究》，高濑奈津子，见堀敏一《唐末五代变革期の政治と经济》第五章。

《唐代中央对藩镇控制问题研究综述》,刘兴云,《中国史研究动态》2011年2期。

《唐代藩镇研究模式的总结和再思考——以河朔藩镇为中心》,张天虹,《清华大学学报(哲学社会科学版)》2011年6期;参其《中晚唐五代的河朔藩镇与社会流动·绪论》。

《唐代藩镇问题综述——浅谈藩镇性质与结构问题的几个重要认识》,于迪,《金田》2014年2期。

《唐代藩镇研究回顾与展望》,林枫珏,《唐代学会会刊》25,唐代学会,2021年。

《2010年以来藩镇研究的动向》,闫建飞、肖靖可,《唐宋历史评论》11,北京:社会科学文献出版社,2023年。

《新回顾与再省思——唐代藩镇研究的趋向与课题》,吴晓丰,《唐宋历史评论》14,北京:社会科学文献出版社,2024年。

《唐宋军政变革史研究述评》,曾瑞龙、赵雨乐,包伟民主编《宋代制度史研究百年(1900—2000)》,北京:商务印书馆,2004年。

《元和淮西战争研究述评》,杨文春、李静,《中国史研究动态》2014年3期。

《日本学界唐代幽州的相关研究》,管俊玮,《中国唐史学会会刊》37,2018年。

以下以作者姓氏拼音为序;同一人论著,以发表时间先后为序。日本学者姓氏"和文汉读",论著名保留假名。日文汉字除专名,如浜口重国不作滨口重国、森部豊不作森部丰,以及不致引起歧义者外,直接改为汉语简体汉字。外文论著,如有汉译,则径引汉译（汉译时一般都会详细标注原著信息，故不再同时标注原著作者、题名等外文信息）。

Anthony DeBlasi（邓百安）"Court and Region in Medieval China: The Case of Tang Bianzhou", *T'oung Pao*, Vol. 102, No. 1/3, 2016.

浜口重国《秦汉隋唐史の研究》，东京：东京大学出版会，1966年。

Charles Peterson（查尔森·彼得森）"The Restoration Completed: Emperor Hsien-tsien and the Provinces", *Perspectives on T'ang*, New Haven: Yale University Press, 1973（《中兴的完成——论唐宪宗和藩镇之关系》，《唐代概观》。文章及书名汉译，据陆扬《西方唐史研究概观》，《北美中国学》）。

蔡帆《唐后期江淮地域政治与社会秩序：以藩镇和土豪为中心》，博士学位论文，浙江大学，2018年。

——《朝廷 藩镇 土豪：唐后期江淮地域政治与社会秩序》，杭州：浙江大学出版社，2021年。

蔡治淮、黄伟虎《"汴宋"节度辨析》，《中国史研究》1988年1期。

曹建刚《唐代"江东"地域政局研究》，博士学位论文，山东大学，2014年。

陈长征《论唐代中后期藩镇内部的军事集权》，《临沂师范学院学报》26卷1期，2004年。

陈乐保《唐代剑南道研究——以政治地理与戍防体系为中心》，博士学位论文，山东大学，2015年。

——《唐代宗至宪宗时期的西川节度使继任危机与终结》，《中国边疆史地研究》25卷2期，2015年。

——《唐肃代时期剑南道政治地理研究(757—767)——以东西两川的分合为中心》,《四川大学学报(哲学社会科学版)》2015 年 2 期。

陈乐保、杨倩丽《宰相回翔:中晚唐的西川文官政治》,《唐史论丛》24,西安:三秦出版社,2017 年。

陈磊《唐代后期河北地区的文化分区与社会分群》,李鸿宾主著《隋唐对河北地区的经营与双方的互动》,北京:中央民族大学出版社,2008 年。

——《唐长庆元年幽州的军变:从史料撰写的层面看》,《兴大历史学报》25,2012 年。

陈明光《唐代财政史新编》(初刊 1991 年),北京:中国财政经济出版社,1999 年。

陈尚君《唐代文学丛考》,北京:中国社会科学出版社,1997 年。

陈文龙《释"贞元中仕进道塞"》,《魏晋南北朝隋唐史资料》26,武汉大学人文社会科学报编辑部,2010 年。

陈翔《唐代后期泽潞镇军事地位的变化》,《中国历史地理论丛》23 卷 3 期,2008 年。

——《唐代泽潞镇建置及扩建考》,《江西社会科学》2013 年 2 期。

——《唐代中央与地方关系研究》,博士学位论文,武汉大学,2010 年。

——《再论安史之乱的平定与河北藩镇重建》,《江汉论坛》2010 年 1 期。

陈寅恪《唐代政治史述论稿》(初刊 1943 年),上海:上海古籍出版社,1982 年。

——《隋唐制度渊源略论稿》(初刊 1944 年),香港:中华书局,

1976 年。

——《元白诗笺证稿》(初刊 1950 年),上海古籍出版社,1982 年。

——《寒柳堂集》,上海:上海古籍出版社,1982 年。

——《金明馆丛稿二编》,上海:上海古籍出版社,1982 年。

——《陈寅恪读书札记·旧唐书新唐书之部》,包敬第、王永兴、李锦绣整理辑录,上海:上海古籍出版社,1989 年。

陈志坚《唐代州郡制度研究》,上海:上海古籍出版社,2005 年。

程志《论中唐藩镇的本质和作用》,《东北师大学报(哲学社会科学版)》1986 年 6 期。

岑仲勉《唐史余沈》,上海:上海古籍出版社,1979 年。

——《隋唐史》(初刊 1957 年),北京:中华书局,1982 年新 1 版。

崔瑞德=杜希德=崔维铎(Denis C. Twitchett)《剑桥中国隋唐史(589—906)》(1979),中国社会科学院历史研究所西方汉学研究课题组译,北京:中国社会科学出版社,1990 年。

——《唐代藩镇势力的各种类型》(初刊 1976 年),张荣芳译,《大陆杂志》66 卷 1 期,1983 年。

——"The Seamy Side of Late T'ang Political Life: Yü Ti and His Family", *Asia Mailr*, 3rd. Ser., Vol. 1, No. 2, 1988.

村井恭子《大唐西市博物馆新藏唐〈张茂宣墓志〉考》,《中华历史与传统文化研究论丛》2,北京:中国社会科学出版社,2016 年。

大泽正昭《唐末の藩镇と中央权力——德宗·宪宗朝を中心として》,《东洋史研究》32 卷 2 号,1973 年。

岛居一康《唐宋军政史研究》,东京:汲古书院,2023 年。

邓享煜、李永《治乱之间:藩镇权力构造视角下的唐代宣武镇研究》,《河南理工大学学报(社会科学版)》25 卷 4 期,2024 年。

邓小南《朗润学史丛稿》,北京:中华书局,2010 年。

邓之诚《中华二千年史》(卷三),中册,上海:商务印书馆,1934 年。

冻国栋《唐代人口问题研究》,武汉:武汉大学出版社,1993 年。

——《墓志所见唐安史乱间的"伪号"行用及吏民心态》(初刊 2003 年),《中国中古经济与社会史论稿》,武汉:湖北教育出版社,2005 年。

——《读〈大燕故魏府元城县尉卢府君(说)墓志序〉书后》,《魏晋南北朝隋唐史资料》26,2010 年。

渡边孝《魏博と成德——河朔三镇の权力构造についての再检讨》,《东洋史研究》54 卷 2 号,1995 年,

樊文礼《从宋初的改革措施看唐末五代藩镇的割据统治》,《内蒙古大学学报(哲学社会科学版)》1982 年 2 期。

——《试论唐代河朔三镇内外矛盾的发展演变》,《内蒙古大学学报(哲学社会科学版)》,1983 年 4 期。

——《唐代宦官掌典禁军原因试探》,《烟台师范学院学报(哲学社会科学版)》1990 年 2 期。

——《唐代平卢淄青节度使略论》,《烟台师范学院学报(哲学社会科学版)》1993 年 2 期。

——《唐淮西节度使略论》,《烟台师范学院学报(哲学社会科学版)》1994 年 2 期。

——《安史之乱以后的藩镇形势和唐代宗朝的藩镇政策》,《烟台师范学院学报(哲学社会科学版)》,1995 年 4 期。

方积六《略论唐宪宗平定藩镇割据的历史意义》,《中国古代史论丛》1982 年 3 辑(总第 6 辑),福州:福建人民出版社,1982 年。

——《论唐代河朔三镇的长期割据》,《中国史研究》1984年1期。

——《唐代河朔三镇"胡化"说辨析》,《纪念陈寅恪教授国际学术讨论会文集》,广州:中山大学出版社,1989年。

冯金忠《唐代河北藩镇研究》,北京:科学出版社,2012年。

——《唐代地方武官研究》,新北:花木兰文化出版社,2012年。

——《庙堂与故园之间:李德裕河朔政策的再审视》,《宁夏社会科学》2020年4期。

冯金忠、张帅《新出王士良墓志所见贞元年间唐廷、成德与淄青之间的三角博弈》,《魏晋南北朝隋唐史资料》49,上海:上海古籍出版社,2024年。

冯培红《敦煌归义军职官制度——唐五代藩镇官制个案研究》,博士学位论文,兰州大学,2004年。

——《敦煌学与五凉史论稿》,杭州:浙江大学出版社,2017年。

傅乐成《汉唐史论集》,台北:联经出版事业有限股份公司,2006年。

傅璇琮《唐代诗人丛考》,北京:中华书局,1980年。

——《李德裕年谱》,石家庄:河北教育出版社,2001年。

——《唐翰林学士传论》,沈阳:辽海出版社,2005年。

——《驼草集》,北京:中华书局,2023年。

付先召《唐朝后期颍州隶属变动及其对政局的影响》,《安徽师范大学学报(人文社会科学版)》39卷6期,2011年。

——《成德镇辖区变化对唐后期政局的影响》,《河南师范大学学报(哲学社会科学版)》40卷2期,2013年。

——《唐宣武镇辖区变动及其原因探析》,《商丘师范学院学报》30卷8期,2014年。

——《唐代后期方镇辖区变动研究》，北京：社会科学文献出版社，2023年。

冈野诚《唐玄宗奔蜀之途径》，《第二届国际唐代学术会议论文集》，台北：文津出版社，1993年。

高濑奈津子《安史の乱后における河东节度使の动向——“张奉璋墓志”と“承天军城记”を中心に》，气贺泽保规编《中国石刻资料とその社会——北朝隋唐期を中心に》，东京：汲古书院，2007年。

高桥继男《唐代后半期的巡院地方行政监察事务》（初刊1978年），张韶岩、马雷译，刘俊文主编《日本中青年学者论中国史·六朝隋唐卷》，上海：上海古籍出版社，1995年。

高正亮《关于唐宪宗讨伐淄青镇的若干地理问题》，《历史地理》32，上海：上海人民出版社，2015年。

——《唐武宗伐昭义镇之战的有关地理考述》，《历史地理》35，上海：复旦大学出版社，2017年。

——《唐后期黄淮海平原讨藩战争后勤补给研究（795—845）》，博士学位论文，北京大学，2020年。

——《唐后期黄淮海平原讨藩战争后方粮草调拨地理》，《文史》2022年4辑。

——《政通则粮达：军政区域规划与唐后期黄淮海平原讨藩战争粮草补给》，《中华文史论丛》2024年2期。

谷川道雄《关于河朔三镇藩帅的继承》，王霜媚译，《第一届国际唐代学术会议论文集》，台北：唐代研究学者联谊会，1989年（初刊《中国古代的法と社会——栗原益男先生古稀记念论集》，1988年）。

谷霁光《府兵制度考释》（初刊1962年），上海：上海人民出版社，

1978年。

——《安史乱前之河北道》(初刊1936年),《谷霁光史学文集》第4卷,南昌:江西人民出版社,1996年。

顾乃武《唐代河朔三镇的社会文化研究》,博士学位论文,厦门大学,2007年。

——《地域主义与河北藩镇——评冯金忠〈唐代河北藩镇研究〉》,《社会科学论坛》2013年5期。

桂齐逊《唐代河东军研究》,硕士学位论文,中国文化大学,1991年。

韩国磐《隋唐五代史纲》(初刊1961年),北京:人民出版社,1979年。

——《隋唐五代史论集》,北京:三联书店,1979年。

——《唐代社会经济诸问题》,台北:文津出版社,1999年。

何灿浩《唐末政治变化研究》,北京:中国文联出版社,2001年。

何汝泉《唐财政三司使研究》,北京:中华书局,2013年。

何永成《唐代神策军研究——兼论神策军与中晚唐政局》,台北:台湾商务印书馆,1990年。

鹤见尚弘、吴滔、陈永福《日本学者明清赋役制度史研究》,上海:中西书局,2023年。

胡平《未完成的中兴:中唐前期的长安政局》,北京:商务印书馆,2018年。

胡如雷《隋唐五代社会经济史论稿》,北京:中国社会科学出版社,1996年。

胡耀飞《晚期中古史存稿》,北京:中国社会科学出版社,2019年。

——《黄巢起义对晚唐藩镇格局的影响》,《文史哲》2017年4期。

——《续论藩镇分类的学术史梳理——以近三十年中国大陆学者为范围》,佐竹靖彦主编《中国史学》32,京都:朋友书店,2022年。

胡耀飞、刘雪婷《长庆镇州行营考——兼议白居易对行营体制的反思》,《唐宋历史评论》14,北京:社会科学文献出版社,2024年。

黄楼《唐宣宗大中政局研究》,天津:天津古籍出版社,2012年。

——《碑志与唐代政治史论稿》,北京:科学出版社,2017年。

——《唐德宗兴元元年宁陵之战考辨》,《魏晋南北朝隋唐史资料》35,上海:上海古籍出版社,2017年。

——《神策军与中晚唐宦官政治(增订本)》(初刊2019年),北京:中华书局,2024年。

黄玫茵《唐代江西地区开发研究》,台湾大学文史丛刊,台北:台湾大学,1996年。

黄清连《宋威与王、黄之乱——唐代藩镇对黄巢叛乱的态度研究之二》,《中国近世社会文化史论文集》,台北:历史语言研究所,1992年。

——《忠武军:唐代藩镇的个案研究》,《历史语言研究所集刊》64本1分,1993年。

——《杜牧论藩镇与军事》,黄清连编《结网编》,台北:大东图书股份有限公司,1998年。

黄盛璋《历史地理论集》,北京:人民出版社,1982年。

黄寿成《唐肃宗时河东朔方兵变事探索》,《陕西师范大学学报》33卷6期,2004年。

黄图川《宪、穆之际唐廷与河北三镇关系的变动及其意义》,博士学位论文,北京师范大学,2021年。

——《权力交接与政治逻辑:重论长庆元年唐廷处置幽州归附事件》,《首都师范大学学报(社会科学版)》2021 年 1 期。

黄永年《文史探微》,北京:中华书局,2000 年。

——《文史存稿》,西安:三秦出版社,2004 年。

黄正建《走进日常——唐代社会生活考论》,上海:中西书局,2016 年。

贾二强《唐永王李璘起兵事发微》,《陕西师大学报(哲学社会科学版)》1991 年 1 期。

贾志刚《唐代军费问题研究》,北京:中国社会科学出版社,2006 年。

——《唐代河东承天军史实寻踪——以五份碑志资料为中心》,《人文杂志》2009 年 6 期。

翦伯赞(主编)《中国史纲要》(第 2 册),北京:人民出版社,1965 年。

姜密《唐代成德镇的割据特点》,《河北师范大学学报(哲学社会科学版)》23 卷 3 期,2000 年。

江依璇《唐代武宁军研究》,硕士学位论文,淡江大学,2009 年。

蒋天枢《陈寅恪先生编年事辑(增订本)》,上海:上海古籍出版社,1997 年。

金滢坤《论中晚唐河朔藩镇割据与联姻的关系——以义武军节度使陈君赏墓志铭为中心》,《学术月刊》2006 年 12 期。

——《唐五代科举的世界》,上海:复旦大学出版社,2014 年。

金滢坤、盛会莲《唐义武军节度使陈君赏墓志铭研究》,《文献》2008 年 1 期。

靳亚娟《唐后期到五代十国长江中游的政治》,博士学位论文,北京大学,2020 年。

菊池英夫《唐代兵募の性格と名称とについて》,《史渊》第 67、68 卷合辑,1956 年。

——《节度使制确立前における"军"制度の展开》,《东洋学报》44 卷 2 号,1961 年。

——《节度使制确立以前における"军"制度の展开(续编)》,《东洋学报》45 卷 1 号,1962 年。

——《西域出土文书を通じてみたる唐玄宗时代における府兵制の运用》(上)(下),《东洋学报》52 卷 3 号(1969 年)、4 号(1970 年)。

阚大成《中晚唐藩镇地方政府中央化之研究——以宣武军为例》,硕士学位论文,中国文化大学,1994 年。

堀敏一《藩镇亲卫军的权力结构》(初刊 1960 年),索介然译,《日本学者研究中国史论著选译》4,北京:中华书局,1992 年(译文标注初刊 1959 年,但作者《唐末五代变革期の政治と经济》标注为 1960 年)。

——《中国古代史の视点——私の中国史学(一)》,东京:汲古书院,1994 年。

——《唐末五代变革期の政治と经济》,东京:汲古书院,2002 年。

赖青寿《唐后期方镇建置沿革研究》,博士学位论文,复旦大学,1999 年。

郎洁《唐中晚期昭义镇研究》,李鸿宾主著《隋唐对河北地区的经营与双方的互动》,北京:中央民族大学出版社,2008 年。

李碧妍《危机与重构——唐帝国及其地方诸侯》,博士学位论文,复旦大学,2011 年。

——《危机与重构:唐帝国及其地方诸侯》(初刊 2015 年),北京师范大学出版社,2016 年。

李德辉《〈全唐文〉作者小传正补》，沈阳：辽海出版社，2011年。

李鸿宾《唐朝朔方军研究——兼论唐廷与西北诸族的关系及其演变》，长春：吉林人民出版社，2000年。

李佳哲《从诏书用词看唐廷对少数民族与河北藩镇的态度——兼论中唐时期的夷夏之辨与河朔胡化》，《烟台大学学报(哲学社会科学版)》29卷6期，2016年。

——《陈寅恪"河朔胡化"说辨析》，《中州学刊》2017年10期。

——《唐代"河朔故事"的文本起源、历史内涵及确立过程——以韩愈〈魏博节度观察使沂国公先庙碑铭〉为线索》，《黑龙江社会科学》2022年6期。

李锦绣《唐代财政史稿》，北京：北京大学出版社，上卷，1995年；下卷，2001年。

——《唐代制度史略论稿》，北京：中国政法大学出版社，1998年。

李树桐《论唐代的魏博镇》，《傅乐成教授纪念论文集：中国史新论》，台北：台湾学生书局，1985年。

——《元和中兴之研究》(初刊1984年)，《唐代研究论集》第3辑，台北：新文丰出版公司，1992年。

李文澜《从唐代地方官的选任看中央与地方的政治关系——以山南荆楚为例》(初刊2002年)，《文澜存稿》，武汉：湖北人民出版社，2013年。

——《"东南巨镇"鄂岳——中晚唐一个稳定的地区》，《长江文史论丛(二〇一七卷)》，武汉：湖北人民出版社，2017年。

李翔《中晚唐五代藩镇文职幕僚研究》，博士学位论文，南开大学，2014年。

——《中晚唐浙东镇研究》，杭州：浙江大学出版社，2018 年。

李孝聪《中国城市的历史空间》，北京：北京大学出版社，2015 年。

李殷《议兵之争所见唐宪宗朝藩镇政策的形成》，《史学集刊》2022 年 4 期。

李之勤《论唐代的上津道》，《中国历史地理论丛》1988 年 4 期。

李宗俊、周正《唐张茂宣墓志考释》，《中国边疆史地研究》25 卷 4 期，2015 年。

砺波护《唐代の畿内と京城四面关》，唐代史研究会编《中国の都市と农村》，东京：汲古书院，1992 年。

栗原益男《唐宋变革期の国家と社会》，东京：汲古书院，2014 年。

廖靖靖《二十一世纪以来唐代太原研究新动态》，《乾陵文化研究》10，西安：三秦出版社，2016 年。

——《镇守与共荣：唐代的太原尹》，北京：社会科学文献出版社，2023 年。

林伟洲《唐代藩镇研究论文集》，新北：花木兰文化出版社，2016 年。

林云鹤《唐代山南道研究》，博士学位论文，上海师范大学，2018 年。

刘建伟《唐代武宁镇的依附性和游离性》，《徐州师范学院学报（哲学社会科学版）》1988 年 1 期。

刘琴丽《中晚唐河北举子研究》，《史学集刊》2009 年 4 期（后改题为《由科举仕进看中晚唐河北藩镇的地域文化》，见其《唐代举子科考生活研究》“附录”，北京：社会科学文献出版社，2010 年）。

刘太祥《试论唐德宗施政方略》，《南都学坛（社会科学版）》11 卷 3 期，1991 年。

刘新光《唐宋时期“江南西道”研究》，北京：中国社会科学出版社，

2016 年。

刘兴云《唐代藩镇质子制度》,《南都学坛(人文社会科学学报)》29 卷 6 期,2009 年。

刘永强、张剑光《从河东镇的政治处境论辛云京与仆固怀恩之乱》,《上海师范大学学报(哲学社会科学版)》2019 年 4 期。

刘玉峰《评唐德宗“姑息”藩镇说》,《学术月刊》1993 年 7 期。

——《论安西北庭行营军》,《陕西师范大学学报》25 卷 1 期,1997 年。

——《唐德宗评传》,济南:齐鲁书社,2002 年。

——《隋唐史教研丛稿》,济南:山东大学出版社,2013 年。

卢建荣《地方军事化对唐代后期淮北地区政治与社会的冲击(780—893)》,《台湾师范大学历史学报》27,1999 年。

——《咆哮彭城:唐代淮上军民抗争史》(初刊 2008 年),北京:北京大学出版社,2014 年。

卢向前《卢从史出兵山东与唐宪宗用兵河朔三镇之关系》,《中华文史论丛》2007 年 3 期。

鲁西奇《唐代长江中游地区政治经济地域结构的演变——以襄阳为中心的讨论》,李孝聪主编《地域结构与运作空间》,上海:上海辞书出版社,2003 年。

陆发春、夏四达《“江淮”与“江淮之间”——关于“江淮”的地理概念史探赜》,《学术月刊》56 卷 11 月号,2024 年。

陆扬《清流文化与唐帝国》,北京:北京大学出版社,2016 年。

罗凯《隋唐政治地理格局研究——以高层政治区为中心》,博士学位论文,复旦大学,2012 年。

——《何为方镇:方镇的特指、泛指与常指》,《学术月刊》50卷8月号,2018年。

罗新《有所不为的反叛者:批判、怀疑与想象力》,上海:上海三联书店,2019年。

吕思勉《隋唐五代史》(初刊1959),上海:上海古籍出版社新1版,1984年。

——《吕思勉读史札记》,上海:上海古籍出版社,1982年。

马驰《马驰史学论集》,太原:山西人民出版社,2022年。

马俊民《唐朝刺史军权考——兼论与藩镇割据的关系》,《南开大学历史系建系七十五周年纪念文集》,天津:南开大学出版社,1998年。

马一虹《靺鞨、渤海与周边国家、部族关系史研究》,北京:中国社会科学出版社,2011年。

毛汉光《中国中古政治史论》,台北:联经出版事业公司,2004年。

——《论安史乱后河北地区之社会与文化——举在籍大士族为例》,《晚唐的社会与文化》,台北:台湾学生书局,1990年。

孟彦弘《藩镇与中唐政治》(署孟艳红),博士学位论文,首都师范大学,1994年。

——《唐前期的太子问题及其政治后果——兼论安史叛乱的因果》,《原道》2,北京:团结出版社,1995年。

——《出土文献与汉唐典制研究》,北京:北京大学出版社,2015年。

——《读史杂评》,南京:凤凰出版社,2020年。

——《隋朝的禅让·统一与所谓"正统论"——从史事看思想》,《历史教学》2022年8期。

缪钺《杜牧年谱》(初刊1980年),《缪钺全集》第5卷,石家庄:河北教育出版社,2004年。

牟发松《唐代长江中游的经济与社会》,武汉:武汉大学出版社,1989年。

——《汉唐历史变迁中的社会与国家》,上海:上海人民出版社,2011年。

末田修一《唐代藩镇の出界粮について》,《铃木俊教授还历记念东洋史论丛》,东京:三阳社,1964年。

宁可《宁可史学论集》,北京:中国社会科学出版社,1999年。

彭文峰《唐代河朔三镇两税法实施情况略论》,《临沂师范学院学报》27卷1期,2005年。

齐勇锋《说神策军》,《陕西师大学报(哲学社会科学版)》1983年2期。

——《唐中叶的削藩措置及其作用》,《陕西师大学报(哲学社会科学版)》1985年1期。

——《中晚唐赋入"止于江南八道"说辨疑》,《唐史论丛》2,西安:陕西人民出版社,1987年。

钱穆《国史大纲》(初刊1940年),上海:商务印书馆,1947年。

秦中亮《形塑合法性:王元逵兴兵泽潞原因新论——以中央与地方权力博弈为视阈的考察》,《历史教学》2016年16期。

——《河朔三镇变迁与中晚唐政治》,博士后出站报告,复旦大学,2017年。

——《河朔藩镇性格说再检讨——兼论魏博牙兵形象的文本建构》,《学术月刊》51卷12月号,2019年。

——《胙土封邦：河朔故事形成史论》，《江西社会科学》2020 年 1 期。

——《财政政策与政治效应：试论两税法在河朔藩镇的实施》，《中国经济史研究》2020 年 1 期。

——《论唐代皇室与河朔节度使家族的联姻》，《学术月刊》53 卷 10 月号，2021 年。

——《地域空间与政治博弈：中晚唐河朔政区变迁刍议》，《社会科学》2022 年 5 期。

——《唐宪宗平藩政策再探》，《唐史论丛》35，西安：三秦出版社，2022 年。

——《"再失河朔"发微》，《中国史研究》2024 年 1 期。

秦中亮、陈勇《从两次兴兵成德看元和政治规范的形成》，《厦门大学学报（哲学社会科学版）》2016 年 4 期。

仇鹿鸣《长安与河北之间：中晚唐的政治与文化》，北京：北京师范大学出版社，2018 年。

——《藩镇：一个难以被纳入唐宋变革论的议题?》，《唐宋历史评论》9，北京：社会科学文献出版社，2022 年。

屈卡乐《唐末五代中央与方镇政治关系研究》，博士学位论文，复旦大学，2018 年。

——《唐后期团练、防御州考述：以唐会昌五年为时间截面》，《历史地理研究》2020 年 3 期。

全汉昇《中国经济史研究》，香港：新亚研究所，1976 年。

——《中国经济史论丛》，台北：稻禾出版社，1996 年。

任立鹏、牟发松《唐德宗播迁前后的东南转运线与朝政时局关系略论》,《历史教学问题》2019 年 3 期。

任士英《唐肃宗时期中央政治的二元格局》,《中国史研究》1996 年 4 期。

——《唐代玄宗肃宗之际的中枢政局》,北京:社会科学文献出版社,2003 年。

任艳艳《唐代河东道政区“调整”之研究》,博士学位论文,武汉大学,2013 年。

任兆杰《幽州刘氏与河朔藩镇内部的权力结构困局——以刘澭、刘源为例》,《中国边疆史地研究》31 卷 1 期,2021 年。

日比野丈夫《唐代蒲昌府文书の研究》,《东方学报》33,1963 年。

——《新获の唐代蒲昌府文书について》,《东方学报》45,1973 年。

日野开三郎《东洋史学论集》第 1 卷“唐代藩镇の支配体制”,东京:三一书房,1980 年。

——《藩镇体制と直属州》,《东洋学报》43 卷 4 号,1961 年。

荣新江《归义军史研究——唐宋时代敦煌历史考索》,上海:上海古籍出版社,1996 年。

——《中古中国与外来文明》,北京:生活・读书・新知三联书店,2001 年。

——《中古中国与粟特文明》,北京:生活・读书・新知三联书店,2014 年。

山根直生《唐朝军政统治的终局与五代十国割据的开端》,《浙江大学学报(人文社会科学版)》34 卷 3 期,2004 年(即《唐宋における藩镇体制の变容——淮南节度使を事例として》,《史学研究》228 号,2000 年)。

尚闻一、梁兴堃《"镇冀之间，自为一秦"：中晚唐河北藩镇人员外流的量化分析》，《数字人文》4，北京：中华书局，2020 年。

森安孝夫《丝绸之路与唐帝国》(初刊 2007 年)，《讲谈社 兴亡的世界史》3，石晓军译，北京：北京日报出版社，2020 年。

森部豊《ソグド人の东方活动と东ユーラシア世界の历史的展开》，吹田：关西大学出版部，2010 年。

——《唐代前半期羁縻州、蕃兵、军制纪要——以营州为例》，刘扬译，《唐史论丛》35，西安：三秦出版社，2022 年。

史念海《中国的运河》(据 1930 年代印制本作修改增补)，西安：陕西人民出版社，1988 年。

——《河山集(四集)》，西安：陕西师范大学出版社，1991 年。

——《唐代历史地理研究》，北京：中国社会科学出版社，1998 年。

辻正博《唐朝の对藩镇政策について——河南"顺地"化のプロセス——》，《东洋史研究》46 卷 2 号，1987 年。

石云涛《唐代幕府制度研究》，北京：中国社会科学出版社，2003 年。

松井秀一《唐代后半期の江淮について——江贼及び康全泰・裘甫の叛乱を中心として》，《史学杂志》66 编 2 号，1957 年。

——《卢龙藩镇考》，《史学杂志》68 编 12 号，1959 年。

——《裴垍の赋税改革について》，《史学杂志》76 编 7 号，1967 年。

宋欣昀《更代往来，以为守备——再论中晚唐防秋兵的戍期与组织形态》，《唐研究》29，北京：北京大学出版社，2024 年。

孙继民《吐鲁番文书中所见唐代府兵装备》，《敦煌吐鲁番研究初探二编》，武汉：武汉大学出版社，1990 年。

——《跋〈唐垂拱四年(公元 688 年)队佐张玄泰牒为通当队队陪事〉》,同上。

——《唐代的行军统帅》,《魏晋南北朝隋唐史资料》11,武汉:武汉大学出版社,1991 年。

——《唐代行军制度》,台北:文津出版社,1995 年。

——(主编)《河北新发现石刻题记与隋唐史研究》,石家庄:河北人民出版社,2006 年。

——《中古史研究汇纂》,天津:天津古籍出版社,2016 年。

孙培岗《唐代淮南镇历史考索》,博士学位论文,北京师范大学,2023 年。

孙望《孙望选集》,南京:南京师范大学出版社,2002 年。

谭凯(Nicolas Tackett)《中古中国门阀大族的消亡》(初刊 2014 年),胡耀飞、谢宇荣译,北京:社会科学文献出版社,2017 年。

谭其骧《长水集》,北京:人民出版社,1987 年。

唐耕耦《唐代前期的兵募》,《历史研究》1981 年 4 期。

唐华全《也谈马嵬驿兵变的历史真相》,《河北学刊》1997 年 4 期。

唐宋运河考察队《运河访古》,上海:上海人民出版社,1985 年。

唐长孺《魏晋南北朝史论丛》,北京:生活·读书·新知三联书店,1955 年。

——《山居存稿》,北京:中华书局,1989 年。

——《吐鲁番文书中所见的西州府兵》,《敦煌吐鲁番文书初探二编》,武汉:武汉大学出版社,1990 年。

——《魏晋南北朝隋唐史三论》,武汉:武汉大学出版社,1992 年。

——《山居存稿续编》,北京:中华书局,2011 年。

汤承业《唐武宗之安内攘外》，台北：帕米尔书店，1973 年。

田雁《唐武昌军节度使设置演变及其原因分析》，李锦章主编《湖北历史文化论集》2，武汉：中国地质大学出版社，2000 年。

万晋《拱卫与制衡：安史乱后洛阳及其周边的军事动向》，《东岳论丛》39 卷 7 期，2018 年。

汪篯《汉唐史论稿》，北京：北京大学出版社，1992 年。

王炳文《从胡地到戎墟：安史之乱与河北胡化问题研究》，北京：北京师范大学出版社，2020 年。

——《盗杀武元衡——元和政局与牛李党争的分化形成》，《唐史论丛》35，西安：三秦出版社，2022 年。

王朝中《李绛藩镇对策》，《中国唐史学会论文集》，西安：三秦出版社，1993 年。

王夫一《唐代河北道南北交通干线的东移——兼论定州的衰落》，《乾陵文化研究》11，西安：三秦出版社，2017 年。

王赓武《五代时期北方中国的权力结构》（初刊 1963 年），胡耀飞、尹承译，上海：中西书局，2014 年。

——《长江中游地区在唐代政治中的地位》（初刊 1973 年），赵鸿昌摘译，《云南省社会科学院历史研究所研究集刊》1985 年 1 期（译后记称收入此文的论集出版于 1979 年，但陆扬《西方唐史研究概观》称该论集出版于 1973 年；此据陆扬文标注初刊年代，《北美中国学》）。

王国尧《李德裕与泽潞之战——兼论唐朝于 9 世纪中所处之政治困局》，《唐研究》12，北京：北京大学出版社，2006 年。

王吉林《君相之间——唐代宰相与政治》（初刊 1999 年），北京：中国人民大学出版社，2007 年。

王力平《唐肃、代、德时期的南路运输》,《古代长江中游的经济开发》,武汉:武汉出版社,1988 年。

——《唐后期淮颍(蔡)水运的利用与影响》,《河北学刊》1991 年 2 期。

——《“羁縻”背后的争夺——唐安史之乱后的河北盐业》,《盐业史研究》1991 年 3 期。

王妙英《唐代横海镇考辨》,《沧州师范专科学校学报》24 卷 3 期,2008 年。

王明珂《羌在汉藏之间:川西羌族的历史人类学研究》(初刊 2003 年),北京:中华书局,2008 年。

王其祎、周晓薇《望高天下:隋唐京兆杜氏再考察——以长安新出唐杜式方夫妇墓志为案例》,《唐史论丛》17,西安:三秦出版社,2014 年。

王赛时《论唐朝藩镇军队的三级构成》,《人文杂志》1986 年 4 期。

——《唐朝军队结构的变化与骄兵悍将的形成》,《齐鲁学刊》1988 年 5 期。

——《唐代中后期的军乱》,《中国史研究》1989 年 3 期。

——《唐代职业军人的谋生途径》,《西南师范大学学报》1990 年 3 期。

——《唐代的淄青镇》,《东岳论丛》1994 年 2 期。

王寿南《唐代藩镇与中央关系之研究》(初刊 1969 年),台北:大化书局,1978 年。

——《唐代宦官权势之研究》,台北:正中书局,1971 年。

——《从藩帅之选任看安史之乱后唐中央政府对地方之控制》,《政治大学历史学报》6,台北:1988 年。

——《论仆固怀恩之叛》，黄约瑟、刘健明编《隋唐史论集》，香港大学亚洲研究中心，1993 年。

王文楚《古代交通地理丛考》，北京：中华书局，1996 年。

王小甫《唐 吐蕃 大食政治关系史》，北京：北京大学出版社，1992 年。

王效锋《唐代中期战争问题研究》，博士学位论文，陕西师范大学，2012 年。

王永兴《隋唐五代经济史料汇编校注（第一编）》，北京：中华书局，1987 年。

——《唐代后期军事史略论稿》，北京：北京大学出版社，2006 年。

王援朝《唐代藩镇分类刍议》，《唐史论丛》5，西安：三秦出版社，1990 年。

王曾瑜《宋朝兵制初探》，北京：中华书局，1983 年。

王仲荦《隋唐五代史》，上海：上海人民出版社，上册，1988 年；下册，1990 年。

翁俊雄《唐后期政区与人口》，北京：首都师范大学出版社，1999 年。

吴光华《唐代幽州地域主义的形成》，淡江大学中文系主编《晚唐的社会与文化》，台北：台湾学生书局，1990 年。

吴丽娱《五代中央地方的礼仪交接——以节度刺史的拜官中谢、上事为中心》，卢向前主编《唐宋变革论》，合肥：黄山书社，2006 年。

吴晓丰《中唐藩镇体制的嬗变与地方社会秩序》，博士学位论文，北京大学，2022 年。

——《从四方碑志论中唐宣武军的顺地化》，《中华文史论丛》2024 年 2 期。

——《从寇境到王土:宪宗元和用兵前后淄青的地方态势》,《唐研究》29,北京:北京大学出版社,2024年。

吴玉贵《唐代安西都护府史略》及附录二《安西都护年表》,《中亚学刊》2,北京:中华书局,1987年。

——《〈资治通鉴〉疑年录》(初刊1995年),上海:上海古籍出版社,2019年。

——《西暨流沙:隋唐突厥西域历史研究》,上海:上海古籍出版社,2020年。

吴洲《唐代东南的历史地理》,北京:中国社会科学出版社,2011年。

武强《区域变迁背景下的唐代藩镇——以淮西节度使为例的分析》,《黄河文明与可持续发展》6,开封:河南大学出版社,2013年。

伍常伯《唐德宗的建藩政策——论中唐以来制御藩镇战略格局的形成》,《东吴历史学报》6,2000年。

夏炎《唐代州级行政体制研究》,博士学位论文,南开大学,2005年。

——《唐代州级官府与地域社会》,天津:天津古籍出版社,2010年。

向传君《从程怀信墓志看程氏家族在横海镇的割据》,《文物春秋》2023年4期。

——《唐代河北三镇储帅制度的演变考述》,《西部史学》12,重庆:重庆出版社,2024年。

——《唐代藩镇历史地理研究》,新北市:花木兰文化事业有限公司,2024年。

谢元鲁《唐代中央政权决策研究(增订本)》(初刊1992年),北京:北京师范大学出版社,2000年。

辛德勇《古代交通与地理文献研究》,北京:中华书局,1996年。

新见まどか《唐帝国の灭亡と东部ユーラシァ——藩镇体制の通史的研究》,京都:思文阁出版,2022 年。

许超雄《中晚唐京西北藩镇研究》,博士学位论文,浙江大学,2020 年。

——《唐宣宗大中时期西北节帅的儒臣化》,《魏晋南北朝隋唐史资料》39,上海:上海古籍出版社,2019 年。

——《元和削藩与唐宪宗时期的财政“二元”格局》,《中国社会经济史研究》2019 年 4 期。

——《唐宪宗“元和中兴”的政治语境》,《唐史论丛》36,西安:三秦出版社,2023 年。

——《家国之间:唐元和时期进奉的二重性解读》,《上海师范大学学报(哲学社会科学版)》2024 年 3 期。

——《“权归宰相”政治话语与唐后期中枢权力关系》,《社会科学》2024 年 8 期。

许超雄、张剑光《唐代中期两税法“定额支用”下的国库与内库》,《南都学坛(人文社会科学学报)》36 卷 2 期,2016 年。

薛宗正《论安西、北庭行营建置述略》,《西域研究》1993 年 3 期。

严耕望《唐代交通图考》,第 1 至 5 卷(景印 1985—1986 年第 1 版),台北:历史语言研究所(专刊之 83),1997 年;第 6 卷(李启文整理),2003 年。

——《严耕望史学论文选》,台北:联经出版事业公司,1991 年。

闫建飞《唐末五代宋初北方藩镇州郡化研究(874—997)》,博士学位论文,北京大学,2017 年。

——《走出五代:十世纪藩镇研究》,成都:四川人民出版社,

2023 年。

羊丽冬《以儒为帅：淮南节帅所见唐廷实施儒臣化策略与政局互动》,《唐都学刊》39 卷 4 期,2023 年。

羊丽冬、雷家骥《唐肃代德时期中央与山南东道节帅互动关系研究——以〈陈皆墓志〉为线索的考察》,《西北大学学报(哲学社会科学版)》54 卷 4 期,2024 年。

杨邵允(Shao-yun Yang) "Shi Xiaozhang's Spirit Road Stele and the Rhetorical 'Barbarization' of Late Tang Hebei", *Tang Studies*, Vo. 1, 2018.

杨文春《唐代淮西割据势力的演变及其影响》,《天中学刊》27 卷 3 期,2012 年。

——《淮西镇在唐代藩镇中的角色与地位》,《暨南史学》10,桂林：广西师范大学出版社,2015 年。

——《唐代淮西镇割据势力演变与元和淮西战争》,《暨南史学》13,桂林：广西师范大学出版社,2017 年。

——《再论唐后期割据藩镇胡化问题》,《唐史论丛》31,西安：三秦出版社,2020 年。

——《唐后期淮西镇军队沿革考》,《唐史论丛》35,西安：三秦出版社,2022 年。

——《唐代宗朝鄂岳镇建置小考》,《历史地理》2022 年 3 期。

杨西云《长庆销兵平议》,《社会科学战线》1985 年 3 期。

——《唐中后期中央对藩镇的斗争政策——从元和用兵到长庆销兵》,《历史教学》1996 年 7 期。

杨晓燕《唐代平卢军与环渤海地域》,王小甫主编《盛唐时代与东北亚政局》，上海：上海辞书出版社，2003 年。

杨志玖《隋唐五代史纲要》，上海：上海人民出版社，1957 年。

——《陋室文存》，北京：中华书局，2002 年。

杨志玖、张国刚《藩镇割据与唐代的封建大土地所有制——再论唐代藩镇割据的社会基础》，《学术月刊》1982 年 6 期；又中国唐史研究会编《唐史研究会论文集》，西安：陕西人民出版社，1983 年；亦即张国刚《唐代藩镇研究》4《唐代藩镇割据的社会基础》。

叶炜《唐代"批答"述论——以地方官所获"批答"为中心》（初刊 2010 年），邓小南、曹家齐、平田茂树主编《文书 政令 信息沟通：以唐宋时期为主》，北京：北京大学出版社，2012 年。

尹楚兵《令狐楚年谱 令狐绹年谱》，上海：上海古籍出版社，2008 年。

于式平《唐宣武军镇始末》，《史学月刊》1997 年 1 期。

余英时《历史与思想》，台北：联经出版事业公司，1982 年。

俞钢《唐朝元和刺相案的始末》，《上海师范大学学报（哲学社会科学版）》1992 年 2 期。

岳鹏《唐代河东道军政关联问题研究》，北京：线装书局，2022 年。

曾代伟《元和削平藩镇淮西述论》，《重庆师院学报》1983 年 1 期。

曾贤熙《唐代汴州——宣武节度使研究》，新北：花木兰文化出版社，2011 年。

张春海《唐代平卢军南下后的种族与文化问题》，《史学月刊》2006 年 10 期。

张达志《唐代后期藩镇与州之关系研究》，博士学位论文，复旦大学，2009 年。

——《唐后期藩镇与州之关系研究》，北京：中国社会科学出版社，2011年。

——《磁州增置与“山东三州”之关联——以唐代宗朝为中心》，《唐研究》19，北京：北京大学出版社，2013年。

——《李宗奭案与沧州之变——兼论唐元和、长庆之际的横海局势》，《厦门大学学报（哲学社会科学版）》2014年1期。

——《州县废置所见安史乱后江淮控制的实现——以唐肃宗、代宗二朝为中心》，《社会科学战线》2014年3期。

——《“淄青”废县与淄青重塑——以唐宪宗朝为中心》，《中国中古史集刊》1，北京：商务印书馆，2015年。

——《肥乡之役与孟州之置——唐武宗朝地方秩序的重建》，《史林》2015年1期。

——《昙花再现：唐代溵州置废的政治地理》，《厦门大学学报（哲学社会科学版）》2016年5期。

张弓《唐朝仓廪制度初探》，北京：中华书局，1986年。

张国刚《唐代藩镇研究》，长沙：湖南教育出版社，1987年；又，3版，北京：生活·读书·新知三联书店，2023年。

——《唐代兵制研究》，博士学位论文，南开大学，1988年。

——《唐代政治制度研究论集》，台北：文津出版社，1994年。

——《唐代团结兵问题辨析》，《历史研究》1996年4期；又《关于唐代团结兵史料的辨析——兼谈唐代的子弟与乡兵》，朱雷主编《唐代的历史与文化》（唐史学会第六届年会论文集），武汉：武汉大学出版社，1997年。

——《略论唐代藩镇军事制度的几个问题》，段文杰、茂木雅博主编《敦煌学与中国史研究论集：纪念孙修身先生逝世一周年》，兰州：甘肃人民出版社，2001 年。

——《唐代兵制的演变与中古社会变迁》，《中国社会科学》2006 年 4 期。

张剑光《隋唐五代江南工商业布局》，南京：江苏古籍出版社，2003 年。

张飘《出土墓志所见唐藩镇质子制度研究》，《洛阳师范学院学报》38 卷 12 期，2019 年。

——《元载与代宗朝“姑息”之政的形成》，《纪念吴宗国先生诞辰九十周年纪念论文集》，北京：社会科学文献出版社，2024 年。

张天虹《河北藩镇时期的社会流动：以 763—914 年为中心》，博士学位论文，清华大学，2008 年。

——《“河朔故事”再认识：社会流动视野下的考察——以中晚唐五代初期为中心》，严耀中主编《唐代国家与地域社会研究——中国唐史学会第十届年会论文集》，上海：上海古籍出版社，2008 年；参其《中晚唐五代的河朔藩镇与社会流动》第三章。

——《也释唐幽州卢龙节度使刘济的“最务恭顺”》，《北京社会科学》2017 年 6 期。

——《中晚唐五代的河朔藩镇与社会流动》，北京：社会科学文献出版社，2021 年。

——《从新刊唐代〈李仲昌墓志铭〉看安史之乱后士人“北走河朔”》，《河北大学学报（哲学社会科学版）》2011 年 3 期；参其《中晚唐五代的河朔藩镇与社会流动》第五章。

——《唐易定镇的张氏家族与陈氏家族——“河朔故事”研究之

二》,《首都师范大学学报(社会科学版)》2012 年 2 期(比《中晚唐五代的河朔藩镇与社会流动》第四章论述为详细,其中一些细节也不尽相同,如张庭光家族表,张守行、张守礼行辈的归属即不同)。

——《唐朝的"官爵威命"与河朔藩镇》,《首都师范大学学报(社会科学版)》2022 年 4 期。

——《从石刻文献看家族变迁与唐后期的幽州政局——以刘氏和朱氏为中心的考察》,《山西大学学报(哲学社会科学版)》46 卷 4 期,2023 年。

张伟然《唐人心目中的文化区域及地理意象》,李孝聪主编《唐代地域结构与运作空间》,上海:上海辞书出版社,2003 年。

张伟然、周鹏《唐代的南北地理分界线及相关问题》,《中国历史地理论丛》20 卷 2 辑,2005 年。

张卫东《试论唐代后期支郡刺史的地位——以节度、观察使与支郡刺史的关系为中心》,《唐史论丛》12,西安:三秦出版社,2010 年;又,张卫东、刘勇《试论唐代中后期支郡刺史的地位——以节度观察使与支郡刺史的关系为中心》,《武汉大学学报(人文科学版)》63 卷 4 期,2010。

张晓东《汉唐漕运与军事》,上海:上海书店出版社,2010 年。

张玉兴《唐代县官与地方社会研究》,天津:天津古籍出版社,2009 年。

张照阳《论贞元初年的禁军改革》,《中华文史论丛》2021 年 1 期。

——《论贞元时期宦官与神策军的结合》,《文史》2021 年 4 辑。

——《流动与共生:中晚唐的朝廷与藩镇》,博士学位论文,北京大学,2022 年。

——《寄以干城：中晚唐藩镇荐送大将入朝考》，《唐研究》29，北京：北京大学出版社，2024 年。

——《唐李祐、李有裕节度泾原事考辨——兼论朝廷与藩镇的共生》，《中华文史论丛》2024 年 2 期。

——《昭义军刘从谏擅位与晚唐藩镇秩序》，《北京大学学报（哲学社会科学版）》61 卷 5 期，2024 年。

张正田《唐代成德军节度使之变动——安史乱后初期（781—789）河北中部军政形势研究》，《政治大学历史学报》22，2004 年。

——《“中原”边缘——唐代昭义军研究》，台北：稻乡出版社，2007 年。

张泽咸《唐五代赋役史草》，北京：中华书局，1986 年。

赵吕甫《唐代初期的屯防军制》，《文史哲》1957 年 4 期。

赵耀文《一切宣出，安用中书？——唐五代“口宣”“宣授”与“宣头”研究》，《唐宋历史评论》14，北京：社会科学文献出版社，2024 年。

郑炳俊《唐后半期の地方行政体体系について——特に州の直达・直下を中心として》，《东洋史研究》51 卷 3 号，1992 年。

——《唐代の处置观察使について——藩镇体制の一考察》，《史林》77 卷 5 号，1994 年。

郑豪《查尔斯・彼得森九十自述：一位中国古代史专业学者的职业生涯》，《澎湃新闻・私家历史》2024 年 8 月 23 日，网址 https://m.thepaper.cn/newsDetail_forward_28490624

中砂明德《后期唐朝の江淮支配：元和时代の一侧面》，《东洋史研究》47 卷 1 号，1988 年。

周宝珠《隋唐时期的汴州与宣武军》，《河南大学学报（哲学社会科学版)》1989年1期。

周鼎《“邑客”与“土豪”:唐代精英家族的转型与地域社会的秩序》,博士学位论文,华东师范大学,2016年。

——《井邑无衣冠:地方视野下的唐代精英与社会》,成都:四川人出版社,2024年。

周伟洲《早期党项史研究》,北京:中国社会科学出版社,2004年。

周振鹤《体国经野之道》,香港:中华书局,1990年。

——《中国历史政治地理十六讲》,北京:中华书局,2013年。

朱德军《唐代中后期地方“独立化”问题初探》,《陕西师范大学学报(哲学社会科学版)》2009年2期。

——《试论地方性军人集团与唐代中后期的“地方独立化”》,《青海师范大学学报(哲学社会科学版)》2009年5期。

——《唐代中原藩镇研究》,博士学位论文,陕西师范大学,2009年。

——《关于唐代中后期南方客军诸问题的考察》,《唐史论丛》11,西安:三秦出版社,2009年;又《唐代中后期南方地区“客军”问题初探》,《江汉论坛》2010年1期。

——《中晚唐南方地区军事战略实施动因初探》,《青海社会科学》2010年4期。

——《略论唐代中原藩镇的演变及其表现》,《洛阳师范学院学报》29卷4期,2010年。

——《唐代中原藩镇两税“上供”问题初探》,《中国经济史研究》2012年1期。

——《中唐关中防秋诸军驻防考论》,《社会科学动态》2018年1

期；又，《时空场域与中唐京西防秋兵的布防》，《山西大学学报（哲学社会科学版）》42 卷 3 期，2019 年。

——《中晚唐关中地区的几种防秋兵述论》，《唐都学刊》2020 年 5 期。

朱德军、杜文玉《关于唐朝中后期南方“土军”诸问题的考察》，《人文杂志》2008 年 1 期。

朱德军、耿占军《反叛与戡乱：中唐河北之乱与平乱诸军述论》，《陕西师范大学学报（哲学社会科学版）》42 卷 6 期，2013 年。

朱金城《白居易年谱》，上海：上海古籍出版社，1982 年。

朱磊、张现国《唐代宣武军的军乱特点和原因分析》，《理论月刊》2008 年 12 期。

祖大祥《唐代藩镇赏赐述论》，《人文杂志》1992 年 2 期。

三、近三十年来中国大陆地区唐代后期藩镇研究硕士学位论文简目

陈虹池　孟彦弘

仅列与“藩镇与唐代政治”主题密切相关的论文。以原十道或十五道为主要研究对象，或钩稽方镇僚佐人员者，或以藩镇角度讨论经济、民族等内容，虽涉藩镇，亦不列。海外相关论文，暂未收录。

李怀生《唐代德、宪二宗削藩战争之比较研究》，河北师范大学，1990 年。

孟艳红（彦弘）《唐代宣武军述论》，中国人民大学，1991 年。

姜密《唐代成德镇研究》,河北师范大学,1998年。

郝黎《唐代淄青镇探析》,河北师范大学,2000年。

冯金忠《唐代幽州镇研究》,河北师范大学,2001年。

杨晓燕《唐代平卢镇与环渤海地域民族文化之研究》,北京大学,2002年。

曾现江《唐后期、五代之淮蔡军人集团研究》,四川大学,2002年。

李效杰《唐德宗朝的四镇称王及“署置百官初探”》,河北师范大学,2003年。

彭文峰《唐后期河朔三镇与中央政府经济关系研究》,河北师范大学,2003年。

王慧芬《唐代藩镇使府节度掌书记考略》,陕西师范大学,2003年。

王韵《论唐、五代的昭义镇》,四川师范大学,2003年。

李显辉《唐代藩镇使府节度行军司马考论》,陕西师范大学,2004年。

孙钢《唐末政治格局与高骈的政治运作——以〈桂苑笔耕集〉所载文书为中心》,中国人民大学,2004年。

朱德军《唐代中后期地方独立化问题研究》,天津师范大学,2005年。

陈翔《关于唐代泽潞镇的几个问题》,陕西师范大学,2006年。

黄卓娅《唐代平卢淄青镇研究》,浙江大学,2006年。

李恺彦《安史之乱后河北地域文化与藩镇政治》,中央民族大学,2006年。

王妙英《唐代横海镇研究》,河北师范大学,2006年。

杜立晖《新出墓志所见唐昭义军的几个问题》,河北师范大学,

2007 年。

郎洁《唐中晚期昭义镇研究——兼论中央与藩镇关系》,中央民族大学,2007 年。

吴文良《泽潞刘氏的兴亡与唐代中后期的政治》,首都师范大学,2007 年。

张卉《从〈桂苑笔耕集〉看唐末高骈镇淮史事》,中央民族大学,2007 年。

张建宁《从〈李宝臣记功碑〉看成德军的早期发育》,中央民族大学,2007 年。

李碧妍《唐镇海军研究》,上海大学,2008 年。

成雪艳《唐代淮南镇研究(肃宗—宪宗时期)》,中央民族大学,2009 年。

任记国《唐代浙江西道研究》,浙江大学,2009 年。

夏宇《唐代中后期徐州方镇始末》,浙江大学,2009 年。

李艳《唐代兵马使研究》,河北师范大学,2010 年。

秦后升《唐元和平定藩镇研究》,安徽大学,2010 年。

王磊《唐代方镇使府判官研究》,厦门大学,2010 年。

王学会《唐肃宗至唐宪宗时期的山南东道研究》,陕西师范大学,2010 年。

徐会芳《试论唐代魏博镇——兼论与唐中央的关系》,天津师范大学,2010 年。

郑东岩《唐代淄青镇研究》,山东师范大学,2010 年。

丁辉《唐代武宁军研究》,南京大学,2011 年。

杜志华《唐代易定镇研究》,陕西师范大学,2011 年。

胡浩《唐淮西藩镇研究》,福建师范大学,2011 年。

李坤《唐"建中之乱"前期河朔战场研究》,河北师范大学,2011 年。

李翔《唐五代藩镇节度掌书记考述》,南开大学,2011 年。

杨文春《唐代淮西镇割据问题研究》,首都师范大学,2011 年。

张超《中晚唐同、华两州节度使研究》,南京师范大学,2011 年。

赵丹《唐、五代藩镇孔目官研究》,黑龙江大学,2011 年。

陈小玲《唐代河北三镇武职军将研究——以出土墓志为中心》,南京大学,2012 年。

邓天开《从"泾师之变"到"元和中兴"》,陕西师范大学,2012 年。

耿强《唐肃宗至唐宪宗时期河东节度使及辖区研究》,陕西师范大学,2012 年。

吕学良《唐代邠宁镇研究》,陕西师范大学,2012 年。

马莉雅《唐代荆州政治经济变迁探析》,南京师范大学,2012 年。

向楠《唐代剑南西川节度使的政治地理研究》,北京大学,2012 年。

赵芳《唐五代初义武军研究》,首都师范大学,2012 年。

张熊《唐代西川镇研究》,上海师范大学,2012 年。

程娟《唐代浙东镇与浙西镇比较研究》,上海师范大学,2013 年。

崔人杰《唐中后期河中镇研究——以朔方化和中央化时期为主》,陕西师范大学,2013 年。

姜海波《唐代河阳镇研究》,南京师范大学,2013 年。

梅玉凤《唐代卢龙军镇研究》,黑龙江大学,2013 年。

邢启振《唐后期武宁镇战略地位研究》,山东师范大学,2013 年。

张百栋《平卢淄青镇李正己家族研究》,曲阜师范大学,2013 年。

张晓明《唐代东南藩镇与东南地区经济研究》,云南师范大学,

2013 年。

李林《唐代江陵地区经济研究》，长江大学，2014 年。

李晓奇《唐代凤翔镇研究》，陕西师范大学，2014 年。

王真真《唐代汴州军事地位研究》，山东大学，2014 年。

闫云荣《唐代平卢淄青藩镇探微》，天津师范大学，2014 年。

于欢《唐代浙江东道研究(758—907)——以中央与地方关系为中心》，辽宁大学，2014 年。

国新磊《唐宪宗时期成德镇研究》，南京师范大学，2015 年。

何志文《唐代浙江西道入幕士人群体研究》，南京师范大学，2015 年。

刘家隆《唐中后期州的军事管理体制藩镇化研究——以泗州为中心》，中国人民大学，2015 年。

朱一帆《唐末五代河东地区军事地理研究》，云南大学，2015 年。

徐聪《中晚唐藩镇使府僚佐选任机制研究》，中国人民大学，2015 年。

董文阳《西川镇与唐后期对蕃战争》，安徽大学，2016 年。

高正亮《唐武宗讨伐昭义镇军事地理研究——以〈会昌一品集〉为中心的考察》，北京师范大学，2016 年。

李延宁《唐后期河朔三镇支州刺史研究》，西北大学，2016 年。

石宏夫《唐代天平军研究》，陕西师范大学，2016 年。

许超雄《唐宪宗元和财政体系研究》，上海师范大学，2016 年。

殷庆双《横海镇与中晚唐河北政局》，山东大学，2016 年。

陈兵《南下淄青前之平卢镇研究(717—761)——以平卢节度内部的分裂为中心》，华东师范大学，2017 年。

陈琴《唐后期至北宋团练使初探》，浙江师范大学，2017 年。

崔李仙《唐五代寿州军事地位研究》，上海师范大学，2017 年。

廖丹《唐代东川镇研究》，西北大学，2017 年。

穆溯《唐代宣歙镇研究》，南京师范大学，2017 年。

司琪《唐代山南东道藩镇考》，复旦大学，2017 年。

王夫一《军资半在度支——唐易定镇财政研究》，北京师范大学，2017 年。

徐国凯《定难军节度使考略》，北方民族大学，2017 年。

余阳锋《皇权视角下的唐朝后期藩镇割据成因研究》，中央民族大学，2017 年。

张明《晚唐五代的军乱研究》，陕西师范大学，2017 年。

郑晗《唐代振武镇研究》，南京师范大学，2017 年。

陈阳《昭义镇演变研究(756—960)》，云南大学，2018 年。

葛稳《唐福建观察使研究》，陕西师范大学，2018 年。

贺钢《横海镇与李同捷叛乱史事考论》，兰州大学，2018 年。

胡鹏《唐代泰宁军研究》，陕西师范大学，2018 年。

李端《唐代鄂岳镇研究》，黑龙江大学，2018 年。

李梦辰《唐后期藩镇宣慰使研究》，兰州大学，2018 年。

刘晓月《唐泾原镇研究——以肃宗至宪宗朝为中心》，北京师范大学，2018 年。

钱信《“复为王土”：唐中晚期“淄青三镇”若干问题研究》，首都师范大学，2018 年。

孙培岗《唐代天平军研究》，山东师范大学，2018 年。

王腾飞《唐后期河朔三镇军职研究》，兰州大学，2018 年。

王亚莉《唐代鄜坊镇研究》，黑龙江大学，2018 年。

吴晓宇《唐代山南东道藩镇的形成及演变》，辽宁大学，2018 年。

张乃原《晚唐淮南镇的权力结构——以唐代节度使高骈为中心》，厦门大学，2018年。

张羽《唐代鄜坊镇研究》，南京师范大学，2018年。

陈红静《唐代山南西道节度使与中央关系研究》，中央民族大学，2019年。

胡献漳《唐代原州军事地位研究》，山东大学，2019年。

吉东梁《中晚唐藩镇判官研究》，西北大学，2019年。

李堪秋《唐代夏绥镇研究》，黑龙江大学，2019年。

秦伊《安史乱后的剑南政局研究》，复旦大学，2019年。

朱义德《唐代易定、横海镇权力运作研究》，首都师范大学，2019年。

梁丽《唐五代时期河中镇与中央关系研究》，陕西师范大学，2020年。

龙晶《唐肃代德时期鄂州的几个问题》，山东大学，2020年。

师瑞卿《唐代中央与河朔三镇节使家族人事流动研究》，陕西师范大学，2020年。

谭超《唐代湖南镇研究》，湖北大学，2020年。

周长远《唐德宗贞元政局研究三题》，西北大学，2020年。

朱其贵《唐代陕虢镇研究》，陕西师范大学，2020年。

陈晶晶《唐代泾原镇研究》，兰州大学，2021年。

牛建州《唐代泾原镇研究》，陕西师范大学，2021年。

张艺航《唐代邠宁镇政治地理研究》，陕西师范大学，2021年。

智慧《论唐中部藩镇的演变及其对藩镇格局的影响》，清华大学，2021年。

甘雪雁《唐五代押衙研究——以墓志材料为中心》，中国人民大学,2022年。

洪英《从康全泰之乱到庞勋之乱:晚唐淮南镇与中央关系的变化探微》,北京师范大学,2022年。

路锦昱《元和前后剑南西川的社会变迁》,复旦大学,2022年。

王玺《唐后期藩镇留后研究》,首都师范大学,2022年。

陈虹池《肃代之际河东军政体系的重构》,中国社会科学院大学,2023年。

李明旭《宦官·党争·藩镇:唐穆宗朝政局研究》,兰州大学,2023年。

刘丙辰《中唐至宋初镇的演变(755—997)》,复旦大学,2023年。

任燕《"北走河朔"与南归朝廷:王武俊家族统治下成德镇士人的地域流动》,厦门大学,2023年。

王广通《从幽州到长安:唐代张孝忠家族华化研究》,北京师范大学,2023年。

赵雨陶《唐后期河北藩帅对朝廷政治行为及其后果探析》,清华大学,2023年。

朱智辉《唐代荆南镇研究》,湖南师范大学,2023年。

陈啸《牙军与边军:中晚唐幽州的军政结构》,复旦大学,2024年。

黄乐君《唐代淮南道政治地理研究》,湖北师范大学,2024年。

后　记

对唐代藩镇问题感兴趣，起自硕士论文。从大学二年级开始，即随沙知先生读《通鉴》，但自己悟性甚差，总读不出个所以然。大学毕业论文，请沙先生指导，苦于找不到论文题目，沙先生命我通检校图书馆收藏的《敦煌宝藏》，将其中有纪年的题记辑出。用这篇并不完善的资料，结束了大学的学习（1984—1988）。随后，又继续跟沙先生念硕士，仍是读《通鉴》、两《唐书》等。在写学位论文时，选择了宣武军的论题，完成了《唐代宣武军述论》（中国人民大学，1991），讨论了宣武军的作用和中央对宣武军的控制——宣武军地处运河沿线，又拥有重兵，中央必须有效地控制宣武军，才能保障运河的畅通，才能通过宣武军进一步控制江南地区；我将此概括为"节级控制"。宣武军牙军甚盛，一度对中央相当跋扈。张建封做节帅，受到了牙军的威胁，于是设计诛杀牙军；我发现在牙军被清洗之后，宣武军对中央的向心力加强了。日后发表《论唐代军队的地方化》，提出"中央—节度使—地方军人集团"之间相互依存、相互矛盾的关系乃理解藩镇问题的关键，也许即滥觞于此吧。

硕士临近毕业，沙先生正在俄罗斯访学，承吴宗国先生推荐，蒙蒋福亚先生关照，我得以考入当时的北京师范学院历史系，师从宁可先生读博士。有宣武军研究这一个案的基础，于是选定了"藩镇与唐代政治”作为学位论文的题目。三年倏忽而逝，临近毕业，只完成了原定内容的一部分，不得不将时限减缩到中唐，完成《藩镇与中唐政治》（首都师范大学，1994），勉强毕业。论文中比较成熟的部分，就是不久即抽出发表在《唐研究》第一卷的《唐前期的兵制与边防》（1995）。论文还讨论了所谓“河朔故事”，当时师友建议应将散在论文各处的有关这一问题的论述，集中起来讨论。

1994 年夏天，我进入中国社会科学院历史研究所工作。这时，正逢陈高华先生主持《元典章》读书班，于是混迹其中，得以细读了《元典章·户部》。参加长沙走马楼吴简整理工作的罗新先生在北大中古史中心主持吴简读书班，纠集同好研读，得以接触吴简的部分释文。当时在《历史研究》编辑部工作的宋超先生向读书班约稿，这就是该刊 2001 年第 4 期以“走马楼吴简研究”为名发表的一组札记；我搭便车，写了《释“还民”》的小文。其间又逢张家山出土的汉代律令公布，又在这个读书班上读了一阵《二年律令》，恰逢一场茶杯里的风波，蒙宋超先生格外关照，帮我发表了《秦汉法典体系的演变》（2005）；这可以说是读《二年律令》的收获。天一阁所藏明钞本《天圣令》发现后，交历史所同仁整理，有幸厕身其中，得读唐代的令的原文（校订整理本于 2006 年由中华书局出版）。不久，逢中华书局组织人力对廿四史的点校进行修订，随吴玉贵先生承担了《隋书》的点校修订工作（2009—2019）。还跟着荣新江、王振芬、孟宪实等先生，参加了旅顺博物馆藏新疆汉文文献的整理工作（2015—2020）。

在自己的研究生涯中，涉及的内容貌似较多，但多属涉略，既谈不上伤十指，更没有能断一指。颜之推在家训中曾引古人“鼫鼠五能，不成伎术”，教训子弟要“省其异端，当精妙也”。我却是随因缘，兴之所至,反其道而行之,“不成伎术”,良有以也。

唐代藩镇问题的研究工作未能及时全部完成,一方面固然有以上这些因缘的关系,更重要的是对这个课题所涉及的一些问题,一时未能想得很明白。比如,安史之乱前后,唐代的军队性质发生了变化,这是学界所共知的。但是,这个变化的实质内容是什么?它是怎么变化的?博士论文虽然提出了“中央军队的地方化”,也提到了“食出界粮”是军队地方化完成的标志,但怎样才能更好地加以论证呢?再比如,藩镇的控制问题,一直是我思考唐代藩镇问题的着力点。唐后期的藩镇问题,本质上就是一个控制问题。如果能控制住藩镇,藩镇就能为中央所用,发挥其作为军队的职能;否则,便会对中央跋扈、公然对抗乃至割据。但是,并不是所有的藩镇都存在“控制问题”,江南的一些无兵或兵力甚少的藩镇,从未能对中央跋扈过,中央也不认为它们存在控制问题;从这个意义上说,我在硕士学位论文中所提出的“节级控制”只是一种态势,本质是中央需要控制核心区域,即运河沿线的藩镇。安史之乱以后,河北已然割据,对中央来说,只存在遏制的问题,即不许它突出河北的割据范围,不存在“控制”问题了。就存在“控制问题”的藩镇而言,到宪宗用兵之后,中央也实现了对河北以外的藩镇的全面控制。但是,中央是怎么一步步做到的呢?中央最后能实现控制,一方面得力于中央的武力征讨,另一方面又与藩镇内部的权力结构及其变化密切相关。因此,节度使与以牙军为代表的地方军人集团之间的矛盾,就进入了我们的思考视野。对这些问题的思考、认识,总有一个过程。有一个想法,不难,难的是,如何论证;发现一个可以作文章的点,似乎不算太难,难的是,从哪个角度、如何提出问题。问题大体想清楚了,组织文章又是个颇费脑筋的事。于是,就像挤牙膏般,自以为思考得较成熟一篇便写一篇，这就是陆续发表的几篇相关文章：

《唐前期的兵制与边防》，《唐研究》1，北京：北京大学出版社，1995 年；是为本书第一章。

《论唐代军队的地方化》，《中国社会科学院历史研究所学刊》1，北京：社会科学文献出版社，2001 年，是为本书第二章；

《“姑息”与“用兵”》，《唐史论丛》12，西安：三秦出版社，2010 年；是为本书第四章。

《肃宗灵武即位与李唐中兴》，《丝绸之路上的考古、宗教与历史》，北京：文物出版社，2011 年；是为本书第三章第二节之(一)。

其中，《论唐代军队的地方化》得到了台湾“中流基金”的资助。以藩镇为题，2009—2012 年申请过本所的 B 类科研项目；2017—2019 年与两位年轻学者李丹婕、刘子凡一起申请过北京大学中国古代史研究中心的资助项目。本书第五章、第六章的大部分内容，得以陆续初步完成，但未及整理定稿。2023 年末，我陪孔伟在十里河肿瘤医院化疗；一天中午输完液，我俩一起出来吃饭，路上，她突然幽幽地说，眼看我就要退休了，出书更难了，劝我把这部书稿尽早整理出来。现在虽然勉强完成了，但其中的不足之处，一定很多。

已经发表的章节，基本未作实质性的修订——无论是引用还是指评，我都希望在这本书中仍然还能找到出处、“查有实据”。有需要补充的材料、进一步的论述，或相应的辨析、商榷，则用“补论”的方式，附在文末。技术性的改动，主要是第一章、第二章加了副标题，以突显全书主题;《肃宗灵武即位与李唐中兴》,原是从第三章中抽出,发表时另写的起首一段,今删去。将单篇文章发表时的一些表述,改为呼应全书主题的表述(如“本文”改为“本书”或“本章”,第一章起首末句“以明了府兵制的崩坏以及藩镇的起源”原作“以求教于通识”,等等)。早年论文,多是文末注,且多有互参某注者;现改为页下注,每页排序号,仍参某注,就极为麻烦且易出错。这类注释,作了有针对性的改写和调整。同时,在注释中补入了当初我发表文章时少量应引而漏引的若干论著,也偶有补充史料的。少量的文字表述,略有润色(主要是第四章)。错别字以及在复核史料时发现的错讹则径予改正。总之,已发表过的文字,不必“以此为准”;无论是引用还是批评,仍据原刊,没有问题。

原引用的个别论文,此次更换成了更方便得见得用的出处。比如,1995 年发表《唐前期的兵制与边防》时,引用了唐长孺先生的《唐代军事制度之演变》;这篇文章原刊于《国立武汉大学社会科学季刊》复刊后第 9 卷第 1 号,难得寻觅;我在中国人民大学历史系读书时,系里编印的《中国通史参考资料》(1957)收入了这篇文章,所以当时引用的,就是这本参考资料。现在唐长孺文集中的《山居存稿续编》收入了这篇文章,因此我将此文的出处信息,改注为《山居存稿续编》。这样一来,就出现了出版信息“倒填”的尴尬。但这只属“个别”。容易得见的出版物,如唐先生发表在《敦煌吐鲁番文书初探》及其《二编》上的文章,我就没有替换成《山居存稿三编》。

古籍通常有多种版本,出于校勘或使用习惯,也可能在不同的章节使用了不同的版本,此次也未强行统一(引用时作了标识,参考文献亦予并列)。同一古籍,列首位者乃“基础引用者”,其他属参校或引用其校注成果(新近出版的校笺本,常常依年编集,打乱了原集的卷次;本书则优先引用保留或反映原集编次面貌的版本,同时,为吸收这些校笺本的系年、校勘等研究成果,在需要时亦一并引出)。出于校勘而使用过别本,则在具体的注释中加以说明。

有些古籍,则改用通行的常见的版本,比如,《唐六典》,撰写《唐前期的兵制与边防》时,使用的是唐史学会复印的日本广池本,现则改作陈仲夫整理、中华书局出版的点校本;《唐会要》,以前使用的是中华书局重印的《国学基本丛书》本,现在则改用上海社会科学院历史研究所古代史研究室承担整理、上海古籍出版社出版的点校本,等等。但发表过的章节,在发表时尚未面世但现已成通行的版本,此次一仍旧引,不作"倒改"。

古籍版本标识,尽可能详细一些。特别是同一种古籍,是同一个出版社的出版物,有不同的版本,比如既收入中华书局印行的《丛书集成初编》,同时又有该局的标点整理本。这类古籍,我尽量标出了丛书名,或标明了"点校本"或"整理本"。

古籍的整理本,我注明的时间,是我所引用的这一年的印本(未标印次)。这是由于同一版而印次不同,铅字排印的时代,常常作挖改;电子排版时代,更为改订提供了便利,于是,不仅文字、断句会有改动,连页码都会有很大的差异。因此,引用时标明印次比标明版本更重要。板刻古籍也有同样的情况。

引用史籍,如正文列出了书名,则随文注其页码。从前刊发时,是作为单独的注释出现的,此次有些则改为随文注页,原有的这条注释,便删去了。引用碑志,简作"某人之碑或志"。

书末参考文献的古籍部分,大致依《书目答问》的分类,但也略有调整，比如《李相国论事集》即入别集；墓志汇编等书，放在了集部，但像传统分入金石类的《金石萃编》等，仍旧放在了史部（也是因为它保留了更多的出土地以及碑石形制等信息，前者完全属“录文”）。

另外，我还撰写过几篇与本书主题相关的书评和综述，如《五十年来中国大陆地区唐代兵制研究概观》（2001）、《评〈唐朝朔方军研究〉》（2002）、《评〈剑桥中国隋唐史〉》（2004）、《汪篯的唐代藩镇研究》（2020）等，因已收入前不久出版的《读史杂评》（2020），即不再附入本书。

陈寅恪先生谦称其《唐代政治史述论稿》是给读《通鉴》者提供参考。的确，作唐代政治史研究，就史事而言，《通鉴》已作了非常好的梳理。关键是看从哪个角度、用什么结构和逻辑来对这些史事进行叙述。对历史演变、发展的认识、理解不同，叙事的角度、方式和逻辑就不同。但事情，还是那些事情。完全不交代事情的原委，我们的所谓分析也就无法展开。因此，我们对史事的叙述，基本依据《通鉴》的梳理，将两《唐书》的相关记载作为参照。

两《唐书》的列传，当然利用了碑志、行状等传记资料，但碑志、行状等传记资料，与国史、实录等还是有很大的区别。任史馆修撰的李翱曾上《百官行奏状》（《李翱文集校注》卷一〇），专门谈到“行状不足以取信”，行状“都不指其事，率以虚词称之”的情况。当时人所作的碑志、行状、传记等，目的并非“撰史”，行事系年往往不尽详细和可靠，如王质，刘禹锡《王质神道碑》（《刘禹锡集》卷三）于其行事叙述得颇为详尽，但通篇只有卒时（开成元年十二月八日）和葬时（明年八月十一日）；《旧唐书》卷一六三本传，叙事较神道碑为简略，除无葬时，有登第（元和六年）、出任宣歙观察使（太和八年）等系年。再如，权德舆《卢坦神道碑》

(《权德舆诗文集》卷一三)“(元和)七年,河流毁西受降城”,实应为八年七月(参《通鉴》);李翱《卢坦传》(《李翱文集校注》卷一二)“(元和)五年冬迁刑部侍郎,充诸道盐铁转运使……数月,转户部侍郎,判度支”,实则是到了元和七年六月方转户部侍郎(参《唐仆尚丞郎表》;《旧唐书》卷一五三《卢坦传》将他入为刑部侍郎误系于“三年”,或为形近致讹)。

受制于史源或撰文目的的不同,碑志、传记常常会对传主的行事,多作夸饰,有意拔高;当然也有故意贬低者。如李希烈围攻宁陵,权德舆《刘昌神道碑》,称“凡希烈之自宁陵走汴,自汴走蔡,以至于死,皆公之为”(《权德舆诗文集》卷一五)。李翱《柏良器神道碑》(《李翱文集校注》卷一三,《新唐书·柏良器传》主要取材于此),则称“希烈之所以兵不及于宋,而江东以全者,实公之所为也”。这类问题,应该说是碑志等传记资料的“通病”,是可以理解的;从史料学的角度说,这也是这类史料的“特点”。

编年《实录》与以传主为中心的传记,有很大的区别,行事多有系年。司马光等人还能看到唐朝的《实录》,系时更为细致、准确。《通鉴考异》中常常据《实录》纠正新旧《唐书》的记载讹误。所以,引用两《唐书》列传时,史事及系年,通常需要据《通鉴》加以“印证”或“校正”。

就两《唐书》而言,陈寅恪多是引《新唐书》而参以《旧唐书》,这是从史观、史识的角度来认识史书的。我们则首先引用《旧唐书》;大致相同的内容,如无增加,即不再引《新唐书》作参照。这是从史料学的角度来处理的。

关于藩镇的重要性,厅壁记、任命制书等常被引作证据。这类文字,本意就是要渲染该地的重要。特别是像《读史方舆纪要》,在顾祖禹眼中,没有哪个地方不是形胜之地,没有哪个地方是不重要的。我们尽量避免直接征引这类史料来说明哪个藩镇的重要性，而是通过具体的事例如战事等来加以说明；“事实”比“表达”更有说服力。

唐人文，有《唐大诏令集》《文苑英华》《唐文粹》以及别集等来源更早的文本，就尽量不直接引用《全唐文》。《唐代の散文作品》《唐代诏敕目录》也为我们查检更早来源的文本提供了这种便利。

《通鉴》的叙事，简明扼要，且具有相当的“现场感”，如果改用自己的话叙述，反倒啰啰嗦嗦；更重要的是，涉及一些关键性表述或专门性语词，又需要原文引用，于是，整个叙述就变成了我比较讨厌的夹叙夹引——这让人很怀疑引者是不是断章取义，引用的仅是引者希望读者看的那一句话或那几个词；反倒是整段引文，更能让读者明白引用的价值所在。当然，这只是为本书常常大段引用材料作辩解。

《通鉴》行文容有改写，在引用像诏敕、奏议等材料时，则尽可能引用《旧唐书》、别集或《唐大诏令集》《文苑英华》《册府元龟》等。叙事涉及专有名词或专门表述时，仍引《旧唐书》，以《通鉴》作参。

对史事的认识，会影响我们对材料的处理。我们讨论不同地区、不同类型、不同时段的藩镇，比较注意材料和史事的地域性、时间性。比如，藩镇的分类，是藩镇研究的一个大的进步，具体的细类，可以有不同看法，但河朔藩镇与河朔之外的藩镇的区分，应该是成立的。如果在研究具体问题时，把这两类混为一谈，就不可取——既不能用河朔的材料来说明河朔以外、特别是中原的拥兵藩镇，也不能用中原拥兵藩镇的史事来讨论河朔。即使是同类现象，比如跋扈、兵变，也需注意辨析其间的异同。比如易定、沧景，从成德分出之后，情况就在逐渐发生着变化，不能再将此二镇与河朔三镇“等量齐观”；也就是说，不能再用易定、沧景的情况，来说明河朔。至于淮西、淄青，王援朝先生《唐代藩镇分类刍议》(1990)将此二镇与河朔作了区分，视作“一度割据”；这是从时间上来审视的，区别于河朔的始终割据。我们则从其一度割据的“形成”上，来看它是怎样“河朔化”的；用“河朔化”，也是为了区分它们与河朔在实质上的不同。

从藩镇的角度，唐后期至少可以分为三个阶段，安史之乱至元和末年(755—819)，是从动荡到恢复稳定的六十年；元和末至黄巢变起(820—875)，是藩镇形势基本稳定的六十年；黄巢变起与五代十国，应视为一个阶段(875—960)，是攻伐、兼并的八九十年(李唐王朝在被朱温取代之前，就已由中央政府沦为地方藩镇了)。我们在论证、说明第一个阶段的史事时，就不能使用第三阶段的例子或材料。

《新唐书·方镇表》主要是谈藩镇辖地的变化。这个变化，非常纷繁、复杂；要了解变化背后的东西，需要结合当时的政治、军事形势。藩镇辖区，常常是在战事的进行中逐渐形成的，并不是人为划定或朝廷一纸诏令的结果。胡三省注《通鉴》，乾元元年(758)九月，涉及安史之乱时的藩镇设置及辖区分合，即称“盖兵兴之际，分命节帅以扼险要，其所统之增减离合，随时制宜耳”(7060 页)。乾元二年设陈郑亳节度使、青密七州节度使，命人兼豫许汝三州节度使时，又注称“此皆临时分镇，非有一定规模也”(7075 页)。本书讨论所涉及的藩镇，指称的是其辖区相对稳定时期的情况；即使在这个时期，也有一些临时性的分合变动，我们也仍旧称之为某军，或以某核心州或某几个核心州来称呼。换言之，称某军或称某州来指称藩镇时，并不意味着它的辖州没有小的变动。比如，武宁，徐泗濠，或徐州，或徐泗。

作政治史研究，于史料的字里行间，读出某种“深意”，常常能反映研究者的独到眼光，但有时也不免求之过深、无中生有。我很喜欢翻阅时人的日记，以致被师友讥为好探人隐私，但我对古人的秘辛却不大感兴趣，不想当“听床师”，不想对具体的事件细节钩沉索隐、深挖“内幕”，对古代政治史作“揭密”式的考证，而是想通过人人皆知的史事，来探讨事与事之间的关系、影响，致力于对史事的理解和认识。

政治史，以人物、事件为中心来展开。更多的是对人、对事、对政治现象的理解和解说；是对史书中所记载的这些“人”“事”和现象，从不同的角度、围绕不同的“问题”进行不同的排列、组合。角度不同、“问题”不同、逻辑不同，用以讨论而选取的“人”与“事”以及对这些“人”与“事”的解说也会不同。解说，不同于事实的考证，基本不必商榷、讨论，只能“各说各”。

比如，安史之乱，在我看来，就是朝廷没有足够的军事实力，将安史馀部彻底平定，所以才与安史馀部达成“河朔故事”，结束了这场为时八年的军事对抗。有学者仍然认为是仆固怀恩首鼠两端、养贼自重，才导致了安史之乱的不能被彻底平定，虽然已有不少文章对所谓仆固怀恩的养贼自重进行过考辨。我们想问，仆固怀恩在“养贼”时，朝廷为什么不及时撤换仆固？朝廷如果有压倒性的军事实力，能彻底平定安史，会允许仆固怀恩养贼自重吗？会让仆固怀恩养贼自重得逞吗？如果说，借兵回纥要倚靠仆固，那不仍然说明朝廷并没有足够的实力，才要借兵回纥吗？

连带所及，就是穆宗长庆的所谓“河朔再叛”。在我看来，从安史乱起，李唐朝廷根本就未能再真正控制河朔三镇。田弘正、王承元、刘总的归顺，只是他们的“个人行为”。地方军人集团仍存在，当地军人政治和军人自治的政治现实没有改变，军人集团对藩镇的控制也没有改变。但有文章仍然认为，河北归降是真心诚意，军将势力也并不难挫败，只是穆宗及朝臣处置失当，云云——对军将的控制，是在任节度使对军将的控制(常有节度使诛杀骄兵的事例)，并不是朝廷有能力直接对这些藩镇军将实现了控制。所以常常是换个人，情况就会变，比如田弘正之后的魏博、刘总之后的幽州。没有这些对朝廷表现出强烈认同的强势的节度使，朝廷怎么直接挫败军将势力呢?

对臆想、评价一类的文章，我们基本不作征引和讨论。比如，认为淄青的败亡，是因为人民反对割据。我不知道作者是根据什么调查材料来证明这一人民的意愿的。再如武宗时李德裕主持的对泽潞的攻讨，在我们看来，这有效地遏制了泽潞的"河朔化"，否则，就是祖、父、孙三代实现"父死子继"。但有"再评价"的文章，认为刘稹提出继袭并不过分，泽潞亦无大过恶(并无反迹)；李德裕力主攻讨，是出于党争，云云。

陈寅恪用"种族、文化"的史观来解释安史之乱以及此后的河北割据。在20世纪40年代，用这样的史观来解释史事是新见，但学术发展到今天，我们如果无视学术界关于民族共同体的建构、认同的论述，将这一史观"推而广之"，进一步用"胡化"来分析淄青、淮西，那就实在太令人遗憾了。

对这类论著，辩难或争论，有什么意义呢!

单独拎出一件事或一个细节，有无数的可能性，可以作种种的解说。这就像爬山，在每个具体的岔口，似乎都可以有选择方向、路径的可能。但把这些岔口的点连成线，就会发现原来站在这些岔口时，选择余地并不大。我们把具体的历史事件放到前后发展的过程中观察，就会看到这些具体事件走向的某种必然——只能如此，或大概率会如此；所谓"形势比人强"。这是研究历史的"好处"，我们是从后往前看的，是从已知的结果来勾勒过程的。

一些表达，并非出于表述的“分寸感”，而是如实反映了我对史事的认识程度和理解水平。比如刘稹在泽潞的久任，前辈学人如岑仲勉、傅璇琮作过辨析，认为史书，特别是《通鉴》所载，是李德裕对牛僧孺、李宗闵的构陷。牛僧孺、李宗闵是不是要故意放走刘稹，我不讨论（我不太相信这样戏剧性的事情。这只说明朝廷那时并没有意识到刘稹要图谋世袭，他们也不认为泽潞会变成河朔，所以李德裕主张讨伐刘稹时，才一再说泽潞向来忠顺。当然，作这样的强调，也是李德裕为了增加他所主张的用兵攻伐的说服力），我在一个注释中说，刘稹的久任，可能与朝廷的党争有关——朝廷有一方势力支持他久任，他也以地方大员的身份，在政治上支持这一方人。这是我所理解的朝廷允许他久任的原因。至于这一方人是不是牛僧孺、李宗闵，我不知道；即使是，牛、李引刘稹为政治上的奥援，也并不会支持或纵容他将泽潞传子孙。这样的表述，似乎是在玩文字游戏，实则是我对刘稹久任一事的理解，也就到这个程度。

写书，特别是写政治史，可以“敞开了叙述”。这是写论文所没有的优待和特权。有些事例或材料，常常在讨论不同的问题时，会反复引用。如第二章谈军队地方化，引用了元和十三年十一月河阳军人不愿随乌重胤至横海赴任而“中路叛归”的事；第五章议论所谓控制问题时，又引及此例，以说明一向对朝廷忠顺的河阳军的这一消极抵制，并不能说明他们对朝廷的政治态度出现了游离甚至跋扈，即不存在所谓的控制问题。再如徐州张建封死，其子张愔被军将拥立，濠、泗两州脱离了徐州的控制，第五章谈德宗时藩镇形势引及，第六章谈刺史兵权再引及、谈徐州武宁军“河朔化”又引及。就阅读而言，一定会有“似曾相识”的重复感。一些承转起合，或作为背景的叙述，常常像祥林嫂一样，一而再、再而三地提及，颇令人生厌。我意识到了，虽尽力各作侧重，但实在也未能想出更好的处理办法，只好请读者见谅。

政治史的研究，就我的所知所见和感受，叙述、解说较多，一些旧话题，不断地一再解说，像安史之乱、河朔割据、代宗德宗姑息、朝廷与藩镇的征战、藩镇跋扈，以及藩镇的所谓个案研究，等等，文章实在是太多了。我读自己的这些文字，也不免产生犹疑——有多大意义、有多少意思呢？希望自己今后能多做些更加“实在”点儿的力气活儿，比如核校一下《全唐文》中诏敕的出处之类。

学术史的梳理，主要是为了理清学术理路或学术逻辑。比如，王寿南先生《唐代藩镇与中央关系之研究》(1969)，指出不是所有时间、所有地方，都与中央闹分裂、闹割据，跋扈于中央。这是对此前所习称的“藩镇割据”的修正。张国刚先生对藩镇分类的研究，揭示了哪些地方是割据，哪些地方是拥兵跋扈。从学术逻辑上说，这是藩镇问题时、地的具体化。但是，张国刚的藩镇分类研究，未必是读了王寿南的书之后才产生的。这只是一个学术发展、演变的逻辑，是为了我们能认识学术史的发展。

同时，有些提法、观点，对关键材料的使用、解读，又有“先来后到”的时间性。这就表现在对具体学术成果的编年罗列。为此，我们不得不留意成果发表的先后。

比如，关于“河朔故事”的内涵，吴晓丰先生《从寇境到王土：宪宗元和用兵前后淄青的地方态势》(2024)，在注释中，引用了秦中亮先生2020年发表的《胙土封邦：河朔故事形成史论》(172—181页)和张天虹先生2021年出版的《中晚唐五代的河朔藩镇与社会流动》(103—148

页),称:

> 不过二文所讨论的河朔故事仅限于节帅之位的父子相袭,仇鹿鸣先生据元稹《故中书令赠太尉沂国公墓志铭》明确指出河朔故事的主要内容还应包括"不入版籍、不输贡献赋、自择官吏",《长安与河北之间:中晚唐的政治与文化》,178 页。(578 页,注〔1〕)

复检张天虹书,吴晓丰所标示的 103—148 页,是该书第三章的起止页;该章第一节"'河朔故事'的内涵",称"'河朔故事'最主要之方面当是指河朔藩镇节度使的继承原则,即父死子继,朝廷不应加以干涉",以下是具体叙述(104—106 页);随后又说"'河朔故事'另外一层含义是,河朔藩镇军民希望在政治、经济、军事上保持相对独立,不受朝廷的控制和干涉",引用了史籍,称"这里的'河朔故事'显然是指割据自立,不听朝廷驱使,不上供租赋",又引《旧唐书·王士真传》,解释道"这就是'自补属吏,赋不上供'"(106—107 页)。如果说不同,张天虹引用的是《旧唐书》列传,仇鹿鸣引用的是元稹集所收的墓志。

我想,晓丰兄有此"误读",大概是因为张天虹书出版于 2021 年(所以将秦中亮发表于 2020 年的文章置于张天虹书之前),比出版于 2018 年的《长安与河北之间》为迟——吴所引的仇书 178 页,是该书第五章(据书末"本书各章初载刊物及修改情况",这一章初刊于 2017 年,则更早一年)。

但张天虹书中这一章,是据他在 2008 年发表的《"河朔故事"再认识:社会流动视野下的考察——以中晚唐五代初期为中心》增订而成;这些内容,在 2008 年发表的文章中均已谈及。天虹兄对收入书中的相关文章的初刊情况未加说明，导致了晓丰兄在梳理学术史时，出现了“误读”——其实，这一概括较为常见，谈河朔三镇，是把这当作常识来看待的。比如，堀敏一先生1960年发表《藩镇亲卫军的权力结构》时，就说“这三镇通过唐朝一代不向朝廷输纳贡赋，自署官吏，在唐朝统治下持续他们的特殊小王国地位。这种河北三镇的特殊传统被称作‘河北旧事’”(586页)，只是作为全文的引言，没有详细注出史料出处。张国刚1983年发表《唐代的藩镇类型及其动乱特点》，从政治(节度使擅立)、财政(不上供)、军事(专恣一方)三个方面概括河朔割据型；1987年出版《唐代藩镇研究》，将此文分作两篇，其中第5篇《唐代藩镇的类型分析》则引出了史料(83页)。

根据论文改写的综合性论著，常常会使我们掉入这样的“陷阱”——如果直接引用这部著作而不引用或标明初始刊发的论文，会对学术史的梳理造成不必要的困扰。

黄永年先生《三至九世纪中国政治史》(2004)，是综合自己已经刊布的论文写成，但“已在原有论文的基础上有所提高”(《自序一》，5页)；称“我撰写这本专著时，发现这些论文及其他文字颇有论证尚欠严密、行文尚欠妥帖之处，这次重行撰写，自多改正，自当以这次所写为准”，并在书末附了“我所写的与本书内容有关的论文及其他文字目录”(《自序二》，1—2页)。检核该目录，就可以明白，他的论文绝大多数发表在二十世纪八十、九十年代。我们如果引用这部出版于2004年的书，则标注的出版时间，是在他发表心得创见的一二十年之后，而受他论文影响而发表的论文，引用时标注的时间反在这部著作之前。这会让学术史的时间轴变得很怪异。

与前辈“写论文、出论文集”的情形不同，现在一般都是先写论文、在刊物发表，然后收入论著中。作者在收入时，一般又都会作增补、改订。比如仇鹿鸣先生《长安与河北之间》(2018)共八章，前七章都是据已发表的论文，或“大幅度地增订”“较多的增订”，或“少量增补”；一方面，书末附了“本书各章初载刊物及修改情况”，同时在“后记”里，也明确强调“将之前分散的研究改撰成书……亦请学者引用时以书中的观点为准”。

有些论著发表后，已被学界征引；但在收入论集或专著时，又引用了已引用过其论著的论著，形成交互叠加征引。比如，陆扬先生在2002年发表《西川和浙西事件与元和政治格局的形成》，李碧妍先生《危机与重构》(2015年初版，此据2016年2印本)引及此文(486页)；陆扬将其文章收入《文化清流与唐帝国》(2016)时，又引用了李碧妍此书，称“在笔者此文初刊之后，李碧妍对这一点有更详细的分析”(53页)。在其书的“序论”中，陆扬特别指出，“这些原先在学术期刊和论文集里刊载过，这次趁着成书的机会，我又将其中绝大部分文章作了修订扩充，个别文章改写扩充的幅度之大，几近于重写”(1页)。这就提醒我们，在梳理学术史时，需要格外细心。

我们当然应尊重作者的意见，以后出转精的定论为准，但在梳理学术史，特别是需要强调或突显刊发的先后时，也想让读者对成果发表的时间线能有一个清晰的印象。于是，我们就采用了一个折中的办法，尽可能在章节或论文后标出初刊的时间；但所引据的，是其专书的定稿；专著的修订本，亦如此处理，虽然“看起来”颇为怪异(比如黄楼《神策军与中晚唐宦官政治》初刊于2019年，增订本出版于2024年；我引用的是其增订版，引用时书名后标注是初刊的2019年，不至于将他的心得、发明延至五年之后。如果不是教科书，不要动辄修订，没有实质修订的内容,更不必标以修订字样;有新的见解、心得,完全可以另写新著)。至于作者所增订的内容,究竟有哪些是受到了其文章初刊后他人发表的论著的启发和影响,以确定其间的“先来后来”和“谁影响了谁”,那就只好请需要仔细核对的读者去花工夫核查了。另外,有些一文两刊,或两文内容重复较多,甚至同一文发表于两种刊物而作者不尽相当的情况,我同时作了征引,细心的读者可以复按。

这一学术史溯源的工作,我做得也并不彻底。一时未能查找到初刊年代,或系作者首次收入其书,则将初刊时间标在书名之后。另如森部豊《ソグド人の东方活动と东ユーラシア世界の历史的展开》(2010),书末交代各章的出处,但有的章节反映的是此前发表的两篇甚至两篇以上的成果。这类论著,除非必要,我便避难就易,直接引用并标注了该书的出版时代。我斤斤于溯源者,主要限于涉及本书讨论主题的论著。

不少学校的学位论文已上网,与公开发表无异。但作者在刊物发表或由出版社印行时,通常都会作些修改;或者虽是新的研究成果,却与其学位论文或博士后出站报告有密切的关联。我们引用时,尽量引用在刊物发表或出版社印行的定稿,参考文献则同时列出了相关的学位论文。这或许可以更清晰地展示他们的发明权和发明时间。

特别值得说明的是硕士学位论文。这些论文的大多数作者日后没有再继续从事专业的学术研究工作,但这并不意味着他/她们所作的学位论文没有价值。如果没有网络,他们的论文只有存藏在他们所就读学校的图书馆或资料室,学界同仁很难读到。网络公布了他们的论文,使他们的工作和成果不至被淹没。有一批硕士学位论文,是对藩镇个案的研究,尽管不少流于一般性的叙述,本书也未将所拜读过的悉数引用，但他们对其所研究的藩镇的基本线索的梳理、对相关问题的讨论，并不亚于二十世纪八十、九十年代发表的类似的文章（特别是普遍都重视该镇与周边相邻藩镇的关系），而对相关研究成果的收集、评述，更是八十、九十年代的论文所缺少的（那时的不少论文，常常是通篇都不引用一篇相关研究论著）。为此，我主要根据知网，检索、下载了与本书论题密切相关的硕士学位论文，随手编一目录初稿，后请现在武汉大学攻读博士学位的陈虹池先生作了全面、系统的补充，这就是书末所附“近三十年来中国大陆地区唐代后期藩镇研究硕士学位论文简目”。其中有的论文发表于刊物，则另见于“参考文献”。因局限于“藩镇与唐代政治”这一主题，时限也是唐后期，且暂未收录海外的相关论文（本书引用者，见“参考文献”）。因此，该目录“选择”的色彩极为浓厚，并非全目。取舍不当，责任在我。希望虹池兄所编全面反映唐代藩镇研究的硕士学位论著目录能尽快刊出。

我们将论文视作论文集的“析出文献”，以单篇文章来引用，而不是只引论文集的书名和页码。但在书末的“参考文献”里，我只列出了论文集，而没有将其中引用的论文，作为单篇再一一单列，避免叠床架屋。

引用期刊，常有将期数误作出版月份，也有将出版月份误作期数的。有的期刊封面标示的是某年某期，但文章页眉又常常标作某卷某期。利用知网时，有的误将刊物页眉所标示的栏目名当作刊名。我们大体以所引文章页眉的标示来作标注；标卷、期时，随注出版年份。有的刊物名称前后有变，有的刊物则有简称有全称，我们则“名从主人”，引用的是当期的名称。

注释中引用的论文，所标示的页码，是杂志、论文集等出处的页码。有的论集收入论文集时，将文章单独编页，如全汉昇《中国经济史研究》所收各文；我们标注的，是单篇论文的页码。

出版社的名称，则标注了所在地，主要是因为有些出版社，分在数地，如中华书局，就有北京、香港之别；有时同一本书，在同一出版社的两处都出版过，比如陈寅恪《隋唐制度渊源略论稿》，北京和香港的中华书局都印过。

学术论著在重印时，作者常常会作修订，比如，李碧妍《危机与重构》，2015 年 8 月 1 版 1 印，短短四个月之后，2016 年 1 月即第 2 次印刷。我读胡耀飞先生的书评，发现书评引用该书的页码，与我手上的第 2 次印刷本的页码不尽相同，才意识到重印时作者作了修订(1 印本与 2 印本，全书总页码相差了 30 页)。如果我所使用的，不是 1 版 1 印，我在书末"参考文献"书名之后括注了初版的时间。

一些论著，不仅有副标题，而且在主副标题之下，还有"以……为视角"或"以……为中心"的限定或提示性标题。如果只引主标题而不引副标题，读者大概很难知道其内容，以研究唐代藩镇的几部书为例，如李碧妍《危机与重构》、王炳文《从胡地到戎墟》，如果不引出副标题"唐帝国及其地方诸侯"和"安史之乱与河北胡化问题研究"，读者恐怕连这两部著作所研究的朝代都猜不到。比如蔡帆《朝廷、藩镇、土豪》，虽能由此主题词知道其大致的内容，读者恐怕也难以想到他研究的是"唐后期江淮地域政治与社会秩序"——有着明确的时段和地域限制。每次全部引出，既嫌词费，也太麻烦。本书稍作变通，以章为单位，在每章的第一次引用时，全部引出；此下，则仅引正题。

注释中有一部分论著，或可以称之为"相关论著"——与我所讨论的问题相关，虽然不是我进一步讨论的基础，也不是我辩难或商榷的对象;考虑到这些成果,或者属于基础性的或重要的成果,或属概观性或综合性的成果,作适当征引,不无必要。这种把相关内容注出的"瓜蔓抄式"的征引,确实可以让后来的研究者省些搜查学术已有成果的时间和精力,或者可以视作进一步研究的阅读目录。但引用时,一般本着"后覆盖前"的原则——在近十数年来学术规范化的推动下,对学术史的回顾成为必不可少的一部分;以"后出"(后来或最近发表的成果)覆盖"前出"的方式,可以免去重复式的一一罗列。同时,学术论著的征引,比一般的学术综述要更有针对性,也体现了作者对已有学术成果的筛选和鉴别,比论著目录更实用。

当然,研究综述,或论著中的学术史回顾,通常是研究者根据自己的学术逻辑加以甄选和组织。一方面,这样的叙述极具启发,能看出作者所要表述的学术史的发展脉络;另一方面,选什么、怎么说、如何定位,都抹上了鲜明的撰写者的研究色彩。论著目录,最具"原始性"。对学术史的梳理和把握,应该将目录索引式的通检与学术论著的征用,结合起来。

研究成果水平的参差也要正视。一篇文章如果连涉及其研究主题的最基本、最重要的论著都未征引,比如《唐及五代的魏博镇》(1991)是一篇非常正式的学术论文,但全篇没有征引一篇相关研究成果——讨论魏博节帅任职,花工夫列了"唐后期魏博节度使任职情况表",既未参考吴廷燮《唐方镇年表》,也不参考王寿南《唐代藩镇与中央关系之研究》附录一"唐代藩镇总表";讨论魏博牙兵,既未引堀敏一《藩镇亲卫军的权力结构》(1960),也不引毛汉光《魏博二百年史论》(1979);无视张国刚先生的藩镇分类研究,不区分河朔与非河朔藩镇而讨论魏博节帅的任职时间实则没有多大意义。有的论著虽引用了当代学者的论著，却没有引及与其研究关系最为密切、最为关键的成果，比如《唐五代时期的许州与忠武军》(2007)，漏引最为重要的、堪称藩镇个案研究典范的黄清连《忠武军：唐代藩镇个案研究》(1993)。面对一个有相当学术积累的课题，没有学术史的对话、交流，进行“从零开始”的叙述，很难进一步推动相关研究的深化。这类论著，我就不再列入“参考文献”。既不引史料、也不列参考文献的通俗或大众读物，以及高瞻远瞩指导如何进行研究的“指明方向”的文章，受限于媒介只能发布想法而不能进行论证的如报纸访谈等，即属高见妙识，亦不作征引。基本不具有学术参考价值的论著，尽量不再罗列。

引用论著，我尽量标明章节及其名称，使读者一看便知论著该章节所讨论的主题及其与本书所讨论的问题的关系，这时，我就不再详细标注起止页；我引用了作者的原话，即标明引语所在的页码，以方便复核。

我虽然尽力搜集了相关论著，孜孜以吸收，并力图做些鉴别、筛选的工作。但挂一漏万、理解不当，都在所难免。杨伯峻先生曾言，对他人成果标出，是为了不掠美；未标出，是示学术为公器。我不敢以此推诿，非常希望得到读者的指摘，以便使后来的研究者在对学术史进行梳理时能更为清晰、能更容易把握。

本书所涉及的相关成果，截至2024年。

涉及年代时，遵从唐史学界惯例，以年号为主，括注公元。为免繁琐，并非每次出现年号都予括注；以能比较清晰显示时间线索、读者又不必反复翻检为准。在一些需要排日叙述之处，对干支系日也括注了对应的日期，以便醒目。书末另附本书研究主要涉及的755年(安史乱起)到875年(黄巢变起)120年间的年号与公元对照简表，方便读者查阅。

一些引文字句之下，为强调其重要，我画了重点线。

史学研究需要功夫，也需要思想；有了功夫，能使一部作品充实；有了思想，能使它充满光辉。“充实而有光辉”是学人追求的境界。我们总希望自己的认识、理解和论说，能更深刻一些，所作的概括能更具有理论的高度，能闪现思辨之光。但长期读史料，眼中看到的都是断烂朝报，而且斤斤于细节，甚至染上了“史料癖”——关心的就是出自哪部书、一手还是二手、版本如何，加上自己本来就缺乏理论的学习和训练，因此，我只能“贴着史事走”，就事说事；所作的解释，也多是针对具体的事，是“事中求理”，没有能力作进一步的升华或利用社会科学的相关理论来作深入分析。这样做的好处，是显得“扎实”，缺点是平淡。这倒也不失为一种“扬长避短”，可以避免求之过深，避免拔高后的抽象、理论性的论说飘浮在空中，与史实脱节。

历史叙述，是叙述者建构的一种自己认为是真相或正确的历史。“偶尔借鉴，总是工具。”我们意识到了，却无力完全摆脱。本书的叙述，沿用惯称，使用了诸如叛乱、跋扈等等这类含有强烈是非价值判断的词汇，但这并不意味着我们对这些是非价值观的认同——只是为叙述方便而已。

政治史的叙述，需要文采，但我缺乏文采，长期写作，更是习惯于“干瘪”。比如，某人投降，我只会这样直白地说出，不会用“某人很明智地选择了投降”这类既富文学色彩、又暗含某种判断的表述。对具体史事的分析和推测，避免想象力过于丰富；细节的叙述，避免绘声绘色。同时也力图避免过于口语化、故事化，比如“碰了一鼻子灰之后，德宗终于长了见识”之类。总之，避免写成报告文学或历史小说——事实上，我也没有这样的写作能力。我就愿意写只有三五个人看的文章。

有人曾讥讽历史学家对因果关系的解释，说在老牌历史学家眼里，发生的都是必然的。这的确是我们在作因果解释时，常常犯的错误。看不到必然，就谈不到深刻；但如事事均归于必然，则或是求之过深，或是偷懒乃至流于庸俗。因此，我们在追问"为什么"的同时也要对自己给出的解释多加反省，以免用深刻为幌子来遮掩自己认识的简单化——即使不深刻，也尽可能具体一些，对了解史事也许会有些益处。

一位数学家曾言，研究中最难把握的是质，也就是深度；有时作者以为很深刻的东西，在大家眼中不过是十分肤浅之见。讨论朝廷藩镇政策形成与确立的《"姑息"与"用兵"》发表后，一位年轻朋友跟我说，这文章就是把事"抻开了"来细说的。我想，大概全书也不过是把大家都知道的史事，"抻开了"来谈；说来说去，主题词也不过就是地方化、河朔化、控制、军人集团—军人政治而已。至于对史料收集不广、辨正不精、取舍欠妥等，对这一时代的体会和把握不真切，提出的问题并无多少启发性，对史实的意义及其间的关系未能洞悉，恐怕更属"题中应有之义"了。

近十几年，藩镇问题又引起了学术界的关注，特别是年轻一代学者，思维活跃，视野开阔，眼光独到，关注的问题也更广泛。他们的成果（大多是其博士学位论文，参张国刚《唐代藩镇研究》三版末所附赵雨陶所编《近年所出唐代藩镇论著与博论》），无论是材料收集的广泛、丰富，材料解读的细致，还是问题分析的深入、论证的周延，都比二十世纪八十、九十年代的研究，有了长足进步。可以说，我正是在他们的启发下，才得以进一步思考，并提出了一些不同的想法。希望能为他们即将出版的专著或进一步的研究，提供一些参考，至少能提供一个靶子，供他们批判。

参考论著的收集，先后得到了李昀、沈琛、陈文龙、史睿、田云昊、陈虹池、张凯悦等先生的帮助。特别是云昊兄托他当年在台湾读书的同学帮忙，扫描了像早年《大陆杂志》以及颇难寻觅的会议论文集的文章；虹池兄将他从国图复制的赖青寿的博士论文，一页页拍了照片寄下；史睿兄提供了新近出版的日文论著的扫描本；凯悦兄寄赐了杜希德讨论于頔的论文。没有他们的帮助，这些论著，我是很难获睹的。凯悦兄还帮我审正了“参考文献”，使我避免了错讹。相关英译，则承孟斯言同学相助。

本书第一章，是我发表的第一篇学术论文。博士毕业，适逢唐研究基金会资助的《唐研究》创刊，蒙主编荣新江先生厚爱，命我从博士论文中抽出一章投稿并予刊出。三十年后的退休之际，博士论文全书才终于改定。感谢接受本书并为编印辛勤付出的凤凰出版社，感谢拉我入“凤凰圈”的朱玉麒先生。没有他们的帮助，就不会有这本书的面世。

三十年的职业生涯，所取得的成绩，只有微不足道的一点点。论知识，虽好之却并不丰富，常常是一问三不知；论思考，则殊乏深刻，所论多系常识。“后记”如此刺刺不休，实在要招后生嘲笑了——这个年纪，前辈的赞许（或许有）固然已激不起兴奋，同辈的批评（一定有）也已经可以不必在意了。这是晚出书的好处。

二〇二五年四月一日初稿，五月三日修改，
五月廿六日改定于新都槐荫室。